新世纪
高等学校教材

新闻传播学系列教材

本书是胡春阳主持的"复旦大学人文社会科学青年团队建设创新项目"（人际传播：基于交往规则和传播技术变迁的研究）的成果之一。

U0646165

人际传播学：理论与能力

胡春阳　编著

北京师范大学出版集团
BEIJING NORMAL UNIVERSITY PUBLISHING GROUP
北京师范大学出版社

图书在版编目(CIP)数据

人际传播学：理论与能力/胡春阳编著. —北京：北京师范大学出版社，2016.3(2023.1 重印)

新世纪高等学校教材　新闻传播学系列教材

ISBN 978-7-303-19572-5

Ⅰ.①人… Ⅱ.①胡… Ⅲ.①心理交往－传播学－高等学校－教材 Ⅳ.①C912.11

中国版本图书馆 CIP 数据核字(2015)第 248180 号

图书意见反馈：gaozhifk@bnupg.com 010-58805079
营 销 中 心 电 话 010-62978190　62979006

出版发行：北京师范大学出版社　www.bnupg.com
　　　　　北京市西城区新街口外大街 12-3 号
　　　　　邮政编码：100088
印　　刷：北京天泽润科贸有限公司
经　　销：全国新华书店
开　　本：730 mm×980 mm　1/16
印　　张：43.25
字　　数：861 千字
版　　次：2016 年 3 月第 1 版
印　　次：2023 年 1 月第 3 次印刷
定　　价：59.80 元

策划编辑：王　强　　　　　责任编辑：王　强
美术编辑：焦　丽　　　　　装帧设计：焦　丽
责任校对：陈　民　　　　　责任印制：陈　涛

前　言

2013 年 12 月 30 日，习近平总书记在十八届中央政治局第十二次集体学习时的讲话中提出："要以理服人，以文服人，以德服人，提高对外文化交流水平，完善人文交流机制，创新人文交流方式，综合运用大众传播、群体传播、人际传播等多种方式展示中华文化魅力。"

这是一本关于人际传播的教材。它力图为传播专业的本科生和研究生以及各种社会人士提供学习人际传播基本理论的完整机会，同时也努力为那些想通过传播去建立、发展和保持良好人际关系或者修补有问题的关系的人们提供技巧建议，帮助他们更有效地和恋人、配偶、朋友、家庭成员以及同侪/同事等关系伙伴沟通。

在进入教材核心内容的学习前，应该了解一下该教材的写作动力/背景、基本路径和价值取向以及编排特色。

一、编写动力

种种原因使我们强调人际传播的重要性。缺乏沟通规则的群体需要协商规则，重构人际传播的知识体系；缺乏人际传播知识和技巧的人，需要开始学习；而懂得的人，需要开始去实践。

1. 当"交流"成为问题时

无论东西方在文化价值观和社会制度等领域的差别有多大，和谐、愉悦与自由的社会关系始终是人类执着而不倦的追求。但是，当这个目标曙光乍现之际，似乎又渐行渐远。

当代社会，人类在享用社会生活"世界性"与"技术化"的双重变迁带来的福祉时，也在饱尝冲突和纷争之苦——大到在具有不同政治经济体系的国家之间如果没有战争就难以沟通，中有族群偏见/歧视、性别歧视以及国际旅游带来的"游客凝视"（吉登斯语）所产生的不同（亚）文化之间的冲突，小到家庭暴力、代沟以及用暴力或戕杀方式来解决日常冲突等。

保障人们的社会关系顺畅的要素固然很多，但最不争的事实是，传播必占据重要的一席之地。冲突和纷争乃是"在于人们无法倾听彼此的声音"（David Bohm，in John Stewart，2006：43）；在中观和微观层面上，更是由于人们缺乏适当的人际传播能力与人际关系建立和维护能力。不幸的是，大众传媒和"心灵鸡汤式"的畅销读物宣扬的交往理念及影视剧所呈现的刻板关系角色，正在成为困惑和误导人际关系与传播行为的不良源头，给了人们尤其是青少年以坏的示范。

正是在传播媒介日新月异革新的时代，"人们普遍感觉到传播处处以空前的规模在被摧毁"（David Bohm，in John Stewart，2006：43）。人们越是渴望交流，交流越是缺乏；越是交流缺乏，人们越是渴望交流（彼得斯，2003：3）。"不能拥抱你的遥远"①，"无奈的交流"（彼得斯《交流的无奈》的书名），"丧失亲密交谈能力的社会"，"孤独症社会"（吉登斯语）等成为这个传播繁盛又凋敝的时代的写照。哲学家们从来就没有停止过为人类更好地交流准备条件的各种尝试。例如，胡塞尔、海德格尔、伽达默尔曾对社会生活的技术化倾向表现出无比的担忧，要求将日常生活的理解与对话置于研究的中心位置。胡塞尔提出"主体际性"来表达先验自我之间的交往方式——人人皆为主体的人—人关系。

冲突和压力不断增长的时候，也正是改变和解决问题的时候。尽管社会冲突的根源异常复杂，其改变也是一个多因素参与的系统过程，但人际传播始终应该是其中一个重要因素。当人们对人际传播的普遍规则有着一定程度的共识和共同实践的愿望时，人际传播问题以及人际关系冲突和压力才能有所缓解，和谐与自由的生活才会有一个最为坚实的基础。

2."关系"：生命中无法承受之重

中国社会正处于一个剧烈转型时期，社会结构、组织结构以及家庭结构/形式的巨大变迁大大改变了中国人的人际传播模式并促进了人际关系网络的重组。今日中国的人际传播与交往模式混杂着传统的"伦理本位"与现代社会的工具理性。崇尚"交情"的传统价值观使我们人际关系的魍魉顽强而持久，而工具理性的算计——"交易而退，各得其所"的本质又使人际关系非常之脆弱；人们煞费苦心地经营着某些关系，同时又强烈地想要摆脱某些关系；人们大方地索取由"交情"和"交换"带来的自我利益但却坚决不愿承受"伦理本位"的枷锁与工具理性的被算计。

交往价值观的改变及其不适意使中国人正承受着前所未有的巨大人际压

---

① 江美琪歌曲《亲爱的，你怎么不在身边》的歌词："电话再甜美，传真再安慰，也不足以应付不能拥抱你的遥远"。

力，面临无处不在的人际传播和人际关系处理适应性的夹缝——在上下级关系中，是服膺于现代科层制基于职位分工的沟通规则还是遵循传统社会基于人伦等第的沟通规则？在一般人际交往中，在社会政治和经济资源不断重新分配以及社会阶层属性不断分化的状态下，工具理性的交换利用特征与传统社会重"情"尚"义"看来水火不容；男女的社会角色和家庭贡献越来越趋同时，夫妻关于家务琐事、子女养育以及家庭角色分工的谈判越来越频繁，两性角色趋同的现实与两性角色的传统安排激烈碰撞而导致家庭关系紧张等。总之，在人际交往的价值观和行为选择方面，传统的和现代的因素都在我们身上决斗，角色关系的处理规则和亲密关系规则无处不在地充满着含混和冲突。许许多多的人际相遇都充满选择的痛苦和煎熬。

在一个制度和规则失据的社会里，一切个人利益的获取都有赖于种种关系。传统社会如此，利益诱惑更为多元化的当代还是如此，只不过后者对资源的嗜血本质使关系争夺更盛。关系，还是关系，成为我们非常强烈和普遍的焦虑——你会因为与人隔绝而害怕，也会因为与人过从甚密而受伤；你多少次会因为防范过度，显得过于冷漠而失去与人修好的机会或者让关系肆意恶化，又有多少次因为侵犯过度而与人交恶；你既怕过于热情受到伤害，又怕过于冷漠而失去机会。你总是斤斤两两、患得患失。

面对这无法承受之重，正是我们学习人际传播和人际关系知识的时候。然而，无论传统社会还是现代社会，我们都没有发展出专门的人际传播知识领域。象征人际关系能力高境界的"人情练达，世事洞明"，显得玄妙神秘，近乎天成；即便需要历练，这种历练也更多的是一种左右逢源的计谋和策略。有趣的是，人际传播知识似乎又在被海量生产出来，比比皆是的"心灵鸡汤"恶补着我们人际传播知识的饥渴。

但我们不得不思考这个知识系统的本质，难道它不是"一切皆为我所用"的以自我为中心的功利系统？"不准动我的奶酪"是根本原则；这种强调外在报酬而不是内在报酬的关系到底是人—人关系（人际的），还是人—物关系抑或物—物关系？

如果我们对现实人际传播和人际关系状态还有遗憾甚至悲哀，那我们一定还需要有关这方面的健全知识。可是，何方可求呢？在我们每个人的成长中，谁告诉过我们如何与他人互动？谁给我们提供了处理与我们生命息息相关的各种人际关系冲突的指南？

这种知识在中国的匮乏与另一个社会的丰盛形成强烈对比，现实地触发了笔者要编写这本教材。浩若烟海的人际传播与人际关系治疗的书籍和教材在美国的课堂里和研究所里被广泛地阅读和讨论，也被人们在日常生活中援引作为关系的指南；宗教、家庭、学校和媒体一直被看成是西方社会人们获得各种社会化知识的场所与渠道，当然也包括人际传播与关系知识。深受基督教文化影响的西方人在家庭和教堂中关于圣经的学习成为极为重要的人际传播知识获取的渠道。例如，针对年轻人的圣经学习和讨论议题可能是：如何鼓励别人，如何面对人生困境，如何面对恋爱、求职中的问题；男人的研读组可能彼此分享体贴妻子的技巧，寻找解决夫妻矛盾的方案；而女士组则常常讨论如何爱丈夫，如何教育子女以及处理家庭成员之间的冲突。此外，自成体系的庞大关系咨询行业，无处不在地给西方人提供着人际传播知识并经久不息地锤炼着人们的人际传播能力。

3. 人际传播知识：丰盛与缺失

人际传播知识的起源可以追溯到古希腊诸如亚里士多德和柏拉图等哲学家谈论修辞或者作为参与市民生活技巧的公共传播，后来扩展为包括许多种类的互动，如小组讨论、家庭传播、口语传播和人际传播；人际传播的现代知识起源可以追溯到芝加哥学派。例如，早在20世纪开始阶段，习美尔（Georg Simmel）和其他社会学家就对人际传播进行了敏锐观察。他们提出了如下概念："互惠知识"、"二元关系的特征"、"互动仪式"、"秘密"、"谎言与真相"、"社会关系的类型"，此外，当时在一些院校的英语系开设的公共演讲课程。尽管如此，人际传播学并非源于公共演说和大众传播学，而是在特殊语境下发展的——美国社会的变迁、精神病学对人际的困扰等[①]。

20世纪50年代的整个十年就是"传播革命"发生的十年（Mark L. Knapp，John A. Daly，2011：6）。这时候，心理学家、精神病学家和社会学家在人际关系的领域里耕耘，形成了后来被称为人际传播学科的早期知识传统。例如，弗雷兹（Fritz Heider）在《人际关系心理学》（1958）中对归因理论的系列研究，而该理论是今日人际传播研究不可或缺的领域；费斯廷格（Leon Festinger）对群体压力和认知不和谐的研究；社会学家戈夫曼（Erving Goffman）在《日常生活的自我呈现》（1959）中对人际舞台上的角色扮演发表了深刻而富有启发性的观点，其著作成为几代研究生"必读"的书目。

20世纪60年代，人际传播成为传播学的核心研究领域。随着美国市民

---

① 20世纪60年代，人际传播逐渐成形，很快脱离以修辞学为基础的个人口语技巧训练；而方兴未艾的大众传播关心传媒对众人的劝说，对个人与个人之间的互动并不感兴趣。参见胡春阳：《人际传播：学科与概念》，载《国际新闻界》，2009（7）。

权利运动的发展，人们对大众媒介讯息的操纵性和欺骗性产生了根深蒂固的厌恶，大多数传播学者攻击传统的公共传播、大众传播的导向，他们强调，个人日常生活的质量是由其个人关系的完整性，而不是由广告机构和政治顾问捣鼓出的劝服性把戏所塑造的。瓦兹拉威克等人（Watzlawick et al.）在《人类传播语用学》（1967）中提出的众多概念对随后的人际传播研究产生了深刻影响。例如，著名的人际传播五个公理，所有讯息都有内容和关系向度，对称性传播和互补性传播，等等。

20 世纪 70 年代，人际传播走上学科化道路，越来越多的学校提供了人际传播课程，一系列的教科书应运而生。传播学科学术和专业协会中的重点领域这时正式建立，主要有言语传播协会的人际传播和小群体互动兴趣组（现用名为国家传播协会），国际传播协会人际传播分部。这些都标志着人们对人际传播过程的教学和研究的兴趣与日俱增。

20 世纪 80 年代以来，传播学学者把互动、认知过程以及讯息研究置于研究的核心位置。随着 1984 年《社会和个人关系杂志》（*Journal of Social and Personal Relationships*）的创办，人际传播研究成为人们关注的焦点并显得发展动力十足。

20 世纪 90 年代，人际传播学学者开始使用多种方法展开调查，如质化和量化、微观和宏观。新的学术期刊如《个人关系》（*Personal Relationships*）成为人际传播知识交流的大本营。从机构上来说，在国家传播协会以及国际传播协会两大机构中一度是单一分支的人际和小群体行为研究产生了大量机构实体，这些实体以其所使用的名字命名为人内传播、家庭传播、社会互动、传播回避和忧虑以及小群体传播。各种文卷不断问世扩大了人际传播各个领域的知识基础，传播以及人际传播领域的学术引起其他学科的关注并逐渐得到认可。

20 世纪 90 年代以来，以下两个趋势值得我们关注。一个是人际传播知识不断综合化，成为系统知识。例如，美国传播学者马克（Mark L. Knapp）和米勒（Gerald R. Miller）以及约翰（John A. Daly）等人长期追踪人际传播学的发展，大约每隔十年时间（1985，1994，2002，2011）更新出版《人际传播手册》，记录该学科的发展与变迁。另一个是注重把人际传播过程放置于广阔的社会、文化和技术、生物学基础的语境中考察，新的主题也不断出现，以计算机为中介的人际传播、文化研究以及女性主义为人际传播理论提供了新思维。每隔十年一版的《人际传播手册》反映了这种变化。2002 年版本的《人际传播手册》中，添加了话语分析、网络传播、人格冲突等章节。

2011 年版本的《人际传播手册》中，增加了人际传播的生物学/生理学的反应及社会网络和跨文化相遇等章节。

量化是人际传播的传统研究方法，也就是通过问卷调查，测量各种变因。人格特质、传播特质、认知能力、沟通恐惧、自我表白、归因倾向等都是由问卷来完成的。但当代方法越来越多样化，注重宏观和微观结合：从传统的量化到质化研究、情景假设反应、准实验室法、录音与录像、访谈法、文献法与历史资料研究及文本批判研究等。

当代，大多数美国传播学院都有人际传播专业，大多数传播学博士项目中，都设置有人际传播方向。以在人际传播博士教育领域享有盛誉的得克萨斯大学奥斯汀分校为例，其人际传播方向除了"人际传播理论"等基础理论和方法课外，还开设了"人际传播的黑暗面"（表面生产性的传播可能是机能不良的，表面解构的传播可能是发挥功能的。设计如下主题：关系违背、主题回避和保密、社会敏感反应、语词和身体侵犯以及围捕等），"应用人际传播"，"非言语传播"等细化研究课程。

对于中国来说，舶来传播学不过 30 年左右，人际传播如传播学这片广阔原野中星星点点、含苞待放的野菊花。在以儒家文化为传统的东方国家里，人际传播一直未能发展为主要科目（Chang，2001）。这种情况虽然尽可以解释为学科成熟和细化需要一个自然历史过程，但恐怕与儒家文化的特殊性大有渊源。

儒家把五种伦常关系看成所有社会关系的基础，即君臣关系、父子关系、夫妇关系、朋友关系、昆弟关系。五伦关系以及其他关系又不过是血亲和姻亲关系的拟制或者扩展。例如，君臣关系是父子关系的扩展，朋友（结拜与金兰之交）是兄弟关系的拟制。五伦为基，中国人人相连、代代相传，建立起了复杂而又和谐的人际关系网络。

但是，这个庞大的关系网络与其说是源于传播不如说是基于道德义务，与其说是依赖于传播技巧和理性自觉，不如说是有赖于人生智慧和直觉。儒家以"仁"来调节包括人际关系在内的所有社会关系和行为，"己所不欲，勿施于人"就是一条具体的协调规范。然而，这种"推己及人"并不具有技能操作性，而是内含着道德标准——"正己"然后能推人，如果离开了道德准则，以己之好恶推及他人既害了别人，也损害了自己的仁德之心。"做人要方，处事要圆"和"深藏不露"是古人总结的人际关系的日常要领，这也是需要智慧去把握的，而非一时一地的技巧。因此，"五伦"不是外在行为，而是操练、发展个人仁心的场所，是道德实践的领域。因此，在人际关系中，除了个人的道德实践和内心自省，岂有它哉？虽然我们也强调说话（与传播有关）要"拿捏得当，进退有方"，但这难道不也是基于人伦和等第的有关权衡的智慧吗？既如此，人际关系的奥妙怎么可能来自外在技巧呢？人际传播的技巧又怎能通过书本而学来呢？于是，无法发展出西方的人际传播学，似在情理中。

由于中国人的社会行为特别镶嵌在人际关系上，谁都懂得并会实践"生时靠人带，死时靠人拜"，"在家靠父母，出门靠朋友"，所以，在一些人看来，中国人天生就是人际关系的专家，谁还需要专门的人际关系及其传播知识呢？这在一定程度上也挤压了作为一个知识领域的人际传播发展。

在中国文化价值观中，会说话的人被赋予"巧舌如簧"、"三寸不烂之舌"的贬义，而"君子讷于言而敏于行"也贬低了"言"的重要。如此比附而来，人际传播不过是蛊惑人心、败坏世道人心的雕虫小技。这也许是人际传播无法发展为专门领域的又一个原因。

由于倡导"礼之用，和为贵"，中国人际关系显示出重人情、崇血缘、重乡情的温情一面，但也发展出极端的另一面——表面的和谐和暗斗、窝里斗并存；"为朋友两肋插刀"，"士为知己者死"的帮里不帮外的义气导致重情不重法、不讲理的偏狭；中国的官文化里"观察风向，避免冲突"的圆滑大概也源于"和"文化。因此，对庸俗、虚伪的人际关系深恶痛绝的人们也可能会对发展一个所谓的人际传播知识领域不以为然。

因此，现在也正是我们清理人际关系及其传播地基的时候，从而推动我国人际传播知识建构和研究的发展。

二、基本路径和价值取向

人际传播的理论和解释框架可谓林林种种，对人际传播现象以及研究文本的阐释也因人而异。本教材的内容是根据笔者的学术兴趣、学术背景、研究经历以及价值偏好等标准筛选、消化而来的研究成果，这既可能挂一漏万，也可能小题大做或大题小做。虽然如此，该教材还是在阅读大量文献以及分析、比较和借鉴几十种国外教材的基础上编写而成的，希望尽量周全地描述人际传播知识和技巧的基础领域并反映近几年来人际传播研究领域的新成就。

若你对人际传播知识充满兴趣，希望你能够跟随笔者写作该教材的基本路径和价值取向，这可能是开启后面各章节内容的钥匙。任何知识都需要基本信念，正是这种信念引导我们去接近一种知识或是坚决拒斥一种知识。例如，如果你觉得人际传播需要以他人为导向是一种滑稽可笑的道德教化，那么，人际传播学中包含的各种知识和技巧基本上都是废话，远远不如读各种人际传播和人际关系的"厚黑学"来得实用、及时、速成。

1. 平衡理论与技巧

讲授人际传播的方法因人而异，有人强调理论的阅读和掌握，有人青睐技巧的习得和训练以及传播能力的培养。道与术，孰轻孰重？人际传播仅仅是如何技巧地赢得朋友和影响他人还是包括更多的传播规则和文化习俗？

例如，我们都知道微笑对于人际互动非常重要，各种书籍也为我们提供了无限多种可能的笑的方式，但是，如果对方不愿意沟通或者采取驾驭于人之上的姿态，无论你的笑有多真诚或有多灿烂动人，恐怕也无法达到想要的效果。因此，传播技巧固然重要，但如果抽掉传播伦理和传播规则这个基础，有效的人际传播也无从谈起。《左传》记载，公元前638年，楚宋两国在泓水交战。宋国国君宋襄公亲自指挥这场战争，当楚国军队渡河进击时，部将要求趁楚军渡河时出击。宋襄公答：敌军未能组成阵势，不能出击。结果，宋军大败，宋襄公本人也受伤。在这种情况下，宋襄公还是坚持自己的守则说："君子不重伤（伤敌人两次），不擒二毛（头发灰白之人）。"这个故事说明，无论在国际间还是人际间，单方面遵守某种规则或者伦理将导致交往互动行为的紊乱。这个故事也从反面说明，只有受到规则或者伦理约束的技能才可以发挥作用。

因此，本教材反对拒绝理论而把人际传播简化为技术和公式的倾向，人际传播独特的情景性、变化的恒定性以及人类决策的多元性都使得在人类关系中设计和执行纯粹的技术路径不太可能，对诸如文化习俗、传播规则和伦理等方面做适度的理论探索无论对于读者从事人际传播研究还是通过理论更深入地理解和娴熟运用人际传播技能都是大有裨益的。

同时，人际传播的技巧和能力又是任何年龄和专业背景的人都需要的，如何在复杂的、竞争的社会中立于不败之地，在人际交往中游刃有余，如何和我们生命中最重要的人通过良好沟通保持顺畅的关系，不仅影响我们的物质福利和职业成败，更影响我们的精神、心理健康和生命质量。因此，人际沟通的技巧成为许多人苦思冥想的对象。本教材选择了来自不同背景的人的沟通个案来阐释理论和提供人际传播实践建议。

总之，技能和理论的平衡可以增强对传播技巧的掌握，也可以给予人们一种更为深入的洞见：为何人们在人际情境中如他们所做的那样传播？

2. 人际传播学的美国文化价值观与本土人际传播经验需要调适

人际传播学及其文化价值观发源于美国，在文化基础、交往规则及其具体实践方面，我们与他们都有差异。例如，受个人主义价值观影响，美国人在关系出现问题时，习惯坐下来谈谈，通过沟通找寻自我的意义，并在亲密关系里获得肯定与满足，让他人了解自我；而在华人社会里，当关系出问题时，人们不是坐下来谈谈，而是找个第三方调停。因为华人受亲缘、血缘和地缘的影响，强调"看在谁的面子上"选择做某事或者不做某事，选择与人交好还是交恶。因此，来自西方社会主要是美国的人际传播知识如何应用于华人社会以及其本土适应性，看来是个问题，包括笔者在内的很多人可能对此都有着深切的忧思和疑惑。

适应华人的人际传播自然要顾忌华人的文化习俗，但是，我们也应该看到并考虑现代社会的共同变迁，比如交往的世界性、媒介化等。有时不承认差异，会造成传播互动的障碍，但过于夸大差异，也会造成互动障碍。例如，大家通常都认为美国人沟通更为直接、不考虑对方的感受，但笔者邀请美国教授来复旦讲学的经历毫无例外地证明了他们在拒绝他人时非常委婉。笔者写邮件给美国教授邀请来复旦讲学，第一封回信基本都是表示感谢给他/她这么宝贵的机会，接着抱歉自己时间安排满了，接着表达如果将来可以一定考虑。我再回信，表示要预约他/她明年夏季的时间。对方回信说，很高兴自己成为候选人，能不能多介绍一下合作项目以及待遇。中国的讲学待遇当然比较低。对方收到信后，会再回复目前无法确定明年，或者不再回复表示拒绝。我问过熟悉的美国教授，这些美国教授毫无例外地说得很模棱两可的原因，他们告诉我他们可能是嫌待遇低，或者担忧环境污染等。你看，美国人也并非那么直接让人下不了台。笔者无数次与美国人交往的经历都表明了这一点。他们与华人世界在保持面子与礼貌方面差异可能在于，华人拒绝陌生人非常容易、坚决，而拒绝熟人和高等第阶层非常困难，美国人不分熟人与否，只在于更讲究私人或公共领域社交礼仪的一致性。

人固然以群分，但人类对于生理的、自尊的、归属的、安全的以及自我实现的基本需要却是相似的。在笔者阅读西方大量人际传播理论和研究个案时以及在课堂上讲授人际传播知识并与学生讨论时，都不断得到来自我个人以及绝大多数学生个案的印证。因此，笔者认为，除了传播的伦理基础的巨大差异，西方人际传播知识在中国也是可以适应良好的。当然，这还有待于进一步观察、研究以及同行们补充正反例证。

从微观方面来说，虽然华人不注重关系中的传播，但华人复杂的人际世界里，仍然讲究说话得体，察言观色，维护面子和关系，人际传播的语言和非语言知识可能为此提供帮助，形象管理和面子礼貌原则仍然可以用来解释中国人的面子观。当然，由于华人的人际关系更为绵密，重人情、讲面子以及区分"自己人"与"外人"这样的文化习性，因此在人际传播时强调的不止是如何表达自我，而是在繁复的语言互动中顾全人—我，并维护彼此的关系。

由于人—我关系紧密，华人的沟通模式是比较间接的，除了谦虚客气、忠厚耿直之外，也不乏场面话、油嘴滑舌、尖酸刻薄。

3. 以他人为导向

有效的人际传播与关系的秘密并非玄之又玄，最为古老的秘密就是以他人为导向。以他人为导向既是一种崇高精神与伦理义务，又是一项人际传播的操作技巧。

儒家的"仁"要求人们以人为人，相亲相爱，反映了人对自身的觉醒，对人类本质的理解，具有浓厚的人道精神。"仁者爱人"的精义是在人际交往中注重人的价值，把别人也当作与自己同类的人来看待；墨家认为不兼爱不算真正的"爱人"，也就不能说是"仁"，只有"兼爱"才是真正的"仁"。

集中于他人而非自己也是世界上每一种宗教信仰的特征，"爱人如己"是一种指向所有邻人的"普世之爱"。本教材并非是宣扬宗教，而是强调以他人为导向是一种普遍的基本伦理义务和责任。

从功利的利益获取视角来看，也是需要以他人为导向的。我们都是自我中心主义者，但如果我们只是专注地以自我为中心，就很难有效地与人沟通，不能成功达到我们的传播目标；而且其他人也很容易识破我们是否是这种人，尤其当对方是以他人为导向的，当别人识破了我们自我中心的目标后，基本不会配合我们完成我们想要达到的传播目标。在现实生活中，很多人集中于自我中心主义利益的满足，而很少以他人为导向来处理关系和传播问题，甚至是在亲密关系中，也充满了自私自利的自我服务的打算。反之，不以他人为导向往往是诸多人际冲突的最根本原因。为何人们在自我中心主义里面无以自拔呢？原因如下：一是不需要克制自我的享受天然地使人舒坦；二是人们以自我为中心习以为常，还没有反思；三是即便意识到自我中心带来的交往和沟通问题，但宁愿选择非伦理的生活方式并始终以非伦理方式与他人交往；四是身份等级和权力结构使一些人觉得他人绝对服从自我利益满足是天经地义的事情。

因此，无论是出于人们内在的伦理精神追求还是为了自我生活的幸福，人们必须重构传播的某种自治原则。"无论交流是何意思，对方应该是中心，自我不是中心。"（彼得斯，2004：250），"交流的挑战不是忠实于我们的地盘，而是对别人报以原谅的态度，他们不可能像我们看自己那样来看我们"。

这说了两个方面：交往行为的权利和义务具有退让关系。对自己更多的义务，给对方付出更多的责任；对他人更多宽容，给自己更多的反省。只有当人们彼此关心和关注当前话题时，有效传播才可能发生。

以他人为导向包括对他人的责任，关注被讨论的讯息，使关系良善发展的愿望，有意促成对彼此都有意义的结果（Knapp & Vangelisti，2000）；以他人为导向，这是一个用心考虑他人思想、需要、感觉和价值的过程，一个在人际互动中无视他人需要或者对他人需要不够敏感的人，不仅伤害他人使关系受损，最终也使自己的利益受损（如果你把人际交往的目标设定为功利利用的话）；如果一个社会的传播普遍缺乏以他人为导向，最终这个社会中的每个人都是受损者。

之所以这么强调以他人为导向，乃是我们容易把人际传播学理解为"搞关系"的学问，既然是搞关系，以"我"为中心的关系扩散和关系驱使与驾驭就成为一种必然选择。而这样的人际传播学我们不是早就有了吗？要改变我们已成问题的人际互动行为，必然要选择一种反动，而不仅仅是温吞水式的学几个招式。当然，所有人的人际关系和传播的全面改善，是在彼此都愿意遵循这个原则时才会发生。这就到了我们讨论下面这个问题的时候了。

4. 强调关系

任何良好抑或是有问题的人际关系和传播都不是一方创造的，而是双方互动行为的结果。那种认为关系的建立、发展、保持乃至修补仅仅是由一方来负责的想法会阻滞我们的人际互动。

孔子强调"名正言顺"，社会关系中每个名字都有一定的责任，如果彼此都能各遵其位，"传播"就是一件很容易的事情，礼崩乐坏的事情也就不会发生了。《论语·颜渊》这样讲：君君，臣臣，父父，子子。父要像父，子要像子，家庭关系才会和睦。父如何做才能像父？"慈"也；子如何做才能像子？"孝"也。可见，孔子反对单方面的"慈"，也反对单方面的"孝"。假设有一方做得不好，不论是为父的做得不好，还是为子的做得不好，家庭都不会和谐。《礼记·礼运》清楚地阐述了各种关系的双向性："何谓人义？父慈，子孝，兄良，弟悌，夫义，妇听，长惠，幼顺，君仁，臣忠。"一代明君唐太宗因为善于纳谏受人尊崇，但如果没有魏征的忠直，唐太宗就难以做到善于纳谏；魏征因为勇进净言而成为良臣的典范，但如果没有唐太宗的贤明大度，也不会有魏征的忠直。

孔子避阳虎的故事也充分说明这一点。阳虎是辅佐鲁国执政者的家臣，后篡皇位成幕后国君，为扩大影响他力图让孔子效力于自己，被多次拒绝。

阳虎追问：你鼓吹仁，为何不效力于国家？孔子认为：尽管我倡导学而优则仕，但我要看国君是否仁。"天地不仁，以万物为刍狗"，又为何要效劳呢？

尽管这些关于"礼"的说法是基于封建等第和伦理责任的，但却道出了任何关系都需要双方付出、改变、维护的真理。我们之所以强调这一点，是因为我们容易把好的传播与关系状态看成是自己单方面努力的结果，而把不良的归结为对方的失误；我们也很容易强烈地指望他人在传播中对我们更为敏感，更富有技巧，似乎学习人际传播知识与技巧是他人的事情；或者我们以为获得尽善尽美的人际传播知识与技巧后，就可以彻底改善我们的各种关系，殊不知改善还需要他人的配合。

三、编写框架与特色

关系是人际传播的核心，人际传播是关系的血液。因此，本教材开始于如何理解人际传播的基本过程及其发展，结束于如何通过人际传播发动和保持关系。人际传播的许多基本技巧和原则也就贯穿在"人际传播"和"人际关系"这两个核心问题的展开中。本教材共有八章，第一章介绍传播和人际传播的基本知识。第二章讨论自我观念是如何影响传播的，如何建构积极的自我形象并管理自我形象以及自我揭示和自我传播的积极策略。第三章讨论人类的感知过程，解释传播和感知如何相互影响，以及如何通过改进我们的感知方式来提高我们的传播能力。第四章和第五章讨论我们如何运用语言和非语言符号进行传情表意，解释符号使用和解释的规则以及如何使用语言和非语言符号去创造支持性的传播氛围和传播效果。第六章讨论人际关系的概念及其发展过程以及管理人际关系面临的各种挑战，重点考察诸如人际亲密和人际影响力这些人际关系的重要指标，为提高人际关系提供一些基本策略和技巧。第七章讨论冲突的本质以及管理冲突的技巧和步骤。第八章探讨友谊关系、浪漫关系、婚姻和亲子等家庭关系及其传播规则和技巧。

每一章内容都按照如下体例来编写。

贯穿章节始末都有理论阐释、案例讲解和技能训练。技能训练主要是要求读者分析自己的人际交往经历，评估自己运用人际传播技能的状况，以强化所学知识；行文中还把技巧要点列为图表以便查阅、温习；由于人际传播具有很强的日常性和情景性，有时还辅以图片来加强读者的理解。

课后列举出许多思考题，既有进一步的理论探讨题目，也有来自日常互动的案例分析题目，还有反思性的题目。

关于引用文献，需要特别说明两点：一是被人际传播领域公认为基本原理的，虽然年代久远，但笔者还是列出了文献出处，以备读者查考；二是当笔者引用他人观点，他人观点中还有引文时，就不具体标注引文中的引文来源了，只标出作者姓名和年份，以便读者查考。

　　通过本书的学习，希望读者能够达到如下目标：一是能够独立思考人际传播的基本概念，理解人际传播的理论，并注重比较与实际人际互动的关系，而不是一成不变地接受一切。二是意识到从知识到实践有很多过渡环节，以为学习完本书就可以在任何具体互动情势中取得立竿见影的效果是不现实的。学习人际传播只是为我们打开人生的另外一扇窗，而不是所有的门和窗。我们可以期待的是，通过努力学习和反复实践，我们的人际互动会更具有弹性。三是能够批评地反思所有概念并意识到各种概念和技能可能遇到的各种挑战，积极分析和再分析并改进自己一生的传播行为，意识到没有一劳永逸的人际传播方案。四是能够得到一些研究传播的助力并提出独特的适合中国文化和传播语境的人际传播假设与论证。

进一步思考与讨论

1. 你如何理解以他人为导向？以他人为导向对自己有损害吗？

2. 你有没有一段特别好的人际关系，你常常沾沾自喜觉得是自己的能力和魅力使你们的关系得到建立、发展和维护，是自己的牺牲使关系冲突得以化解的？反之，你有没有常常抱怨某一个不良的关系多半是对方的过错？

3. 下面是彼得斯在《交流的无奈》里的一句话："如果没有因人而异的互动（对话），生活中就缺少爱；如果得不到一般的互动（撒播），生活中就缺少正义。对话对现代人确实是奢侈品，那么撒播可能吗？"请阅读该书，结合以他人为导向，说明在传播中我们对他人的责任。

胡春阳于复旦大学新闻学院

目 录

第一部分　人际传播的基础

第二部分　人际讯息的创造与回应

第三部分　在人际关系中进行传播

第一部分　人际传播的基础

第一章　理解人际传播

"无论传播是清晰的还是模糊的，是喧嚣的还是沉静的，是有意为之的或是无意使然的，传播都是会面的基础。总而言之，传播是人类重要的联系"。

——蒙塔克和马特森(Montagu&Matson，1984)

我们生活在一个传播的世界，传播构成了我们生命的本质。"既然交流的需要是如此原始和基本的人性特点，我们就不能把它看成是与思考和生存需要相分离的或是它们的附属物"(库利，1999：5)；也确如海德格尔所一再表述的：人说话与倾听都是"寂静的命令"，是无可逃避的生存境遇。

人类传播是我们存在的核心，"大多数人醒着的时间的80%～90%花在与他人传播上"(Steven A. Beebe，etc.，2008：3)。学生和教授，销售人员和顾客，父母和子女，恋人之间，老板和员工，朋友之间，陌生人之间，乃至敌人之间都在传播。正是通过这种与他人的互动，我们发展人际关系。也许我们对"独处"的渴望远远大于实际得到的机会，但我们决不想孤独。否则独处会从愉悦变成痛苦。因为我们每时每刻都在人的包围中过着传播的生活，正如鱼在水中那般自然，这才使我们视传播于不见。只有在我们完全脱离人类时，才知道传播对我们生命的绝对意义。美国电影《荒岛余生》的主人公空难后飘落在一个远离尘嚣的荒岛上，他将一个足球画成人脸，他将自己的爱恨喜乐和种种逃生计划都绘声绘色地和这只足球交流，他一次次在狂风巨浪中拼死地解救快要"死亡"的那只足球，不，确切地说，那是他的生命伴侣，那是他的亲密朋友、爱人。这个时候，我们彻底臣服于传播在我们生命中的绝对命令。

因为传播对于我们生命的强制性，我们俨然可以算是传播专家了，但同时人们仍然经历了很多传播困难，这意味着我们仍然有很多东西可学。人际传播是一种十分实用的艺术，你的家人、朋友、恋人、配偶、孩子以及老板、同事、下属通过你的人际传播技巧来感受它的效力；当你拥有越来越多的人际传播技巧，在任何互动状况下可供选择的方式也就越多，也因为选项的多样性，你成功的希望也越大。

　　置于卷首的本章要回答以下问题：什么是传播？传播有哪些类别？什么是人际传播？什么是人际传播的迷思？如何理解人际传播的原则与功能？人际传播过程有哪些要素？我们需要培育哪些关键的人际传播能力？

第一节　理解传播

　　如果你是学生，你的每日生活可能是这样的：早上起来，戴上耳机，边漱口边听新闻或者音乐；你时常挂在网上，浏览新闻、发邮件或者聊天；你常常和父母就如何度过大学时光，如何花钱，如何筹划未来而发生争执；你常常在挂了高中同学的电话后，感到些许苦恼——你们是中学时代的铁哥们儿，可是现在在不同城市读大学，你们偶尔通通电话或者通过聊天工具聊天或者发微信，但你仍然担心友谊因为时空阻隔而中断；你有时会为约会打扮一新，但你有些厌烦女朋友每次见面都要乐此不疲地讨论你们的关系，而你更想集中于每次见面的活动；上课时，你忽然想起第二天要在一个学生组织集会上演讲，你有很多好观点，但不知道如何把它们变成有说服力的演讲；你一直在准备创业，你的合伙人最近步调不一致，谁也不听谁的，大家都很心灰意冷，早上还有人打电话说要散伙；快要毕业了，你不停奔波于各个招聘点，你夜难成寐，想着如何给面试官留下一个良好的第一印象。

　　如果你是上班族，你可能在上班的地铁上，看着早报或者在手机上阅览新闻或听音乐；办公室里，你接听一个又一个的电话，你的上司不时给你交代任务，你的同事有时与你讨论工作；晚餐时，你的配偶在向你抱怨工作、家务的烦琐，抱怨你不够体贴，而你的孩子要求你周末带他出去玩。你耐心地听着，回应着，或者魂不守舍地点头，也或者勃然大怒。

　　在日常生活中，传播是一个无处不在的连续过程。每个人都在和自我、他人以及各类组织机构传播，不与他人传播的人是没有的，也是不可能的。我们从生到死的整个生命过程都在传播——我们来到人世的第一声啼哭在宣告我们的到来，然后我们与人相遇上演一幕幕悲喜剧，直到离开这个世界。

　　人际传播是这个普遍过程的子类别，是一种极其特别的传播类型。因此，要理解人际传播，必须首先理解它与另外一个更为广阔的概念的关联：通常的传播。本节作为铺垫，要阐述传播的基本含义及其模式。

发展技能：了解你的传播行为

监管你此后 24 小时的传播行为，记录下面的情况：

1. 你倾听别人的时间百分比？
2. 谈论自己的观念、计划、意见的时间百分比？
3. 和朋友、恋人沟通的时间百分比？
4. 用于群体和公共传播的时间百分比？
5. 和他人进行工作传播的时间百分比？
6. 和来自不同文化背景的人进行沟通的时间百分比？
7. 用于使用传播技能的时间百分比？

一、传播定义的内涵

我们开篇已经用了很多次"传播"这个词，好像我们已经有了一个关于它的共识了。但事实上并非如此，不同的研究流派对"传播"一词有着不同的认识，而且都不无道理，"学术上的事情往往起点决定终点，对传播的基本立足点很大程度上决定了随之而来的分析路径"（凯瑞，2005：10）。

美国著名学者詹姆斯·凯瑞（James W. Carey）把传播的诸多定义分为两大类：传播的传递观和仪式观。传递观认为"传播是一个讯息得以在空间传递和发布的过程，以达到对距离和人的控制"（凯瑞，2005：4），这是人类古老的梦想：希望克服地理和运输的限制从而增进讯息在空间翱翔的速度和效率。

在传播学建构的早期阶段以及在当代中国传播学界，传递观是传播的一种主流范式，张国良教授的表述颇有代表性："所谓'传播'，即人类（自身及相互之间）传受（传送和接受）信息的行为或过程"（张国良，1998：7）。

随着对传播的研究和理解的深入，信息流动模式越来越多地受到质疑，认为其严重缺陷是缺乏充足的语境考虑并且必须由此解释基于内在过程的人与环境的交互性，是基于控制目的的，代表了工具性和单向流动的传播模式（凯瑞，1995）。

而传播的仪式观认为，"传播一词与分享、参与、联合、团体以及拥有共同信仰这一类词有关……并非直指讯息在空间中的扩散，而是指在时间上对一个社会的维系；不是指分享信息的行为，而是共享信仰的表征"（凯瑞，1995：7）。也就是说，传播行为不仅仅是发送或者获取信息，而是某个文化共同体的成员共同参与的一种社会仪式，在其中人们也许没有学到什么新东西（这对于信息传递观来说是无法理解的）；信息在这里也不仅表现为比特的量或质，而是戏剧表演过程。而且，这个戏剧也不是对现实的照镜子一般的描述，而是各种戏剧力量行动的舞台，并存在于历史中。亦即，构建社会和历史的力量就是人人参与其中的传播。

　　为了给后面的论述和讨论提供一个基础，我们需要一个关于传播的清晰定义。

　　茱莉亚·伍德（Julia Wood）认为，传播是一个人们互动并通过符号创造和理解意义的一个系统过程（Julia Wood，2009：15）；马斯特森等人认为，传播就是通过语词和非语词讯息创造意义，对世界赋予意义以及和他人分享意义的过程（Masterson et al.，1989）。这些定义强调了符号和意义分享是传播的核心含义。于是，从时间上来说，传播成为串起过去、现在、未来的一条美丽的绳索。集体代际互动表现为"为往圣继绝学"，而对于个人来说，自我内在互动中的回忆与筹划则构成了个人的生命和历史；从空间上来说，传播是你与我在不同场景中的一场场相遇中的擦肩而过或者不离不弃。

　　由于人际传播的特殊性（后面各个章节都要详细阐述），我们将在仪式观的大框架里来理解人际传播。唯有此，才可能充分、完整地理解人际传播过程。例如，许多女性在爱情生活中希望自己的情侣能够常常对她们说"我爱你"，如果按照信息论来衡量，这一句简单的句子反复说的过程是没有任何信息量存在的。但它却可能是男女间亲密关系的最大秘密，是"你总在我生命里"的反复深情告白。

二、传播定义的外延

　　除了对传播进行内涵上的理解，人们也从外延的角度理解它，也就是根据传播参与者的不同性质和范围对传播进行分类，如图1-1所示。

　　从这个金字塔由上至下，每一个层次的具体传播过程中参与者人数越来越少，但传播发生的概率越来越大，并越来越具有传播基础性。例如，人内传播和人际传播是每个人都要进行的行为，虽然人内传播时仅仅只是一个人的独白，虽然人际传播是二人为主的相互行为；尽管不是每个人都会有面对法庭辩论、论文答辩、鼓吹公共理念的机会。因此，在一个开放时代，通常会有一个经常依赖于大众传播的公共传播网络；最高的交流层次源于社会生活的"全球化"趋势，组织、机构乃至个人越少地局限在国家、民族和地域文化之中，我们对文化的选择也越来越具有广泛性。但比起人内传播和人际传播作为每个人人之为人的基础性来说，全球层面的传播对于社会整体人群来说，发生的频率还是较低的。

　　每一个层次的传播既具有一系列相似的问题和共同的传播模式，也会具有特殊的问题。人内传播（Intrapersonal Communication）是我们和自己的传

少数情况

全球层面（跨文化的）

社会层面（如大众传播）

组织层面（如政治体制、商业组织）

群体层面（如社区、协会、小团体）

公共传播（演讲、论辩、游说等）

人际的（如夫妻、朋友）

多数情况

人内的（自我对话）

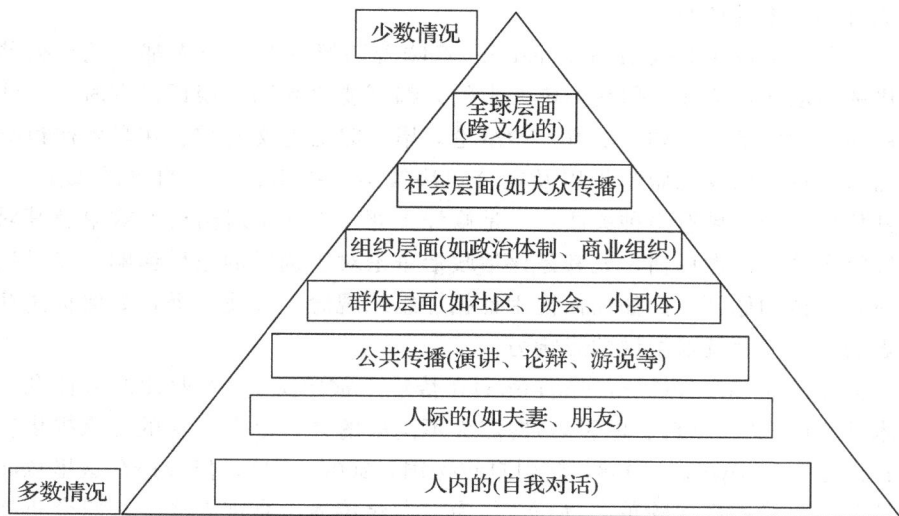

图 1-1 传播的层次金字塔

播或者自我谈论。我们通过自我谈论来安排我们的生活，在脑海中预演行动的不同方式，鼓励我们去做或者不做某件事情。这个过程是用符号对自我、他人、社会和事物进行命名、解释的过程，也是作为主体的"我"与作为宾格的"我"持续对话的过程。我们如何看待我们自己会影响我们的感觉，恰当的积极自我评价可以增强我们的自尊感，而关于自我的过多负面谈论将削弱我们的自尊感。因此，可以通过改变我们的自我传播方式来增强我们的自尊。

人际传播（Interpersonal Communication），顾名思义，是处理人们之间的传播，按照这么宽泛的定义，除了人内传播，一切都是人际传播。这个定义无助于我们更为严谨、具体地理解人际传播，我们面前这整本书将对此做丰富的探讨。

小群体传播（Group Communication）建立在共同的日常生活行为特征基础上，如某一环境（如邻居），某一兴趣（如绘画、钓鱼），某一需要（如癌症患者互动）或者某一项活动。主要问题包括依附与身份认同、合作与规范、领导、成员角色、群体特征、群体目标的议程、冲突管理等。任务群体都面临着任务及人际交流障碍两种问题，二者对群体效率的高低影响都很大。在群体内总是存在人际关系，当两个或者更多的人一起解决问题时，就产生了传播障碍。完成任务和人际传播二者都有效，才会产生集合效应，也就是"1+1大于2"的效果。人际交流障碍越小，群体越有凝聚力。因此，传播被看成群体效率的核心。

公共传播(Public Communication)意味着即便并非每个人都要从事公共演讲的活动或者职业，但我们绝大多数人都可能要和别人谈话，有时甚至谈话就是我们的责任，如在法庭上的辩论，毕业时的论文答辩、在学术研讨会上为自己持有的观念做辩护以及在公司决策会上提出、论证自己的议案等。公共传播理论领域有两种关注：一是修辞批评，也就是对演讲的效果及其对市民社会的影响做评估，尤其是评估政治争论对于选民的正反影响；二是揭示有效演讲的原则，比如如何使用证据、组织观念、寻找证据，如何提高演讲者的可信度及其对游说的影响力。

大众传播(Mass Communication)在传统上被定义为"专业化的群体利用技术手段(报纸、电台、电影等)向广大不同质的并且分布广泛的受众提供符号化内容"(Janowitz，1968，转引自崔保国，2006：11)。但传播在这里意味着社会专门传播机构的单向"传送"行为，大众传播一直被看成大众媒介机构的行为。媒介如何运行、如何表征以及影响社会文化价值，如何颠覆或者强化社会偏见等问题得到广泛讨论。事实上，同样的技术也可能有另外的用途和发展别样的关系类型。大众媒介机构既传播公共信息，也服务于个别的、私人目的。近年来，新的传播革命大大增强了公众对大众传播媒介(作为技术形态的而非组织形态的)的运用及反馈概率和能力，新技术既可以被个人用来传播公共信息("我媒介")，也可能被用来发展人际关系。新技术和新应用的结果改变了大众传播关系，因此，关于大众传播的主题似乎应该改为媒介和新传播技术的主题，并深入研究新技术对于公共信息的传播与接受方式的影响。

组织传播(Organizational Communication)通过社会履行不同特定任务的"机构"表现出来，诸如教育机构、司法机构以及大学、公司等企事业组织，包括组织决策过程、组织目标及其管理、领导者、组织文化和个人关系。以下问题得到广泛关注：同事之间、老板与雇员之间、性别之间的传播差异及其关系发展，作为由组织成员分享的身份和思想行为符码的观念体系的组织文化，组织结构如何影响人际传播与任务目标，人际传播如何建构组织机构。当然，现代社会的"管理主义"使公众呼声被组织利益代替，生活在很大程度上受到为管理公司组织所做的决策的影响。

跨文化传播(Intercultural Communication)不是一个新的领域，但近年来其重要性却在增长。文化是一群人所共享的、习得的价值观、行为和期望。全球化运动的发展、新传播技术的普及以及地理迁徙的便利，使每一个具体的社会越来越多元化，如同"杂拌沙拉"；世界在"这里"，在"当下"，彼此融合；不同文化区域的人们传播方式、风格有差异，我们需要技能和敏感性以发展与来自不同宗教、种族、民族、性别、年龄的人的人际关系。只有理解和尊重彼此差异，才能"美人之美，美美与共"。

此外，我们还可以从传播模式方面增强对"传播"的理解（本书不做详解）。

第二节 定义人际传播

人际传播就像呼吸，是生命所必需。即便是与世隔绝，也需要呼吸。连接和做伴是人类强烈的愿望，没有人愿意被孤立与隔绝。因此，如果没有人际传播这种作为人们用来管理关系的一种特殊的人类传播方式，人们会痛苦至死。

人际传播是人类传播活动中最古老、最基本的形式，其他类型的传播都以此为基础，它也被认为是传统的、日常的、自然的、富有人性的、充满灵性的传播。古人那种极个体性的交流充满了多么丰富、深刻的意蕴啊，以李白《山中与幽人对酌》为例："两人对酌山花开，一杯一杯复一杯。我醉欲眠卿且去，明朝有意抱琴来。"心灵相通、趣味相投被看成是友谊的高境界。

既然我们已经理解了人类传播的过程，我们现在就来探讨作为传播的特殊形式的人际传播，包括人际传播的质化和量化的双重定义，对人际传播的误解，人际传播的原则及其功能。

一、定义人际传播的难点与重要视角

我们所谓的传播都是在社会意义上进行的，因此，除人内传播外，一切传播都是发生在人与人之间的。于是，我们很容易说，人际传播就是处理人与人之间发生的传播。但这样宽泛的定义无助于我们把人际传播作为一个专门的领域来研究和对待。

那么，什么是人际传播呢？在人际传播这个词汇下汇聚了很多研究者的成果，对该概念的理解具有相当的多元性。于是，确切地定义什么是人际传播、什么不是人际传播常常莫衷一是。因此，博齐纳认为，我们能够期待人际学者同意的充其量是：他们在研究"至少两个传播者；有目的地朝向彼此；双方既为主体也为客体；其行为包含彼此的视角，这些视角既对自己也对对方"（Bochner，1989：336）。

1. 定义的难点

对定义难以达成一致有一些关键性问题，如参与的传播者人数，传播者互动的场景（身体、物理空间的亲近与否）等。

一些观点把人际传播中的传播者数量看成是两个；而另一些观点则认为，两人互动可能是在一个更大的社交网络中进行的延伸，由此，他们的会话就会受制于该群体的结构与规则。这种假定是值得商榷的：两个人之间的交流产生的影响力完全取决于那两个人的行为。

一些研究者认为，人际传播涉及"面对面"互动，在互动时，传播者身体是接近的。然而，电话、计算机以及其他技术中介的互动也日益成为人际传播研究文献的一部分甚至重要部分，如"远距离人际关系"等问题。

因此，听老师说、和同学辩论、和朋友会面、与父母交谈、与恋人说话，都是人际传播的例子，它们可能发生在家庭中、朋友间、恋人间，既可能发生在现实空间中，也可能发生在虚拟网络中。

2. 定义人际传播的多种视角

研究者在定义人际传播时，采纳了多种视角。有的聚焦于人际传播的互动过程，有的聚焦于行为，有的从社会认知角度切入，有的优先考虑语境。

（1）互动过程

人际传播领域的诸多学者主张，把人际传播看成一个正在进行的、随时变化的事件。因此，理解传播过程主要就是理解在一个既定时间段里发生的一切。于是，人际传播的过程研究必须解释多种短暂特征：在一个既定时间段里一个行为发生的频率、次序或顺序特征、行为持续的时长以及与共生行为有关的行为节奏、步调或者"时机"。所有这些暂时特征都会发生，并可以在四个层面上进行考察：一个具体发声过程中、一个具体会话中、一个关系过程中、一生过程中。

人际交流的时间和时机研究也使我们更好地去了解，如何从行为上区别许多经验所共有的发展阶段，如第一次达到的目标，重建目标状态，在没有威胁的情况下保持目标状态以及在威胁出现的情况下保持目标状态。

（2）互动行为

另一些研究者（如伯德惠斯特尔、戈夫曼、瑟夫兰、卢什卡以及贝特森等开拓者）则对自然而然发生的、公开的语词和非语词行为的价值进行了系统研究。长期以来，在人际传播领域，语言行为和非语言行为的研究以彼此隔绝的方式出现，研究语言行为的轻视非语言行为，研究非语言行为的对语言行为少有兴趣。单独研究固然使我们受益良多，但当这两个系统的互动能够形成分析的基础时，我们对人际传播的认识才会更多。

公开的外显行为固然有利于我们考察具体的人际传播行为，但人际传播行为中一定会有很多不在场的东西出现。第一，人们在人际交流中出现的东西远不止是对明显信号做回应，传播者的期待、想象、计划以及诸如此类的东西可能为回应提供了基础。第二，没有被互动伴侣展示的行为可能为回应提供了基础。第三，在先前互动中公开的行为——无论是和当前伙伴还是不是，都可能指导并引导随后的反应。

这种聚焦于两人之间一场交流中的行为的成果也是有局限的，因为我们要理解两个人之间的传播互动行为，必然要了解社交网络对两个传播者的影响，社会和情景文化对二人互动强加的规则和限制以及二人之间的互动历史。

（3）互动语境

传播是植根于语境的，有两种语境对人际传播互动产生深刻而重要的影响：一是追溯性语境（retrospective contexts）；二是发生语境（emergent contexts）。前者指的是一个独特行为之前的所有行动，这些所有行动可能有助于一个人理解那种独特行为；后者指的是行为之后的所有事件，而这些所有事件可能有助于一个人理解该行为。这种视角为理解人际过程增加了深度。

传播语境以多种方式得到考察：一是定义传播（如人际传播等）的广阔领域。二是社会场景（如鸡尾酒会）和机构场景（如学校、监狱）。三是关系和角色类型（如任务、社会以及家庭）。四是环境的客体或者特征。五是信息变量（如语言风格及文本之前和之后的效果展示）。因此，语境可能包含心理的、行为的以及环境的视角。

（4）社会认知

人所扮演的多种多样的角色贯穿于人际传播的整个过程，而且，思想和公开的行为之间有着重要的关系。于是，人际传播学者试图理解社会认知和社会行为之间的关系，理解社会认知是如何形成和组织的。

在任何既定的人际相遇中，我们都会对自己、他人以及互动情形进行思考，而这种思考就会影响我们的行为。对思想如何影响行为的理解形成了如下经典话题：印象的形成、归因理论，或者视角采纳；有关传播者认知的研究包括自我意识（self-consciousness）、自我意识（self-awareness）[1]、自我监管、想象的互动以及传播焦虑（apprehension）。

---

[1] self-consciousness 和 self-awareness 都译作自我意识，而且，很多研究者在同义上交互使用这两个词，前者是后者更为清醒的状态。

那么，人们又是如何形成、组织以及理解和人类互动有关的信息的呢？有关态度、期待推论、脚本、图式、幻想、规则以及一厢情愿的思考就是对这个问题的回答。

二、两种定义方式：质、量

研究者是以两种方式来定义人际传播的（Redmond，1995，in Remond：4－27），一种是从质的角度，一种是从量的角度；或者说，一种是理想的、作为理论的人际传播，一种是现实的、作为操作技能层面上的人际传播。

1．量的定义

二人首位（Dyadic Primacy）被社会学家看成是最自然的也是最根本的社会生活形态，人际传播就是发生在日常生活中的，"发生在两个人之间的以建立一种关系为目标的有意义互动的过程"（Adler，2004：14），即便你有三人关系（三个人一组，三个人是好朋友），但二者间关系仍然是最根本的。例如，家庭中有包括爸爸、妈妈、兄弟姐妹、配偶和子女等多人关系，但是，二人一组的关系的根本性没有改变，家庭关系成为多种二人关系的总和：父女/子关系、母女/子关系、夫妻关系。因此，在这种量化的定义中，二元传播（Dyadic Communication）和人际传播可以互换使用。

按照这个定义，店员和顾客之间、警察和被罚款的司机之间是人际关系，而老师和班级之间、表演者和观众之间不是人际关系。但你也可能不同意这种定义，因为你感到店员和顾客的互动与你和朋友之间谈论个人问题的互动显然不同，你在路上向陌生人问路与你和父母谈论学校生活也大相径庭。另外，人们更经常把二人互动限制在面对面，也就是作为肉体的人本身必须亲身在场，但我们如何理解经由传播媒介而进行的亲密关系？看来，量的定义还无法更好、更全面地理解人际传播。

2．质的定义

两个人之间的互动无处不在，但有时这种互动让我们产生诸如"我好像在和机器说话"及"对牛弹琴"的感觉，这促使人们用另一种关注质的方式来定义人际传播。对人际传播质的关注期望传播者相互之间把彼此看成独一无二的个体，而不考虑互动参与的人数以及是否经由媒介。

传播学者把现实的人类的人际传播看成是一种历史过程，"人际传播存在于一个从极端非人的（impersonal）到高度人际（interpersonal）的渐变区间上"（Julia Wood，2002），这源于马丁·布伯关于"我与你"关系的洞察（图1-2）。

图 1-2　人际传播区间

在图例中，极端非人的传播出现在我们忽视他人或者把他人当作物（"It"）时，这是一个"充满功利、生存、实用的需要"（马丁·布伯，2001：3）的工具世界；人类发展的历史就是这个功利世界的不断延伸扩张，越是利用的功能增长，"人的关系力量便消退减弱"（马丁·布伯，2002：36）。人们不是去解放关系，而是去压抑它，窒息它；不是满腔热情地观照它，而是冷漠地观察、分离并利用它，把它当作敲骨吸髓的压榨对象。所以，虽然我们总是被各种关系包围，但常常感到与人没有联系，感到隔绝和冷漠。

这个渐变区间的另一端，就是"你的国度"，是"真实人生"，是"相遇"（马丁·布伯，2002：9）。相遇不是利用，而是"凝神观照"①。也许，刻骨铭心的爱情最能够注释这个"凝神观照"，但这种爱又有多少？"你的国度"的关系也不是给定的、僵硬的、定型的，而是不断创生、流变不居的；永恒的你是唯一性和包容性的同在，摆脱了工具利用的关系，是更符合人性的关系。也就是，每个人成为他人的手段和工具的异化关系转变为每个人成为他人目的的关系。

这两个极端中间有很多渐次演变程度，是我们把他人当作人但却不是亲密者的状态。人类至今就在这个中间阶段。于是"我与你"成为人际传播值得追求的方向和理想。

无独有偶，斯图尔特（John Stewart，2006）在我们现实的各种关系序列中也列举了渐变层次。我们都在家庭、工作、社会和学校中努力地生活，我们以两种互动的方式与他人打交道。有时我们作为角色填充物，我们"无人情味地"（impersonally）对待彼此；有时我们彼此之间的互动则是"人际地"

---

① 我们要了解马丁·布伯的宗教哲学家的身份，才可以理解他提出的"我与你"的关系。按照基督教的观点，聆听上帝之言是在无限圣光笼罩中的忘我聆听，而不是心猿意马地聆听众声喧哗。信仰同聆听奥秘有关，而不是同"看"、"见"有关，信仰是个人独处时与上帝私语。聆听奥秘，聆听心声，乃是一种最深沉的、心灵与心灵的交往。布伯把"人与上帝"的关系的本质看成"人与人"关系理想的模板。

(interpersonally)，即把他人看成是独一无二的个体。如人际传播区间图例所示，最左边的传播是基于社会角色及其交换的，传播者的个性身份出场最少。例如，你在麦当劳和收银员互动，在单位与领导互动，在政府机构与公务员打交道。尽管人类参与其中，但人们只是扮演自动交换机的角色，这可以叫做人类联合（association），但很难说是人类联系（contact）。举例来说，现代高科技可以使一个肢体残缺的人拥有外形乃至功能完美的假肢，假肢与身体是联合，而非联系。联系是"打断骨头连着筋"。因此，我们越把对方看成独一无二的个体来互动，传播越是人际的。由此我们可以说，和亲密朋友的深入谈话比和一个偶然的店员的交谈更具有人际性。

以上是从人性的复杂性来说的。对于个人来说，这二者并没有尖锐的对立，现实的传播总是在非个性的和人际的互动之间来来回回。我们有许多关系既非人情味的，也非非人情味的——在社会角色的互动中（即便是在最非个性的情形中），经常也有个性的因素。例如，你会感激理发师独特的幽默给了你情绪放松的独特感受，也会由此与他分享你最隐秘的事情；同理，在我们与我们的亲密者的关系中，也会有无人情味的一面，也可能和恋人、父母、兄弟姐妹以及朋友产生基于角色的非个性传播。例如，孩子问："为什么要这样做？"母亲答："因为我是妈妈"。而且，我们在累、困、忙、病中也不想那么个性化地对待他人。

人际关系可能像高营养物一样，太多和太少都让人不舒服。个性和非个性的混合在关系中有不同阶段。谈论较多情感的年轻恋人们会随着关系发展而改变，几年后，传播变得例行公事和程序化，他们花在个性化和关系事物中的时间少了，而较少亲密话题的对话多了。

也许，任何人际关系都包含一种"我与他"和"我与你"的混合态度。如果"你"在关键时刻能被真正考虑到，已经是非常有价值的关系了。我们都会有恨的体验，那个被我们恨的人会被体验为一个不好的"他"，但当我们能够想到他也是一个有着自己动机、需要和缺点的人，我们就会获得一种更有价值的反思，意识到自己无意识的动机，反思把他人当成进攻对象的原因，而且引起对自己阴暗面的反观。这样，他人可能仍然是讨厌的，但我会以更为公平、更为合适的方式对待他；把被恨的人当成独立的人，而不只是要对我造成伤害的客体来体验，这样就会减弱我们的情感伤害，彼此的后续沟通将可能更加有效。对他人或者他群体的现实移情感知会削弱憎恨和攻击。

这就是布伯把"我与你"关系看成对整个社会具有重要决定意义的事来强调的现实意义，而不仅仅是一种理想主义和伦理。"扩张自我与皈依关系，它们构成世界之两大元宇宙运动"（马丁·布伯，2002：102）。既然是两种元运动，就提醒我们看到关系的经验性，"人无'它'不可生存"，亦即非个人的传播是很必要的，它使我们的生活有效率，因为谁也不想排着长长的队伍等待医生和一个病人做私人话题的聊天；与此同时，我们也要看到关系的超验性，亦即，"仅靠'它'生存者不复为人"（马丁·布伯，2002：30）。

因此，人际传播是"这样一种传播，它发生于人们以个人到场最大化的方式来谈论和倾听时"，"当传播强调参与其中的个人而不是其角色或者刻板性格，人际传播就得以发生"（John Stewart，2006：33），"它不是基于牵涉的人的数量或者是否在同一场所"，可能在小组中，手机和互联网上。

在人际传播研究者那里，作为描述和解释人际交流基础的互动单元的本质是千变万化的。研究者认为（Miller & Steinberg，1975），关系的"人际"程度是由参与者用来对讯息交换做预测的信息类型所决定的。越是特质的、个性的以及心理的信息被看成是"越人际的"（more interpersonal），社会学的或者文化的信息被看成是"缺少人际的"（less interpersonal），甚而至之是"非人的"（impersonal）。在互动中，传播者角色很关键，社会和文化处于中心位置，而这种互动恰好是人际传播文献的一部分。还有，一些研究者局限于研究可观察单元，而另外一些人则不是；单一讯息单元使一些人满意，而另一些人则需要讯息的顺序；许多研究者对时间中某个点的抓取数据满意，但另一些人则坚持认为有必要收集长期的讯息；自然而然发生的谈话对一些人很重要，而另一些人喜欢分析预期的行为或者想象的互动。我们把已出版的研究文献作为指南，可以发现，人际传播学者仍然不同意考察非语言行为是否和考察语言行为一样重要，或者互动的双方是否都必须说话。

三、人际传播的特征

为进一步理解质的人际传播，我们要讨论其五个特征。

1. 独一无二性

非个性的人际传播是由我们从父母、教师、社会习俗甚至大众传媒中习得的规则所管理的，而在真正的个性化关系中的传播方式会不同于我们对其他任何人的行为，这也就是为何在亲近关系中，人们往往创造出他们自己的独一无二的互动方式。

2. 无可替代性

人是独一无二的，其丰富性是无可代替的，是反应性的而不是反射性的，具有反思和宣告能力。这就是为何当一种亲密友谊或者爱恋关系冷却时，我们会感到无比的痛苦甚至绝望，也是为何我们的亲密者过世时，我们会那么痛不欲生的原因。因为无论在我们的生活中有多少关系已然存在，或将要存在，但没有任何关系可以代替那曾经结束了的关系。

3. 相互依赖性

对那些与你不是人际关联的人，你可能会很快忘掉愤怒、兴奋或者压力。但在人际关系中，他人的生活影响着你，你的生活影响着他人。有时，相互依赖是快乐，有时则是负担。"快乐着你的快乐，悲伤着你的悲伤"是质的人际关系中相互依赖性的真实写照。

4. 个人信息的高揭示性

在人际关系中，人们彼此更愿意、更乐意分享更多的思想情感，虽然这并不意味着所有人际关系都是温暖的、彼此关爱的，也不意味着一定是积极的。例如，家庭成员之间分享的内在隐秘的思想情感肯定比外人更多，但在家庭生活中，一方过多地对生活与工作领域作消极陈述往往会带给对方极大压力。

5. 内在回报性

非人际传播中我们追求现实报酬。例如，你听教授的课或者和店员说话，目标很少是与发展个人关系有关，而可能是得到某种"好处"。相反，你心甘情愿花时间在朋友和爱人身上，因为本质的回报来自传播本身而无关于你们谈什么，在一起并交谈就是最为重要的唯一报酬。这提醒我们，如果我们始终只是把人际交往的目的看成是在关系中榨取某种东西，那么，每个人最终都是受害者，因为别人也会"以其人之道还治其人之身"。

质的人际传播只是互动行为中很小的一部分，大部分传播是非个性化的。但稀少性并不等于没有，也不等于不值得期待。大多数人没有时间和精力也没有必要和相遇的每个人发展人际关系。但正因为稀少所以才特别。

人的传播总是说与听、发送和接受、给予暗示与接受暗示等双向的过程，如同我们吸入与呼出的过程。所以当传播者在这种双向互动中能够重视并实践人的独一无二性、无可替代性等五个个人特征时，那么他们之间的传播就是人际的，在任何地方和时间都可能发生——关系不分远近，地理无分南北，空间不分实虚。"最重要的不是有多少人参与或者在哪里，而是人们的愿望以及选择个性而不是非个性的态度和行为的能力"（Stewart，2006：38）。

技能训练：人际传播比非个性传播更好吗？

既然已经知道了非个性的和人际的传播的区别，我们就要问：难道人际传播比非个性的传播更好吗？较多人际的传播是我们追求的目标吗？

实际上，最理想的传播是保持一种平衡，也就是个性的和非个性的传播之间的一种平衡。我们并非建议每次传播互动都要发展个人的、亲密的对话，那是不现实的和不恰当的；即便人际传播使我们的生活更值得过，但也不可能或不必要所有时间都这样；我们完全可以整天与他人传播但并非参与了人际传播，并非两个人在传播就是人际传播；而且，尽管人际传播比之非个性传播亲密度和参与度更大，但也并非所有人际传播都分享亲密的个人信息（表 1.1）。

表 1.1　人际的和非个性传播的区间表格（Beebe et al.，2008：5，笔者整理）

人际传播	非个性的传播	非人际传播
人们被看成是独一无二的个体	←——→	人们被看成物体
人们以我与你的关系传播，每个人都是独特的	←——→	我与它传播，每个人都是角色扮演
和他人有真实对话，诚实分享自我	←——→	夸饰地机械互动
经常是与你关心的人的传播	←——→	是偶遇的人的传播，没有历史交会也没有未来期待
内在回报	←——→	外在回报

自我评估：你的关系有多个性化？（Adler，2004：16）

选择你的三个重要关系（同事关系、家人关系以及朋友关系），对下列问题进行评估：

1. 在何种程度上，关系具有独一无二性特征？

低程度　1　2　3　4　5　高程度

2. 何种程度上，关系无可替代？

非常容易被替代　1　2　3　4　5　非常难被替代

3. 何种程度上，你和你的关系伙伴相互依赖，也就是你的行动在何种程度上影响伙伴？

低依赖性　1　2　3　4　5　高依赖性

4. 何种程度上，关系传播显示出个人信息的高揭示度？

低揭示　1　2　3　4　5　高揭示

5. 何种程度上，关系创造内在报酬？

奖赏来自他人为我们做的 1 2 3 4 5 奖赏来自内在的

基于你的答案，确定每种关系中，质的人际程度如何？选择越靠后，你的关系越具个性化。反之，越具非个性化。你对你的发现满意吗？你将如何做以提高你与这些关系的满意程度？

既然我们已经探讨了什么是人际传播，我们也要确定哪些是关于人际传播的不正确理解，从另外一个角度加深对人际传播的认识，避免个人生活的诸多麻烦。以下就是一些可能的误解，我们很容易掉进这样的理解误区。

四、人际传播的迷思

迷思（myth），起源于希腊语单词 μύθος（mythos），指的是一个可能真实或不真实的故事，通常十分古老。例如，希腊与罗马的神与女神的故事是迷思，所有文化都有迷思。一般解释为"误解"。

在对人际传播的理解中，也存在一些迷思。即便是在各方面条件都是最好的情况下，也无论我们有多努力，传播也可能是困难的。我们对人际传播的错误理解是导致传播困难的因素之一。

迷思之一：说得越多，越有利于关系，对吗？

不能沟通可能带来问题，但是谈论太多也可能是一种错误，不但不能澄清意思，反而"话不投机半句多"，"越描越黑"。

我们在关系出了问题时，总有人建议："多沟通沟通"，这个建议总体上没错。但是，过度传播有时也是非建设性的，因为越来越多的负面传播会带来更多的负面结果，谈论太多的冲突直接增加关系的问题。例如，有人在遇到问题时就会选择倾诉，但是，这会给人留下没有能力的印象，这可能是许多初出茅庐不谙世事的人常常会做的。再比如，一个群体的领导人物把面临的困难一股脑儿告诉其成员，企图求得理解和帮助，但这却容易涣散组织目标，动摇士气。

因此，互动传播具有情境性、时机性。有时没有互动才是最好的，所谓"此时无声胜有声"。例如，两个人都很愤怒时，容易说些言不由衷过后又后悔的话。最好是花时间冷静下来后，然后考虑如何说以及说什么。当然，问题的反面是，有人即便面临很多问题也会选择假装胜券在握，不屑于沟通，这反而会阻碍自己的成长，并且最终会在别人面前露出马脚，在一段长期关系中，还会使诸多问题积累最后总爆发，反而使关系困难失去修复的机会。

因此，传播"过"与"不及"都不好！但如何把握这个中庸尺度？这就是我们要学习人际传播的动力了。但即便学习了，也不会做得刚刚好，就像我们谈论人际传播区间一样，"过"和"不及"之间也有许多合适程度的序列。

迷思之二：所有传播都是为了追求理解，对吗？

许多人认为传播的目标是增进传播者之间的理解。理解对于我们合作以便良好互动固然十分必要，但有些类型的传播中理解并非是基本目标。例如，熟人见面时说："你好，最近咋样？"回答是："很好。"这是一种社会习俗礼仪，表达的是彼此承认，而不是信息交换以及对彼此信息含义的理解。

不追求理解在影响、劝服别人时表现得尤为明显。这时，传播者希望别人服从自己的意见，而不是理解。

在故意欺骗和含糊其辞的情境中也是如此。例如，别人邀请你参加一个聚会，你说"对不起，我真的不能参加"，给人的感觉是情形超出了你的控制。假如你追求表达清晰，让人理解你的真实情况，你应该说"我真的不喜欢这个聚会"。再比如，别人说"这件事上你撒谎了"，你回答"让时间来回答吧"，似乎正义在你这边——你的目的就不是追求理解，而是模糊你的意义。

有时清晰的传播反而使问题产生或者复杂化。例如，朋友问你她新买的裙子咋样，你说："说实在的，不咋样，看起来很显胖。"

这里也就涉及对意义的理解，不同的人对同一句话有不同理解，并非只有简单的意思，我们同时可能表达很多意思，也可能被别人理解出更多的意思。

迷思之三：信息等于传播，对吗？

由于受传播信息观的影响，人们以为传播就是信息交换，以为越多的信息表示越好的沟通，没有或者缺少信息交换，传播就缺少价值。我们常常会听到这样的对白：

妻子：你话咋这么少？

丈夫：没啥说的，又没啥新鲜事。

丈夫似乎认为只有新鲜事也就是包含信息量的事才值得说。事实上，没有信息也可以是传播，而且可能是更好的传播。日常生活中，很多人际传播鲜有新鲜的内容，但正是这些老生常谈的传播构成了我们的生活，显得十分必要，而且不具有信息价值的传播有时具有更大的人际价值。例如，"你好"，"吃过饭没有"，"我爱你"，"我回来了"，这些每天例行公事的不包含信息价值的人际语言恰好是人际关系的润滑剂，它们表达的是"我们息息相关，你就在我的生活里"。如果淡化这些表达，可能会带来一系列的关系问题。妻子可能一生都会问丈夫一个陈腐的问题"你爱我不？"而丈夫可能觉得"我爱你"已经说了好多次，就不必再说了。但妻子就会因此而生气，丈夫也会为此感到困惑。这是因为两性对传播的理解和需要是有差异的。再比如，朋友受了委屈，需要你的安慰。可是，你觉得你已经说了很多次的话不用再说了。你对你自己的传播要求更多的、更新的信息，否则，你觉得没有说的价值。但事实上，我们每个人都需要安慰，而安慰本身就是有意义的，尽管安慰的话说来说去就那么些，但还是要说，在每种需要安慰的情景中都需要说，而且即便这些话被朋友深刻理解，但自己说给自己总不如从你那里听到更受安慰。因为，这时，朋友感到被移情、被支持。

"为学日益，为道日损"要表达的是，知识越来越多，心灵却越来越枯萎。秉持"知识就是财富"、"知识就是力量"理念的现代社会的人们把获取信息看成是生活的要义，而渐渐疏离了关系的增进。信息焦虑带给人们的浮躁和无幸福感也明显表现出来。因此，彼得斯才会说："从更深刻的意义而言，交流是……去和他人有意义地分享时间"（彼得斯，2003：254），而不是分享信息，并且，"发出清晰的信息或者语义无误准确未必有助于建立更好的关系"（彼得斯，2004：254）。

迷思之四：人际关系问题总是传播问题，传播可以解决所有关系问题，对吗？

当别人诉苦说："我们总是争吵不断"，我们常常听到的劝慰是："多沟通沟通就好了"。尽管误解千真万确会带来人际关系冲突和不和谐，但并非所有受阻的关系都源于误解。有时，在最好的准备和最好的时机中的传播也不会解决问题。例如，你的人际传播成绩期中考试只得了 B，你会找我问原因而且你觉得你很认真应该得 A，仔细听了你的申诉后我会很清楚地列出低分的原因。传播解决问题了吗？几乎没有。也许传播者知道何时该沟通，但由于以自我为中心的态度致使关系质量受损，也可能是因为彼此不喜欢，或者彼此也喜欢也理解，但就是无法赞同。

而且，有些人际冲突本身是来自社会族群之间的隔离和对立。个人是社会的个人，不可避免地打上所属的族群和阶层的利益烙印、惯性思维及其对"他群体"的刻板印象，这些都会影响个人互动，由这种互动带来的人际冲突有着深刻的社会原因。例如，"贪官"和"刁民"对彼此已经污名化，在具体的某个"官"和某个"民"的人际沟通中，误解就会频仍。也就是说，有些人际关系冲突有赖于社会关系的全面改善，而不仅仅是个沟通问题。

有这种想法的人也就想当然地把关系问题的解决寄希望于关系伙伴。我们与他人有关系，但在承担关系的责任方面，好像我们与他人又没有关系——以为关系的问题都是来自对方，因此，对方应该为此付出更多传播行为；而关系中的良好局面都是来自我们自己。我们常常听到这样的话，"他从来不听我的"，"他没有告诉我真相"，"这不是我的错"，"在我的一再忍让下，事情有了好转"。

关系的相互依赖性意味着我们不得不接受关系、传播问题中的我们自己的责任，也不得不承认良好传播是与关系双方的努力分不开的。

迷思之五：人际传播具有一致性，对吗？

"你昨天可不是这么说的"，这是我们经常听到的。我们对他人说话的前后一致性会给予高度重视，这是有用的，可以使我们准确地预期别人的行为以便我们采取恰当措施和态度对待他人。但我们并不这么要求我们自己——我们希望可以随时灵活调节自己的观念和行为，在独立性和依赖性之间自由行走，而且，我们不希望被人指出自己的非一致性。之所以这样，是因为我们并不认为我们的不一致是不一致。例如，母亲对儿子说："你自己花了很多钱，可你从来没有请过我的客。"儿子一定认为母亲的传播是不一致的，因为他心想：我的确花钱买书了，也请过你的客。但母亲并不认为不一致，因为她在谈儿子的个人花费，而不是花在彼此利益上。而且，花钱请母亲吃饭的重要性大过儿子为自己花钱的重要性。

其实，良好的关系总是要包容一致性和非一致性，"理想"的关系并非显示持续不断的支持性信息，而是理解对方无论是消极的还是积极的讯息都有其道理。那些看来对非一致性行为缺乏宽容的人可能在保持关系方面有问题，尤其是在持久关系中。

这些显然的非一致性乃是由于生活的复杂性以及情景变化的多样性——你高兴在社交场合热闹，而在家却保持安静；你喜欢某个人，但不一定会嫁给他等。正是这些不一致的存在，我们才有机会了解一个人的全部以及你与她/他的关系。

我们希望通过学习人际传播把我们训练为良好的传播者从而改善关系的质量，但并非说所有人际冲突都源于传播失误，也并非说人际传播知识和技能将解决我们所有的人际关系问题。人际传播知识不是魔法师，使我们速成为传播的"达人"，学习了它我们仍然会经历人际冲突及其压力。

第三节 人际传播的原则

除了人际传播的定义，还有一些基本原则可以引导我们更好地理解人际传播。如前所述，人际传播是一种截然不同的传播形式，是通常意义上的传播次类。斯图尔特(John Stewart，2005：16-17)认为传播是一个"3C 过程"——持续的(continuous)、复杂的(complex)、合作(collaborative)的，这意味着合作性、复杂性和持续性等属于传播的属性也同样属于人际传播。瓦兹洛维克等人(Watzlawick et al.，1967)所阐述的传播五公理也同样适用于人际传播，即你不能不传播，每一次传播都有关系维度和内容维度，传播的起始点及其因果因划定方式不同而不同，传播是对称的或者互补的，传播是通过语言符号和非语言符号进行的。

一、人际传播具有强制性

你不能不进行人际传播，它是人类传播中一种迥异的、具有最广泛日常性的形式。除非我们生活在洞穴中或者离群索居在白云深处，否则每个人都会与他人互动。即便你天天在家工作，盯着电脑目不转睛，也要在日常生活中与人互动或者在网上收发邮件。人际传播的机会无处不在，无时不有。通过无可逃避地与他人进行的人际传播，我们和他人彼此影响。中国"隐士"文化繁盛，文人墨客、风雅之士常常徘徊在"出世"和"入世"这两种看来极为矛盾但又和谐统一的人生态度和行动中，但"隐"并非目的，不过是手段，入世经邦济世才是真正目的。

有些传播是有意的。例如，在你和老师关于成绩的谈话时，你可能字斟句酌；有些传播可能是无意识的。你独自嘟嘟哝哝，你无意让他人听，但他人仍然无意中听到了你的嘟哝内容；除了口误，我们还无意识地做出各种非语言行为。你可能没有意识到你醋意大发的表达，如不耐烦的转身等。可是别人并不认为这些行为毫无意义。

因此，无论有目的还是无目的的传播你都在传播，即便沉默也在传播。当老师批评你后，你沉默但回应积极的非语言行为时，表明你接受了批评。而当你显示出桀骜不驯的眼光或做抱臂防卫状时，则表示拒绝。再比如，你发了电邮或者声音留言，但没有回复，你可能给无回复分派意义——生气了？太冷漠？拒绝了你的意思？太忙了？无论你的预感是否正确，有一点是肯定的：所有行为都有传播价值。

我们避免与他人接触，试图不传播有四种方式：一是拒绝。二是不情愿地接受，使不规范——自相矛盾、语无伦次，使他人退却。三是用身体状况作借口。四是用行动传递信号。但是，这些行为仍然表示人际意义和意图。也就是说，无论谈论还是沉默，无论面对还是避免，无论有表情或者表情呆板，你都在提供见解、情感和意志给他人(张国良，1998)。

有些传播我们可以避免，如大众传播、公共传播，你可以选择不去接触大众媒体，也可以终生不用在公共场所演讲，但人际传播不得不每时每刻进行，这在很大程度上构成了我们的日常生活。

二、人际传播是一个持续的、不可逆的过程

这意味着从生到死我们都在进行传播，意味着正在进行，总在动态中，并持续改变着。我们很难标注何时是起点，何时是终点，因为我们很久以前与他人所谈论的东西可能影响当前的互动，并且在将来那些独特的相遇中所发生的一切中都会得到回应，就像上流的水质会影响中下游一样，在任何一个时刻都不可能冻结传播。

人们在冲突中总喜欢提及对方过去对自己的伤害，而对方为了辩驳也总是反过来揭短。如果每一次传播都成为将来彼此对抗的证据，那么传播和关系都会越来越坏，恶性循环在时间中就会形成；反之，如果我们意识到这一点，就可以努力创造良性循环。"忘掉过去，重新开始吧"是抱着重新修补关系愿望的人们通常的说法。因为，只有在每一次互动中不再牵连到过去的伤害和问题，才可以使每一次传播不偏离主题，才有可能不产生新的伤害。但我们知道，"覆水难收"，要做到不提及过去，实际上是一件非常困难的事情。人际传播不可逆性指的就是，说出来和做出来的事情很难收回去。尽管我们常常想通过解释修改意思："我真的不是这个意思"，但大多数时候，消极或积极结果已经产生，一旦传播开始，很难再回转到开端，而是继续被传播伙伴以及自己的其他事件、经验、思想和态度影响（图1-3）。

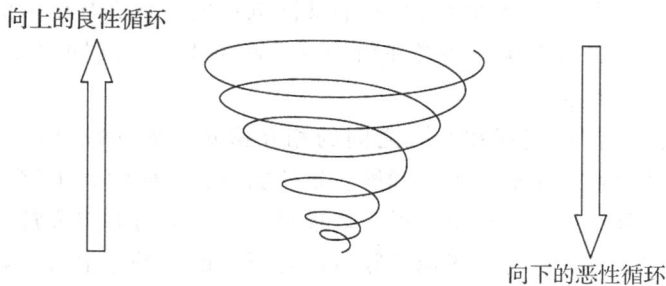

向上的良性循环

向下的恶性循环

图1-3 传播和关系良性、恶性循环示意图

三、人际传播是复杂的、系统的

人际传播是复杂的，首先是因为人性是复杂的。互动双方个体的认知、情感、意志、兴趣、利益等方面是多变的，双方适应彼此的变化后的传播也相应是多变的。人际传播不是和一部机器互动，只需要我们启动按钮，一切就照着我们期待的方式、方向前进。

　　传播的复杂还意味着每个传播事件都有很多因素参与，如传播历史、社会角色、传播者文化语境等。这些因素相互作用，相互影响。每个人都是系统的一部分，所谓"牵一发而动全身"，任何一个因素的改变，都会带来整个传播的改变。这也就表明了人际传播的高度语境性，任何成功的传播经验在改变了的要素中可能成为失败的典型。

　　周遭环境和时间会影响互动。人们在客厅里的互动与在海滩上的互动不一样，在面试的环境中与在宿舍里不一样。

　　传播模式也影响互动。在笔者访问美国期间，女儿很不满意，用电话与外婆沟通，她说："我看不见她，不想说话。"换成 QQ，她又说："我看是看得到她，可是不能抱抱她，还是不想说。"这种不能拥抱的遥远使正处于情浓意深关系的人感到不满意。

　　系统的历史也影响互动。如果一个家庭有善于倾听并能够建设性找出解决问题的办法的历史，那么，当父亲对儿子说："有些事我们要谈谈"，就不会引起儿子的防备；但如果这个家庭有频繁冲突的历史，同样的话可能会立即引起儿子的防备并可能导致新一轮的争吵。因此，必须考察系统运行的历史。

　　此外，传播者角色等因素也影响人际传播。后面传播的要素部分我们将详细讲解。

四、人际传播是高度合作的

　　合作意味着人际传播的意义是我们共同创造的。意义是传播的中心，意义不在于物本身，也不在传播者任何一方，而是由双方共同完成的（传播的要素部分将详细阐述）。

　　这种人际合作还表现在个人之间的相互影响。如同跳舞，一旦音乐响起，舞伴之间就被音乐的鼓点、理解音乐的能力、相应的舞步（个人技能）以及舞伴的对应能力影响。也就是说，传播过程中，参与的双方都受到彼此影响，而不仅仅是其中一方。无论人际传播是语言的还是非语言的，无论是迅速的还是持久的，无论是寂静的还是喧哗的，会话双方都既是传播者又是倾听者，既发送信息又接收、理解信息；而且，双方彼此都在通过对方的行为和反应来调解自己的行为和反应，没有人总是沿着自己的方向前进。相互影响在不同互动中程度不一样，有的来自对方的影响戏剧性地改变了我们的人生，有的只是很小的改变。

　　而长期的人际关系也并非一人永远在付出另一人始终在索取，不是操纵、控制和贬低对方，而是要彼此尊重，平等对话，彼此接受。人际传播的质量就是会话伴侣同时到场并聚焦于彼此。研究者也谈道：人际传播是通过情节合作管理意义(Ronald B Adler，2004：23)，在这些情节中，一个人的讯息、态度、传播方式影响另一个人的讯息、态度和传播方式，关于何时开始、何时结束都由双方确定。传播学者巴隆德(D. Barnlund，1968)认为，当我们和他人传播时，至少有"6"个人参与：你认为你是谁，你认为对方是谁，你认为对方把你看作谁，对方认为他/她自己是谁，对方认为你是谁，对方认为你把他/她看作谁。如果互动的人超过两个，参与者将更多。合作的必然性以及复杂性就这样显示出来了。

即便是误解也需要合作才能够完成。你说了一段话，伤害了甲，却没有伤害乙，因为甲配合了你完成意义的生成。要了解人际传播和关系必须重视双方，而不是一方，但很多人在多数情况下没有这样做。当我们的某种关系破灭时，我们总想找出谁该为此负责，我们或者责备他人太自我中心，也可能自责。而事实上，传播无论好坏绝非一个人行动的结果，双方除了都必须遵守同样的伦理原则，还要都力争成为有能力的传播者。否则，有能力者遇到能力弱的反而成为人际传播和关系的牺牲者。

五、人际传播是规则导向的

"传播规则是一种可追随的指示，这种指示指出在某种社会情境中，何种传播行为(或者传播行为范围)是必需的、优先的或者被禁止的。"(Shimanoff，1980：57)

有的规则适用于具体个人，有的适用于关系双方，有的适用于某个群体(比如你的单位)，有的适用于一个社会中的大多数人。在既定的人际关系的互动中，既要遵循适用于某个群体和社会的规则，又要遵循适用于个人和关系双方的规则。前者常常被称为法则，后者常常被人们看成狭义的规则。人际传播研究领域早期强调人际传播的法则，认为人际互动受制于法则；而后来发展的意义协调理论强调沟通双方的主动性和自主性，双方在特定语境下可以协商出适合既定关系的独特规则并予以遵循。

研究表明，在大不列颠、意大利和日本，人们认为下列规则适用于大多数关系：双方尊重彼此隐私，双方谈话时要注视彼此，双方不应该和他人讨论彼此秘密，双方不应该公开批评彼此，应该偿还债务、回报好感和赞扬——无论多么微小(Argyle & Henderson，1985)。

"规则是为人们所共享的、对传播的含义以及在不同场景中何种行为是恰当的理解"(Julia Wood，2002：135)，它强烈地影响传播。规则是互动的人们之间发展出来的，也是在传播伙伴们所处以及所传播的文化中发展出来的。孩童在 1~2 岁始便开始理解和遵循规则，我们最初从家庭，以后在不断的社会化过程中，都在有意或者无意地从经验、观察和与他人互动中习得引导我们如何传播以及理解他人传播的规则，很少有人会从书本中学习规则。例如，如果一个人在规则不可感知的环境里长大，就会对如何处理亲密关系不知所措，唐突冒犯行为就会经常发生。有时，我们没有意识到某些需要我们遵守的规则存在。例如，新员工在不了解公司文化前感到和老板、同事互动比较困难，意识到规则后就可以改善关系了。

规则可能是含蓄的，也可能是明显的。在课堂上，老师可能对大家有明确的要求，但也有含蓄的要求。例如，老师可能明确告诉大家，回答问题要举手。也可能没有明确要求，在要求你回答问题时，你（并不是无规则可循）应该回答，而不是径直离开教室。

规则假定了人们是知道规则的，有权利遵守或者违背规则；人们的行为通常是有目的和意图的，我们可以自由地选择目标，但一旦选定目标，就必须适用这些规则才可以达到目标；而且，人们会在具体的语境中选择一些规则而抛弃一些规则，甚至提出新的规则。选择、抛弃或者提出新规则本身都表明了传播者的意图和目标选择。尽管我们可以修改规则以达致某种关系，但普遍的共享规则还是存在的。

在关系中，规则是彼此协商并同意的，绝大多数人并不喜欢被告知应该做什么以及如何行动。当开始一段关系时，我们会协商规则。我们有时用语言直接提出愿望和要求，有时用互动行为示意对方我们的底线和原则。长期关系中的人们要发展和协商适用于他们独特关系的规则，关系开始的规则约定会影响关系发展的走向，甚至左右某种关系的始末。下面就是一个协商规则的典型例子。

我的一位朋友是加拿大籍华人，带着孩子在国内上学。她给我叙述了这样的一个经历：孩子刚刚换了班主任，许多家长纷纷接近老师，试图摸清老师的为人以便建立比较顺畅的关系；而老师也频繁地和每个家长谈话，试图了解家长及其对孩子学习的信念。有些家长"好心"地告诉她，一定要给老师"表示表示"，常规是每次过节给 500 元。她犹豫了——给还是不给？

其实，这里的问题不是钱的问题了，而是协商规则开始了。如果给了，一是助长了不良社会风气（看来家长也要为扭曲的教师和家长关系负责任），二是带来个人关系的不良开局——送钱可能就是今后的交往规则，一旦将来不遵守，既违背了老师的期待（如果有期待的话），也会让家长产生节日焦虑。如果"不表示"呢？那就是一次人际历险——得罪了对此有期待的老师。

这位朋友后来告诉我，她没有"表示"，而是与老师保持了规律性的联系和充分的尊重，逐渐地，老师也给予了她足够的尊重。她不再纠结在是否"表示"中。可见，这种规则已经为双方认同。但经常"表示表示"的其他家长们也和老师共同建构和协商了一条属于他们自己的规则——逢节必送，逢节必纳。一旦某一方违背，关系将产生振荡。

在亲密关系者进入亲密关系时也会协商如何传播互动以及某些行为意味着什么，如何表达愤怒、喜爱、提出请求等。一旦规则形成，亲密者之间遵循这个双方都同意的规则，传播、关系就和谐；一旦违背，关系和传播就会出现困难。人们经常批评走入婚姻的男性是"从奴隶到将军"，女性在婚姻中经常会抱怨"他跟恋爱时完全不一样"。原因可能是，处于追求时期的男生处处迁就女生，即便是不合理的要求、不合适的情感表达方式、不良的生活习惯、不匹配的生活信念和价值观，统统予以接受。婚后，男生的真实诉求出现时，关系问题就出现了。早期的相处实在是规则协商的关键时期。坚持自我多一些还是妥协多一些，并无恒定比例，关键是双方有多看重这段关系。反之，男性也经常抱怨婚姻中的女生"不再小鸟依人了"，道理都是一样的。

六、人际传播是高度伦理导向的

一旦人们开始传播，是非对错的问题也就来了。传播伦理是通过促进真实、公正、责任、个人完整性、自尊与尊重他人来提升人类的价值和尊严的。非伦理的传播威胁所有传播的质量，并最终威胁个人的以及我们生活于其中的社区/社会的利益。

按照国际传播协会的定义，传播伦理关涉人们是否真实、准确、诚实、理性地传播，是否鼓励表达自由、视角多元和宽容异议；是否愿意努力理解和尊重其他传播者，是否促进体现关怀和相互理解的传播气氛，是否尊重个体传播者独一无二的需要和特征，是否能够在自我自由表达的同时尊重他人的隐私和机密，是否愿意承担我们自己传播的短期和长期的责任。传播伦理谴责通过歪曲、威胁、高压、暴力以及恨意和不容异端的表达来贬低个人和人性。[1]

哈贝马斯（2000：15）认为，在面对外部自然时，我们运用工具理性，而在面对人类交往关系时，必须使用交往理性，"这些一般性功能的实现要依据真实性、真诚性和正确性等有效性条件来衡量"（哈贝马斯，1989：33）。

---

[1] Ethics of Communication, 1999, https://teach.lanecc.edu/kenz/llc/userpages.html? thispage=68.

也就是说，合理的交往模式应该满足三个条件：一是保证陈述内容的真实性；二是保持人际关系的适宜性和正确性；三是言说者的意向具有真诚性。与其说这是一些传播的基本原则，不如说这是一种伦理诉求。

因此，在人际传播中，伦理与关系中的真实、诚实、真诚、同情以及公正有关。

道德的人际传播就是能够给他人提供正确的讯息，让他人有选择的自由；不道德的传播是逼迫人们勉强去做选择，或者不去做选择，或者诱导他人做出错误选择。

说谎让他人失去选择机会。说谎通常是明显的谎言陈述，或者省略或隐藏某种事实，或者非语言表达出的谎言（听不懂却点头，犯错误却显得无辜的样子）。

其实，传播的伦理问题由来已久。苏格拉底发明了人际对话的精神助产术，希望通过运用该方法以获得事物与人生的真理，从而过着有德性的生活。但是，掌握并娴熟运用获得真理的方法并始终过着最有德性的生活的他却败在了一群充满仇恨与无能的律师之手。这刺激了其弟子柏拉图进一步关注对话及其伦理。在柏拉图关于"对话"的多个篇章中都说明了：技术、才能可以使我们达到某个既定目标，但是它们却不能引导人们超越个别目标，从而达到高尚目标。

因此，只有人际传播伦理这个基础才可以保障传播技巧的实用性、适当性。抽掉这个基础，一切技巧都无所由也无所归，"交流是一个政治问题、伦理问题和信仰问题，不仅仅是语义问题、技术和方法问题"（彼得斯，2003：14）。

因此，本教材是假定了人们是知道传播伦理的而且是愿意进行伦理的互动的，否则，人际传播技巧就毫无用处，谁也无法获得交流的自由。例如，你可以骗人，你可以撒谎，可是当你遇到一个也抱着和你同样原则但比你还要精明的人时，被骗的人就是你。其实，伦理本身就是人类尽皆认可的、能够最终促成人的福利双赢局面的最基本的原则。

在"恶之花"处处盛开的社会转型期，从不犯规的人被人们视为傻子，犯规而被抓住的人被人们看成是倒霉蛋，对于犯规而没有被抓住的人，人们怀着愤懑羡慕他。对个人来说，似乎选择余地甚少——伦理地生活、传播，个人付出的成本很高；认可并参与恶的游戏规则，每个人一时一地可能是得利者，但最终还是受害者。现在的僵局是，谁先改变，谁吃亏。而且，僵局难破。大气候影响下的人际传播/关系必然也是极其功利的。

　　因此，如果对传播交往的伦理性还没有一个社会普遍的共识，或者社会生活还在被单一的经济原则主导时，单纯地谈论人际交往技巧只能是缘木求鱼，或者说传播、交往无赢家——我们固然可以通过提高技能，尤其是坚持强势的"利己主义"原则，从而在人际交往中获得利益。可是当所有人都遵守这同一个自私规则时，每个人最终都是规则失范的牺牲品。技巧只有在一个愿意遵循伦理性规则的社会才能正常发挥作用。如果绝大多数人都认为为了获得个体利益，欺骗和巧取豪夺是正常的，那任何技巧也没有普世性。当人们在交往中还人人自危，怀着冷漠、隔阂、戒备的心理，任何人际知识也只能是雕虫小技。你可能是某个交往关系的受益者，但也将是另一个交往关系的受损者。

七、每一次传播互动都有内容维度和关系维度

　　人际传播中，无论任何一个谈话有多短，我们说什么以及怎么说都影响传播的真正含义，瓦兹洛维克等人（Watzlawick et al.，1967）称之为内容层面和关系层面（the content level and the relationship level）。

　　内容层面是指坦率地、字面地、明白无误地表达出来的东西。"我爱你"，"关上门"，"我累了"，我们谁都知道它们的字面含义。

　　关系层面提供了一个人感知来自另一个人的情感、态度、权力和控制的数量，暗示了双方是如何看待他们之间的关系的——喜欢还是不喜欢这个人，自己是控制还是从属于他人，舒服还是焦虑等。也就是说，人们在进行人际互动时，在双向传达信息的同时，也在一个较高的层次上对信息做出评价，这个高层次就是关系。

　　例如，"我爱你"用疑问句表达或者用非常肯定、热情的语气表达或者无可奈何的表达可以传达出说话者对关系的不同看法。这种以非语言形式同时进行的关系交谈被称为"元信息传播"（小约翰，1999：453）。元信息不同，关系不同，传播的内容及其方式也就不同；内容和方式不同，元信息不同，关系也就不同。例如，"你疯了"，如果是朋友笑着说，意味着他喜欢和你开玩笑，而且知道你不会生气；如果不是朋友，人们可能不会轻易说"你疯了"；但当你对关系伙伴说"你疯了"且得到伙伴的善意回应时，我们多半可以判断你是在和朋友交谈。如果是上级这么说，表明你是下级或者他不喜欢你的工作。在契诃夫小说《小公务员之死》中，小公务员在剧院打了一个喷嚏，前排坐的恰好是他的上司，他道了很多声歉，上司也说了很多遍"没关系"，但最后他还是在惊恐中忧郁而死。"没关系"我们都理解含义，但是在小公务员那里，却产生了关系含义。他固然理解"对不起"表示的字面含义，

但在等第文化中，他考虑更多的是关系含义。

　　技能训练：简单的一句"我爱你"，你可以有多少种不同表达？

　　在人际传播中，讯息的关系向度甚至比内容更重要。这可以解释我们为何会为琐事争吵。我们也许并不在意今天寝室垃圾该谁倒，你的女友也许并不在乎你是否情人节给她买了花。但你和室友或者恋人还是争吵了，因为你们在为你们关系的性质争吵——谁控制了谁？他凭啥对我颐指气使？我在他心里有多重要？

　　中国的情况似乎稍有不同。中国传统社会极其重视人的等第，对关系的考察往往在传播以前就开始了，透过语言和表情显示出的偏见就是关系考察的结果。先衡量彼此地位，然后确立关系位置，最后选择传播方式和内容。这个关系不是基于人与人交往的关系，而是基于角色的关系。"哦，他是领导，我应该……"是很多人的通常想法。反之，通过甲对待乙的谦卑行为与谦虚、自虐、自责、不自信的语言，我们可以判明乙是何种社会角色。

　　族群偏见也是关系评价的结果。下面是笔者和出租车司机的一次偶尔对话：

　　乘客(夸奖地)：师父，好眼力！对这条路这么熟。

　　出租车司机(不屑地)：当然，我在上海出生，开车几十年了。

　　乘客(佩服状)：我遇到好多司机都找不到嘞。

　　司机(不屑、鄙夷地)：崇明人啊，说是有上海户口，实际上是乡下人。

八、非语言暗示比语言符号更具有人际意义

　　语言符号与非语言符号是人类两种基本的编码手段，人们表达思想，交流情感，表达友爱、喜爱以及愤怒、憎恨无不是通过这两种手段。在相互作用的传播行为中，二者彼此交融，但各自所起的作用不一样。语言符号传递内容，非语言暗示评价关系并往往出卖我们的真情实感。

　　设想两个人正在谈论他人，一个朋友走过来说："说啥呢？你俩。"话的内容非常明确，那么关系讯息是什么呢？这要看这个讯息是如何传递的，也就是由非语言符号来决定。这位朋友可能表达的是他对二人谈话内容的兴趣，言外之意是"真有意思，给我也讲讲"；也可能表达批评不满之意，即"你俩太无聊了"，"不要随便传布谣言"，"该去干干正事了"。再比如，"别哭，爸爸来了"，一句简单的话，可能表达父亲的担心和疼爱——"哦，宝贝，你受伤了"；也可能表达父亲的气愤与责备——"你太不小心了"，"你总要人提醒注意"。到底何种非语言行为暗示了何种关系，只有传播双方才可能体会到。

关于语言传播和非语言传播，后面列专门章节予以讲解。

九、标点影响传播的意义

传播学者用加标点（punctuation）来描述在多回合的互动中，确定因果的过程（Watzlawick et al.，1967）。

人际传播能够在四个层面上展开分析：一个具体发声过程中，一次具体会话中，一个关系过程中，一生过程中（Mark Knapp et al.，2012：12）。无论是从这四个层次的哪一个层次来看，都很难确定传播的起点和终点。表面看来，一个具体发声过程和会话过程，似乎容易标注起点和终点，但没有哪个具体会话过程是完全脱离关系的历史的。

人际传播是一个在时间中持续的过程，犹如"滚滚长江东逝水"，意味着每一种关系的历史中，除了其生与死是一对明确节点外，在关系存活期间，我们很难标注何时是起点，何时是终点。但是，正像一串句子不加标点就难明其意一样，在传播流程中那些相互影响的元素亦如此，必须有标点，交流双方才可以各自赋予自己传播行为以意义。这里的标点不是语法标点，而是人际传播中一个特殊互动的开始与结束的精神性标志。例如，老师走上讲台，同学知道上课开始了；CEO走进办公室，标记会议开始。所谓加标点，就是各自确立传播的激发方与回应方、起点与终点、原因和结果。

任何一串沟通行为都可以用不同方式加标点，而这种加标点总体上是凭个人感觉，参与双方并非总能够用同样的方式对彼此的互动加上同样的标点。如果双方不同意各自的标点，冲突与矛盾就产生了。例如，在夫妻关系中，经常会看到这样的传播行为：妻子唠唠叨叨，丈夫沉默寡言。你可以对他们的传播有两种加标点的方法：丈夫的沉默是对妻子唠叨的回应，即唠叨—沉默；或者妻子的唠叨是对丈夫沉默的回应，即沉默—唠叨。而夫妻双方对此也会有不同的理解——丈夫想，你越是唠叨，我越不想说话，越要逃避；妻子想，你越是沉默，我越不满意，我越要进攻（图1-4）。

技能训练

你是否在某个关系中的传播一直像这个循环图，请分析这个关系中，你把对方当成激发方带来的关系结果。再试着用不同方法加标点，即把自己作为激发方，看看传播后果有何不同。

做完这个训练，再思考，传播持续过程中，标点是如何影响所感知到的人际意义的？哪个在先，是抱怨还是后退？

任何传播过程中都有许多要素参与，诸如传播历史、传播者社会角色、传播者文化语境等，这些因素相互作用，相互影响。交流者双方不断将相互作用融入传播活动中。当家庭矛盾产生时，有很多加标点的方法来确定哪个因素是激发方。当然，标点不同，对矛盾的看法及其解决办法也不一样。例如，儿子认为是父亲的一贯专制让他叛逆，父亲则认为是儿子的叛逆让他多了些控制。如果

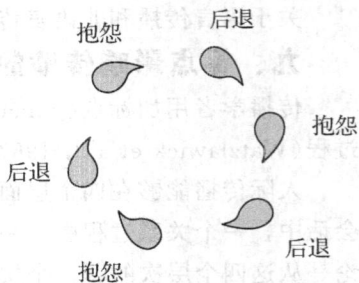

图 1-4　人际传播追逐循环图

都以对方负面行为作为激发方，矛盾很难解决，关系也很难改善；如果倒过来，双方都把自己的负面行为作为激发方，矛盾解决的可能性、有效性更大。双方与其都从对方那里去寻找事情的激发点，不如承认寻找激发方是有不同角度的，然后，集中于"我们怎样做才能使事情向好的方面发展"。

把这些传播行为放在双方交流的整个时间之流中，我们会看得更为清楚。良性循环和恶性循环的传播行为由此形成并影响关系。丈夫很体贴妻子，因为他认为妻子很支持他的工作；而妻子给予丈夫照顾是因为觉得丈夫很爱自己；但也经常会看到剪不断理还乱的夫妻矛盾和争吵，下面就是一个典型例子：

妻子（不高兴）：今年情人节你没有买花给我。

丈夫：你像个工作机器，我以为你不需要。

妻子：是你自己变了，还说我像个机器。当初你很浪漫的。

丈夫：你以前一副小鸟依人的样子，现在除了工作你眼里还有什么。

妻子：你怎么这么不讲理？我这么辛苦也是为这个家，你自己也不上进。

丈夫：你那么强，我不多做做家务，这个家就散了。

妻子（委屈）：我想想我命也够苦了，当初你一无所有，我嫁给你。现在你还一点不让我。

丈夫（暴躁）：你一直这样居高临下，你干吗不找个有钱人？说到底，你嫌我穷！

妻子：（委屈，暴躁）你还有理了？（言外之意，我嫁给一无所有的你，你应该对我好些。）

丈夫：（委屈，暴躁）是你不讲理！（言外之意：我很感谢你，但你似乎一直对我穷耿耿于怀，你这么势利，我怎能对你好得起来。）

如果二人继续追溯下去，都可以找到导致自己反应的对方的激发行为。这也就解释了为何人们经常会为一件琐事争吵，并最终都逐渐偏离了主题。

十、传播互动是对称的或者互补的

在传播互动中，双方所回应的讯息性质可能是不同的也可能是相似的（Millar & Rogers，1987：117—139）。对称性互动，是指双方行为性质相似，差异较小时所形成的关系。当人们在互动时争夺权力，他们的关系是对称式的；当传播双方彼此征询对方意见时，也是对称性的；而如果一方咄咄逼人，一方唯唯诺诺，一方发号施令，一方乐于听命，这种信息交换及其关系是互补的。

1. 对称性互动/关系

对称性关系的特征是关系双方交换同种类型的行为。例如，恋人给你喜爱，你也给他/她喜爱。妻子实施控制，丈夫也实施控制。只要关系双方一致看到自己的个体性并尊重彼此的需要和权利，这类人际咬合机会是生产性的。然而，由于强烈的平等观，这会带有某种竞争的味道，使得一方或者双方过度关注自身需要。

对称性关系又有竞争性对称、屈从性对称和中立式对称三种，前者（一上——一上）是交流双方均表达对权力的争夺，都想控制对方；后者是双方都放弃权力争夺（一下——一下）；中立式（一平——一平）是指双方一唱一和，彼此抬举。

竞争性对称的例子：

妻子：你也该做做家务。

丈夫：我太忙了。

屈从性对称的例子：

甲：你觉得今天的晚会安排些啥活动呢？

乙：我也说不好，我相信你！

中立式对称的例子：

甲：张三做人很傲慢。

乙：还很贪婪。

在竞争性对称关系中，双方都似乎维护了自己的权力或者尊严，显得比较平等，但也会产生一些问题。例如，双方为了避免被淘汰而产生竞争感，以为这样就平等了。关系双方持续的竞争感可能带来很多关系问题甚至分崩离析，因为彼此都想控制对方。

在屈从性对称关系中，双方似乎都很民主和尊重他人，但可能产生的问题是双方都逃避责任。

中立式对称关系往往是流言和谎言的渊薮，群狼共噱，众口铄金。

2. 互补性关系

互补性关系是基于差异，关系双方交换的行为是有差异的、互补的。一个人控制，另一个人顺从。一个人领导，一个人跟随。一个人给予喜爱，另一个人接受喜爱。父母和幼儿关系、医患关系、师生关系中的角色常常是这样的。这种关系的潜在问题是，一方不再扮演某种固定角色时，冲突就发生，关系可能破灭。没有学生哪来老师？没有被爱的人，哪有爱人的人？

因此，健康的关系是根据情形、主题、时间等的不同而在对称性和互补性中发生变化。例如，随着孩子的长大，父母和孩子的关系从互补性关系逐渐转化到对称性关系，如果父母亲仍然坚持在所有互动情形中都保持一种互补性模式，他们就会经历关系磨难，并扩大沟通障碍。

互补性互动可以分为两种：第一种是（一下——上），第二种是（一上——下）。

后者如，一方外向，另一方沉默；一方领导，另一方服从。如果相反则属于第一种。

第一种互补的例子：

A：请帮个忙，我需要你来帮助。

B：好的，我知道如何帮你。

第二种互补的例子：

甲：今晚一定要把这个报告写完。

乙：好的，没问题。

这种互补可能导致人际和谐，减少冲突。当然这种和谐有可能是传播者主观上的一种乐意，有时则是一种被迫。这种互动带来的问题是，僵硬的互补和固定的角色。强势的一方可能因为强势自以为是，缺乏为对方考虑，自己很难认识自己而判断失误；而弱势一方可能唯唯诺诺，失去个性，但也可能有更多收益。当任何一方想要改变这个僵硬的互补关系时，都可能带来关系问题乃至危机——进取方突然放弃控制和管理，迁就方可能感到被抛弃，已经成为习惯的依赖感显得无所寄托；迁就方突然不愿服从，进取方会感到被冒犯，甚至震惊："他怎么这样？我做错什么了？"

第四节 人际传播的要素

我们已经知道，人际传播不仅是简单地交换讯息，而是一个持续的有着多元要素参与其中并彼此相互影响的复杂过程。是否能够与人有效沟通并且建立、发展、保持良好关系，受到这个过程中所有要素的影响。其中，情境、传播者、符号、渠道、干扰、反馈和效果至为重要，如果我们充分了解了这些要素及其关系，我们的人际传播将更为有效，更具有选择的灵活性。

一、情 境

在传播中，讯息选择具有情境性——人们传播时会考虑整个传播情境（参与者、何处、做什么）以便确定传播目标并指导自己的行动（Cody & McLanghlin, 1999）。例如，一个具有攻击性的人并不总是攻击别人，而是根据情形。

任何传播都是在一定情境下发生的，情境影响参与者的期待以及对意义的理解、接收和后续行为，限制了我们在实际生活中随意表达情绪和观念。情境被戈夫曼视为舞台，传播者则是在这个舞台上进行演出以给观众留下印象的演员。人们见面时依次向对方演戏，说话者为了吸引他人，千方百计地塑造一个让观众难以忘怀的形象。因此，何为真实的东西？——就是人们对情境的定义。在大多数你参与其中的情境里，你自己首先要确定扮演哪种角色，然后去表现这种角色。例如，你在晚会上表现的那种自我不太可能与在面试官面前表现的自我一样。

有时，情境不是太明显，不太具强制性，就像背景音乐，人们常常被主旋律所吸引，而忽视了背景音乐。也就是说，情境对传播的效果影响不大；有时，情境则具有强制性，限制或者激发我们的传播。在幽静的餐厅和各种选秀现场或者在丧葬场所，人们具有特定的沟通方式——小声说话还是激情呐喊抑或肃穆悲痛。再比如，某权威专家（得意地）对你说："我有个学生拿了一个资助额好几万的课题"，你本来知道，按照中国的礼俗你应该恭维地说："真是名师出高徒啊"，但你还是照着自己的思路说："我也有十几万的课题经费"。在这种情境中，对教授来说，你的表述具有冒犯性质；对你来说，你也清楚地知道应该怎样与权威说话，但因为难得有在权威面前表现的机会，你仍然应急地做出了这种可能让权威不舒服并会使自己沮丧的反应。

情境具有多样性，一个传播行为可能在一种或几种情境中进行。情境不同，采取的传播策略不同，或者说同样的表达在不同情境下会产生不同效果以及适当性差异。爱以及关于爱的正向表达是好的，但在不同的时间、地点对不同的人，可能效果两样，甚至被认为是不适当的。因此，即便是积极的情绪和观念，即便是完美的表达，并不足以保障人际传播的顺畅，我们更需要思考整个情境线索。

1. 物理情境

物理情境是指传播的空间、时间、环境等具体因素。同样的传播内容在一个房间里、公园里、教室中、会议室里会有不同的传播效果产生。例如，你在洗手间遇到领导，开始谈论工作或者要求晋升，这合适吗？效果怎样？如果换成办公室，又如何？

我们说雪中送炭，你对他人的关心在他病中或者遭遇挫折失败时更有效果。但司空见惯的现实却是，我们大多数人在这个时候选择了逃避。痛打落水狗、墙倒众人推，尽管报复的效果远比平时好，但这个时候对关系的伤害是致命的。这里指的是具体的时间节点，这其中还有心理情境存在。

2. 社会、心理情境

社会、心理情境包括参与者的社会地位及其扮演的角色，社会群体的礼仪规范以及个人带到传播中的感觉和心情等。例如，你是父亲，你在家里称儿子为"傻瓜"与在训练场如此称呼会产生不同效果，前者是表达爱，而后者可能构成羞辱。因为你的角色从父亲变为教官了。

甲和乙是亲密朋友，平时无话不谈，彼此爱开玩笑。乙是医生，很乐于助人。一次，一个病人找乙要求减免医疗费。甲像平时那样跟乙开玩笑："你这么烂的医术生意还这么红火"。乙立即勃然大怒，因为她觉得当着病人的面这么说是不恰当的，没有把自己作为医生的尊严摆在第一位。尤其在中国这样一个等级与职位有着意味深长含义的社会里，人们尤其要注意到特殊的社会情境。

而当一个人心情不好时，情绪就会一触即发。我们经常会遇到这样的情境：一直性情很好或者与你关系很好的人，突然大发脾气。中国俗话讲，"出门看天色，进门看脸色"，意思就是要考虑传播伙伴的心理情境。这对于有效传播十分必要。

3. 历史情境

历史情境是指过去发生的事情和特定参与者之间上次所达成的共识。历史情境给我们的交流提供了便利，否则，任何事情都得从头说起。

参与者很了解传播时的历史情境，而外人却不明白，就会显得困惑。例如，甲说："还那样?"乙说："他走了"。她们可能最近谈论最多的就是乙正和丈夫闹矛盾，彼此都明白彼此的说话内容，而外人却对这毫无关联的一问一答显得非常困惑。传播者这时不得不给外人解释一些背景。再比如，你在一个场所突然看到一个人在狠狠地训斥另一个人，你对这个人的粗鲁很厌恶，但当你知道被训斥者过去如何厉害地伤害过训斥者后，你就会改变看法了。

4. 文化情境

人际关系和传播不是在真空中进行，"总是在一个特定的文化脉络下发展，这个特定的文化脉络有着自己的一套价值、规范，甚至还有一些处理不同类型与层级的人际关系机制"(Mamali，1996：217)。文化情境在很大程度上确立传播的规则，规定了传播要符合特定文化中道德评判的原则，界定了什么是恰当的，什么是被允许和期许的，什么可以说/做，什么不可以说/做，什么地点是合适的，等等。不同的社会以不同的传播规则达成关系和进行社会互动，有些传播规则或者技巧对某个文化群体内的成员来说是合理的、满意的，但对来自另一种文化的人来说则可能是侵犯的或者无礼的，会导致困惑、误解、无意的或莫名的侮辱等，个人之间、国家之间以及民族之间的冲突多半来自对彼此的文化语境的不理解。

正常话语节奏、音高、语调、语体也都有文化预设，这种预设会影响人们对传播会话的理解，传播风格以及与内容的关系是一种文化社会规约，是"语境化线索"(甘伯兹，2001：171)。双方如果理解了这个线索，传播就无误，否则传播失败的现象可能会出现。例如，一位教育心理学研究生去采访一位黑人家庭主妇，事前，负责人已与当事人联系好了。研究生去了那家，按门铃，男主人开门，微笑面对来访者说话(甘伯兹，2001：175)。

丈夫：你是来查我老婆的，嗯?

采访者：啊，不，我只是来了解一些情况，有关部门已跟你们打过电话了。

男主人立马收起笑容，一言不发地走开，去叫他妻子。接下来就是拘谨的不顺畅的谈话——"砸了"。原因是采访者忽视了男主人言语风格的意义，这种言语风格属于黑人的传播规则。开场白是黑人言语的套话，检验陌生人是否能做程式化回答，而采访者用的却是正规训练的英语而忽视了风格暗示(标准英语是不被黑人信赖的)，他应回答："对，我来弄点东西"，以此表示自己不是外人。

　　我们在描述关系发展时也如同在讲述故事，刻意将故事中的情节、人物和线索"包含在某个特定的文化中被认为是合理途径的社会情境脉络下"（Steve Duck，2004：7）。文化规则本身确定了何种形态的故事陈述是被认可的，它告诉个人如何为建立关系而传播，如何通过语言来讲故事。例如，一名中国女性在向别人讲述自己糟糕的婚姻关系时，会首先强调自己如何在夫唱妇随、料理家务等方面恪尽职守，然后展开关系的细节描述。如果她是这样开头讲故事的："他很少做家务，从不照顾孩子"，这就直接挑战了社会文化情境规定的合理性。别人多半会想：你应该为糟糕的婚姻关系首先负责，因为你首先没有履行一名女性该履行的职责——温柔等。这也反映在语言中。例如，在西方文化中，男女两性都说"我爱她/他"，这样的表达是被认同的、合理的，而在我们的文化中，男性会说"我有点喜欢她"，女性往往说"他喜欢/爱我"（很少说"我爱他"）。

　　霍尔（Edward T. Hall，1976）把文化区分出高语境文化和低语境文化，这对跨文化的人际传播具有十分重要的意义。高语境文化包括许多默认的无需明白言语陈述的信息及其规则，往往在一句明白无误的表述中包含无穷含义，阅听人要努力了解的不是字面意思，而是丰富的言外之意。所以，高语境文化中的表达和解释都是含蓄的甚至是模糊的，容易产生歧义。中国、日本、韩国、泰国及拉丁美洲国家和伊斯兰国家等都属于这种文化，这导致了这些文化对关系的特殊依赖，强调保全面子，回避辩论，讲究韬略，不能轻易批评别人，不轻易说不（图 1-5）。

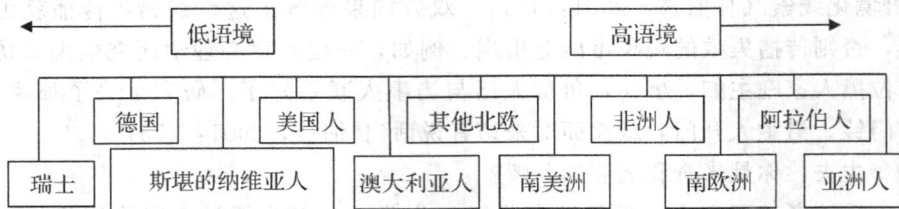

图 1-5　霍尔划分的高、低语境文化区

　　低语境文化依赖明白无误的语言，表达确切的信息，较少看情形而来确定意义，表现在社会生活中是对合约、契约的尊重与遵守，表述少有言外之意，少有潜规则。低语境文化用辩论赢得胜利，批评人可能不分场所。

　　当高语境和低语境的差异未被把握时，误解就产生了。低语境文化的直接性特性可能会被高语境文化的成员误认为是无礼的、无情的、生硬的，因为他们违背无言中的规则；来自高语境文化的人的沟通可能会对来自低语境文化的人产生暧昧不清的、非确定的、不诚实的感觉。参见低语境文化和高语境文化比较表(Steven A. Beebe et al.，2008：101，表1.2)。

这在日常生活中也有体现。例如：

问：美术馆在哪里？

答：在大剧院旁边。

表1.2　低语境文化和高语境文化比较表

低语境文化	高语境文化
偏向明白无误地提供信息，通常通过语言	偏向从环境中推断信息而不是明确表达
较少意识到非语词线索、环境和情形	考虑非语词线索的重要性
需要细节背景信息	信息依赖物理语境
倾向于切割、分离信息	理解信息时考虑环境、情形、姿势、心情
基于"需要知道"控制信息	保持广泛的信息网络
偏爱他人直白的和仔细的指示	比较间接地问问题或者探求具体信息
把知识看作商品	在初始互动中较多保留

如果问路人是这个城市的新来客(低语境)，他仍是找不到美术馆到底在哪里，回答者就必须详细回答，给予充分的指示信息；如果问路人认识周遭环境(高语境)，回答者就不用详细解释。但遗憾的是，人们常常对他们的常识(高语境)沾沾自喜，而对来自低语境的人予以嘲笑，似乎我所了解的信息和规则应该为所有人了解。接着前面的例子，如果问路者继续问：大剧院又在哪里？回答者可能白他两眼，嘀嘀咕咕：大剧院都不知道，嘁！

技能训练

回忆你最近参与的两次沟通情境，一次顺利的，一次糟糕的，思考各种情境因素如何起作用的。

二、人际传播参与者

一个既定的传播过程至少有两个参与者，传播过程也就像两个人不停地交换氧气的呼出与吸入一样——传播信息并共同创造意义。你是谁，你要什么，你的人生阅历、你的价值观和信念都影响你的传播方式和内容。每个人都是独一无二的个人经历的产物，所以传播方式和风格都会不同。独特的个人差异，比如社会—个人气质、传播气质以及社会统计变量等都必然影响传播的效果和彼此理解的程度，语言和非语言行为又为这些个人差异打上了独特的标签(Howard Giles et al.，in Knapp& Miller，1994：104)(后面章节将详细探讨语言和非语言风格）。所以，学习人际传播的目标之一就是如何理解并弥合传播者之间的各种差异。

技能训练：你是否是优秀的传播者？

交流中不够敏感，不顾他人感受，关系容易受损，产生传播和关系困境。用以下数值范围来评估你作为一个传播者的综合有效程度；再使用同一个比例，给你的一个朋友、一个长辈、一个老板、一个导师、一个男/女朋友打分：

完全无效　0　10　20　30　40　50　60　70　80　90　100　完全有效
看看谁的传播技巧比你好？谁的比你差？谁和你相当？为什么？

一些学者认为个体之间的差异是来自生物遗传的差异。"存在的证据确凿无疑地显示，许多和传播有关的人格建构有某种程度的基因或者生化成分。"（Daly, in Knapp et al., 2012：131）。例如，擅长社交或具有社交恐惧症者强烈地受到基因遗传的影响（Bouchard & McGue, 1990）。其他诸如孤独（McGuire & Clifford, 2000）和抑郁（Kendler & Prescott, 1999）、传播恐惧（Beatty et al., 1998）和言辞的攻击性（Beatty & McCroskey, 1997）等大量和传播相关的行为（比如喜欢盛大的交际聚会，喜欢公共演讲等）都有很高的可遗传性。

但是，另一些研究认为，个性特质的生物遗传性并非那么确定，人格在人的一生当中会发生变化（Lodi-Smith et al., 2009）。

1. 人格心理差异

在过去60年里，许多研究试图把各种人格气质分组排列，提出了"五大性格特质"（"the Big Five"）（Goldberg, 1993）。这五个维度分别是：（1）神经质（neuroticism），表现为焦虑，愤怒的敌意，抑郁，自我意识过剩，冲动，脆弱。（2）外向性（extraversion），表现为热心，合群，果断，活跃，寻求刺激，积极的感情。（3）对经验具有开放性和智识（intellect or openness to experience），表现为寻求经验，教育，广泛阅读，记忆。（4）亲和性（agreeableness），表现为信任，直爽，利他主义，服从，谦逊，温柔。（5）良知（conscientiousness），表现为有能力，守秩序，尽职，有抱负，自律，审慎。

技能训练：你属于哪种人格气质？

现代人通常用中国古典的十二生肖以及西方的星座来揭示个体的个性和气质特性，甚至来预示最合适和最不合适的关系配对。这里又谈到了五大特质说。你觉得你属于哪种特质？你觉得有道理吗？在多大程度上你认为这些特质来自遗传？你满意这种特质吗？你曾经为改变这种特质努力过以及努力程度怎样？有效果吗？

人格心理特质包括传播者的个性、自信自尊、价值观、态度等方面的差异。内向的人可能和外向的人互动困难，高自尊的甚至孤芳自赏的人和那些前怕狼后怕虎、缺乏自信的人互动困难。传播者的人格心理学变量主要有如下几个方面(Knapp&Daly，2002：104－117)：

(1)外向和内向

外向者较之内向者更多地把时间用在说上面，但并不一定表现出更有意义的、更多的自我揭示；语速较快的人比较慢的人更为外向，但在表达情感时，外向者和内向者语速上并没有多少区别；内向者较多的停顿和较少时间说话使他们能够有较高的认知行为和较少的冲动；外向者在发送情感时比内向者准确，包括较多非语言回应，有较多视觉积极性，注视会话伙伴比之内向者更多(但仅仅是频率而不是长度)，外向者在解码非语言传播时更为积极和自信。

(2)孤独和抑郁

孤独的特征是，在个人希望拥有的关系和他们相信自己实际拥有的关系之间存在令人不快和难以接受的差异。关系的数量本身不一定和孤独有关。感情的孤独(缺乏亲密的感情依附导致孤单的感觉，无论是否有他人陪伴)和社交的孤独(缺乏一种吸引人的社交网络，导致感觉无趣和边缘化)是有区别的。

孤独的人报告说更少感到乐观，社会支持和亲和性更低，更加焦虑和愤怒(Cacioppo et al.，2006)。孤独的人更不善于表达感情，对拒绝特别敏感，更加缺乏社交能力，对他人的需要、关注和感情更少移情和作出反应，并相信其他人对他们自己持负面的感情，更少正面评价自身所处的社会情境(Duck et al.，2009)。

与孤独相关的特质是抑郁。抑郁影响传播，也受传播影响。科因(Coyne，1976)的抑郁理论提出，抑郁者在他人那里寻求安心。自相矛盾的是，他们接下来往往否定那种安心，怀疑提供者是否真诚，并且把它看成一种怜悯。这种模式创造了一种抑郁的螺线。

与抑郁相关的特质是，具有更少的安全型依恋和更多的害怕回避型依恋，更强的女性气质，更低的自尊，关注更多地集中在自己身上。抑郁的个人把自己的各种互动描述为更少令人满意，在归因的风格上很悲观，他们把负面的事件归因于内在的、稳定的和普遍的因素(Day & Maltby，2000)。

就关系而言，抑郁者的婚姻突出地表现为消极性和冲突(Beach et al.，

1994)。在家庭场景里，抑郁影响了父母和他们的孩子交流的方式，抑郁的母亲和不抑郁的母亲相比，以更加负面的方式和她们的孩子交流（Messer & Gross，1995)，从而导致孩子变得更加易怒和抑郁。

反之，气质乐观对成功的浪漫关系具有无法估量的价值（Assad et al.，2007)。

（3）自尊与自恋

自尊（self-esteem）和自我概念（self-concept）是两个不同的概念。自尊是自我概念的一部分，反映一个人对于自己的价值的全面评估或者评价，是个体的持久人格特征①，而自我概念却取决于什么令一个人觉得自己与其他人不同。

自尊显然会产生各种传播结果。自尊较低的人更孤独，更容易抑郁，在言词上更具有攻击性，更有可能在关系当中经历嫉妒。极度的自尊可能达到自恋的地步。自恋者在初次遇见的时候更受欢迎，进行更多的自我宣扬，更加外向，更少亲和力（Holtzman et al.，2010)，也可能贬低批评他们的人（Horton et al.，2009)，更可能对伴侣不忠（Buss et al.，1997)。

（4）权术主义

人们享受巧妙操纵他人的程度各不相同（Christie and Geis，1970)。高权术主义者为达到个人目标会在较多情形下操纵他人，而低权术主义者会较多注视会话伙伴。比如在被指责为欺骗时，高权术主义者较多盯着指控者，而低权术主义者转移视线。撒谎的高权术主义者比低权术主义者更容易被人相信。有高权术主义倾向的父母容易养育出高权术主义的孩子。高权术的个人更喜欢各种面对面的互动，因为这样的场景给他们提供了可以用来利用他人的最大量信息，在机能不良的工作场所就表现为恃强凌弱。

（5）情　商

某种类型的情商看来的确存在，并影响各种人际交流。美国心理学家和科学记者、国际畅销书《情商》（Emotional Intelligence，1995)的作者丹尼尔·戈尔曼提出情商有五个成分：自我意识、控制感情、激励自身、移情以及处理关系。情商是一种能力，即人们"监控自身和他人的各种情绪，辨明其优劣，利用这种信息来指导（自身的）思维和行动"（Salovey and Mayer，1990：189)的能力。例如，儿童如果在五岁时有成功识别不同感情的能力，那么，他们九岁时的社交技巧（如自我宣示和合作）及学业表现水平就会较高

---

① http：//en.wikipedia.org/wiki/Self-esteem。

（Izard et al.，2001）。就成人而言，情商和如下能力正相关：对生活满意，移情性，自尊，关系质量，控制自身情绪（Ciarrochi et al.，2000），健康（Martins，et al.，2010），性格外向、独立和自我控制。而和焦虑反向相关（Newsome，et al.，2000）。

2. 社会统计学变量的差异

传播者的种族、性别、年龄、体能、相貌等，都可能对传播产生影响。我们比较认同和理解与我们有着类似经历的人，人们之间越相似，越能够预测彼此的行为；当我们与不同种族、性别、年龄的人互动时，我们之间的差异对传播构成很大挑战。

（1）年龄差异

不同年龄的人的社会阅历、历史经验都不同，对待社会、传播也会不一样。代沟既是差异的反映，也是差异的结果，对于彼此的关系发展有意义。人们不仅和爷爷奶奶、爸爸妈妈沟通，也和社会上不同年龄的人沟通。人们对不同年龄的人也会有刻板看法，由此影响传播。

每一代人还会发展出不同的价值观，这些价值观和人们所生活的时代的政治、经济、文化因素有关，沟通中持有不同价值观的人可能产生冲突和误解。例如，老一辈崇尚节俭，新生代崇尚享乐消费。

（2）社会阶层差异

尽管人类一直在追寻一个自由、平等的社会，但是阶级、阶层差别一直存在并且影响传播模式。社会心理学家（Argyle，1994）用以下指标确认阶级差异：生活方式、家庭、工作、金钱、教育。这些因素都影响人际关系的性质和质量，影响一个人的思想和情感。婚恋要"门当户对"就是典型的社会阶层配对。

社会发展出等级区分和地位差异，人们比较愿意和同阶层的人互动。你是否经历过要超越本阶级而付出更多的努力？例如，司汤达的《红与黑》中的主人公于连醉心于攀龙附凤，其成败得失充分显示出其可怜、可悲、可恨、可笑的一面。同一阶层使用较为接近的表达方式和言谈举止，在穿着、住房、使用物品、上的学校、教育收入等方面都与其他阶层相异。

技能训练

白领是一个时代概念，在中国具有非同寻常的含义，你也将成为白领的一分子，你观察过他们的传播方式吗？和其他阶层有何差异？

中间和上层阶级往往使用"精致代码"，言语较多意义雕琢；下层阶级使用"有限代码"，即有限的词汇和句法选择，高度可预测性的话语；低阶层者覆盖较多较高阶层的伙伴，而高阶层者并非如此，因为低阶层者对高阶层者的赞同需求较高。但也有观点认为，高阶层者覆盖低阶层者为的是增进传播效果，低阶层者覆盖高阶层者是为了获得赞同(小约翰，1999)。

(3)性别差异

有人认为性别差异来自生理，但更多的社会学家认为性别是社会建构而成的。不同性别之间有着很大的传播差异，这种差异之大，以至于《男人来自火星，女人来自水星》这本书认为男性和女性生活在不同的星球。例如，和男人相比，女人在和男人意见不一致的时候更加踌躇不决(Carli，1990)，她们没有男人那么果断(Costa，Terracciano & McCrae，2001)，对回避冲突却更加敏感(Afifi et al.，2009)，她们在各种社交互动当中更多使用非言语手段，更加经常微笑和凝视她们的互动伙伴 (Riggio，1986)。

就感情而言，女人跟男人比，感情更加敏感，更加善于区分面部表情，更能意识到感情的存在，更加能够描述感情经历。

从更加正面的角度来说，女人比男人更加合群、热心，信任他人和造化他人，没有男人那么自恋(Fast & Funder，2010)。就"五大性格特质"而言，女人在外向性、神经质、亲和性和良知性上得分更高 (Schmitt et al.，2008)。

男人和女人在处理关系的方式上也各不相同。女人对自我的感觉比男人更加依赖于关系，女人的友谊跟男人比更加以自我揭示为标识，女人比男人更加善于解读配偶发出的感情信息，女人比男人更加愿意提供感情支持，在安慰他人和提供社会支持方面更加有效。当提供支持的时候，女人的反应更加集中于感情，而男人提供更能解决问题的反应。

还有人认为，两性之间的差异与其说在如何传播不如说在为何传播，男性传播是为了报告一件事，完成一件任务，以内容为导向，把传播目的当成基本的信息交换，而女人是为了赢得支持以及建立、保持关系而传播(Tan-nen，1990)。

但伍德(Wood，2002)认为，两性之间尽管有差异，但也不要贴上男性和女性的刻板行为类型，制造并不存在的差异。

(4)种族/文化差异

每个人也都是文化的产物和构成物。种族的外在特征是一系列生物差异，如皮肤颜色、身形、头发颜色和面部特征等，而内在的却是文化差异，即不同民族、宗教、语言和祖先传统。偏见就是对他群体成员的不公正或者不恰当的对待，学习彼此的异同正是为了克服偏见。

来自不同种族、文化的个人或群体之间的传播构成跨文化传播，这个过程可能是充满挑战的。差异越大，潜在的误解和不信任越大。所以，当人们同差异较大的人沟通时，不确定性增加。对于不能确定和不可预测的行为，人们往往感到恐惧，从而有不同的互动策略——或者退缩，或者逃避，或者顺从，而有的人则采取攻击和侵略性行为来掩盖害怕。当一种文化与你的共同性越少，你就越可能经历文化碰撞、困惑、焦虑、失落和压力。人们最大的问题可能是使用的语言和非语言有着差别极大的含义及其理解差异。

跨文化传播的障碍主要是文化沙文主义。这表现为三种倾向：第一种是觉得自己的文化优越于他人，对来自不同文化、亚文化的人持有刻板印象和偏见；第二种是假设同样性，即认为别人的行动和思考与自己一样；第三种是假设差异性，即认为别人每一方面都和我们不同。

因此，要努力寻求、理解他者的文化知识，仔细倾听，随时换位思考，发展折中文化；要有接纳他人的动机和愿望，避免负面评价，忍受价值和信念挑战，用心把握，以他人为导向，适应他人传播（自我揭示方式，语言选择等）。

（5）传播者社会经验差异

人是社会经验的总和体，尤其是一个人早期的社会经验强烈地影响其传播，指引一个人一生的传播路线图。例如，当一个孩子在父母争吵不断的家庭氛围中长大后，可能会形成讨好者风格，因为为了缓解父母矛盾，他不得不时常扮演协调者的角色，并试图通过自己的良好表现赢得父母的好心情。

（6）传播者知识和技能差异

每个人接受的教育程度和知识技能培训机遇可能各不相同，而且"闻道有先后，术业有专攻"，你颇有研究的领域对他人来说可能是陌生的，你现在不熟悉的领域可能在未来很了解。传播者的这种差异影响彼此的沟通。

3. 传播气质的差异

在传播过程中，如果传播者对彼此的传播气质差异不够敏感，就会在无意中冒犯他人，就不可能收到良好的传播效果，更谈不上发展人际关系。

（1）传播者攻击性

我们常常观察到某些传播者有将压力施加给别人的倾向。该行为具有四个特点：自我肯定、喜好争辩、敌意和言语攻击。在一定程度上，前二者是积极的，在传播中具有建设性；后二者是消极的，在传播中具有破坏性（Dominik Infante，1990，转引自小约翰，1999：192）。

自我肯定的人直率地维护自己的利益但不伤害他人，抵制要求服从的压力。与不好争辩的人相比，喜欢争辩的人更有趣，更有生气，更有能力和更可信，更愿意反驳他人的表述，感觉争辩是一种很不错、令人愉快和有用的活动(Rancer et al.，1992)，更不可能从冲突的处境里退缩(Caughlin & Vangelisti，2000)。

敌意与愤怒、抗拒、猜疑、言语攻击相连，争辩的是观点、信念，攻击的是他人的自我和自我概念、品格、能力与相貌，企图引起心理的痛苦(Infante & Wigley，1986)。特别有攻击性的人有更低的传播技巧(Infante et al.，1984)，更容易实施身体性攻击。此外，他们更不开放，更处于防御姿态，更不愿意承认自身的错误(Rancer et al.，1992)，更不可能提供言词的赞誉。在家庭场景里，言语的攻击性与父母提供给孩子的正面情感信息的数量反向相关(Bayer & Cegala，1992)。

(2)传播忧虑

在人际传播领域内受到研究最多的个人差异就是传播忧虑(communication apprehension)。具有传播忧虑特征的人避免各类口头传播且这种倾向是持久的，或者只对某些形式的传播方式感到害怕(如公共传播)，或者对某些人、某些群体传播表示恐惧。每个人都会多多少少受到传播忧虑的折磨，但不意味着有传播忧虑。传播忧虑有一个从高到低的变量区间，正常的不是问题，病态的应该引起注意。

在行为上，具有高度传播忧虑的人更不可能在社交场合说话，更少和互动对象目光接触，更多自我保护，更少自我揭示(Meleshko & Alden，1993)；在感知上，他们在各种各样的场景里，比如面试和社交互动，特别是在交谈开始的时候，更少得到他人的正面评价(Daly et al.，1984)。有趣的是，他们更加机敏地观察到他人的面部表情变化；就人格而言，忧虑的时候进行会话会更不敏感，更容易窘迫(Maltby & Day，2000)，更少独立性，更多的是依靠与他人的相互依赖来建构自我(Kim et al.，2001)。

温和中等层面的忧虑倾向于推进言说(快语速和较少停顿)，而很低和很高的忧虑产生较慢言说和长停顿，焦虑者在自己和对话者之间保持较大身体和心理距离(Knapp & Hall，1997)。

但忧虑和传播行为的关系也是复杂的，受情境、状态和任务特点影响。例如，高忧虑的人仅仅在受到威胁时才会增加停顿次数。忧虑能够激发、推进简单、熟悉的任务完成，但却妨碍复杂的、非熟悉的任务(Daly & McCroskey，1984)。

（3）支配与顺从

具有支配性人格的人使用自信的和固执的互动风格，与顺从的对方相比，他们拖延时间和打断话题较多，较少停顿，较多用确定性的词，比如"当然"、"毫无疑问"。

"修辞敏感"（rhetorical sensitivity，Hart，Carlson，and Eadie，1980）说认为传播者有根据听众的需要改变讯息的倾向，这种倾向有三个层次：一是自我清高者，他们坚持自己，不会根据他人的情况做出适当调节；二是修辞反应者，他们完全根据他人的需要改变自己的讯息；三是修辞敏感者，这一类传播者介于前面两极端之间，更有利于交流、沟通与信息的理解与接受。

修辞敏感说引发了其他一些相应的学说，如作为一种人际调节全面理论的"顺应"理论（Howard Giles et al.，1991）认为，传播者有模仿会话伙伴行为的倾向——会有意识或无意识地趋同或趋异。一种趋同是直接附庸他人观念、意见和态度，有点"帮闲"的味道。例如，当有人或几个人都在批评一个人时，即便你并不想批评，你还是这样做了。当别人不喜欢某种东西时，你也告诉别人说不喜欢。

人们还会调整自己的言语风格——语音、语速、语调、礼节等，以适应他人的言语风格。地位接近的人之间以及差异甚大的人之间都会发生这种情形，即从属人物适应支配人物或者相反。关键是人们对他们的社会地位是否敏感以及是否渴望去适应他人。例如，领袖人物用老百姓的方式、语词和风格说话，以便赢得人们的好感和支持。

某些趋同得到认可，过度趋同则遭人厌恶。被认可的趋同多半是准确的、意图良好的而且在该情境中是合适的行为；地位高与地位低者都会彼此趋同，后者多于前者；趋同既有奖励，也会付出代价，如非常努力、个人身份、个性的丧失和被人嗤之以鼻。

与趋同相反的一种情形是趋异，往往是传播者在面对群体外成员时，强调成员身份。人们常常会在陌生的社区中突出自己的言语特点以引起主群体的同情，这种"自我伤残"法其目的是为了避免因为对某些习俗不熟悉而造成的责任违背。

（4）传播者风格

传播者的传播风格也是迥异的。"传播者风格"说（communicator style，Ivanov & Werner，2010）认为，人们提供信息的同时还以某种方式告知人们应该怎样理解与做出反应。例如，你会告诉他人某一段经历，但同时会显示这一讯息具有无利害关系，很幽默，等等。风格讯息可以在会话前、中、后发送出，当人们面临含糊的讯息时，不知道该如何理解时，就会寻求说话者的风格讯息。

传播者风格包括多种多样的维度，如关注、准确、威胁、友好、放松、戏剧性、给人留下印象、开放、活泼和尽力维持形象。我们平时讲的矜持、男子汉气概等，也都是风格的体现。

风格受到文化的影响。一个人的风格构成其传播交际的主要形式，但不是唯一形式。

（5）传播者关系气质

传播者在处理关系方面，也会出现不同的风格。依恋（attachment）风格理论认为，人们和看护者的早期互动塑造了他们如何解释自身和他人以及他们对可能从他人那里得到的支持的数量和类型的期待。依恋风格对婚姻关系、父母子女关系、浪漫关系的发展、保持以及冲突的管理都有着非常重大的影响。本书后面各个章节，尤其是第二章将重点论述依恋风格。

对拒绝的敏感（rejection sensitivity）也是一种人际气质，这是人们急切地期待、察觉拒绝并对之做出强烈反应的一种倾向性。对拒绝特别敏感的人更有可能在和情侣分手以后经历抑郁，当他们感到被拒绝的时候，会对其伴侣表现出敌意和不支持，把新伴侣表现出的感觉迟钝行为视为更加带有有害意图，对关系没有安全感，感到他们的伴侣更有可能离开关系（Romero-Can-yas et al. ，2010）。对拒绝的敏感特质往往和神经质、社交回避、社交苦恼、人际敏感和没有安全感的依恋风格正相关。

三、象征/符号

人类一切互动过程的核心力量是象征（符号）。人际传播既是互动的两个人之间一来一往对符号的指涉进行编码、解码的过程，也是通过符号传递思想观念、知识经验、情感，分享乃至创造意义的过程。编码是把想法和情感转换成符号以及把它们组织成讯息的认知思考过程，译码是把别人的讯息转换成自己的想法和感情。例如，

甲：你想听听我的论文思路吗？

乙：哦，洗耳恭听。

尽管乙用了积极的语词编码，但是，甲可能认为乙的语气表明他对甲的话题并没有兴趣，从乙脸上表情看来，他很累了。

符号具有非常丰富的类型，通常分为语言符号与非语言符号两个大的类别，它们各有其特点与功能。在每一次具体的人际对话中，都同时具有语言和非语言的向度，我们很难把传播的语言和非语言部分截然分开，尽管它们

在对话的某个阶段都可能单独出现，但没有任何对话是只有语言而无非语言，或者只有非语言而没有语言。也就是说，语言符号与非语言符号共同推动传播者去创造、表达无限复杂的意义，从而调整人们之间共享的意义。

我们来看下面的对话：

小张：（笑，点头）：喂，哥们，咋样？

小王：（兴奋地看着对方）哦，小张！（握手）看到你好高兴，听说你换工作了，在哪里发财了？

小张：（心照不宣地笑）没有啊，真的。我只是边工作边上学，但我和小英离得更近了。

小王：（开玩笑）哦，我听说了。你俩到底有啥故事？

小张：（玩笑但谨慎地）有啥故事是啥意思？我们是老乡，不过一起吃吃饭，打打球而已。

小王：（仍然玩笑地）哦。比如周末，每天晚上以及其他业余时间？

小张：（挤眉弄眼）那你和小丽呢？我听说你俩在约会。

小王：（有点不好意思）哪里听到的？确实真的（幸福状）。我第一次感觉这么快乐，我们甚至准备共同租一套公寓，但她想找份待遇好的工作，我养活不了我们俩。

小张：（友好地）看来你遇到了我和小英同样的问题，他父母方面也是个问题。

小王：（严肃地）我妈妈爸爸都还好说，但小丽的父母还不知道，我想让她告诉她父母。

小张和小王二人同时使用了符号的语言和非语言的方面。

即便是最"纯粹的"的语言——书面语，当它被写在页面上时，也有非语言因素影响人们对书写语句的理解，如纸张的质量、颜色、空白、版序等。

因此，只是由于表述的需要，我们才把语言和非语言符号的传播分离。理解符号的语言与非语言向度时，最好把它们理解为一个连贯区间或滑行刻度（John Stewart，2006：69）。

基本语言————————————混合————————————基本非语言

（书面语，口语）；（音调，停顿，大声，沉默等）；（姿势，目光接触，面部表情，接触，空间）。

当然，符号的使用是受文化规则、语境、传播者风格以及传播者之间的关系等因素所制约的。良好的传播能力很大程度上取决于准确判断符号的意义以及对符号的娴熟应用，对符号的运用水平与能力决定着传播的成效。因此，传播者要了解各种符号的特点、作用与意义，增强编码与解码的能力，且要针对不同的情境决定采用语言符号还是非语言符号抑或是二者的相得益彰去传达、理解或做出反馈。

在人际传播中，语言有两种不同的功能：信息交流型和人际交流型，它们实现不同的交际目的。前者提供、获取信息，人们应该遵守彼此真诚合作的原则，否则交际失败；后者当然也有信息交流的存在，但并非主要目的。例如：

甲：聪明的，你告诉我，为什么孔雀东南飞。

乙：因为西北有高山，飞不过去。

按信息交流的要求来说，这个对话是失败的；但作为人际交流来说，这个幽默对白则是成功的。因为"会话含义允许传播者使用各种策略上有趣的、间接的述句来达到其目的但又不被认为缺乏会话能力"（斯蒂文·小约翰，1999：156）。这也就是幽默、笑话不仅不被视为缺乏会话能力，还被人们视为有高超的人际交往能力的原因。

信息交流型对话虽然在人际传播中非常普遍，但两相比较，人际交流型的对话更为普遍和常见。因此，我们更有理由把人际传播看成是社会个体通过彼此互动达到对个体生命体验的理解的过程，而不突出其中的信息交换性。所以本章也不像一般书籍那样在论述传播要素时将传播内容表述为"讯息"（这与前面谈到的人际传播同时具有内容维度和关系维度的知识点也是呼应的）。

四、渠　道

渠道是指讯息借以传输或者意义得以在其中创造和理解的媒介，包括声音、五官、新技术的文本等。可以是面对面的互动，也可以是通过诸如电话、电视、广播、传真、手机等电子传媒或者以计算机为中介的传播。传播有时是通过一种渠道，而大多数时候是通过多种渠道进行的。例如，在面对面传播中，我们的五官都会发送和接收讯息，耳听、眼看、鼻闻、口说、舌绕，乃至身体的接触等，都是传播的渠道；渠道的选择不同也会带来传播的差异。

技能训练：选择哪种渠道？

如果要道歉说"我很难过"，你认为是当面说好还是通过电话？

你想升迁，是和老板当面谈还是写个便条，抑或写 E-mail？

过去人们一直认为面对面传播是开始并保持如果不是全部也是绝大多数关系的必不可少的方法，技术的进步使我们考虑个人传播的新动向和意义。

传播新技术似乎给个人传播带来了新的选择，那些通过 E-mail、即时讯息、在线聊天等技术手段被创造出来的海量文本见证了朋友间、家人间、恋人间、熟人间以及陌生人之间进行人际传播的狂潮大浪。有人认为，以计算机为中介的传播（Computer-Mediated Communication，CMC）对于人际关系产生负面因素及其消极影响，比如 CMC 消解了情景线索，带来种种道德恶果；而另外一些人则认为，CMC 具有积极因素并对人际传播产生正面推进作用。

事实上，每种渠道或者手段都有利有弊。至今，经过中介的人际传播与人际传播的物理接近的关系正成为人际传播领域研究的热点话题（后面章节将专门讨论）。

我们大多数人都有与他人在网络上传播的经验，你是否有过这样的经历？——没有面对面互动，但却使人际关系得到了发展。

技能训练

想出五个你最近经常保持联络的人（不一定是主动），说出每次联络的性质（主题、信息），环境（教室、家、在线网络），联络的类型（人际的、实际接触、小团体或公共场所）及联络的结果（交流结束后发生了什么），并给你的每一项打分：

（最无效率） 1 2 3 4 5 （最有效率）

你将提高还是降低"面对面"接触的百分比呢？

作为学习者、研究者，我们要进一步关注如下问题：你会和他人在互联网上人际传播吗？是否可以不通过面对面使人际关系得到发展？中介的人际传播会遇到哪些挑战？其与面对面人际传播的关系怎样？对人际关系产生了哪些影响？哪些传播规范需要或者已经确立？

五、噪 声

传播过程中有许多使意义分享的有效性降低的干扰因素，主要有外在干扰、内在干扰和语意干扰。外在噪声是那些来自周遭物理环境的声音、事物等因素。例如，你正在情深意浓地与恋人呢喃时，汽车的喇叭声、服务生的打搅声分散了你的注意力。

内在噪声是指来自情感与心理的变化，即所谓的睹物思人，触景生情伤怀。你会因此而脱离当前正在进行的沟通任务而跳跃到另外的人和事上，进而影响你和谈话伙伴的意义分享和商谈。但并非说"感时花溅泪，恨别鸟惊心"这种情感就是不必要的，而仅仅是指偏离当前的谈话过程。

语意噪声是指那些阻碍我们理解意义的因素。当你所讨厌的人或内容被谈论时，你可能听不进去别人在说什么，你的心思可能集中在你所认定的东西上。偏见、"先入为见"、前见以及刻板印象等都会带来语意干扰。当你觉得明星都是矫揉造作的时候，无论别人告诉你什么，你都会向另一个方向理解；当一个你不喜欢的人和你说话时，他无论多有好意，你也会觉得他话中有话。在不同社会团体的彼此认知方面，常常会引起语意干扰。

六、反　馈

我们知道，传播是传播者一来一往的符号交换和意义分享的过程，来往之间必定有反馈，无论是哪种方式的反馈。如果没有反馈，就不能被称为传播，那就是一个人的独白；如果没有恰当回馈，会导致一连串的失败。反馈使讯息发出者知道讯息是否被接收或者理解以及理解的程度、方向和方式。如果传播者用语言和非语言的讯息传递的意义未被理解，原传播者可以重新编码自己的意思并进行解释。这种重新编码和解释过程也是一种反馈。反馈者是所有的传播参与者，不仅仅是某一个传播者或编码者。在后面的倾听部分中，我们要学习这种技巧。

七、人际传播效果

每个人的传播行为都会产生一定的后果，无论是正效果、负效果还是无效果。在传播领域，效果一直是一个难以评估的领域，人际传播效果的评估更是难上加难，因为它非常个人化。

同时，有效传播具有相对性。没有绝对有效的传播，评估关系中的传播是成功还是失败是因人、因情形、因时间而变化的，没有一个统一的标准去衡量任何情形下传播的成功与否；一个人的传播是否有效，还取决于谁在评估，什么时间评估，评估了什么，如何以及为何评估（Knapp&Daly，2002：405）。

1. 谁在评估？

不同文化群体或者种族评价效果的标准不一样。例如，在当今大多数西方社会里，更看重积极的传播而不是消极的传播，他们把亲密和开放性看成亲近关系的核心组成部分，认为个人应该对关系中发生的一切具有控制力（Weber and Harvey，1994：67—87）。而东亚文化把家看成避难所，往往是消极信息谈论的场所，把养育子女看成是亲近关系的中心组成部分。即便是西方人，这些原则也不总是对的。有时消极传播对关系也是重要的，比如当开放性制造关系紊乱时，当个体无法努力控制其关系结局时。在不同的关系里，有效传播也是相异的。具体的关系双方可能谈判对于其关系独一无二的传播标准，使其不同于其社会所持有的标准。有的关系特别强调个体的个性，而有的关系则强调所有成员都具有相似价值观；有的把幽默和讽刺看成良好家庭互动的重要部分，但有的又认为同样的东西对家庭关系具有破坏力。

而个体可能对高质量的传播发展与保持持有自己的标准。在关系里的个体都会真诚地保有关系，都会认为"我已经做到我能做到的"。作为评估者，都会考虑自己的能力以及过去的成就。

在一次传播行为中，关系双方对有效传播的看法也会有差异。某个传播者觉得很有效果，另外一个不这么认为。例如，你请老师喝茶，向老师阐述自己多么刻苦，自己能够参与这门课的学习和考试克服了多少困难。老师可能觉得合情合理，就略微提高了你的成绩。你觉得达到了目的，觉得这次沟通颇有成效颇为自得。但老师觉得浪费了太多时间听你唠叨，而且挑战了他的某些执教原则，很不愉快。

2. 何时评估？

评估的时间不同，传播效果可能也不同，时间层面有：具体情形还是相关环境，关系的阶段，传播者的生命阶段，历史中的时间（Knapp et al.，2014：412）。

如果我评价说此刻我们的互动中你的传播是有效的或者无效的（比如"你是个对他人很不敏感的人"），那么，在互动过后呢？几个月以后呢？人往往会以偏概全，就是把一个具体例子普遍化为一个人总体的有效性。我们无法在所有关系和所有情形中都是有效传播的。

关系阶段不同，也会有不同的评估结果，因为不同关系里的人们的期待不一样。在陌生人关系里，我用一般社会文化规范和人互动；而在友谊中，用更为个性化的传播来表明我们的亲近性。用友谊中的有效传播去衡量陌生人传播显然是无效的。

人在不同生命历程里，传播有效性的评估也不一样，我们不可能把对孩童时期有效的传播标准用于成人阶段。

不同历史发展时期，有效性也不一样。例如，传统社会认为婚姻要避免冲突，但今天可能就不现实了。传统的向尊者行跪拜礼是理所当然，在今天看来就不合时宜了。

3. 什么被评估？

一般评估的是伴侣们追求的目标以及目标达到的程度。但成问题的是，传播者可能有多元目标，达成任何一个就算成功还是达成所有才算成功？部分完成目标算不算成功？成功的传播者必须是能够选择兼容不相容目标的策略吗？传播是否没有达到这个目标，但达成了未预计的目标呢？还有，除非另一个人达到其互动目标，你不能认为是有效的。有的目标达到了，可按照伦理和道德标准，那是不合适的。

有时候，人们用得到多少现实利益来衡量传播效果。但是，有些时候的传播并没有使你得到金钱、权力或者机会，但你发觉对方是一个幽默风趣的人，给你一个轻松愉悦的放松时刻。还有些时候，人们会有意外效果的收获。例如，你为人忙，为己忙，你想忙里偷闲；你劳心苦，劳力苦，想苦中作乐，你只想和朋友喝茶聊天，但是你却意外获得人生、事业转折的关键信息。

有时，一个完全不平等的关系，也就是盘剥、剥夺的关系，却仍会产生双方都满意的效果。例如，一个喜欢颐指气使、惯于利用他人的人可能在很多人面前失败，但和一个虔诚的基督徒互动，双方都可能非常满意。笔者访问美国时见到过很多这样的满意关系和传播个案。在外人看来，这种赤裸裸地、直接地利用、驱使他人为自己做事的行为是一件很可耻的事情，但我采访过的基督徒们不觉得自己被利用，或者即便认为被利用，也很开心。因为上帝让人爱人如己，要谦卑待人，所以在这种被盘剥的关系中，基督徒认为他们收获了——让世人了解上帝之爱的纯粹与绝对，自己在上帝眼里由此被视为珍宝带来的精神愉悦。这既说明效果的复杂性，也可以用来解释文化语境对于传播的影响。

4. 以传播者的"目的性"与"策略性"来评估有效性是否恰当？

人们可能会很容易有这样一种观点：学习人际传播知识就是为了提高个体在人际关系中达到所欲求目标的可能性，因此，就是学习各种传播策略。不确定性递减理论、信息交换理论、劝说理论、礼貌策略、冲突模式、语言沟通技能以及认知不和谐理论似乎都认为沟通是你来我往，企图让个体得到最大利益的斡旋过程。人的行为本质上具有目的性，自然而然地，为达到目的需要有所谋划。但传播者并非总是有意识地、无时无刻不在算计。即便是不知不觉，那些隐含性知识的应用还是策略的，因为具有选择性，这种选择性是可以通过人的掌控得以调整的。

但这不是沟通的全部，更不是唯一的重点。人并非对所有事情都是经过深思熟虑的，有时是在不知不觉中进行的；还有，个体也并非遗世独立的，而是存在于关系之中。

关于目的性、策略性是否恰当，有词义上的差异，有的把策略当做精心算计，有的认为是基于充分考虑他人需要而达到个人目的。

因此，有效人际传播是相对的，我们不会总是运用同一个标准去评估在任何努力中的成功。

第五节　人际传播的价值

现代社会及其传播环境日趋复杂，人际传播能力对于我们的个人生活、职业生活以及社会生活与社会健康都是至关重要的。通过人际传播，我们获得个人需要的监测环境的信息，造福我们的身体和精神健康，和家人、朋友、爱人、同事发展并保持良好关系，与来自不同文化的人互动沟通，开拓我们的职业领域，促进我们的事业发展，帮助我们在多元社会里保持丰富视角。

人际传播可能满足我们许多需要，但我们在与人交往沟通中并非一定是有意识地渴望达到某种目标。有时候一个具体的传播过程满足了我们所有的人际需要，有时候满足了我们所期待的目标，但有时候可能满足我们出乎意料的需要。

一、个人生活的需要

对于每个人来说，确认自我，监测环境，保持身心健康都至关紧要。人际传播不说是这些目标达成的唯一因素，也是至为关键的因素。人际传播是知晓我们自己是谁的主要方式，通过与他人互动我们获得看清自己的一面镜子，确定自我身份以及各种能力等。

（1）确立自我的需要

他人的眼光，影响我们个人身份感的确立。我们每个人在进入世界之前较少或者没有身份感，通过人际交往，我们从他人如何定义我们来确认我们是谁。在儿童时期甚至婴幼儿时期，我们从父母以及我们的看护者那里知道我们是谁："你很聪明"，"你是男孩"。后来我们和老师、朋友、浪漫伴侣以及同事互动并从那里获得"我是谁"的信息。如果剥夺了与他人的传播，我们就失去了身份感。身份与传播的关系在被剥夺了与人类联系的人那里表现得尤为明显。成龙主演的电影《Who Am I?》中的主人公在被人类社会隔绝后，都陷入了身份困惑。

（2）保持身心健康的需要

人际传播的到场与缺乏都会直接影响我们的身体、情感和精神健康。和他人的联结与传播可以提高我们的身心健康和愉悦程度，而社会隔绝则与压力、疾病以及早亡相关，其危害度之高与高血压、肥胖、吸烟以及酗酒等同。社会隔绝带来的孤独会破坏人的免疫力，使人们对小毛病显得很脆弱。研究发现，缺乏亲密朋友或者人际冲突较多的人具有较大焦虑感和压抑感，寡居和离婚的人较之已婚人士有较多诸如心脏病、癌症、肺炎等疾病，更需要精神护理(Argyle, 1987)。

(3)满足个人影响力的需要

人际传播还可以满足我们获得个人影响力的心理需要。我们人生的大部分时间都花在人际关系的信念上，也就是花在劝服他人赞同、支持我们的观念和遵循我们的行为习惯上。我们每个人都有处理日常事务的独特计划、程序和行动方案，他人的方式与我们哪怕有一点细微的差别，也会给我们带来不安。你喜欢喝茶，实在无法理解朋友为何喜欢咖啡，你可能在任何可能的情形中都会有意无意地表达茶比咖啡好的观念。

(4)监测环境的需要

每个人都需要监测环境的知识。在当今时代，我们有各种途径去获得我们需要的决策信息，人际传播是我们了解外部事物和人的重要途径，而且我们的信仰、态度以及价值观，借着人与人相遇比通过媒体甚至教育更具有影响力。传播的社会性表明，越来越难以在大众传播与人际传播之间划分明显的界限，大众传播要依赖人际传播延伸其触角。选举和创新扩散研究表明，人们在某个阶段对人际传播的依赖是超过大众传播的(赛佛林等，2000：154)。

(5)被助与助人的需要

"人生失意无南北"，每个人的生活都会遇到困难，我们也需要通过人际传播与关系从他人那里获得各种实际帮助渡过难关。与此同时，帮助他人也是我们的一种心理需要，也只有在人际传播中才得以满足这种需要。"人的天性中总是有一些根深蒂固的东西。无论一个人在我们眼中是如何自私，他总是会对别人的命运感兴趣，会去关心别人的幸福；虽然他什么也得不到，只是为别人感到高兴。当我们亲眼目睹或是设身处地地想象到他人的不幸时，我们的心中就会产生同情或怜悯。我们常常为别人的痛苦而痛苦，这是无须证明的事实"(亚当·斯密，2005：2)。

(6)娱乐、消遣的需要

人际传播还满足我们娱乐、消遣的需要。我们在人际传播中既满足帮忙与被帮忙的需要，也会满足帮闲和被帮闲的需要。我们的生活也会有愁苦，来自情感、关系和工作的压力使我们必然需要娱乐消遣，获得心理平衡。我们幻想的世界也必然需要花时间去活动。和朋友阳光午后的茶聚，失意之后的倾诉，与志同道合的人远足，都让我们获得安慰。

（7）日常其他需要

日常生活中的诸多领域都需要传播技能，人际传播可以为我们提供这些技能。这不仅是指在日常互动中学习他人沟通的榜样，也是指有意识地学习人际传播知识。例如，如何准确地告诉发型师给你剪多少、如何剪，告诉医生你哪里痛、怎样痛，这些都与我们的生活质量休戚相关。

当然，并不是所有人都需要同样数量、同样类型的传播与联系，传播的数量和质量有着同样的重要性，这都是因人而异的。

二、关系需要

没有人是孤立的，连接和做伴是人类强烈的愿望。人需要和他人相处，一旦与人失去接触，我们就处于幻觉中。也许我们需要独处远远大于实际得到的，但我们也不想孤独，否则独处会从愉悦变为痛苦。《鲁宾逊漂流记》中那个与世隔绝的鲁宾逊感到唯一的痛苦就是从人类生活中放逐出来，孑然一身，禁锢在茫茫大海之中，远离人群，注定过着一种寂静的生活。因此，人际传播可以满足我们相关性的需要。摆脱孤独与他人建立关系是人们进行沟通的一个基本原因。人际传播是关系（个人关系、家庭关系）的关键基础，也是我们管理关系的基本手段。

我们通过感知他人、揭示自己的个人身份、倾听并学习他人、记住曾经分享过的信息与历史计划等方式来与有吸引力的人发动和建立关系，我们希望增加和那个我们渴望建立关系的人的互动，并继续进行人际传播以保持关系，也使用传播去结束某些我们认为不再有价值的关系。

我们也渴望被爱和被喜欢，渴望爱与喜欢他人。于是，我们还会和与我们互动的某些人建立、维系亲密关系，减缓孤寂、沮丧，更肯定自己。

所有的个人关系都会遇到挑战和冲突，于是我们也通过人际传播解决关系冲突，重新定义或者结束某种关系。延续的关系和破灭的关系的主要区别在于有效传播。一项全美调查发现，"缺乏有效传播"是关系破裂的主要原因，超过其他因素，如金钱、亲戚、姻亲、性问题，或者孩子（National Communication Association，1999，转引自 Ronald B. Adler，2004：2）。

传播的重要不止于解决问题或者终止关系，日常谈论和非语言互动恰好是关系的（Duck，2004）。亲密者之间例行公事的谈论更能够持续地把他们的生活编织在一起，而不是重要历史时刻的谈话——宣告爱或者主要危机。婚姻的互动往往是日常琐事，能够耐心聆听絮絮叨叨的配偶的谈话可能是保持婚姻的秘诀——絮叨，啰唆，分享彼此的熟人信息，讨论家具、着装，谈谈鸡毛蒜皮，是配偶把握关系的常规方法。在婚姻生活中，分享琐碎谈话至关重要，男人们往往喜欢严肃的大话题，而女人们觉得没有谈论生活中的琐事似乎彼此不属于彼此。因此，夫妻之间最大的问题是不能分享琐细的谈话。

人际传播可以提高我们与家庭的关系。我们与家庭成员是一生不离不弃的关系，和家庭成员的互动是我们一生的活动。但这也是矛盾丛生的领域：家庭功能不健全、夫妻冲突、亲子冲突等。"清官难断家务事"已经说明家庭关系的复杂性，社会急剧变迁带来家庭结构和观念的巨大变迁，中国人由此承受了更多的家庭关系压力。造成问题的原因固然很多，但沟通不畅、缺乏人际传播技能是一个重要原因。我们并非说学了它就可以解决一切问题，而是说在挑战和冲突来临时，有更多的选择性行动，发展出更为积极的、建设性的解决问题的方法，避免消极情绪和传播之间的恶性循环的影响。

人际传播可以提高我们与朋友和恋人的关系。对于年轻人来说，发展友谊以及恋爱是最为重要的活动，这对于他们的幸福感十分重要。相反，如果这两种关系的互动处理不好，是一件非常令人沮丧的事情，甚至产生"生不如死"的感觉，采取损害自己和他人的行动。在与朋友和恋人的互动中，我们要了解关系发展的过程、两性沟通的差异以及亲密关系增进的条件，还需要敏感地聆听并及时表达同情，提供支持。学习人际传播技能不一定能够解开所有谜团，但可以使我们对沟通的小细节有更深入的洞见。

人际传播可以提高我们与同事的关系。我们和家庭成员的关系是"打断骨头连着筋"，而与同事则是"抬头不见低头见"；我们一生很大部分的时间是与同事共度的，疏离、冷漠的同事关系除了阻碍任务的完成，还将使人生失去很大一部分乐趣；我们可以选择朋友和爱人，但我们很少有选择和谁以及为谁工作的灵活性。理解人际关系及其传播技能，可以帮助我们尽量避免冲突和人际压力。

在与熟人互动方面，传播能力在判断一个人是否有吸引力、是否被社会需求等方面扮演主要角色。例如，一个善于征求女性伙伴意见，对她的视角保持敏感而且随和的男性被女性视为具有外表吸引力和性吸引力。同样，男性认为较有吸引力并更愿意去约会的是那些随和的女性（Bower，1995：147－165）。

在两性之间、邻居之间以及社会成员之间的互动，我们也需要人际传播的一定技能。

三、职业发展需要

人际传播的能力与我们的职业成功有着重大关联。在大学生求职简历中，最常看到的自我描述是"善于与人沟通"、"有着良好的团队合作精神"，无论我们是否真的具备这种能力，但至少从这些普遍的词汇中可以看出，职业领域对于大学生人际传播能力有着特别的要求和期待，而且大学生也试图去满足这种期待。

有效的人际传播可以扩展我们的工作理念和能力，激发我们的创造能力，创造支持性的工作环境和良好的工作氛围。传播能力差的代价有可能是很大的，严重的甚至失去工作。例如，与同事的误解频繁发生，结果是无法合作完成任务，甚至导致个人生活的不如意。还有，在接受工作任务、指令以及解决任务困难等方面，还会出现无法与上级顺畅沟通等状况。

广阔的职业领域里，都需要人际传播基本技能，有的甚至还需要非常高的技能。人际传播在教育、商业、法律、销售、咨询等领域的重要性显而易见，在这些领域，说和听是基本功。在美国，教师、销售人员、律师、咨询师、外交人员、谈判人员在接受专业训练前往往被要求主修或者辅修传播课程。即便并非每一人都会从事律师、教师、推销员或者雄辩家的职业，但仍然需要人际传播技巧，如要与工作对象面谈，游说老板加薪、提拔，与同事合作。如果是在管理行业发展事业，有效传播的能力成为管理目标实现的关键。好的管理者必须善于倾听，有效表达自己的观念，建立协同的、支持性的环境，既能够激励下属努力完成工作目标，又要能够提供人际关怀。

传播教育和研究已经成为一个至关重要且日益增长的行业，给别人传授关于传播的知识是一个激动人心和富有挑战的事业。人们会选择不同的传播领域发展，不同的学校也会选择不同的传播领域发展，或者人际传播，或者跨文化传播，或者修辞传播，等等。但无论如何，从事任何关于传播的教育和研究的工作都需要良好的人际传播能力。当然，传播教育者也不仅限于传播院系。在美国，一些传播学的高学历者在药学院、商学院等得到教职。本教材将要讲述的传播理论及其研究成果可以证明传播研究日益增长的重要性。

培训和咨询领域是一个广阔的人际传播领域，有传播背景的人日益受到咨询和培训行业的青睐。许多公司越来越重视训练员工的组织传播、人际传播等技能，甚至设有专门的训练部门，有传播背景的人经常加入这些部门，设计并开设一些有助于提高员工技能的课程。还有人加入、创建咨询公司，为政府和商业提供特殊的传播训练，比如如何促进人们合作互动完成工作目标。还有些人为政治家如何提高表述能力和演讲辞令提供咨询。一些发达国家还有许多专业的咨询事务所为个人提供婚姻关系咨询、亲子关系咨询，为个人出席法庭的着装提供建议，等等。因此，有较好的传播能力和技巧的人可以在以下领域发展事业：公共关系、人事部门、谈判、客户关系以及发展与资金募集，等等。

在其他领域，人际传播的重要性虽然不是显而易见的，但也不是可有可无的。例如，医生需要有良好技能去向病人解释病因，描述治疗过程，从重症病人及其家属那里获得信息和支持，懂得如何和病人谈论艾滋病等敏感性疾病。笔者认识一位骨科医生，毕业于著名医科大学，医术好，是所供职医院的"手术一把刀"，但很不善于人际沟通，这给他带来很多烦恼。极端的例子是，住院病人问："我感冒了，吃点感冒通，可以吗?"答："不通!"又问："那么，吃点感冒灵?"答："不灵!"说话时他很严肃，埋头写病例。为此，经常有病人投诉他冷漠、语言呛人等。他很委屈地说："病人根本不懂医，经常自己给自己乱开药方，我说的都是实情啊。病人真的就更喜欢能说漂亮话但不能治病的医生?"

四、参与多元社会生活需要

传播技能对于我们的社会健康也十分重要。在一个健全的社会里，个人既要有表达自己的能力，还要有评估他人各种观念的能力，并由此做出明智判断和行动。个人的这种能力——我们可以称之为修辞能力及其修辞批评能力，往往是一个民主社会的基础。

人际传播还会满足我们大量的社会需要，好的传播技能对于我们有效参与多元社会生活是必要的。除了与我们保持联系的直接关系互动，我们还经常需要在更大的社区里传播互动，如果缺乏互动则会带来很多问题。随着全球化的加剧以及中国社会流动的加速，我们更多的人更多的时候要和来自不同社会(亚)文化里的人沟通。

多元社会既是机遇又是挑战。性别、种族、阶级、文化遗产、年龄、身体能力、精神信念等都会阻碍我们对身份和互动拥有丰富的视角。因此，我们需要更多跨文化沟通的知识，采取不同视角以及不同方式与人沟通。

因此，人际传播无论对于个人生活、关系还是职业发展以及社会自由和谐发展都很重要。工作、学习、友谊、爱情、婚姻以及亲子等关系受阻乃是因为我们不能如所需的那样认识、对待我们自己和他人。人际传播的价值也就说明了为何我们要学习或研究我们终生都在进行的行为。

第六节　发展人际传播能力

我们学习了人际传播的定义、迷思、原则以及传播要素，了解了人际传播对于我们每个人个人生活和社会生活的强制性。为了增进个人幸福和社会福利，我们必须学习人际传播技能，增强人际传播能力。虽然有的人有人际传播的天分，但即便是天才，也还是有许多需要学习的地方。尤其是如下因素更催逼我们要发展传播能力：随着现代社会交通的发达，人们通勤频率增加，保持远距离关系受到极大挑战；人们跨文化传播机会大幅增加，普遍承受着跨文化传播能力的压力；中国人普遍缺乏人际传播能力，等等。

一、人际传播能力的组成

人际传播是重要的也是必要的，但又不是一帆风顺的。许多诸如此类的尴尬事情每天都在发生：覆水难收，缺乏自我了解与自信，不能清楚地表达自己，误解他人的频率高，无意中伤害了他人。比起简单地说传播应该是开放的、诚实的，人际传播具有更复杂的机制，包括人际接触中启迪思想的讨论，语言线索与非语言线索的联合，个人感知，自我意识和自我揭示，倾听，欺骗与背叛，身份和印象管理，人际伦理，爱的模式，改变冲突的管理，传播螺旋等。因此，那种把人际传播仅仅理解为不过是探讨会不会说话、说话得不得体的问题的做法是非常狭隘的。除此之外，人际传播还提供了个人生理和心理的发展机会，自我得以延展，并与他人建立情谊。

为了发展、调整、保持良好和满意的人际关系，我们必须在达到个人和人际的诸多目标方面展示能力——获得或抵制顺服，生产和传播信息，斡旋冲突，获得心理和生理满足。"人际技能的贫乏可能是个人生活中失序和不愉快的普遍根源"（Brian Spitzberg，1984：12）。

关于什么是传播能力，争议颇大。能力的修辞路径认为，传播能力就是能够进行恰当和有效的人际互动。该认识路径始于古希腊的修辞学——为了劝说效果，就必须达到"在每一件事上获得劝说方式的能力"。随后的多个世纪里，修辞学家都把注意力放在有效传播（劝说）能力上。劝服的效果必须考虑语境、适应观众、惯用主题（策略大全的早期版本）以及可信度（印象管理的早期版本）（Brian Spitzberg，1984：14）。

能力的心理学路径认为，在理解精神疾病和健康方面，传播能力具有至关重要的作用，传播能力是社会能力的重要组成部分。

研究者还提出了七能力模式。这七种能力分别是基础能力、社交能力、社交技能、人际能力、语言能力、传播能力及关系能力。其中前四种能力聚焦于如何有效地达到可确认的结果(社会调节、技能表演、目标成就)，不强调过程与结果之间的关系，不关注传播要素；后三种能力聚焦于讯息的恰当性——既是语法恰当也是语境恰当，是讯息导向的而不是结果导向的，不那么强调观察到的传播的功能性结果。结合七能力模式，本书发展出如下人际传播能力模式，这些模式也就构成了本教材章节的组成部分。

1. 认知能力

基础能力是个体"随时间流逝有效适应周遭环境并达到目标的能力"(Brian Spitzberg，1984：35)，也就是一个人为了生存、成长和繁荣而与物理、社会环境互动所具有的一般合适性。这种能力包括跨情境的适应性以及行为的灵活性，强调能够产生持续的个人有效性的认知能力，即从环境中处理相关信息的认知能力，选择和一个具体任务最相关的信息的能力以及通过重构耳熟能详的实践范式、建构创造性表演方式以满足持续变化的互动情形的基本要求。在这种能力的概念框架中，讯息、互动不是中心点，也无关于确切的目标或结果事件。

要传播，我们必然要对我们周围的人和环境赋予意义。了解他人一般的人格和气质类型及其相关行为，对周围互动条件贴标签，赋予周围世界以意义。而且这种意义赋予必须对关系传播具有建构性而不是破坏性，这就是我们的理解能力。

我们生活于其中的世界纷繁复杂，我们不可能也没有必要接收所有人和事的信息，因此，必然有一个选择、组织和理解讯息的过程，我们只会重点选择、组织和理解那些对我们的生存以及无可逃避的关系休戚相关的讯息。

获得理解能力是非常困难的，因为我们都生活在一个认知具有高度安稳性的日常世界里，一切挑战我们认知框架的东西都会带来我们情感和理智的冲突。面对认知冲突，我们可能采取进犯、退避和偏见来应对，这导致我们对他人的误解，忽视他人的感受，最终损害我们的人际互动。而且，我们"服务自我的偏见"往往使我们采取非伦理的方式理解人和事，也就是明知道是歪曲解释，但还是坚持己见。因此，我们要提高感知能力。

但是，感知能力又与其他能力紧密相关，即要了解自己以及与我们相关的人是如何看待事物的，要提高我们的倾听能力以及我们和他人传递的语言、非语言信息的敏感度，要学会运用适用于一般关系以及特殊关系的规则去传播沟通，还要具备积极的、建设性的冲突处理能力。

2. 自我能力

社交能力代表个体的系列特征，强调个体的行为满足社会期待，进行社会角色的扮演。一个人成功扮演某种社会角色的能力，是一般适应能力。这种能力可以被表述为社交技能，聚焦于目标达成。既包括诸如不要用颤抖的音调说话这样的具体目标，也包括诸如在各种情形中管理迎来送往的仪式这样的一般目标。社交技能涉及认知复杂性，认知结构较为复杂的人更能评估情形和他人，会从各种不同角度，以一种组织化的方式来整合矛盾的信息。

如果说基础能力是一种普遍的适应性，那么，社交技能就是增加有效社会互动的具体行为。社交技能包括特征和分子模式。特征与个体持续的个性气质有关，包括社交自尊、焦虑、约会满意度等；分子模式把社交技能看成是情境具体化的行为反应，不一定是个性稳定气质的表现，通常涉及有效性和恰当性。

人际能力整合了基础能力和社交能力模式，是传播者成功完成任务的能力，是对环境实施控制以便达到某种结果的具体过程，是在特定传播情形中增加成功性的某些能力。这意味着策略导向，也就是目标导向，传播被看成是达到目标的手段。

"知己知彼，百战不殆"，在学习理解周围人和事物的同时，我们还要认识自己，才可能成为一个在关系中有能力的传播者。希腊神庙前那句隽语："人啊，认识你自己"成为人类千古不变的宿命——必须认识自己，但又很难认识自己。

我们不仅要学习、了解并遵守人际传播规则，还要发展独特的自我能力，也就是有效而又恰当地表达自我思想和情感的能力。否则，我们不过是受传播规则约束的社交机器人。我们成长的过程最重要的方面之一就是培养具有个性的传播风格，确立健康的自我概念，因为我们如何看待自己会影响我们如何向他人展示自己。如果我们是低自尊的，就可能回避传播，在传播时伤害自我或者伤害他人；反之，如果我们的自我观念是积极的，是高自尊的，我们将充满信心地与人沟通，从而促进人际关系的发展和保持，而关系发展越是顺利，我们越是有自尊。

有了一个健康的自我概念，我们还要向他人展示一个积极的自我形象，这就是自我揭示和形象管理的知识所能够帮助到我们的。如果我们有高自尊，并能够传播一个正面的自我，这必然影响别人对我们的感知。我们"知己"的过程同时就是他人"知我"的过程。

3. 讯息能力

但是，无论我们多么"知己知彼"，假如我们不能有效地、恰当地用语言和非语言符号编码、传递和理解彼此的情感和思想，我们仍然无法成为有能力的传播者。这个能力就是讯息能力，既包括语言传播能力，也包括非语言传播能力。

语言能力涉及语言运用的规则知识，包括语法、语用知识。传播能力就是把讯息恰当地适用于互动语境中的能力（Brian Spitzberg，1984：63），就是在一个既定语境中展示恰当传播的能力。什么是恰当的，什么是不恰当的，这本身就意味着了解传播规则是什么。传播者面临一个任务，就是在应其要求的行为范围内选择一种行为去表演。因此，传播能力意味着行为可接受性的文化规则、社会规则和人际规则。

我们要了解符号的含义、构成特征及其传播意义与意图，了解他人是如何理解我们的意义和意图的，从而选择双方都能够理解的符号表达意义；我们还要学会在关系传播中，如何有效倾听以增加我们对他人情感和观念的敏感性，从而给予适时恰当反馈，为他人提供及时支持和理解。

4. 关系能力

关系是人际传播的核心，人际传播是关系的血液。我们作为单独的个体可能是有伦理的、有着良好认知和理解能力的并且是善于辞令和表情达意的，但为何一旦放在关系中，我们有时会显得非常笨拙？这是由于各种关系给我们提供了传播的不同情境，我们无法把在一种关系中的成功传播、互动模型典型地复制到另一种关系中。我们既需要处理一般关系的知识，更需要处理特殊关系的知识。

关系能力承认人类互动行为的互惠性和相互依赖性。这种固有的相互依赖性意味着一个人有人际能力当且仅当在一种关系语境中时，意味着和他人有效合作。于是，有能力的传播被看成是一种合作过程，个体以一种亲社会的方式达到目标。也就是说，个人的有效性源于参与者的策略和结果被另一方参与者看成是良好的或是积极的。关系能力既强调达到个体目的、个体的传播技能，同时强调对他人及其情形保持敏感，强调彼此之间的牵挂、责任、自由、移情、开放性、关爱以及接受等，但基本的视角是"以他人为导向"。

实际上，传播中的各种能力模式都强调了传播的有效性和恰当性。在有效性和恰当性的双重标准下，关系能力并不专门强调传播过程或传播结果，明显关注过程与结果之间的关系，这一点与社交技能模式类似。与社交技能模式的不同之处在于，社交技能是规范性的（在某种共同情形下社会可接受行为），而关系技能则是非规范性的，关注参与者在既定会话和关系中的能力。总之，关系能力和分子社交技能代表混合路径，检视微观行为和结果（如感知到有效性和恰当性，或者社交技能）之间的关系。

我们将讨论诸如朋友关系，浪漫关系，家庭关系（包括夫妻关系、亲子关系）和工作关系以及互联网中发展的关系等广泛的关系类型，学习如何恰当地承担关系角色，如何适应性别、文化和新技术传播规则与社交礼仪，如何通过语言和非语言与他人在各种人际情形中保持关系，如何识别、回应关系伙伴独特的情感表达方式以及如何自我表达特定情感。

我们不但要探讨关系的积极方面，也要探讨黑暗方面，如侵犯性、围捕、欺骗等。

因为以上提及的各种关系对我们的生活是如此重要，学习关系中的传播技巧和原则显得非常重要和迫切。这些技巧、原则解释并预期我们如何发展、保持以及（有时候）如何结束关系。将探索如下问题：为何一些关系开花结果而另一些无疾而终？我们如何以更大准确性来理解别人没有说出来的意思和情感？我们如何管理和处理与关系伙伴的不同意见以及误解冲突？我们如何更好地理解与家人、朋友、恋人和同事之间的关系以及在这些关系中我们如何履行我们的角色、传播、行为义务？我们和我们的关系伙伴沟通的方式有哪些？哪些是关系加强型传播？哪些是关系减弱型传播？

以上知识无疑会给予我们一些现实的期待和方法，帮助我们成为更有信心、更有能力的人际传播者和人际关系守望者。

5. 冲突能力

任何关系都会有冲突，差别只在于冲突处理模式。建构性的冲突管理模式不但可以即时有效地解决冲突，而且有助于关系向更好的方向发展；而破坏性的冲突管理模式除了使具体的小冲突升级白热化，还可能使自己和关系受到极大的情感伤害，从而迅速导致关系的终结。这个能力就是冲突管理能力。

我们要了解冲突的本质，掌握解决冲突的技巧与步骤，提高在处理矛盾时委婉表达意见的能力。而冲突管理能力又与能否正确认识他人和自己，如何看待我们与传播伙伴的关系以及如何恰当使用符号表达意见和情绪有着高度的关联。

人际传播能力构成图简单地说明了为了执行对个人来说有效、对社会来说又恰当的人际传播，人们必须了解和掌握的理论和技能知识。要成为有能力的传播者，我们须起码具备以上五个方面的知识并努力实践（图 1-6）。这五个方面是相互影响、彼此调适的，而且每一个方面都必须受到伦理和规则的约束。知识是个人在过去的生活经历中形成的独特精神结构和认知框架，影响每一次具体的传播互动，实践是人们把传播理论和技能知识顺利外化为有效而又恰当的传播。

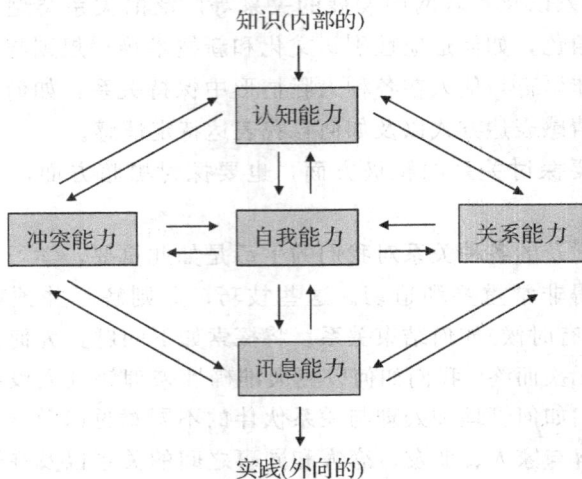

图 1-6　人际传播能力模式图

二、辩证认识传播能力

1. 衡量能力的两大原则

　　尽管有关传播能力的认识分歧很大，但大多数研究者还是同意两个衡量标准，即以对个人来讲有效、对社会来讲恰当的方式进行传播的能力（Brian H. Spitzberg，2000）。恰当指的是社会批准，"对一种情形的不恰当回应就是莫名其妙地伤人，制造紧张、怪异，可能导致负面结果。而这些负面结果原本是可以避免的，通过更恰当的行为且不必牺牲目标"（Getter & Nowinski，1981：303）；"有效是达到互动者目标或者满足互动者需要、愿望或者目标"。

　　可见，"有效的"和"恰当的"是人际传播能力的本质特征。但这个简单明了的诉求在实践中却极为复杂。我们的传播可以是有效的，但却可能是不恰当的，比如如果你想要老师帮助你在这次考试中过关，你如何做呢？在这种情形中，对你而言，有效的传播意味着得到你想要的结果。你找老师诉诸悲情或者（找老师的上司施压）实施恐惧诉求，老师给了你过关或者 A 的成绩。

但你的"有效的"传播可能会使他人不开心并违背社会恰当性——老师直接拒绝你，同学谴责你。因此，"恰当的"传播意味着能够强化行动发生时所针对的关系而不是减弱、败坏关系。也就是说，你虽然达到了目的，使你的传播"有效"，但可能破坏了你与老师、同学的关系。

反之，你的传播可以是"恰当的"，但却是"无效的"——使他人满意但你自己感到困惑和挫败。上例中，当你把维护自己在同学和老师心目中的形象看得比达到你想要的好成绩更重要时，就出现这种情况。

而且，能力也是一个分为不同程度的连贯区间，从"不可接受，到马马虎虎行之有效，到充分可接受，再到熟练和精通"（Spitzberg & Cuapch，1989：7）。

可是，在传播实践中，往往是满足了这个原则就无法满足另一个原则，这既说明二者的重要性，也说明了评估传播能力和效果的复杂性。为了更好地平衡有效性和恰当性之间的张力，我们应该深入理解如下原则。

2. 理解人际传播能力的原则

(1) 没有单一"理想的"或"有效的"传播方式

正如有多种不同的绘画技能一样，传播能力和方式可以是多种多样的。作为个人，我们具有大量有效的传播风格——有些人以幽默取胜，有些人却以严肃见长；有人直率，有人擅长外交辞令；有些传播能力在这种场合有效，在别的场所则一败涂地；你对家人和朋友的玩笑增进了亲密但却可能冒犯他人；你周末和恋人的亲密接触在周一可能不合时宜。也就是说，没有一种单一模式可以放之四海皆准而使人成为无一例外的成功传播者。

跨文化间传播也是如此，对灵活性的要求更大。例如，自我揭示和清楚、直接的表达在美国文化里很有价值，但在亚洲文化里可能被看成过分侵犯和不够敏感。

即便在同一文化里，对于何为"恰当的"也会有不同观念。例如，中国北方人和南方人的传播规范殊为不同，这才有诸如"京派文化"和"海派文化"的差异。有效恰当的传播必须适应彼此的传播方式与风格。

(2) 传播能力具有适应性和多选择性

传播能力具有情境性，传播行为在不同情形、不同人、不同渠道之间变化极大，没有一种能力具有普适性，只有程度和范围的差别。例如，你一般被人认为人脉好，善于为人处世，但你却和长辈难以沟通。你的朋友和异性沟通容易，但和同性沟通艰难。一位以精彩授课见长获得大学生喜爱的教授，很可能在面临小学四年级课堂时搞砸。

我们都会有"我的沟通能力真糟糕"的叹息时刻，但值得我们记住的是"此一时，彼一时"，这将增强我们的传播自信。此时此情中，你是沟通达人，彼时彼情中，达人可能是笨拙者；在一种情形下很管用的方法，在另一种情形下可能就是灾难。

既然有效的传播意味着适当地把讯息运用于互动情境的能力，这就意味着有在特殊情形下选择正确方式的能力，聪明的传播者不会在每种情形中运用同样的途径。他们知道哪种情形哪种方式可用，何时说话何时沉默，何时严肃何时活泼。

有能力的传播还取决于多种选择性。例如，和陌生人开始说话，成功的可能性在于增加可获得的多种选项。你可以自我介绍，可以通过说"我刚到这里，对这里一点不熟悉"来寻求帮助，有时通过提问"我从来没有听说过这个品牌，你给我讲讲吧？"来邀请对方参与，或者带着提问"好漂亮的发型，你在哪里做的？"做诚实的恭维。当然，何种可能性成为最终选择，取决于你对传播对应方传播风格的准确把握。因此，多选择性实际上就是所有传播能力的组合。

认知的复杂性也表明传播能力是多选择性的。我们在看待一个事物和人时，都具有构建不同框架的能力（Ronald B. Adler，2004：23）。例如，一个多年的老朋友对你生气了，可能是你做的事得罪了他，也可能是朋友正在饱受生活变故的煎熬，也可能什么也没有发生，只是你过于敏感。我们理解事物和人的认知框架越多，越能够增加产生满意结果的概率。

（3）传播能力是一个习得的过程

没有谁的能力是天生的，都是在经历中不断磨炼出来的。也就是说，人际传播的有效性可以学习。具有高度传播领悟力的人对人际传播感知和学习能力更为敏感，能够从技能训练中获益。即便没有经过专门的、系统的训练，人们也可以通过观察、实践和在错误中学习。在一种文化里，社会规范具有继承性，这是我们习得传播知识和磨炼能力的基本线索。

第一，博学化。我们都想在每日的相遇中更加有效地互动，为此需要掌握更多的人际传播的理论和技能知识。知识储备越多，我们面对人际传播的诸多复杂语境就越具有选择性和灵活性。随着本教材的进一步学习，我们将懂得人际传播运行的过程及其规则，这将有助于我们解释、预期人际传播的发生。如在个人关系传播中，如何改变侵犯性人际传播气氛并创造支持性气氛，如何增进建设性地处理冲突的技巧，如何提高自我理解的能力以及自我传播的能力，如何理解性别、文化、媒体和新技术影响传播的功效，等等。

在学习的过程中，要积极地抱着将所有这些技巧和理解运用到每一个传播过程中去的愿望。但是，博学化不一定使我们每个人立即成为有效者，知识必须和技能配合，技能需要通过实践不断地操练，就像懂得炒股理论的专家不一定就是炒股行家里手一样的道理。

第二，技能化。有效的传播必须知道如何把知识转化为行动。但是，"知一行"关系一直是认识论和实践论的谜，知不一定能行，行不一定知，从知到行不是一个简单的比照运用的过程，而是一个非常艰难的磨炼过程。你知道一个雄辩者的才能及其特征，但还是不能成为雄辩者。因此，我们将学习以下技能领域：正确地感知周围世界和自我，语言与非语言运用技巧，倾听技巧，自我揭示和营造气氛的方法，处理冲突和在特殊语境中传播的方式，等等。即便是遵循以上所有技巧来指导我们的传播，也并不必然保证一言一行都恰当而贴切。

导致知和行难以顺利转化的原因有很多，诸如传播者个人身心状况不佳，价值观、信仰冲突，缺乏动机，固执个性，缺乏实践锻炼，社会等级差异等。例如，我们都知道赞誉别人很重要，但实践时就非常困难，必须考虑赞誉的时机、场所，事先考虑赞誉可能引起的对方的反应是高兴还是难堪，选择赞誉的恰当语言——溢美的或者真诚的，抑或是兼而有之，如何以优雅而得体的方式组织辞令等。即便你可以做到万无一失，但对方的反应也是无法控制的。不同的时间、场合和个人对同样的辞令会有不同反应。例如，一男生对一女生说："你今天很漂亮!"女生很生气——因为在她自己看来，自己比较难看，觉得这个男生这么说是在故意羞辱她，尽管他可能是真诚的。因此，技能化是人际传播知识的综合运用和实践操练。

第三，动机十足。操练实践需要马上行动，传播的意愿很重要。也就是说，除了掌握丰富的理论和技能知识，还要有把人际传播的知识和技能运用于传播中去的强烈愿望和动机，有愿望与他人连接，渴望变成能干的传播者。例如，你知道如何去说赞誉之词，但你就是不想说;你选了公共演讲的课，可是却不愿意站在人群前。一个人的人际传播学考试得了 A，但除非他有动机要使用这些新的技能，否则他与他人的互动是不可能提高的。

后面章节我们会提到关系退缩者，就是缺乏动机的典型。他们时常传出这样的讯息："我不想继续讨论这个问题或者关系"，"我们有比谈论关系更重要的事情"，"我想要你对我们的关系付出比我更多的努力，以便让我知道你有多爱我"。动机的缺乏导致对对方的所需、所欲、所求缺乏了解或者误解，这使双方以并非所愿的方式来重新定义关系。

因此，激发我们的动机和我们想要和他人互动的意愿是确定、增进我们传播有效性的一个非常重要的因素。

第四，灵活性。关于赢得朋友、改善家庭关系以及影响他人的策略，我们没有一个完全的清单。同样的技能可能并非在每种情形中都有用，能干的传播者不是运用放之四海皆准的原则或技巧，而是亲近每个独特的情形并且适应自己的行为以便达到每一个想要的结果。因此，要适时地检查语境、情形、他人与自我需要、传播目标以及关于他人的讯息以便建立和保持关系。

第五，伦理性。有效的人际传播必须是伦理的。这意味着对他人的需要要是敏感的，给人们选择权而不是强迫他们以某种方式行动。正如后面要讨论的，如果知道他人的需求但不去满足，甚至不理不睬，这是非伦理的；贬低他人价值，故意撒谎，歪曲事实，这也是非伦理的；操纵他人和强加观念给他人通常导致冒犯的气氛，这也不是伦理的。在每章后面所列出的伦理问题，可以帮助我们探讨它。

充分考虑他人的感觉和想法是提高人际传播的基本前提，但这不仅是多种技能和原则的集合，也是伦理要求。以他人为导向的能力也就是一种移情作用，一个以他人为导向的人既能够意识到他人也能意识到自己，我们只有在感觉到自我身份是安全时，才会真正移情和敏感地对待他人。如果一个人无法产生这种移情讯息，就表明他没有传播能力。以他人为导向意味着有意识地努力考虑他人的视角，但决不意味着要放弃自己的主张取悦迁就他人，而是知道在何时何种情况下用合适的人际讯息适应他人。何况取悦他人也是不伦理的。我们和他人并非总是能够清楚表达自己的观念和感觉，这时，从另外一个角度去想象事情可能的状况的能力就十分必要，它不但帮助我们更好地理解他人，也为我们发展影响他人的策略提供帮助。

当代社会具有无限丰富的多元性，正是纷繁复杂的差异才使我们需要技能和原则，以便帮助我们建立有意义的人际关系。文化、宗教、性别、政治见解、亚文化、种族等冲突显示了我们在与他人连接方面的缺陷。如何与那些和我们有差异的人共处也就成为我们要关注的问题，但如果不能以他人为导向，与来自他文化的人的人际关系将成大问题。当然，考虑你所喜欢和爱的人的需要很自然、容易，但是要考虑你不喜欢的或者与你不同的人的视角却十分困难，需要付出更多努力和责任。

伦理性还意味着杜绝"传播沙文主义"，也就是认为别人的思考和行动都应该跟我们一样。实际上，沟通需建立在对差异的敏感及对建立共同领域的真正需要上，沟通的必要条件是合作和协调，必须花时间克服困难以便相互调适。

第六，反思性。人们都有一种思维和行为惰性，获得一种技能后总喜欢按图索骥照搬到所有人、关系和情景中。殊不知，情境、关系以及我们的关系伴侣可能都是千变万化的。所以，我们要适时地"向内看"和"向外看"，看自己、看他人的情境变化，检查自己、检查他人的能力与技巧，恰如孔子在《论语》中所言"见贤思齐焉，见不贤而内自省也"。只有这样，才可以使我们的人际传播及传播能力处于一种良好的动态之中。

进一步思考与讨论

1. 比较传播和人际传播的定义。

2. 描述人际传播迷思。你曾经有过对人际传播的误解吗？如果有，主要是哪些？举例予以说明。

3. 如何理解"我与你"的关系？举例说明。

4. 描述传播过程的主要要素。

5. 讨论人际传播的公理、原则。

6. 如何理解传播的关系向度？

7. 传播中的合作一定意味着同意吗？说明你的理由。

8. 你如何理解这句话："没有人能够完全控制一个传播事件，也没有单个人或行动能够产生传播后果"？

9. 有哪些传播规则约束你与妈妈、爸爸、老师、室友和恋人的关系？

10. 新技术对规则提问：手机何时该响？该何时关？打断面对面谈话回手机是恰当的吗？

11. 戈夫曼认为，我们的许多行为，包括传播都是由于社会要求而产生的。你认为自己受社会规则和角色支配的程度如何？你有多大自由？

12. 在你身上，有哪些典型的传播者特征存在，你对它们满意吗？这些特征曾经影响过你的人际传播吗？举例予以说明。

13. 如何理解人际传播的语境？你与来自不同社会文化的人传播时，是否有过困难？产生这些困难的原因在哪里？举例说明。

14. 在你的生活中，人际传播满足了你的哪些需要？举例说明。

15. 哪些职业是为那些有着丰富传播知识的人开放的？

16. 你觉得人际传播能力是天生的还是可以学习和磨炼的？

17. 你如何理解人际传播的能力，在能力的各个环节方面，你做得如何？选取最近的一次沟通行为进行分析。

18. 你有没有对自己的人际传播状况不满意的时候？如果有，你觉得自己是人际知识不够，还是缺乏运用的愿望？如果满意，你觉得自己做得好的经验是什么？

19. 请重新思考学习这门课的初始目的——是为了发展策略达到自己的目标？或是发展对他人需要的敏感？达到目标后的愿望是什么？这种愿望是否是伦理的？

20. 你父母希望你春节回去看他们，你想和朋友在一起，但又不想伤害父母感情，于是，你告诉他们学校有项目要做。你达到了预期目标：父母没有受伤害，你不用回家。解释你的讯息是伦理的还是不伦理的？

第二章 "我是谁"：自我概念及其传播

自我作为表演出来的角色……它是一种戏剧性的效果。

——戈夫曼（2008：215）

哲学家、宗教以及我们每个人在不同的生命阶段，大概都会思考如下三个人生基本问题：我从哪里来？我是谁？我要到哪里去？保罗·高更的名画《我们是谁？我们从哪里来？要到哪里去？》（图 2-1）正是人类追寻这些永恒问题的答案的渴望的表达。从哪里来，要到哪里去，都是我们生命开始之前和结束之后的事情，答案我们无从知道，我们唯一可能知道的就是生命存续中的"我是谁"，而这也是一个需要一生去追寻答案的问题。

图 2-1 我们是谁？我们从哪里来？要到哪里去？

美国很多小学的教室里总贴着这么一句话："你有权利成为你自己。""你自己"是谁？在哪里？在不同的环境和时间我们会有不同的答案。5 岁时，你可能会说："我是妈妈的宝贝"，用与父母的亲密关系来确立自己的身份；中学时，你会用学习能力来确认自己（"我数学比历史好"），或者用爱好来确认（"我在足球队"，"我的特长是绘画"），或者会用领导地位来确认（"我是学生会主席"），等等；长大以后，我们有更多的确认自我的方式以及在不同场所呈现不同自我。

技能训练

想一想，如果你要建立一个个人主页，你如何向他人介绍自己？你会用写实的方式，说明你的爱好、兴趣、追求和人生信念？还是用诗歌、故事等抒情写意的方式来介绍自己？你是全部使用文本还是文本、图片兼具？你如果使用图片——使用与母亲的合影还是与同学朋友的合影，与一个好朋友的合影还是一大群朋友的合影？有哪些信息你过滤掉了，因为你感到那是丢人的事，或是认为他人不感兴趣，或者出于隐私的考虑？

我们的传播开始和结束于一个个独一无二的"我"，我们的自我概念、自我形象和自我价值，我们的需要、价值、信念、态度以及能力、身体特质、性格和人格气质都充当了我们与他人沟通的过滤器。在传播领域，"一些最早的经验主义的传播研究就是围绕着人们在他人面前说话时要感到自在的倾向的各种个体差异"（Daly，in Knapp & Daly，2012：131）。我们的自我概念使我们决定如何接近他人，如何在互动中做出反应，如何理解他人信息，如何对他人保持一定敏感度，如何运用自我实现预言能力去塑造一个积极的自我，并创造一个适应彼此需要的传播氛围，以及如何揭示、传播自我并管理自己的形象。因此，我们在传播时，要充分意识到"自我"这个过滤器的存在并正确地使用它们。

第一节　自我概念：我是谁

当有人问你是谁时，你会怎么回答？你会根据不同情形以及自己担当的不同角色描述一个不同的自己吗？"我是复旦大学的学生"，"我爸是李刚"，"我是屌丝"，"我是学生会主席"。无论你如何回答，你都无法描述一个全面的、穷尽的你给他人，但这恰好说明"我是谁"是一个复杂而有趣的问题。

一、自我概念与自我

1. 自　我

精神分析学家弗洛伊德认为一个完整的我由三个"我"构成——本我、自我和超我。"本我"是完全潜意识的，代表着欲望，受到意识的遏抑；"自我"（大部分有意识）负责处理现实世界的事情，是人格的执行者，在自身和其环境中充当调节者；"超我"（部分有意识、部分无意识）是良知或内在的道德判断。"自我"的作用是既坚持"本我"的目的，以利其冲动之实现，同时，也尽量使"本我"得以升华，不让"本我"和外界规范发生冲突，将其盲目冲动、情欲引入社会认可的渠道以进行自我保存。因此，"自我"控制和统辖着"本我"与"超我"，并且为了整个人格的礼仪，与外部世界进行"调解"，以满足人格的长远需要。

戈夫曼（2008）区分出"人性化自我"和"社会化自我"。前者是为反复无常的情绪和变幻莫测的精力所驱使的人，与"本我"接近；后者是作为社会角色和表演者的人的稳定状态，与"自我"接近。

米德把自我分为"主我"（I）、"宾我"（me）。"主我"是无序的、冲动的，是思想、行动的驱动力，它流变不居、不可预测，具有创新性并不断筹划未来；"宾我"是泛化他人（generalized other），由与他人共享的方面构成，"是一个人自己采取的一组有组织的其他人的态度"，是方向与控制力。社会经由"宾我"进入个体，同时被"主我"所建构、重构（米德，1999：16）。假设考试时，当王同学发现邻座的答案很容易看到时，"主我"与"宾我"会有什么样的对话呢？"主我"会说："我需要那个答案。""宾我"则提醒说："那是作弊。""主我"又说了："这怎能算作弊，我平时一贯认真，只不过不太确定答案而已。""宾我"再次提醒说："你知道这仍然是作弊。""主我"又说了："我辛苦好久了，我需要一个好成绩，这么容易，不看白不看啊！""宾我"又叮咛："不要这样吧！还是诚实点好，抓住了也不是好玩的。"

因此，桑塔耶那认为，社会过程不仅使人的精神变得崇高，而且也使精神变得确定（转引自戈夫曼，2008：45）。亦即，从根本上来说，自我是在社会规则约束下的人的确定状态，"是一个人所是的总和，是一个人中心的内在力量"（Beebe, et al., 2008：34）。换言之，自我是一位使用符号、进行自我反思并具有自我约束能力的社会化个人，社会化个人终其一生，自我亦将随着不同人生阶段的到来、不同角色的转换而有所调整与异动。虽然自我有不同的面向，如"主我"与"宾我"，亦可能有不同的向度，如物理自我、认知自我、精神与伦理自我，但自我的相对一致性、统合性、稳定性却是毋庸置疑的。

2. 自我概念

自我概念（self-concept）指的是"一个人对于自己是谁的主观描述"（Beebe, et al., 2008：34），"是你对自己所持有的一套相对稳定的感知"（Adler, 2004：107）。它比自尊（self-esteem）更为普遍，自尊纯粹是自我概念的评估性要素。自我概念由相对稳定的、全面的、永久的自我评估构成，诸如人格特征，关于某人自己的技能和能力知晓、职业和爱好以及对生理特征的意识。"我懒"就是自我概念，但如果说"我累"，就通常不被看成是某人的自我概念，因为这是短暂状态。因此，自我是流变不居的，而自我概念是更为结构化的，难以改变的。还有，自我概念的一部分可能并不包含在自我里，这个部分代表我们发明的我们自己，比如，我认为我高尚，但实际上大部分时间并不高尚。同时，自我也有很多方面没有包括在自我概念里，这部分代表我们没有开发的潜在部分。比如，你认为你很容易相处，但别人认为你保守、势利（图 2-2）。

换句话说，自我概念是我们创造出来把我们的自我"领域"图表化的一张"地图"（David Brooks，2011）。

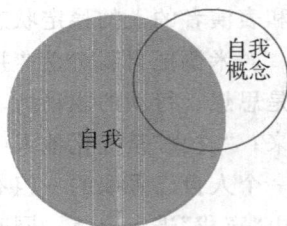

自我概念不一定是准确的。尽管生活不断发生改变，但渴望连贯性使我们坚持一个过期的自我概念。我们不是修改自我概念去适应新信息，而是竭

图 2-2　自我和自我概念

尽全力去获得那些能够强化我们已经相信的东西的信息。难怪我们可能抵制改变一个非准确的自我概念！比如，当我们不再被视为聪明的、勤奋的时候，我们仍然认为自己是这样的。

技能训练：我是谁?

当你问自己这个问题时，请写出十个答案，有助于我们这一章进一步探索自我和自尊。

我是 _____。

我是 _____。

我是 _____。

我是 _____。

我是 _____。

我是 _____。

我是 _____。

我是 _____。

我是 _____。

在写答案时，不但考虑描述出你的外表特征，还有态度、感觉、信念和价值观。按照你认为最符合你特点，然后次之的顺序排列。想象一下最末的那个描述的特征如果不是你生活的一部分，你该会有多么不同？如果没有这个特征会如何影响你的行为与感觉方式？会如何影响别人看你的方式？你觉得放弃它们容易吗？没有它，你喜欢自己会多一点还是少一点？接着，再从排序第十的开始放弃，直到完全放弃排序为第一的。你觉得放弃哪些是令你愉快的？哪些是不愉快的？

二、自我是多维度的

你是否只有一个自我？还是有一个埋藏较深的"真的自我"？人们常说"我都不是我自己了"或者"你失去自我了"，如果我不是我自己，那我是谁？

你失去了自我，那么你在哪里？大多数研究者认为我们有一套核心的行为、态度、信念和价值观，这构成我们的自我，但我们的自我概念也会随着时间的改变而改变，这取决于环境及其影响。高僧梵志回乡，乡人问：昔人尚存乎？答：吾非昔人，尤昔人也。也就是说，我们的身体、外貌甚至精神气质都会变，但变中还会有属于我们的核心自我在，否则，我就不是我了。我们的自我概念也经常不同于别人看我们的方式。孔子强调"君子慎其独"，戈夫曼提出的"前台行为"和"后台行为"又说明，我们在公众场所的表现显然异于私人场所。

因此，自我一定是多元的，而不是单一的。正是自我的多元性才投射出丰富的人性，三国风流人物周瑜以及西楚霸王项羽最大的魅力正在于其自我的多面性。自我大致包含以下几个方面。

1. 物理自我

哲学家费尔巴哈说："你是你所吃的"，意思是我们的自我是我们所拥有的具体事物的总和——身体、财富和家等。当你回答"我是谁"的问题时，是否有关于物理自我的描述？包括外貌胖瘦、美丑、吸引人与否、强壮与否等身体状况，也包括种族、性别、发质等遗传的东西，还包括发型、肌肉等可以自我控制的特征。

在中国文化中，身体和财产尤其成为物理自我中最引人注目的因素。常言说的"人不可貌相，君子不可斗量"，是在告诫我们在交往中不要过于看重一个人的外表。这从反面说明，我们的文化是非常看重外貌的。

那么，你喜欢你的长相吗？有人喜欢自己的长相并自足，有人却在试图改变自己的外形，所以美容整形行业和护肤美体以及形象包装行业才会如此兴旺发达。你拥有"魔鬼"身材吗？有人拥有并自足，有人却把超级模特作为女性关于身体的理想，甚至成为死而无憾的追求。"女为悦己者容"成为一种文化定型，说明女性对身体的敏感度高于男性。当理想的物理自我与现实的自我有差距时，我们就试图折磨、消除现实的那个自我，日进千斗的减肥业就是改变自我外形的集体欲望的一个写照。

我们也极力获得名贵的装饰、大品牌服饰、昂贵的汽车或者装饰豪华的家。中国人讲"佛靠金装，人靠衣装"。无独有偶，西方人讲"clothes make a man"。把我们所拥有的等同为我们之所是，这是这个红尘万丈时代的普遍做法和感知方式，人已将自我追求和自我享乐极端化，并走向"独我"窄门，对更大的人—我关系已不再关心，炫耀身体、消费、特权关系、名气，并把这一切当做一种价值观，并默然接受，视之为理所当然。似乎我们所拥有的越好，越贵，越"高科技"，越奢侈，潜意识就觉得越好。这也就解释了为何征婚广告上男性千篇一律的广告语是"有事业心，有车有房，存款无数"，女性是"肤白、貌美、年轻、苗条"。说明男性倾向于展示财富，而女性偏向于展示身体特征。

个人如果没有身体等物质外观，自我就无法存在。但自我又不是像身体般的实体，它应该是存在于身体里某一特定地方的东西，而这个东西是在社会生活的基础上孕育而成的，也就是精神与伦理的自我。

2. 精神自我

我们除了拥有外在的物质等有形的东西，还拥有无限丰富的内在的东西，这就是精神自我。它不依赖于我们所拥有的物质或者我们的谈话对象，而是我们所理解的自己的内在本质，包括认知的自我、情感的自我、意志与道德的自我。

认知自我，指的是我们的智慧、知识储备以及思考问题的方式，比如"他是才子"，"我是诗人"，"我是研究生"。在知识经济时代，这个方面也引起人们的极大关注。人们试图显得学富五车，才高八斗，动辄自诩为行业"泰山北斗"。知识分子曾经是短缺资源，网络时代"知识分子"无处不在，每个网民都可能对某些问题说出个子丑寅卯，来龙去脉。这也就是为何余秋雨的《文明的碎片》、数学家霍金的《时间》等并非大众读物的书籍能够摆在很多人的案头、床头但从不阅读的原因。当某种知识成为时尚的时候，如果你不拥有，你会有落伍之感，会觉得找不到自己了。

情感自我，是由感情以及表达感情的方式组成（Sharon et al.，2007）。例如，你敏感吗？脾气大吗？多愁善感吗？悲观派还是乐天派？情感自我既包括个人层面上对喜、怒、忧、思、悲、恐、惊、幸福、美感、喜爱等情感的体验方式与状态，也包括社会层面上的爱情、爱国主义等情感体验方式与状态。

意志和道德自我，指的是我们愿意遵循的道德、精神原则及为了实现这些原则的行动能力。例如，你愿意信仰基督教还是佛教？如果信仰，你是否愿意遵循这些信仰中的原则去生活？你会千折百回也不改其志，明知不可为而为之吗？还是知难而退？再如，你是负责任的还是容易逃避责任的？等等。

3. 社会自我

"你和他人处得咋样？"这是我们常听和常问的一句话。与他人相处我们所表现出的自我就是社会自我，就是那个与人们互动时的你，这往往指我们所扮演的社会角色。"角色是一个人以符合特定情境需求的行为方式"（Rudolph et al.，1996：39），根据自己和他人的需要，我们会选择或被迫扮演种种角色。例如，一天中你可能扮演丈夫、老板、消费者、学生等。角色扮演的成功与否，取决于在具体情境中把自己视为适当的客体的能力，即对符号的解释与应用的能力。例如，我是否是优秀学生取决于我对一个具体学校的优秀学生标准的理解程度。

互动的不同方式有多少就决定了我们的社会自我有多少。例如，在和最好的朋友谈话时，你比与老板、父母、教授谈话更自在，更放松，更能够揭示你的情感。你与他人每一种关系都是独一无二的，因为你加进去独一无二的社会自我。这只表明你是多面的，而不是虚伪的，亦即，面对不同的人，你有不同的自我。我们常常听到"你以为你是谁"，别人可能觉得你扮演了不应该扮演的角色。

我们扮演何种角色受到我们的人际关系、文化期待与自我期许的影响。比如，中国文化强调夫唱妇随，即便你是女性且并不具备这种潜质，但你还是按照文化期待努力去做。即便你违背了，你还是要花费更多的力气去说明为何没有按照期待去做。

有些角色是自我期待的产物，"我是好学生"或者"我要做一个好学生"使我们努力去确定好学生的模板并效仿之。

如果在一种人际关系中，关系伙伴认定你是顺从者，你可能得继续扮演这种角色，即便有时你很想主导关系中的交流和共同行为。

我们扮演的角色有助于我们抵抗压力。如果我们只有一种角色，当互动关系变化时，我们就显得无所适从。而具有多重角色适应和扮演能力的人，则少受负面事件的伤害。因此，能力强的传播者也就是能够根据情境需要顺利实现角色的转换者。例如，如果你的好朋友成了你的上司，你会怎样做？——你继续和他随便开玩笑，称兄道弟，不拘小节？还是表达尊敬，称呼职衔，恪守科层规范？有的人不能顺利实现角色转换，就会受到伤害；有的人迫于压力转换了角色，但却不能认同转换后的角色，会感到痛苦；有的人则顺利转换了角色，保护了自己，化解了自我认同的危机。

技巧训练：自我的维度

根据自我的几个维度，再看看前面技能训练中你对"我是谁"问题的回答，把它们分列在以上不同类型中。

第二节 自我(概念)的发展

从自我概念的定义我们知道，自我是主观的。这意味着我们的自我是在与他人、与自己的不断互动交流中产生的，是因被自己和他人知觉而存在的。因此，它是各种精神力量的产物，不是自在之物，不是装在我们身体容器里的一个固定的东西。

自我概念不是与生俱来的，也不是一成不变的，会随着时间改变而改变。我们的人生总是充满变化，当各种变化发生时，自我概念会随之变化以保持其现实性。当然，我们可能都会经历身份危机和再评估的动荡期。

当然，变化不是说每时每刻在发生，而是说我们的情感、精神状态和外表都在渐变。例如，我们年轻时可能是激进主义者，年老时可能是保守主义者。

因此，"躯体只是挂衣架，某种合作生产出来的产品只不过是暂时悬挂在它的架构上。产生和维持自我的手段并不在挂衣架内部，而是在社会机构内部"(戈夫曼，2008：215)，这些社会机构包括家庭、朋友、学校、媒体等。我们的自我概念实际形成于摇篮中，在穿越时间的互动中，我们获得我们是谁的观念，家庭是我们形成与获知自我概念的重要环境。

一、几个重要的概念

1."镜中之我"

社会学家库利从观察自家小孩的经验里，发展出"镜中之我"(looking-glass self)的概念来解释自我的形成——"人彼此都是一面镜子映照着对方"(库利，1999：5)。我们在他人对我们的态度与行为中看到我们自己，如同我们照镜子看到了我们的衣着、外貌与举止。作为一代明君的唐太宗在悼唁魏徵时涕泪慨叹：以铜为镜，可以正衣冠，以古为镜，可以知兴替，以人为镜，可以明得失。几乎表达了同样的意思。

自我概念的出现需要三个要件：想象我们出现在他人面前时的景象，想象他人对我们出现时的评判，我们会因此而对自己有所感觉，如感到骄傲或心生羞辱(Cooley&Charles et al.，1964：184)。也就是说，自我概念意味着一个人能够把自己视为一个对象，想象并站在局外人的视角上把自己作为客体加以"设计"的能力。当然，这种想象与"设计"依赖于我与他人自我的共享符号。例如，学生不断评估并采纳想象中的老师的态度，再看看自己的各种可供选择的方式，然后择其一。同时，社会中的每个人都可能是他人的镜子，因此，人也是彼此塑造的。于是，我们可以说，我们不是我们的父亲、配偶、孩子或者朋友的看护者，而是塑造者。

2. "泛化他人"

褪褓中的婴儿没有自我概念，也无法回答"我是谁"的问题。当面对镜子时，他并不知道镜中投射的影像就是自己，因此，他要花很长时间区分自己与他人世界，来认识自己是谁。他不断地听和观察，通过模仿他人而行动。婴儿通常从 6 个月开始咿呀学语，7～8 个月时，婴儿意识到自己与周围的区别，知道"这是我的脚"，"这是我的手"，这主要是对身体局部的意识。

随着语言能力的发展，孩童能够用文字命名、界定对象，原先通过模仿而行动的方式，则转变成通过与他人的互动形成的情景定义来行动，"自我"也因此被"重要他人"（significant other）所命名。这时候，"自我"本身也才真正开始变成了一个对象。比如，3～4 岁时，某一天妈妈对你说"你是可爱的乖囡囡"，于是，你会认为自己是乖乖女；爸爸说"你是爸爸的心肝宝贝"，你也会认为自己是如此。可见，语言在自我的发展中起到关键的作用。孩童不但有效地运用语言归因，反思自己行为的动机，而且也开始关心别人（通过语言）对他的行为做出的反应。但在这个阶段，孩童仅能采纳有限的他人态度而获得单一的角色。

随着孩童身心的发展、交往圈子的扩大、接触人数的增加及语言沟通能力的精进，他所经历的角色无论在数量上、性质上都变得更加复杂。于是，那些初步的身份感才扩展为更为复杂的成人自我概念的集合，这时候，孩童将社会的规则与观点内化，也将社会所界定的自我变成了他自己的自我。也就是说，只有当孩童有能力同时从参与社会生活之"全体他人"的立场来界定自己，并显现其自我界定有一定的系统性时，这时他或她才算是真正具有自我概念。这种学习到的观点就被称为"泛化他人"（generalized other）。泛化他人并不是指确实存在的团体，而是个人生活经验所衍生出来的一种想法或诠释，个人也势必根据这些理所当然的别人的意见与态度来约束自己。

因此，自我是在与他人的自我以及与社会环境的互动中产生的，是一个人出生之后经过幼儿时代父母的训练和与外界打交道而形成的人格的一方面，它正视现实，符合社会需要，按照常识和逻辑行事。

3. "重要他人"

我们的自我概念为许多人所塑造，但并不意味着我们的自我概念的所有方面都由他人所形塑，如身高、体重，通过自我观察就可以知道。

自我概念为他人所塑造也并非他人的所有评价都会影响我们思考"我是谁"的意识。社会学家用"重要他人"来描写那些其评价对我们具有独特影响的人们。如果你并不认为他们对你有十分重要的影响，那么你会对他们的观念置若罔闻。父母是影响我们自我概念的"重要他人"，自不待言。除了父母，还有其他的"重要他人"也会形成我们的自我概念。例如，一个很早之前的老师、亲戚、特殊朋友等，甚至一个你仅仅知道但是却备受你尊敬的熟人也会给"我是谁"的认识打上烙印。长大后，同事、朋友、恋人的所言所行也对我们如何看待自己有着深刻影响。也就是说，自我概念是由这些"重要他人"的反射性评估（reflected appraisal）所形塑的：你接收到支持性信息，就会学会欣赏和珍爱自己；你接收到批评的信号，可能就会觉得自己缺少价值和才干，甚至觉得自己不够可爱（Felson，1985）。

我们可能会在三种情况下把他人的评价整合进我们的自我概念（Beebe，et al.，2008：39）。

第一，我们更有可能相信他人重复了好多遍而我们也听了好多次的陈述。常言所道"假话重复千遍可以成为真理"就是注解。假如有人偶尔告诉你说你有副好嗓子，你不会去找代理公司并签包装训练的录音合同。但如果有一些人在不同的场所都这么说，你可能决定要认真考虑一下这件事。当一个人总是被生活圈子里的人恭维，他自然会自我膨胀，而不知道真实的自我。

第二，如果我们觉得他人是值得信赖的，或者觉得他人是能干的、有资格评价我们的，我们更可能相信他人的陈述。传播学里关于信源可信度的研究（Beebe，2005）也可以解释可信度对自我概念的劝服作用。如果是赵本山说你有可能成为笑星，远比你叔叔说这个更让你相信。我们年轻时，父母是权威和值得信赖的，当他们重复说我们被娇惯坏了，我们就可能这么看自己。老师说你是差生，你也许真会这么认为。但如果一个与你无关的人这样评价你，你显然会不在乎。

第三，假如他人评价与我们的自我经验一致，我们更可能把这些评价整合进我们的自我概念，否则不会。例如，有人说你很自私，但很多年来，许多人都说你大方、友善、热心肠，于是你的先前经验可能鼓励你挑战那个说你自私的人。

我们又可以把重要他人分为首属群体和次属群体。库利提出"首属群体"是要强调我们生命的早期阶段与我们直接互动的那些人对于我们的自我形成尤为重要，家庭、邻里、青少年的友伴群体等都属于首属群体。"孟母三迁"的故事以及孔子强调"里仁为美"的典故，也都说明了这一点。

首属群体是一个个人直接生活于其中并与其成员有着充分的直接交往和亲密人际关系的群体，通常是由于自然的人际交往形成的，没有严格的群体规范，其运转依靠人与人之间的情感联系，而不是规定性的角色关系。于是，对应于"首属群体"概念，一些研究者提出了"次属群体"的概念，特指区别于首属群体、按照一定规范建立、有明确社会结构的、基于角色关系交往的群体，如同学、同事、上下级工作伙伴等。

技能训练：通过镜子看自我

列出 5 个在你生命中极为重要的人，考虑以下问题。

1. 哪些人使你感到被接受、有价值、可爱、重要？而这些人的哪些行为有助于增强你的自我概念？例如，早年的邻居，或者外祖母，他们从来不批评或嘲笑你成长的烦恼和年少轻狂。

2. 回忆一下 5 个人中谁是加强了你消极自我概念的人。比如，小学老师说你百事不成。

3. 再假设，你从来都不认识这 5 个人，他们不是你生命中的一部分，你的自我形象是否会不一样？追述你是如何遵照"重要他人"的评估来看你自己的？谁是你的镜子？

二、自我形成的渠道

1. 渠道之一：家庭传播

从前面关于"镜中之我"、"重要他人"和"首属群体"的知识，我们知道：从出生开始，我们就与他人互动。我们最早的镜子是父母或者我们的看护者，是他们主导了我们的早期生活，形成我们自我概念的基础，对我们的自我概念具有首要的、重要的影响力。父母、家庭其他成员以及我们的看护者通过对我们进行直接定义，提供身份原型与形塑依恋模式来使我们获知我们是谁以及我们是否有价值。支持性的这个"重要他人"可能给孩子健康的自我概念，反之，具有贫乏的、消极的、不正常的自我概念的父母多半养育出不快乐的孩子，这些孩子基本上是消极地看待自己，具有不满意的人际关系（Vangelisti & Crumley，1998）。

（1）直接定义

在我们生活的早期阶段，父母是形成我们是谁的关键个人，父母通常通过对我们的言行贴上标签的方式来对我们的自我直接定义。

例如，父母通过说"你很漂亮"，"你很酷"，告诉我们关于我们的生理自我。父母通过说"你是小女孩"，"好女孩不要玩得疯疯癫癫"，"对别人温和些"，"你一点都不爱干净，哪像个女孩？"或者说"你是男孩"，"男孩怎么可以轻易哭呢？""坚持你自己的意见"，孩子们获得了性别知识以及作为某种性别意味着应该如何传播和行动。

父母通过说"你很聪明"或"你太笨了"，"你太敏感"或"你太迟钝"，"你很负责任"或"你没有责任感"，"你很勇敢"或"你太脆弱了"，告诉孩子关于自己的认知自我、情感自我、道德与意志自我。积极的标签可以增强孩子的自信，而消极的标签降低孩子的自我价值感。

直接的定义也可能通过家庭成员对于孩子行为的反应表现出来。如果孩子打扫、整理了房间并得到赞扬，"你真能干，可以帮妈妈做家务了"，帮助他人是美德就会成为孩子的自我概念并得以强化。

（2）身份脚本

家庭成员也通过提供身份脚本（identity scripts）来使我们确知我们是谁。心理学认为，身份脚本是那些关于我们应该怎样生活、应该成为什么样的人的规则。身份脚本反映了一个家庭的核心价值观及其继承。你是否经常在家里听到这样的话？——"我们是有责任感的家庭"，"我们是清廉人家"，"做人要厚道"，"听老师的话"，"按照上帝的原则生活"。

从这些叙述中，孩子们也就习得了父母的价值观，并形成他们自己的价值观。如果父母不断给孩子说"你必须要拿第一"，或者在谈论那些成功人士时充满崇敬、憧憬，孩子们便知道处处领先是好的。反例是笔者作为母亲的表现，常对孩子这样说，"凡事尽最大努力就是了"；在面对他人成功时，对孩子说"第一名不一定是成功，每个人都有自己的长处"。但是，孩子的老师总是批评笔者，"孩子没有是非标准，你必须要给她灌输第一就是最好的观念"。虽然在这方面，过或者不及都不太好，但有一点是确定的——形塑孩子的精神自我在早期至为关键。这也就解释了为何许多中国父母在孩子出现大问题或者诸多问题而试图改变孩子时却难以奏效，因为在孩子成长的早期阶段，忙碌的父母对于孩子的直接定义和价值观形成是缺位的。

在美国，笔者接触到一些基督徒家庭。孩子们还在襁褓中就跟随父母去教堂，4～5岁时就会参与家庭《圣经》研读，"克服自私"，"爱人如己"，"勇于反思、忏悔"，"宽恕别人"，"基督徒应该乐于帮助别人"是孩童不断积累的价值观。这些家庭中成长的孩子们长大后很多人去了非洲、南美洲或者一些亚洲国家的孤儿院和弱势者群体中，去帮助他人。

技能训练：反思你的身份脚本

回忆父母关于你应该成为什么样的人的言谈，你是否听到他们说"我们的人（不）应该是……"或者（自豪地预设性地）说"等你上大学时／成为真正的画家时……"

哪些身份脚本对今天的你有意义？你至今仍然遵循那些反映父母价值观的身份脚本吗？你是否想过要改变那些对你来说不具有建设意义或者与你持有的价值观相冲突的身份脚本？作为成人，你可以重写身份脚本吗？

(3)依恋模式

父母还通过依恋模式(attachment styles，Bowlby，1969/1982；Mccarthy，1999；Bretherton&Munholland，1999)告诉我们关于我们是谁。依恋理论之父约翰·鲍比(John Bowlby)称依恋模式是"人类之间一种持久的心理联系"(Bowlby，1969：194)，"和特殊的他人建立强烈的情感纽带的倾向是人类本性最基本的组成部分"(Bowlby，1988：3)。依恋使人们保持亲近，依恋是人们安全的港湾、安全的基础(secure base)①，与依恋对象的分离将带来忧伤。

我们的依恋模式往往在孩童时期建立，孩子对看护者的依恋是本能的(Bretherton，1992)。依恋的生物目的是生存，心理目的是安全。而且，这种依恋模式是贯穿一生的，婴孩时期的依恋模式将影响、预示我们成年后的传播和关系行为。而依恋模式基本上是通过婴儿时期的我们和我们的看护者之间的互动发展而来的，看护者包括父母亲、其他家庭成员或其他看护者。看护者告诉我们他们如何看待我们、他人以及关系，反过来，我们可能学习他们的观点并内化为我们自己的观点。因此，鲍比认为，这个依恋模式包括两个不同的部分：一部分是一个自我表征或叫一个自我图式，它把自我描述为要么是值得爱和关心的，要么是不值得爱和关心的；另一部分是一个看护者对婴儿的表征，它把他/她描述为要么是可爱的，要么是不值得爱的。

研究者提出了 4 种依恋模式(Bretherton，1992；Bartholomew & Horowitz，1991)：安全的依恋(secure attachment)，分裂的——不安全的依恋(ambivalent-insecure attachment)，逃避的——不安全的依恋(avoidant-insecure attachment)以及混乱的——不安全的依恋(disorganized-insecure attachment)。

拥有安全依恋模式的孩子，当他们与看护者分开后，不会经历重大悲伤；当恐惧时，会从看护者那里寻找安慰；当看护者主动沟通时他们乐于接受并欢迎看护者的归来。这些孩子更愿意看护者在场而不是陌生人。比起那

---

① 发展心理学家 Mary Ainsworth 在 20 世纪六七十年代强化了依恋的基本概念，提出了诸如"安全的基础"(secure base)这样的概念。

些具有分裂的或者回避反应依恋模式的孩子，这类孩子较少内心挣扎，较少侵犯性，较为成熟。这类孩子往往对他人和自己都持有积极的观念，觉得"我可爱，他人也可爱"。

作为有安全模式的孩子的看护者，他们愿意和孩子玩，对孩子的需要回应快，比起非安全模式的孩子的看护者来说，更常对孩子有回应。

具有安全依恋模式的成人倾向于保持信任的、长期的关系，具有较高自信，喜欢亲密关系，追求社会支持，有能力和他人分享感情；有安全感的成人易于相信他人，有高自尊，对他人有更为积极的信念。比起非安全模式的女性，具有安全依恋模式的女性对她们成年的浪漫关系更具有积极的感情。总之，有安全感的人倾向于变得更好——无论是个体还是伴侣双方都是如此（Cassidy & Shaver, 2008）。实际上，只有懂自己并爱自己的人才可以积极地延及他人。

具有分裂的依恋模式的孩子极端怀疑陌生人，和看护者分离后会经历相当大的悲痛，看护者归来后也不受安慰。在某些案例中，孩子可能通过拒绝安慰来消极地回绝看护者，或者可能公开地侵犯看护者。这类模式的典型特征是觉得自己不可爱，他人也不可爱。对关系、自己和他人充满负面的、消极的态度，容易拒斥自己和他人。反映在成人那里，表现为不愿意和他人接近，并且焦虑他们的伴侣不会回报他们的感情。这类人群中常见的是分手和关系破裂，他们常常觉得关系冷漠和疏远。在关系结束后，他们常常会抓狂，其病理类型是这类模式的成人会把孩子作为安全的源泉。

具有回避的依恋模式的孩子倾向于回避看护者，这种回避在经过长期的沉默后爆发。孩子可能不会排斥看护者的关注，但也不会寻求安慰和接触，在父母和完全的陌生人之间没有偏好。这种模式会导致轻视他人的价值，对自己抱有积极观念，而对他人给予低评价。反映在成人那里，表现为在亲密和保持近关系方面有困难，不会投入较多感情在关系中。关系结束时，经历较小的悲伤。研究还发现（Feeney, et al., 1993），这类人比较能够接受或者投身于偶然的性关系中。当伴侣经历悲伤时，他们不能提供支持，不能分享感觉、思想和情感。

具有混乱的依恋模式的孩子缺乏清晰的依恋行为。对看护者的反应和行动经常是混合的，包括回避、抗拒或者焦虑；研究发现（Main & Solomon, 1986），是看护者的不一致行为导致了孩子的这种依恋模式，孩子从看护者那里既感到受安慰又感到恐惧。这类模式的孩子对待他人和自己是矛盾的，经常发生价值冲突与矛盾，情感和行为具有非连续性和不可预知性；长大后，知道他人可爱，又意识到不可爱，这会伤害自己；在人际关系方面多变，经常出现人际矛盾(图 2-3、表 2.1)。

对自我的看法

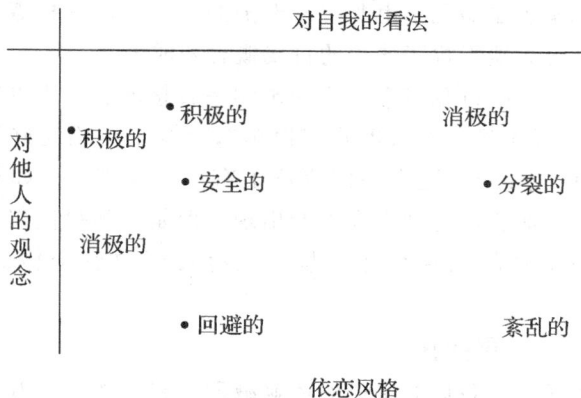

图 2-3 依恋模式图

表 2.1 依恋模式特征表

	作为孩子	作为成人
安全的依恋	能够与父母分离	具有信赖的持久的关系
	恐惧时会从看护者那里寻找安慰	较高自尊的倾向
	以积极的感情面对看护者的归来	和朋友和伙伴舒服地分享感觉
	喜欢父母多于陌生人	寻求社会支持
分裂的依恋	对陌生人感到警惕	不愿意和他人接近
	当看护者离开时，变得极为悲痛	担忧伴侣不爱他们
	看护者归来也不受安慰	关系结束时会发狂
回避的依恋	可能回避看护者	亲密方面有问题
	不追寻更多的安慰和联系	对社会和浪漫关系投入很少
	在看护者和陌生人之间少或没有偏好	不能或不愿和他人分享情感、想法
混乱的依恋	(1 岁时)回避和抗拒行为的混合	(6 岁时)可能扮演父母角色
	看来是困惑的或者又是忧虑的	一些孩子扮演父母的看护者

由于中国社会转型导致的家庭结构大变迁，中国婴幼儿的主要看护者有三类人：专职妈妈，长辈(爷爷、奶奶、外公、外婆)和保姆。而近一半孩子是跟着爷爷奶奶、外公外婆长大的，被妈妈看护的不到 1/4。目前 0～6 岁的

孩子中被祖父母看护的比例，上海是 50％～60％，广州是 50％，北京高达 70％。而且，孩子的年龄越小，与祖父母在一起生活的比例就越高。① 可见，在中国，超过 3/4 的婴幼儿是由非父母看护的，非父母看护者成为中国儿童的"重要他人"，极大地影响了孩子的自我概念和成长。

家庭传播对我们的自我概念形成的影响是直接的、巨大的、深远的。在中国，"龙生龙，凤生凤，老鼠生儿打地洞"，"老子英雄儿好汉，老子混蛋儿混蛋"的逻辑比较畅行，这在一定程度上有一定道理——如果个体仅仅在单一的家庭环境里成长，这种后果可能出现。但是，如果同伴传播的影响足够大，并且是一个好的同伴传播环境，就有可能改变个体的个性和自我概念。

2. 渠道之二：同伴传播

随着我们的成长，我们对父母的依赖减弱，我们的同伴和朋友对于我们的态度、信念和价值观的形成起着很重要的作用。我们行动的状态由我们的朋友提供反馈，其反馈反过来帮助我们形成关于个人的身份感。同伴压力在形成价值观和信念等方面是一种有力的力量，尤其对青少年具有十分重要的意义。即便是成人，也会常常顾及"邻居怎么看"，"家人怎么看"。所谓"人言可畏"，"众口铄金"，皆因怕的压力。每个人都试图成为被父母、老师、邻居和家人喜欢的人。

这个摆脱依赖步入独立的标志性开端就是青春期的来临，青春期既是填充以后要扮演的角色的过程，同时也是个人加速社会化、继承规范、习俗和意识形态的过程。在这个过程中，有些社会化规则是家庭不可能提供的或者缺乏的。例如，一是强烈的信念结构，二是清晰的规则体系，三是传播和讨论禁忌话题——毒品、性和宗教等（Hallie Bourne，2009）。而且，由于对独立的要求，青少年会极力摆脱父母的影响力和控制力，这个时候，亲子冲突变得激烈。

父母所无法给予的个体的"成长烦恼"所需要的指导，那么必然有可替代的途径。同伴、教育、宗教、大众传媒以及各种公共机构都是个体社会化的机构。由于家庭、教育甚至大众传媒被反叛的青春期看成是正统甚至是道貌岸然的价值来源和说教而因此受到青春期个体的排斥，于是，同伴群体就成为青春期个体至关重要的自我认知和归属的社会化机构。这个时期，朋友居

---

① 如何看待中国的隔代教育，见 http：//baby. sina. com. cn/edu/07/1110/094897475. shtml。

于中心地位，在其直接重要性方面超越其他关系，同伴互动占据了大量的时间和精力。父母给青少年提供一个秩序社会的现实感，而同伴提供给他们可以改变社会的互动感。

与成人相比，青少年面临更大的同伴压力。同伴压力也就是一个伙伴群体在鼓励一个人改变他/她的态度、价值或行为以便遵从群体规范方面所施加的影响，一个人是否受压力影响取决于是否想归属这些群体的决定。于是，向同伴看齐成为青少年的价值和行为选择，他们努力成为同伴中受欢迎的人，而被同伴孤立的青少年往往会非常痛苦，并对自我产生极为消极的评价。

同伴压力既有积极价值也有消极价值。好的同伴群体促进积极的自我与个性的发展。例如，一个由有雄心壮志、渴望成功的人组成的群体，青少年会感到压力并积极跟随以避免被群体排斥，这种压力可以提高个体的长远发展。然而，青少年的同伴压力更频繁地被指向消极方面，因为他们大量的时间和某些固定的群体在一起而不考虑别的群体的观念，消极对待不属于该群体的人。同时，也缺乏处理来自朋友压力的成熟度，有时可能纵容不被社会接受的行为，做他们不常做的事情——吸烟、吸毒、早恋、斗殴、买贵重但并不需要的东西。因此，同伴压力对于青少年的影响结果是"遇强则强，遇弱则弱"。那些家庭不太具有支持性的青少年如果与学业导向强的群体在一起就可能成功，如果青少年的家庭强调学业但却和没有学业动机的群体在一起，其表现就会变差、变弱。因此，同伴压力对青少年的影响大于父母的影响（Hallie Bourne，2009）。

成年之后，我们会加入各种社会组织和群体，也会受到这些群体内成员的影响。通过与他人互动，我们与群体相联结，比如宣称"我是学生会主席"，"我是诗社成员"，"我在经济学院"。我们也通过与一个组织联结而确定身份，比如宗教组织、政治组织、种族群体、社会组织、学习组织以及职业组织等在确定我们的自我时都扮演了重要角色。有些组织是与生俱在的——你是汉族人或别族人，有些则是你选择的。

当然，社会比较也成为我们塑造和重新塑造我们自我概念的一种方式。我们通过与他人比较来评价自己，而比较往往有一个参照群体——就是那些我们用来评价自己特征的人们。如果我们选择不正确的参照群体，就会感觉自己在能力、吸引力等方面表现平平或者属于次等。研究表明，年轻女性在仅仅观看30分钟的关于理想女性身材的电视节目后，就会对自己的身材产生消极念头（Myers & Biocca，1992）。

我们在一定程度上被我们所选择的参照群体所控制。因此，如果要改变自己，可以选择那些我们在进行比较时处于较有利的情形的参照群体，比如不再与比尔·盖茨比财富，不再与电影明星比相貌。我们没有百万富翁有钱，没有好莱坞明星漂亮，没有姚明那样的巨星风采，但这并不意味着我们毫无价值。

这种社会比较过程有可能会提高我们的潜力，它遵循并昭示着"遇强则强，遇弱则弱"的逻辑。然而，许多人用非理性的标准要求自己去与他人进行无休止的比较，最终只会使自己受到伤害并迷失自我。

3. 渠道之三：社会传播，角色扮演

库利认为，一个人的自我从社会的人际互动和对他人的感知当中产生。因此，发达的自我既包容社会又创造社会。"心灵"是"人这种动物所具有的，可以与低级动物的智力区别开来的反思性能力"（米德，1999：128），是与自己进行相互作用的过程，是"主我"和"宾我"之间的内在对话，社会的期望与个体要求在这里进行了协调。

也就是说，我们必然参与社会生活并内化他人视角。既没有完全不受他人"污染"的自我，也没有完全由他人主宰的自我，否则个体不成为个体。人际关系、文化期待、我们认同的团体、自己所做的决定、某一特定群体的期待、自我期待都会影响我们的自我形成。所谓有个性，走自己的路，不过是一种幻想。因为，穿他人的鞋走自己的路已经是非常有个性的了，多数人还是穿他人的鞋走他人的路。而穿自己的鞋走自己的路，看似有个性，实际是茫茫海上一叶没有航标的孤舟。

我们所加入的组织不但提供关于我们自己的身份信息，也提供必要的社会支持，尤其对于非主流文化中的成员来说尤其重要。例如，同性恋个体通过联系同性恋团体获得支持，以造福他们自己。

我们自动承担传统角色是因为关于性别的社会观念与生俱来地、强烈地影响着我们，并深植于我们的自我概念中。父母和社会人群知道我们的性别，于是处处把我们置于相应文化规则的环境里。女孩与粉红颜色相关，男孩与蓝色结伴；女孩应该玩布娃娃，男孩应该玩冲锋枪；男宝宝被描述为健壮、结实，女宝宝被描述为乖、甜美。这些社会文化规范，在语言中得到强化，语言也为我们具体实现了社会规范。"你是女孩，怎么可以这样疯疯癫癫？""你是男孩，怎么可以这样脆弱？"

这种关于性别的社会观念不但影响孩童对自己的角色期待，也强烈地左右着他们对别人的角色期待。例如，笔者身边一位中学教师抱怨家里的灯泡

坏了几个月老公都不闻不问（潜意识里，觉得换灯泡是男人的活），哪知道她那仅有 11 周岁的女儿这样回敬她："如果我爸爸专注于这么小的事，他怎么可能有这样大的成就！"这位妈妈反问："你很理解爸爸啊。那妈妈每天忙里忙外又要工作还要照顾你，你啥时理解我一下啊？"女儿回敬道："所有女人不都做这些事情吗？"

许多夫妇认为婚姻改变了夫妇之间的关系以及自我角色期待。在成家前，男女双方都做家务。但一旦成家，他们就自个儿把自己划入到传统"妻子"、"丈夫"的角色里——妻子不修理坏掉的东西，丈夫不洗衣服。这种多年习得的刻板的角色期待，可能需要广泛的讨论和协商。因此，和谐的夫妻关系是彼此都同意彼此的角色期待。

"男主外，女主内"的角色分工也是社会价值的一部分，影响我们的自我形成。例如，女性角色在中国传统文化中被固化为相夫教子、举案齐眉，文学作品、电影、社会规范、电视节目、流行歌曲，甚至电子游戏都在表达这样的观念。正因如此，女性在虐待关系中往往得不到文化上的支持，或者要比优势的男性给出更多的自我行为解释。男人每天工作 12 小时让人敬佩，女人工作超过 8 小时被认为是自私。现代女性多半会有身份困惑，因为她们一方面背负传统的角色分工，但同时又背离传统角色分工。笔者的一位已婚博士朋友给笔者讲过她的一个经历。有一阵，她觉得花在孩子身上的时间太少了，就多花了点时间陪伴孩子，她的一位男同学对她说："怎可如此堕落？如此才华不用来好好搞科研！"再过了一阵，当她致力于科研废寝忘食通宵达旦时，这位男生又说了："你真不像个女人。"在一个变动的社会，女性的个人关系生活遭受到的压力可能比男性更大，因为社会对女性的角色有着双重期待：既要传统，又要现代。无论她是固守于传统还是果断地拥抱现代角色分工，她都可能被社会看成是失败者。或者她能同时满足两种期待，那么她常常感到力不从心。

在与社会的传播中，我们习得各种文化规则，并经由我们所认定的种种角色表现出来。在回答"我是谁"的问题时，我们经常用角色来回答。父亲、老师、厂长、医生、CEO、学生都是一种标签，暗示了某种行为期待，对自我概念形成至关重要。中国是一个等级制的传统社会，官衔在个人自我概念中扮演着一个极其重要的角色，比如"他是局长"，"我是行长"。我们的价值往往在角色中实现，我们的自我在角色中成长，我们的个体在等级的阶梯中占位。"我是谁"很大程度取决于我们的职位，他人和我们自己都这么判断自我。于是，光宗耀祖、衣锦还乡、妻以夫贵、母以子贵成为自我概念的一部分。

从这种意义上来说，自我也就是角色扮演。人们或多或少都会意识到在扮演某种角色。在角色中，人们彼此了解；在角色中，认识我们自己。"面具在一定意义上就是我们已经形成的自我概念"（戈夫曼，2008：17）——"勤奋的学生"、"成功的创业者"、"有责任感的人"、"特立独行的人"。有时你扮演这种角色，有时又扮演另外的角色——你在学生社团做事井井有条，但在家里却找不到袜子。

角色扮演会出现两个极端。一个是表演者完全进入角色，真诚地相信他所呈现的现实印象就是真正的自我现实，而当观众也相信他的表演时，很少有人会质疑"真实性"；另一个极端是表演者并未完全投入角色，而是操纵观众信念，把表演作为达到目的的一种手段，这种人被戈夫曼称为"玩世不恭者"。玩世不恭者又分为两种：从伪装中获得快感，从观众认真对待其表演中获得戏弄感，体会到精神性侵犯的愉悦；观众不允许他们真诚，为了观众利益或者集体利益而哄骗观众。例如，你要求教授担道义，尽管他根本不是这样的人，但你需要，他就表演给你看。在这种意义上，自我不过是表演出来的角色，不过是一种戏剧性的效果。角色扮演所产生的关键问题仅仅"在于它是被人相信，还是被人怀疑"（戈夫曼，2008：215）。

因此，社会情境的多元性要求我们具有通过多重角色扮演去建构多元身份的传播能力。

以上表明，与家庭、与同伴以及与其他人的传播影响我们给世界和生命体验赋予意义的方式，而那些与我们未曾有过接触的人在形成我们的自我概念方面影响甚微。而我们也在这些关系的传播中不断内化他人和社会的视角，并在我们现实的自我中强化这些视角。

技能训练：他人如何影响你对自我概念的理解？

你的自我概念经历过戏剧性变化吗？你的家人、朋友、同事的评价和表达的态度在改变你的自我概念方面扮演何种角色？

4. 渠道之四：自我对话

作为个体的我们也并非白纸，任由他人书写。自我对话和自我反思是人类的基本能力，我们既是自我历史的被书写者也是写作者。我们对自己使用的标签在形成、发展自我概念中也扮演了重要角色，一生扮演的多重角色让我们给自己贴上不同标签以综合描述、评价自己。当我们年轻时，也许我们有许多梦想，但随着岁月流逝，我们会开始反思性地评判我们的目标和理想。例如，著名音乐创作家雷蕾年轻时喜欢芭蕾舞并曾经是芭蕾舞演员，但到了恢复高考时，她选择了作曲，因为她认为 25 岁的她不再适合走芭蕾舞这条路了，即便别人认为她仍然有跳芭蕾的天分，但她的自我反思使她改变了人生计划。

也正是这种自我对话，使人们激发出力量去重新给自己贴上新的标签。在雷蕾真正成为作曲家之前，她也不知道自己一定会成功。

综上所述，我们的自我概念通过三种来源发展：别人对我们的评价以及贴上的标签，我们自己和他人的比较，我们自己解说、评价自己的行为和思想。

三、自我揭示：作为自我意识的通道

我们已经知道，自我是在与他人的互动中形成的。换句话说，这种互动就是每一个独特个体的自我彼此打交道的过程。在这个过程中，我们感知他人以获得有关他人自我的信息（第三章关于感知要详细讨论这一点），也获得他人对于我们的自我的评价信息，同时还提供关于我们自己的信息给他人。

提供我们自己的信息给他人就是自我揭示（self-disclosure）的过程。自我揭示既是一个让他人了解我们自己的过程，也是一个自我认识的过程。恰当的自我揭示以及来自他人的对我们的自我揭示的回应可以增强我们对自己的了解和理解。

1. 何为自我揭示？

自我揭示是指一个人向他人提供关于自身信息的一个传播过程。自我揭示可以是无意的，也可能是有意的。无意的揭示往往是通过非语言符号流露出来的；而有意的揭示必定是经过选择后传播给他人的东西，"它包括一个人选择一些有关自己的信息告诉他人，以便他人认识、了解他们"（Ignatius&Kookiness，2007）。也就是说，尽管自我揭示可以是有意或无意的，但由于恰当地进行自我揭示是人际传播的一项能力，因此，在一定程度上，我们提到的自我揭示，主要是指经过个体主动选择的、有意的自我揭示。在互动中，一个人故意暴露个人信息给他人。

关于我们个人的信息，有些可能是相对公开的，而有些是隐秘的。例如，张三，20 岁，山东人，这是相对公开的，通过观察就可以大体知道的东西。而有些东西则是除非你告诉他人，否则他人是不会知道的，他人也是不可能独自揭示的。比如，他人可以通过观察大体知道你的身高、体重，但却不知道你确切的年龄、身高、体重，除非你告诉他人。

自我揭示可以是语言的，也可以是非语言的。我们穿的衣服、佩戴的饰品等都在向与我们互动的人传达当下的情感、情绪和心情；作为通过语言进

行的揭示，揭示的信息可能是描述性的，也可能是评价性的；自我揭示可能集中于信息、观念或者情感；可能是积极的也可能是消极的。

自我揭示既可以是关于你自己的无伤大雅的信息，还可以是许多隐私的信息，包括思想、情感、期望、目标、成败、恐惧、梦想以及一个人的爱、恨(Ignatius&Kookiness，2007)。在亲密关系中，自我揭示的通常就是非常个人的隐秘信息。比如，一个人10岁时在少管所度过了半年光阴。

根据社会渗透理论（Social Penetration Theory，Altman&Tayor，1973），自我揭示有两个维度：广度和深度。广度是两个人之间揭示的话题种类的宽泛性，深度是两个人之间揭示的信息的敏感度、私密性或个人性。在关系发展的初期阶段，达到揭示的广度较为容易，它构成个性和日常生活的外层圈，如职业、偏好等。而抵达揭示的深度则不太容易，因为它是非常内在的东西，包括痛苦的记忆、非同寻常的特征等，都是一些我们努力隐藏的东西。

自我揭示是频繁的或者非频繁的，是长的或者短的，是准确的或者非准确的，是有意的或者较少有意识控制的，可能是好时机的也可能是坏时机的，可以是关于自己的，也可以是对世界、对他人的看法和感觉的表达，还可能是告知伙伴彼此之间关系的状态以及如何相处的关系揭示。

因此，你能够确认自己和他人的自我概念，仅仅在你们都能够揭示自己给彼此时。因此，自我揭示是重要的传播行为。

2. 自我揭示的意义

自我揭示是个人广告。我们常常听到这种说法，"这是个自我经营的时代"，"好酒也怕巷子深"。因此，恰当的自我揭示可以为他人更好地了解、理解你提供基础，从而赢得广泛的社会支持。而且，在生活节奏非常紧张的现代社会，等待别人主动询问你的需要，也不是现实的想法。

自我揭示也是伤痛治疗的一种方式。我们每个人都有最深的恐惧、痛苦，都有一些不被自己和社会接受的思想和情感。如果我们通过自我揭示而获得理解，我们就会较好地处理那些不好的感觉，而不是自暴自弃。不通过自我揭示，而仅仅是要求做自我接纳来化解伤痛，这是非常困难的。我们往往是通过他人的眼睛而更多地接纳自我——当我们揭示了一个自以为耻的缺点而他人接受了这个揭示并对我们未做负面评价，甚至还提供了情感或者道义支持时，我们就较易接受自己了，从而改变我们自我认知的方式与结果。比如，你说你犯了一次愚蠢的错误，很自责，会话伙伴如果说："没啥，任何人都会犯这种错误。我还有更糟糕的错误。有一次……"你会相对释然。

有时，自我揭示是一种自我宣泄的方式，是一种传播性放松。人生充满起伏跌宕，我们都有需要释怀的时候——把自己从某种正在冲击、煎熬我们的状况中释放出来，如亲人故去、失恋、事业失败。这也就是我们说的倾诉。遇到合适的人，我们都会倾诉。诸多研究也表明，自我揭示的人比那些独自承担痛苦的人更少受伤、生病。

自我揭示也和个人精神健康相关。当然，其精神健康的价值部分依赖于揭示者相对方的回应，如果从对方获得了社会支持，自我揭示和精神健康之间的关系就是正相关的。

自我揭示增强传播互动效果。他人一旦理解了我们生活的私密方面，可能在回应时更把我们当作独特个体而变得细心体贴，而他人对我们的关心体贴又可能推动我们进一步做自我揭示；自我揭示还可以激发他人进行自我揭示。按照社会礼仪和习俗，他人知道你的自我揭示是在邀请他进行自我揭示，或者对方感到被信任而觉得有责任交换自我信息。关系双方的自我揭示越是互惠，质量和数量越是恰当，彼此理解越多，关系发展越是顺畅。

自我揭示不但为他人更好地理解自己提供基础，更推动关系的发展。自我揭示的数量和深度是我们是否愿意与他人建立和发展关系以及关系深度的指示器；同时，通过他人的互惠性自我揭示，我们获知他人的基本信息，判断他人与我们发展关系的愿望和程度。例如，在火车上，你告诉邻座你喜欢足球，你在复旦上学等信息，如果对方通过语言和非语言积极回应，并进行回馈自我揭示，表明他愿意和你进一步谈话。下车时你留了联系方式，他也留了联系方式，表明他愿意进一步与你交往。如果对方只是听没有回应，或者没有回馈的自我揭示，或者每一个回应的自我揭示的深度和数量都低于你的，表明对方不愿意继续和你发展关系。

自我揭示还是人际亲密的指示器。没有自我揭示，我们的人际关系达不到亲密。没有真实的自我揭示，我们只能够形成表面的关系。

3. 自我揭示与个人成长

在人的成长道路上，我们在不断发现自己、确认自己、认识自己。自我揭示是获知我们自己和强化个人成长的一种重要途径。

为了揭示信息给他人，我们必须首先意识到"我是谁"。我们都会有自我，也会有自我概念，但我们并非每时每刻都会意识到自己。意识到自己是谁以及在做什么就是自我意识（self-consciousness）（Charles Berger，1982，转引自小约翰，1999：462）。

这种自我意识分为客观自我意识和主观自我意识。客观自我意识是把我们自己的能力和状况作为我们思考和注意的对象（Beebe，2008：36）。古希腊德尔菲神庙上有一句名言：我自知我无知。这说明了我们有把自己的思想和状况加以思考的能力，也就是反思能力。因此，客观自我意识是以自我而不是以环境中的其他对象为中心的，其稳定特征是拘谨，受到自我监管和克制倾向的控制，比较注重给他人留下好印象，对他人对自己的反应高度敏感，努力调整自己的行为以迎合他人。例如，当你在公众场所时，你强烈地意识到会有许多人在观察你的行为，你容易紧张。客观自我意识普遍存在，我们总会有一些场景要对自我高度全神贯注，不自在感由此而生。

主观自我意识则相反，主体放松了对自我的监管从而融入瞬间体验的溪流中，对自己能够给他人留下何种印象较少关心。例如，我们和亲人或者好友谈话就显得相对放松，更为自然。就是我们说的"我行我素"，"我就是我，不一样的烟火"，是一个与周围环境不一样的人。

我们除了通过自己思考以及询问他人并听取他人对我们的看法来强化我们的自我意识，还有其他的一些方式。约哈里窗口①揭示了我们的自我意识如何受到自我揭示的影响以及受到他人与我们分享的信息的数量和质量、广度和深度的影响（图 2-4）。

	自己知道	自己不知道
他人知道	开放的自我	盲目区域
他人不知道	隐藏的自我	未知的自我

图 2-4　约哈里窗口

窗口代表自我，这个自我包括你的一切——那些你知晓与不知晓的，意识到的与没有意识到的。横轴是你对自己所知与不知，纵轴是他人对你所知和不知的，这些类别的交叉形成四个区域。

开放区域包括自己知道和他人知道的信息，如姓名、体重、专业、喜爱的食物和音乐等爱好，等等。看起来好像四个部分占有同样分量，实际上并非平分秋色，而这也就是关键所在——你揭示自己越多，或是越是对他人开

① 因两个研究者——Joseph Luft 和 Harry Ingham 的名字组合而得名，俩人合作完成著作 Group Process：an introduction to group Dynamics，Palo Alto，CA：Mayfield，1970。

放，这个部分越大。而这个时候往往是与他人形成了亲密关系。

盲目区域包括他人知道而自己不知道的信息。例如，你可能觉得自己是慷慨的，而他人觉得你是小气鬼；你觉得自己很优雅，别人觉得你很粗俗。这也就是我们说的盲目乐观、孤芳自赏，或者妄自菲薄、自惭形秽。我们的弱点、潜力等都可能是这个领域。当我们知道他人如何看我们时，这个部分就变小了。通常说来，我们自知和知道他人如何看我们的一致性程度越高，你与他人建立开放和诚实关系的机会越好。

隐藏区域包括自己知道而他人不知道的信息。你有许多思想、情感、经历不想让他人知道，如高考失败的经历、失恋的经历、被辞退的经历等。并非说我们要和他人分享全部的我，我们只是需要知道，既要让别人了解一些我们自己，也要保留一些隐藏部分。

未知区域是自己和他人都不知道的信息。我们常说"不当家不知油盐贵"，也就是说，除非当了家，你和他人都不知道你是否是一个善于安排家庭生活的人；除非有一个孩子，你和他人也不知道你是个怎样的父母；还有，除非你有更多机会锤炼自己，你不知道自己的潜力有多大；除非你历经磨难而不断重生，你不知道你抗拒压力的能力有多强。我们总会有这样一个未知部分存在，它可能是一种推动我们前进的潜力，但也可能是潜在的危机。

技能训练：你对约哈里窗口的理解？

1. 约哈里窗口的哪个部分揭示了你头发颜色的信息？

（　　）开放　（　　）盲目　（　　）隐藏　（　　）未知

2. 在健康关系中，两人彼此做同样数量的揭示。

（　　）对的　（　　）不对

3. 哪一部分揭示了你隐秘的梦想和雄心壮志？

（　　）开放　（　　）盲目　（　　）隐藏　（　　）未知

4. 在一种关系中，两个人彼此揭示越快，关系就会越好。

（　　）对的　（　　）不对

健康的自我概念需要关于自己的知识。因此，获得、开发盲目领域和未知领域的信息非常重要。我们可以通过进入陌生的环境，尝试新事物、新经验、新传播，以扩大自己的经历。例如，你到底有多大潜力？你必须积极选择进入更多的领域来证明自己。如果你经商成功了，你有经商的能力；如果你做教育成功了，你有从教的能力。多次的成功经验让我们知道许多盲目的、未知的信息，同时，也强化了我们的信心和积极的自我评价，这为我们发展积极的自我意识以及良好地与人互动提供了进一步的动力和能力。当然，无数次失败的经历也会提醒你自己正确看待自己的能力，给自己进行准确的人生目标定位。

我们也可以通过与更多的人互动，与他人分享个人感知，更多地了解他人是如何看待我们自己的。例如，在诸多语境和与更多的人的互动中，你知道你就是小气鬼或者慷慨者。

第三节　提高自我感知能力

我们已经知道，自我概念是主观的、多元的、灵活变化的。这表明，如果我们换一个角度观察自己，将会出现一个不同的自我。

自我总是通过与社会的互动并内化社会视角而形成与发展的，它不得不受到社会观念的影响。社会倾向于遵从主流价值和权力阶层的价值观，且在一定时期内这种价值观所维护的文化规范具有稳定性，比如男主外、女主内等社会观念。但社会观念也会在时间中改变，文化规范一旦改变，社会对自我的视角也就改变，我们的自我概念也会回应这种改变。

也就是说，自我的变与不变既和自己的主观愿望和努力程度有关，也受到社会文化规范的约束。

因此，改变不满意的自我概念是可能的。尽管一些研究解释了我们的自我特质的生物遗传性，但这也不能成为我们对自我改变持有悲观看法的根据，况且这种遗传性也不断受到相反研究的挑战。因为，有一点我们是可以确定的：除非我们想成为完美的（这根本不可能），否则，我们可以通过改变自我概念而提高自尊。作为结果，也可以改变我们的传播。但改变的前提是：持有强烈的改变愿望和坚定的改变信念，主动选择改变，获得个人改变的基础知识，设立现实和可行的目标，创造一个有利于个人改变的语境，反思自我，监管自我揭示，克服传播者焦虑、害羞等。

自我概念是时间的堆积物，因此根深蒂固，只有强大的力量才可以改变。所以，我们要意识到挑战自我也是极为艰难和痛苦的。在改变的过程中，我们会受到人类固有的认知保守性的影响。"认知不和谐"理论认为，认知不和谐就是一种心里不舒服，将导致一个人力图减少不和谐并通过积极地避免那些可能增加不和谐的情形与信息来达到和谐（Festinger，1957）。也就是说，我们总是试图寻找那些巩固和增强自我概念的信息，而强烈拒绝和扭曲那些与自我感知相违背的信息，我们都不愿意改变一个我们自认为是有力的自我概念。如果你是一个浪漫的伴侣，你就很难承认自己最近不够善解人意；如果你觉得自己很有能力，你就很难承认最近的失败——"我怎么可能失败？"即便是新的形象更为有利，我们还是不愿意改变自我概念。

这一节我们将对自我概念影响传播的机制以及提高自尊与自我改变的技能作一些介绍。虽然这些仅仅是诸多技能中的少许，但仍然可以一管窥豹，为我们思考、改变自己以及与他人更好地互动打开一扇我们可能司空见惯但却没有留意过的窗户。

人际传播的一项重要的能力就是要能够恰当地进行自我揭示与自我谈论。我们发展和修正自我概念是通过他人对我们的感知及其对自我揭示的反应，因此，健康的自我揭示有助于发展健康的自我。当健康自我和另一个个体的健康自我相遇、传播时，我们和他人发展满意度高的（亲密）关系的可能性更大。

我们也通过自我揭示进行印象和身份管理，良好的印象管理能力也是一项人际传播的重要技能，有助于我们在互动中增强信心与自尊。

一、自我概念是如何影响人际传播和人际关系的

自我概念不仅影响我们如何看待现在的我们，也会现实地影响我们将来的行为以及他人的行为，这就是自我实现预言（self-fulfilling prophecy）所要表达的。

1. 自我实现预言

一个广泛的研究者群体，包括托马斯、默顿、李普曼和戈夫曼等人形成并发展了"自我实现预言"主张：一旦互动，就有约定的特征，也就是情景定义；我们不是根据现实而是根据推论而生活，或者说我们是基于把推论当现实而产生行动的。"预言成为情境的一部分，影响后续事态的发展；无论社会还是个人，习惯于把偏见当观察的结果，把观念当事实，这样就存在内群体的美德与外群体的恶习的偏见，影响对事态与双方关系的认识，从而影响行为结果，进而影响事态发展。整个活动成为观念响应观念。"（默顿，2001）例如，我是你的客人，你无法科学地判断我是否会偷你的东西，但你推论我不会，于是就把我当客人看待。

也就是说，如果一个人把某种情境当作是真的，则那种情境作为结果就是现实。例如，某人在剧院高喊"失火了"，人们必定惊惶奔逃，则会发生真的惨剧。再比如，你感知到（不一定正确）我在与你交往的言语、态度、行为中表现出厌恶和不耐烦，你会对此做出相应的反应。于是，我感知到（也不一定正确）你对我不友好，我也会做出非友好的回应。于是，你觉得你当初

的感知——"他/她讨厌我"被验证了，又进一步采取对应的回应方式。这样的互动反复循环，关系交恶必成事实。历史上，中国曾经出现过"宋人诽楚"——宋国经常在国内自吹能够打赢楚国，吹嘘习惯了，当成了真实，最后居然主动进攻，结果很悲惨。

人的社会化取决于对情境的定义能力，这种定义帮助人们使用最适合该情境的词汇来描绘他人的行为以使自己理解，描绘自己的行为使他人理解。所谓的"适应环境"就是取得恰当的情境定义，能够在该情境中娴熟地运用互动模式。

因此，我们对环境的反应不是如此这般地线性、简单与直接：原型 $\Longrightarrow$ 行动，而是如下形式：原型 $\Longleftrightarrow$ 自我概念 $\Longleftrightarrow$ 经历 $\Longleftrightarrow$ 与他人关系 $\Longleftrightarrow$ 行为（小约翰，1999：339）。

正是通过情境定义而展开行动，我们最终满足了自己和他人的愿望。比如，老师评价你不是好学生，最后你真的成了坏学生。因为你随时想到自己不被接受的一面，而且多次努力也没有改变老师对你的印象，你觉得沮丧灰心。但灰心又让老师更觉得你不行，最后你就具有了老师所期待的品质。

2. 自我实现预言的种类与作用

在人际关系和传播中，有两种自我实现预言。一是自己强加给自我的预言，是在我们自己的期望影响行为时发生的。中年女性容易对衰老产生焦虑，经常说："老了，真的老了。"于是，在买衣服时，觉得这个颜色太鲜，那个样式太时尚，在穿戴行为举止等方面都会有种种暗示，最后期望就被满足了——真的老了，别人和自己都看着自己穿得灰不溜秋、老气横秋。

研究表明，那些对社会排斥敏感的人趋向于期待排斥，在排斥可能并不存在的地方依然感知到排斥，对夸大的感知以危及关系的方式会有过度反应（Ayduk et al.，2008）。

另外一种自我实现预言类型是一个人的期望支配着另一个人的行动。如果一个老师传递给学生这样的信息："你很聪明"，孩子就会接受这个评价并且改变其自我概念以包含这个说法。相反方面也是存在的——如果老师传达了"你很笨"这样的信息，孩子真的就很笨了。这种类型的自我实现预言是形成自我概念和在广泛的场景中影响人们行为的有力力量。实际上，"重要他人"产生影响的机制就在于此。

但我们要注意到，这种力量的效果也要双方合作才能完成。评价与期待只对敏感的人产生实现力量，否则，单方面是无法自我实现预言的。例如，老师担心孩子的学习能力，但仅仅是停留在心里，孩子不会受到影响。

自我实现预言对传播的影响很大，而且能够提高或者伤害关系。如果你觉得他人讨厌，你就可能按照传达你的感觉的方式行动，他人的行动就可能与你的期望匹配：你不喜欢他，他感知到你的厌恶，他表现出委屈、不解，继而他在你面前紧张而做不好事情，或者开始报复你的不友好。于是，在你看来，这印证了他遭你讨厌的想法。但反之，你如果仍然对他友好，结果可能就积极得多。

当然，自我实现预言并不能解释一切行为。如果我们以为积极的自我暗示就可以成就一切，那就大错特错了。只是在某种程度上，我们的确是我们所信的，我们和那些生活在我们四周的人通过传播共同创造自我概念。

二、通过现实的自我感知提高自尊

1. 自尊感的高低有力地影响传播行为

你有多喜欢自己？你认为你的能力有多强？你认为自己对周围人是否重要？这些答案反映出你的自尊(self-esteem)。自尊是自我概念的一部分，反映了一个人对于自己的价值的全面评估或者评价，是个体的持久人格特征①。"我在家里很不耐烦"是自我概念，而"我在家里没有在办公室好"就是关于自尊的。自尊的同义词有：自我价值，自我尊重，自爱。自尊涉及信念(如"我很能干")、情感(如"我绝望"、"我羞耻"、"我骄傲"、"我清高"等)。

自我概念和自尊会过滤我们每一次与他人的互动，决定我们如何接近、回应和理解信息，也影响我们对他人的敏感能力。

自尊感来自与他人的比较。通过比较，我们获得积极的或者消极的自我评价，比如"绘画是我的强项"(因为比起我的同学我得了更多的奖项)，"我的书法很烂"(很多人做得比我好)，"我不擅长言辞"(好多人滔滔不绝，而且知道在正确的时间说正确的话)。这些陈述暗含了你对你自己做某件事以及他人做某件事的好坏评价。不会做某一件事或某几件事不一定会降低你的自我价值，但很多事情你都无法做好或者重要事项你都表现出无能为力，这些无能为力感将为你的价值整体感涂上消极的色彩。

自尊感来自积极的自我期待。一个传播者的自我概念可能是害羞的、敏感的、多愁善感的、严肃的等，自尊是由我们自己对这些特征的感觉和评价所决定的，而不是因为我们已经拥有了某种完美的人格。也就是说，有人会非常讨厌自己易于害羞的特质，觉得这使自己丢脸，使自己失去更多机会；

① "自尊"词条见 http://en.wikipedia.org/wiki/Self-esteem。

但也有人欣赏自己的害羞特质，觉得内敛、含蓄也是美德，不但不会影响自己成功，反而会增加机会。所以，关键是要真正看到自己的优点和缺点，并以积极的心态和行动去面对它们。

当然，高自尊不是自我膨胀。当我们评价一个人他的自我感觉太良好时，实际表明了那个人在自尊方面具有自我中心、孤芳自赏的倾向。自我中心者只会从自己的立场与观点去认识事物，而不能从客观的、他人的立场和观点去认识事物。好比当自己的汤是热的时，就认为别人的汤也是热的。孤芳自赏的人以为只有自己才具备独一无二、令人骄傲的优点，从而封闭了自我完善的通道以及与他人进行多元互动的可能性。

高自尊的人对于如何传播有着积极的期望，这种积极的感觉会增加传播成功的机会，成功反过来又有利于做进一步的积极自我评估，进而强化自尊；低自尊有着同样的循环。这个相互影响过程如图 2-5 所示（Ronald B. Adler，2004：29）。

研究表明，许多社会问题来源于低自尊的集体感，低尊严感导致选择错误的伙伴。成语"狐朋狗友"、"狼狈为奸"、"难兄难弟"描述的就是在拥有低自我价值的人中间发生的交往关系。低自尊也会选择错误的行为，比如对毒品、酒精或者其他替代物的依赖，或者其他致命行为。所以发展健康的自尊感很重要。

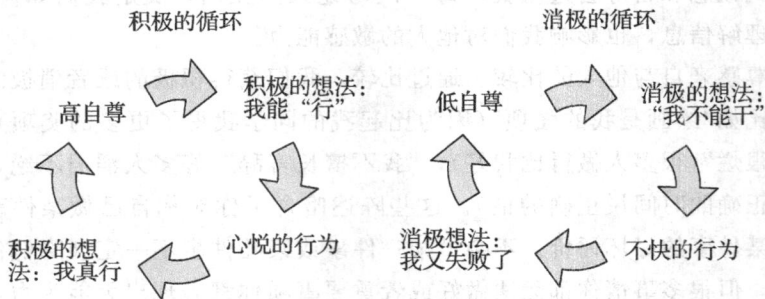

图 2-5　自尊感的循环

（1）低自尊者的传播特征

这类人群对批评和来自他人的消极反馈很敏感，易于批评他人，相信自己不受欢迎或者不被人尊敬，预期被他人排斥，行动时不愿意被他人关注，经常觉得受到被他们认为是上级的人的威胁，和他人竞争时预期失败。这类人对赞扬和吹捧也会过度反应，来自他人的小小赞扬就可能使他的自尊暂时陡增。总体来说，低自尊的人对自己的整个行为的评价低于对他人的评价

(Adler & Towne，1993)。

(2)高自尊者的传播特征

这类人群对解决问题有较高期待，较大可能接受他人的批评或赞扬而不会感到尴尬，在行动时如果有人观察他们会感到舒服，比较能够承认自己既有优点也有缺点，乐于和那些能力比较强的人互动，期望他人接受自我之所是，寻找机会提高需要提高的技能的愿望强，比之低自尊的人更能够积极评估自我和他人(Hamackek，1982)。

(3)影响自我评价的因素

我们看待自己的方式可能与他人对我们的感知是不一致的，有时自我评估过高，有时又会低估自己和怀疑自己。当人们经历消极心情时显得对自己更具批评性，而在经历积极心情时对自己的评价就会较高。每个人都会偶尔经历自我怀疑的低潮，有些人甚至长期或者永久地过度自我批评和怀疑，这些都会影响传播。自我评估过高或过低，可能包括如下原因：

一是自我评估基于陈旧的信息。例如，有人可能因为读书时绩点高，曾经写过很多论文，就觉得现在的自己是一个良好的教育者。如果过去的失败长期徘徊在传播者的心里，就会产生自我怀疑。过度批评的家庭是孩子消极自我形象的普遍原因。严苛朋友的评价，不关心学生的老师，要求高的老板，甚至留下印象的陌生人都会产生持续的消极影响。重要他人和参照群体都会影响我们的自尊感。

二是自我评估来自他人扭曲的反馈。一个教授可能坚定地自认为是大师，因为学生总是为了讨好教授而曲意奉承。而一个孩子膨胀的自我可能是基于父母的过度赞扬。所以，一个好的社会关系网络应该是一面能够投射我们真实自我的镜子，反之，一个坏的社会关系网络就是一面扭曲的哈哈镜。被很多假话包围的人会越来越喜欢这个圈子，他/她最终失去认识自己的正确通道。

三是完美的迷思。从出生起，我们都有一个完美的榜样树立在那里，成为我们行为的参照。孩子从童话故事中知道英雄与白马王子应该是什么样，而父母从不愿意或不忍心告诉孩子那不是现实，孩子长久地接受完美主义，为了被人接受，孩子们假装拥有这样的自我品格。如果别人拥有，我却不拥有，就会降低我们的自我评估。

四是社会期望。社会往往把诚实地欣赏自己能力的个人看成是吹嘘者，把他们混同为那些并不拥有某些成就但却自吹自擂的人。也就是说，谦虚的社会要求使人们随意地谈论自己的缺点，而不看中自己的成就，即便工作有成就也要显得很悲催的样子。

五是社会文化规范。东西方社会具有不同的价值体系，它们也会影响我们的自我评价。西方文化强调个体的自主性、独立性，作为个人就会追求独立并表现得与众不同，一旦具有了这种能力，个人就会获得高自尊感。而东方文化不重视独立，而是强调人们之间的依赖关系，家族、家世的荣辱与个人价值有着很重要的关联。例如，官宦人家、文化名人或者实业家之后，都会增加一个人的自我价值感。

总之，尽管积极的自我评价不会必然保障我们每个人都成功，但能够帮助我们集中于自己的目标并提高我们的行动层次。恰当的自尊感有助于提高我们的人际传播能力和人际关系。自我评价过高的人要学习恰当地评价自己，学会在关系中而不是幽闭于内在世界来评价自己。而不必要的低自尊可能是自我最大的敌人，因此，自我评价过低的人要学习一些增强自尊的技能。

2. 了解自我实现预言形成机制，进行积极的自我暗示

自我传播，也就是"主我"和"宾我"的对话方式会影响我们的自尊。现实又积极的自我传播有助于提高自尊水平以及与他人的互动，而消极的自我对话使事情更糟。

积极的自我暗示是一种自我实现预言。有研究表明，微笑可以改变我们的心情。许多人都知道心情决定行动——开心就会笑，心情不好就愁眉苦脸。但按照自我实现预言，即便不开心，脸上挂着微笑还是可以产生积极的心情，愉快的行动也会使心情愉快起来（Kleinke，Peterson & Rutledge，1998）。

自信的人之所以能够取得较多成就，在于集中于自己的目标而不是自己的消极情绪与失败经历，即便是在失败的时候，也尽量进行积极的自我对话。自我肯定式的对话应该尽可能栩栩如生，把每个步骤都想象清楚并加以演练。例如，你要参加面试，而你不那么自信，可以想象面前坐着一个面试官，你们的座次安排的可能性，面试官的性别、个性、表情等，然后列举自己可能的回应行为。

每个人都会有失败的时候，失败的经历总是一种煎熬和痛苦。面对痛苦和失败，很多人在自我对话时充满自我责备，这种消极的自我对话也是"我不行"的自我暗示，这种暗示会产生下一步的挫败感。在与他人对话时，很多人也容易消极地谈论自己，这种消极谈论会增加他人对我们的自我实现预言和期待。过多的消极自我描述，他人会形成对我们的消极评价，即便我们

有了积极的行动。

所以，要多说积极的语句鼓励、暗示自己好的方面。

技能训练：分析你的自我谈论

回忆最近一次你认为是失败的经历，你对自己说了什么？对于发生的事情，你是否用责备给予了自己一些负面信息？是否泛化了具体事件，把自己说成是失败者？自我谈论过后，你的感觉发生了怎样的变化？请记住：改变负面谈论的第一步是意识到它。当下次遇到感觉不好的事情时，请努力用积极的句子来进行自我对话，看看会发生什么？

当然，积极的自我暗示和评估不是现实努力的替代品，以为精神胜利法可以打倒一切困难，是不切实际的想法。但我们一定需要积极的自我对话和自我暗示，那是现实改变的精神动力。

3. 努力攻击自我伤残的信念

自我伤残的信念是那些破坏我们的自尊和阻止我们与他人建立积极关系而产生的人际信念，比如"我没有创意"，"我不讨人喜欢"，"人们很容易背叛、抛弃我"，"不要再相信爱情，否则只会再次受伤"。自我伤残也就是自我驱逐，以下几种驱动力可能刺激我们以一种不利于自己的方式去行动（Butler&Pamela，1981）。

追求完美的驱动力会逼迫自己做事时以不切实际的高标准要求自己，任何不完美的事情都不会被你接受，会遭到你的责备。

坚强的驱动力会逼迫自己不许哭，不求救，任何软弱和容易受伤的感情都不被自己接受。

取悦他人的驱动力使你追求被他人认同，自己的快乐从属于他人的快乐。如果他人赞同你，你就觉得有价值；如果他人不认同你，你就觉得一文不名。

努力负责任的驱动力让我们超越自己的能力去接受他人难以处理的问题和承担更多责任。这些驱动力不会有助于我们的自尊。

因此，要首先认识到自己可能存在的这些驱动力，然后努力消除之，并且用更为实际的信念来行动。例如，关于取悦别人，如果别人真的很高兴和你在一起，你是否取悦他都不重要。还要设立现实的自我期待，接受自己正在改变的过程中。我们的低自尊可能来自期待太高，如果希望自己尽快、尽善、尽美地处理传播问题，注定会令自己失望的，因为没有人面对各种情形都能够有万全之策。只有允许自己失败，允许不完美，才可能一步步提高我们的自尊和改善传播。

技能训练：饱和自我的伤残

现代传播技术的进步使人类的互动超越了时空阻隔，社会生活的场域以及社会关系走马灯似的移动着、转换着、增量着，人的自我也因周遭的文化系统和场景变换而不停地重新组合、转换，既美艳丰盛又不胜负荷，既不断整合又不断分裂。这就是饱和自我（Saturated Self，Thompson& Kenneth，1996）的状况。

增量的自我让我们有无力感还是强大感？我们是否要求过自己要适应所有变换的社会场景？我们能够做到这一点吗？如果做不到，是否会产生自我伤残的强迫性并最终降低自我评价？

4. 不要与他人做无休止的比较

我们一直生活在比较之中，甚至出生前就被比较。父母把自己的孩子与他人比较——谁了不起、聪明、漂亮、富裕、职位高；我们成长后与他人比较，而不是庆祝我们的独一无二性。

社会比较是塑造自我的重要机制。健康适度的比较可以激发我们的潜力，但过度比较——在任何时候和所有人比较则是极为不明智的，不但产生嫉妒等不健康的情感，也会成为一种自我伤残、放逐的信念。例如，一位喜欢和他人比较的女士：与长相不好的人比，她漂亮；遇到比她漂亮的人，她有高学历；别人夫妻感情好，自己老公比他人更有钱有势；别人比自己更有钱有势，自己和老公的婚姻更多是基于爱情，别人的婚姻则是交换。这种永远要战胜他人的自我是不健康的，除了伤害人际关系，也让自己在永无宁日的比较中失去自我。

我们每个人无论有多成功，都有作壁上观的时候。因此，要增强自尊，必须寻找自己的独一无二处，避免自我判断基于与他人比较。当我们觉得不如人时，我们应该用我们所拥有的来增强自尊，而不是拿自己缺乏的去与别人拥有的比；当我们技不如人时，与其横向比较，不如纵向比较。也就是说，和自己相比，你比过去更进步了就好，而不是和他人比较，尤其是不和专家、电影电视中的完美主角比较。完美作为一种理想是好的，但要求自己达到它，对你自己是不公平的，再说永远没有完美的极点。例如，与坐公交车的相比，某人有车，与有车的相比，某人有大品牌车。如果一直往上比，很可能得出"我太穷酸了"这种降低自尊的评价。

父母经常拿自己孩子与他人比较，有两种极端都是不利于孩子自尊感发展的。一是处处不如人的谈论，比如"你看晓勇学习也好，武术也好，你呢？"二是人人处处不如我的谈论，比如"我儿子就是世界上最聪明的"。一个健康的积极的自我概念既被他人激发，也是由自我确认的现实价值感所激发。回忆前面的依恋模式，也可以解释健康与不健康的比较导致的结果差异。

5. 从不同视角恰当地重塑过去的经验

正如陈年老屋经过翻新会焕发光彩一样，我们每个人灰头土脸的经历经过变换视角和重塑，也会增强我们的自尊感。笔者有位男性朋友，朋友们嘲笑他的洗脸毛巾太脏，几乎找不出本色。他不屑地翻开毛巾另一面说："这边还是很干净的，你们这些人怎么只看到脏的一面，看不到还有干净的一面？这就是咱乐观主义者和你们这些悲观主义者的区别！"这些说辞虽有些强词夺理，但也说明换个视角思考问题会重塑自己以及他人的体验，我们对待自我和他人的方式可能就会大有差异。

当你的领导批评了你，说你在某些方面要改进时，你自然很灰心。但不要听从自我这样的对话："我真的不行"，而是在一个更大的语境下思考问题："负面评价并不意味着我一无是处"。

还要学会忘记过去。我们已经知道，自我是可以改变的，并非一成不变的。对于那些我们不满意的过去，不要耿耿于怀，而要学会及时释放与忘记。低自我评估的人容易把自己锁在过去不愉快的记忆里，这只会一次次给予失望的暗示。有时，痛苦的经历是无价之宝，使我们更为清楚地认识自己的不足，发现自己的潜力。当然，有些伤痛通过自己的努力是很难遗忘的，这时，我们需要寻求专业人士的咨询和治疗。这也就是为何在西方社会，心理咨询、婚姻咨询、个人形象咨询成为非常兴旺的行业的理由。

有个例子值得我们思考。一个女孩失恋后非常痛苦，有许多自我否定评价："我被抛弃了！我不配他！我没有他的新女朋友漂亮！我不够温柔。"别人告诉她："你爱他，对他来说，你是宝，失去你，是他损失了宝物；他不爱你，对你来说，他是石头，失去他，你不过是丢了一块石头而已。"视角一换，便是解脱。

当然，并不是说我们要无视负面经验，而是要随时提醒自己：事情还有另外一面，"牢骚太盛防肠断，风物长宜放眼量"。一个人的价值不会依赖一人一事一时一地，我们需要在错误中不断学习进步，而不是把自己打垮。

6. 创造一个有利于自我改变的语境

如果我们想要提高自尊，就必须寻求支持性的人们。无论你有多完美，这个世界总会有人批评你，有的人对每件事和每个人都吹毛求疵；而有的人是乐观的、正面的、充满赞誉的，他们懂得提供及时的安慰，懂得如何激发你的正面感觉。尤其在悲观、失败时，我们要寻求与这样的人对话，否则徒增更多的痛苦和自我否定。但实际情况却是，有着高自尊的人寻求那些对自己有利评价的人，低自尊的人倾向于和那些对自己做不利评价的人互动。这显然不利于自我的改变。

现实中，这个支持性环境往往由最亲近的人所提供，如朋友、家人或者配偶。真诚朋友可以帮助我们客观而真诚地认识自我的优点和缺点，这对于发展我们积极健康的自我形象殊为有益。从前面论述可知，他人是我们的镜子，在自我概念形成与评估中扮演主要角色，来自朋友的信息越可靠，你越可能清楚地知道你自己。

长期自怜也会导致自我贬低，一个可靠的朋友会帮助我们走出"自怜"。我们从朋友那里学到的好事情以及来自朋友的诚实、积极支持为我们提供终生鼓舞。

在一个崇尚虚浮的社会里，谄媚、溜须拍马与甜言蜜语很容易让人们陷入自我的迷思，无法清楚地认识自己。一帮不真诚的朋友就好比哈哈镜，是一面扭曲的镜子，照不出你的真实面相，处处得到的就是关于自己的扭曲信息。当你带着这样的自己去与人互动时，不免会有堂吉诃德式的失去现实感的悲剧。你当然可以陶醉于被人吹捧的好感觉，但真正的人际关系却是不存在的，那不过是一桩交易而已。

三、提高印象管理的能力

1. 印象管理是一项重要的人际传播技能

我们的自我概念在私人或公共倾向方面有所不同。我们的"私人自我概念"(private self-concept)是在诚实评估自己的情况下，相信自己是自己所是的那种人(Ronald B. Adler，2004：41)。但我们不会把自己所有的方面都揭示给别人。所以，当我们出现在公共场所或他人面前时，我们会使用语言符号策略地呈现我们自己给他人(Beebe et al.，2008：36)，这就是公共自我(public self-concept)，也就是"呈现出来的自我"。

戈夫曼认为互动就是一种表演，表演有两个区域——前台或者后台。人们在前台努力地表演，遵循着两类标准：礼貌和体面。而后台是"故意要制造出与前台表演相反的效果"，凸显那些被掩盖的事实，"表演者可以放松一下，放下道具，不说台词，甚至可以暂时忘掉自己扮演的角色"(戈夫曼，2008：97—98)，这个就是"私人自我"。

我们都会有意识地使用符号去影响别人看待我们的方式，我们也都有给别人留下好印象的愿望和能力，我们想呈现出的自我通常是社会普遍赞同的形象——优秀学生、成功人士、忠诚的朋友等，即便自己不是这样的。

印象管理最深刻的动机在于，人们普遍具有希望扩展自己的社会影响力和权力范围的动机，试图劝诱他人去喜欢他们的权力资源，因为这增加了以下可能性：人们更信任他，接受和更乐意相信他的理由、传播和主张，较少伤害他，使他获得更多（Tedeschi & Riess，1984）。

戈夫曼区分了两种印象管理的动机：一种是为了自己；一种是为了他人利益。例如，人际互动中维护他人的面子就是为了他人利益，但是，维护他人面子反过来会给印象管理者赢得精神回报。

因此，我们如何根据情境需要揭示一个既符合社会规则又满足自己需要的自我就成为一项重要的人际传播技能，"印象管理"（impression management）就是探讨这种技能的专门领域。它是个人或者组织都倾向于建立和保持一种和他们想要传达给公众的感知相匹配的印象的倾向和能力（戈夫曼，1959）。印象管理与自我呈现（self-presentation）同义，有时互换使用。

印象管理取决于如下四个要素：第一，个体要意识到监管这个潜在主题十分重要。第二，给定社会情境的特征，也就是周遭的文化规范决定了独特的非语言行为的恰当性（Kamau，2009）。第三，一个人对印象管理的目标。目标不同，就会呈现自我不同的方面。第四，自我功效的程度，即一个人是否相信传递有目的的形象是可能的。

个人主义和集体主义文化中的自我不一样，也就是"我"的重要性不一样。在北美和西欧文化里，自我一直至高无上，反映了个体在实现其个人目标时的重要性，强调个体身份的独一无二性，趋向于相信自己，追求我行我素，避免过度顺从。而在亚洲、非洲和中南美洲，群体目标优先于个人目标，个人更倾向于放低自己目标强调群体作为整体的目标，比如不大赞扬孩子，认为被过度赞扬的孩子可能变得自我中心，而忽视关注群体需要。自我不是宇宙中心，群体是社会的首要单位。个人主义把成功与个人成就联系起来，而集体主义文化把成功与群体凝聚力和忠诚度联系在一起。

高语境与低语境文化中的自我不一样，有着不同传播偏好。属于高语境文化的人在与人互动时更有礼貌和间接，而来自低语境文化的人有着更为直接的传播方式。例如，在初次相逢时，低语境文化的人可能直接问问题，以便努力收集背景信息得以了解另一个人，而高语境文化的人很少直接问问题，宁肯依靠非语言信息和预警信息。

高权力距离文化和低权力距离文化中的自我不一样。权力在某些文化中尤为重要，在这些文化中，权力地位低的人趋向于服从权威。而来自低权力距离文化中的人，如美国，更可能强调独立性，即便上级在场。

男性和女性在看待和描述自己方面也可能不一样。男性普遍把自己看成是处理问题的、有控制力的和雄心勃勃的，而女性把自己看成是敏感的、关心他人的和善解人意的。外貌对于女性自我形象特别重要，年轻女性的长相和体重比年轻男性更容易被取笑。不幸的是，社会和文化期待使女性自觉自愿伤害自己的自我概念，因为她们接收到许多冲突和令人困惑的观念。社会希望女性担负养育的责任，默不作声，敏感，温柔，关怀人，感情丰富。那些面容姣好、揭示感觉、善于原谅、与人为善、乐于助人的女性会得到社会奖励，而女性养家、有事业心、雄心勃勃就会被贬低。所以，即便女性事业有成也要为自己辩护得具有女人味。

2. 增强有意识管理印象的能力

欧文·戈夫曼将人际互动比拟为在剧场上演的戏剧，我们每个人则是在这个舞台进行演出以给观众留下印象的演员。毋庸置疑，我们没有必要和兴趣在私底下对自己表演，表演总是发生在社会的、公共的情境中。因此，只要存在一种社会情境，印象管理就是必要的。

表演的目标是提供一个与演员所欲求的目标一致的印象，我们是通过影响他人的情境定义来给人留下这种印象的，这种印象将引导他人自愿按照我们的计划行事。例如，一个姑娘的室友可能从她接电话的次数来判断她受欢迎的程度，因此，该姑娘完全可能有意安排他人给她来电话以达到给室友留下受欢迎的印象的目的。还比如，在大多数我们参与其中的情境里，我们首先是决定扮演哪种角色（情境定义），然后才会去表现这种角色。例如，你不太可能在晚会上表现的那种自我与在面试官面前表现的自我一样。

印象管理可以是有意识的，也可以是无意识的。有时，我们高度意识到要管理印象，比如初次约会时；但有时，我们却是无意识行动的。在既定的时间，我们或者意识到在做什么，或者没有意识到在做什么。

有时个体会按照一种完全筹划好的方式来行动以给他人留下印象，这种有意识的表演又有三种：第一，不希望别人将其当真对待的，如同演员所做的。第二，想要别人认真对待的，这是利人利己的。如同恋爱的人、彼此喜欢的人正在做的。例如，当两个人堕入爱河时，彼此都会努力把自己最好的那一面表现给对方。我们当然是想要别人认真对待以促进恋爱关系的发展，但有些情况则是一种刻意的欺骗。第三，想要别人认真对待的，这是利己不利人的，如同骗子做的。

但是，"有时个体会在行动中不停地谋划盘算着，却没有相应地意识到这一点"(戈夫曼，2008：5)，即无目的的、在情境中的无意识反应，也就是不假思索的表演。这种表演往往是社会常规的标准要求使然，自己不一定意识到是在表演。同样，恋爱中的人们的有些表演也是在恋爱这种常规下的不假思索的反应，尽管在别人看来是巧妙设计的。

关于这一点，心理学家马斯洛(Abraham Maslow)提出四阶段模式①。

(1)无意识无能(unconscious incompetence)。我们没有意识到我们自己的无能，我们不知道我们无知。就是我们说的"无知者无畏"。例如，在人生的某个阶段，你不知道如何体贴别人，而且也没有意识到你缺乏这种技能。你对于如何体贴别人处于无意识无能。

(2)有意识无能(conscious incompetence)。在这一阶段，你意识到你无能，你知道你不知道，你意识到别人是体贴的，而你不够体贴。

(3)有意识能力(conscious competence)。你意识到你知道一些东西，但是运用它还没养成习惯。你开始从点滴学习体贴别人，在很多事情上提醒自己尽量为别人考虑。

(4)无意识能力(unconscious competence)。你的技能变成第二自然。你不用每次提醒自己如何体贴别人，你自然而然地会体贴了。我们说的庖丁解牛也就是这个原理——最后不见全牛，手到擒来，游刃有余。

技能训练

1. 你属于印象管理的有意识者，还是无意识者？

根据马斯洛的四阶段模式，你属于这其中的哪一类？在何种情形下，属于这一类？

2. 洪晃，著名文化名流章士钊的外孙女，叱咤风云的外交家乔冠华的继女，她自己称自己为"名门痞女"。她试图呈现的是何种自我？她的印象管理策略有效吗？

因此，印象管理过程的第一步是要对自我的印象管理有一个对象性思考，增强印象管理的有意识能力。

自我监管(self-monitoring)是一种印象管理的形式，就是一个人检查一种情形并相应地行动。尽管自我监管可以在一个持续的刻度上测量，研究者还是把个体分为两类：高度的自我监管者与低度的自我监管者。

高度自我监管(Snyder，1974)是指由于对其自身社会行为的恰当性的关注而在对相关他人做自我描述和表达时十分敏感；低度自我监管则不关注自

① http://processcoaching.com/fourstages.html。

我描述的恰当性，也没有发展良好的社会行为技能体系。

高度自我监管者倾向于密切地检查一种情形并调节自己的行为以便在情节中"适应"他人，仔细监管自身的语言和非语言行为，能够通过面部和声音渠道较好地表达情感，以便得到同伴更多的喜欢；低度自我监管者不这么做，倾向于在公开场合行为时跟着感觉和想法走，渴望保持自我，尽管情境可能要求他们不得如此。

高度自我监管者很注意其他人做什么，很善于改造自己的形象，以此方式最好地实现自身的目标。与自我监控度低的人相比，他们在团体当中更活跃和健谈，更能够在言词上装得对别人感兴趣（Leck & Simpson，1999），更倾向于通过合作和妥协来解决冲突。

高自我监管的人通常能够创造他们想要的印象，能够顺利地处理各种情境。但高自我监管的人常常改变角色，他们可能很难知道自己的真正感觉，极端状况就是我们常说的习惯于"逢场作戏"的人，常常失去自我；低自我监管的人容易被人一眼看穿，在诸多情境中难以顺利地进行社会互动。

对低自我监管者的写照并非一味凄惨。和高自我监管者相比，他们可能和他人发展出更深刻、更信任的关系（Gangestad & Snyder，2000）。

极端高监管和极端低监管都不是理想的状况，需要根据情境做调整。有时关注自己，调整自己的行为非常有用；但有时，不考虑对他人的影响，反而又比较好。这一刻，别人尽管不同意我们的观念，但说不定很欣赏我们率直的个性。

技能训练

你是高自我监管者，还是低自我监管者？低自我监管者总是人际传播和人际关系的失败者吗？

因此，我们在管理印象时既要考虑个人目标，还要考虑关系目标。

3. 印象管理的策略

在进行印象管理时，人们常常使用的策略有三个。

（1）迎合（ingratiation）策略

就是使用吹捧、赞扬以增加我们的社会吸引力，因为我们倾向于展示好的品性以便取得他人好感（Schlenker，1980：169）。在戈夫曼看来，表演具有理想化倾向。"当个体在他人面前呈现自己时，他的表演总是倾向于迎合并体现那些在社会中得到正式承认的价值，而实际上他的全部行为却并不具备这种价值"（戈夫曼，2008：29），也就是对一个社会情境中的普适性道德价值观的表达性重复和重申。在大多数等级社会中，高阶层被理想化，无论是为了向上流动进行的奋斗还是为了避免向下流动的挣扎，人们必然做出牺牲，即努力学习向上流动所需要的恰如其分的表演技能，一旦驾轻就熟，表演就更为美化。

当然，由于种种原因，人们也会朴素地或者降低性地表演自己——表演者接受一种远低于自己内心标准的身份。这就是自我伤残法在发挥作用了。例如，女生在男生面前降低智能和自决性，会津津有味地听男生讲述她们早已知道的事情，因为要给人留下她们是遵从淑女的社会要求的——淑女要温婉、顺服、不太有主见。

（2）恐吓（intimidation）策略

就是侵犯性地显示愤怒以便让他人听从我们（Felson，1984：187）。大多数时候，人们并不采纳这种策略，除非我们自己意欲呈现的自我受到了挑战。

（3）自我伤残（self-handicapping）策略

就是人们为自己制造"障碍"、寻找"借口"，以便在表现差时能够避免自责（Aronson et al.，2009：174）。自我伤残的人选择把自己的失败怪罪到别的原因而不是自己的无能，如害羞、焦虑、消极心情或者身体不好等。同时，当我们显出脆弱或悲伤时，人们会帮助我们或为我们感到难过。

这些策略的根本区别在于是防卫性的还是宣示性的。宣示性的策略指的是较为积极的行为，是对自我进行积极的语词美化，用语言把自我理想化，比如给自己贴上身份标签，"我自认为是个高尚的人"。我们通过建构一个自我形象去宣示个人身份，并呈现一个与那个形象一致的自我。

一旦这种行为受阻，我们就会运用我们的自由去抗击那些对我们的自我呈现表述打了折扣的人。这时候，我们就会使用防卫性策略。防卫性策略包括避免自我受威胁或受妨碍的情形或者采取自我伤残法。例如，在学校，我们的自我形象是好学生，我们就会尽一切努力去"圆"我们的一切言行，尽管我们有时做了与好学生标准并不相符的事情。

这些策略在保持一个人的自尊上扮演着十分重要的角色（Leary & Kowalski，1990）。一个人的自尊受到自己对自己的表现的评价的影响，也受到他对别人对他的表现的反应的感知的影响。因此，人们积极描述那些能够引出自尊的形象，这些自尊强化了来自他人的反应。

技能训练：你的印象管理策略

回忆你的印象管理策略，哪些情境体现了你的防卫性策略？哪些情境又体现了宣示性策略？

4. 防卫性策略和保护性策略

戈夫曼把表演分为防卫性措施和保护性措施，这与以上形象管理策略有融通之处。当个体使用某些策略来保护自己的情境定义时，这些策略被称为"防卫措施"，而当他人用这些方法保护另一个人所做的情境定义时，称为"保护措施"。表演者和观众合在一起，构成了用于维护个体在他人面前造成的印象的技巧（戈夫曼，2008：11）。

当我们处于关系传播中时，关系伙伴就像与我们相互协同配合表演的人，参与者亲密合作建立和维持某种情境定义，维持彼此形象、保守彼此秘密和保护关系形象。但如果有人要闯入后台或者个体不能有效控制后台，或者剧班共谋失败，或者观众不够乖巧，或者当局外人无意间看到了不是针对他的表演时，这些都是表演崩溃的几种形式。

于是，需要一些润滑剂使印象顺利地产生出来，这些润滑剂就是印象管理和传播方面的技巧。如果我们在人际传播中能善用防卫性措施，并对保护性措施保持高度敏感性，那么我们的印象管理能力就可以更上一层楼。

（1）善用防卫性措施

表演者用于保证他们自己的表演而使用的防卫性措施，主要是确保戏剧表演的忠诚，彼此不泄密。传播者（表演者）尤其要有以下三种管理能力。

第一，发展高度的内群体团结，经常告诫自己和关系伙伴要高度意识到泄密的严重后果，但怎样做到"使观众和局外人为表演者的利益"（戈夫曼，2008：182）而行动？这与关系操纵有关，也是一个备受争议的领域，比如表演要神秘化，表演时突出某些，隐瞒某些，限制接触，观众就会予以配合，表达敬畏。

第二，表演者要谨慎表演，牢记自己的角色，尽量少发生公开的不一致。表演的符号可能是物质财富，也可能是出身、道德或者文化方面的优越性。"如果个体希望自己的表演达到理想的标准，那么他就必须摒弃或隐瞒与这种标准不一致的行为"（戈夫曼，2008：30）。例如，一些老上海主妇们偷偷摸摸使用一些廉价的替代品来代替咖啡、冰激凌、奶油，在七浦（Cheep）路上费尽心思淘来各种冒牌名品，既省钱又不费力气地维持她们"只用高端产品"的印象。北京的秀水街、上海的襄阳路都是低阶层人士获得表演资源的一种渠道。她们始终在努力学习各种品牌知识并谨慎地实践和维护自己的相关形象。

当然，她们的伙伴也是这一类主妇，她们是不会向"观众"透露这个秘密的。这就是第一点所揭示的高度的内群体团结。

第三，定期更换关系观众。"表演者需要把那些看到他前后不一致表演的人排斥在观众之外，还必须把以前看过他表演——那种表演与当下表演有出入——的人排斥在观众之外"（戈夫曼，2008：116）。那些熟悉我们的人都是我们的观众，也可能是我们的剧班——合作表演者，他们都熟知表演者的套路、道具，这对表演者自我一致性要求很高。如果表演者想要重新装扮自我，就变得非常困难。所以，转换生活环境就是更换了观众，可以为我们重塑不满意的个人印象或者开发自我更多潜力提供一种支持性环境。

（2）对保护性措施保持敏感

保护性措施不是来自传播者，而是来自"观众和局外人"，是他们"为帮助表演者保证表演而采取的保护性措施"（戈夫曼，2008：182）。接近后台不仅受到表演者控制，也会受到其他人的控制。"观众和局外人"会自动离开未经邀请进入的地方，即便发现后台秘密，也假装什么也没看见。这就是我们所说的乖巧；"观众和局外人"不但自己自觉离开不该去的地方，也会提示、警告其他人延缓进入后台，给在场的人充分时间准备好适当的表情。

表演者要做的就是对观众的暗示保持敏感性，并善于接受暗示，以便迅速修正错误。如果我们把观众的乖巧、视而不见看作无知，继续蹩脚的表演，最终，那些最配合的观众也救不了我们，自我形象就会彻底崩溃。例如，某人剽窃他人论文，善意的关系伙伴和局外人给他留着面子，希望他改过自新，但这个人以为干得神不知鬼不觉，沾沾自喜自己的小聪明，等到身败名裂时，保护者也只有叹息苦心无用了。

5. 注重第一印象管理

《史记·仲尼弟子列传》："以言取人，失之宰予；以貌取人，失之子羽。"孔子一弟子名宰予，能言善道，利口善辩，给孔子留下很好的印象，后来却露出了真相：既无仁德也不勤劳。另一个字子羽的弟子体态相貌都丑陋，一心要侍奉孔子，孔子认为他资质低下，不会成才。但子羽没有气馁，而是致力于修身，实践光明磊落，后来声誉很高，跟随子羽的弟子有三百人。孔子知道后感叹了以上几句，告诫人们不要按初次印象行事。

但是，现实生活中以貌取人比比皆是。这从反面说明了第一印象的重要性。我们都知道第一印象有多重要，我们总是努力在与他人互动时表现出一个最好的自己以便有一个良好的开端。但是，第一印象是否总是有助于我们的关系发展呢？第一印象不好，当然不利于我们的传播和关系发展，但如果第一印象过度时，也会有问题。由第一印象开始，人们会对我们产生不现实的期待，这可能为日后的关系发展带来问题。例如，一对男女在约会的早期，男士想显得很懂浪漫，营造了许多浪漫的交往空间，也经常说："我很喜欢在假日带着家人去度假。"婚后，妻子总是反问："你为何从来不去，你说过……"。

但是，印象管理是"二人转"，表演的成效不仅仅取决于表演者一方，还在于表演的观看者——观众。双方必须配合，否则无印象可言。

我们的印象管理是试图影响他人对我们的情境定义，但观众也要试图影响情境定义。如果他人和我们关于我们自己的情境定义是和谐的，我们的印象管理就可能成功；但如果不和谐，印象管理就会失败。例如，一对正在争吵的夫妻突然面对一位初识的客人时，有两种选择：一是把恩怨放在一边，表现出相敬如宾的一面；或者其中一方不肯配合，继续停留在原来的争吵情境中。选择不同印象管理结果也会不一样，所以观众的配合很重要。

他人也会知道个体正在管理、操纵形象，就会在那些表演者还未加控制的方面寻找蛛丝马迹。反过来，个体也会意识到他人对不加控制的那一方面更为信任，于是反过来会刻意操纵这一面，从而获取更大利益。于是，这个操纵与反操纵的循环一直运转下去，观察者往往比行动者占有更大优势。因此，作为印象管理手段的表演有可能弄巧成拙。

总之，印象管理是我们进行自我传播和发展健康人际关系所需要的一项基本技能，是需要努力学习并实践的。

四、克服传播忧虑和恐惧

在人际互动中，无论是自我揭示还是印象管理，都需要我们在面对不同的人和情境时能够有勇气去描述我们的状况，表达我们的情感和意愿。但是，在这个过程中，我们每个人或多或少都会受到传播忧虑的折磨。传播忧虑是从低到高的变量，正常的不是个问题，那种病态的且持久的忧虑倾向才是应该引起注意的。

传播研究者试图使用来自心理学的几种治疗方案来帮助人们减少传播忧虑和恐惧，尤其是公共演讲中的忧虑。这些方案包括系统脱敏治疗（systematic desensitization，Wolpe，1958）、社会技能训练（Curran，1985）、视觉化（visualization，Ayres & Hops，1985）以及传播导向动机治疗（communication-orientation motivation treatment，Motley，1991）等。

"系统脱敏治疗"分三步走：第一步，被治疗者被传授以能够使自己的肌肉深度放松的技巧。第二步，被治疗者列出引发忧虑的刺激物的等级。第三步，被治疗者渐次配对，引发忧虑刺激物和放松状态配对，也就是从最不紧张到最紧张依次配对。治疗师一步步帮助患者把最低和最高配对，数次辅导，伴以深度放松的情绪，逐步缓慢消解患者的忧虑。

社会技能训练是"直接而系统地致力于教个体有意识地在具体类型的社会情形中提高人际能力的人际技巧和策略"（Curran，1985：122）。它集中于提高个人有能力地进行公共演讲所需要的具体技能，比如演讲的组织、视线接触、音调变换等。

视觉化的过程是，个人听一个稿子，用积极的想法和放松的感觉想象自己发表演讲的那一天。升级版的做法是，想象自己就是那个他们在视频中看到的高手演讲者（Ayres&Hops，1992）。

传播导向动机干预方法就是，让个体阅读小手册，这个手册试图劝说人们把演讲等同为日常会话。

对忧虑最普遍的临床治疗是系统地使病人减少敏感性，使认知重新结构化和视觉化。药理学的解决方法也变得可以利用。单胺氧化酶抑制剂、高效力的苯二氮䓬类药物和选择性 5-羟色胺再摄取抑制剂等药物已经和降低忧虑联系在一起，各种各样的 β-阻断药（beta-blockers）也是这样。唯一被美国食品药品监督管理局批准用于这一目的的药物是帕罗西汀。

进一步思考与讨论

1. 思考你的生活中某种关系的自我揭示，关系的早期阶段比建立阶段更频繁、更直接互惠吗？自我揭示总是建设性的吗？描述正确的自我揭示过程。

2. 哪些社会力量影响了个人自我概念的发展？在何种程度上这些力量增强了健康的或是不健康的自我概念？列举三个具体事例来揭示这一点。

3. 举例说明自我揭示的正螺旋和反螺旋过程。

4. 定义、比较、对比自我概念以及自尊。

5. 确认形成自我概念发展的影响因素。

6. 我们如何强加自我实现预言于他人？他人又如何强加自我实现预言于我们？

7. 列举描述发展自尊的策略。

8. 描述你在不同场所想呈现的自我，哪些自我是诚实的？哪些不是？你所创造的欺骗性的形象都是不正义的吗？在这些不同情形中完全坦诚的结果是什么？根据答案，列出伦理和不伦理的形象管理的原则。

9. 你会在什么领域与他人比较？——财富？学识？相貌？……你比他们好还是不好？还是只是不同？选择这些参照群体的后果是什么？如果选择另

外的参照群体，后果会是如何？

10. 找出某个人，你和他有着重要的人际关系，看看你们是如何影响彼此的自我概念的？列出具体事例，说明彼此影响。然后，和对方分享他是如何影响你的。如果你承认对他人形成自我有影响，你们彼此有何种责任去支持性地对待他人？你是否满意你影响他人自我概念的方式？

11. 列出你所属的某些群体，从最重要到次要排序。关于你的自我的参照群体，你的排序说明了什么？

12. 用不真实的吹捧去提高朋友的自尊感是道德的吗？

13. 你的第一印象管理能力如何？各举一个失败、成功的例子，比较哪些因素使结果不一样？

14. 你是否有传播者忧虑？主要表现在哪里？你曾经意识到自己的忧虑并寻找办法解决过吗？

第三章　人类感知能力与人际传播

仁者见之谓之仁，智者见之谓之智。

——《周易·系辞上》

两个人之间任何一场有意义的人际相遇都会发生极为丰富的、你来我往的感知活动。我们能够有多快和多准确地对他人形成感知？我们的决定和互动有多么依赖这些相当迅疾的感知？

盲人摸象，说明每个人的感知结果是大相径庭的；一部《红楼梦》，历史学家看到王朝兴衰史，才子佳人看到缠绵的爱情，道学家看到男盗女娼；"仁者见仁，智者见智"，说的是有仁爱之心的人看到的就是仁爱，有智慧的人看到的就是智慧；有的人会"感时花溅泪，恨别鸟惊心"，有的人则"不以物喜，不以己悲"。

可见，我们每个人对于这个世界的人和事都会有独特的感觉、认知和理解，我们所看、所听、所言的一切取决于我们所站的位置和所采取的视角、立场，也取决于我们是谁。

我们已经知道，在人际传播及其关系发展中，为了减少关系中的不确定性，彼此交换个人信息十分重要。关系中的信息流通如同呼吸的吸入—呼出过程，既有一个向外的信息开放过程——自我揭示，还有一个向内的信息吸纳过程。我们通过自我揭示来确定自我概念并使他人降低对我们的感知不确定性；同时，我们也需要在与他人交流中获得他人的知识，降低对他人感知的不确定性。也就是说，"知己知彼"既是人际传播的状态，也是达到人际传播良好效果的基石。第二章我们探讨了作为自我感知的"知己"过程，本章要探讨的就是作为人际感知的"知彼"过程。

为了增强对情境、他人以及关系的感知能力，从而增强我们的人际传播能力，我们必须了解什么是人类感知，影响感知的因素有哪些，感知的具体过程是怎样发生的，如何通过倾听获得关于他人的知识，还要对感知的误区和阻碍有一个全面的认识，并习得一些克服感知障碍、提高感知能力的技能。

第一节 理解感知

一、何谓感知？

对情境、关系伙伴及其内心体验以及传播者彼此之间关系的推断是传播和关系的基础，一种关系的健康与否很大程度上取决于感知得准确与否。人际关系越是强烈，我们的自我感知与他人对我们的感知越是接近，反之亦然。

传播者总是试图以他们认为正确的方式对他人做出行动，从而信任感和不信任感都会得到加强，传播和关系的良性螺旋和恶性螺旋都会因此而形成。例如，如果丈夫不信任妻子，认为她并不爱自己，他可能谴责她与别人有染。而妻子感知到他的不信任，会努力地证明自己的忠贞。但丈夫把这种努力看成是她对他缺乏爱情的掩饰——一个单螺旋形成。丈夫继续自己的谴责和怀疑，妻子认为丈夫非常自私而不满。于是，双方都认为对方保留了自己想要的东西，双方对彼此的感觉误解逐渐升级，就开始相互报复——一个双螺旋形成。最终，要么螺旋被打破修复关系，要么关系彻底破灭。

然而，要做到准确感知谈何容易！只有那些敏于、善于观察和理解的人才能够在有效的人际传播中博得头彩；如果人们对彼此的个性、相互间的关系以及各自的感知不一致时，就会产生误解、矛盾和冲突。这也就是人际传播复杂的原因所在。

1. 感知：人类最重要的理解能力

感知是人类一项非常基础性的认识、理解能力，有着悠久而深厚的哲学知识传统，并且是现代神经科学和心理学的重要领域，并在传播学术成果里得到呼应。

在哲学上，感知一直是认识论的基础。诸如霍布斯、洛克、狄德罗等哲学家肯定感知的内容来自客观物质世界，是外界事物作用于人的感官而引起的结果；而如贝克莱、休谟、马赫等哲学家则认为"存在就是被感知"，感知依存于精神实体，世界上一切事物都是感觉观念的集合。

康德继续强调主体对现象的建构。认为现象总是被"心"加工过的事物，每一个我的表象都伴随一个"我"；物自身并不可知，我们观察的对象是现象，而非物自身。因此，哪里有"客观"？一切"客观"都是主体的人在"观"，就是"观客"。

中国的心学思想和西方的唯心主义感知论有着异曲同工之妙。中国明代哲学家从陆九渊到王阳明一脉的心学思想都坚持"心外无物，心外无理"。意思是要了解宇宙的奥秘，达到对事物真相的认识，只须反视探求自己的心性良知即可。心与物同体，物不能离开心而存在，心也不能离开物存在。客观的事物没有被心知觉，就处于虚寂的状态。例如，深山中的花，未被人看见，则与心同归于寂；被人看见，则此花颜色一时明白起来。

传播研究已充分注意到了人类感知这个复杂问题，在符号互动理论的推动下，包括传播在内的社会科学普遍认为，社会、自我、情感、群体等都是建构的，而不是自在的、僵硬的实体。只有人们不断赋予自己行为以意义，而且理解或寻求理解他人给出的意义，才能发生真正的交流。前者就是我们在第二章中探讨的自我概念的形成与发展，后者就是本章要讨论的人际感知过程。

2. 人际感知：赋予他人、情境和关系意义的过程

感知（perception）一词来自拉丁语"perceptio"，是指对感觉信息的组织、确认和理解，以便表征和理解环境（Schacter，2011）。感觉必然牵涉神经系统中的信号，而信号来自感官所受到的物理或者化学刺激。感知的过程不是消极地接收这些信号，而是由学习、记忆、期待以及注意力所塑造（Goldstein，2009；Bernstein，2010）。感官输入过程有两个方向："自下而上"和"自上而下"（Gibson，1966）。"自下而上"的处理过程是把低层次信息改变为高层次信息，而"自上而下"的处理过程指的是一个人的概念和期待（知识）以及选择性机制（注意），这些都影响感知。基于这些神经科学和心理学的基本认识，传播学者认为，"感知（perception）是经历我们自己的世界和关系并赋予这种经历以意义的过程"（Beebe et al.，2008：68），"是对人们、事物、事件、情形和行动进行选择、组织、理解（和协商）的积极过程"（Julia Wood，2002：42）。

而对他人的感知却包含了超越表面信息的分析和理解，这构成感知的特殊领域——人际感知。它是在与人建立人际关系的过程中，我们确定他人是谁以及赋予他们行为以意义的过程，是我们对他人形成印象并做出推断的过程。包括形成对他人性格、人格、品性等的判断以及从我们所观察到的现象中寻找佐证（Hinton，1993）。我们与某人相遇时，除了直接观察到其性别、表情柔和与否及态度是否友好等，还会有更为复杂的心理过程：他/她是个什么样的人？他/她在皱眉，在发怒，这是对他/她自己生气还是对我不满？他/她为什么这么说、这么做？他/她是喜欢我还是讨厌我？当我们有这样的

问题时，就会既有挫折感也会有积极的进取感。挫折感来自我们可能对答案一无所知，进取感促使我们为消除这种无知感及其带来的行动盲目感而采取行动。

我们用五官接触他人和世界。一种声音传来经过空气振荡使我们耳膜颤动，刺激我们的神经并发送信号给我们的大脑，其他诸如看、闻、触摸或者品尝都会产生同样的刺激。如果仅仅只有这种感官的刺激—反应行为，还不足以说明人性（因为动物也有这种反应模式）。人类在接受外界刺激的同时，还要对来自感官的信息进行选择、组织和理解，这个过程是积极的、活跃的、不间断的。例如，你看见一个人从外面进来，头发和衣服都湿漉漉的，脚上都是泥泞，手里还拿着一把伞，你整合所有这些信息得出结论：外面在下雨。

大多数时候我们并没有意识到我们感知的过程，当我们由于感知的差异导致冲突和意见不一致时，我们就能够强烈意识到它了。例如，两个人争吵时这样的对话——甲："你凭啥那么对我！既然你不仁，我就不义！"乙："我怎么了？你的感觉完全有问题！"

感知和行为是有差别的。行为是可观察的公开活动，而感知是内在的、隐秘的知觉和情感。前者可以直接观察，后者只可以推测而不可直接观察。例如，你安慰处于痛苦中的恋人，你可以感知到他喜欢这种安慰，但是无法直接观察到他的喜欢。

感知是主观的、不完全的，世上没有两个人完全以相同的方式去感知同样的事物。例如，健全人不会注意到缺少电梯和专用通道，而残疾人立即注意到不方便。成长于良好邻里关系（如乡村）中的人比都市中的人倍感大都市邻里关系、朋友关系的缺乏。庄子和惠子的关于"鱼之乐"的对话清楚地表明了感知的主观性、个人性和复杂性。

庄子与惠子游于濠梁之上。

庄子曰："鯈鱼出游从容，是鱼之乐也。"（"小白鱼悠闲地游出来，这是鱼的快乐啊。"）

惠子曰："子非鱼，安知鱼之乐？"（"你不是鱼，怎么知道鱼是快乐的？"）

庄子曰："子非我，安知我不知鱼之乐？"（"你不是我，怎么知道我不晓得鱼的快乐？"）

惠子曰："我非子，固不知子矣；子固非鱼也，子之不知鱼之乐，全矣。"（"我不是你，固然不知道你的感觉；你既然不是鱼，也就不可能知道鱼的快乐，这是很明显的道理。"）

　　庄子曰："请循其本。子曰'汝安知鱼乐'云者，既已知吾知之而问我，我知之濠上也。"（"请把话题从头说起吧！当你说：'你怎么知道鱼是快乐的'云云时，就已经知道了我的意思而问我，那么我在濠水的桥上也就能知道鱼的快乐了。"）（《庄子·秋水》）

因此，关于感知，唯一可以确定的是：我能感知到你在感知，能感知到自己被你感知，还能感知到你在感知被我感知的感觉。

感知还具有独一无二性。且不说信息不全面，即便是全面，我们也会有与众不同的感知，任何个体的感知无人可替。你的朋友失恋了，说很痛苦。你说你很理解那种痛苦。你可能没有过失恋的痛苦，你无法理解那有多痛。即便你有失恋的痛苦，你的痛和他的痛也会不一样。

人际感知是双车道。我们感知他人的方式会影响我们与他人的传播方式，我们根据自己对他人的感知来修改沟通的话题、语言和方式。例如，你觉得这个人不太可靠，你就会对他采取冷淡甚至排斥的态度和言语；另一方面，他人感知我们的方式也影响他们如何与我们沟通，而他人的谈话和行为方式反过来又流露出他们是如何感知我们的。例如，室友去看电影没叫你，事后你问为何不叫你，室友说你是属于"一心只读圣贤书"的人，叫了也不会去。有时别人对我们的感知是准确的，有时是不准确的。如果我们不问，我们不知道是否是准确的。

二、影响人际感知的因素

为了解感知在人际传播中的作用，我们要近距离地考察影响人际感知的基本因素。我们的感知受到很多因素的影响，人们的生理与心理状况、个人观念与个人经历、社会与文化语境以及个人在文化中的具体位置等都是外部信息的过滤器。

1. 生理状态

我们的感知差异有时来自生理环境和身体状况，承认在这方面的差异并不意味着要消除差异，而是提醒我们：每个人的偏好并非毫无道理，只是彼此不同而已。

我们每个人的感官灵敏性是有差异的。例如，在同一间屋子里，有人说"好冷"，有人说"你在开玩笑吧，我们都觉得正合适"。同样的食物，有人说不好吃有人说好吃。与正常人相比，近视眼、重听症在看和听方面有严重障碍。失去某种感官能力的人可能对某种刺激源毫无反应，但也可能促进其他感官灵敏性的发展。例如，美妙的音乐对于失聪的耳朵是无用的，但一些例子表明，失聪者的视觉敏锐度比一般人更高，而失明的人可能在音乐感知方面高于常人。

当然，同样天生敏锐的器官因为后天的知识训练不同也会出现大相径庭的感知能力，这属于社会认知影响力。

生理状态也会影响我们的感知。想想上次你患重感冒，你的感觉异于平常吗？你感到乏力，不想社交，行动缓慢。于是，当别人出现这些反常行为，要懂得他人可能是病了。当然，让他人知道你病了并给予更多理解也是十分重要的。

诸如累了、倦了、饿了、渴了、病了等生理变化也会影响我们的感知。比如，长久的学习和工作后我们的感觉会有差异，如果这个时候处理重要事务可能麻烦无穷。

生物钟也会影响人们的感知和与人相处，那些生物变化规律不一致的人们往往冲突较多。夜猫子型的室友和百灵鸟型的室友之间的沟通较为困难，彼此无法理解对方的作息规律。所以，人们在处理重要事情时会选择比较有效的时间。

年龄有时被看作生理因素，有时被视为心理和社会文化因素。年长者比之年轻人看待事物和人的方式不一样，因为他们有较大的阅历差异。少年人"为赋新词强说愁"，人到中年"欲说还休，却道天凉好个秋"，这说明了生活阅历的变化会导致看问题的方式变化。

差异本身不是问题，但对差异的否认会带来沟通问题。例如，小孩子总是精力旺盛，当父母说"我已经累了"时，对他而言毫无意义，因为他以为每个人都像他一样；年轻人不大能够采纳他人意见，因为青春的叛逆和年少的轻狂，以为自己所感知到的就是唯一；长者或资历深的人爱对他人说"我吃过的盐比你吃过的米还要多"，以为阅历的丰厚就代表感知的精准。

2. 期 待

布鲁尔（Bruner，1955）揭示了期待是如何影响感知过程的。例如，"β"置于数字或字母的语境中，人们会感知出不同的东西来。因为受到其出现的语境的影响，在字母表的其他字母出现的情况下，我们期待看到的是字母，而在其他数字出现的语境下，我们期待看到的是数字（图 3-1）。

社会与个人期待也会影响感知，期待影响我们感知的机制就是自我达成预言。流行语"说你行，不行也行；说你不行，行也不行"，反映了喜欢你的人处处看到你的能干，即便在你为人处世不当的地方，喜欢你的人依然从过去的经验中感知到你是能干的；而不喜欢你的人处处看到的都是你的不是，即便你很多时候表现出非同一般的能力，不喜欢你的人依然从过去的经验中感知到你浑身是缺点。

3. 情感、心理

我们的情绪状态强烈地影响我们看人看事的方式以及与他人互动的方式，"人们有一个很大

**图 3-1　布鲁尔揭示的期待
感知过程**

的倾向是会依照当时的感情来感知和解释他人的行为"（Forgas，1991：288）。生活中我们会说一个人"太情绪化"，就是说这个人的感知受到情绪经常的、持久的支配。当我们快乐时，这个世界到处充满阳光；当我们忧伤时，整个世界暗淡无光。

情绪也会使我们对感知有所选择。例如，我们喜欢一个人时，只会看到他的优点而忽视在别人看来他身上非常明显的缺点。恋爱中的人常常处于这种状态，婚后才逐渐发现彼此的负面特征，而这些负面特征在他人眼里可能一直都存在。

情绪也会影响对他人言行的归因。例如，你一直对下属小丁经常迟到感到恼火，即便他有恰当的理由。可是今天，你晋升了心情好，你不会把小丁的迟到设想为恶意的。而归因会进一步影响感知和关系，因为你的善意归因和和颜悦色，小丁觉得迟到很惭愧，于是努力以后不再迟到。

情感状态也会影响我们观察他人情感状态的能力。例如，有研究表明（Neidenthal et al.，2001），心情好的人很快注意到电影里快乐的角色变得悲伤的时候，而不快乐的人较快注意到悲伤的角色显得快乐的时候。

情绪变化一定会带来感知差异，而感知差异会影响关系。所以，监管心情可以避免对他人的反应过度及其带来的对自己或者他人的伤害，从而增进关系而不是减弱甚至破坏关系。

自我概念也是一个重要的心理因素并影响着感知。信息接收者的自我概念决定他人的玩笑是好意的还是敌意的，决定了是平和地还是冒犯地回应他人。正如第二章所论述到的，我们的自我概念影响我们对他人的理解。

4. 社会、文化因素

和来自不同文化和亚文化的人的传播互动可能会有相互理解的困难，因为他们都按照他们以为正确的做法去做，彼此看对方都觉得不可信。

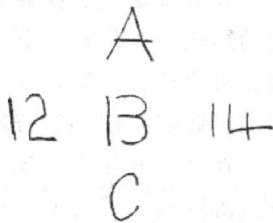

　　我们总是一定社会的产物，在一个既定社会中，我们不可避免地受到文化的影响。文化是植根于我们的心理结构和社会行为中的由一群人共享的信念、价值观、生活方式等构成。文化整体为我们的传播互动提供了情节和路线图，影响我们观察与理解他人、自己、情形和关系。

　　在西方文化中，谈话是令人愉悦的，人们利用谈话完成社会责任和任务，沉默被看成是消极的、无趣的甚至是敌意的。而亚洲文化强调"言多必失"，"说者无知，知者无言"，"沉默是金，雄辩是银"。道家认为"道可道非常道"，儒家强调"君子讷于言而敏于行"。因此，传播是忧心忡忡的、害羞的。而这些被亚洲文化视为美德的传播品质被西方文化视为缺乏传播能力的象征，沉默让西方人感到尴尬和难堪。当然，西方人的滔滔不绝、能言善辩会被亚洲人视为夸夸其谈。

　　个人主义和集体主义文化看待人际行为和义务也不一样。例如，关于选举，西方人认为选谁是自己的事，中国人以为是家族或者圈子的事；西方人认为个人对社会尽责任是理性公民的自然行为，不必一定帮助自家人，而东方文化注重对远亲近邻、家人和朋友进行帮助，而非陌生人。

　　除了文化整体，我们在文化中的具体位置也会影响我们的感知。立场理论（Orbe，1998）解释了我们感知、观察世界的方式是如何受到我们作为所属特定群体的成员身份影响的。诸如种族、族群、性别、阶级、信仰等如同棱镜，折射、决定着我们看世界的方式。例如，社会底层和弱势群体处处发现制度的弊病，既得利益者更能够注意到制度的优越。受灾重的人更关注警察和医务人员的行踪而忽略其他人。考试期间的你与平时的你注意力也不一样。立场理论也可以解释在中国社会变迁中，人们在从农村迁往城市，从一个城市迁徙到另一个城市的过程中，发现原有沟通规则不起作用了，不得不改变沟通行为的原因。

　　生理差异不是形成男女之别的唯一因素，个人经历和社会期待也是塑造性别差异的有力因素。反之，这种为社会所建构的男女差异在看待同样的行为时，也会有差异。男性把人际关系看作竞争互动中的机会或者赢得某种东西的机会，女性则将之看成是培育、表达个人情感的机会。女性在感知他人情感和情绪变化方面更为敏感，她们往往成为关系管理职业的佼佼者。

　　角色也影响我们的感知。领导和职员、老师和学生、记者和编辑、妈妈和总裁，对于人和事的感知差异很大。再想象这样一个情境：一群人在公园散步，植物学家看到不同植物生长姿态，动物学家看到跑过路面的小动物，气象学家观看云的变化，心理学家对外界无动于衷而关心公园中人们的互动，小偷利用这个机会偷了他们的钱包。

在面对来自不同文化的人时，较大的差异使我们在预测他人行为时充满困难和疑惑，人们采取退缩、顺从或者侵犯性行为来掩饰强烈的焦虑感，这都无法改善人际沟通。差异不应该被看作传播互动的障碍，承认和正视差异是人际沟通的润滑剂。要做到这一点，必须彼此都能够切换文化体验去感知对方，诚如费孝通所言，"各美其美，美人之美，美美与共，天下大同"。

5. 认知能力

认知能力也强烈地影响我们的感知。人们使用的知识框架的数量、类型、抽象度以及对互动的努力程度都会影响感知和传播行为。

人类的认知具有高度差异。例如，儿童拥有较少的、较简单的认知框架，集中于具体范畴，经常不能感知到不同感知之间的关系。婴儿可以称每个男人为爸爸，因为还没有学会在男人间作出区分的复杂方式。成人之间也会有差异，例如，如果你只能说一个人是好还是不好，说明你的认知框架是简单的。一个人善于言谈、讲笑话，与人沟通容易，这是具体感知，由此就觉得这个人具有自信的人格，就是复杂的、抽象的感知。如果以后深入接触，发现这个人吝啬怎么办？认知复杂性低的人就很难把这个认知整合进原有观察。研究表明，认知复杂的人在理解复杂现象时具有灵活性，能够根据新信息调整自己的认知框架，而认识简单的人则要用新信息去符合认知框架（Julia Wood，2004：56）。

受教育程度和专业水平是认知能力的一个重要培养渠道和要素，也会影响感知。例如，在进行女性研究前，你可能不知道性别偏见的存在，学习了这方面知识后，你可能注意到对男性的描述是积极的，对女性则是贬低描述的。在一个特定领域的丰富经验很有可能导致个人发展更加精微的知识结构，这反过来又会影响他们如何在那个领域感知和经历事件。也就是说，在观察了和自己领域有关的行动之后，专家们对已经发生的事物做出的阐释会和新手们大不相同，因为新手对于处理同一领域的信息拥有不那么精微的知识结构（Caillies et al.，2002）。与此相类似，老练的社交行动者必须能够在有关的社交互动领域同样做到这一点。在一个特定社交情境知道追求什么目标和为了做到这一点采取什么行动还不够，感知者还必须看到这两者之间的关系，理解特定行动如何在目标状态随时间推移发生变化的时候也发生变化（Knapp & Daly，2012）。

此外，个人兴趣也会发生感知差异，比如足球迷与非足球迷之间的区别。

技能训练：你是恋爱中的盲目者吗？

我们常说"恋爱中的人是盲目的"，为什么？回顾你的恋爱经历，哪些因素影响了你的感知？恋爱前和恋爱后，感知有何变化？和你的恋人、同性朋友分别分享你们恋爱的感知，看看有何共同点和差异？

需求也会使我们的感知选择变化，司机与乘客对环境的注意点就有差异，司机对红绿灯会格外关注，而这不一定是乘客关注的重点。

标点也影响感知（详见第一章的相关内容）。

第二节　感知的过程与障碍

当我们一开始接触世界和他人时，就要对所见所闻进行理解和归因，尤其是对我们相遇的人进行观察和理解。我们通过观察他人外显的身体特征和行为，对他人的动机、人格、人品以及特征进行推导，然后根据推导决定是否与他人建立或发展某种关系。在观察、理解他人个人特征的同时，我们还要理解和界定彼此的关系（详见第一章关于传播的内容维度和关系维度的知识）。研究表明，一个人的人际交往行为受到他对关系感知的影响（Laing et al.，1966）。

而很多时候，我们对他人、环境以及关系的感知却是不准确的，因此，为了有利于人际互动，还需要了解准确感知有可能遇到的障碍。

一、感知的过程

那么，人是怎样感知、理解周围的人、事以及彼此之间的关系的？这牵涉复杂的人类认知过程，包括四个方面：收集与选择信息，运用内在的人格和精神结构去组织信息，用归因理论帮助我们解释他人行为以及进行商谈。前三个方面是感知组理论（perceptual set theory，Allport，1955）的核心组成部分，这是感知的内部组成，发生于传播者某一方的思想内部（要注意的是，尽管我们分开谈论三个过程，实际上，三个阶段几乎同时发生，而且感知是一个过程，人们很难划分开始与结束），而商谈发生于人们之间，这个过程是传播者通过传播交换、影响彼此的感知。

1. 选择性注意

正如我们会选择性自我揭示一样，我们也会对各种刺激因素进行积极的过滤、选择。例如，你现在静静地坐在宿舍里，你的视野里有什么？你闻到了什么味道？传来什么声音——冰箱运转？外面工地的轰鸣？DV 的音乐？

你坐了一天，你的腿僵硬了？墙角里堆的是什么？什么颜色，什么形状？对此情此景集中注意力又同时集中于一切，你能吗？不能！

我们被置于一个信息输入远远大于我们所能够处理的环境里，我们能够处理的信息远远小于我们接收到的，所以我们必须选择我们要注意到的东西。大量信息抵达我们的眼睛，但大约 90％ 的信息在到达大脑时就丢失了（Richard Gregory，1970）。因此，大脑不得不根据一个人的过去经验来猜测一个人所应看到的。因此，我们积极地建构着我们对现实的感知。客观来说，人们在特定时刻能够注意到的事情总是有限的；主观上，我们只关心与我们相关的事物。人们会根据实用、方便、重要性等原则来确定、撷取何种场景进入感知，从而使生活更有效率。否则，人们会有"乱花渐欲迷人眼"的无所适从。例如，当你闭上眼睛欣赏音乐时，你选择听觉而减少了视觉。

事物或环境的某些特征似乎更能引起我们的注意。直接的、相关的、密集的、对比强烈的信息会引起我们注意。例如，我们在人群中很容易注意到高个和矮个，我们会注意极大和极小的事物，会看到极暗淡和极鲜艳的事物，会听到极大和极小的声音。

重复刺激也能够吸引注意力。例如，有些电视广告在 1～2 分钟内，呐喊无数遍推销口号。

任何突然的改变也会引起我们注意。例如，嘈杂的环境突然安静下来或者安静的环境突然嘈杂起来，演讲者突然提高或降低声音吸引听众注意力。注意力吸引因素解释了为何较少改变的人们难以引起人们注意。为何明星们喜欢制造绯闻来吸引公众注意力（无论这些绯闻是什么，要的只是反复刺激和改变）。

当我们被外部环境和事物所吸引和支配时，我们尽量去调控我们所领会的对象，我们会在精神上准备对一些与我们有关、对我们有利的事物进行观察和倾听。例如，你的恋人穿某个品牌的衣服，你就会去注意每个穿着这个品牌服饰的人或者专柜。

我们的自我概念、过去的经历、现实的动机和兴趣以及未来的目标等，都在我们的选择中担当过滤器。

当然，这种根据过去的经验以及存储在大脑中的关于他人的信息不一定是正确的，这就可能导致感知错误。

2. 组织刺激因素

我们在繁杂的世界中选择和注意到一些东西，但这些东西并非随机串联在一起，我们会以某种方式对其进行划分、分类。我们可以有不止一种方式来组织初步感觉到的信息，"我们把它们组织进方便的、可以理解的和有效的类型，而这个类型使我们可以对我们所观察到的赋予意义"(Beebe et al.，2008：70)。建构主义认为，人们是根据头脑里的概念分类作出解释和行动的，现实并不是以其原始的形式显现而是必须经过人们自己认识事物的方式的过滤筛选(小约翰，1999：203)。现象总是无限复杂和丰富的，但我们的认知模型和框架却是有限的、简单的，因此，人是"认知的吝啬鬼"(Fiske & Kinder，转引自赛弗林，2000：81)，我们总是用这些有限的认知框架去判断和理解情境、他人以及我们与他人的关系。一旦这些认知结构被激活，就可能深刻地影响我们对他人的话语和行动的理解和阐释。

20世纪六七十年代兴起的认知心理学至今仍然是社会心理学的主流模式，其主要观念是，信息作为"认知因素"而呈现于大脑中，这些认知因素包括原型、脚本、人格结构、刻板印象以及归因等。

(1)原　型

原型(prototypes)是我们每个人都有的一种认知结构，它确定某个类型最清楚、最有代表性、理想的例子，有助于我们对事物、人及其活动进行分类。通过运用原型，我们对事物、环境和人做出"这是什么"的回答。例如，我们都有什么是"优秀教师"、"不可理喻的老板"、"最浪漫的恋人"的原型。在恋爱前，大多数人都会有理想爱人的典范。在恋爱时，会自觉不自觉地把现实恋爱对象与你的理想标尺对比，这表明你正试图用某种方式去解释对方的言行。

原型是很必要的，是人类思维处理复杂现象的必要手段，我们既无必要也不可能穷尽一切。但如果我们用高度理想化的原型来切割、框化无限复杂的人和事，就可能产生感知错误。所以，一个适应环境和能够适时、恰当地调整人际关系的人往往是善于调整自己原型的人。否则，任何东西装进去都是旧瓶装新酒。例如，关于医生和护士，我们有一个原型，即女性是护士，男性是医生。所以，当我们在医院里遇见穿白大褂的女士，我们经常称呼其为"护士"，而遇着穿白大褂的男士则常称其为"医生"。所以，"男护士"和"女医生"常常会使人们的认知暂时紊乱。

(2)脚　本

正如戏剧和电影表演中，演员必须依脚本(scripts)扮演角色一样，我们在人际互动中也需要脚本，这种作为行动指南的脚本建构在特定情形中决定我们或他人被期望做出何种系列行为——"我们、他们、我下一步要做什么？"

脚本是被固化的行动序列。例如，人们在谈论从上海到北京的旅行计划时，不会说只有唯一一种方式来实现这个目标。可是，如果一个人每周都要从上海通勤到北京，该通勤者可能乘坐同样的交通工具，甚至同一个班次来去。这个旅行惯例，就是脚本，是在（几乎）不假思索的情况下实施的。再比如，在没有任何类型的明确指导下，你进入一个有尊者的地方，知道自己应该在哪儿落座，该说什么话，而且也知道尊者进来后会让自己处于什么位置。

在社交互动时，脚本可以使人们能够迅速启动行动。例如，在一个人第一次向另一个人求爱遭到拒绝时，会马上试图启动另外的方案，以试图打动对方。在社交遭遇中人们经常做出迅速调整，而指导行为的脚本必须是现成的。反之，如果个体在某种情境中无法获得他们能够妥善应付迅速改变的情势的知识时，就处于一种下一步应该做什么或者说什么的不确定状态，这就是我们说的"张口结舌"的情形。有关研究显示，大学生有首次约会的脚本，也就是说，他们很清楚在一场典型的首次约会中该做什么、说什么。可是，当这些首次约会脚本的事件被随意排列，接下来被呈现给学生们，让他们按照正常顺序排列它们的时候，约会经验更丰富的学生，或者约会专家，能够比约会新手更快地把这些事件按照它们典型的顺序排好，尽管专家和新手都按照类似的顺序排列这些事件（Pryor & Merluzzi, 1985）。尽管专家和新手的首次约会脚本被按照类似方式组织，但约会专家显然能够比新手更快地利用脚本。

对于个体来说，其所从属的文化都有大量事件或活动被延续下来，亦即每个人都天然地生存于特定社会情节中。社会情节是"内在认识的共同陈述在已经界定的文化社会环境里，重新发生互动的程序"（Joseph Forgas, 1981：165）。例如，在有学生、领导和教授都在场的聚会中，我们是怎样知道某些事是法定的？当我们安排座次、开始与某人交谈时，脑海中经常会产生一个特殊事件，告诉我们怎样行动是合法的。

除了社会情节，我们每个人在成长中也会习得各种微观情节并依其行事。例如，一个在父母冲突与纷争不断的环境里长大的孩子，就会学习到冲突的脚本，这会影响他今后与配偶乃至与他人的关系。

我们每个人都有脚本，却不一定知道它存在。我们生活在具体文化的社会情节中，如鱼在水而不知，只有鱼离了水，才知道水——社会情节对于生命的生死攸关性。例如，参加婚礼或葬礼时，我们该做什么是被社会情节所规定的，两个场景有着不同的礼仪、行为要求。婚礼要穿得喜气，表情喜悦，说吉祥如意的话。而葬礼要表情严肃，穿着庄重。一旦你的行为不符合这个脚本，你就会谴责自己，也会引起人际紧张。例如，你见到教授，像与同学相处一样——勾肩搭背，随便玩笑，教授会很不舒服。而当你观察到别人这样做或者别人观察到你这么做时，你和他人都会觉得很诧异和不合适。

对脚本的掌握既可能导致积极行动及后果，也可能导致消极的后果。有时，我们告诉别人："不要说了，我知道你要说什么！"这可能引起他人的愤怒和不满。如果我们放弃脚本引起的惯常判断，就可以更好地理解他人；在婚姻关系中，夫妻双方都会卷入他们并不想开始的"冲突脚本"——尽管事件刚刚开始，他们都感觉到令人心酸、心痛的结局。也就是说，如果我们被脚本完全限制，领会脚本产生的期待性（通常是惯常性）的沟通会妨碍我们理解他人以及彼此沟通。因此，在脚本相关的活动中，有时即兴创造可以将一些特色加入到传播与关系中，从而更好地感知他人和促进彼此理解。

（3）人格结构

人格结构（personal constructs）指的是我们在感知他人和情形时，会使用两极化的判断。这是隐藏在我们内心的精神尺度，它回答"这人、这事的特点是什么"。如果说原型作为一个广阔的类型和大框架影响我们对他人的感知，那么，人格结构则是具体评估一个人或事物的具体特征，它允许我们在细节上描述情况，并对情况做出判断。人格结构有四个类型（Miller & Hills，1976：127—147）：

生理结构类型：高—矮、美—丑、胖—瘦。

角色结构类型：买主—卖主、教师—学生、老板—雇员。

互动结构类型：友好的—敌对的、文雅的—粗俗的。

心理结构类型：勤奋的—懒惰的、仁慈的—残酷的、负责—不负责。

当我们与他人交往时，会按照从外表等物理结构到心理结构的顺序对他人进行判断：外表是否有吸引力？他是谁？他如何与他人互动交流？他为何这么行动？随着交往互动的推进，我们不再简单地看待他人，而是不断填补两极判断中失去的信息，形成关于他人较为完整的看法。这种填补机制是：当一个人具备一组特质的某个部分时，就推断其也会具有这组特质中的其他部分。例如，某个人是友好的、聪明的，我们也会把"帅气"或"漂亮"的特质加诸那个人。

人格结构也会产生积极的或者消极的传播后果，有"一荣俱荣，一损俱损"的局面。如果你赋予了一个人一些积极的特质，就会继续赋予另外一些你没有观察到的积极品质，这可能会促进人际传播和关系；反面的情况也经常出现——我们常常不会注意到他人未被人格结构覆盖的品质。实际上，人的品质有时具有含混性和情景性，在负责和不负责之间还会有中间特质。极端化判断往往使我们难以对他人进行准确感知。

个人之间在看待他人和判断环境的复杂程度上是有差异的。小孩和过着乡野生活的人们的人格结构相对单一、数量有限，而相对来说，成人和生活在都市的人们的人格结构数量多且复杂。例如，幼小的孩子可能把人仅仅划分为小孩—大人，纯朴的乡民可能把人区分为好人—坏人，但对好人和坏人之间无限的可能性和含混性可能无力把握。人格结构简单可能导致对他人做刻板划分并容易固守这种成见，而人格结构复杂多样可以帮助人们对情境、他人以及关系做出更细微、更带敏感性的区别。当然，固执与单纯也许结伴，灵活调节能力与心思缜密的世故可能同盟。因此，要增进人际传播能力，关键并不是增进人格结构的复杂性与数量，而是发展敏感意识并适应彼此的人格结构的能力。

（4）刻板印象

刻板印象（stereotypes）就是对人和情形的预先普遍化。我们常常根据原型和人格结构来确定人和事物的未来情形和状况。例如，你认为某个人是环境保护者，于是推测他们不吸烟；你知道某人是大学生，于是觉得他不保守；你觉得她好打扮，于是认为她不是勤奋的学生。

刻板印象带来的推论和预测有时准确，有时不准确；有时基于事实，有时基于偏见和假设；有时把事物组织得更有条理，有时则毫无用处，导致不公正。尽管两种情况都是存在的，但刻板印象更多地在负面意义上被使用，即它是偏见的基础。它经常基于特定个人所属的阶层而贬低个体，或者过度解释真实或想象的差异——种族、性别、宗教、民族、社会经济阶层的差异。对于偏见持有者来说，这种贬低或者夸大其辞的差异解释不是基于个人判断，而是基于某个特定社会群体的一致同意而产生的一整套持久的信念体系；对于被强加偏见的人来说，决定刻板内容的不是其个人特征，而是个人的社会地位和在所属群体中的位置（Jost & Banaji，1994：1—27）。

刻板印象、偏见的运行机制是自我实现预言（详见第二章相关部分），也就是说，当观察者相信作为目标的他人的某种情况是真实的时候，就会期望这种即便不是真实的情况的发生。如果目标他人没有出现偏见所具备的特征，观察者就会竭力使之"合理化"——符合观察者认为其应该成为的样子，而不愿意重新思考被刻板化的他人的态度和行为。一旦我们创造出持久的刻板印象，就会寻找孤立的证据去支持我们的非准确信仰。研究表明，在就业时，弱势群体较少获得受雇机会，因为他们被"合理化"为"缺乏动机"，"不够聪明"，"懒惰"等（Brewer，1979：307—324）。

自我实现的期待会支配着他人的行动，他人按照这种期待行动，最终将具备观察者所事先认定的特征。例如，一旦资深教授认定年轻学者是浮躁的、没功力的，就会罗织后者"无功力"的证据——如果某人科研成果少，那就是"没功力的"；如果某人科研成果多，会认为"数量岂能说明质量"；如果某人教学好，还是"科研能力不行"；如果某人科研成果突出，但"教学担不起"。年轻学者在一次次努力得不到认可的情况下，可能逐渐变得消极无为，最终，具备了"懒散、没有上进心"的形象。

群体之间的偏见经常会带到人际传播之中，甚至互动伊始就会产生冲突，这也就解释了为何来自差异较大的不同群体中的个人在人际互动时会非常困难，尽管作为个体并没有现实的、明显的冲突。

因此，要增进人际传播以及人际关系，就要避免刻板印象的误用。避免的方法就是"去类型化"，即给自己也给他人机会，把他人看作独立的个体，而不是宣称其具有其所属群体的某些特征。

此外，我们还会以不同的方式组织具体的传播交换过程，也就是不同的标点会产生不同的感知意义（详见第一章的相关内容）。

总之，以上这些不同的组织框架对我们的关系有着强有力的影响力，我们在组织感知以及用感知引导行动时，要反思性地使用这些认知框架，并能够适时调节它们，这样才能对情境、他人、关系做出准确判断，有利于传播双方的人际互动。

3. 人际归因四维度

我们选择性地注意到并组织、整理一些刺激因素的同时，还要对事物发生的原因和人们为何如此行动的原因进行解释。尤其在初相识的人际互动中，解释扮演了重要角色。例如，有人在拥挤的人群中给你一个微笑，是因为他喜欢浪漫还是仅仅表示礼貌抑或是轻浮的表现？

人们会试图弄清一个观察到的行为是由情境属性引起的还是由个人属性引起的，行为原因包括情境性、个人能力、努力程度、愿望、情感、归属和义务等。

一个行为可能有多种原因，一个原因也可能产生多个结果。因此，在多种可能的因果组合中我们有多种选择，亦即因果解释因人而异，是高度主观的、歧义的、自我服务的，常常受到偏见的影响。在传播中，解释他人行为是必然的，关键问题是如何解释才是有助于人际传播的。不同的解释产生的人际传播效果会不一样，有良好人际传播能力的人能尽量消除因果解释的歧义并纠正自我服务的偏向。

如果你听到下面这段典型的对话，你会如何解释丈夫和妻子的传播行为？小丽是经常轻视和斥责他人的那种人吗？小夏是那种不求上进的人吗？还可能有其他的解释吗？

丈夫小夏：（从修理助动车中抬起头）嘿！工作怎样？

妻子小丽：（审视房间）你还没有洗碗？从昨天晚上一直留到现在！你能不能主动做点事？

小夏：早上太忙，没有时间。

小丽：没有时间？洗碗要多少时间？你又不上班，十分钟都匀不出来？

小夏：亏了你的提醒，我已经看了人才网上的招聘广告了。

小丽：你把简历投出去了吗？

小夏：没……没有。

小丽：是我强迫你坐下来看广告、写简历的吗？

小夏：我是要做的，我是要做的。

小丽：你要做什么？洗碗还是寄简历？

归因理论（Heider，1958；Shaver，1983；Weiner，1986；Comer，2004；Gottman，1994）揭示出我们所有人都有的特征是，从行为推断人格。尽管我们一再被告诫，不要论断别人，但归因理论认为我们做不到这一点。预测是我们生存的技能，可防备我们被人伤害。解释他人或自己行为有如下四个维度（表3.1）。

表 3.1　归因的四维度

		丈夫小夏	妻子小丽
场所	内因	天性懒惰	个性乖戾，不够温柔
	外因	失业压力	面临下岗的危机
稳定性	稳定的	一贯做事拖沓	一贯唠叨，得理不让人
	暂时的	今天不过多花了点时间在查找就业信息上	今天工作太累了

续表

		丈夫小夏	妻子小丽
范围	全面的	是个不太体贴妻子的人	是个不太善解人意的人
	具体的	仅仅是需要时间整理自己的思路	不喜欢家里一团乱
责任	可以控制的	有能力克服精神和情绪困难却没有做到	有能力克服精神和情绪困难却没有做到
	不可控制的	做不到	做不到

（1）内因／外因

我们在观察他人的行为时，通常将此行为归因于外部或内部因素。外部归因也叫情境归因，把原因解释为外在因素，比如天气等；内部归因也叫素质归因，把原因解释为内在因素，比如智力、个性、动机、个人偏爱等。

上面对话中，如果你相信丈夫行为是由于天性懒惰，那么这时你正在进行内部归因，或者你相信丈夫行为是由于社会压力、异常情况或人力不可控制的物质力量所引起的结果时，这是在进行外部归因；假如你认为妻子的行为是压力所致——妻子在上班时被告知要下岗，而非本性(外因)，或者假如你相信妻子个性乖戾，不够温柔(内因)。

（2）稳定性/暂时性

我们在解释时，会对行为是导源于不变的因素还是暂时、偶然的事件做出选择。上面对话中，你可能解释丈夫行为是一贯做事拖沓(不变因素)，也可能解释为他今天花了更多的时间在搜索就业信息上；对于妻子行为，可以解释为她一贯唠叨，得理不让人(不变因素)，或小丽今天工作太累了(暂时事件)。

（3）全面性/具体性

我们也可能把行为原因归结为全面类型或具体例子。上面对话中，你可以认为丈夫是个不太体贴妻子的人，或认为他仅仅是需要时间整理自己的思路；你可以解释妻子是不太善解人意的人，或者她不喜欢家里一团乱。这一对尺度与稳定性/暂时性类似。

（4）责任/逃避责任

我们在归因时，会对他人行为是导源于可控制因素还是不可控制因素进行解释选择。如果认为事态结果是由于超出个人控制力的原因，就会觉得行动者别无选择，因而也就不必为事态负责任；反之，如果认为原因在个人控制力之内，个人能够选择是否以特定方式行动，因而个人要对事态负责任。

上面对话中，我们可以认为丈夫有能力克服精神和情绪困难却没有做到——"这点困难算什么，这人太脆弱了"（可控制因素），于是，遭妻子责备是他该，也可以认为他确实做不到——"放在任何人身上，也受不了"（不可控制因素）；对于妻子，我们可以认为她应该控制得住情绪但却不打算控制——"不就几个碗没洗，又不是啥了不起的事"（可以控制），或者认为她确实做不到——"一个女人又要上班，又要照顾家里，够她受的了"（不可控制）。

在人际关系中，我们会对不同的关系采取不同的归因方式，或者反过来说，正是由于我们不同的归因方式导致差异极大的人际关系。研究表明，相比于对那些无关紧要的人，我们倾向于对我们有关系的人或者我们正在追求与之有关系的人做出更有利的解释（Neuliep& Grohskopf，2000：67—77）。也就是说，对于我们满意的一个关系，我们会对关系伙伴做出积极的归因。我们也通常会对那些社会地位高于我们的人进行积极解释。例如，同样一个简单观念，教授的表达被人认为是"学富五车"的表现，而普通人的表达可能被解释为不学无术的浅薄。

反之，则是消极的。亦即对于那些冒犯过我们的人，我们倾向于对其行为做消极解释。例如，如果你过去有被门卫无礼粗鲁盘问的经历，你对他们的行为解释就会消极得多。

我们没有人可以避免基本的归因错误，问题不在于归因错误，关键在于我们如何运用我们选择的自由，如何敏感地意识到归因是有偏差的，从而根据情形调节我们的归因。

技能训练：你对归因的多维度和主观性有多理解？

这张题为"他为什么不去背灾民？"的照片摄于 2008 年"汶川大地震"中，网民们对主人公的行为有如下归因，分析这些归因方式有几个维度？请问你是如何对照片中的主角行为归因的？描述你所看到的，他在做什么？然后比较你和选择人际传播课程同班同学的归因差异，为何有差异？影响差异的因素有哪些？

图 3-2 "他为什么不去背灾民"

A 网友：很好地诠释了什么叫做要钱不要命，舍命不舍财。

B 网友：自己的财产如何处置别人管不着！请不要说风凉话！你们知道农村人买一个冰箱要积攒多久吗？更应该想到的是为什么我们的农村会那么穷，而导致一个冰箱在农村人眼里都是莫大的财产，莫大的重要，这才是问题的关键，如果农村的经济状况好，谁愿意背个冰箱逃难？

C 网友：或许是逝去亲人的遗物，家人全遇难了，只留下冰箱了！或许是他这辈子唯一的财产……也许在废墟中看到一个幸免于难的冰箱，然后就……有点糊涂了，我们应该、有权指责他吗？

D 网友：我相信，他背了他唯一的财产后，他又去背灾民了。

E 网友：要了解清楚再发表，也许他在帮人抢救财产，灾民的财产也是很重要的。

F 网友：自己的才是重要的，管别人死活———人性的冷漠，由此可见一斑！有那么大的劲，何不为赈灾出点力量？

G 网友：每一个人做一件事都有他的理由。

H 网友：这是当地村民在自救，减少受灾损失。

4. 商谈：讲故事

尽管我们都认为我们是独立做出判断的，但事实上，我们解释世界和他人的方式是在互动中产生的。意义不是固定的物体在那里等着我们，而是通过与他人传播、共同协商被创造出来的。

戏剧主义理论与叙述理论为理解协商提供了深刻洞见。这些理论认为，讲故事是人们组织信息的一种手段，也是建构现实世界、构建互动行为本身最普遍、常见的方式，"任何传播都是对故事的交流……为了获得一致或不一致的看法，我们进行反反复复的故事交流"（叙述理论是传播学一个颇受欢迎的主题，请参看 Mitchell，1980；Kamler，1983；Coste，1989；Fisher，1987）。

讲故事不是通常意义上的———一方讲，一方听，而是由传播互动双方共同创造、补充情节。例如，在谈论老师对待学生因人而异问题时，同学们举了受宠的例子以及老师的反应，建构了这样一个叙述：小丽迟交作业或不交作业却得到老师原谅并且得到高分。七嘴八舌之中，同学们可能最后决定这是不公平的，或者认为没有什么大不了的。

当人们看到接受一个观点具备良好理由时，叙述就会产生说服力。什么是良好理由？往往正面的价值观构成人们接受某个主张的良好理由，个人关于现实世界的大多数形象是由事实应该是怎样的叙述构成（Bormann，1989）。

例如，为什么要到地震灾区去做志愿者？我们可以采用推理来给人们的行为一个良好理由——人类普遍的同情心等，但也可以通过讲故事的方式，讲述一些地震中的悲情故事。

既然每一个人际互动都可以被描述为多个差异极大的故事，那么，分享叙述——协商就变得十分重要，它可以为顺利传播提供最好机会。那些能够就差异交流意见，并就问题交流意见和看法的人比反向者更能够促进关系发展。在协商中，互动双方才可能找到共同点。有时，叙述不是准确一致的但却是有力的。研究表明，多年相濡以沫的夫妻在关系叙述中会共谋，尽管与事实不符（Marzs，1998：159—181）。

二、扭曲准确感知的障碍

我们学习了影响感知的因素及其感知形成的过程，还要承认和检视那些扭曲感知准确性的障碍。一方面，这可以降低我们与他人互动时的非准确性，增加我们对他人的感知准确性，从而达到利他目的；另一方面，我们也可以知晓他人观察、感知世界的方式，从而减少我们的自我概念强加在自我感知上的扭曲数量以增强我们的自尊感。对他人和自我的准确感知都会增进人际传播效果和人际关系的发展。

1. 注重表面信息：第一印象

也许你听过这则故事：有两个女人，同一张桌子用餐。甲把雨伞靠在桌边，乙用完餐后，迷迷糊糊地顺手拿起雨伞就走。雨伞主人甲大叫："喂！你拿了我的雨伞。"乙一脸尴尬地向对方道歉，说是忘了自己没带伞，一时误拿。出店后，她想起家里需要买雨伞了，于是她便去买了两把。回家的路上，她碰巧又和甲同乘一辆公交车。那女人注视着那两把雨伞，说："你今天收获不小啊！"

这个故事典型地表现了人类的某种认知偏见：根据对他人单一的、偶然的行为的有限观察，形成对别人人格的复杂知觉。这种现象称为"月晕效应"（Halo Effect & Asch，1946；Kelly，1955），意即当人们看到月亮的同时，周边的光环被格外关注。进一步说，当一个人的印象被确立后，人们就会自动进行"印象类推"——将第一印象的认知与对方的一切言行联想在一起。当一个人留给人的印象是"好的"时，人们就会把他的言行举止从"好的"角度去解释；反之，如果一个人被归于"不好的"印象时，那么，一切不好的看法甚至"出错诱导"都会加在他的身上。

在面试中，面试主持人常常根据最初的几分钟形成印象，印象一旦形成，就根据这个印象去组织问题并发问。如果形成积极印象，就会问一些能够支持受试者积极形象的引导性问题。例如，"你在挫折中学到了什么?"或者积极地翻译受试者的话，"哦，参加社团的确是对能力的培养"，或者使用鼓励性的反馈句子，"很好!"或者推销单位的价值，"你在这里会很愉快的"。相反，如果形成消极印象，就会有一串串刁钻的问题要问，并把受试者一步步引入"出错连环套"(Dougherty&Turba，1994：659—665)。

第一印象之所以具有支配性，在于我们都有一种迅速概括一个人以减少任何非确定性的倾向，都有避免承认我们会犯错误的倾向，使我们坚持自己的第一印象，而不是根据最近相反的信息来修改第一印象。我们都知道第一印象有多重要，我们总是努力在与他人互动时表现出一个最好的自己以便有一个良好的开端。

而第一印象往往是通过首先关注他人的身体特征而形成。我们遇到任何陌生人时，首先观察到其肤色、身材、服饰、音色、年龄、性别以及其他明显的特征。但正是这粗粗、匆匆一瞥，我们就得出结论，"他看来很真诚"，"看来善解人意"，"他很讨厌"。这就是我们常说的以貌取人，甚至以貌比德。一项研究发现，穿职业短外套的女性比穿着其他款式衣服的女性被认为更具有能力(Temple&Loewen，1993：345)。

注重表面信息还表现在以偏概全，以少胜多，亦即如果某些信息具有代表性，人们就会根据这些小数量的信息得出偏见结论。笔者所住小区居委会一次次动员业主捐款给地震灾区，应者寥寥，物业管理部门和居委会评价道：还复旦老师呢，这么小气! 因为他们没有看到地震后，绝大多数人都在单位多次捐了款。

我们常常没有意识到这种仅凭表面特征就对他人复杂人格下结论的过度归因，因为表面信息总是易于捕捉而且栩栩如生。实际上，我们每个人都是这种过度归因的牺牲者，只有我们在遭遇到别人对我们的偏见归因带来的危险和不公正时，我们才能够深刻意识到注重表面信息的伤害，也才能够学习如何全面、深入、公正地认识他人的本质。一个良好的人际传播者懂得并践行"人不可貌相"，"眼见不一定为实"的道理。

2. 套用刻板印象

我们已经知道，刻板印象是最常见的感知障碍。我们总是看到我们想看到的，听到想听到的，说那些想说的。诚如孔子所言：非礼勿视，非礼勿听，非礼勿言，非礼勿动。凡不符合我们信念的，我们都不看，不听，不言，不行动。

我们总是要对观察到的东西赋予意义，而如何赋予意义对于人际感知至关重要。在赋予意义时我们会有一致性需要，目的是使整个归因过程保持协调一致。与不一致的东西相比，人们更乐意接受一致的东西（Festinger，1957）。当碰到异己者时，人们常常对自己的身份和生活方式产生怀疑，人们会因失调而痛苦。为了调适，人们有以下做法：第一，改变一个或者更多的认知因素。例如，你觉得某人是懒惰的，当你发现反例——他是勤快的时，你可能改变对某人的看法，但也可能认为那是极其偶然的外因。第二，给矛盾的这一边或那一边增加新因素，找出新证据。你会找出很多仍然懒惰的例子，加强原来认识。也会找出勤快的例子，从而改变看法。第三，曲解有关信息以减少不一致，尽管他们可能是勤劳的，但比起动摇你的整个价值观的危害来，还是决定维护原来的看法。

　　也就是说，当我们遇到异己者时，或者了解他们，或者拒绝、贬低他们。显然，放弃已有信念困难得多，拒绝、贬低、歪曲则简便得多。于是，面对异己者，我们更常采用拒绝、贬低。拒绝、贬低就产生偏见，这是一个团体的成员对另一个团体的成员持有的消极的社交态度，它歪曲认识，并常常导致歧视。

　　偏见在不同文化群体间（种族、阶级、地区、性别等）普遍存在。偏见使人们自动划分外群体成员与内群体成员，区分出"他们"与"我们"。内群体成员总是具有美德，而外群体成员总是具有恶习。内群体成员的积极行为被归因于个性，消极行为被归因于环境因素。而对外群体成员的归因正好相反——积极行为被归结为偶然，消极行为被归结为固有属性。例如，当我们的朋友大骂裁判时，我们多半会解释为"他最近心情不好需要宣泄"。而如果是对手大骂裁判，你会想"为何他们如此不讲礼貌"。

　　因此，对于同样的行为，人们对外群体成员的归因比之内群体成员要消极得多，往往极端化或夸大外群体成员的缺点，削弱、忽视其优点。笔者曾在医院遇到这样一幕：一外地口音的妇女因为他人不断插队，等待三小时儿子得不到就医而与医生吵了起来，医生说了这样几句话："你学学人家上海人，讲讲文明好不好？外地人就是不讲秩序，你看那些打医生的都是外地人。"

　　最普遍的偏见还表现在用人格解释他人缺点，而用情境解释自己的失误。或者用情境解释他人优点，而用人格解释自己的优点。例如，一个人对电视屏幕扔鞋子，你会认为这个人缺乏自制力和修养。而你对电视屏幕扔鞋子，会觉得合情合理，因为办公室节奏太紧张，裁判员的判决太愚蠢，电视制作人的说教太乏味，等等。

技巧训练：前见

下列事件你的最初解释是什么？

1．一个妈妈拒绝孩子周末看碟片的要求。

2．一个同学正在抄写同桌的作业。

3．一个孩子在打另一个孩子。

4．老师迟到了。

5．老师拒绝接学生的电话。

6．明星捐款 10 万元。

3．归因服务自我的偏见

我们倾向于构建那些服务于我们个人利益的归因，也就是说，我们对自己远比对他人仁慈，我们总是严于律人，宽以待己。具体地说，我们倾向于把自己成功的和积极的行为归因为内在的、稳定的、全面的和可控制的，我们会毫不吝啬地用最慷慨的溢美之词评价自己；同时，我们避免对自己的消极行为负责任，倾向于把我们的失败、错误归因于外在的、非稳定的、具体的和不可控制的。

而在对待他人时，归因方式正好相反——把对方积极的和成功的行为归因于外在的、偶然的、具体的、不可控制的原因，而把对方不好的事归因于内在的、稳定的、全面的和可控制的（Flora&Segrin，2000：811—825）。

这种自我服务的偏见在不愉快的夫妻关系以及其他类型的人际关系中尤其普遍，是一种"关系消减型归因"。例如，老婆晋升了，认为"她得到晋升是因为新老板对她很好"，老婆对我不耐烦，认为"她本来就个性乖戾，教养不好"。

4．偏向于负面印象

人们对于负面信息的关注往往大于积极信息，一个负面信息可以抵消十个正面信息。例如，在面试中，你谈了自己十个优点，一个缺点，面试主持人将关注你的缺点而不是优点。研究表明，在两组词中，一组是聪明、有技术、勤奋、热心、实干、谨慎，另外一组是聪明、有技术、勤奋、冷漠、实干、谨慎。仅仅一词之差，人们对第二组的人具有不好印象（Asch，1946：258—290）。

因为我们知道人们更倾向于接受我们的负面信息，于是，我们总是报喜不报忧，总是展现自己最积极的那一面。由于面试者往往拒绝一个写了缺点的人（尽管被试者绝大多数是优点），所以，学生在简历中很少写缺点，或者反话正说。从这里我们看出，尽管人们不得不为他们自己的不幸负责，我们还是应该知道我们对他人的感知经常是扭曲的。因此，不要以为我们对他人的负面认识就是准确的或者无偏见的。

5. 习惯以己之心度他人之腹

我们普遍认为他人具有和我们一样的态度和动机。例如，你听到一个玩笑很有趣，你以为朋友不会生气，可是他生气了；你作为老师，告诉学生不让他参加答辩的各种合理理由，你以为学生会很感激，你觉得不会给他带来麻烦，只会对他有好处，但实际他不会这么认为。也就是说，他人思考、感觉的方式并非总是和我们一样，如果我们总是以自己的感知作为标准衡量他人的感知，就会伤害人际关系。为了避免关系伤害，我们可以直接问他人的感觉，也可以全面评估你对他人的感受，这都比简单猜想他人的反应更好。

第三节　倾听与感知

经常出现的情景是，老师在讲课，你在网络冲浪，发短信给朋友，在发朋友圈，拍下老师的照片发在微博上。当你的诸多兴趣冲突时，你真的可以有效地听吗？实际上，在执行多任务时，人们听到和吸收的并没有你所想象的那么多。不能有效地听也会导致我们对事物、他人以及关系的扭曲感知。

一、倾听的重要性

1. 听是一种典型的传播类型

一提到传播，人们会自然而然地想到说话。实际上，传播不止是说，传播还是听。听也是一种典型的传播行为，实际上占据了传播更多的时间分量。我们每周53％的时间（面对面倾听32％，大众倾听21％）在听，16％的时间在说话，17％的时间在阅读，14％的时间在写作（甘布尔等，2005：148）。西方谚语也说：人之所以有一张嘴，而有两只耳朵，原因是听的要比说的多一倍（图3-3）。

图3-3　传播行为的类型

而且，听对于人类来说，更具有存在论意义。"人只有在他倾听语言之劝说而应和于语言之际才说"（海德格尔，2004：245），即没有听也就没有言说。"说同时也是听。习惯上人们把说和听对立起来：一方说，一方听。但是，听不光是伴随和围绕着说，犹如在对话中发生的情形。说本就是一种听。所以，说并非同时是一种听，而首先就是一种听。"（海德格尔，2004：

394)

倾听不仅是频率最高的一种传播形式，还是一种甚至比说更重要的技能（这是有争议的说法）。研究者发现，倾听对于入门级的工作人员、下级、上级以及经营管理者来说，是最重要的传播技能（Wolvin, Coakley&Gwynn, 1999）。针对人力资源总管的调查也显示，有效传播能力中，倾听被排在首位（Winsor, Curtis& Stephens, et al., 1997：170—179）。不仅如此，在忠贞关系中，聆听日常会话中的个人信息被看成是关系满意度的重要组成部分（Prager&Buhrmester, 1998：435—469）。

但事实上，人们多么看重倾听的重要性并不和他们倾听别人的实际能力画等号。

2. 听是改善人际感知的技能之一

听不仅是一项传播活动，还是一种能够更好地帮助我们改善人际感知的技巧。听在解决冲突和关系咨询中是作为一项传播技能得以强调的，要求听者把听到的反馈给说者，确认彼此理解了。《领导者效力训练》一书（Thomas Gordon, 2001）生造了"积极倾听"（active listening）一词，强调积极倾听是一项非常艰难的任务，听者不仅需要用自己的语言重述他们对演说者表达的印象，还要学会积极倾听。

如果我们能够积极地听，就可能减少对他人感知的非确定性和非准确性，就能够预知他人的行为和反应，从而调节自己的行为和策略，以便使自己的社会需求最大限度地得到满足。这看来有些算计，但如果每个人都采取这种积极认知，他人的社会需求也会得到满足。也就是说，除非我们懂得他人的感知方式，否则便没有多大希望了解他人并通达他们的世界，更谈不上良好的人际交往。显然，倾听是一种我们通过"与之"而不是"取之"获益的技能。成为一个良好的倾听者，不但可以提高我们的生命力，也能够产生影响力、劝服和协商的效果，还能够避免冲突和误解。不仅有助于工作，还有利于人际传播。

想想那个你认为是你最好朋友的人，他/她身上的什么特征被你最为认可？许多人认为亲密关系最宝贵的品质是他/她在那里——支持、安慰和倾听。即便我们在说极愚蠢的话时，他们也在听。而我们能够给朋友提供的最大支持也就是倾听。因此，不能有效听也就不能进行良好的传播，良好的人际互动必须相互倾听。

然而，尽管人们花很多时间于听，但大多数人没有意识到作为一种传播能力的倾听的重要性，大多数人大多数时候无法有效地听。一项研究中，一组管理者被要求评估他们的倾听技能，令人惊讶的是，没有一个人把自己描述为"不善于"或者"非常不善于"倾听，94％把自己描述为"好"或者"非常好"的倾听者。这种溢美的自我评估与他们的下属对他们的评估形成鲜明对比——多数下属认为他们的老板的倾听技能实在太差（Brownell，1990：401—415）。

在一些信息寻求或者演讲倾听中，我们被要求扮演倾听者角色，情况还稍好。而在人际传播中情况糟糕很多，因为没有人规定你一定要成为倾听者，人们常常在听和说之间转换。研究表明，人们面对陌生人时听得较好，而在亲密关系或者婚姻关系中，更习惯打断并通常缺乏礼貌（Winter，Ferreira and Bowers，1973：83—94）。

二、定义倾听

只要感觉器官健全，我们都要听、看。但人们常常会充耳不闻，视而不见，熟视无睹。为何有眼睛看不见，有耳朵听不见？人们经常问在场的会话伙伴："你听见我说的吗？"这说明听是有质量差异的。由于听的质量差异，我们把听区分为"听"（hearing）和"倾听"（listening）。

1. 听和倾听的差别

高质量的听不仅是感觉器官的调动，更是一个心灵和理智调动过程。"听"的繁体字"聽"就包括耳、目、心，也就是听要耳到、眼到、心到（图 3-4）。

作为高质量的倾听，是一个积极的、复杂的选择和注意过程，是一个心理过程。是从接收到的语言和非语言信息中去建构意义（理解）、记忆并做出反应的

图 3-4

过程①。当我们倾听时，我们不但听到词且赋予听到的东西以意义。我们不仅有耳朵，还用心。这样说来，倾听和感知是同一个过程的两种说法。如果我们不能很好地听，我们就可能不理解我们听到的。好多时候，我们没有积极地倾听他人，而只是听。我们的思想是怠惰的，我们只是被动地接受人家所说的。

而听则是声波进入我们的耳膜时发生的物理运动，是被动的、不用投入任何精力就能发生的刺激—反应行为。就像不用想我们就能呼吸，不用想就能听一样。只要我们耳膜是好的，我们就能听。因此，听不是倾听，倾听更

———————————

① 来自国际倾听协会关于倾听的定义。

为不易。倾听既包含听，还要参与、理解、回应和记忆。不仅是听词汇，还要"阐释身体语言"。成功的传播是两个人都建立了共识——理解。

请看下面的两段对话，你能说出传播者双方在倾听方面存在的问题吗？你会发现，尽管传播双方都在听，但却没有听到；都在说，却只是顺着自己的话题说。彼此都没有倾听。我们日常生活中这样的例子还少吗？

对话一：

小王：要是能找一个懂我的人谈话就好了。

小吴：我晓得你的意思。

小王：小丽昨晚回来很累，我都不知道该怎样帮她了。

小吴：是啊，我最近也很累。

小王：你知道吗？小丽在同事生病的这几个星期都在帮她工作，如果是几天还好，可是几个星期下来她有些吃不消了。

小吴：也难怪我这么累。我每天要送儿子去幼儿园，中午要做一些家务，每周一要陪父亲去看医生，周末还要带儿子去参加绘画班、武术班等。

小王：我想小丽应该放慢节奏。今早我告诉她，一定跟老板讲做不了那么多，可她说如果她生病了，同事也会这么帮她的。

小吴：现在，还有一件事比较麻烦，我外婆在康复期间要在我家住一段时间。人生好像就是穷于应付的，我的人生都花在他人身上了。

小王：我知道小丽想帮同事，可是人的精力是有限的。

小吴：无论是否有精力，我们都得继续应付，就像穿上红舞鞋一样。

对话二：

孩子：今天的自然课真有趣！妈妈，你看我得到的海星贝壳。

妈妈：今天作业做得咋样？

孩子：(下意识地拿出作业单递给妈妈，兴奋地)我还摸了真正的鲨鱼牙齿呢。

妈妈：你的英语太棒了，老师说快成为你的第一语言了，说说怎么这么棒？

孩子：明天我们要去郊游，到海滩，我希望捡到更多的贝壳。

妈妈：要是你的中文有英语这么努力就更好了。

孩子：(从包里拿出一个袋子和一件 T 恤)这是老师给我们的，明天要带包装好的食物。这是我们自己设计图案并涂上颜色的 T 恤衫，明天要穿。

妈妈：你暑假打算如何安排？把汉语补起来！你啥时候才会养成放学后第一件事就做作业的习惯？

孩子：衣服上这个水母我本来要涂粉红色，可是别的同学在用粉红色。这个贝壳我涂了蓝色，那是大海的颜色。

从上面对话，我们或许有这样一个总体感觉：如果我们不善于倾听，通常也不会恰当运用我们的语言和非语言的技巧；在人际互动中，倾听既是一种责任，又是一种选择。

2. 倾听的目的

倾听有很多目的。有时候只是为了辨别某种刺激物。例如，我们努力辨别在深夜里听到的惊叫声，我们努力从嘈杂中听到老师或演讲者的关键信息。这种倾听被称为区分性倾听(discriminatory listening，Wolvin & Coakley, 1985；Wolff，Marsnik，Tracey & Nichols，1983)。

很多时候，我们去倾听是为了接收和记忆新的信息，比如听老师讲课，听电台和电视发布的就业信息。这是为了监测我们的生活、工作环境以便取得成功而听。这被称为理解性倾听(comprehensive listening)。

有时，我们是为了评估信息的质量而听。例如，我们听政治家的演讲，我们听到他们说的句子，也能够理解他们的观念，但我们不必接受和赞同他们的观点。再比如，当他人向我们大唱赞歌时，我们仔细听以判断他是否是真诚的。这被称为评价性倾听(evaluative listening)。这种分析性、批评性的听与支持性和移情性的听截然不同，但同样非常重要。

有时我们倾听是为了娱乐消遣，比如看戏、看电影、听 CD 等。这被称为欣赏性倾听(appreciative listening)。

我们还会为了帮助他人、支持他人而倾听。当他人伤心痛苦时，我们安慰他使他平静；当朋友失恋了，我们感同身受地倾听。这被称为移情式倾听(empathic listening)。这是一种体会他人情感的倾听，是具有心理治疗效果的倾听。这种倾听有助于建立和保持关系。

有时候倾听是为了建立和保持关系。研究表明，有效倾听有助于建立较好关系，而不善倾听削弱关系或者根本性地阻碍关系的发展(Kaufmann，

1993：4)。

　　所有类型的倾听都有助于提高我们个人生活的质量和增强人际感知的敏感性，但跟改进人际传播技能关系最为密切的是以帮助和支持他人为目的的倾听。

三、倾听的过程

1. 倾听的主要阶段

　　倾听专家发展出听的 HURIER 模式(Brownell，2006)，认为听是各种相互联系的成分组成的一个系统，既包括精神过程也含有可观察行为，包括倾听、理解、记忆、阐释、评估和回应 6 个方面(图 3-5)。

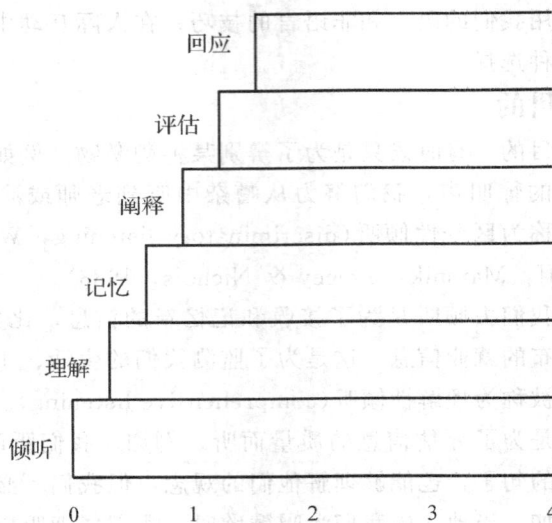

图 3-5　"听"的 HURIER 模式

　　(1)倾　听

　　我们身处各种口语刺激的环境，各种声音都在争夺我们的注意力。但我们只注意到那些吸引我们的东西(感知里讲到的选择性注意)。一个母亲很容易从各种声音中识别出自己婴儿的声音，而还没做母亲的人很难听到。我们只会听到我们想要听的。注意力就是我们愿意关注和组织的独特刺激物。但是，光吸引注意力是不够的，还要保持这种注意力，这就需要我们的理解力。

（2）理　解

我们为听到的说话、声音赋予意义。我们采用自己储备的信息来解码人们所说的东西。除非我们理解了，否则我们对做出判断是比较克制的。为了确保理解，我们向说话者提问以便澄清信息内容，重新组织语句来描述我们所听到的，这可能有助于我们理解信息。

（3）记　忆

赋予意义后，我们也可能不把信息提交到我们的记忆里以便进一步使用。我们要选择哪些是有价值的并予以记忆，哪些是无价值的需要抛弃掉。

和我们有关的两种关键记忆是长期记忆和短期记忆。一些简洁信息，我们储存在短期记忆里，如果我们需要进一步使用，就把它放进长期记忆里。我们在听后只能立即记住 50％，过一段时间只有 25％。长期记忆在倾听中扮演把新经验与过去信息和形象联系起来的角色。那些与我们有亲近关系的人的事，那些痛彻心扉的事，我们总是记得。

（4）阐　释

当我们阐释时，我们在分配意义。为了有效阐释，需要从信息发送者角度去做，这可以杜绝我们把自己的意思强加到他人头上。人们分配意义时，归因机制就会发挥作用。

（5）评　估

评估就是权衡我们所听到的东西的机制以及批评性地分析它们：是否和我们有关？是否基于我们知道的或者感知到的？例如，你问回家的爱人，"今天怎么样？"他回道："还好吧。"如果没有进一步的信息或者表情支持，你是不知道他对今天的确切感知的。

（6）回　应

我们还会对别人发出的信息做出反馈，也就是告诉说话人我们对其所言的感觉和想法，告诉他所传递的信息是成功的还是有缺陷的。

回应可能是即时的也可能是延搁的。人际传播中的回应是即时的，一来一往，回应和接收信息是即刻的、同时的。即刻的反馈是最有效的，因为如果我们等待时间过长，我们的回应可能对他人失去影响。但是，在呼应一个激怒你的信息前最好先冷静下来，在愤怒中做出回应会破坏关系。

回应可能是以个人为中心的，也可能是以信息为中心的。前者如"你是我认识的最善良的人"，后者如"你给的理由太牵强"。

回应可能是低监管的，也可能是高监管的。例如，如果你的爱人问你"这件衣服怎么样？"你口无遮拦地回答"太丑了"。这种回应会破坏关系。人们有时可能需要监管一下自己的反馈信息。

回应可能是评估性的，也可能是非评估性的。评估性的可能是正面的，也可能是消极的。正面的评估就是认可他人的传播，使传播行为朝着人们正在朝向的方面进展。例如，如果对方受到鼓励就会做出更多让你满意的事情。而消极的评估就是反击他人的传播，消极评估具有矫正性功能，警告人们不要再进行这个行为，他人收到这样的评估就会修正其行为。但这也可能伤害关系。

非评估性回应看来是不置可否的，人们容易把它看成是积极的。但实际上不止是积极的，也会有消极意义。尤其是当他人特别需要你的评估性意见时，你不置可否会让对方觉得自己的价值被贬低。

我们可以做理解性评估。例如，甲说："我认为我还没好到可以得这个奖的地步"，乙回应："你是说你认为你没有资格得到奖励？"

还可以做探索性评估。"我忍无可忍了，他快把我逼疯了"，"他做了什么事让你感到快疯了？"

还可以进行支持性评估，目的是努力减少他人的情感紧张。例如，不要评价"有什么好担心的？小事一桩！"而应该是"我看出你很难过，我们坐下来谈谈它吧。我相信你能找到好方法解决的"。

2. 倾听的模式

你的倾听模式是什么？你会集中于他人言谈的内容还是他人的感受？倾听研究者认为倾听主要有以下 4 种模式（Watson，Barker&Weaver，1995）（表 3.2）。

第一，以他人为导向的倾听。这种倾听者具化了以他人为导向原则，擅长并安于听他人的情感和感受，在倾听时寻求强烈的人际纽带。在健康的、互动良好的关系中，比如父母与孩子之间通常是这种倾听模式，正如歌曲唱的："爱着你的爱，痛着你的痛。"

第二，以行为为导向的倾听。这种倾听者优先考虑组织良好的或无差错的信息，而不喜欢言说者滔滔不绝或者跑题，急于知道要点是其特征。比之以他人为导向的倾听者可能集中于言说者情感并显得宽容，这类倾听者可能集中于信息并表现出较多的批评性，还时常试图总结自己听到的要点（不一定就是言说者所要表达的），通过字面意思揣度言说者的意思。

第三，以内容为导向的倾听。较之其他模式，这类倾听者更喜欢听复杂的细节信息，关心言说者的结论是否准确可靠，如果言说缺乏例证、证据，他们就会拒绝信息。和行为为导向的倾听者一样，也会二度揣测所听到的

(Kirtley & Honeycutt，1996：174—182)。偏好行动为导向和内容为导向的人更可能在与人论辩时有着准确、专注的模式，在劝说他人方面会给人留下深刻印象。这种人可以是很好的律师和法官。

第四，以时间为导向的倾听。这类倾听者的时间感很强，希望被发布的信息简短、快速。如果说以人为导向的倾听者更喜欢花时间喝咖啡与言说者分享时光，那么，这类倾听者则是言说者的催逼者——"快告诉我我所需要的，不要跑题，快点书归正传"。

表3.2 四种倾听模式

方　式	焦　点
以人为导向	情感和兴趣
以行为为导向	清楚、准确以及假设
以内容为导向	事实、细节、模棱两可
以时间为导向	有效性、简洁

了解我们的倾听模式可以帮助我们更好地适应不同倾听的情景。假如你是以时间或者行为为导向的倾听者，而你的朋友是以人为导向的倾听者。那么，你们在谈话时，你的朋友要调整言说风格，而你要调整倾听风格。面对以行动为导向的听众，言说者要注意说出要点："我要与你分享以下三点，第一……"与以人为导向的倾听者讲话，你要意识到假如你跳过情感和关系的细节他们会觉得太匆忙，因为他们更愿意花时间谈论情感。

哪种倾听模式好不能一概而论，而要根据倾听的情形、传播的语境以及传播对象。了解自己的倾听模式以及你的会话伙伴的需要，才可以帮助我们采取恰当的倾听模式去更好地适应传播情形。

倾听模式有文化差异。例如，在美国文化中，人们实施以人为导向的倾听模式，聚焦于互动者的感觉和关注点，而东方文化实施推测性的、隐喻性的思考(Park & Guan，2007：21—28)。东方文化把沉默看成是尊重和信任，语言会破坏体验，通过心与心的传播可以本能地抓住意思，因此，应该多听少说。和东方人尤其是日本人和中国人互动，不仅仅限于耳朵，还应该理解重要的东西是不言而喻的(Samovar & Porter，2004：211—212)。所以，当我们和来自不同文化的人说话或者倾听时，需要提醒我们自己，我们分配给语言的意义是因经验和背景而不同的，文化影响我们如何使用语言，如何倾听以及如何理解语言。

性别也影响倾听。研究表明，男性和女性具有不同倾听模式以及倾听的不同原因。女性倾听是为了确认关系和与之保持关系，处理信息时其真实目的是聚焦于情感，致力于同情、确认另一个人的传播努力（Tannen，1990）。而男性安于理解性地听，听信息事实，不大喜欢处理情感内容，听是为了提供解决方案，提供建议而不是同情，如果不能即刻解决问题他们就会放弃倾听。

3. 倾听的类型

理解倾听类型很重要，有的人只有一种类型，有的人则有多种类型。

第一，欣赏式的倾听。这是为了愉悦而听，出席音乐会，看电影，看喜剧，都是为了欣赏而听。通常和另一人同去，为的是放松或逃避。

第二，理解式的倾听。这是为了获得知识、信息，寻求指导，听人描述生活经历，等等。这必须有开放的头脑，悬置个人的判断。

第三，批评或协商式的倾听。这种倾听发生于当我们质疑一个人发布的信息的真实性、可靠性时。除了理解内容，还分析它，评估其价值、有效性、健全性，最后决定是采纳或是拒绝。

第四，移情式的倾听。当一个人向我们寻求支持时，他需要我们进行移情式倾听，这是我们是否可以建立强烈的人际关系的重要技能。这种倾听具有治疗功能，既推动问题的解决，也使个体获得情感平衡。尽力去理解一个人面对的情形就像你自己正在经历同样的问题一样。这种倾听是关系助推器。

好的倾听者都是以他人导向的。给予他人尊重、同情，目标是理解他人的思想、情感，搁置自己的想法、情感，专注地听他人讲述，而不是专注于听自己的声音。

四、倾听的障碍

影响我们有效倾听的障碍有很多，心理的（如情感的），物理的（声音和视觉分神），文化差异，个人理解能力，态度、偏见。例如，一些倾听障碍来自外部环境（如太吵闹）。对某些人来说，由于物理伤害或者先天缺陷造成的听力问题也会破坏倾听。而大多数障碍导源于我们自己的精神世界，也就是说，我们更多地注意我们自己的内心对话而不是其他信息，这就像我们看电视时，拿着遥控板不停地换频道，跳过广告专看抓得住我们注意力的内容。

还有一些不良的倾听习惯也会扭曲倾听，大多数人有以下一种或几种坏习惯，看看哪些正好描写的是我们自己？

技能训练：留意你下一次的谈话，测试你从倾听中的获益能力，向自己提出下列问题并回答。在往后的谈话中你会表现得有所不同吗？

1. 我从那人那里知道了什么？

2. 我知晓了那人什么？

3. 谁说得多？

4. 谁听得多？

5. 有人打断吗？

6. 我应该问哪些问题？

7. 我应该回答哪些问题？

8. 我非常确信我理解了一切？

9. 我要求过澄清吗？

10. 我表达过首肯吗？

11. 他表达过首肯吗？

12. 双方都在参与吗？

13. 对话是平衡的吗？

14. 有人不断改变主题吗？

15. 有人愤怒吗？

16. 有人显得难过吗？

17. 每个人都很专注吗？

1. 分　神

只有充分意识到这些障碍，我们才能够改善倾听。外界的声音和事物很容易让我们从正在集中做的事情上分神。例如，你正在和老师讨论论文，不断有人向老师打听事情，你们说得断断续续（详见本章第一节）。当别人想分享一些感觉时，不注意去听，耳朵和想法都去度假了。

2. 信息超载

我们生活在信息"爆炸"的时代，大量信息在争夺我们的注意力。诸如手机、视听器装置、电脑以及其他技术都在打断我们的对话并使我们从倾听中分神。当别人和我们面对面说话时，你在浏览微信，或者在书架上找书。所以，在传播沟通时要意识到信息被打断的情形，不要想当然地以为当你要说时，别人已经在洗耳恭听了。

3. 信息的复杂性

越是复杂的信息，人们越是难以听懂。也就是说，听见了很容易，但听懂（尽管十分重要）却是非常困难的。言说者需要把语言保持在适当的抽象度，听者需要具备相应的知识结构和专业素养。

4. 个人差异

包括个体、性别、关注点、需求等方面差异都会影响倾听的有效性。有的人同时可以做几件事，有的人则不能。大多数人同时执行多任务是困难的，而这对于管理助理则是非常有价值的能力。

研究表明，男性比女性更难注意多重信息，当他们集中于某个信息时，他们与他人对话的困难增多。而女性可以在多信息之间转换移步。男性听的时候，偏向理性分析与综合，较多情感控制。女性则是情感的，往往是同情地、主观地听，寻找、感受关系。也就是说，男性的听是任务导向型的，女性的听是关系导向型的（Rankis，1981）。

5. 垄断/自我陶醉

这是一种专注于自己需要的满足而忽略了他人需要的状态。你可能最近在写一篇自己认为很重要的文章，于是，走路、吃饭、洗澡、运动时，你都在想有关的例证和理论，你对别人街头巷尾的招呼和点头致意都置若罔闻，对他人的悲伤疾苦毫无所知。和这样的人传播互动是比较困难的，除非谈论他的爱好、兴趣和故事。这类人就像希腊神话中纳卡索斯式的自恋，自恋的人很少倾听，总在想下一步说啥。他集中于表达自己而不是正在说话的他人，他随心所欲地打断别人并更换话题。这类人也会问人问题，但不是以他人为导向或者求得信息的问题，而是问一些伪问题，以显示自己的高明或者为自己的滔滔不绝抛出引子和诱饵。例如，"你为何那样想？你如何确信？"地位高的人常常如此。

6. 倾听忧虑

人们不但在说的时候有忧虑，在倾听时也会忧虑——担心误解或者曲解他人，担忧心理上无法适应他人信息。这种担忧恰好会误解他人信息，因为担忧使人无法集中注意力。无论何种情形的听，集中注意力并做概述十分重要。例如，下级面对上级容易有听的忧虑，唯恐错过上级交代的任务细节，越是紧张地、专注地听，越是遗漏关键信息。

7. 未经检查的情感

语言是一种能够影响人们情感、态度和行为的权力符号，那种好为人师、谆谆教导的话语或者污辱性的话语，或者并非具体话语而是一些引发情感爆发的观念，通常构成挑战，听众可能陷入其中，努力要纠正言说者或者直接和言说者打嘴仗。例如，"相伴到黎明"（上海一档收听、收视率很高的情感类栏目）的主持人常常用蛊惑人心的语言故意激发倾诉者的激情回应，尽管对旁观者来说，这种激将法有趣或具有娱乐性，但一旦当事人情感爆发，就会失去有效对话的能力。也就是说，言说者的情感状态会影响倾听者的理解和评价能力，而倾听者会随着言说者的情感变化而情绪波动，这些未经检查的情感进而扰乱倾听。

面对这种情况，我们要做的是如何避免情感干扰而集中于信息。当你被情感化的言说者激发或者被情感声音打扰，要努力使这种情绪波动趋于平息而瞄准主题内容。

8. 假 听

假听，即明明没有集中注意力，但还是不失时机地点头、注视、微笑，以此掩盖自己的走神。有时，朋友的谈话乏味，但因为不想伤害朋友而假听；有时心烦意乱，不想听但碍于社交礼仪而假听；有时因为社会等第低而假听高地位者。例如，学生假听老师的讲课，雇员假听老板的谈话。

9. 快速思考

也许，你的思考速度快于说话者速度，你处理信息的精神能力和信息到达你大脑皮层的速度之间的差异可能制造倾听麻烦。你在等待言说者的信息时，开始做白日梦。这增加了你随意添加观念给他人的机会，似乎别人还没说你就知道他人的意思了。因此，尽管这种能力看来令人骄傲，但却不利于倾听，我们要努力使自己的思考速度与言说者言说速度相适应。

10. 选择性地听

就是集中于那些自己感兴趣的特殊部分，屏蔽不感兴趣的或不同意的观点。一旦发现感兴趣的信息，就把它们与言说者的整个意思孤立开。而且在转述、回应言说者的意思时，会制造许多信息使叙述成为一个整体故事，而这些加进去的信息往往是扭曲的。这是一种典型的为我所用态度。

11. 防备性地听

也就是没有被冒犯却感知到被攻击、批评和敌意，并把这种动机读进他人所言，无论他人怎样无辜。"你已结束了你的报告？"被听成"你早该结束这场乏味的报告了！""我和A大扫除了"被听成"你怎么没参加大扫除？"其回应是"我一贯打扫寝室卫生"。这是由于听者飘忽不定的个人形象在作祟，他们不愿意面对自己摇摆不定的自我形象，于是就把自己的不安全感投射在他人身上。也就是说，无论他人说什么，都觉得在影射自己。于是，在远未被侵犯前，他们已经开始保护自己。

12. 伏击性地听

这种听就像打伏击战。他们会很认真地听，但仅仅是为了收集信息以便有力地攻击说话者，他们会在言说者所言的每一个细节上挑刺。这在评价性的倾听时（尤其是在政治评价、判断时）是必要的，但在适应其他倾听目的方面毫无建树。

技能训练：你的 LQ（倾听商）如何？ (Gamble & Gamble，2014：96)

完成下面问题，看看听的有效性：

1. 你是否发现你认为和你会话的人本身或者其主题是有趣的？

2. 你是否发现你自己为他人所言过度刺激？

3. 你是否跑到说话者前面去了？

4. 你是否曾经假装注意？

5. 当信息复杂时，你是否就把自己的耳朵关闭了？

6. 你是否防备过你和另一个人对话？

7. 你是否对别人说的每一个词都去理解一番？

8. 你是否让一个人发布信息的方式、姿势干扰了你对其言辞的接受？

9. 你是否让环境或个人因素分了你的神？

10. 有人让你拒绝听他吗？

每一个肯定回答表明一种称为听的障碍的行为，应该引起你的注意。

第四节　增强人际感知能力

有效的人际传播依赖于准确的人际感知，准确感知他人既是一种责任，又是一种选择。我们如何感知他人影响我们和他人传播的方式，他人感知我们的方式也影响他们和我们传播的方式。我们会根据我们对他人的感知来持续修正我们传播的主题、语言和非语言以及方式。

我们的一生要和各种各样的人相处，无论是利己目的——为了降低不确定性以增强我们自己的决策能力，还是利他目的——为了给他人提供帮助和支持，抑或是双赢目的——保持良好互动的关系，都需要我们为准确感知而努力。利己和双赢是我们为准确感知负责任的动力，为利他目的而努力准确感知似乎让人费解。实际上，只有/如果人人都对准确感知他人负责任，利己和双赢的目的才/就有可能达到。

　　当然，我们作为具有自由意志的个体，行动也是自决的——可以选择去准确感知，也可以选择去歪曲感知。所以，准确感知既是行为选择，也是伦理选择。

　　因此，我们首先要选择准确感知这个方向，然后在一生的传播实践中不断努力克服感知障碍。前面的几节为我们准确地感知提供了一些方法和技能，本节进一步提供一些建议。

一、主动质疑感知的正确性

　　"闲谈莫论人非，静坐常思己过"，这句话无论从伦理要求还是人际和谐来说，都强调了论断别人的不恰当性，但我们总是情不自禁。在这情不自禁中，处处充满对他人的误解和感知强加，以为充分知晓了他人及其感觉，实际上我们并不知道或不完全知道。自说自话最容易导致人际紧张。因此，我们需要经常直接、间接地检查我们对他人的感知。

　　我们知道，感知是主观的、片面的，因为都是从独一无二的个人视角来感知的，受到生理、文化、社会、心理以及认知的影响。现象本身是自在之物，只有被感觉并被赋予意义后，事物本身才有意义。因此，有效的传播者必须意识到感知的主观性和片面性，主动质疑感知的正确性。最简单的做法是经常告诉自己："我也许是错误的，我应该寻找更多的信息来证实我的感觉。"

　　技能训练：你多大程度上意识到感觉的主观性？

　　一位学生在作业中给笔者写道：我来自山西，同寝室的都是上海同学。我西装革履时，被人问过："你们那里不是穿西装套棉袄吗？"有时换上一件新衣服，也被问过："你们那里也有卖这么漂亮的服装？"

　　你是否有过类似的经历？你的感觉如何？你是否曾经也这样表达过对他人的感知？他人反应如何？

　　当有人讲到有关异族、亚文化群体的偏见和笑话时，你与其他人的反应如何？你对自己的反应满意吗？你觉得该怎样反应？

　　如果误解只是停留在我们的意识中，它会逐渐减弱我们与他人的人际联结并最终破坏关系，其运作机制就是我们前面讲到的自我达成预言以及感知的双螺旋；如果我们把误解公开化——在传播会话中把感觉强加于他人，立即就会导致人际紧张和冲突，并可能立即产生难以弥补的关系裂痕。"你就是自私的人！我从来没有看错！"

　　人是在时间中变化的，那么，我们的感知也要随着时间的改变而改变。可是，成见却让我们感到更舒适、安稳，即便发现感知错误，人们也会拒绝承认，而是坚持错误感知。这又被称为"强加的连续性"，也就是认为他人行为具有连续性和持续性，我们组织我们的视角时，倾向于忽略人们行为的非连续性。我们确信他今天这么做事，明天会以同样方式做事，我们确信"江山易改本性难移"。事实上，每个人都在改变自己的行为。

你是否有过这样的经历？一次偶然的机会你遇到一位多年没有谋面的同学，多年前其智力、能力平平，属于差生，而今他已经是名牌大学的博士或者企业 CEO。你怎样处理感知的不平衡性？这样的案例中，大多数人会略带讥讽或自嘲地说："看不出来，这小子运气好，我当年可比他强多了。"我们还是用多年前的印象来感知现在的他，我们忽略了在离别后的岁月里，他人晨钟暮鼓上下求索的艰辛努力。

因此，主动检查感知殊为重要，它可以帮助我们准确感知他人，还会表明我们对他人的一种尊重和关心，表明我们关注他人状态，看重与他人的关系。要验证自己感知得正确与否，不能只靠一时一地的片面信息，也不能依靠第一印象，而要寻找更多的信息。可通过如下策略（Berger & James, 1982）来检查我们的感知。

1. 被动策略

当我们完全不了解某人时，我们可以在各种非正式的社交场所留意观察。在这样一些场合中，按照戏剧理论，被观察者由于没有精心准备要以你为观众的表演，更容易泄露真实的自我。

2. 主动策略

当我们以任何形式去主动寻找有关他人资料时，就在使用主动策略。这不是和你想要了解的人直接互动，而是操纵环境使对方处于被观察位置。例如，你问第三方："×人喜欢吃什么？喜欢什么颜色？那件事情他怎么反应？"还可以通过收集他人论文发表情况、参赛情况来知晓他人的知性能力。还可以在各种集体活动中，设法把自己分配到感兴趣的那个人一组。那种在情爱中处于单相思的人或者彼此渴慕了解的相爱者常常会这样做。

3. 互动策略：质询和自我揭示

当我们直接和他人进行交流互动时，就是采用了互动策略，包括问别人的感觉和揭示自己的感觉。如果你觉得他人对你生气了，一方面，可以寻找更多线索来确认你的怀疑——通过非语言信息和行为或者他针对第三方的语言信息；另一方面，可以直接问对方你的感知是否准确。但第二点很不容易做到，因为没有人愿意承认对他人的非确定性和怀疑，你也不相信他人会诚实地回答你的询问，事实上人们也很少承认对他人的不满。还有，如果你的理解有误，你可能很尴尬或者由此冒犯了他人。但如果我们不想积怨，如果我们想对感知负责，就需要努力去这么做。当然，检查感知还需要合作，对方可能拒绝回答我们的质询。质询有如下三步骤（Adler，2004：71）：

（1）对观察到的行为进行描述。

（2）对行为进行两种可能的解释。

（3）要求对方澄清如何理解其行为。

例如，你观察到对方摔门，向对方说明你的观察："你刚才摔门了。"接着问："我不知道你是对我生气了？（一种解释）还是因为匆忙？（第二种解释）"最后要求对方澄清："你认为呢？"

再对比一下，如果你这样反应，与上面的反应效果有差异吗？——"你为什么对我生气？"

但是，这种直白的质询方法对于低语境文化的人来说最为有效，而对于把和谐看得比语意清晰更为重要的高语境文化的人来说，直白质询是令人尴尬的，甚至非但不能增进了解，反而冒犯对方。但随着全球文化对效率和竞争的强调，人们越来越接受直接对话比揣度他人心思更有效率。所以，使用该策略更要注重考虑它是否适应传播者双方的个性、传播风格以及语境等。

用以上方法去检查感知是为了帮助我们更准确地理解他人，而不是验证我们的第一理解是正确的，也不意味着一次验证准确就可以一劳永逸了。检查感知需要我们用一生的时间去努力。遗憾的是，许多人在使用被动策略后就觉得已经完全了解一个人了，在初次接触后就"一瞥定论"（第一印象），在观察他人行为细节、片段后就觉得全面了解一个人了。

然而，检查我们对他人的感知只是消极策略，还没有提供充分理解他人的方法。例如，通过检查感知，老师知道学生没有交论文不是因为懒惰也不是由于缺乏兴趣，而是因为生活变故。但是，老师却不能了解这种变故对他的生活有多大影响，他的感觉到底有多强烈。因此，要较多理解他人还要有移情心理，也就是具有站在他人的视角想问题的能力，理解他人就是不断调整认知的过程。完全做到感他人所感，把自己的判断悬挂起来不太可能，但通过努力可以接近这个目标。当然，仅仅依靠单一的技巧是不可能做到这一点的，这与倾听与回应、理解语言和非语言信息、管理冲突等技能高度有关。

二、警惕基本归因错误和自我服务偏见

归因会影响我们的经验和关系。如果归因是积极的，会带来对他人正面

积极的评价，使关系得到加强和巩固；反之，则会导致关系冲突。而人类最令人惊奇的特征是以为可以解释一切，绝大多数人由此被这种无所不能的骄傲偏见化了。

人类倾向于把他人的成功、自己的失败归结为外在因素（情境因素），不把成功看成是他人的优点，也不把失败看作自己的缺点，也倾向于把我们自己的成功、他人的失败归结为内在因素（素质因素），把成功看作自己的优点，把失败看作他人的缺点（Fritz Heider，1958）。显然，我们对他人归因和对自己归因的方法差异极大，采取的是双重原则。对他人归因容易出现"基本归因错误"（fundamental attribution error）[①]，对自己归因容易出现"自我服务偏见"（self-serving biases）（Roese & Olson，2007）。

也许我们无法避免这些归因倾向，因为我们不是全知全觉的。但通过不断提醒自己去努力避免这些倾向，我们的感知会朝着更为准确的方向发展。

当我们在解释他人可观察行为时，会先决性地过度强调其素质或人格，而低估或不承认对他人行为动机做情境解释的可能性，于是，"基本归因错误"出现。也就是说，人们先决性地假设他人行为是他们所是的"那种"人的指针，而不是那类迫使他们行动的情境（Hamilton，1998：99—114；Krull，2001：211—227）。这种归因错误又被称为"一致性偏见"（correspondence bias，Gilbert，1995），也就是让他人与我们心中设计的那个"他"相一致。

基本归因错误产生的过程是：一是观察行为，如看见一群人躺在山坡上晒太阳。二是动机判断，"他们无事可做"。三是素质归因，"他们很懒"[②]。这种归因错误的特点是：我们倾向于让他人对负面结果而不是正面结果负更多责任，比如坐在我们身边的一年级学生考试失败了，"他笨！"如果他过了，"他很幸运！"我们倾向于让他人对没有努力负责而不是对无能力负责，因为懒比缺乏能力或条件不足更坏。当他人为提升个人境遇而行动时，我们让他人负更多责任。例如，我们对一个偷了食物的饿汉比对那些衣食无忧却不愿意分享的人的批评来得尖锐。当我们害怕同样事情可能发生在我们身上时，我们倾向于让他人对他们的结果负更多责任。说他人开车"跌跌撞撞"表明其

---

① Ross 最早使用这个词来描述这种认知倾向。参考 Ross，L. (1977). "The intuitive psychologist and his shortcomings：distortions in the attribution process". In L. Berkowitz (Ed.), *Advances in experimental social psychology* (vol. 10, pp. 173—220). New York：Academic Press.

② 这个例子来自笔者在丽江旅行时，导游对当地人的评价。

死有余辜，这是一种自我保护性归因，表示突然的撞车总是发生在他人身上，而原因也是因为他人的错误；我们更倾向于让他人而不是让我们自己负责任，同一个行为我们采取双重标准。

当人们把自己的成功归因为内在的、个人的因素，而把失败归因为超出控制的情境因素时，就出现了"自我服务偏见"。这是人类普遍的倾向——从成功得好评，从失败逃避责任，凡事做出有利于自己的评价。

自我服务的归因偏见有很多原因，有时是为了自尊，有时是为了感觉好些，有时是为了创造良好印象。这虽然对于我们的精神创伤治疗有积极作用，但当人们策略地为其不良表现寻找外因并避免为失败负责时，可能导致自我伤残（self-handcapping）。研究发现（Roesch & Amirkham，1997），成熟的运动员较少自我服务的外在归因，这使他们能够发现和强调真正受挫的原因，由此更有可能提高他们的运动技能。反之，则无法提高运动技能。

由于个体总是生活在各种人际关系中，彼此关联的两个人必然要对共同的交往行为负责任，而责任分担一定是一退一进的关系——权利增加，义务减少；义务增加，权利减少。因此，基本归因错误和自我服务偏见往往是同一归因的两个方面——对他人的不利归因是为了对自己做有利归因，对自己的有利归因是为了对他人做不利归因。但是，我们要意识到这种归因方式会产生严重的人际问题：责备他人会失去关系和谐，给自己找借口使我们重犯错误；我们对他人做这样归因的同时，他人也在用同样方式对我们归因。这样一来，关系双方对责任分担的看法差异极大，于是，人际矛盾和冲突在所难免。

因此，如果我们想改善、促进人际关系，就要颠倒基本归因错误和自我服务偏见的做法。

"关系加强型归因"把对方好的事归因于对方内在的、稳定的、全面的和可控制的原因。"她得到晋升，完全是因为她一直很努力，很勤奋"；而把对方不好的事归因于外在的、非稳定的、具体情境的和超越个人控制能力的。"她有时对我不耐烦，可以理解。又是工作又是孩子的，够她累的了"。

而"关系减弱型归因"则相反，把对方好的事归因于外在的、非稳定的、具体情境的和超越个人控制能力的。"她得到晋升，完全是老板照顾的"；而把对方不好的事归因于对方内在的、稳定的、全面的和可控制的原因。"她总是对我不耐烦，她的脾气就没好过"。

在婚姻关系中，快乐的夫妻关系归因特点是"关系加强型归因"，不快乐的夫妻关系归因特点是"关系减弱型归因"。

三、成为善解人意的倾听者

尽管人们花很多时间在听上面，但大多数人却不能很好地倾听。你可能很快忘了他人告诉给你的信息，也许半小时后，也许半天后，也许 24 小时后。如果仅仅是听演讲，遗忘快还无伤大雅，但如果发生在人际对话中，就会产生关系障碍。因此，我们需要学习一些倾听技巧，并根据自己和他人倾听的需要和模式来灵活运用这些技巧。

倾听存在问题是影响人际传播的。许多倾听问题都源于只聚焦于一个人自己而不是他人的讯息。想一想你所认识的人里面哪个是最糟糕的倾听者？他的什么表现让你觉得他没有在听？你用什么词来描述这个人作为倾听者？——走神，没主意，封闭的头脑，白日梦者，不耐烦，没反应，粗鲁。然后再想一个你认为是最好的倾听者的人，他有哪些表现？用哪些词来描述他？

如果我们无法有效倾听他人，则相互关系常常会遇到问题。而有效倾听可以强化关系——减缓他人压力，增加我们对他人的了解，建立信任，提高我们的分析能力和做决定能力，增加自信。

1. 适应不同倾听目的

为了提高倾听能力，我们首先要准确确定自己的倾听目标。例如，如果你在听一个人讲就业信息，你正好毕业了，所以你要专注于就业形势、毕业各种准备工作的时间节点等细节；如果有人在给你讲述其父亲要做癌症手术，你的目标应该是同情性地听，而不是帮他打电话等，情感支持也许比实际行动更为重要。

（1）成为良好的信息倾听者

如果是为了获取信息而听，比如当你参加一个就业信息宣讲会时，你需要了解包括时间节点等许多细节。因此，要排除心中与主题无关的杂念，停止自说自话，以他人为导向，一心一意地听，花时间听，不催促说话者，头脑开放。

还要善于观察，尤其是观察非语言信息。面部表情、手势、姿势、声音特征等都会表达很多意义，但不要让非语言信息干扰你正确阐释信息。

在不明了的时候要善于提问。问你不了解的词汇和表达，问他人的评价，如有必要，还需要用设备帮助我们回忆、组织信息等。如果一个人在讲一件事，可以帮忙条理化其故事，"先发生了什么？""接着呢？"可以帮助倾听者自己和言说者都搞清楚发生了什么。

必要时还要改述内容。确知我们是否理解了他人所说的唯一方法就是改述你对人家事实和观念的理解。例如，甲："我今天下午要开会，明天也有会议，忙得不可开交，很抱歉家里一些事我顾不上了。"乙："你是想要我这几天接孩子，买菜，做饭，对吗？"甲："就今天，后面我可以的。"乙："好的。"

(2)成为良好的信息评价者

如果要评价所听到的信息的质量，就需要有能力对信息进行恰当分类和评价。例如，你说你想买 iPhone 6，你去问朋友，朋友甲说："你又不是追求时尚的人，要它干吗？这款手机全是苹果配件，坏了也不好修。样子太招人眼，很容易被偷。"朋友乙说："哇，太酷了！那是我的最爱。超薄，轻巧，触摸屏。听音乐效果特好。"于是，你决定去店里听听销售员的意见，销售员说了很多好处。你最后还是显得犹豫不决，这时需要的就是批评性的听的技巧。

西方国家的选举演讲特别强调修辞，如果你把政客说的都当真的，那也不是民主国家所需要的选民的素质，必须透过现象看本质。

因此，无论是决定买手机，投谁的票，还是评估一个事业计划，都要用到评价性的听。有效的评估者能够区分有用的或是有缺陷的信息，评价之前能够理解、检查信息的逻辑和推论过程，要善于区分事实与推论。逻辑课程、推论课程以及公共演讲课程可以帮助我们提高这方面的技能；有效的评估者还要避免匆忙下结论。例如，在一年中，除了在工作环境相遇，在生活环境中，你遇到某个同事三次，而这三次他要么在悠闲地喝咖啡，要么在大包小包地购物，要么和几个朋友在猜拳行令。你想：这个人很不勤奋，总看到他在玩，怎么可能教学、科研齐头并进？他有很多成果，很可能是学术垃圾，要么是编辑圈子混得开走的后门，要么是善于公关鼓吹自我。你基于不完整的信息得出很多推论。实际上，你遇到不过三次而已，也许这也就是他一年中唯一的三次，其余时间可能通宵达旦在工作。社会中的族群对立，往往与推论有关，也与信息闭塞有关。

2. 成为一个良好的支持性倾听者

当然，如果正在试图理解一个人的感受，可以问他的感受，但非语言线索更能揭示一个人的感觉、情感。

人际传播中最关键也是最具有挑战性的是支持性倾听。你是否有这样的经历——有那么一阵，你的朋友把你叫出去说话聊天，可能没有任何真正的问题要解决，仅仅是觉得压力较大。他想告诉你一些细节，他在寻找听众集中注意力于他并理解他的所言所感。这种支持性的倾听是移情式的。在关系中，倾听的通常目标并非是理解信息，而是提供同情和支持。当我们的朋友说"那段时间简直是不堪回首"时，可能他就想要一个倾听者，而不是帮他们解决问题的人。

支持性的听是以他人为导向的，其重要方面就是培养移情，感他人所感。情商高的人往往能够对他人更为敏感，更有同理心，因而会有较好的关系。移情性的听需要积极的听，而不是消极的听。消极性的听，如对方说什么都面无表情，眼神空洞。因此，支持性的听就是要在精神上、语言和非语言上都保持积极性，比如"我可以感觉到那真的很伤人"，"真的很艰难"，"我知道那对你来说有多重要"。

善于通过倾听、为他人提供支持的人在以下几方面都做得较好并且总是尽力去做。

（1）判明对方需要何种倾听方式

首先，需要弄清楚他人是需要你倾听，还是在向你求助，还是别的。如果你的室友告诉你她失恋了，你的目标应该是支持性倾听，也许她的男朋友的专业、年龄等都不重要，重要的是你室友的状态，你的任务是耐心地听并提供诸如此类的情感支持："你的反应是正常的，每个人面对这种情况都会这样。"但我们大多数人却不了解这一点，往往给别人指点迷津，总结经验，提供建议，这反而引起倾诉者的反感并强化其自我拒斥感。因为倾诉者这时候需要的是支持——她的感觉是正常的，是无可厚非的。当然，如果对方真的需要你的建议，你的安慰或者默默倾听就显得无用。

一方面，在人际交往中，我们要留意感情性语句。如果你的伙伴说："你忘记了我的生日，这并不要紧。"这句话表达了何种情感——真的不介意，还是非常介意？有的人直接公开地表达感情，而有的人隐讳地、暗示地表达感情。好的倾听者会努力从会话伙伴的字里行间读出他们的感情，并能够帮助别人说出他们真正想要说的。而且，对言说者的个性越了解，越可能读懂对方。

另一方面，在理解时，我们要注意非语言线索。非语言线索往往流露言说者的真实情感（第五章将要集中讨论）。

（2）用心理解传播伙伴的感觉并肯定其感觉

想象在同样情形下，你的感觉如何？当他考试失败的时候，想想你曾经经历同样失败的感觉。也许你对事情的反应方式与他人不同，但那种感觉你一定经历过。

为了表达对他人的支持，可以说："你觉得……""你一定感到……"把你听到的总结概括出来并询问他人，但不要给任何建议。

请看下面典型对话：

> 小王：唉，我也不知道为何最近情绪特别低落，没劲！
>
> 小张：怎么会有这种感觉？
>
> 小王：可能跟上个月的失恋有关，也许是最近面临找工作的压力。不太清楚。
>
> 小张：你怎么失恋的？两个人相处要互相忍耐。你是不是不太耐心？担心工作？不要等啊！你可以登录招聘网站多看看！
>
> 小王：昨天我情绪败坏到极点，因为小事就和××吵起来了。
>
> 小张：人要学会控制自己的情绪。
>
> 小王：我努力控制，可是没办法。
>
> 小张：太过于控制情绪也不好。

你觉得小张做得如何？应该如何做？对于小张的回应，小王会有什么感觉？——当我请你倾听我诉说时，你开始建议或者教训（你没有做我请求的）；当我请你倾听我诉说时，你开始告诉我为何我不该有这种感觉（你在践踏我的感觉）；当我请你倾听我诉说时，你觉得你要做点什么来解决我的问题（你让我觉得失败）。我要求的只是你倾听我，不是说或者做，只是听我说！如果你想说，请稍微等一下，我会倾听你的。

因此，支持性的听一定要肯定他人感觉，承认他人感觉的合情合理，允许他人继续表达。有时如果你没有类似经历，很难体会他人感觉，也就很难移情性地听。例如，一个人在说癌症对他的摧残有多严酷时，你就算想真诚地表示支持"我知道你的感觉"，但在人家看来也是不真诚的。这时，用非语言表达你的移情性就比语言有效，比如呼应别人情绪，蹙眉，焦虑，柔和的眼光，开放、放松的姿势，正确的手势（当别人哭的时候，拍拍肩膀与头），中肯的点头，即时反应的面部表情等。

3. 适时、恰当地回应

传播是积极的交互过程，不是线性的、消极的。在传播过程中，你不得不在言说者与倾听者之间迅速转化角色。因此，我们倾听时要适时给出反馈，向言说者表明你在听。你的积极反馈既可以鼓励言说者全面、深入阐述自己的观念或表达情感，又可以增进我们对他的了解与理解。我们的回应可以是言语的，也可以是非言语的。例如，听到倾诉者的悲伤，你会情不自禁掉泪，会用伤感的表情、低沉的叹息配合倾诉者的情感，还会用语言表达安慰。而消极的听则是面无表情，眼神空洞，或者无适时反应，神思游走在谈话情景之外，也就是没有回应。

但要注意的是，我们应该先听完再回应。打断别人的说话，按照社会礼仪来说是不礼貌的，而且也会中断他人的思路或者谈话兴趣。当然，那种把我们当作信息接收机器并给予我们"填鸭式"灌输或者不准回嘴方式的言说者，我们没有必要保持自始至终的倾听耐心和礼貌，即便我们真的做到了这一点，也是不符合伦理的。因为我们既娇纵了言说者的霸气，也把自己沦为传播的牺牲品。传播垄断往往发生于高地位者。

在作回应前，我们要确信已经充分理解了别人的观念和情感。我们大多数人花了很多时间在心里准备自己的话而不是去倾听别人的陈述，这不但导致对他人的误解，增加人际摩擦的机会，还会使我们草率地进行自我揭示，使自己处于自我揭示的风险中（详见第二章）。因此，在传播中，无论是倾听还是回应都需要较多技巧去集中注意力。

4. 记住他人重要的信息

人的记忆有一个衰变过程，人们倾向于记住戏剧性的、对自己重要的信息。在人际关系中，记不住他人反复说明的信息或者对他人而言十分重要的信息，既不礼貌，也会伤害关系的发展。例如，你一次次问他人的姓名、生日，但下一次你还不得不问，因为你忘了。2008年汶川大地震发生时，笔者正在美国交流访问，中断音讯多年的朋友们都千方百计找到我的电话号码并越洋打来电话表达问候关切之意（笔者老家在四川），美国友人也纷纷表达对灾区、对中国的关心。但笔者访问单位的某同事——一个美籍华人，每每谋面，絮絮叨叨，只字不提地震。而我的话题充满地震带来的种种伤感情绪，他却没有反应。有一天我忍无可忍地问："你怎么从不问一声中国地震？"他惊讶地回答："你从来没有告诉过我啊！"这表明他没有用心倾听我与他的多次谈话，也说明他没有用心记忆我们的对话。固然，他没必要也没有义务记住关于我的所有信息，但忘记如此重要的信息，对人际关系产生了巨大伤害。

进一步思考与讨论

1. 感知与传播如何相互影响？
2. 阻碍感知准确的障碍有哪些？
3. 解释人际感知的三个阶段。
4. 解释我们如何对他人形成印象？

5. 积极、消极的自我达成预言如何影响感知和传播？

6. 完成下列句子，并回答：你的每个答案的刻板印象程度有多大？你的答案是否会改变你感知、回应来自这些群体的人的方式？

男人是＿＿＿＿＿＿＿＿＿＿＿＿＿＿＿＿＿＿＿＿＿＿＿＿＿＿＿＿＿

女人是＿＿＿＿＿＿＿＿＿＿＿＿＿＿＿＿＿＿＿＿＿＿＿＿＿＿＿＿＿

老人是＿＿＿＿＿＿＿＿＿＿＿＿＿＿＿＿＿＿＿＿＿＿＿＿＿＿＿＿＿

青少年是＿＿＿＿＿＿＿＿＿＿＿＿＿＿＿＿＿＿＿＿＿＿＿＿＿＿＿＿

农民是＿＿＿＿＿＿＿＿＿＿＿＿＿＿＿＿＿＿＿＿＿＿＿＿＿＿＿＿＿

都市人是＿＿＿＿＿＿＿＿＿＿＿＿＿＿＿＿＿＿＿＿＿＿＿＿＿＿＿＿

7. 想一想你最近的一次人际冲突，你如何描述对这冲突的感觉？你认为关系相对方会怎样描述对这个冲突的感觉？感知在产生和解决冲突方面扮演什么角色？

8. 倾听障碍有哪些？举例说明你自己的倾听障碍。

9. 听（hearing）和倾听（listening）的区别？

10. 描述倾听过程的要素。

11. 描述4种听的模式特征。

12. 你怎样理解倾听既是一种责任，又是一种选择？

13. 谁是你的倾听模范？描述他做得比你更有效的方面。

14. 你如何理解支持性的倾听在人际传播和人际关系中的重要性？

15. 你如何判明对方需要的倾听模式？

16. 你有没有在别人或者你自己需要支持性倾听时，得到另外的倾听模式？

17. 倾听需求得到满足与没有得到满足时，你的感受有何差异？

18. 用以下清单监管你的倾听问题①，今天我

打断别人谈话＿＿＿次？

误解他人＿＿＿次？

没有眼光接触＿＿＿次？

请他人重复自己话语＿＿＿次？

听他人时神思游离＿＿＿次？

会话中改变话题＿＿＿次？

给他人要说的匆忙下结论＿＿＿次？

在他人说完之前，我情绪化的反应＿＿＿次？

---

① 来自international listening association newsletter。

19. 假如你意识到你在扭曲感知和归因，你应该试图改变它吗？试图改变是否是道德责任？解释你的理由。

20. 服务自我的偏见如何影响传播？

21. 你的室友告诉你他这一天的所做所想，你很累并不想听细节。你应该假装注意以便不伤害他的感情还是简单告诉室友你很累不要听他的细节？

22. 服务自我的偏见如何影响传播？

23. 阐释性别和文化如何影响倾听？

24. 你如何增强感知能力？

第二部分 人际讯息的
创造与回应

第四章 人际传播的符号能力
——语言传播

好言一句三冬暖，话不投机六月寒。

——中国谚语

我们从前面章节已经了解到，对自我、他人及其内心感受以及传播者之间关系的准确感知程度决定了人际关系的质量。但是，无论我们的感知有多丰富，彼此的感受差异有多大，我们都必须通过使用语言和非语言符号来命名、思考、评估与呈现它们，否则感知难以产生人际意义。人类与动物感知最大差异就在于人可以用语言和非语言符号分享、协商对彼此的感觉。如果说感知是意义赋予的内在过程，那么，符号就是意义赋予和传递的外化过程。

真是成也萧何，败也萧何，语言使用得当，会成为良好的人际传播和人际关系的润滑剂，会使我们拓展一个更为精彩的人生；如果使用不当，则可能带来传播麻烦和制造关系争端和冲突。棍棒可以打碎人的骨头，唯语言伤人心。这说明语言具有强有力的人际影响力。

语言的力量是强大的，能够娴熟运用的人寥寥几语就能产生巨大影响。请看下面这些语言传播震撼人心的魅力：

在盖茨堡（Gettysburg）演讲中，林肯仅仅用了267个词就阐述了"民有、民治、民享"的伟大政治理想，至今这简短的、激动人心的隽语还回荡在人类民主进程的天空中。

莎士比亚在《哈姆雷特》里仅仅用了363个词就精确地表达了人类状况，"to be, or not to be"至今还被人们广为引用来表达深刻的人生困境和决策艰难。

美国著名民权运动领袖马丁·路德·金"I have a dream"那气势磅礴、荡气回肠的演讲，不仅推动民权运动如火如荼发展，而且至今成为人们表达公共与个人理想的经典名言。

虽然以上都是语言在公共演讲中精彩运用的案例，但其之所以产生强大的鼓动力和经久不息的传播效果，乃是由于对人心的震撼和感染。人际传播的效果又何尝不是通过传播者之间产生强烈的理智与情感的共鸣而达到的呢？在一来一往的人际互动中，语词/句的流量更是波涛汹涌，而且不断创生出会话者之间在给定情境中的独特意义和意图，塑造着特定人际关系的样态。

语言不仅是一种供人类操作的工具，还是我们"存在的家"——我们的存在就是因为语言，我们沉浸在其中，如同鱼在水中获得了生命；语言不仅是交流、表达的手段，而且人永远以语言的方式拥有世界——世界只有进入语言之中才成为我们的世界。如果仅仅把语言当作工具，意味着我们可以在需要时拿起，不需要时放下而去拿另外的工具。但事实上却不是如此。

因此，学习语言并非学习使用一种先在的工具，而是获得一种与他人熟悉并且让他人与我们相遇的能力。换句话说，即便我们使用同一种语言，但却有着不同的生活世界和观念世界。进一步说，如果我们以为靠一部词典或者字典就可以澄清所有意义而从此与人际冲突绝缘，那一定是荒谬的。语言更为丰富、多样的意义还在于每日互动中的使用。

本章将帮助我们较好地理解语言的力量并能够娴熟地、自信地使用它们来创造积极的人际含义和意图。我们首先要了解语言的本质和功能。接着，理解语言的力量及其运行机制，了解如何遵守人际会话规则。进而探讨如何克服语言使用的传播障碍和陷阱。最后，探讨如何运用语言去建立支持性的人际传播氛围。

第一节　语言的本质与功能

语言是一个复杂的符号系统，具有意义模糊性和解释性等特征，由构成和规范规则所引导，具有主体意向性，并受文化约束——它复制、反映并塑造特定文化、社区的价值和形式，语言总是在具体的语境中被使用并且产生直接意义（denotative）和隐含意义（connotative）。了解语言的特点和本质可以使我们更好地运用它，以提升人际传播能力并促进人际关系的建立、发展与保持。

　　我们每个人都会用一种或者几种语言来指示、命名人物、事物并表达思想和情感，我们使用语言去建构、创造新的现实，使用语言思考、评估、筹划未来，也使用语言自我反思。这是人与动物的最大区别。贝特兰·罗素（Bertrand Russell）有句名言："狗吠再动听，都不可能告诉你他爸爸虽然贫穷却很诚实。"说明了语言和其他传播形式在表达能力方面深刻的差异。

　　语言在人类传播中发挥着多种多样的功能。克服沉默与无知，帮助我们表达情感和控制情感，揭示、装饰思想与动机，允许建立联系和避免联系，表达个人身份，发出、寻求信息，帮助控制社会和被社会控制，掌握沟通过程。

一、语言是一个用于传播的符号系统

　　在第一章，我们已经了解到语言和非语言行为都是一种任意的符号系统。符号既指物又表意和表情，没有无意义的符号，也没有无符号的意义。

　　符号分为两个不可分割的部分——意符与意指，前者是指符号的物质形式部分——影像、物体、声音本身，后者是指意符代表的概念。例如，男士手捧红玫瑰献给女子，玫瑰象征爱情；人们手举香槟，香槟表示庆贺。玫瑰、香槟作为物质形式就是意符。这是非语言符号的状况。在书写语言中，"book"是由 4 个字母组成的（意符），汉字"书"是由笔画组成的一个独体字（意符），而它的含义是指装订成册的表达一个主题的印刷物。当我们说出或者写下"我爱你""I love you"时，其音和形是意符，而其中包含的情感是意指。

　　从这里我们可以了解，一个打印或者言说的语词代表一个形象、声音概念或者经验，它为何一定代表我们所指的东西并没有显而易见的理由。当初，词与物的关联是任意的、模糊的、抽象的。例如，为何"狗"（gǒu）这个声音和这个字的构成表示那种我们不言而喻的家畜？如果当初把这种家畜称为"狼"并流传至今，我们也会很自然地使用它来指涉"狗"，正如英语是用"dog"这个音和拼写方法来表示同一种家畜。

　　词与物的这种联系一旦被某个特定文化系统所固定并被所有成员所共享，它就不再是随意的，其指涉关系和意义就相对固定下来。因此，语言的意义具有约定性、公共性和稳定性，否则，任何传播都不可能发生与进行。

二、语言的意义是复杂的

　　表面上，语言和意义的关系十分清楚：只要选择正确的文字就可以正确地描述与解释。但问题恰好就是何为正确？

　　一词多义、一义多词的现象非常普遍，语词和意义之间也就不可能是一一对应的关系。即便是一一对应关系，那也仅仅是字典、词典的意义。人际对话并非是将写在词典上的语词及其意义现成地拿来进行社会互动，而是在无限丰富的语境流变中，永无止息地创造着新的意义乃至发明新的词汇，去表现人际互动的多样复杂性，从而推动生活的激流。

同时，我们的日常对话并非是简单地说出一串串语词，相反，是通过使用大量变化无穷的句子、段落来传播的。语言在三个层面上产生意义：语词意义、句法意义、使用意义，我们必须对这三个层次的意义产生机制都有所了解才能更好地使用语言。

在语言学上，词语与其意义之间的关系研究被称为语义学，词语与词语之间的组合、连接关系研究被称为句法学，语言与其使用者（主体）之间的关系研究被称为语用学。前两者作为语言学的核心部分，在过去的语文学习中，我们已经拥有基本知识，而本章关注的重点是语用意义。

1. 意义是规则导向的

第一章我们已经了解到传播是规则导向的，规则是行动的指导方向，它强烈地影响传播。人们的互动方式多种多样，语言作为一种特殊的互动方式也是根据规则来进行的，句法规则、语义规则、语用规则对语言每一个层次的使用进行控制：语义、句法和语用。因此，"为了传播的进行和继续，两个或者更多的人必须遵守符号使用规则。不仅要掌握个别的符号规则，还必须在以下各个方面取得一致意见，比如话轮如何转换，如何表达礼貌或者羞辱，怎样打招呼，等等。如果每个符号使用者任意操作符号，其结果将是一片混乱而不是传播"（Susan B. Shimanoff，1980：31—32）。

无论是书面语还是口语我们都要遵循语法规则，才可以尽量减少传播的误解与混乱。但是，仅仅把话说得符合语法并不能避免人际传播的冲突。有时违背语法反而促进传播，如违背语法产生的幽默。许多临时的、个人的、无限丰富的、充满交际意图的言语义更能够体现人们使用语言进行社会互动的真实过程。因此，最为复杂、最具有社会互动本质的语用规则是人际传播最有价值的领域。无论怎样，"意义……不应看成是语言形式形成的一种稳定的匹配关系，更确切的看法是，意义是在语言使用过程中动态地生成的"（莫里斯，1989：58）。第三节我们将重点探讨诸如话轮转换、合作规则、礼貌原则等语用规则。

2. 外延意义和内涵意义

语言具有外延意义（denotation）和内涵意义（connotation）。外延意义是一个词或句子的直接的、字面的意思，是字典上的定义，具有大家都认可的一致性的含义，直接被某种特定文化的所有成员所共享。例如，"学历"一词在词典上被解释为：学习的经历，指曾在哪些学校毕业或者肄业；而内涵意义是一个词或者篇章所激发出来的情感，它是在广泛的文化体验中获得的，具有很大个人差异。同样是"学历"一词，对于你是一个让你终生受益的东西，是标志你人生转折点的东西，是你在任何时候拿来确定自己身份和尊严的东西；但对于某些人，却是一生的遗憾，一生走不出的阴影，一段屈辱的经历，或者是书呆子迂腐的表征。"你坏得可以啊！"这句话的字面意思大家都知道，但是，其内涵因为人与人之间的关系不同而不同——在两个有冲突的人之间，是一种严厉的指责；在两个热恋的人中，是一种柔情蜜意。

外延意义和内涵意义的区分也不是绝对的，两者在一定条件下可以转化。例如，来自高语境文化的人在理解低语境文化的语言时，可能读出更多的弦外之音、言外之意——内涵意义。

同时，语言总是命名者的语言，而一个特定时代的命名者总是社会的优势阶层。于是，特殊个人的内涵意义更可能成为一种文化中的固定的、普遍认同的含义。这时，内涵意义变为外延意义。这个过程被称为"神话"、"迷思"①、"转义"②（troping）。这种"转义"掩盖、排斥了其他意指，将某些优势群体对人对事的定义自然化、神秘化。例如，女性比男性更长于相夫教子，男性更长于养家糊口和掌握政治权力，这就是性别的神话与转义。因此，人们要有"反迷思"的能力，也就是澄清这种内涵是某种群体特殊的社会文化体验，而不是所有人的体验，要意识到"事物得以用一种语言表达，同时又考虑到其他语言表达的可能性……"（海登·怀特，2003：3）。

意义的外延与内涵区别要求我们要有语意能力。没有一定数量的词汇或者丰富的词汇，很难清楚地、全面地表达自己；如果一个人对特殊领域的专有词汇不了解，那么，当他与拥有这方面专业能力的人交流时，一方会感到孤独——曲高和寡，无人问津；另一方感到被抛弃、被排斥——传而不通的无力感。

内涵敏感也是语意能力的一部分。人类情感之丰富，是最难以琢磨的领域，某些内涵你懂得、接受，而你的会话伙伴不理解、不接受。在恋爱中，人们追求心心相印、心有灵犀，这在一定程度上就是内涵敏感——懂得并接受对方的内涵。但由于爱情的高情感性，内涵对于彼此就格外丰富并容易产

---

① ［美］约翰·费斯克：《传播符号学理论》，台北，远流出版公司，1995。
② ［美］海登·怀特：《后现代历史叙事学》，北京，中国社会科学出版社，2003。

生纠葛，就有了爱情的忧郁和多愁善感，正如《诗经》云："知我者，谓我心忧；不知我者，谓我何求。"

3. 意义是受语境约束的

当你阅读一行白纸黑字的文字或者聆听别人说出的话，你如何为这些文字和声音赋予意义？虽然有许多理论解释这个意义赋予过程，但没有任何单一的理论和个人能够对意义做出完全清晰的解释。例如，"我会做的"，"你太可怕了"，"他是酒鬼"，"水"，"哎呀"，这些句子如果没有语境，我们是无法理解其意义的。

因此，任何脱离语境的谈论，意义是难以澄明的；同样的表述和谈论在不同语境中意义也会改变；语言的意义源于其使用的情形。人际传播的交互本质，更强调语言的意义因为参与者、时间、地点、场景等语境要素的组合不一样而出现差异。

例如，2008 年春节期间，央视某著名主持人因为用了"南方春意盎然"而被全国人民"炮轰"。放在平时，这个表述没有问题，但在全国上下奋力抗雪灾的时刻，这却成为有问题的表述。该主持人也许没有恶意，但人们感觉上就是别扭。

因此，说出一个与语境恰如其分的表述并做出符合语境的恰当含义解释，是良好人际传播者的能力。

4. 意义影响和反映文化

文化是"共享的意义"，是人们习得的为一群人所共享的一套知识、行为、态度、信念、价值体系的总和。而要共享意义，人们必须共同进入语言。因此，语言被看作文化价值和意义的主要载体。有时文化被区分为各种亚文化——一种文化中的差异类别，亦即由于性别、种族、民族、信仰、年龄与社会阶层等差异而形成的不同文化，如青少年亚文化、网络文化等。因此，"一种语言游戏包括整个文化"（维特根斯坦，1992：316），"想象一种语言意味着想象一种生活方式"（维特根斯坦，转引自刘小枫，1994：532），特定社会就是通过特定语言符号的共同使用而黏合在一起的。

意义受文化约束表现为同样的词在不同文化或者亚文化里有着不同的含义。例如，在华人共同文化圈里，"恐龙"是地球远古时期的统治者而后来绝迹的一种动物，在网络语言里，却是指丑陋的女子；"同志"是革命队伍中志同道合者的彼此称谓，但现在又常常被用来指称同性恋者。

语词形成我们思考的方式，也反映我们的文化和生活方式，不同文化和生活方式创造独属于这个群体的语言。生活在白茫茫冰天雪地中的爱斯基摩人有 23 个词描写"白色",而别的地方可能不会有如此多的关于"白色"的词。亚文化也有如此特征。例如,为了表达白领身份,许多人使用"购物"、"shopping",而不是"买东西",因为后一种表达是市民用法。当你不停地说"download"等流行词汇时,表明你是信息时代的弄潮儿,而"落伍者"很难了解你在说什么。

语词不但反映文化,还定型文化,这种反映、定型过程受到历史语境和文化语境的共同制约。例如,"万元户"这个词,具有特定的文化含义,它不单单表示一个有一万或几万块钱的人,而是表征了一个开放的时代,对这个词所表征的时代特征,中国年轻一代和来自异文化的人是费解的。同样,"9.11"不单指一个日子,还是美国这个民族的体验。

在称谓"爱人"或表达爱意时,中国人采取贬低之姿,使用消极词汇"贱内"、"拙荆",英语则用积极的夸赞性词汇"sweet"、"honey"等。

因此,拥有共同文化经验的一群人往往共享一种意义解释模式,不同文化的人们之间因为意义解释模式的差异更容易出现传播冲突。即便是在同种文化中,不同群体之间的不同文化体验也会导致传播误解和冲突。尽管如此,改进传播质量仍然是充满希望的,因为传播者之间的文化要素越是接近,意义相遇的可能性也可能越大,我们可以通过增加相似的文化要素,如通过变换文化视角去重新体验世界以便建立、发展和保持更为顺畅的人际关系,尤其是跨文化的人际关系。

5. 意义具有主体意向性

虽然语言具有公共性(约定性),但同时还有个人性。也就是说,人们共有一种语言,却不一定共享某种含义与意义。例如,松鸡在狩猎者、美食家、鸟类学家眼里,是不同客体;《红楼梦》在卫道士、历史学家、革命者、才子佳人的眼里,是不同客体,因为它被赋予了不同的意义。

个人使用语言及其意义赋予是有偏向和特定风格的,是受个人经验制约的。一个词对不同的人或者在不同语境中意味着同样的含义几乎不可思议,因为每个人的思想、情感和意志均有其独特意义。例如,你可能有很多情感状态:愤怒、痛苦、嫉妒等。然而,即便人们充分讲解了自己的感觉和愿望,但还是经常对会话伙伴说:"你真的不了解我的感觉和决定,你真的不了解那种痛有多痛!"也就是说,彼此的意义不能神奇地转移到另一个人身上,每个人的喜怒哀乐都无法被代替。

我们已经知道,不同的人会选择不同的词汇去表达同一对象,不同的人也可能对同一个对象赋予不同情感,唤起不同的主体感受。例如,同样一首

《南泥湾》，王昆的民族唱法与崔健的摇滚唱法反映了两代人不同的价值观念与时代风貌；"幸福"在皇宫中的人与茅屋中的人心中激发的情感和唤起的意向不一样；"衣服"对穷人来说是防寒遮体的东西，对富人而言是装饰与身份的象征。

而同样的语词或者段落，在同一个人那里，因为语境不同所唤起的情感状态和意向也是不一样的。例如，王昆在烽火岁月中与在和平时期演唱《南泥湾》，其所投射出的情感也是有差异的；再比如，"执子之手，与子偕老"，谁都知道它的含义，但是其在恋爱时和婚姻中的含义，人们的理解是否一样？你真的理解每一个你说出的词？你真的理解这其中包含的火热情感与严肃责任？

此外，即便是说同样的话，有的人严肃、拘谨，有的人活泼、轻松；有的人枯燥乏味，有的人生动幽默；有的人充满冷静的理性，有的人充满激情的感性。

也就是说，即便我们遵守种种语法规则和传播规则，还是会发生误解，因为人们会对同一个讯息赋予不同的个人含义。

三、语言建构社会现实

人类使用语言的能力允许我们生活在观念和意义的世界中。我们使用语言去定义我们的经验，定义他人，定义人们之间的关系，定义我们与他人的情感与思想。我们用语言评估价值，组织感知。我们用语言去思考，去回忆过去，去筹划未来，使我们超越经验和时空。我们用语言去假设与自我反思（I 和 me 如何共处）。我们甚至用语言去谈论语言本身。

1. 命名与建构身份

语词是我们创造世界的一种工具，这种创造是通过对我们的经历命名和贴标签来达到的；而且，这种符号工具使我们能够传播我们的创造并揭示给他人。

《老子》这样论道："无，名天地之始；有，名万物之母。"即"没有"是天地的开端，"有"是万物的本原。因为人类的命名，万物才有了名字。因此，命名不仅是给事物一个名字——比如，把狗称作"狗"，把自然称作"自然"，更是"呼唤存在"——就是把无有（无名）称呼出来。

当我们遇到未标名的现象时，我们将发现很难去进行讨论。例如，历史上，女性饱受一种近一二十年来才被称为"性骚扰"的行为伤害，但由于很长时间里，这些行为没有名词定义而不容易讨论，"因为没有名词定义，性骚扰是看不见的或不明显的，使它难以被确认、思考或阻止"（Julia T. Wood，

1994：129）。

更重要的是，命名"形成他人看待我们的方式，我们看待自己的方式以及我们行动的方式"（M. G. Marcus，1976：106）。面对无限丰富的现象、事物和人物，我们总是先定义后理解。例如，两个人发生冲突了，没有看到原委的人会怎样描述？有人会说："甲在打乙，打得好凶"，也有人会说："乙在打甲"，还有人会说："他们发生了肢体碰撞"。在人际传播中，对事态不同的感知以及对感知的不同定义会深刻地影响人际关系。

给自我感知贴上不同的标签就会创造出迥异的心情和情感状态，这就是我们说的"境由心造"。例如，如果被大学开除了，人们可能说"我很愤怒和绝望"，但也可能宣称"终于自由了，解脱了！"不同标签也会创造不同的自我价值和自尊感，甚至影响身体和精神的健康。例如，如果把自己命名为"失败者"，自我命名者就会长期对自己进行精神折磨。反之呢？

说话的人会在相关情势目的和利益的驱使下有选择地投射出对完成手头的话语任务最为有利的一个身份。例如，一个惯于玩弄政治手腕、生活腐化堕落的高官在对民众讲话的时候，他就按照在某一特定时期的情势要求在政治演讲家位置上就座。他会淡化高官背景，掷地有声地抨击腐败陋习，信誓旦旦要铲除陋习、腐败、不义，他尽量置身事外用百姓代表的身份讲话，营造值得信赖、言必行、行必果的人格，透射诚实、真挚、有魄力、有崇高的道义境界这样的身份/位置组合，如布迪厄所言："行动者对社会世界的感知从来都不是简单的机械反映，而是包含了建构原则的认知活动"（皮埃尔·布迪厄等，1998：471）。

2. 评价与表达价值观

在给事物贴标签时，无论我们多么努力想做到客观、中立，但仍然不可避免地流露出我们对事物正面或者负面的观点。也就是说，命名的过程也意味着评价，形容词、动词和副词都能够承载作者的视角。如果你观察到张三用了很多时间做决定考研还是就业，你可以说他"优柔寡断，缺少魄力"，也可以说他是"深思熟虑，稳重谨慎"。某位青年因为好（拿父母的钱）仗义疏财，帮助贫者，而获得两个截然相反的命名——"败家子"，"侠客"。

有时我们直接给某事物或人物贴上"好"或"坏"的标签，这时，我们正在使用语言把所经历的这个世界创造出一个属于自己的意向。但大多数时候，我们是间接表达爱憎好恶的。例如，当你告诉朋友昨晚你看的电影是"粗俗的"或"淫秽的"，你不仅批评了这部电影，也传达了什么是恰当的，什么是不恰当的价值观。

可见，现实不是单一恒定的，每个人通过传播都会建构起自己的现实。具有不同经验、不同目的和利益动机的人往往对同一事物、行为或者人的看法差异很大，会有不同的命名。不同的命名具有不同的含义和价值评价，这会影响我们对人、对事的态度以及传播行为，也会影响他人的自我概念。由于语言的价值特征，我们必须小心选用字词去贴标签，否则会破坏我们的人际传播和人际关系。

3. 回忆与筹划

语言使我们可以超越经验与现实，超越时间和空间的囿域。我们可以在思想中重现过去，可以和人谈论过去；我们可以假设事态的未来走势，可以筹划未来行为，这种对未来的期许和计划会产生强大的精神动力；我们还可以谈论不在场的人和事。

我们在思想与精神世界里谈古论今展望未来，构成我们自己的生命历史；我们与他人谈论不在场的他人，使我们与各种他人建立各种联系。如果没有语言，我们只能生活在此刻和此处，只能生活在死寂的物质世界里；正是有了语言，我们才有可能生活在未来和别处，才能活在鲜活的精神和情感世界里。

我们如此依赖语言，以至于我们会沉湎于过去的痛苦来伤害现在，会用不良的关系经历来刻板化当前关系，会耽于过去的成就而失去前进的动力。也会永远遥望未来而忘记当下，生活在幻觉中而失去现实感。还会用推论去认识他人，而不是事实。这就是"众口铄金"，"假话重复千遍成为真理"所要表达的——大家说他贪婪，他就被你看作贪婪的人。

4. 用语言反思

语言具有自我反思的特质。也就是说，我们会对使用的语言进行反思，会用语言去谈论语言本身。语言反映现实，也反映语言和思想本身。当我们定义张三冷酷无情时，我们可以问自己是否准确地形容了那个人。当他人说张三没有责任感时，你可能反驳"没有责任感"的说法靠不住。再比如，两个人在谈论"妙"，一人说"女人少了，事情就好了"，另一人说"因为女人少，所以弥足珍贵"。

同时，语言的反思性也允许我们在内心进行"主我"和"宾我"的对话，推动我们的决策与自我的发展。例如，你在心里列出了考研的诸多好处："避开金融危机的就业萧条"，"可以为未来的研究进一步打下基础"，"读研究生让父母有面子"。可是，内心另外一个声音却说："谁知道金融危机持续几年呢？金融危机过了，谁知还会面对何种不确定性因素呢？读研究生太费钱了！读了也不一定有收获，李四还是博士呢，也没有啥了不得。"

我们用语言建构、维持和改变我们的环境，有被误解的极大可能。为了知道误解如何产生，我们需要先了解语言是如何表达、创造与协商意义的。

四、语言建构、反映社会关系

语言不仅建构社会现实，也建构社会关系。事实上，当我们用语言对周围的物质世界赋予意义的同时，也在对我们与他者的关系进行命名和界定。在人际传播中，我们也正是通过语言来命名、界定各种关系的远近、亲疏、好坏的，如"我们是恋人"、"我们是好朋友"、"军民鱼水情"。所以，我们不能不加考察就使用语言，要意识到在关系命名中的权力存在。

命名建构关系的机制如同命名建构身份，可以通过很多方式。一个语词往往有多种意义（包括隐喻意义），而意义通常又可以以多种方式表达。根据不同时间、不同地点、针对不同的人，在"意义潜势"（meaning potential，意义的多种可能性）中、多种表达方式中以及在可供选择的隐喻中进行选择，本身就具有身份和利益的争斗，显示了人们用语词表达关系的不同的方式和过程（胡春阳，2007）；而且，语法的选择也同样表明了身份和利益的争斗的过程。这种选择随着宽泛的社会和文化过程演变（反映在政治领域）以及个人生存策略（反映在人际传播领域）而改变。

(1)语词意义

词典把语词的"意义潜势"用设置词条的方式予以罗列，但是一旦遇到社会文化冲突与个人生存策略的变化，意义之间的关系和界限常常被突破和转换。这种对"意义潜势"的重构往往充满修辞的策略性。例如，"她很精明"，可以表达正向的关系含义——她擅长精打细算，而我在这方面逊色，值得向她学习，也可以表达负向的关系含义——她精于算计，对我构成威胁，我得防着她。

(2)语词表达

经验领域如何被表达以及被重新表达也存在选择与争斗。在雨果的小说《九三年》中，一个敌军军官在本已顺利逃脱的情形下却因返回战场援救儿童而被逮捕，坚定的革命者罗文在阶级利益和人性的冲突中选择了人性，放走了敌军军官。但罗文由此被称为"反革命"而上了军事法庭。作为实体的罗文只有一个，但关系称呼却有两个："革命者"罗文与"反革命者"罗文。你是否可以想到一个例子，因为某种特殊情形，你的好朋友成为你的仇人？

有学者指出，我们了解世界与自我的最重要的途径就是通过叙事和隐喻，日常生活的语言、思想与行动以及所有叙事都充满隐喻（伯格，2000；

12）。隐喻不只在语词中存在，更在文本的叙述中出现。例如，2005年我国多家媒体报道了农民工李学生勇救火车轮下两儿童而牺牲的事迹。这个英勇事迹却因为某种隐喻而被时代赋予了极端不同的社会关系意义。李学生打工所在地的温州媒体的表达是：李学生是好样的，他是外来务工人员的杰出代表，值得外来务工人员学习，并号召广大农民工向李学生学习，要为务工地经济与社会发展做出贡献。这个隐喻暗示了什么？——李学生值得学习的地方不是人性之善美、崇高，而是对经济的贡献能力；农民工不受尊敬是由于他们缺少某种宝贵品质，舍身救人的宝贵品质在农民工身上是"异在的"，在市民身上是"固有的"，农民工要在城市中有尊严地活着必须把这种"异在的"的品质转化为"固有的"的品质。所以，学习这种品质也只是外来人员的事。于是，对李学生的赞扬不是我们对"我们"中的一位崇高者的赞扬，而是我们对作为"他者"的农民的赞扬。这种语言隐喻既是城乡二元对立定式的结果，同时又加强、巩固了这种二元定式。

人类行为过程分为定向行为和非定向行为，前者如"她喜欢说坏话"，后者如"她喜欢说我的坏话"。第一句没有明确指示她说谁的坏话，清楚地表达了说坏话是她的本质属性，第二句明确了她说坏话针对的对象是"我"。也就是说，在她说坏话这一点上，可以有两种可供选择的表达，而不同选择结果，体现了我们的会话策略——我们把他人的某种行为看成是固定的属性还是情景性的，不同的策略反映了不同的关系（详见第二章归因理论）。

（3）被动句式还是主动句式

选择被动语态还是主动语态也包含着多种动机，表明传播者根据会话策略需要选择是隐瞒还是挑明动作的执行者，是澄清还是模糊事件的责任归因。比较"我打他了"和"他挨打了"，有时我们选择被动语态，是因为行为者是自明的、不相关的或未知的，因为行为者被省略。但在某些情况下，被动语态却是为了模糊行为者、责任和因果关系。

（4）名词化

还有一种省略行为者的做法就是名词化——说话人原本可以使用动词结构或句子表达同样的意思，但却选择了名词化成分。名词化将过程和行为转化为状态和对象，将具体转化为抽象，将局部的、短暂的条件实体化为一种固有的状态或特征。它使个别普适化，偶然必然化，个人公共化。它使动作或过程物化为实体，模糊时间、条件、情态和参与者以遮掩权力的根源，回避责任和责任的归因。例如，"全球化"、"中产阶级"、"媒介集团化"等表达都是一种名词化，本来还在过程中的动作直接扮演了行动者，或成为既存的实体（也许是假装存在）。"他的自私导致了今天的结果"，他自私吗？这成为存而不论的事实。

因此，我们有理由对那些可能由意识形态动机或者会话策略促动的将行为者、因果关系和责任有意混淆的做法保持高度敏感，而不是拿来就用。

五、语言的修辞性和权力

命名为何不一致？说明语言的使用必定是和各种社会因素连在一起的。正是这种关联产生了语言的权力问题。

我们知道，人际传播是有目的的人类互动形式，而这种目的性决定了我们使用的语词、语句和表述在本质上是可以选择的，即便"某一术语是对现实的反映，它同时也是对现实的背离"（Kenneth Burke，转引自《当代西方修辞学：演讲与话语批评》：16）。这种选择性本身就成为修辞行为，人天然就是修辞动物，只有交流而无修辞的情景并不存在，仅有信息的交流只发生在机器之间，人之间不交流则罢，一交流就必有修辞，去掉修辞就去掉了交流。因此，在政治话语里，在广告语里，在人际传播中，修辞无处不在。

孔子说得好："为政必先正其名，名不正则言不顺，言不顺则事不成。"正名，无论是正其"实"还是正其"虚"，都会产生现实利益（胡春阳，2007）。所以，萨达姆会一万次呼唤"热爱真理的人们团结起来"（修辞含义是，如果你们不团结起来，就是不热爱真理）。

再如，希拉里在2008年竞选动员时说："这次选举不是关于这个国家，也不是关于我，而是关于你。"这句话具有很强的修辞性——既然关于你了，你不出来支持那是你的错！既然关于国家了，你不出来支持表示你自甘逃避公民责任。我希拉里参与竞选不是为了私利，而是公利！

非但在政治利益的角逐中，每一种力量都在争夺赋予语词意义的权力。在人际互动中，这种通过命名表达出来的对他人的支配权、操纵权以及压抑权也一直存在。剥夺他人说话权以及命名权常常产生人际冲突，人们在冲突时，竭尽所能使用扭曲的命名去攻击对方。

在人际传播中，语言的修辞性表现为通过建立认同而增强人际影响力和获得人际顺从。例如，在人际传播冲突中，我们常听到有人说"让时间来回答一切"，仿佛真理就在言说者那里。

第二节　言语：语言的人际功能及其运行

"现代语言学之父"索绪尔区分了"语言（language）"和"言语（parole）"（索绪尔，2001：20），认为"语言"具有社会性、习得性、规约性，是稳定的、同质的、脱离实际使用的。而"言语"则是为达到传播目标而对语言的实际使用，是实际的说和写，"至少是发生在两个人之间的行为"（索绪尔，2001：21），它是个人的、从属的、多变的、异质的，是在具体语境中实际应用的语言。显然，人际传播更具有言语（parole，speech）的特征。

语言可以是独白的，世界是无言的，我们的任何描述都可能成为既存现实；但是，我们对他人的命名和描述却会遭到抵抗。也就是说，语言除了概念功能和身份功能，还具有人际关系功能。

以信息论为基础的经典传播理论受到刺激—反应模式的影响，以为传播就是符号携带其固有的、现成的、对传播者双方具有同质性的意义从一个人传到另一个人。但实际上，人际意义却是一个异常复杂的领域。它绝非仅仅存在于符号中或者在互动前就"在那里"了，而是在交际传播过程中由语言义转化过来的一种言语义，语言义向言语义转化的动力来自传播者言语交际的意图。传播不仅是传播命题内容，更重要的是实现传播意图。言语行为理论、会话分析理论为我们理解和实现传播意图提供了很有用的工具，"尤其关注语言被用来协商角色关系，同伴团结，话轮转换，说话者与听者的面子保全"（Gillian Brown & George Yule，1983：3）。因此，传播互动中如何有效运用这些规则就成为一项重要的传播技能。

技能训练：健谈的刻度

你是健谈者吗？或者你认识的人中谁是健谈者？简单地说，健谈者就是比大多数人谈的多，经常语词过度，对他人的信息需求不敏感。而我们并非告诫你不要多说话，你说他人听有时是必要的，但是要考虑你是否就是一个对话操控者。请你根据健谈系数（McCroskey，1996：66）来做一个测试。你的得分越高，你与他人相处时作为"话痨"的倾向越高。

问卷包括 16 个言谈行为的陈述，请标出最符合你的特征的程度：5＝强烈同意，4＝同意，3＝不确定，2＝不同意，1＝强烈不同意。

（　　）1. 当我知道我应该说话时但却经常保持沉默。

（　　）2. 有时候我说的超过我应该说的。

（　　）3. 当我知道我应该保持沉默时却又经常说话。

（　　）4. 当我知道说话对我有利而我却有时保持沉默。

（　　）5. 我是一个"话痨"。

（　　）6. 有时候我被迫保持沉默。

（　　）7. 通常，我说的超过我应该说的。

（　　）8. 我是一个强制性谈话者。

（　　）9. 我不是爱说话的人，在传播情形中我很少说话。

（　　）10. 许多人说我话太多。

（　　）11. 我情不自禁地说很多话。

（　　）12. 通常，我说话少于应该说的。

（　　）13. 我不是一个健谈者。

（　　）14. 我知道保持沉默对我有利，可我有时还是说话。

（　　）15. 有时我说的少于我应该说的。

（　　）16. 我不是一个强制性谈话者。

评分：第一步，把 2、3、5、7、8、10、11 和 14 的分数相加；第二步，把 13、16 的分数相加；第三步，完成下列公式：健谈者得分＝12＋第一步的总分－第二步的总分，得分 40 分或者高于 40 分表明你是健谈者。

一、言语义在于传播互动

在人们实际互动前，语言岂有意义？例如，"我讨厌你"这句话，我们都知道字面的意思，但传播者心境以及会话伙伴间的关系不一样，所表达的言语义相差甚远——有时表示不满，有时表示爱与喜欢。如果传播者双方的理解方向一致，又会出现两种情况：一是都以为表示了不满，于是关系冲突。二是都以为表达的是喜欢，于是关系和谐。如果传播者双方的理解方向不一致——一方认为是表达不满，另一方认为是表达喜爱，双方就会对彼此含义进行协商、谈判。

在人际互动中，我们总是选择能够传达自己观念和情感的符号，也同时对他人使用的符号进行独特的理解，会话伙伴之间对同一语词和语句会赋予极其个人的意义，每一次具体的互动都包含了无数的解释。有时候，会话伙伴之间对同一个符号的意义有着近似的理解，有时候却是歧义重重。前一种情形导致和谐互动，后一种情形则带来误解、矛盾乃至冲突。我们都读过契诃夫的小说《小公务员之死》。小公务员在剧院打了个喷嚏，结果口水不巧溅到了前排一位官员的脑袋上。小公务员十分惶恐，赶紧向官员道歉，那官员没说什么。小公务员不知官员是否原谅了他，散戏后又去道歉。官员说："算了，就这样吧。"这话让小公务员心里更不踏实了。他一夜没睡好，第二天又去赔不是。官员不耐烦了，让他闭嘴、出去。小公务员心想，这下子得罪官员了，他又想法去道歉。小公务员就这样因为一个喷嚏，忧惧而死。小公务员和我们都理解"算了，就这样吧"的字面含义，但是在小公务员那里，却另外产生了特殊的关系含义，"是真的算了还是假装算了？他真的原谅我了还是记恨在心？"在讲究等第的文化中，人们更多考虑的是关系含义。

所以，如果字、词、句、段还躺在书本上和字典里时，是不会产生如此丰富的关系含义。也就是说，言语义是指语言符号在互动使用时所产生的临时的、个性的、数量无限的、非固定的意义。如果意义是固定的、现成的，我们完全可以借助字/词典、《辞海》上的语词意义来澄清人际传播的含义从而解决一切人际冲突与障碍。事实上，这种美好的期待从来都没有实现过。

技能训练

你的恋人对你说过多少次"我讨厌你"？这句话的每一次表达，你们彼此是否同意彼此的含义？是否每一次含义都一样？

语言哲学家维特根斯坦提出"语言游戏说"，强调要在语言的使用中掌握其用法及其意义，不把语言当作孤立静止的描述符号，而要把它当作动态的生活形式。他说："我也将把由语言和行动（指与语言交织在一起的那些行动）所组成的整体叫做语言游戏"（维特根斯坦，1996：第7节）。生活形式无限多样，语言游戏也就无限多样，意义也就千变万化。言语义绝非像在（词语的）口袋中掏（现成的）物，决定意义的包括语境、行为、规则、意向、目的等因素（维特根斯坦，1996：第43节）。

总之，在传播互动中，不仅流淌着信息，也交流着彼此的思想、情感、社会关系和社会行为。因此，传播就成为由符号调节的有意义的相遇（内心互动与人际互动），在种种相遇中，达到对自己和他人生命与历史的理解。

二、说话就是做事：言语具有影响思想和行动的力量

大多数人通常认为传播是为了诉说或报道世界中的事实或事件。但由奥

斯汀(J. Austin)①和约翰·塞尔(John R. Searle)②提出的言语行为理论(speech act theory)否认了语言的这种首要功能,认为语言除了报道事实,还提问、下命令、讲笑话、诅咒、祷告等,描述事实仅仅是语言使用中的一种。例如,"咱们等着瞧吧",在某一特定语境中可能体现"威胁"、"警告"等话语力量,亦即"说话即做事"——"说一种语言就是从事一种由规则支配的行为方式"(Searle,1969:22)。言语行为理论最大的贡献是区分了命题内容与交际意图。

在语言学里,词语是语言的基本单位,而语言交往的基本单位却是"言语行为","任何语言交往模式都必须包含言语行为,语言交往的单位不像人们通常所理解的那样,是符号、语词或语句……言语行为是语言交往的最基本、最小的单位"(Searle,1969:16)。言语行为并不是石头、瀑布那样的自然现象,而是人类在社会关系的语境中用来表达意图的话语。

说话人通过一句话或者若干句话来执行一个或者若干个诸如请求、陈述、命令、提问、道歉、祝贺等行为,这些行为的实现还可能给听者带来某些影响和后果。一个言语行为要完成以下4种行为:①发话行为,把一些词和语句说出口来。②命题行为,说出人们认为真实的东西,是对某种事物进行指称和断定,通过句法、词汇和语音表达字面意义的行为。老师对刚进教室的你说:"天好冷。"这句话有语音和语法,有所指和意义。③施事行为,是通过说话来做出一个用于完成某一意图、让受众理解这一意图的言外表现行为,如做出许诺、提出请求、发出威胁等。"天好冷"是向你发出指令——关上门!因此,它不同于句子的话面意义。④取效行为,是指说话人说的话对听话人产生的影响,是取得效果的行为——你关上了门。言语行为理论认

---

①　奥斯汀,英国语言哲学家,牛津学派代表人物。其提出的言语行为理论为日常语言哲学提供了直接理论基础,对当代语言学产生了极大影响,代表作有《哲学论文集》(1961);《如何以言行事》(*How to do things with words*,1961);《感觉与可感觉》(1962)。奥斯汀的思想泉源于缪尔和维特根斯坦,比维特根斯坦研究视角更为实际、具体,维氏把语言问题作为哲学的全部问题,奥斯汀认为语言研究的目的是为了消除人们的误解。

②　约翰·塞尔,美国语言哲学家,当今世界知名的心智和语言哲学家,日常语言学派在美国的代表人物。代表作有《言语行为》(1969)、《词语与意义》(1979)、《心灵、大脑和科学》(1984)。其言语行为理论和语言哲学思想对我国语言哲学和语用学研究产生了重要影响。他在继承和批评其老师奥斯汀理论的基础上,使言语行为理论系统化。格赖斯和利奇等语言学家也为此理论添砖加瓦。今天,人们往往把言语行为理论与奥斯汀和塞尔的名字连在一起。

为任何话语都带有言外之力，话面意义和说话用意（言外之力）是同一个事物的两个方面（Searle，2001：24），从来不会只出现话面意义的时候。这里就可以看出人际传播的高度复杂性和意图性，能够对他人的传播意图保持敏感并配合实施之，往往是高超人际传播能力的表现。例如，老师说"天好冷"，或者你真的不懂他的意图，或者你懂了就是不想做关门的动作，在老师或者旁观者看来，你是不解风情的，不关心人的。当然，我们有时候要推断说话人的意图非常困难。例如，"垃圾桶满了"，可以理解为是对事实的陈述，对烦恼的表达，还可以被理解为间接请求"你该把垃圾倒了"。这从反面说明了保持人际敏感性的艰难，对他人意图解读过度或者不及都可能带来人际困扰。

在一些事例中，语言对人的情绪和生理乃至行动会产生决定性的作用。例如，法官宣判"处以 30 年监禁"，罪犯可能会瘫倒在地。老板说"你被解雇了"，会对雇员产生强大压力。再比如，"今晚吃顿猫肉如何？"我们大多数人会感觉到恶心，为什么？因为那不是我们通常吃的东西！超市的推销人员总是把某种肉比喻为像是什么味道，因为知道贴上什么标签可以影响你购买的欲望。在理论上，这些例子仅是语言，并没有现实意义。而事实却告诉我们，这些语言有着十分强大的威力。

"恐惧诉求"就是属于说服沟通中的意图诉求，它强调违背传播者意愿所可能导致的潜在威胁。当某种信息引起压力和恐惧时，受众将十分积极地采取若干手段来缓解这种令人不快的状态，可以表现为顺从或者反抗性回应。比如，"你不同意，我就去死"往往给相关人产生极大的情感压力。

有时你表达了少数人意见时，也会面临更多的压力，比如"别人可不会这么想！""你的想法有些奇怪！"

顺利成功的人际交往的奥妙就在于如何使听者识别出说话人的意图并与之合作使意图奏效，但在现实生活中，人们的传播意图又是十分复杂或模棱两可的。一般来说，说者的意图只是部分地被听者理解，或者被理解了但拒绝配合说者去实现意图。

美国语言学家格赖斯提出了"会话含义"（Grice，1975）的概念，它指的是"说话者言语表面下所具有的暗示、建议、意味等功用"。但是，会话不是一个人的独白，而是有来有往的"双簧"。为使会话进行下去，会话双方都必须共同遵守一些基本原则。所以，要说明和理解会话含义必然要了解会话规则。

下面，我们将探讨合作原则和礼貌原则这些关键的会话规则，说明人们是如何表达、理解和实现意图的。

三、会话管理

会话推动我们建立人际关系，在我们的生活中扮演关键角色。会话是相对非正式的社会互动，在其中各方不断自动地、合作地交换说话者、听者、接受者的角色。会话中不会设定说、听的时间限制，参与者自己决定时间框架。但这并不意味着会话是随意的或者毫无规则的，实际上，会话规则揭示我们在各种情形下偏爱的以及禁止的行为。

1. 合作原则在人际传播中的作用

格赖斯意识到语言能力和情境知识对于理解言语含义非常必要，但仅有此并不充分。理解还取决于所有参与者都接受的普遍的传播原则。这就是那条著名的会话规则——合作原则。正是依据这些（无论遵守与否）原则与次则，听话人根据合作原则的各项准则和当时语境推导出说话人的意图，推导出会话含义。这远远不是语言解码，而是语用推理。人们不但受到自己文化的影响，而且受到与之沟通的每个人的影响。因此，传播总是合作而不是单干。

合作原则的基本假设是：人们说话必须是合作的。合作并非指会话双方的意见一致，而是"通过接受你所参与的谈话交换的目标和方向，使你的谈话是需要的并出现得恰逢其时"，"要使你说的话符合你所参与的交谈诸方公认的目的和方向"（Grice，1975：45）。即人们愿意以这种各自选择的方式参与会话，使会话能够进行下去。甚至会话争论也遵循着合作原则，否则双方争论不下去。

合作原则包含4个准则，第一，量的准则：使你所说的话包含当时交谈所需要的，不应使你说的话包含超出需要的信息。第二，质的准则：不要说你认为是虚假的话，不要说证据不足的话。第三，关系准则：说话要和主题有关。第四，方式准则：说话要清楚，避免模糊、隐晦、歧义，要简洁，有条理。这些原则看起来简单明了，但使用中的实际情况复杂得多，更多时候人们是公然违背这些准则。但违背恰好是传播意图的关键所在：①每当人们违背一项次则，就会产生会话含义。②合作原则在表面上被违背后，在更深的层面上仍然起着作用。应该说，格赖斯更关注准则被违反的种种情况。而正是依据这些（无论遵守与否）原则与次则，人们在传播交际中明白彼此的会话意图——传播过程中，如果一方故意违反合作原则，另一方则可以根据合作原则判断他是故意违反的；听话人根据合作原则的各项准则和当时语境推导出说话人故意违反的意图，推导出会话含义。

格赖斯提供了一个经典的例子：某学生想申请一份与哲学有关的工作，于是请他的哲学教授写一封推荐信，教授的推荐信是这样写的：

Dear Sir,

　　Mr. X's command of English is excellent and his attendance at tutorials has been regular, yours, etc.

　　（尊敬的先生，×先生英语好，上课出勤状况好，等等）

　　这封信只说该生英文很好，按时上课，却只字不提该生哲学方面的情况。教授提供的信息明显违反了量的准则和关系准则。用人单位就明白了教授所言的隐含义是：此人不适合做与哲学有关的工作。我们也可以用言语行为理论从教授的命题行为推断出直接的施事行为是告诉用人单位：这个人可以做与英语有关的工作，间接的施事行为是：就让他去做这方面的工作吧。总之，就是不适合做与哲学有关的工作！而取效行为就是用人单位不录取这个学生。深入分析，教授仍遵守了合作原则，因为只有用人单位假设了教授是遵守合作原则的，才会去寻找英文好、按时上课与哲学工作有什么关系，才会理解教授的言外之意。还有，教授在更高层次上也遵守了合作原则：他不知道这个学生的哲学功底怎么样，又不愿意违背质的准则说无根据的话，所以提供一些情况，让用人单位去判断。当然，教授也可能是为了遵循别的原则，如礼貌原则（后面将介绍此原则），才这样说话的。

　　可以看出，各种不遵守规则的做法，不是中断会话，而是传达另外的意义——会话含义。即是说，人们在"违反规则的时候仍抱着合作的愿望"（斯蒂文·小约翰，2009：159）。

　　在言语交际中，语言有两种不同功能：信息交流型，人际交流型。它们实现不同的话语目的。前者提供、获取信息，应该相互真诚合作，否则交际失败；后者当然也有信息交流的存在，但获取信息并非主要目的。因此，按信息交流的要求来说，违背合作原则显然是失败的。但作为人际交流来说，这些违背恰好是需要的，因为"会话含义允许传播者使用各种策略上有趣的、间接的述句来达到其目的但又不被认为缺乏会话能力"（斯蒂文·小约翰，2009：159）。这也就是幽默、笑话不仅不被视为缺乏会话能力，还被人们视为有高超的交际能力的原因。比如：

　　甲：聪明的，你告诉我，为什么孔雀东南飞。

　　乙：因为西北有高山，飞不过去。

若这个对话作为信息交流，它是失败的；作为人际交流来说，是幽默，是成功的。

不过要注意的是，语言上的合作和社会实践的合作是有区别的（赵明炜，2001）。还以教授为学生写推荐信为例。假如该教授一向嫉贤妒能，不能容忍学生的聪明，收信人也知道教授的为人，于是反其道而行，录取了学生。这与写信人意图相反，还能说是合作吗？答案是肯定的。收信人根据合作原则把握了教授的真实意图，否则怎么知道反其道而行呢？这是实践合作。因此，语言合作是针对说话人的，指其言语行为应该遵守合作四个原则，故意违反就会产生会话含义；而实践合作是针对听话人的，与言后行为有关，指的是听话人识别了说话人意图后按其意图行事，帮助其达到交际目的，使交际成功进行。意图不被识别，或者被识别出了，听话人出于某种考虑不照说话人意图行事，传播都是不成功的。固然，在实践中互相合作是良好交往的基础，但有些情况只能选择不合作。人们识别了说话者的意图却不合作，一是说话人意图与听话人利益冲突或是听话人不愿做的事，二是出于礼貌原因不能合作。在第一种情况下，如果听话人还合作，就可能产生笑话或幽默。例如：

刽子手：今天电椅出啥毛病了？

死刑犯：那两根线应该连接。

由上可知，仅靠合作原则并不能解释所有的言语形式和会话含义以及人们为什么要违反合作原则，礼貌原则提供了进一步的解释。

2. 会话结构影响人际传播质量："毗邻语对"

我们用语言符号和非语言符号与人互动，一段和谐良好的会话总是有节律的。例如，如何回应，如何交换彼此想法都十分重要，尤其日常生活会话跟我们与他人的人际关系有着紧密、直接的相关性。例如，"今天天气真好！"回答："是啊。"如果回答说："你感觉有问题，这种天气还叫好？"就有冒犯的味道。

也就是说，会话中除了要遵循一些使意图被人理解的原则外，还要保持言语的连贯一致。言语除了表达意义等功能外，它也还有自身的结构特点。"毗邻语对"就是对言语结构的研究，它是指"有关任何言词表达都将会限制可能随之而来的东西的要求"（费尔克拉夫，2003：17）。第一部分是一个言语，第二部分是接着的言语。如果在这两部分之间一致地使用适当的序列规则，那么话语就是连贯的。例如，提问后面是回答，问候后面是另一个问候等。例如，人家问候你："你好吗？"常见的序列是"很好，你呢？"而不会是

"再见"，更不是"我肚子好饱"。还有很多这样的对子：断言—同意/不同意、告别—告别、挑战—响应等。

"毗邻语对"作为会话的基本单位有如下特点：(1)每次交换涉及两个语段。(2)两个语段相互邻近。(3)两个语段由两个说话人分别说出。(4)第一部分要求特定的第二部分。(5)讲完第一部分的人必须停止讲话，第二个人必须讲第二部分(综合胡壮麟观点，1994)。由于自然会话千变万化，相邻对概念复杂得多，并非总是由一个接着一个的毗邻对串连而成，比如：

> 甲：你洗过手了吗？(问1) ⌉
> 乙：干吗？(问2)　　　　 ⌉
> 甲：晚饭已做好了！(答2)⌋
> 乙：好吧，我就去洗。(答1)⌋

当然，插入的语对可以更多，把毗邻语对远远隔开。但无论插入多少语对，有两点是共同的：(1)毗邻语对的第一部分产生很强的期待性，无论中间内嵌多少语对，最后一定有所交代；(2)中间内嵌的语对，往往是最后答话出现的前提。比如上例中，弄清了要做什么，才好回答第一个问题。

如果违背毗邻语对配对，就会产生特殊的会话含义——拒绝回答，不配合，挑衅，等等。看看以下配对，你感觉如何？

> 甲：你洗过手了吗？
> 乙：你洗过了吗？/我洗了头！/(沉默)

3. "话轮转换"

我们有深思熟虑、计划周全的话语(如书信、小说、电影、剧本、新闻)，还会有很多脱口而出的话语。后一种不是由说话人的自发行动所创造的，而是由数个说话人为了共同达到一个或者更多目标、团结一致合作而自然发生的产物。因此，会话的次序受到沟通遵守的规则的制约，尽管人们大多数时候并没有清楚地意识到这一点。

会话最大的特点是讲话人不断更换；人们之间从来没有约定过什么时候该谁说话，什么时候谁该停止讲话，但是会话过程却是十分有序的；两个人同时讲话的现象极少；上一个说话者和下一个说话者中间的停顿也不会超过半秒钟。为何配合如此默契？研究者提出了"话轮转换"(turn-taking)规律(Sacks, et al.，1974)：(1)讲话人自行选择下一个讲话者。(2)讲话人不选，其他人自己选择，谁先开口，谁获得发言权。(3)讲话人不选，其他人也没有发言，则讲话人可以继续讲，也可以等待(但等待的时间会很短)。(4)一旦有人开始讲话，(1)~(3)步骤重新生效。也就是说，整个会话过程停顿和重合都是少有发生的。

讲话人选择下一个讲话者有很多方式，如直接提问，向某人微笑或瞥几眼，总结性的话，使用降调，手势，语气突然舒缓等。下面三条规则十分简单，但恰好有着预示作用：（1）一般情况下，只有一个人说话。重叠往往是几个人同时选择接话或者是错误地判断说话人快说完一个语言单位了。（2）出现重叠时，很快会有人停止，没有停止的人接过话轮把重叠的那部分话再说一遍。如果没有人主动停止，人们就会用高音等手段争夺发言权，直到有人放弃。（3）这套规则预示三种沉默：规则（2）～（3）应用前，可能会出现间隔，但会瞬息消失。如果（1）～（3）都没起作用，则会出现空档，比间隔时间长；如果（1）起作用，但被选人不开口，则出现有含义的沉默（如各种原因的不想说话，不想回答问题等）。

人们除了现实不平等，会话结构、会话本身也体现了社会关系的不对等，这表现为：话轮机会的分配、话题的选择与改变以及互动的开始与结束、情态、详述和礼貌原则等。很多具有公共制度特征的会话（如课堂、法庭、医院、男性和女性、家长和孩子、老板和雇员、西方和东方等）从一开始就规定了一种霸权结构。例如，教师可以随时对学生说话，而学生只能先提出说话的请求并被允许后或者被老师点到才能说话。日常生活也有一种隐性的结构存在并限制着会话过程。比如，要遵循长者先说的原则、让见多识广的人先说的原则。

也就是说，"话轮"的选择固然是根据交流进展而定的，但占取"话轮"不是任意的，占据"话轮"的机会也不是对等的，会话中总有人的声音更容易发出来，更为强大。"话轮控制"的必然结果就是"话题控制"。医生会不断根据需要改变话题，病人的话题进行与否取决于医生接纳与否，医生遵循着一份预先制定的议程表，根据这份议程表，他控制着话轮转换、话题或议题的引入或转移以及病人说话的长短以及清晰性与模糊性。任何偏离这个议程表的会话行为都会受到排斥，力图挽救、维护原有的议程表，比如医生和病人谈论腿痛的病症的例子。

　　　　病人：我最近连续高强度工作……
　　　　医生：说症状！
　　　　病人：站立和走动不痛，　坐下来就　（模糊不清，犹豫）
　　　　医生：　　　　不是　没问你这些，再说别的
　　痛

病人：呃　　唔（模糊不清）

医生：　　我在说症状。比如，腿肿不肿

病人：有时　好像　（模糊不清，犹豫）

医生：　　肿就对了

病人：但　很少

医生：　　很清楚，要考虑风湿

　　　　肿

　　第一个对话虽与主要话题相关，但不符合医生暗中遵循的议程表所指定的话题展开顺序（医生想引出与腿痛经常关联的病）而被拒绝，而第二个对话的继续也不再可能。这些过程将病人置于测试或考试情境中，显示出医生对病人的权力。

四、礼貌原则、面子处理在人际传播中的作用

　　语言不仅是为自己存在，也是为他人而存在。人们彼此会话互动时固然是要实现某种符合自己心愿的目标，但是，在社会情境里成功追求目标通常不仅涉及一个焦点目标或者多个目标，而且要求必须实施某些克制（Knapp et al.，2012：170）。这些克制可能常常和可以以何种礼貌程度在社交中追求目标密切相关。无论是把人际互动中的多种克制叫作第二目标（Dillard，1997）或者元目标还是社交得体和效率（Berger & Kellermann，1994），都表明一点，人们必须使用它来给社交互动的齿轮涂上润滑油。

　　"面子工作"（facework）、"礼貌原则"（politeness）框架（Erving Goffman，1955；Brown&Livens，1987）提出，一场对话的参与者做"面子工作"的目的就是为了维护自己和会话伙伴的面子。但是，事实表明，面子工作非常富有挑战性，因为多种多样的会话交流无论对于说话者还是听话者都可能构成面子威胁。面子是面具，指的是一个人在社会语境中的自我尊严感或声誉感，也就是一个人从他人那里有效主张的积极社会价值，是自我的一种形象（Goffman，1955）。面子随观众和多种多样的社会互动的变化而变化。人们努力在社会情形中保持面子，在情感上依恋其面子。面子是需要情感投入的东西，它可以失去、保持、强化并必须持续参与互动。"在互动中互动者彼此合作保持面子（假设彼此是合作的），合作是基于保持彼此面子的自愿"（Brown，1978：66）。

　　中国文化既用脸、面来指人的物理脸部，还包括很多丰富的伦理和社会互动含义。关于脸，中国文化里有很多词汇来描述，比如撕破脸（不考虑某

人的感觉)和丢脸。人们还用脸厚、脸薄来描述对声誉的敏感度。脸皮厚为不知羞耻,脸皮薄为羞涩的。有关面子的说法有:丢面子(失去声誉,不能达到一个人的自尊感),争面子,给面子,留面子(给某人一个机会重新获得失去的荣誉)。因此,脸、面可以加以区别:脸具有伦理上的绝对性,而面子是社交量化,丢脸比丢面子更具有意义。丢脸导致在社交网络中失去信任,而丢面子可能导致失去权威。

当人们的面子得到保持时,他们感觉很好;而失去面子则导致情感痛苦。因此,面子威胁的解决办法就是礼貌,而礼貌的重要表现就是人们在传播会话中需要得到他人的欣赏与保护,需要满足两种面子要求——正面子(positive face)和负面子(negative face)(Miller,2005)。前者是指个体正向、持续的自我形象或者个性,主要包括希望这种自我形象得到参与者的欣赏、肯定、喜爱和称赞;负面子是指领地、个人保有、权利不受强制干扰的愿望,比如行动自由以及免于强制。

谈话双方要尽量满足他人的面子,但很多时候人们仍会说出有伤面子的话来。可以通过五种礼貌策略(Brown & Livens,1987)来解决"伤面子"的问题。因此,"伤面子"本身不是问题,但必须以某种方式将其处理好,以减少可能导致的潜在的问题。挽救面子的策略公式是:

$$Wx=D(S,H)+P(H,S)+Rx。$$

随着距离 D 增加,礼貌(Wx)增加。

随着听者(H)对说话者(S)的权力(P)的增加,礼貌(Wx)增加。

随着强制的风险(Rx)的增加,礼貌(Wx)增加。

挽救面子的策略的简单公式(图 4-1),说明一个人为了表示礼貌而付出的努力(W)的多少是由说话者(S)与听者(H)之间的社会距离(D)、听者较讲话者的权力大小(P)以及伤害他人自尊的风险(R)等因素共同决定的。例如,你对陌生人的礼貌大于对亲人,你对上级的礼貌大于对同事,如果某句话会让对方耿耿于怀,你会小心翼翼。

该公式还说明了可能做出有伤面子的行为时有五种方法可以补救。这些方法对于改善人际沟通、消除误解和冲突具有十分重要的作用。例如,假如你想让老板给你加薪,说"你早该给我加薪了",这是 1 的做法,很不礼貌。稍微礼貌的做法是将"正面子"与请求结合使用,"我们都知道您是个善于关心员工发展的人,如果你能根据我的工作状况考虑考虑我的加薪申请,我将更加勤勉回报公司的厚爱"。更加有礼貌的做法是"负面子"与"有伤面子的行为结合","很抱歉打扰了您,如果情况允许,能否考虑一下我加薪的要求,

减少 ↑
对丢脸风险的估计
↓ 增大

做有伤面子的举动 —— 正式的
　　　　　　　　1. 无纠正行为（有效的，无控制的）
　　　　　　　　有纠正行为
　　　　　　　　　2. 正面礼貌（某种程度地满足听者的正面子需要）
　　　　　　　　　3. 负面礼貌（满足听者的负面子需要）
　　　　　　4. 非正式的（逃避责任）

5. 不做有伤面子的举动（无攻击行为，也无交流行为）

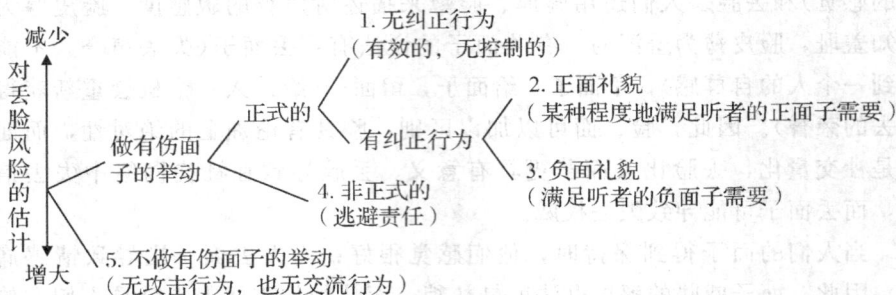

图 4-1　挽救面子的公式（小约翰，1999：469）

我将不胜感谢"，通过承认自己强求于人并为此道歉的做法来满足别人的负面子需要。第四种做法更为婉转，间接伤面子。"我今年的销售业绩远远超过去年，明年有望再突破"，也许您希望老板说："是吗？该奖励，该奖励！"可是，如果他没有任何反应，你也可以保全自己的面子——"我又没有要求你给我加薪！"

尽管礼貌策略对维护他人面子很有用，但反过来影响听话人应允请求的可能性。一般来说，让听话人更加容易拒绝的请求被判断为是更有礼貌的请求（Clark & Schunk，1980）。因此，布朗和莱文森（Brown & Livens，1987）同时认为，礼貌原则还取决于其他因素，比如请求的大小，也就是加在被请求者身上的负担的大小。小的请求用直接请求更好，当小的请求或者请求者有权利得到某种东西时，过分礼貌可能会被视为讽刺挖苦，比如"小姐，我不想打搅您，有没有可能让我们稍快点点菜啊？"

英国语言学家利奇（Leech，1983）提出了包括礼貌原则在内的更多的交际原则，如合作原则、礼貌原则、讽刺原则、玩笑原则、有趣原则、乐观原则等，而礼貌原则最重要，和合作原则并重，两条原则互相补充、互相结合来产生会话含义。礼貌原则包括如下次则（小约翰，1999：330）。

第一，策略次则和慷慨准则。求人帮忙时，尽量少让别人吃亏，尽量表达自己受益大；帮人时，尽量多让别人受益，尽量把自己的代价说小。这是同一问题的两个方面，使双方说出得体的话。例如：

甲：你能把自行车借给我用一下吗？就几分钟（少让人吃亏）。

乙：当然可以（把自己付出的代价说小），给你钥匙（多让别人获益）。

甲：太好了，你帮了我大忙（夸大自己的受益）。

甲求人，甲遵循策略原则；乙帮人，遵循慷慨原则。

第二，赞誉准则和谦虚准则，又是同一问题的两个方面。尽量少批评他人，多赞扬他人；减少对自己的表扬，多批评自己。两个原则有很神奇的力量，如果应当表扬别人而没有表扬时，言外之意就是批评。例如：

甲：你觉得我的裙子漂亮吗？

乙：我对这些事不在行。

同理，讲自己缺点也不损伤自己面子和威信。比如：

甲小朋友：这个芭蕾动作，我老是做不好。

乙小朋友（跳得很好）：我也做不好，如果把腿先这样弯一下，也许要好些。

第三，一致准则。扩大相同观点，缩小不同意见，类似我们常说的求大同存小异，或者先表示象征性同意，再讲不同意见，如"正如你所倡导的……，但……"

第四，同情准则。减少自己与他人的不和，增加自己与他人之间的情谊，如"我们是哥们，有啥尽管说，别不好意思。"

还有一些次则就不一一列举了，总的说来，就是说话人应尽量让听话人多得益，让自己少得益，以便使传播更为流畅，人际沟通更为和谐。

礼貌原则和合作原则是紧密相连的，二者在人际传播中都很重要。我们无论是遵守还是违背这些原则，都会产生特殊的传播意图。而传播者也正是通过对这两个原则的运用来解读他人的传播意图的，他人也正是通过这些原则来解读我们的传播意图的。

五、语言的控制力

在人际传播中，参与者必然在各种情境中实时协调各自扮演的角色，以使会话顺利进行下去。会话伙伴可能一起合作，对于某种沟通经历做出一唱一和的叙述，但也可能粗暴地转换话题或强加某些东西在会话伙伴身上而互生嫌隙。会话者之间的措辞和用语可能在外人看来是无害的或者老生常谈的，可是对于会话伙伴来说却意味着是不得体地讨论机密的、隐私的和/或敏感的话题（Bell & Healey，1992）。一个会话伙伴在和第三者讨论某些话题的时候可能擅自代表另一个语伴说话，而且，被代表的会话伙伴并不觉得你正确地表征了自己的状态和现实。这表明，人际传播存在一套专门化的互动原理和准则，或者说，各种语言形式反映了说话人对和他人之间关系性质的信念以及对关系动态的评价。这种对关系性质的信念和关系动态进行评价的语言可以贴上称谓标签。这些标签不仅表示对这种关系中彼此的角色有所期待，还表示亲密程度的差异。例如，"他是我朋友"和"他是我男闺蜜"，后者的亲密度高于前者。

　　但是，这种通过称谓表示出来的关系信念和关系动态评价，可能只是一方的意愿，另一方并没有和对方有一致的关系信念和评价。

　　常见的情形是，熟人关系的会话者之间进行显性评价是不合适的，而往往是朋友、情侣以及家人之间更可能直言不讳地评价彼此。例如，父母亲通常有更多自由来直言不讳地评价他们的孩子，而不是相反。这种不对称反映了家庭关系里的权力差异。当然，上司也更可能评价下级，而不是相反。

　　"情态"也表达人们的身份和彼此关系，包括对陈述的亲近、认可程度的高与低之间的许多等级："必须"、"应该"、"显然"、"或许"、"可能"、"差不多"、"大概"等。情态既可以是主观的（"我认为/以为/怀疑……"），也可以是客观的（"……也许是……"）。在客观情态下，说话人可能是在表述一种普遍的观点（"人家都说……"，即便是自己确认的观点，也要装得不是自己的），也可能是做某个个体或团体观念的传声筒，或者是面对高社会身份的人故意采取的谦卑之态（"好像是这样"，即便是确定的状态，也要装得不太确定，不要显得比会话伙伴高明）。无论是何种情况，都往往暗示某种形式的权力——"陈述的低层次亲近性表达的可能是权力的缺乏，而不是说服力或知识的缺乏"（费尔克拉夫，2003：167）。情态亲近的转换（由低亲近性情态到高亲近性情态，或相反）都显示出关系的差异。如果是低亲近性情态的过程，表明说话者的权力对听话人产生了压力，使听话人不敢表达确切的观念。如果说话者通过使用主观情态标记，降低其权威，提高礼貌程度，比如"我想……如果可能的话"等类似的试探性的说法，那么，听话人的压力会小得多。同样，礼貌原则的变化采用也和会话参与者之间变化的社会关系与社会身份保持一致。特定的礼貌习俗体现、复制、建构了特定的社会权力关系。

　　还有，代词的使用也反映并影响人际传播。例如，第一人称复数代词（我们、我们的）标志着共享身份、亲密关系和互相依存。人们尤其会在患难后或者集体荣誉中增加对第一人称复数代词的使用。夫妻在解决问题的讨论中使用第二人称代词（你、你的）和关系满意度有负面关联，和负面的关系行为有正面关联（Sillars et al.，1997）。

　　单从人际传播的层面来讲，很难去改变某些权力结构及其会话方式。但是，这提醒我们，权力是如何通过语言来实施在我们身上的，而我们又是如何通过语言把权力加增在别人身上的，也就可以使我们能够在人际传播中更多地反思和检查自己的语言，尽量避免因为语言的权力带来消极的传播氛围。这种通过语言体现的权力传播不仅反映了关系动态，而且也以各种有效方式影响关系。当说话人运用无权力的风格时，他们比起使用有权力的风格时更加缺乏说服力（Holtgraves and Lasky，1999）。

因此，人们根据需要对语言的词汇、句法、文体、修辞、文本结构、情态、蕴涵、隐喻、预设、物性结构以及话轮控制等的选择，就是选择了指称、建构社会身份、社会关系和知识、信仰的方式，这些选择都显示出不同的控制特性（或强或弱）。例如，句法结构可以表达意识形态——被动句在明显需要主语的时候把主语删掉，为精英阶层或权力群体开脱。词汇的选择也是显现隐含的视角、观念和意识形态的一种重要的手法，使用"恐怖分子"还是"自由战士"，使用"暴乱"还是"混乱"都是有选择的社会理由的，而这些选择都表明我们对待各种关系的态度，必然影响我们的人际传播行为。

第三节　语言使用的陷阱

善用语言可以促进人际传播和人际关系，反之，则阻碍。为了更好地通过使用语言发展、维护人际关系，我们必须做到：一要清楚地说话，二要恰当地说话，三要有效地说话。语意清楚的话不一定恰当，恰当的话又不一定清楚，而语义清楚又恰当的话不一定有效。在信息性沟通和误会澄清中，语意清楚十分重要。恰当地说话则要更多地考虑社会情境和社会规则。有效地说话则要学会对关系中的传播本质有一个清晰认识。但在这三个方面，我们通常都存在障碍。

人际传播是脆弱的，部分是因为语言的复杂性，部分是因为它是人性淋漓尽致的表现，受制于个人常犯的所有缺点和问题。

一、清楚地说话的障碍

语言具有约定性、公共性和稳定性，这决定了语言的高度抽象性和相对静止性。抽象和静止的可能危险是，人们赋予一个词的含义时所强调的思想成分可能并不直接与词汇所代表的事物相关。当我们通过语言与他人互动并表述我们对他人、对彼此关系的感知时，不准确、误解和歪曲在所难免，由此可能会带来人际关系的冲突。

1. 语意交错

事物是确定的，而语言是复杂的、多义的、歧义的。同一个词在不同的人那里有不同的意义，这是一种普遍的传播问题，而我们却常常忽略了这一点。在英语中，最常用的 500 个单词在日常对话中有超过 14000 种不同的字典定义，而且还不包括个人赋予的隐含义。在汉语中，最常用的560个常用词汇也具有上万种的字典定义。而且，词汇的意义又在时间中流变，旧词新用和创造新词总是在传播互动中不断出现。例如，"下课"一词原指上课时间结束了，现在的意义还指被辞退或被撤换；"CC族"（CC就是英语culture creative的缩写）就是一个新词，指那些反对物欲享受，追求心灵健康，希望以自身价值创造新的文化生活方式的人；网络语言更是通过文字、数字、英文、拼音、图形、标点、运算符号等任意组合，创造出更多的新词汇来传情达意。

此外，语意交错还有以下几种情况：（1）不同的词可以表达同一对象。例如，晨星与暮星指同一对象。（2）因字词组合不同或顺序变化，意义也变化，比如人工、工人。（3）虽然顺序相同，由于语气不同，意义也发生变化，如"这事非你来不可！"与"这事非你来不可？"（4）音同字不同，字同音不同。以上现象都表明语言和意义的复杂性。

在人际传播中，语意交错有两种形式。在第一种形式中，二人使用不同语词，却给对方相同的意义。表面上，出现明显不一致，但在意义层次上却是一致的。看看下述对话：

小丽：我喜欢有责任感的男生，这让人有安全感（意思：我希望你是有责任感的，也希望你给我安全感）。

小勇：我还没准备好（结婚），我们再约会一段时间吧。

这种情况并非稀有，两人彼此同意彼此意见，我们却以为他们不同意，这是因为他们使用了不同的话语。

第二种形式是，二人使用相同的话语，却给予了不同的意义。看看下述对话：

甲：我讨厌政治（意思：我讨厌政治的狡诈和阴谋）。

乙：我也是（意思：我讨厌政客）。

表面上，二人相互同意，实际上他们并不同意对方的说法。这些潜在的意义差异可能在时间中影响关系。例如，有一天，乙从政了，而且政绩显赫，地位攀升。甲就会觉得乙口是心非，乙却觉得自己是真实的——"讨厌政客与我从政并不矛盾，我可以做一个好的政治人物！"恋爱中的双方也会出现这种情况：对未来的承诺是一样的，但却意指不同的事情。男生说："我会让你成为世上最幸福的女人"，女生感动得泪流满面。但关于什么是幸福，什么是最幸福，可能两个人指的东西并不一致，甚至差异很大。

语意交错在不同文化中也是别有意味的。例如，"自由"、"民主"、

"爱"、"平等"这些抽象的词汇的意义在亚洲和西方文化间的差异还是很大的。例如，西方人的"平等"观和天赋人权关系紧密，是每个人的人格尊严的平等。而现代很多中国人理解的平等是"彼可取而代之"，甚至超越他人。

因此，语意交错是一种普遍的传播问题。如何避免语意交错带来的传播误解呢？如何增强语意的明确性呢？可以使用前面介绍的倾听与回应技巧来增强准确性。同时，要考虑语境，比如网民通常对网络语言运用与理解娴熟，但对于不熟悉网络的人，可能就会产生误解。例如，当你不停地说着"颜值、颜值"时，非网民可能一头雾水。

但并非所有情形都需要明确性，当你和朋友进行非正式的、玩笑式的互动时，可能不需要高度清楚。而在那些正式会谈、冲突解决以及执行工作任务时，则需要非常明确的语言。

2. 抽象度固定在过高或者过低层次上

正如地图无论多么详尽、完美也无法概括宇宙的万紫千红一样，语言也是非常有限而贫乏的，面对世界之无限丰富与精彩，语言可能捉襟见肘。这种有限性也说明了语言的高度概括性、抽象性，而事物本身总是具体的、生动的、流变不居的。通常，当我们讲话时，经常会描述一个笼统的且是抽象的意向，而听话者可能产生许多可能的形象，而不是单一的图像。由于任何事物都具有无数特征与属性，人们总是根据认识与使用目的不同对事物进行不同的类型化。例如，一个人在不同情境下分别被称为"公民"、"雇员"、"蓝领"或"白领"、"消费者"等。这种概括还具有等级性。例如，张三可依次概括为张三、男青年、男人、人、灵长类动物、动物、生物。

语言不但指代具体事物（如桌、椅、太阳、月亮），还能表示抽象理念（美丑、爱憎等）。对于具象——"这是房子"，"这是一只狗"，我们很容易理解，但"爱"、"美"、"安全"等抽象理念所唤起的思想与它们象征的具体现实的关联则非常复杂——一个人谈论或者写作"安全"时可能与安全带、银行金库、生命、投资等有关。

因此，施拉姆指出："有效传播的一个秘密是把一个人的语言保持在听众能够适应的抽象程度上的能力"。但这却是非常不容易的，人们使用语言传播时，要么抽象度过高，要么抽象度过低。例如，政治词汇往往抽象度高，正义、自由、秩序、人类这些词一般人很难理解，以至于阿 Q 把"自由党"称为"柿油党"，这是否一定程度上解释了辛亥革命的失败？——一种理念的鼓吹缺乏民众的理解。在日常生活中，有的人满口专业术语，常常让人"听而生畏"。

而语意固定在低抽象层次上是指不断重复琐事、细节，低度概括使人难见全貌与整体，不得要领。媒体有时会犯这个错误。

因此，要实现语言的清晰、准确，我们要意识到抽象水平，面对不同的受众斟酌语言的抽象度。

3. 概括性语言

人们都有类别思维和过度概括的倾向，即当人们观察人、事物时，习惯将个体视为某个类型的代表，而忽视其个性差异，比如"无商不奸，无奸不商"，"女人驾车都不行"，"南方人都喜欢冰茶"，"北方人都很豪爽"等说法。类别化往往来自刻板印象，会导致不准确的感知。

这种倾向表现为，人们把体现为言语的标签看得比人和事物实际存在的情况更为重要，好比把地图看得比真实的土地更为重要一样。

信源可信度研究对该种倾向也做了很好的注释，即相对于低可信度的信息来源，人们更容易相信高可信度的来源。例如，如果一篇文章是出自名教授之手，人们将会给予这篇文章较高的评价。反之，如果文章出自名不见经传的人物，人们就会给予文章低评价甚至忽略。这也就是易中天红了后以前无人问津的著作会顿时热销起来的原因。广告商也深谙此道，用体育和娱乐明星来为产品贴标签。也就是说，重要的不是讯息本身，而是赋予其上的意义与标签。

这种概括化语言往往带来不同族群的冲突，而这种族群冲突必然带来个体之间沟通的不顺畅乃至冲突。例如，"教授"、"专家"概括性地指称某一类人，曾经是正面指称，如今这一类人有了另一个消极的概括性指称"叫兽"、"砖家"。原来的指称中尽管有南郭先生，但人们普遍信任这类人及其个体；而现在的指称中尽管也有正能量的人，但人们普遍不信任这类人及其个体。这种高度概括化的语言称谓适于个人，其影响及于个人。族群之争的结果是，分属不同族群的个体彼此之间的沟通变得非常艰难。

因此，以他人为导向的人会力图避免根据常识或传统态度、价值观去判断他人。如果你根据刻板化的概念判断来自不同性别、阶层或者种族的个人，这将降低你对关系的认识和质量。

为了避免概括偏向，我们要随时提醒自己使用和理解一个词要个体化，要集中于事物和人本身的个性，而不仅仅是类别化的标签。例如，不要说"医生态度都很生硬"，而是说"我上次遇到的眼科医生耐心地花时间给我检查，这次的内科医生却很少回答我的询问"。

4. 静止的评估

古希腊哲人赫拉克里特的名言"人不能两次踏入同一条河流"，说明了世界万物瞬息万变。而语言的约定俗成性（公共性、稳定性）表明它只能表述较长时间段中的事物的状况，而难以捕捉到每一个变化。尽管人们也会随着时间创生出新的词汇或者赋予旧词汇以新的意义，但语言还是相对静止的。例如，我们每个人通常终身被一个名字指代，但我们的生理与心智的变化则日日新。一说西蜀"子云亭"，人们可能想到那是"谈笑有鸿儒，往来无白丁"的风雅之地，但现在已变为"喧哗皆白丁，往来无一儒"的麻将鏖战之地。

普通语义学用一个比喻揭示静止评估的概念——"地图不是领土"，如同地图，词只是表征和符号化现实，而道路系统经常改变。如果你用 1949 年的地图给你指路，你显然会迷路。

人类用语言说明事物，如同一张地图之代表实际地区一样，但要注意：（1）地图只是地形的说明而非地形本身。（2）地图所代表的只是地形之一部分，而不包含一切。常用汉字只有 5000～8000 个，常用英文也不超过一万个单词，而要用如此有限的词汇去表达无限丰富的事物、经验与关系，显然力有不逮。我们只能说出某事、某人某一刻的某一个特征或属性，但永远无法说出事物的全貌。

这也就是我们更强调人际含义的活跃性和千差万别性的原因，也说明了人际传播的复杂性——不仅是语意的澄清，还有人际意图等，还说明语言兼具有变动性与稳定性。

每个人都在改变，静止的评估意味着不承认变化。我们都有给事物贴上僵硬化标签的倾向，也就是"类别硬化"，我们的世界观大多数时候是僵硬的，以至不能改变或扩展视角。刻舟求剑显然是不利于人际互动的。因此，承认观念是个不断变化的过程，从而避免把事物、人和关系永久地嵌入包含一切的类别中。

为避免这一点，你要更新你的观察并给别人指出你下结论的时间段。"上次我见到你时，你喜欢听歌剧"，这个表达是说他的爱好在过去几年有变化的可能性。

在人际传播中，克服语言的静止评估最重要的是观察和承认他人的变化。例如，几十年不见的同学相聚时，经常有人对别人的成功充满出乎意料的惊叹，"当年我成绩比你好多了，没人会想到你会有今天！"被评价者可能很不开心，因为你哪里知道别人这几十年是如何艰苦卓绝地奋斗的，你当年的成绩好也不一定代表你的未来比别人的更光明。

5. 两极化

我们在描述和评估所见、所闻、所经历时，总会用两个极端的词汇，比如好或者坏、新或者旧、美或者丑，这就是两极化的语言。事实上，世界不是黑白分明的，而是有各种颜色的。如果我们使用极端语言，就可能把中间地带过滤掉，你的语言就无法准确地反映现实和关系。

例如，当你说"他考试不及格，肯定是没努力"时，显然忽视了他努力的那一面，而且不及格可能有很多不为你所知的原因。这个例子也属于归因偏见（详见第三章），常常会带来人际紧张。

再比如，女生说"你要么爱我要么就是不爱我"，男生则说"你要么赞成我要么反对我"，他们都在把他们的经验概念两极化。家庭关系咨询师认为，有问题的关系总是倾向于用这种非此即彼的语言，而极端的例子就是把问题的责任全部推在另一个人身上。因此，任何有问题的关系都不是单方面的。

实际上，我们的现实生活既不是完全阳春白雪也不是完全下里巴人，我们与他人的关系也并非非敌即友、非仇即亲。但人们常常被各种情绪、利益等因素左右而自动陷入这种两极化情境中，而忽略了事情或者关系绝大多数是存在于两个极端中间的。这种非此即彼的思维方式及语言使用对人对己都不利，因为如果我们把他人或者与他人的关系看得绝对完美，一旦我们发现他人或者彼此关系并不完美的状态时（即中间状态），我们会万分失望，这种失望一定会在我们的传播行为中表现出来，从而破坏我们与他人的关系。反之，如果我们把他人看得十足无能和充满道德缺陷时，对他人也是不公平的，而且一旦我们发现他人的良好行为和能力时，我们内部会有认知冲突，如此种种。

没有人可以完全避免两极化倾向，那些能够在更多情形下克制这种倾向的人往往被我们看成人情练达的人。所以，我们要做的是随时意识到这种两极化及其问题并提醒自己避免这种问题。人生是一个过程，人际传播也是一个过程。

二、恰当地说话的障碍

什么样的语言是恰当的，这依赖于语言使用的社会情境，通常是指"使用符合听者需要、兴趣、知识和态度，而且避免造成疏离的语言"（Rudolph Verderber et al.，1996：87）。恰当的语言可以获得良好的社会评价，增强会话伙伴的信赖。当人们喜欢并信任我们时，我们的话很容易被相信。而如果人们对我们怀有的敌意越深，我们越要小心使用可能冒犯他人的语言。然而，人际传播往往具有很强的情景性，情急之下，我们都可能说出言不由衷的话或者表现出他人难以接受的情绪。这时，语意清楚也于事无补，也并不能为我们的人际传播加分。

1. 正式和非正式语言的情景错乱

在不同的情景中以及与不同的人或者群体沟通时，要使用适应特定情境和人群的语言。我们可能和好朋友使用非正式语言——开玩笑或絮絮叨叨。我们和上司说话时使用较正式的语言。如果在需要正式语言时，而使用了非正式语言，或者反之，都可能带来人际互动的困境。例如，当你与一个你并不熟悉的老师沟通时，你使用随便开玩笑的语言、语气或者行为，比如碰触她/他的身体说："OK，保持联系！"或者，你与家人说话时像在单位给下属们开会一样，与朋友谈话一本正经的样子。

2. 专业术语的滥用

人际传播中不会有太多的术语和专有名词。但有的人在生活中也沉迷于工作和专业中，而忽视了那些与我们不同行或者对我们的特殊嗜好没有兴趣的人。当别人无法理解在我们看来习以为常的语言时，双方都有挫败感。他人觉得传播互动过程过于枯燥乏味，而你自己有知音难觅不被理解的孤独和痛苦或者傲慢。无论是哪种情绪，都会影响双方的传播效果以及关系发展。想象一下，一位细菌专家用带着显微镜的实验室方式观察、谈论家中事物的卫生状况时，满口化学分子式和细菌结构术语，长此以往，家庭生活会怎样？

3. 偏见语言：对他人不敏感

人类都有一种"我们"意识，这是一种生存必不可少的归属感，为人们提供情感和现实安全感。有时，这种"我们"意识以及与此相关的归属感是健康的、积极的，而有时则是病态的、消极的。当我们使用一些语词表达对他文化、他种族、他群体、异性别或具有不同性取向的人的偏见时，就可能冒犯他人，破坏关系。我们尤其要注意避免以下三种极端影响人际关系的偏见语言。

(1)男性至上语言

性别语言就是使用专属男性或女性的语汇去描述两性角色，也就是使用在两性角色上投射刻板态度的语词。在英语中，congressman，mailman，mankind 等词都忽略或者排斥了女性是世界和人类的一部分。而 member of congress，letter carrier，humankind 则是中立的表达，包括男人和女人。或者，也可以使用正确的标签表达性别主题，如 policeman，policewoman。

研究者发现（Donnell，1973），即便是像《牛津英语词典》这样权威的词典，在定义男人和女人时也是深有偏见的。女人：1)成年雌性(an adult female being)；2)女佣；3)女性爱侣或者情妇；4)妻子。而对男人的定义则积极和有意义得多：1)一个人(a human being)；2)在抽象意义上的人类创造物；3)赋予了各种品性的成年男性；4)地位重要的人。

许多社会习俗消除或者忽略了女性的重要，最明显的表现是在职业称谓上。往往把一些权威性的词归为男性，比如总统、律师、科学家、飞行员、医生、法官等；而一些从属性的词汇往往与女性联系在一起，比如女律师、女教授、女医生、女法官、服务员、护士、清洁工。男性至上的表达，如"我希望你会见姓李的女博士"，无偏见的表达，如"我希望你会见李博士"。

当然，语言也充分反映了在时间中变化的对女性的态度，显示了社会各类职业对女性的包含。对同一个职业群体，请你比较今天使用的词汇与20世纪50年代使用的词的差别（表4.1）。

表 4.1　新旧词汇的比较

今天的语汇	20世纪50年代的语汇
Flight attend	Stewardess
Firefighter	Fireman
Police officer	Policeman
Physician	Female doctor
Women at the office	Girls at work
Ms.	Miss/Mrs.
People/humans	Mankind

在汉语中，"女强人"是一个别有意味的词汇。它把女性排除在事业有成的群体外，一个成功的人若被冠以"女强人"的称呼，多半影射了其缺乏女性和母性的品质，被看成"强人"世界的异类。

技能训练：警惕性别至上语言

你还能举出多少这样类似的性别语言？回顾一次你使用男性至上语言而冒犯别人的传播事故，或者描述一次你被使用这样的表达时的感觉。然后，深思：我们如何在人际传播中避免使用男性至上语言？

传统的中国词汇，还反映出家庭角色的偏见。例如，用于男性的是管理者、主宰者的词汇——当家的、掌柜，而女性则是服从性的角色——家里的、内人、夫唱妇随。

与男性搭配的词往往具有正面含义或者褒义，比如 great（伟大的），ter-rific（了不起的），虎头虎脑，熊腰虎背。而与女性搭配的词往往具有被支配性的含义，如 adorable（极可爱的），charming（有魅力的），sweet（甜蜜的），lovely（可爱的），小猫，甜心，红颜祸水，妇人之见，嫁鸡随鸡、嫁狗随狗，女人头发长见识短。

与此相关的另一个问题是如何对待性取向。在一个越来越多元化的社会，人们的个人生活方式也千差万别。这个问题与你对性取向的看法无关，而是指传播时要以他人为导向，在谈论这个问题时要保持敏感。你赞成或不赞成他人的性取向不应该颠覆你成为有效传播者的目标，动辄给别人贴上"同性恋"等标签不仅得罪别人和伤害别人，而且也反映了你与人相处时敏感度不高。那么，避免性别语言有什么好处呢？

第一，非性别语言反映你的非性别偏见的态度，你的态度反映在你的言谈中，言谈反映你的态度。所以，监管言谈也就监管了你的态度。

第二，帮助你变得更能够以他人为导向，监管你的语言反映了你对他人的敏感性。

第三，可以赋予他人力量，肯定与你互动的人的价值。

（2）种族/群体偏见语言和刻板印象

人类固执的"我们"感总是对外群体充满了偏见，这种偏见也必然反映在语言中。例如，王菲刚到香港发展时，香港人总是说"王菲真土，一看就是北妹"。在那个年代，北面来的代表土气、乡气。

中国社会正处于急剧转型中，随着人口流动的加速，族群问题也会随之增加。青年人越来越频繁地要与来自五湖四海的人共同学习和工作，要保持良好的人际互动，必须要学习监管自己的言谈，能够即便是在无意识时也不用消极的、刻板印象的方式去描述别的文化群体。

另外一种偏见是电影语言，这种偏见不是反映在具体语言中，而是宏观主题上。例如，好莱坞电影中，黑人一般是坏人。再比如，"大圈仔"这一概念最初是指从广州"偷渡"到香港的青年，据说是因为地图上代表广州的是很大的圆圈。另一种说法是偷渡来港的人多用大轮胎作救生圈，故而形象地称之为"大圈仔"。后来这一称呼在很多场合下被泛化，用以泛指大陆的偷渡客。20世纪80年代以来香港影坛便开始拍摄以"大圈仔"犯罪为主题的电影，而其他犯罪电影中也经常出现来自湖南、四川、东北等地的抢劫分子。打劫金铺金柜珠宝行是这些"大圈仔"们最爱干的事情，连周星驰的《国产凌凌漆》

中都出现了一场"大圈仔"（粤语版是湖南人，国语版是山东人）抢劫杀人的重头戏。

技能训练：警惕族群偏见语言

回顾一次你使用过族群偏见语言而冒犯别人的传播事故，或者描述一次你被使用这样的表达时的感觉。然后，深思：我们如何在人际传播中避免使用族群偏见语言？

（3）使用贬低年龄、能力、生理特征以及社会等级的语言

我们每个人都有年龄、能力、生理、社会等级上的差异，差异是现实的，差异本身也不是问题，而难题是对待差异的观念、态度及其在语言上的反映。

"嘴上无毛，办事不牢"，是年长者贬低年轻人的话。"不要倚老卖老"，是年轻人贬低老年人的。招聘广告上写：容貌端庄，35周岁以下。这是通过对女性年龄的贬低来贬低其社会价值——35岁以上缺乏社会价值。"他是吃福利的"，"他是蓝领"等，是不尊重他人的社会等第、教育和社会经济状况。

因此，还是要以他人为导向的原则进行互动。由于在一个既定社会中，居于普遍弱势地位的人对这些用语较为敏感，传播者更要保持传播敏感性，监管语言的使用。

三、有效说话的障碍

人们发现，即便是各种最好的条件都具备，在人际关系中进行有效的传播也是相当困难的。阻碍我们有效传播的原因很多，这里要澄清的是对关系中的传播本质所做出的一些僵化、不恰当的假设。

1. 假定传播者总是一致的

在社会生活中，要求他人保持"一致性"十分重要。因为，只有他人具有一定程度的稳定性（一致性），我们才可以对他人做出预判，以便对他人采取恰当的态度和行为。但我们似乎并不要求自己有一致性——可以一会儿独立，一会儿依赖；一时小气，一时慷慨；一时与他人满心欢喜相处，一时又要独处；一时要做风尚引领者，一时只愿做跟随者。也就是说，我们喜欢他人保持一致性，但讨厌别人指出我们的不一致性，如"你昨天不是这么说的"，"你昨天说过要解决它的"。

例如，在不到半小时的时间里，妻子对丈夫说了，"你花钱太厉害了"，"你不再带我去最好的餐厅用餐了。"丈夫可能认为这些说法是不一致的，于是他想他得带妻子出去吃晚饭了。但妻子可能没有看到不一致的地方，因为她在谈他的个人花销，没有花钱在彼此的利益上。对妻子来说，一起出去的

重要性远远大过花钱的重要性。也就是说，我们很多时候所说的东西都忽略了个人的保留意见，而这个保留意见是需要听的人在指责说话人不一致之前好好探究的。

我们为何会不一致？因为生活情形和传播语境变了，在晚会上疯狂与在家安静是很自然的。如果我们认为别人"总是像那样"，"总将像那样"，我们就有犯错误的风险。人生总是丰富的，人总是复杂的。当他人出现不一致时，正是我们了解他人以及我们和他人关系更多方面的时候。

因此，我们应该期待那些既能展示一致性和不一致性都有的关系讯息。所谓"理性"的关系不仅仅是支持性讯息的持续流淌，而是关系中的人们既理解积极讯息的必然性，也理解消极讯息的必然性。不能容忍表面看来不一致行为的人在保持广泛关系方面可能有些麻烦，尤其是在持续性关系中特别麻烦，因为我们总是首先强调自己的一致性，但随后又表现出不一致。

2. 假定意思总是一目了然

我们总相信耳听为实，听到的就是人家的真实意思，"你既然那么说，你就是那个意思！"我们大多数人关注人家说了什么，这的确重要。但是，意思有很多其他来源，如果我们过度依赖人家说的就会阻碍我们与他人保持关系的有效性。我们并非说的总是我们的真实意思，而我们也并非总是说话算话。

例如，一女生对一男生说她已在约会了，"我真的喜欢你，但你要注意下居住环境的卫生就好了，我不能住在像你宿舍那样的地方。"男生回答："我一直是这样的"。实际上，他不是一直都不注意卫生，但其未说出来的意思是，"我不觉得这是个问题。你为何不能接受我却又想改变我呢？再说了，谁要你和我一起住了？"

那么，要确定广泛的意思，就需要考察一则讯息是谁说的，什么时候说的，相关情形是什么以及怎么说的。在这些因素背后，才是说话者的真实意图。

3. 假定传播者是孤家寡人

好多时候，我们谈论我们和他人关系的时候，就像我们和他人没有关系。我们说我们关系好的方面的时候，好像与我们的伙伴所言所行毫无关系；而我们谈论关系坏的方面的时候，好像与我们自己的所言所行毫无关系，"那不是我的错！""要不是我苦心经营，努力对她好，我们早就……"。

我们之所以不承认彼此依赖，是因为承认就意味着我们要为传播问题负更多责任。我们很容易把关系伴侣描述为独立于我们，"她从来都不认真"，

"他没有告诉我真相"。承认彼此依赖就意味着要逼问你自己："你做了什么引起对方这些回应？还能做些什么可以得到你想要的回应？"传播者如果承认了彼此的依赖性，也就承认了传播问题是双方导致的。

技能训练：你有没有脱离相互依赖性来看待和关系伴侣的传播？

回忆一下，你是否对亲密者，比如恋人、父母说过诸如此类的话？或者亲密者对你说过这样的话？——"我对你这么好，你却如此对待我！""这一切都是你导致的！"在这种传播互动中，关系伴侣以及你自己的感觉如何？反应如何？

4. 假定因果关系显而易见

有时，人们的动机很清楚，但大多数时候却不是这样。人们的言语和行为可能有远不止一种动机，但我们常常只咬定一种动机。"你别想糊弄我，我很清楚你的意思！""你知道你在说/做什么！"我们并不一定就知道别人的意思，别人也不一定很清楚自己的意思。

例如，你的某位好朋友说："周末我没啥事做"。也许，她就是顺口说一个事实，也许她想邀请你去喝茶聊天，或者她可能希望如果你有什么有趣的活动，可以邀请她一起参加。这就要求你以不同的方式回应朋友的话，确定她是想邀请你加入她的活动，还是希望你邀请她出去约会。但要做到这一点，就需要我们对他人的动机深思熟虑。但我们很多人会匆忙地下结论，认为对方言行的动机是显而易见的，实际上我们的这种想法可能是错误的，并阻碍传播。即便你正确地推导出你的伙伴所言所行的动机，如果你公开表明其行为"显然是由于……"她也可能拒绝承认，显得极为防备。

人们的动机和言行原因通常是复杂的、隐秘的，在生活节奏非常快速、人的欲望无限增长的今日世界，原因可能更为复杂，甚至实施言行的个体也只是下意识或无意识的。但我们在解释他人言行原因时，不可避免地受到我们的期待和愿望的过滤，我们相信我们愿意相信的，我们看到我们愿意看到的。如果我们总是带着自己固定的因果推定去看关系伙伴的行为，在实践中就会伤害对方以及关系。

5. 假定凡事一锤定音

人际传播和人际关系总是一个持续、动态的过程，但我们总爱说"全部解决了"，"彻底结束了"。真的会全部解决、结束吗？如果我们认为有全部结束的状态，那就意味着不需要进行同样的努力、关注、关怀了。

在面对争议时，人们有时会妥协。但同样的问题可能瞬间出现，也可能几个月、几年后出现。你可能"最了解"你的关系伙伴，但如果你想要一个高质量的关系的话，你应该永不停止去了解她/他。离婚并不意味着你不再想到对方了，可能在某种情形下，那个人会再次出现在你的思虑和事态中。

因此，不要想当然地认为你曾经面对过某种传播情形，你就终结了对这种情形的认知。我们所说的以及我们编码的讯息是持续的、可变化的，我们不要奢望那些我们罔顾的事、人或者行为会永远结束。过程观可以使人们警醒，如果缺乏用心良苦的经营和调适，今天满意的关系也可能会祸起萧墙。

因此，我们在关系中的传播需要有效说话，而有效说话必须要抛弃这些妨碍有效说话的假设。

第四节　增强语言传播能力，营造支持性传播氛围

你是否经常说或者听到别人这么说："谈话氛围不好"？当人们说氛围好或不好时，哪些语言表达代表氛围好，哪些代表不好呢？而且，当人们说到氛围时，几乎是一个直接的、不假思索的感觉。

我们使用的语言及其表达方式对他人是接受还是拒绝我们的观念与情感有着强大的影响力，我们选择合适的语词及恰当的表达方式是我们与他人建立积极的、高质量的关系的焦点。请看下面的陈述：

"你一定输，我一定赢，就那么简单！"

"你照我的方法做就行了！"

"你连这个都不知道！?"

这些陈述不可能带来积极的传播氛围，只会导致争议而不是对话，抵制而不是接纳，怨恨而不是和谐。真正的对话包括建立对等的氛围，移情地聆听，寻找共识，表达开放性，而不是用论战式的语言捍卫自己的等第和名利（表 4.2）。

表 4.2　争辩和对话的比较表

争　辩	对　话
只有一个正确答案并自以为拥有它	许多人都有一些答案，大家在一起可以找到最好的解决方案
目标是赢	目标是追求共识和一致
焦点是战斗；试图证明自己是对的而他人是错的	焦点是合作；追求共同理解

续表

争　辩	对　话
寻找他人立场中的缺点和错误	寻找他人陈述中的优点和看重他人论述中的真理
为自己的观念辩护	包含他人的观点以证明自己的想法

（Danial Yankelovich，转引自 Beebe，2008：172）

我们每个人都是各自人生经历的构造物，当我们选择某些语汇和表达方式时，都是在过去的经历、累计的知识以及传播规则的引导下进行的。因此，我们要反思性地、批评性地使用语言，了解人们使用语言的共同障碍和自己运用语言的状况，并运用有关语言传播的知识改变我们的传播状况。既然语言和行动是让他人了解我们是否支持、鼓励他们的工具，以便实现我们的传播目标，本节我们将思考和学习如何使用语言建立支持性而不是冒犯性的关系。

一、营造支持性的人际传播氛围

你如何描写你的某些重要关系？温馨、愉悦、公平、狂涛巨浪、冷漠、热烈？就像地理有各种气候一样，人际关系也有独一无二的气候。人际氛围是人们之间的主导性的整体情绪、情感和心理，它是不可见和不可测量的客体（Beebe，et al.，2008），而不是人们彼此感觉彼此的具体方式。

通过语言和非语言创造良好、友善的人际氛围在人际关系中尤为重要。有些关系有积极的传播氛围，比如舒服的、温暖的、支持性的；而另一些关系氛围却是消极的，比如紧张的，防备的（保护自己，批评他人）。根据氛围对传播和关系带来正面还是负面作用，我们将其区分为两种氛围：冒犯性氛围和支持性氛围。一旦某种氛围形成，就会有自身生命。正如感知会有正、负螺旋一样，传播氛围也有正向、负向螺旋之分。例如，如果传播氛围不好，哪怕最好的讯息也不一定产生积极效果，赞扬的评价可能被人理解为讽刺，无辜的笑被理解为狞笑。

具体来说，冒犯性和支持性的传播氛围有以下几对。我们要努力创造支持性传播氛围，避免激发冒犯性传播氛围（综合 Gibbs，1961：141—148）。

1. 不负责任还是负责任的语言？

语言不仅可以使谈话内容清楚或模糊，还反映说话者是否愿意为自己的情感、信仰和行为以及事态负责任。承担或者拒绝责任既反映一个人的人品，也形成支持性或者冒犯性的传播氛围。

(1)代词"我(们)"、"你(们)"、"他(们)"会导致冒犯性氛围

"我"、"我们"陈述是一种承担责任的方式，而"你"、"你们"陈述则是对他人的论断和评价。传播研究表明，在熟人关系里传播显性评价是一种忌讳(Knapp& Daly，2012：224)。尽管有些奉承式的评价可以赢得他人好感，如"你很漂亮"等，但大多数人对评价还是比较敏感的并且是防范的，因为很少有人会喜欢被人论断和评头论足。批评和斥责他人更是会制造关系问题。

"我"陈述让他人尽可能少地感到被排斥、控制，比如"我觉得这里很乱"，而"你"陈述则攻击了他人的自尊，使他人感到更多的被贬斥，比如"你把这儿搞得很乱"。"我"陈述使抱怨显得更精确而更少煽动性，比如"你那样说，我感到难过"，而"你"陈述则相反，比如"你伤害了我"(表4.3)。

表4.3　"我"陈述与"你"陈述的比较

"你"陈述	"我"陈述
你伤害了我	你那样说，我感到难过
你把这儿搞得很乱	我觉得这里很乱
我老板羞辱我	老板批评了我，我感到羞辱
演讲者让我感到枯燥	当演讲者讨论如此复杂的问题时，我有些糊涂

我们常常避免使用"我"是因为一说到"我"就意味着为自己所言所行负责任。因此，人们通常用说"你"开始混淆责任。

当然，"我"陈述和"你"陈述的积极和消极意义只是相对的，有时"我"陈述也会激起他人防备。例如，"我希望你别那样做"，虽然是"我"陈述，但听话人可能产生防备性感觉("你希望！你算老几?")，因为一般来说，没有人愿意听到是自己的行为导致了他人的问题。而且，"我"表述太多也会显示个人中心主义。也就是说，过多地在外群体面前使用"我"、"我们"往往表达一种优越感和排外感。

为了避免评论，我们可以有下面几个简单步骤：一是思考将要说的话；二是思考用词中是否有明显或暗示的评价；三是重新使用没有评论性的句子。

技能训练：使用"我"语言

请根据例子，改写下列陈述。

比如，你很懒。　　我希望你更勤快些。

我讨厌你说话时老是控制我 ＿＿＿＿＿＿＿＿＿＿＿＿＿＿＿

你太多事了 ＿＿＿＿＿＿＿＿＿＿＿＿＿＿＿＿＿＿

这个报告做得差 ＿＿＿＿＿＿＿＿＿＿＿＿＿＿＿＿

另外，下列几个词的使用也要特别谨慎，用之不当也会成为逃避责任的语言，从而冒犯听话者。"他们"的使用经常是谈论"你"的间接方式，也是传播闲话、表达负面现象的散漫方式。"他们说……"，"他们不让我"，"他们不喜欢我做这事"，这种表述明显逃避了我们自己应该承担的责任。如果他人用"他们"，你可以问："他们是谁"。重要的是清楚他们是谁，以便使非准确信息不被传递。

（2）其他一些词汇引起的冒犯性氛围

"总是"是全称肯定形式，"从来没有"是全称否定形式。在人际传播中，人们频繁地使用这些词汇，而这些词汇常常带来人际关系的伤害。"你总是忘记我的生日"，"你总改不了老毛病"，"你从来都没做对过"，"你从来都不关心我"，等等，这些表述在生活中比比皆是。事实上，生活中很少有"总是"和"从来没有"的状况，大部分状况是居于中间。这些表述往往排斥和忽视了他人曾经付出的努力，往往激起对方的叛逆和令其走极端。

"应该"，这个词暗示了他人有问题，他人辜负了某种期望，他人是愚蠢的，等等。例如，"你应该清楚地知道"，谴责他人时经常有这样的说法。

"应该"也暗示了说话者有资格去评价和纠正他人，"你应该这样做……"我们要记住：试图去纠正别人哪怕是为了他人利益也会带来纠葛。

2. 解决问题还是控制他人？

控制就是在传播互动中，把观念、情感强加于人，这会使别人非常压抑。反之，积极的传播氛围是集中于发现让每个人满意的答案，找到大家都满意的解决办法。前面讲语言和权力的关系时我们已经了解到，语言的一种功能是隐蔽的或者"非政治化"的控制，使得强加人际影响的企图不那么显而易见。

一个常见的隐蔽策略是行为主体操纵，说话人在实施一个引起争议的行动时（如老板决定不给他的雇员加薪），其措辞或者省略这一行动的主体（如"已经决定了不给你加薪"），或者欺骗性地把它分摊给全体（如"我们决定了不给你加薪"）。其他的控制策略还包括名词化等方式。

以上都是使用语言的隐晦控制方式，还有就是直接的控制方式。当你年轻时，父母给你定了多少规矩？——什么时候睡觉，怎样过街，等等，为的是保护你的安全。成人后你反感他们把你当孩子，你可能认为他们在控制你，剥夺你的选择权。

大多数人都不喜欢被控制。当你试图告诉他人什么是对的，什么是错的，而不是帮助他解决问题和困难时，多半会激起他人的防范。诸如此类的开放式的问题"我们来分析一下问题可能出在哪里呢？""看看还会有何种办法处理这个问题？"显然比批评性的评论"你错就错在这里！"更能创造支持性的传播氛围。

在这一点上，在坚持个人主义文化价值观和集体主义文化价值观的社会里，是有很大差异的。个人主义更强调个人决策的自决性，控制因素往往在大的规范方面反映出来；而中国人强调家族、家长、上级的等级权威，对社会、个人的控制特征较为明显，甚至以爱的名义表达控制，或者用控制来表达爱①。父母在以下问题上都试图左右孩子的决策：上什么学校，参加何种兴趣班，考什么大学，和何人交朋友，选择什么样的职业，和谁谈恋爱、结婚，等等。而且，父母总是这样说："我这都是为你好！"在社会文化价值观剧烈变迁的当代中国，新老代际冲突表现得十分突出，亲子冲突的强弱尤其表现在控制与帮助解决问题的不同选择结果上。

3. 坦诚的还是策略的？

坦诚的讯息交流是公开讨论事情和问题，并和他人分享真正的思想和感情，无操纵和隐藏诉求。而一个试图操控别人的人则具有掩藏的议程。例如，你明知道对方对你在室内抽烟生气，但你却故意抽，然后在对方气得失控时再故意装出一副无辜的样子。大多数人一旦意识到别人在用策略操纵自己时会感到警惕和反感。例如，当你这样对别人说："这件事太重要了，你帮我做点啥吧"。别人会感到你的事情比他们的更重要，于是会产生防备心理。

当然，隐藏的操纵策略可能成为一种心理游戏，让他人觉得痛苦，引起意料外的反应，操纵者就觉得赢了。

自然而然的坦诚传播互动意味着对他人利益保持真实的兴趣，把每个个体和每种情形看作独一无二，避免以自我愿望和需要为中心而采取操纵的策略。如果我们把"这件事太重要了，你帮我做点啥吧"这句话改为"我确实需要你的帮助"，这就提升了他人的价值（回忆礼貌原则中"扩大自己受益，减

---

① 这一点在笔者对学生的访谈中不断被证实，而笔者在以个人主义文化为典型特征的美国访问过程中，与美国学者 Rick Pullen，Stella Ting Toomey 等人的讨论中，他们也阐述了东西方父母在对待孩子人生道路的选择问题上具有明显的差异。

少他人损失"的部分）。

当你对他人作真诚、诚实、积极的关注时，真正积极的对话才会出现。如果你的目标仅仅是寻求个人利益和兴趣，你的语言一定是自我中心的。所以，自然而然的对话的核心是以他人为导向，集中于你正在沟通的人。尽管这个原则看来是不现实的，尽管你不可能和所有相遇的人成为好朋友并发展一种利他的兴趣，但努力的结果一定会换来一个较为积极的传播氛围。

真诚也意味着你诚实地追求成为你自己而非他人。大多数人不喜欢一个自以为是的人，"你是错的，我是对的"会激发冒犯的氛围，但这不意味着你应该没有主见或者同意一切。"我可能是错的，但对我而言……""这仅是看待这个问题的方式之一"，等等，这种说话的方式使你的意见有一个柔和的边界，这个柔和的边界给他人表达观点留有余地，从而创造支持性的传播氛围。

总之，真诚就是要保持平衡，杜绝两个极端：既要承认他人个体、利益以及观点的正当性，也不应该忽视自己的视角。

4. 移情的还是置之度外的？

移情是支持性关系的尺度，是以他人为导向的本质，这是一种理解他人感觉并预测他人对于不同情形的反应的能力。移情的反面就是置之度外，就是冷漠，无动于衷。置之度外甚至比愤怒更伤害关系，因为即便是表达愤怒你也在关系中投入了某种能量；而"我不在乎你怎么想，我做定这件事了"这种冷漠尤其伤害关系。

人们对那些以自我为中心，对他人喜怒哀乐置之度外的人总是保持防备心理，因为这种人对他人不关心，不认可他人价值，不关心他人想法。

在谈话时，把他人包含在内，也表示出移情而非疏远、对立他人。

移情也意味着尊重他人对自己感觉和观念的说明，而不要代他人说话。感他人所感时，应努力避免说"你怎会这么想？"这就否决了他人感觉的正当性和合理性。还有，感他人所感时，不要以为充分理解了别人的想法。例如，A 在向 B 述说自己的委屈，B 说："我懂你说的"，A 大怒："你根本不懂我的感受"。

有时，表达移情时非语言传播有着非同寻常的力量。

5. 官腔、奉承还是平等？

人们对有优越感的人容易产生警惕和防备，当然人们对那些总是奉承、卑躬屈膝的人也是保持警惕的。积极的传播氛围是让人觉得彼此是对等的，愿意尊重彼此的现状。

　　由等级制文化所影响的官场和日常生活中，盛行着两种说话习惯：打官腔与阿谀奉承，这两个极端的习惯相互依赖，相互培育。官腔是上层级对下层级的一种传播方式。在这种情形中，说话者可能因为智慧、经验、知识、地位、财富、相貌等理由，采取居高临下、胜人一筹的语言和语气同他人说话，把他人看成是被教化的对象或者下属，把自己看得比别人好或者更尊贵。

　　官腔有如下表现：（1）显示自己比别人厉害。"这个是常识啊，你应该懂！"（2）好为人师。"算了吧，别那样！""你知道你的问题在哪里吗？"（3）直呼他人其名，但却希望别人称他的职衔。（4）提高音量震慑他人。"你不必那样！"（5）故弄玄虚。"这个嘛……"（6）以命令的语气说话。"晚饭后，你必须完成它！"（7）以其他冗长的、复杂的和不易懂的方式说话。

　　尤其要注意的是，在中国文化中，"小"字辈的称呼具有十分重要的层级区分和礼仪规范意义，是一个歧义很大、令人非常敏感又难以把握的称呼。当你把他人称为"小张"、"小王"时，实际上已经表明了你对彼此的社会层级的有意安排。如果对方确实是"小"字辈，双方都会认可彼此的层级位置。非此，就成为一种故意凌驾，多半会激起他人的反感，在沟通中容易形成冒犯性的传播气氛。

　　人们对有优越感的人总是保持警惕。你也许是聪明的、智慧的，你也许真的有责任或权威去管理他人，但却用不着显示和炫耀，因为这并不会产生合作和友好的传播氛围。也许，在组织传播方面，有人会认为权威式的讲话更有利于组织目标的实现。先不说组织传播也要看下属的个人特质是需要权威主义还是民主主义，在人际传播方面，优越感总是对人际关系有较大伤害力的。

　　另一种有问题的传播方式是奉承，这是一种下对上的传播方式，传播者总认为他人懂得一切。在亚洲和拉美文化中，有"为尊者讳"的习惯，即说奉承话可能被认为是表示尊重的方式。如果说话者不这么做，就被认为不礼貌、迂腐或者不识时务。奉承的对象有时是某些特别角色（如教师、医生、官员），有时是基于个人个性。在官本位意识突出的社会里，人际传播和关系不可避免地打上这种奉承的烙印，那些具有角色优势的人更多可能被奉承，奉承可能通过更为礼貌、合作的态度以及话轮让渡和情态词的选择性使用表现出来。

　　有时，人们说奉承话也可能是为了获得某种现实利益而采取的委曲策略。人们在要求他人答应自己某项要求时，总是以剥夺他人资格的方式开始，如"我知道你是行家，办这件事对你来说小菜一碟"，"你过的桥都比我走的路多，见多识广啊！"被奉承者被抬高资格的同时又被剥夺了资格。因为，说话者给被奉承者一个高位，这让被奉承者产生为了维护自己高位的压力感，而难以拒绝说话者——奉承者的要求。

奉承无论是对奉承者还是被奉承者都可能是有问题的传播方式。被奉承者可能不具备某种能力，但必须永远保持最佳状态。对于有自知之明的被奉承者而言，被奉承是一种压力——自我实现的预言不断发挥作用。而对于那些没有自知之明的人或者那些长期处于过度被奉承环境中的人，可能以为自己真的具有某种超人的能力，从而失去自省和自警而迷失自我。而奉承者可能给人留下没有能力和自卑的印象，一旦这种印象形成，奉承者永远被期待去采取奉承的方式传播，也会失去自我。

无论是使用权力介入式的胁迫还是巧妙的奉承处理方式，处于高位或者低位的两种说话方式都会引起许多问题。这些问题有很多解决方式，但最有效和应该牢记的原则是平等，也就是中国人所讲究的说话做事要"不卑不亢"。意识到在一切传播行为中，所有人都是平等的，每个人都会对传播有独特贡献。当然，与其说这是一种现实原则，不如说是一种反思能力。也就是当我们自己遭受官腔和奉承产生的负面感受时，要明白自己要负的责任，是因为自己采取的上位或者下位的传播方式助长了他人的下位或者上位方式。同时，也要清楚地知道自己采取上位或者下位的传播方式会给他人带来的负面感受。这种平等感的确立可以使我们对我们的人际传播行为保持高度敏感性并随时予以检视，从而推动人际关系的发展和维系。

平等原则并不适用于所有文化和社会，许多文化的日常生活中都存在着僵化教条的组织结构以及人们之间说话的方式。尤其是深受等级制影响的社会文化中，官腔和奉承是一对形影不离、共同繁荣的双胞胎——官腔日盛，奉承日增；官腔渐衰，奉承式微。

6. 排斥还是包含？

排斥是人们常常具有的一种口语习惯，即在一个不是群体内的成员面前谈论内群体的话语，比如在非专业人士面前侃侃而谈专业，在不懂地方方言的外地人面前执意使用方言。许多职业从业者都患有这种毛病。排斥既可能是习惯成自然的无目的流露，也可能是人们为了表达社会等第、阶层、情趣等的差异而故意采用的策略。但无论是故意而为还是自然流露，排斥对于人际传播和人际关系都具有破坏性。尤其是当不属于群体内的成员加入时，说话者如果仍然继续高谈阔论内群体话题和原来的语言使用风格，会使加入者

第四章　人际传播的符号能力——语言传播

无话可说，觉得索然寡味而且感到不受尊重，也凸显了加入者的被孤立状态。

技能训练：你的排斥行为和感觉

想一想你曾经是否经历过排斥他人或者被他人排斥的谈话？例如，当你正在和一群熟悉的人说话时，有来自不同国家、省份、民族、职业、职位、性别、年龄的人加入，你是否有过语言包含行为或者非语言的注视？或者，当你加入与你有这些差别的谈话群体时，他人是否注意到你，是否对你有过调适性的语言和非语言改变？当有或者没有发生时，你的感觉如何？

没有人喜欢被排斥，为了建立、发展和改善人际关系，我们更应该采取包含的原则。在互动中把他人包含进来，双方都可能获得某种满足感。包含的方式有很多种，比如寻求他人的观点。当外来者加入谈话时，友好地邀请他人加入谈论。既可以直接问："你怎么看这个问题？""你觉得呢？"也可以通过目光注视邀请外来者加入。当然，如果外来者还处于熟悉谈话环境的初期时，过快地注意对方并提问会让对方紧张甚至陷于尴尬。什么时候包含初来乍到者，关键还是要以他人为导向，看他人的需要。也可以通过谈论与他人相关的话题把他人包含进来。例如，外来者最近有高兴的事，你可以恭喜对方，"你来啦，听说找到好工作了，恭喜啊"。

当外来者进入谈话时，往往不知道谈话的语境，这种情况下，提供一些细节说明，也是一种包含方式。如停顿一下对外来者说："哦，我们刚才在说……"。

还包括使用相似的词汇、语调、语速以及礼貌的表达方式，显示与他人的关系的不同。

此外，幽默也能够创造支持性的传播氛围，会讲笑话的人让人放松，往往具有良好的人际关系。但幽默也是语言运用的一种高境界，能够达到这个境界的人还是较少的。

技能训练：支持性的/冒犯性的传播氛围角色扮演

班上同学分为两组，一组扮演这两种氛围的传播，另一组是否可以确认第一组的表演属于哪种传播氛围？可以设想如下情景：

1. 和教授谈论自己的成绩。
2. 还一个被损坏的东西给他人。
3. 和你的同学谈论他犯的相关错误。
4. 和父母谈论你要去非洲支教。
5. 你想学习，要求室友关掉电视或者视频播放。

二、认可和支持他人

尽管支持性传播及其创造的传播氛围有多种类型，但归根结底，影响人际氛围最为单一的因素是认可，包括被人认可和认可他人。认可讯息意味着我们重视他人的情绪、情感，认可他人的价值和尊严，看重我们的关系和伴侣，认可他人对我们的意义。

1. 否定、拒绝还是认可他人？

小张回来晚了点，小丽非常生气，抱怨其晚归，小张可能的反应有三种。

第一种，否定，即草草打发甚至无视小丽的气愤，如"不要再叫了，我对你的喋喋不休没有兴趣。我要做我想做的事情。我要去睡觉了"。

第二种，拒绝，即拒绝小丽生气的理由，如"你在生什么气呢？上周你去参加公司的聚餐还不是晚回来了3个小时，所以不要再说了"。

第三种，认可，即对小丽愤怒和生气的理由表示理解，如"你有权利生气，我应该事先打电话告诉你我会晚点回来。但当时情况一片混乱，我必须等事情解决了才能离开"。

第一种反应是一种忽视他人的存在并回避沟通的传播方式，认为他人说的话不值得去努力听和理解，这种反应常常会导致他人自尊心的丧失，是对他人重要性的否定。第二种反应表示不愿意接受别人的所言所行，但没有忽视他人的感觉和存在。

可见，否定和拒绝是有问题的传播方式，只有认可是一种正面、积极的传播模式。在认可中，我们不仅认同了他人的存在，也表明我们接受这个人及其表达的感觉、情感，可使他人获得自尊感。

这三种反应不仅可以通过语言表现出来，也可能通过非语言行为表达出来。如在表达肯定时，可以是温柔的抚摸、专注的注视、移情的表情，等等。

技能训练：你有多认可他人？（Devito，2013：214）

（5＝总是，4＝经常，3＝偶然，2＝很少，1＝从没有）

1. 我容许别人语言和非语言表达的存在。
2. 借助支持或谈论他人所说的话题来承认他人对沟通的贡献。
3. 谈话中会保持眼神直接接触以及抚摸、拥抱等非语言沟通。
4. 同时作为讲话者和聆听者，用关怀和尊敬的心来和他人沟通。
5. 用语言和非语言表达对他人的了解。
6. 我回应了别人的感受，也表现了我了解他们的方式。

7. 我会用适当关心别人想法和感受的方式来回答问题。

8. 会在适当的时候回电话、回信来回应别人的请托。

9. 我会鼓励别人来表达他的想法和感受。

10. 我会直接对别人的话做出回应。

以上 10 个叙述都是表达了认可的行为，因此高分（35 分以上）反映了实施认可行动的强烈趋向，低分（25 分以下）反映出实施否定态度的强烈倾向。

再看看以下两对夫妻的对话：

夫妻 A：妻子：没人对我做的心存感谢。

丈夫：你这么想我很难过。要知道，在这个世界上，你是我最重要的人。

夫妻 B：妻子：没人对我做的心存感谢。

丈夫：哦，那我的感觉呢？我的感觉不算吗？没办法，那是你该做的。晚饭吃啥？

第一对夫妻的对话氛围是认可的，关系是和谐的，而第二对夫妻的对话氛围是非认可的，关系是冷漠的。认可的回应是以他人为导向的陈述，这种陈述使他人获得自尊（Steven A. Beeble, et al，2008：145）。上例中，A 妻可能由于丈夫的认可而变得自信。而非认可的回应是使他人自我价值降低的陈述。上例中，B 妻的感觉被忽略和不被认可，他们后面的对话氛围和结果可想而知。

遗憾的是，我们在与朋友、恋人、配偶、子女或者其他家庭成员进行沟通时，常常会采取否定和拒绝的说话方式，尽管我们可能主观上都爱与我们有亲密关系的人并极愿意采取认可的态度。古人云：人生失意无南北。每个人都可能有丧失掉具有高价值关系（如失恋）的时候，或者丧失物质、身体或者精神上的能力（如房屋失火，惨遭车祸，股票套牢等）的时候。这时，遭遇这些变故的人会感到非常悲伤，尤其需要人们采取认可和支持性的传播模式。只有对他人提供认可性的回应而不是非认可性的回应，才可能创造良好、友善、轻松的传播气氛，这会促进关系的发展和改善。

研究者把支持性传播定义为"怀着为需要帮助的人提供帮助的目的而产生的语言和非语言行为"（MacGeorge, et al，引自 Knapp & Daly，2012：317）。所有健康的人际关系的基本原则是传播积极的、支持性的讯息，舒服的、温暖的、支持的语言传播在关系质量的保持和提高中扮演着极为重要的角色（舒服的、温暖的、支持性的非语言传播也扮演同样重要的角色，我们将在下一章节里加以探讨）。

传播学者（Cutrona& Suhr，In Burleson et al.，1994）提出了如下几种支持类型：情感支持类型（表达关心、关怀和同情），尊严支持（价值再肯定，表达对他人的喜爱或信心），社交网络支持（表达相互牵挂和归属），信息性支持（信息和建议），有形帮助（物理干预，物质援助）。前四种支持都与表达讯息有关，而最后一种是一种行动支持。可见，支持性传播和讯息的恰当组织有最深切的关联。

当然，要注意的是，实际的传播过程很少是全部认可或不认可，真实的关系的认可程度往往是在两极之间来来去去，有时认可多些，有时不认可多些。长期关系的典型特征是支持性的和认可性的信息占主流，而夫妻离婚的最大原因是在长期的日常对话中忽视对伴侣的认可。因此，我们要学习并运用一些行之有效的认可方式，而避免非认可的回应方式。当然，即便努力使用认可讯息，也不一定保证他人在乎这个。

2. 认可的讯息

（1）认　出

最基本的认可是认出另一个人，这看起来容易和显而易见，但好多时候我们在这种基本面上对他人却是没有反应的。例如，明明看见了一个人，却避免视线接触，这就是消极讯息。当然，有时是你没看到朋友、熟人，或者客观原因让你无法和他人接触。但无论如何，如果别人觉得你是避免接触，该讯息就会是不认可的效果。

（2）支持性观念认可

对另一个人的直接认可就是感觉和想法比认出更为强烈。三心二意还是注意力集中是衡量你是否对他人有兴趣的一种方法。例如，如果他人引用了你的建议，你就会对这个人有较高评价，因为他为你提供了支持。当我们直接回应他人所言时，我们不但承认了他人的陈述，也表明了他人是值得回应的。

甲：电影很好看。

乙：是呀，很精彩（相反的表述：太一般了，从来没有这么难看的电影）。

这个对话肯定、认可了他人的见解；而相反的表述是对他人见解的直接不认可，有时会让他人非常尴尬。

（3）支持性情感认同

直接对他人的感受表达认同和感同身受，也就是提供情感支持或安慰讯息，也就是，"以缓解或减轻他人正在经历的情感压力为目标的讯息"（Burleson，1984）。"你很想念他！"反之，否定的方式是"现在不要哭，必须坚强！"拒绝的方式是"这种人还值得你如此伤心！"当然，这在失恋者面对失恋的初期是可行的。而对于那些长期沉湎和反复咀嚼失恋悲伤的人，可能当头棒喝式的否定和拒绝方式更能为失恋者提供支持性传播。我们一再强调人际传播能力是具有情境性的道理就在这里。再比如：

甲：最近心情好烦。

乙：我理解，每个人都会有这样的时候（相反的表述：有啥烦的呢？你的生活够顺利的了）。

这个对话直白地认可并赋予他人情感的合情合理化，这个对话的相反表述则批评了他人的感觉，挑战了其感觉的合情合理性。直白认可他人时有很多做法，比如帮忙叙述感觉，找出这些感觉存在的原因，把这些感觉置于更广阔的语境中。这种支持在减少情感烦恼方面发挥了更好的作用。

中等的支持性回应是含蓄认可他人感觉，比如通过转移话题把对方的注意力从麻烦中转移出来，表达同情，有意识减弱他人的烦恼。这比直接否决他人的感觉稍好。

这里还有一些原则可以帮助我们提供情感支持。

一是容许悲伤的人去悲伤，让悲伤的人知道他以自己的方式伤心是可以被接受的，比如唠叨、哭泣、歇斯底里。我们常说："哭吧/喊吧，哭/喊出来舒服就哭/喊吧！"

二要避免尝试强迫伤心的人注意到光明面并立即破涕为笑，因为当人们被悲伤的事情突然冲击时，很难接受事情的另一面。要避免说"你已经得到很多了，还有好多人不如你呢！"

三是鼓励伤心的人表达自己的感觉或说出失意之处。正在经历痛苦的人一般会愿意通过谈论消解压力。但在他人还没有打算与你分享经历和感受时，不要逼迫他。肯定的说法是"如果你想说出来，就说出来吧。"而要避免说"这有啥不能说的？"

四是不要趁他人悲伤诉苦之时，滔滔不绝地讲自己的挫折，也不要对比彼此的伤痛。要避免说"哎呀，我也遇到过同样的经历，我比你惨多了。"然后，滔滔不绝讲自己的惨痛。因为悲伤中的人觉得自己是世界上最不幸的人，你若要说你是最不幸的人，他会觉得你无视、低估了他的情感。当然，这同样是对处于悲伤初期阶段的人有用，因为此刻这些人的情绪是非常高涨的，需要情感宣泄。而在悲伤的回复阶段，听一听别人的悲伤的故事，是有助于悲伤者产生"我还不是最惨淡的那位"的自我慰藉感，因为此刻，这些人是理智的。

（4）澄清式回应

当你试图深入理解他人的信息时，你确认了他值得你去花时间和精力，你不怕麻烦，这也鼓励了他人通过谈论来了解自己的情感。

表 4.4　总结表：使用支持性传播避免冒犯性传播

支持性传播是……	冒犯性传播是……
描述性的：用"我"语言描述你的感觉和观念	评价的：避免使用"你"语言攻击他人价值
问题导向：瞄准解决问题和发动多元观念	控制的：不要试图使他人做你想让他们做的，以此来控制结果
真诚的：以当前此刻为导向，诚实的而非虚伪的	策略性操纵：不要事先策划自己想得到的
移情：情感投入到对话；尝试理解你的沟通伴侣的所思所感	中立性的淡漠：情感冷漠，让他人觉得你不在乎他们
平等：采取相互尊重的传播方式，并认为每个人都有权利表达观念，分享信息	盛气凌人的：你比别人优越的态度
肯定的：确认他人感觉的正当性、合理性	否定、拒绝的：无视、忽略他人的感觉及其正当性、合理性

甲：最近对学业比较厌倦。

乙：是不是实习过后觉得成功并非取决于你的勤奋？

（5）表达积极情感

我们想掩饰或者隐藏我们的真实意义时，会使用情感语言去编辑我们的感觉。如果你喜欢旧家具、瓷器，你可能把它们称为古董；如果你不喜欢它们，你会把它们叫做无用之物。东西是一样的东西，但我们使用不同的词和句子来表达我们的不同看法和情绪。我们在描述一个人或者行为时也会用情感性的表达，而并非表达的是客观状况。我们要对此有高度清醒的意识，才可能避免人际伤害。因为我们感到被看重和认可是在他人同意我们关于自己的喜怒哀乐的表达时。

甲：我好高兴，我找到工作了！

乙：恭喜恭喜，我为你开心，功夫不负有心人啊！（相反状态是没反应，或者如此表述：有啥好高兴的？不就是一个业务员）

(6) 赞 同

承认表示你对他人有兴趣，而赞同、赞扬意味着你认为他人重要。赞扬、夸奖都是赞同，非语言的眼神支持和点头都表示赞成，拥抱等常常表达语言无法表达的赞同。例如，当你告诉他人你喜欢他人的言行、穿着、打扮等时，你认可了他的价值。

甲：看到我的寝室装扮了吗？

乙：是的，很专业，有才啊。

信息论告诉我们，信息越多越有利于监测环境。但是，人际传播中却需要大量温馨的、重复的冗余信息。在科学中要讲真理，但在人际传播领域往往需要讲关爱。因为关爱，你才愿意付出；因为关爱，你才愿意宽容；因为关爱，你才愿意表达支持性讯息；因为关爱，你才能够有意识地克制自己的消极表达。所以，愿意提供支持性信息和认可性回应成为关系质量的重要标尺。

3. 不认可的讯息

不认可讯息就是对对方和关系不关心，不承认他人的需要、观念或感觉，不支持对方，分享的信息有限。我们匆匆打发他人，让他人知道我们忽视他，他不值得我们认真关注。语言上骂对方，继而抱怨对方的缺点，假装他不存在，不断显示自己的重要性，聚焦于自己认为重要的事。

不认可讯息比认可讯息更为微妙，但可能是破坏性的。潜在意思是"你不存在；你毫无价值"。不认可在日常生活中无处不在，偶然的不认可讯息可能不会伤害一种关系，但如果构成固定的负面传播气氛就糟糕了。有如下几种不认可讯息（综合 Sieberg & Larson，1971，转引自 Adler，2004，269—274）。

(1) 无动于衷的反应

就是不承认他人的传播愿望，既可以是语言的也可以是非语言的。表现为不回电话、电邮、信件，面对面时对他人的传播互动行为毫无反应。例如，父母与孩子之间。被"重要他人"忽视具有心理伤害性，人们之所以用忽视惩罚孩子原因就在于此。

甲：我喜欢你的新衣服。

乙：（没反应，语言的或非语言的）

(2) 打断性反应

也就是在他人还没说完前，就开始说话，比如"我来看看有没有……"，"就是那个，早就有了"。当他人打断你说话时，他在表明他说的比你说的重要，或者表明他对你的事情和情感的漠不关心。

甲：最近新闻到处……（要讲最近的新鲜事）

乙：我说啊，你啥时把欠款付了？我希望你尽快！

(3)风马牛不相及的回应

与别人关心的或谈论的内容没有关系，比如"最近身体很不好，去医院检查……""张三坏的不得了，我们得想办法制止他"。

(4)离题式回应

承认他人的传播，但把传播引入另外一方面。一是直接转换话题，"我的衣服好看不？""我要做题，一般化"。还有一种是委婉地转变话题，"不错。我要做题了"。这都表明不太注意他人。

甲：John一家四口要在我家里住两个礼拜。

乙：你的家像个旅馆，张三走了，李四来。我不想将来自己的家像个旅店。

甲：你反对我对人友好，你不喜欢我的慷慨，你不准我按上帝原则行事！

乙：这是两回事，不要混淆概念！

甲显然是把招待具体的人的行为与品质友善与否，甚至信仰联系起来，很容易引起乙的反感。当然，乙的回应也不友好，也许这两人一直在为诸如此类的问题烦恼，乙用抱怨回应甲，甲用转移话题来回应。这些都会引起彼此防备。

(5)非个性化回应

这表现为咬文嚼字式的回应，或者用第三方观念或者官腔十足的陈述，拉开了你与他人的距离，使你的所言琐碎化，比如"我觉得我需要充电"，"谁都需要充电，不仅仅是你"。

甲：我想考研究生，想听听你的意见。

乙：现在单位正缺人，不要只讲个人利益，年轻人要讲奉献。

(6)断断续续地回应

一个人时断时续地回应你，你会觉得你说的没有价值。

甲：我觉得那件衣服很好看，想去看看。

乙：哦？恩，啊，哦，不知道。

(7)模棱两可的回应

也就是回应的信息有好几个意思，让人摸头不着脑，比如"我们周二一起去吧","不错，好主意。我看一下"。

(8)矛盾的回应

包含两个讯息，看来彼此否定和矛盾，往往是语言表述和非语言行为的不一致，如"你喜欢这个演讲吗","很喜欢"(打哈欠)。

4. 分歧性讯息

直接表达对他人的不同意就是分歧性讯息，比如"你是错的"。不同意他人既有好的一面也有坏的一面，好的一面是可能纠正对方错误认识和感受，坏的一面就是带给对方消极的、破坏性的感受，乃至破坏关系。

第一种分歧性回应就是好争辩。争辩有好的一面，如强化自我概念，增加传播能力。但当我们说一个人好争辩时，就在表明这种争辩是无谓的、不好的。要发送健康的争辩讯息，就是既要说出你的观念，又要以一种支持性的、认可的方式来平衡对方的感觉，比如"我对此持有不同想法，但在这方面你一直有真知灼见，有机会我再好好学习一下。"

第二种分歧性回应就是抱怨。传播者不想争论，但仍然想要表示不满意，于是他们通常进行抱怨。好的抱怨只针对行为，"你总是把鞋子到处扔"；而坏的抱怨针对人格，"你是个势利鬼"。后者往往使冲突升级。抱怨并不总是表征关系有问题，实际上，抱怨有时也是健康的，使人们把关切之情公开化。比如"你老是熬夜，还不睡！"

第三种分歧性回应是侵犯。不同意最具破坏性的表达方式是侵犯，即攻击他人人格，引起他人心理痛苦。侵犯贬低他人价值，表现为藐视人，看不起，讽刺，大喊大叫。侵犯对我们的亲密者的伤害尤其厉害，如婚姻中的暴力、压抑及负面的家庭和工作氛围。

毫无疑问，不认可和分歧会污染传播氛围。面对这种氛围，人们最可能的反应是敌意或冷漠的讯息，亦即努力保护自己不受他人攻击。但是，如果他人认可我们引以为重要的方面，犯得着总是保持防备感吗？例如，老师说你的决定多么愚蠢时，你是否想要自我辩护？实际生活中，有些人的确表现得比另一些人更具有冒犯性。

还有，表达认可和支持并非只是讯息内容的问题，还有讯息的表达方式问题，比如是否保持礼貌，是否维护了他人的面子。

技能训练：回忆自己有关认可和不认可的经历

你是否有过这样的经历？——认可他人或者不认可他人？从以上的认可和不认可的方面检查自己和他人在语言沟通中存在的优势和弱势。

三、使用语言恰当宣示自己

有时，人们并非以他人为导向，这可能营造一种冒犯性的传播氛围，这种氛围可能增加不信任和愤怒感。有时你会遇到那些语言非常具有侵犯性的人——他们可能试图强迫你做你并不愿意做的事。难道以他人为导向的人就应该礼貌地接受讨厌的语言攻击吗？不是！以他人为导向并不意味着你应该忽略这些粗野的行为，把自己变成一个毫无个性的人。

认可他人并非说要否定自己，适时肯定并主张自己也是必要的。那种认为传播能力仅仅是学习我们该怎样对待他人的原则的认识显然是误会。支持他人和宣示自己在关系中是相互的，只是表达自己不必一定要置于他人之上，你也不必以同样的方式回敬，而是使用语言技巧正确地宣示自己。宣示自己意味着提出要求，维护自己的权益和主张。宣示自己通常还是要在不忽视传播伙伴的权利的同时，追求自己最好的权益。当然，在某种情形中或者很多情境中，我们很难能够做得到、做得好这二者之间的平衡，但正是不容易平衡，我们才要随时提醒自己反思自己的传播行为，才需要磨炼自己的这种传播能力。

切忌不要把宣示性与侵犯性混淆，后者意味着否认他人权益追求自己权益，是自我导向的，是评价、判断他人的。侵犯性的传播者使用冒犯性的传播策略，包括强迫式的非语言线索，比如强硬的注视、言过其实的声音，甚至身体暴力。那么，宣示时何事可做？何事不可做？有时当别人使用不正确的侵犯性的、论辩性的、冒犯性的信息对待你时，你做出回应的最大挑战在哪里呢？

有些人面对侵犯、论辩甚至被违背或者否定时，选择退缩。这不但不会增进关系，还会姑息对方的骄横，尤其是在长期关系中。可以采取以下五个步骤改善我们的宣示行为（Steven A. Beeble，2008：180）（表4.5）。

表 4.5　宣示性与冒犯性对比表

宣示性	冒犯性
不否认他人权利，表达自己利益	表达自己权利，否定他人权利
他人导向的	自我导向的
描述你所思所想	评价他人
揭示自己的需要时用"我"语言	揭示自己用"你"语言

第一步：沉稳自信地描述。描述你如何看待当前情形。你需要宣示你的

主张，是因为他人不是以他人为导向的，你不说他是不明白的。民间谚语所说的"响鼓不用重锤敲"就意味着，对那些在人际传播中长期对他人特别不敏感的人要用重锤敲打。例如，老李对小王开员工会议总是迟到的作风感到不满，他以描述他的观察来揭示这个问题："我发现在参加我们周例会时，你经常要迟到 15 分钟以上"。

宣示的关键是要管理好自己的非语言信息，尤其是声音，避免语言是温和的，但声音是讽刺的、刺耳的。当然，沉稳自信地描述出你的观察是重点，如果说得犹犹豫豫，别人是不当一回事的。

第二步：揭示你的感觉。第一步描述后，还要让他人知道你的感觉，以便帮助建立彼此理解而避免自责。在上例情况下，可以如此揭示自己的感觉："我觉得你没有严肃对待我们的例会"。注意，这里揭示的不是他人的感觉，而是自己的感觉。相反的感觉揭示是："你们组的人都很讨厌你的迟到"。

关于这一点，含蓄文化和直接文化是有差异的。例如，中国人是含蓄的，不愿意当面伤面子是人际传播中的一种常态，往往会采取后一种说法，也就是把不满的责任推给别人，用伪造的别人感觉来表达自己的感觉。

第三步：确认他人行为对你或他人的结果，比如"你迟到会打扰我们的会议进程"。

第四步：沉默等待。完成以上三个步骤后，沉默等待回应。人们发觉做到这个比较难，因为人们到了非要宣示自己不可的地步时，往往情绪是高涨的，很难控制住自己连珠炮式的表达节奏。在这里，要再次注意管理自己的非语言线索，确定你的面部表情不会与语言矛盾。

第五步：解释。在他人回应后解释他人的内容和感觉。假如小王说："实在对不起，我没有意识到我的迟到给大家带来了问题。我有另外一个会议超时了，按时赶上我们的这个会有点难度"。老李可以说："看来关键问题是时间冲突。同时做两件事是会让你有困难的"。

技能操练：如果你倾向于回避冲突，那么，你如何宣示自己？

具象化对我们是有帮助的。首先，想象你过去某个想要大胆宣示自己主张却没有做到的经历。接着，在你脑子里演一遍你本可以如何说。当你能够恰当宣示自己时，恭喜你！你坚持了自己的权利。

四、努力以他人为导向

为了成为有能力的传播者，本书开篇就强调了要以他人为导向作为人际传播的核心价值观和实践原则。为避免对他人感知的严重扭曲而带来的传播和关系问题，我们需要以他人为导向。本章又强调了在语言传播中如何发展一种以他人为导向的技能，比如聚焦于对话者的目标、需要和心思意念。在人际传播中，如果没有这样的认知，没有这样的出发点和贯穿始终的精神要领，我们很难保持人际关系的顺畅。

1. 认识文化差异

使用一种语言就是体会一种生活方式，不同文化的人使用语言的方式各不一样。例如，为日本人所钟爱的品质——保留、拘谨和沉默，并不被美国人看好，因为后者喜欢自我主张、畅所欲言、健谈。基于这样的差异，美国人和日本人走到一起，很可能有紧张和不良感。

会话对于欧洲人和美国人来说，远比土生土长的中国人或者华裔美国人更为重要。前者更可能发起和参与会话，会话是取得社会影响力的工具。而传统的中国文化贬低言的价值，崇尚沉默是金，沉默具有社会控制力（William Gudykunst，1994：83）。

在高语境文化里，人们更多地使用情态动词，如"可能"，"也许"，而低语境文化中更多地使用"绝对"、"肯定"、"最终"等确定性词汇。情态动词的使用反映了世界观。低语境文化成员是线性的，高语境文化成员是关系的，避免使用绝对词汇。

2. 语言会传播对性别的文化观念

语言可以表达、强化性别刻板化以及权力感知。男性强调会话中的气场、控制力，是为了把自己置于高位，保护自己不被看低。而女性把会话看成是促进亲密，寻求、提供确认、支持，保护自己不被排除在会话之外。两性如果不了解差异，就会彼此误解——女性不明白男性为何对讨论细节不感兴趣，男性奇怪为何女性要浪费时间谈论鸡毛蒜皮。

男性和女性在会话中被打断的频率也不一样，女性被打断被社会看做正常，而且比男性更常遭打断。而女性打断男性被一些社会看成是不守规矩的。

会话是通过合作努力来达到人际目的，如果不正视两性差别，就会伤害两性关系。

五、总结：学会在关系中说话

语言在人际传播当中兼具从属性和独立性，它既可以是一种关系状态的标志，也可以是一种控制的工具。人际传播实践者使用语言实施这两种功能时，就会产生不同的关系后果，而选择实施哪种语言功能本身又是关系的指示器。

语言在实际使用中是千变万化的，这种变化不是来自语言学家的设计，也不为他们所预设和控制，而是每一个语言传播者在每一点滴中创造的。在人际传播中，为了让对话顺利进行，为保持社交互动礼仪，为保全自己和他人的面子，为了在人际关系中保持控制力，每个人都会斟酌选择说什么、怎么说以及如何听。反之，如果我们没有任何顾忌地使用语言，那么，必将造成严重的人际关系问题。因此，我们需要牢记的是，语言具有伤害性，一旦说出就会覆水难收，我们会为此付出沉重代价——我们将用更多的语言、行动、时间和精力去弥补未经思考和选择的语言带来的关系后果。

在这种意义上，语言学上的语法正确、根据字典语词含义遣词造句的精准本身对人际传播是无关痛痒的。语言的意义在于人而非语言本身。语言和意义的关联是任意的，意义具有语境性并受到文化的约束。意义具有直接含义和引申含义、具体的含义和抽象的含义。意义一半在言说者，一半在理解者。因此，不但要考虑语言对于我们自己的含义，还要考虑语言对于我们的关系伴侣所可能产生的含义。言说具有强大的力量，创造、影响人们的情感和行为，影响并反映文化。因此，说话前要考虑你使用的语言可能对关系伴侣产生的影响。语言还会造成支持性或者冒犯性的传播氛围，导致会话伙伴的误解。因此，多一些支持性传播氛围，少一些冒犯性传播氛围的核心还是在于，和他人交流时，把自己放在他人的位置上，将心比心。

进一步思考与讨论

1. 语言使用的偏向能够避免吗？

2. 语言使用的障碍及其管理技巧。

3. 语言如何建构社会关系？

4. 语言的控制力表现在哪些方面？

5. 合作原则、礼貌原则在人际传播中有何意义？举例说明合作原则、礼貌原则及其次则遵循和不遵循所产生的人际关系后果。

6. 新技术对传播规则提出了很多挑战，你如何理解以下问题？——手机何时该响？何时该关？打断面对面谈话回手机呼叫是否恰当？

7. 举例说明违背传播规则，比如性别传播规则时，将会发生什么？

8. 清楚地说话有哪些障碍？举例说明你曾经历过的语言障碍，例子可以来自你自己的语言交流，也可以来自他人的交流。

9. 关于语意交错，请做撕纸游戏。拿出一张纸来，做以下动作：对折，再对折，再对折，然后撕下一个角，最后展开这张纸，大家彼此比较纸张样子是否雷同？你认为语意障碍导致了误解吗？

10. 恰当地说话有哪些障碍？举例予以说明。

11. 有效地说话有哪些障碍？举例予以说明。

12. 注意"我"（I）语言和"你"（you）语言的区别，举出二者互代的例子，并说明差异？

13. 想出一种你曾经历过的最有效的学习气氛，描述这种传播，并说明它反映了与本章有关的何种技能？

14. 什么时候肯定他人最困难？你理解"和而不同"吗？

15. 请分析你自己所在班级里侵犯性和支持性的传播气氛。

16. 与他人相处的支持性传播技能有哪些？

17. 如何恰当地自我宣示？

18. 甲和乙在争论，甲大叫道："你总是批评我，你不许我做任何重要决定"。你认为甲怎样才能以一种较为支持性的方式传播他的感觉？

19. 用无偏见语言改述下面的陈述：

(1)凶杀现场，一外埠青年形迹可疑。

(2)女人头发长见识短。

(3)所有政治家都想拥有权力并想控制他人。

20. 如果你真的不想听你的同学喋喋不休地讲他最近的旅行行程细节，你觉得应该告诉他你不想听他的事了，这恰当吗？论述你的理由。

21. 当他人在用性别语言或者用刻板印象评价其他种族、群体和性别或性取向时，你去纠正他们是否合适？尤其当这个人是你的老板或者老师时？

22. 你真的想用一些毫不含糊的话告诉他人一个"事实"时，但你却用支持性或确定性的陈述掩盖你的愤怒感和恼火，这符合传播伦理吗？

23. 回忆第三章的感知原则，这些原则可以如何运用于理解和形成关系中的氛围？

24. 怎样提高语言传播能力？

第五章　人际传播的符号能力
——非语言传播

说之，故言之；言之不足，故长言之；长言之不足，故嗟叹之；嗟叹之不足，不如手之舞之，足之蹈之。

——《礼记·乐记》

人类用非语言符号进行传播的历史比语言传播的历史要悠久很多。非语言传播（nonverbal communication）是如此魅力十足，以至于让很多哲学家、神学家、艺术家、科学家、音乐家等领域的专家为之着迷，试图洞察其奥秘。而非语言传播在人类互动中出神入化的功用也吸引了传播学、心理学、语言学等社会科学领域的极大兴趣。非语言传播也是那些脱口秀、小品节目表演者吸引观众的重要艺术手段。

那么，非语言传播在人际传播中有着怎样的重要作用呢？我们是如何看待非语言传播的呢？首先，请考虑如下问题。

当你坐在机场、图书馆或者在商场等公共场所时，你是不是会通过观察他人的非语言行为而估计他们可能是哪种人？

当你走进一部电梯时，在一个狭小的空间里，你是不是突然对楼层显示号特别感兴趣？

如果你开车插队，有司机向你竖中指，你理解竖中指的含义有没有困难？

你能够通过观察你所爱的人的脸，判断出他/她发狂了、悲伤了还是开心快乐了吗？

你看见一个男人把妻子和孩子的照片作为计算机的屏保时，你是怎样的感觉？

对你来说，要回答这些问题是不成问题的，因为每个人对非语言传播都有着一些本能的认识、信念和经验。也就是说，在人们还没有开始学习非语言传播之前，就已经俨然是应用专家了。人们在日常生活中也使用"身体语言"一词来描述那些并非语言传播的行为。

许多人有一种误解，以为人际传播探讨的就是会不会说话，所说的话得不得体的问题。实际上，非语言传播也是人类传播不可偏废的重要向度，从来不会出现只说话却无任何肢体动作的传播。请看下面的例子：

小丽：小英，接一下电话。

小英：你自己接去。

小丽：嘿，你咋这么躁？我不过是叫你接一下电话而已。

这里你只看得见语句，而看不到小丽的语调和皱着眉头的表情。而恰好是语调、表情等非语言要素可能使简单的要求变得像命令，进而引起人际不快。

因此，有能力的人际传播者不仅是说话得体的人，也是能够正确编码和解码非语言符号的人，编码和解码非语言讯息的技巧确实是构建和维持称心生活的一大关键。尽管我们或多或少都是使用非语言信号的专家，但我们仍然是非语言传播研究领域的门外汉。本章要回答的就是：什么是非语言传播？非语言传播有哪些类型？有哪些功能？非语言传播是如何影响人际传播和人际关系质量的？人们如何提高自己的非语言传播能力（即对自己的非语言信息进行准确编码，对他人非语言信息进行准确解码的能力），以便提高人际传播能力与关系质量？

第一节　认识非语言传播

在第一章中，我们谈到了非语言传播无处不在，因此你不能不传播。非语言交流在传播中占据着非常重要的地位，无论是作为人类物种进化进程，还是作为个体存在的历程，它都是最早发生的传播形式。在我们和他人萍水相逢时，非语言传播也是我们对他人做出反应的最早信号。

一、非语言传播的重要性

众多调查已经发现，在工作面试、领导能力评价、治疗实践、情感表达和第一印象的判断等情况下，成年人往往更多地依赖非语言暗示，而不是语言暗示。当非语言暗示和一条语言讯息互相冲突的时候，非语言信号特别有可能被当成可信的。对非语言讯息的研究发现可以用如下一系列命题来描述（对证实研究的综述，见 Burgoon，1985）。

第一，在确定社会意义时，成年人一般更依赖非语言暗示，而不是语言暗示。这个普遍原则必须由下列命题证明。

第二，儿童更加依赖语言暗示，而不是非语言暗示。尽管儿童在生命的开始阶段依赖非语言信号同照料者交流，但当他们开始习得语言时，会经历一个高度按照字面意义理解的阶段。例如，他们不善于阐释讽刺话。可是，在青春期以前的某个时间，他们回到了原初状态，更加信奉非语言信号。

第三，非语言暗示和语言暗示的矛盾越大，成年人就越依赖非语言暗示。如果语言和非语言讯息变得彼此更加一致，语言内容在贡献意义方面变得更加重要。

第四，对渠道的依赖取决于何种传播功能更紧要。语言暗示对事实的、抽象的和劝导的传播更加重要，而非语言暗示对和印象、关系及情感状态有关的信息更加重要。说到一种人际关系状态的含蓄意义和情感意义或者隐含信息时，人们在很大程度上依赖非语言信号，使得非语言行为在人际情境里格外重要。

第五，当跨越各种渠道的内容保持一致的时候，来自所有有影响渠道的信息往往取平均值；当内容不一致的时候，各种渠道和暗示可能会被赋予不等的重要性。当两个或者更多其他暗示彼此一致时，一个单独的暗示或者渠道会被忽视。例如，即使一个人回避直接的注视，身体前倾和靠得很近可能足够传达此人对会话的投入。有时候人们相信最极端或者负面的暗示，可是他们仍然倾向于更加相信非语言暗示，而不是语言暗示，即使语言信息更加极端。

第六，个体在渠道依赖上持一贯的偏见。有些人一贯依赖语言信息，有些人一贯依赖非语言信息，而有些人随情境而改变。尽管个人对于最多使用哪种信息渠道各有偏爱，占优势的模式仍然是更加频繁地依赖非语言代码以实现更多用途。

关于人们为什么大量依赖非语言渠道来阐释和表达人际信息，已有多种解释。除了根深蒂固地相信非语言暗示的强大首要地位，人们还强烈地相信非语言暗示的真实性和自发性，导致他们（可能正确地，也可能错误地）认为非语言暗示道出了"真相"。另外一种解释是，非语言暗示可能揭示了互动者的心理和情感信息，为理解另一个人的整体传播创造了一种更加深刻的情境。非语言代码特别适合处理人际事务，而语言渠道同时忙于传送其他信息，这种语言与非语言暗示的分工使得非语言暗示在澄清语言内容方面起到了重大作用。不管是哪种解释，显然非语言信号对于理解人际传播至关重要。

一般来说，"非语言传播"一词指的就是受到传播方式而不是传播内容影响的传播，也就是描述那些超越语言或者写作词汇的人类传播。但是，我们还需要在更广阔的意义上来理解其定义。

　　首先，关于什么是非语言传播，我们既可以从传播者（编码者）角度来理解，也可以从接收者（译码者）角度来理解，还可以从讯息本身来理解。我们前面讲到的"人不能不传播"已经昭示了人类行为所具有的潜在传播性。当我们说所有非语言行为都是传播时，就表明了非语言传播的解码导向。也就是说，接收者认为一个行为是讯息，那么，它就是讯息。例如，咬嘴唇，如果观察者选择去"读"它，就可以认为是紧张、不满。而对于传播者（编码者）而言，有目的的行为才可以被看成是传播，这就缩小了非语言传播的范围。讯息导向（Motley，2008）则把焦点关注从编码、解码转移到行为本身，尤其是那些能够理性地在一个既定言语社区里表演讯息功能的行为。"我把非语言传播定义为那些超越语言本身的行为，这些行为形成社会共享的符码系统；也就是说，它们典型地是有目的地被发送，典型地、有目的地被理解，有规律地在言说社区的成员中被使用，并被交互认可的理解"（Burgoon，1994：231）。

　　同时，我们需要理解，把语言行为和非语言行为分成两个截然不同的两部分简直是不可能的。并非所有的姿势都是非语言的。例如，手语就是一种语言，而不仅仅是作为姿势的非语言动作；同样，并非所有发声的词都是语言，比如象声词以及副语言。在编码和解码非语言传播的意义时，也不应该把它们当做传播过程的孤立领域来对待，非语言传播必须以修正、冲突、补充、代替、强化/弱化等方式和语言传播共同发挥作用。

二、非语言讯息/传播的特征

　　我们有时可以较为容易地编码和解码语言讯息的意义，但并不意味着我们能够很容易地编码、解码非语言讯息。我们可以借助字典或者协商来理解词语，但却没有很便利的参考书来帮助我们理解非语言讯息，而协商其意义也会复杂得多。我们经常说"身体语言"，的确存在这样的身体运动构成的传播行为，但很难对身体运动或姿势做出普遍性和一致性的解释。为了帮助我们更好地编码、解码非语言讯息，我们要对非语言行为进行大致分类，但对类别认识之前，我们要知道非语言讯息的特征以及导致我们解码困难的根源。

　　非语言符号和语言符号有很多共同点。它们都是符号，具有意义模糊性和解释性等特征。例如，笑是什么意思，它们都由构成、规范规则所引导。例如，别人说笑话听者应该笑。它们都有目的性和非目的性。例如，面试时人们会高度注意举止装束，被问到难题时，表情自然面露难色。它们都由文化约束，复制、反映特定文化、社区的价值和形式，如迷你裙、吊带衫与面纱的含义，在公司穿正装与穿牛仔服的含义。它们的意义在于人的阐释而不在于讯息本身。

尽管如此，非语言讯息还是有一些自身突出的特征。

1. 非语言讯息被视为更可信、更真实

小丽："你到底爱不爱我？"

小张："当然，不是已经告诉你无数遍了吗？"说这话时小张头也没抬，眼睛始终停在报纸上。

小丽可能对小张的情感表白不够确信，小张关于爱的言说讯息和不耐烦、冷淡可能使小丽有些疑惑他的真实情感。

于是，人们总是认为，非语言传播比语言传播更有说服力。人们很难监控一系列的非语言线索，一个能够敏锐地以他人为导向的观察者能够看出一个人真情流露的时刻。即便你成为伪装、监管非语言行为的专家，也难以控制一些细微的动作。测谎仪就是依赖这些无意识的线索，如通过对心跳、呼吸频率等的测定来判定被测者是否正在给出真实反应。

但是，这种说法也受到研究者的挑战。有时情况确实如此，但有些人比一般人在非语言欺骗方面更为老练。

2. 非语言讯息的含义更为模糊

多数词语的含义能够为说同一种语言的人们所识别、理解，但非语言讯息的含义可能就复杂得多。在我们和他人的日常互动中，我们的非语言互动有三个方面：一是向他人发送非语言讯息。二是从他人那里接收非语言讯息。三是发送和接收之间的复杂互动。

你编码、发送你的非语言讯息有时是有意的，有时是无意的。在有意的情况下，你的目的是通过一个或者多个非语言线索渠道让他人理解你发送给他/她的一个独特讯息，比如声音、音调、姿势、面部表情等。有时候，你的目的达到了；另一些时候，你失败了。失败的原因可能是你的非语言讯息不够清楚、相互矛盾或者含含糊糊，也可能是他人错过了、忽视了或者误读了你的非语言讯息。

在无意的情况下，比如你情不自禁地欢笑或者潸然泪下，你仍然向他人发出了强烈的非语言讯息，尽管你不是有意为之。有时候，有关我们的情感状态、态度和意图的信息都是通过我们的非语言讯息而泄露出去的，甚至我们的修养、人品都被自然流露的非语言讯息所泄露。总之，我们的一举一动，一颦一笑，一次漫不经心的回首，一个欲说还休的表情，一个稍纵即逝的眼神，都在"出卖"我们内心的秘密。

因此，保守内心的秘密与正确揭示我们的非语言讯息的内在含义都是非常重要的人际传播能力。

如果没有人去解释，语言讯息是毫无意义的，非语言传播同样如此。接收非语言讯息的过程，包括接收自己的非语言讯息（比如"他走过时为啥我紧握拳头？"）就是为那些讯息赋予意义的过程。作为非语言讯息的接收者，你可能聚焦于一个或者几个独特的非语言讯息，为的就是理解他人传递给你的讯息。例如，为了理解你女朋友的情绪，你可能观察她的面部表情或者她的姿势抑或她的声调。当然，是否能够成功解码那是另一回事。有时候，你正确解释了他人的非语言讯息的含义，你认为的他人的感觉和他人的实际感觉是一致的。但有时候，我们会错误地解释他人的非语言讯息。原因可能是错过、忽视了他人的非语言讯息，也可能是由于我们非语言讯息解码能力不够。当然，也会有时候，我们虽然正确解释了他人的讯息，但还是不能理解他人真实的感觉，因为他人使用了非语言行为伪造了一种感觉或者掩藏了一种独特的情感状态。

对他人的非语言讯息保持敏感并能够正确解码，既反映了我们以他人为导向的实践能力，也能够使我们与他人的人际互动更有成效。同时，当我们对非语言符号的编码和解码拥有更多知识时，就可以了解人们是如何通过非语言传播来伪装、隐藏自己的以及如何操纵别人的，又是如何暴露自己的。运用这种知识和能力武器，有助于我们保护自己，使我们免于受操纵的危险。

正如理解语言符号需要在语境中理解一样，理解非语言符号的含义同样需要语境，因此，理解非语言传播的意义并不是那么轻而易举的事。它取决于语境，非语言行为的发送者（编码者）、接收者（译码者），发送者和接收者之间的关系，其他非语言线索以及两个传播者之间彼此交换的语言讯息（Mark L. Knapp et al.，2014：5）。因此，一个非语言行为有多重含义，或者根本就没有明显的含义，这都再正常不过了。

那么，作为非语言讯息的发送者和接收者，你不得不作出决定你传递的或者从他人那里接收到的讯息到底是什么意思。这表明，一定有某些规则是需要我们遵循的。有些规则对你而言是再清楚不过的。例如，作为男生的你在遇到一个陌生女子时对她笑，至少在中国语境下是不妥当的。另一些规则可能是你没有意识到的。例如，你和朋友在会话时，彼此发送的系列非语言线索使你和朋友能够顺利地、不费吹灰之力地一唱一和，但你并不一定知道你们遵循了什么规则。还有一些规则是介于有意和无意之间的。例如，和他人说话时不要站得太近，尽管你知道这个规则，可是在你的日常互动中并没有对此多想。或者尽管你不知道让你感到舒服的谈话距离是多远，但如果某人离你太近，你还是会感到某人违背了这个规则。

3. 非语言讯息的含义和理解更具有文化情景性

有证据表明，人类总体有许多相似的非语言行为。例如，高兴了就笑，不高兴就皱眉，婴儿伸臂表示想让母亲抱，吮吸大拇指表示自己舒服。这表明在非语言的表情达意方面，人类有一些共同基础。

但是，特有的文化群体仍然发展出对非语言行为进行独一无二的运用和理解规则，这就导致了在不同文化群体的沟通中，同一个非语言行为可能表达差异极大的含义，甚至相反的含义。这一点不像语言在不同文化中具有较大含义确定性。例如，书和 book 其内涵和外延差异不大，但非语言就不一样了。例如，西方人有独立的家庭和工作空间，东方人分享共有空间。接触形式反映文化价值。对于西方人而言，坦率、直率有价值，而东方人认为过于直白是不尊重的表现。握手、鞠躬、亲脸颊、拥抱等迎接行为也反映文化价值。空间安排形式也反映文化价值。

4. 非语言传播更具连续性

语言传播有开始有结束，并且开始、结束都有明确标志。例如，书面句子你可以圈出一句话，一篇文章的第一个词，口语你可以从某人开始发声知道会话开始了。但你却很难找到非语言传播的开始与结束，尽管鼓掌有明确开始与结束标志，但绝大多数非语言行为是连续流动的。例如，说话前你会用姿势表达情感，说话之后会发生姿势改变等。表情、手势都会天衣无缝地从一种情形向另一种情形流动。

5. 非语言传播是多渠道的

传播时人们常常是同时共用好几种非语言线索，集看、感觉、听、闻、尝于一体。尽管你可能只能同时注意到某一种非语言讯息，比如负面非语言讯息（如皱眉，愁眉苦脸，缺乏眼光接触）比积极的讯息更吸引人的注意力。

6. 非语言讯息比之文字更能传达情感深度

苏轼的《水调歌头》写道："明月几时有，把酒问青天，不知天上宫阙，今夕是何年……转朱阁，低绮户，照无眠……"尽管文字很美，但我们完成对这个情景的理解，更多是想象这些动作及其引发的意向，一种对时间的深刻眷恋之情跃然纸上。

在他人感到焦虑和压力的时刻，如果我们想提供令人舒服的讯息，用非语言传播表达支持十分重要。提供同情的、支持性的面部表情、声音线索以及肢体接触都能够帮助他人减少压力，提高他人整体愉悦感。

7. 非语言讯息和语言讯息共同创造意义

尽管我们非常依赖非语言讯息传情达意，但在关系中，它也不能独立于语言讯息而发生作用，而是和语言传播互动，传达一个人对自己的、对他人的，或对于互动的态度。语言传播和非语言传播共同帮助我们赋予他人讯息以意义，主要通过以下方式。

（1）代　替

非语言行为有时可以代替语言行为直接单独表情达意，有时甚至表达比语言更为强烈的意义和情感。这就是所谓的"此时无声胜有声"。点头表示同意，诸如"点点头"、"扬扬眉"、"伸伸舌头"等，把脸扭过去表示不同意等。

在不便说话、不愿说话或语言不通时更是如此，如鸿门宴中，"范增数目项王，举所佩玉珏以示之者三，项王默然不应"（眼神与特有动作）。那些初到美国学习、补习英语的中国孩子，使用非语言行为也会达到一定的沟通目的。表演艺术更是离不开非语言符号的使用。京剧的翻筋斗、川剧的变脸独具魅力（图5-1），体育裁判的手语和水手的旗语等都单独表意。

图 5-1　川剧变脸

（2）重　复

非语言行为可以重复、配合、补充、强调口语表意，交流思想。例如，说"是的"时点头；演讲时伸出1、2、3个指头表示说到第一点、第二点、第三点了。

（3）冲　突

语言和非语言信号在一些情形下，可能是不一致的。也就是说，它们彼此传播相反或者不协调的讯息。这非常普遍，因为我们生活在一个复杂的世界里，对某些事情有着混合的感觉十分自然，只不过我们常常意识不到语言和非语言讯息这种不一致。例如，父母亲一边愤怒地朝孩子大喊大叫，一边说："是啊，我爱你"。这种不一致出现的原因，一是人们既不愿意说真话，也不愿意撒谎。二是人们撒了一个蹩脚的谎。例如，你穿那条裙子很难看，你问我好不好看，我说"好看"，但我的声音和身体并没有支持我的语言。三是人们有意传播嘲讽的结果，嘴里说着什么，但表情和音调是反的（图5-2）。

我们如此讨论这个问题，并不意味着所有的不一致都是有害的，有时还会是大有裨益的。研究表明，医生和病人谈话时，用消极的音调说积极的话和病人就诊的最高满意度联系在一起（Hall，Roter& Rand，1981），可能是病人把积极的话语/消极的非语言的联合看成是"严肃的、关怀的"。

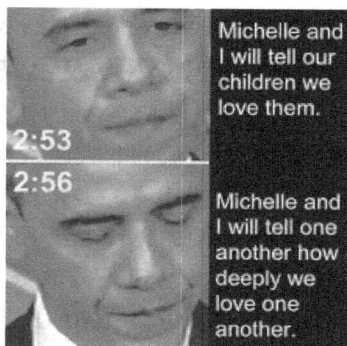

图5-2　冲突的语言/非语言信号

（4）补　充

非语言行为可以修改和提升语言讯息。当语言讯息和非语言讯息彼此补充而不是相互冲突时，我们通常对讯息的解码较为准确。例如，"我很高兴见到你"，用笑和拥抱补充。初到国外求学不识英语的中国孩子用非语言符号和老师可以达到一定沟通目的：老师夸她/他好，说到名字并竖起大拇指。再比如，诸多初到异国的人们都有这样的经历：不愿意接电话，愿意面对面和各种机构打交道。因为电话通话只能完全靠语言解码和编码，经常发生彼此互不理解的情形。但如果面对面，问题就少得多，因为彼此都会用非语言讯息补充语言交流的不足和不尽之意。

（5）强化/弱化

非语言行为可以强化或者弱化语言讯息部分，强化就如同我们在书面语中加下划线或者将字体变为斜体一样。在强化某个语言讯息时，人们的头和手被频繁使用。例如，父亲责怪儿子在外面待到很晚才回家时，可能会用有力地按住儿子的肩并皱眉来强化某些句子。

（6）渲　染

非语言讯息还可以传神地传达感情与心理状态，烘托气氛，渲染情感，表达只可意会不可言说的心理状态。如叫好时"拍案叫绝"，跃跃欲试时"摩拳擦掌"，生气、忧虑时"横眉紧锁"。《诗经》中描写的爱情"巧笑倩兮，美目盼兮"，"爱而不见搔首踟蹰"。这些动作都出神入化地表达了人们的情感。

第二节　非语言行为的类型

另一种定义非语言传播的方式就是对非语言行为进行分类，主要包括三大类：影响传播意义的环境和条件（如物理环境和空间环境），传播者本身的特征（包括物理特征和时间行为特征），传播者的身体运动和位置（包括姿势、接触行为、面部表情、眼睛表达、声音变化）。

一、传播环境及其对人类传播的影响

尽管在非语言符号的研究中，研究者更多地强调人们的传播行为和表现，但人类交流的非人因素也日益受到关注。一些非语言的因素，比如人们如何布置人造环境、美化自然环境、在一个环境里设计或者布置各种物体，无不包含它们的设计者或者居住者向观看者发出的潜在信息。对互动环境中的物体的选择起到既传递个人信息又传递人际信息的功能，比如某人对电脑、汽车或者居家装饰的选择表明了此人的个性、审美观，也可能表示人际含义——她/他为了自己、他人，为了顺从，为了舒服还是别的可以如此特别用心。

由于互动发生的环境能够对人际互动产生有力的影响，于是，人们会改变环境以便实现自己的传播目标。反之，环境影响我们的心情、词汇的选择以及行为。

1. 物理环境

"物理环境牵涉那些影响人类关系但却并非直接是关系之一部分的元素"（Mark Knapp，2014：11），包括建筑风格、内部设计、灯光布局、颜色、温度、气味、额外的声音或音乐以及传播互动发生于其中的种种有形因素。互动环境中的这些因素的改变与重组可能对人际关系的后果产生强烈影响。

（1）自然环境

人们生活在不同的区域中（比如小镇、都市），还生活在不同自然环境里（比如公寓小区、高层建筑、林荫覆盖的街区）。我们居住、玩耍和工作的环境都会对我们的互动乃至健康产生影响。一些环境具有同质性，另一些环境具有异质性，我们与其中的人互动的多元性、价值观以及行为都可能不一样（见第二章自我概念中有关首属群体对自我的影响知识）。例如，贫民窟区域显示出是高问题区域——吸毒、红灯区、醉酒、生理和精神残障以及暴力犯罪等。

甚至与我们相伴的天气、气候以及季节都会影响人的行为。例如，大学生一般在学期开头和结束时，和其约会伴侣分手。夏天，人们访问朋友的频率较高，攻击性行为和强奸案上升（Mark Knapp，2014：102）。

气温是传播的激发物也是障碍物。例如，如果你是在大热天或寒冬腊月的露天里和人沟通，传播的效果可想而知。还比如，闷热的天气激发侵犯性的动机和行为，因为高气温下，人们通常具有消极情绪，消极情绪可能激发人们的愤怒以及敌意的想法和行为。由高温引发的负面情绪也暗示了其他环境压力因素，比如过度的音量、交通堵塞、污染等都可能导致更多的侵犯性。当然，温度和消极情绪、侵犯性行为之间的关系不是这么简单的，但至少说明，温度是影响传播互动的因素之一。

（2）颜色、声音、光线

第一，颜色。颜色影响我们的行为，是沟通的刺激物也是障碍物。例如，很多人认为，红色表示兴奋、刺激、危险、温暖、爱、力量和安全，蓝色、黄色、黄绿色、橙色被看成是漂亮的，而黑色、白色和棕色被看成是丑陋的。有漂亮颜色的房间可能激发机警和创造力，橙色房间引起积极的社会反应，比如友好的词汇和微笑（Mark Knapp，2014：109）。

还有研究指出，红色可以增加异性的吸引力。男性认为凸显在红色中的女性比凸显在白色背景中的女性更有吸引力，而女性也认为一个男人显示在红色背景中比在白色背景中更有吸引力（Elliot et al.，2010）。

当然，对颜色的感知以及对人们互动的影响也是有文化差异的。例如，白色在西方世界里与圣洁、美好联系在一起，而在中国传统文化里，白衣、白花都被当作非吉祥物。

颜色对人类互动行为有影响，但其影响是如何产生的以及影响有多大，还亟待人们进一步做研究。

第二，音乐。音乐是主要的环境因素，声音及其强度影响我们的人际行为、任务完成以及健康。大多数人都意识到音乐影响我们的心情，对音乐的选择可能用于满足或者改变我们的某种心情。一项要求夫妇们在不同的背景音乐中解决冲突的研究表明（Honeycutt and Eidenmuller，2001），骚乱的音乐更可能和争执关联。不仅音乐的类型影响互动，音乐的强度也影响互动的强度。例如，高分贝的音乐经常在体育馆中使用。

音乐还影响消费者行为，不同音乐适宜于不同的消费环境。餐厅播放较快的音乐意思是催促人们速吃速离，而咖啡厅播放舒缓的音乐或者餐厅播放经典音乐，人们可能逗留更久，并花费更多的钱在上面。

音乐/声音是产生问题还是引起愉悦？其决定因素包括声音/音乐的类型、音量、持续长度以及听者是否习惯。显然，有些人比另一些人更受声音的影响。

第三，光线。灯光既是沟通的激发物，也是障碍物。光线影响人的感知以及随之而发出的讯息类型。在明亮的灯光环境下与昏暗的灯光环境下与人沟通，产生的传播和关系后果可能是不一样的。如果你是女性，和异性老板或者一般男性朋友在一个灯光昏暗的场所会面交谈，多半会产生某种暗示。

而如果你是约会中的男生，和女朋友约会在灯火通明的场所，彼此的互动会感到自在吗？

当你进入一个灯光昏暗或者点了蜡烛的房间里时，可能会轻柔地说话，会坐得靠近，更为个人化的传播会出现。而在昏暗的灯光突然变亮时，人们互动的亲密度会降低。夜店在快打烊时灯光就会突然变亮，而主顾们会从一种心情向另一种心情转换。

还有，光线的缺乏会使一些人遭受季节性情绪失调，这就是通常发生在冬季的一种抑郁形式。因此，对这种抑郁症最有效的方式是，治疗师让失调者每天清晨在明亮的光线下待几小时，就如同看见太阳光。

（3）建筑设计和可移动物

我们环境中的构造物及其结构有两类：一种是不可移动的、永久性的；另一种是可移动物体。

我们生活、工作环境中的建筑物都是不能移动的建筑，这些建筑结构在影响人们会面，在哪里会面以及会见多久。我们对它的建造结构没有控制权，但在选择居住或工作在什么样的建筑里时有控制权。例如，住房的结构是否符合生活方式？买一楼还是四楼的房子（买一楼可能是因为喜欢花草，买四楼可能是因为爱干净）？生意人、医生、教师总试图寻找适合他们自己形象的环境居住——所谓"人以类聚"。

同时，尽管语言和非语言行为有助于控制人类互动情景，但操控隔断、开放空间以及其他物质布置也有助于控制人类互动情景。例如，办公楼的格局明显就和权力、地位有关。总裁通常有最大的、最有隐私的并最有选择权的办公位置，并且往往在一座建筑的最顶层。这种权力还表现在拥有落地玻璃窗、转角办公室、私人电梯以及家居式的办公空间。这种通过建筑结构反映出来的权力关系在大学里也很普遍。例如，知名教授通常空间、窗户、隐私性以及办公位置的选择权都比别人大。而低层级的办公人员往往在一个很大的、开放的空间里工作，通常只有桌椅和临时的隔断，没有或者少有隐私。尽管隐私少，但传播机会倒是比 CEO 充分，因为他们易被接近。

而某些环境似乎更能促进互动。例如，住在大院里的、有通阳台居所的人们之间比起住在公寓里的人们之间更为熟识。人们互动距离的远近、便利性都可能影响人们互动的频率。所以，在现代公共建筑空间设计中，设计师更加注重为人们提供互动空间及其易获得性。

如果我们知道在我们的环境中，某些物体的安排布置有助于建构传播，毫无疑问，我们就会操控这些移动物以产生我们需要的传播效果，通过布置不同的环境来促进或阻碍有更多、更长的互动。夜店店主和餐厅很早就意识到，昏暗的灯光和消音的表面物（如地毯、毛织物以及有填充物的天花板）可以为人们提供更多的亲密度以及让主顾们逗留得更久。一个人如果要准备一个亲密之夜，就会点亮蜡烛，播放柔情、浪漫的音乐，把沙发靠垫拍松，把那些脏盘子、衣物以及其他引起不愉快的日常物藏起来。

研究者（Brooks，2011）研究了在面对面学习环境中，教室设计和学生学习状况之间的关系。一些学生参与者被安排在一间传统的教室里——他们坐在座位后面，面朝教室前面，前面墙上有一个白板、投影仪，教师的课桌在前面。另一些学生被安排在一间活跃的教室里——里面有圆桌，更能促进以学生为中心的合作式学习，还有手提电脑、讲员台，围绕教室一圈都有马克笔、书写板。关于学习效果，从考试成绩发现，在活跃教室里的学生的分数好过在传统教室里的学生。这表明，活跃的学习环境比起传统的教室更能使学生表现得更好。当然，环境仅仅是建构这些行为的因素之一。如果学生、管理者以及监护人把学校搞成一个监狱或者官僚机构，教室布置和结构的变化可能毫无意义。

笔者曾经和几位教授成组作为研究生面试考官。一般的面试场所设置是这样的：五六个教授所坐的桌椅排成一排（很威严），学生单独一人面对一字排开的教授阵营。我和另一位女教授（难道女性对空间布置更为敏感吗？）感觉到这种空间安排会令学生非常紧张，于是，随后一年的面试中，我们把一字排开的面试主考官的桌椅分散排开（显得随意些），学生面前摆放一张课桌，课桌上放一些纸笔（学生在紧张时往往手足无措，这种安排可以掩藏他们紧张的手足，并适时调整紧张情绪）。我们感觉学生确实有所放松。

家的环境和布置、装饰设计对于夫妻关系也具有意味深长的含义（Altman, Brown, Staples & Werner, 1992）。人们可能从家庭的布置来判断居住者的人格、价值观、个性以及审美观，甚至判断他们的智商、情感状态及其居住者之间的关系，即便主人并没想要传递这些信息。

当然，环境只是影响我们感知和互动的因素之一。有时它产生强烈影响，有时产生的影响则较弱。

技能训练

1. 参观市内几家不同的餐厅。选几家快餐店或可以悠闲进餐的餐厅，观察空间内物品的布置、安排的情形（家具的安排、光线、音乐、舒适度、颜色、艺术布置）。你的结论是什么？

2. 改变你宿舍或家里的家具以及其他物品的摆放，观察人们的反应。这些改变如何影响那些常常在这个空间交谈的人？

2. 空间环境

人际距离学(proxemics)是有关社会空间和个人空间的使用与感知的一门学问，具体研究人们如何在正式的和非正式的群体环境中使用和回应空间关系。这种研究要处理的是和领导权、传播流程以及和当下任务有关的座次、空间安排。在更广泛的层面上，人们对拥挤环境和人口密度高的情境中的空间关系给予了关注。个人空间方位学(personal space orientation)关涉会话距离以及会话距离如何因性别、等第、角色、文化取向等因素的不同而改变。

(1)领　地

我们经常看到这样的标牌——"闲人免进"，"私人住宅"，其目的旨在规范人类的空间。我们并不会在日常会话中立这样的牌子，但我们会用其他信号物来避免令人不舒服的拥挤以及其他可感觉到的对个人空间的侵入。我们对自己和他人空间的使用能够极大地影响我们达到某种想要的传播目标，无论这些目标牵涉到浪漫、社交礼仪或者侵犯性。

我们通常有一种对某个空间的拥有感，比如房间、院子、座位等。想想你正在图书馆专心看书，或者和恋人坐在一起观看电影，突然，有人走到你旁边坐下来，你会感觉怎么样？不舒服！因为别人侵入了"你的空间"（"图书馆/电影院里有那么多空座位，为啥偏偏坐在我旁边？"），尽管那不是你的。

空间是每个人个人世界的基本向度，我们都有隐私/距离和相互依赖/彼此接近的需要，这些张力要求我们去处理某些由于空间而引起的争斗。这就是领地(territoriality)一词的所指。该词被频繁用于人际距离学中，它表示人们圈出个人领地或者"不可触碰空间"的倾向，正如动物们所做的那样(Mark Knapp，2014：11)。它是可确认的被占领、被控制并经常被一个人或者组织作为排他性领地而加以防卫的地理区域(Burgoon，转引自 John Stewart，2006：131)，它表示以某种方式指出所有权、确认地理范围的行为，并包括使这种领域免于遭到侵入者侵入的保护行为(Mark Knapp，2014：123)。领地既可以规范社会互动，也可能成为社会冲突的来源。

研究者(Altman，1975)区分了三类领地：首要的、次要的、公共的。它们之间的关键区别是感到或受到保障的拥有程度。首要空间显然是所有者排他性的领域，与拥有者如影随形，是动态的、不可见的，拥有程度极高，严格限制他人接近，侵入会受到严防死守，比如床。

次要领地如一本杂志，一台电视，或者一套餐具，人们宣称短暂拥有它们。它们不是拥有者日常生活的中心，也非明确排他性的。较为频繁的冲突往往发生在这个区域，因为在这里公私界限比较含混。例如，"我还要看那本杂志，是我先从书架上取下来的。""它又不是你的，图书馆的书，人人都可以看。"

公共领地几乎是任何人都具有临时所有权。公园、街道上的座椅，电话亭，不受阻挡地看一个兴趣点等都属于这一类。例如，你正在一览无余地观看远处的风景，一个人过来挡住了你的视线，这是未经你的允许就闯入你的领地的行为。如果侵入是短暂的（那人很快离开你的视野），就不会产生互动冲突；但是，如果那个人始终挡在你的视线中，那就是冲突的开端了。

我们都不得不在各个层面上应对人们可能的对我们物理领地的侵入。当有人侵入你的领地你会怎样？当你站在拥挤的地铁或者电梯里时你感觉如何？当有人坐到"你的"座位上时，你怎么办？情况不一样，我们保护和防备的程度就不一样，这取决于：（1）谁侵入了？我们对朋友或熟人的侵入的反应不同于陌生人侵入，对不同性别、地位或者年纪的侵入者我们反应也不一样。（2）为何他们侵入？我们对刻意侵入的反应远比"无意"、"无可奈何"的侵入更强烈。（3）何种类型的侵入？我们对侵入我们首要领地的行为的反应强于次要和公共领地的侵入，尽管有时我们也会对侵入次要领地有过度反应。（4）侵入是如何实施的？是以威胁的方式还是别的？我们对身体侵入的反应强于别人穿越我们的院子。（5）侵犯有多久？我们对时间较长的侵入反应比暂时侵入强烈。（6）我们预想到未来可能受到进一步违背吗？如果是，当初的领地保护可能更强烈。（7）违背在哪里发生的？人口密度以及协商新的领地边界的机会当然影响我们的反应，比起拥挤度稍逊的大街，我们更能容忍拥挤度超高的公交车上的侵入行为。

我们通常用两种基本方法来保护我们的领地：一是预防。我们自身保持在场或保持一种位置把他人置于"我们的"空间之外，让他人知道我们"拥有"它。或者，我们使用雨伞、大衣、笔记本、水杯等标志物指明那是"我的"空间。二是反应。如果预防不起效，人们如何反应呢？我们会用自己的积极状态（喜爱、放心）回应积极的激发行为，用自己的消极状态（不喜欢、尴尬、焦虑）回应消极的激发行为。人们可以用各种姿势、体位来予以回应。

今天，生存空间中的人口密度越来越高，领地侵犯很容易发生。你会看到在电梯里、地铁上人们是如何对领地被侵入做出反应的——展开的报纸和手机延伸的范围等常常是人们对领地违背的反应状态。这表明，"这个极小的空间你不能再侵入了！"拥挤的电梯里碰到别人时，人们僵直地站着，看着地面或门上的楼号指示，假装没有身体接触，有时交换腼腆的微笑或互相示意（图 5-3）。

图 5-3　领地保护

（2）会话空间

个体在成长的过程中，会逐渐在各自的文化里习得、遵守一些适应他人空间的调整规范，并希望他人也遵循同样的空间调整规范来适应自己。例如，你愿意离相识/不相识的人多近/多远？离高个儿/矮个儿多远/多近？离高地位/低地位的人多远/多近？如何安排互动空间既反映人们的个性，也显示了人们之间的亲密程度以及是否愿意互动的态度。不同的文化都有关于处理、规范在社会互动中空间安排的规则，如果规则被违背了，人们就会感到惊恐甚至感到威胁。

我们对空间和领域的态度以及交谈距离都会影响关系与沟通。当外人侵入亲密距离时，会觉得不舒服；当相关人遵守不成文规则时，亲密空间的侵犯才能够被接受；当一个人违反了另一个人的行为期待时，将会产生人际问题；人们用标记占有空间（大衣、包裹等）。

人类学家霍尔（Edwin Hall，1966）提出了四种人际空间：亲密空间、自在随意的个人空间、社会商议空间以及公共空间。亲密距离是从身体接触到18 英寸，是仅对那些我们非常熟的人和情感亲密的人开放的空间，除非不得不在拥挤的电梯里或者其他拥挤的地方。这也就是往往在这些地方，人们感觉不自在或者冲突频仍的原因。即便在电梯里，人们仍然会使用其他非语言信号重建分隔——避免眼睛接触，双臂紧抱，把包放在身体前面，拿着手机把玩，眼睛直盯电梯楼层显示指示灯。允许某人进入这个区域是信任的表示。这也是常常发生性骚扰问题的领域。

自在随意的个人空间范围是 1.5～4 英尺，和家庭成员以及朋友的多数传播是在这个领域发生的。如果有人进入这个空间，你会不舒服，因为仅一臂之距。

社会商议空间是非个人事务空间，范围是 4～12 英尺。许多群体互动和职业关系在这个空间领域发生，是比较正式的互动。例如，如果销售人员靠近近距离这一端，人们会感觉不舒服。但是，如果销售人员保持在1.5～1.8米的距离，其非语言行为的含义可能是："我在这里帮忙但是决不逼迫你。"在远距离这一端，眼光接触十分重要，因为当两个人彼此距离10英尺以上时，彼此很容易不确信是在和谁说话。

公共空间的范围大于约3.6米，人际传播较少发生在这个领域。公共演讲的距离常常大于这个距离，声音要大或者要使用电子扩音设备。

当然，这些有关会话、互动距离的研究是针对美国成人的，主要是白人中产阶级，其结论的普遍性还是有待商榷的。但可以确定的是，距离越近，越是一个亲密的空间，越是个人小心守护的空间。能够进入越近的空间里的人，受到的信任相对是比较高的。

你和他人愿意保持的空间距离通常跟如下因素有关：性别、年龄、文化和种族背景、谈论的主题、互动场景、生理特征、态度和情感导向、个人关系特征、人格特征。

第一，性别。研究表明（Hall，1984），在自然互动中，女性无论和男性还是女性互动，彼此之间的距离都近于男性之间交谈的距离。女性—女性成对互动距离最近，男性—男性成对互动距离最远，混合性别成对互动距离在前面两种距离之间。

第二，年龄。我们与我们年纪相仿的人互动距离较近。从六岁到青春期早期，互动距离逐渐增大，因为个体逐渐习得成人互动规范。成人也会让大一些的孩子更理解成人规范。例如，当五岁孩子侵入人们队列里的个人空间时，会得到积极的反应，而大于十岁的孩子侵入这个空间时，会受到成人的消极反应。

第三，文化和种族背景。不同文化里的人们对关系空间的需要是有差异的，空间规范也是不一样的。霍尔（Hall，1966）用接触（contact）和非接触（noncontact）这对词来区别不同文化群体里的人的行为。阿拉伯人、拉丁美洲人以及南欧人是接触文化，亚洲人、北欧人以及美国人是非接触文化（Watson，1970）。比起非接触文化，接触文化里的互动者被期望更为直接的面朝彼此，和彼此互动距离更近，触摸彼此更多，看彼此的眼睛更多，用更大声音说话。

第四，谈论的主题。个人性主题可能要求更小的会话距离，越是受到负面评价时人们离做出负面评价的人越远（尤其是那些负面评价来自高位阶的人），受到表扬的人离做出表扬的人更近。如果不考虑主题，在非常近的距离里，人们说话往往很少（Knapp，2014：140）。

第五，互动场景。灯光、气温、声音以及可获得空间都影响互动距离。房间距离增大时，人们趋向于坐得近些。比起办公楼里，在喧哗的都市街头，人们可能站得近些。我们和认识的人站得近些，而和不认识的人离得远些。

第六，生理特征。个体的身高也影响互动距离。矮个子比高个子更接受更近的距离，两个互动者身高差异越大，越需要距离以便看见彼此的脸。

第七，态度和情感导向。人们通常会和那些"不友好"的人离得远些，而和"友好"的人离得近些。我们的情感状态，比如压抑、饥饿、兴奋或者欢乐，有时会影响我们与人离得远些还是近些。

第八，个人关系特征。会话距离会随着关系的不同而不同。陌生人彼此互动的距离大于熟人之间，熟人之间大于朋友之间。研究表明，夫妻关系越不满意，彼此选择的会话距离越远（Crane，Dolomite，Griffin & Taylor，1987）。较亲密的关系和较近的互动距离关联，你越是喜欢一个人，你越愿意靠近或者允许他靠近你。当然，还是有个点是无论关系有多近都不能再靠近的，即便是非常亲近的关系也并非总是靠得很近互动。比之地位低的人，我们允许地位较高的人较多的空间侵入。

第九，人格特征。比起外向的人，内向的人趋向于站得远些。有焦虑倾向的人趋向于保持较大距离。以下类型的人会保持较近的距离：有高自我概念的人，有归属需要的人，权威低的人，彼此依赖度高的人，自我导向的人。

技能训练：分析你的个人空间

1. 分析你的个人空间运用。当你和老师谈话时，你对空间的期待是什么？和好朋友谈话呢？和陌生人谈话呢？这些距离有何区别？

2. 和朋友协作。从教室的对角开始，两人相互面对面走近，距离12英尺时，进行交谈；距离7英尺时交谈；距离1英尺或2英尺时进行交谈；继续一面移近，一面交谈，直到你觉得不舒服时为止。再退后直到觉得舒服的距离为止，注意此时的距离是多少。和朋友比较你们各自的感觉。

二、传播者特征对人际传播的影响

传播者在互动过程中还有一些自身保持相对不变的东西或者习惯，这种静态的非语言信号包括传播者的物理特征和时间管理特征。

1. 物理特征

带入互动并保持相对不变的非语言信号包括一个人的体格、身形、肤色、头发(发型)、面部特征、身高、体重、一般的吸引力等。和一个人有关的身体和呼吸气味通常也是一个人的物理外貌的一部分。此外，和互动者有关的事物可能也影响物理外貌，这些事物被称为"人造物"，包括服饰、眼镜、假发、假睫毛、珠宝和配饰。物理外貌还包括人们用来装饰其皮肤的各种方式，如化妆品、疤痕、针刺和彩绘等。这些传播者的物理特征影响他人如何感知我们以及他人如何与我们传播互动。

许多文化都赋予了一个人物理特征的极端重要性。你的发型、穿着等外表特征在关系发展的每一个阶段都很重要，有吸引力的女性似乎比看来不那么有吸引力的女性更有说服力。如果你看过江苏卫视的"非诚勿扰"，你是否感觉到无论男生还是女生都喜欢对嘉宾的长相、着装、仪态、身材等进行乐此不疲的评价？你是否同意有吸引力的人较为快乐、更受欢迎和更有社交性？这也就解释了在整个世界，塑身产业、时尚市场、化妆品市场、美容产业为何如此繁荣并长盛不衰的原因，也投射出人们对自己以及对他人的物理外表有多么在乎甚至苛刻。

(1)我们的身体与吸引力

人们非常关心容貌。如果一个朋友给你讲某个你不认识的人的事，你可能首先问：那个人长什么样。人们总是认为从一个人的容貌可以了解一个人，人们喜欢把容貌看成是一个人的背景、性格、人格、能力以及将来可能的行为的指示器。

尽管各种影视作品和我们的生活常识都试图强调内在美比外在美重要，但各种研究还是表明，外在美，即容貌的吸引力在更广泛的人际相遇中更容易得到确定性的回应。

第一，脸部。脸部是我们的身体产生吸引力最重要的部分。对于怎样的脸是漂亮的，人们可能没有一致的意见。光滑的皮肤、年轻会使我们产生本能的感觉(Rhodes，2006)，最有吸引力的脸不可能是芸芸众生相的。例如，有吸引力的女性通常额头高于一般人，嘴唇比一般嘴唇饱满，腮帮比一般人短，下巴和鼻子小，皮肤清爽，高颧骨，有光泽的头发，大眼睛。而有着小眼睛、大鼻子、宽而薄的嘴唇的女性则被看做是苍老的、男性味重的，并少有吸引力(Mark Knapp，2014)。

由于脸部成为人们判断一个人吸引力的中心因素，毫无疑问，脸部也是产生刻板印象的来源——一见钟情或者一见生厌常常发生。有时候，基于脸部的判断是准确的，而有时候并非如此。但人们仍然如此行动。研究表明，长着娃娃脸的人更容易被看做是天真的、诚实的，在法庭上，长着娃娃脸的人更容易被看成是过失犯罪，而长着成人脸的人更容易被看成是故意犯罪（Mark Knapp，2014：168）。

第二，身材。研究成果（Knapp，2014：172）把人的身材分为胖型、中等体型和瘦型。胖型身材被人们看成是较为矮胖和老的，比较落伍，身体不太健康，不太好看，健谈，心肠较好，富有同情心，本性较好，令人愉悦，对他人比较依赖，容易相信他人。

中等体型被人们看成是较为强壮的，更有男人味的，更好看，更富有冒险精神，更年轻，更高个儿，行事更成熟，更自信。

瘦型身材被看做是较瘦的，较为年轻，较有雄心壮志，较高，对他人更持怀疑态度，神经质，少男性气质，较固执，较悲观，较安静。

在女性看来，中等身材的男性比起胖型身材或者瘦型身材更有吸引力。而男性更看重女性的腰－臀的比例。

第三，身高。身高也影响人际回应，人们认为身高对于社交和职业生涯非常重要。这也就是父母们经常焦虑孩子的身高并经常告诫孩子要挺直腰背或者常常带孩子去看儿科医生咨询关于长高问题的原因。一些职业，比如警察确实有身高要求。随着劳动竞争的加剧，身高并不影响工作任务完成的诸多职业领域对身高也提出了严苛的要求，这应该算是很不正常的社会现象。

高个儿的男性常常被视为更有吸引力。人们在描述男性时很少说"矮、黑、英俊"，倒是用"高大英俊"来描述。高度确实对于吸引力很重要，但个子高并非总是和最有吸引力联系在一起，高度和别的因素共同影响吸引力。

第四，身体形象。每个人对自己的身体也有自己的看法，这也会影响我们的传播行为。生活经验告诉我们，女性普遍对自己的身体缺乏满意度。成年男性如果比一般人高大，就会对自己的身体特别满意。而女性如果比一般人显得娇小但胸部比一般人大，就会对自己的身体特征满意。但男性和女性可能对异性的身体有误判，女性以为男性总是偏爱瘦的女性，而男性可能并不如此认为。男性认为自己一张有吸引力的脸和身材对女性很重要，但女性实际上可能并不这么认为。

其他诸如肤色、头发颜色/发型以及体味都可能影响人们的人际回应，这里就不一一讨论了。

要注意的是，关于高矮、胖瘦、脸部特征的审美或者人际意义既有文化差异，也有时代差异。在中国传统文化中，汉代曾经以瘦为美，唐代以胖为美，这才有了"环肥燕瘦"的说法。不同文化对这些身体特征也会有不同的评价。这进一步说明，尽管人们非常看重容貌，容貌的确影响人际感知、回应与传播互动，但仅仅靠容貌无法产生绝对的人际吸引力，它们会和其他一些因素共同影响吸引力的形成。

（2）衣着和其他配饰物

衣着和配饰物常常是我们身份的表征，使我们的身体特征个性化。

第一，衣着。我们常言所谓的"佛靠金装，人靠衣装"强调了人际交流中衣着的重要性。社会现实中，以穿着取人常常发生，别人常常根据我们的衣着来判定我们的社会阶层、态度、行为、心情，甚至判断我们的能力和技能。衣服的颜色和款式甚至是判断男性气质或者女性气质的某种社会规范。因此，衣着不仅具有保暖、遮羞等个体功能，还具有非常高的人际功能。

一些研究认为，衣着是第一印象的重要元素。研究表明（Mark Knapp，2014：186），对于初次相逢，女性无论对同性还是异性都首先注意到的是衣着；男性对于同性也是首先注意到衣着，但对异性，衣着排在身材和脸之后的第三位。

衣服的颜色和样式可以传达很多含义。研究者认为，穿黑色衣服的人会显得更有侵犯性，会导致更多惩罚（Frank & Gilovich，1988）。因此，一个人被指控攻击和殴打，在法庭时如果还穿着黑夹克、牛仔裤和靴子，多半会满足人们关于其是罪犯的期待。再比如，你参加一流公司的面试时，如果穿着运动裤和无袖上衣，面试多半会失败，因为人们认为这样的行头是适应日常生活的，面试官多半认为你不够尊重他们的正式性和威严性。

但成功的穿着并没有现成的公式。王菲某一次出现在公众视野中是这样打扮的：穿着毛袜加人字拖，一条绿色灯笼裤，简装素颜，手推车上是蛇皮袋……王菲的这身行头被媒体夸赞为时尚搭配。但受众评价说：这身打扮超难看。时装界人士评价说：这身行头只有穿在王菲身上才能叫时尚。

第二，配饰物。我们身体上或者个人环境中的配饰物也传达着丰富的人际含义。我们常常在媒体中看到总统桌上的国旗，会观察到有信仰的家庭都有《圣经》，一些人把家庭成员的照片放在办公室里或钱夹里，一些大学生床头摆满时尚读物（尽管从来没有看过），人们还会在自己的脸上或者身上涂上油彩或刻上文身。这些行为既表明人们的个性，还有丰富的人际含义，是向人们表明这些佩戴者、装饰者想要表明的价值观、生活理念和情趣。

人们常常会对他人富有特色的配饰物、装扮产生强烈反应，这些反应可能是积极的、消极的或者混合的。

技能训练

你的书包上有何装饰物？观察陌生人和朋友的书包上的装饰物，你如何根据这些来判断他人？

2. 时间行为

时间构成我们生命的节律和意义，哲学家和诗人都试图参透时间的意义与无情。"君不见，高堂明镜悲白发"、"念天地之悠悠，独怆然而涕下"、"耳畔频传故人亡，眼前但见少年欢"都是在表现人生的易老易逝。

时间不仅对生命个体意义深远，还在人际互动中扮演着关键角色，即影响我们对他人的感知以及随之而来的传播互动效果。例如，有责任感的人是准时的，乏味的人喜欢冗长谈话，体贴他人的人给他人一些时间。时间学（chronemics）就是专门研究人们如何使用、组织和感知时间以定义身份和互动关系的一门学问。等待和行进的时间、领导者的时间、动作的敏捷度、同时做多件事情或者一件事情，这些倾向性特征无不传达着个人和关系讯息。

人们的时间行为以及人们对时间行为的感知具有文化差异，对于时间的不同看法和行为常常导致不同文化成员之间的误解发生。根据对时间感知和态度的不同，文化被区分为一元时间和多元时间。在一元时间系统里，时间是宝贵资产，是可以分割、节省、花费、创造、安排、计划和管理的。美国、德国、英国、土耳其、韩国、日本、加拿大、瑞典、瑞士及斯堪的纳维亚半岛国家通常被认为是一元时间社会，这种文化赋予计划、任务和"完成工作"极端重要的价值，严格地关心日程安排计划，并把那些违背这种时间感知的人看成是不尊重人的。

在多元时间体系里，同时可以做很多事，制订时间计划是流变不居的，计时不是那么精确的。这种文化更多地关注关系而不是时间。如果是对家庭或者朋友有关的事情，迟到是不会有问题的。这种文化中的人们是不会受到准确的日历以及日程安排所约束的。拉丁美洲、非洲、亚洲多数国家被看成是这种时间体系的一部分。

时间和权力有着密切关系，这种关系表现为：第一，等待的时间。那些居于领导和管理者地位的人对待时间的态度不同于那些地位较低的人。高地位的人使低地位的人处于等待状态是支配的象征，处于等待意味着这个人的时间比那个使人等待的人更无价值。反之，低地位的人的迟到会被认为是不尊重上级的权威。第二，谈话时间，包括会话的长度、话轮以及谁发起/结束会话。位高者经常说，而且说得长，不受打断，控制会话的开头、结束（Guerrero, et al., 1999）。第三，工作时间。位高者的工作时间是比较灵活的，而一般人工作时间是结构性的，"朝九晚五"一成不变。

　　时间行为由两个层面组成：期待和准时。我们对他人时间行为都有所期待，也就是对做某件特定事情所需要的适当时间量以及在什么时间该/不该做什么有某种固定认识。当一个事件的时间长度明显不同于我们的期待时，时间成为沟通的障碍。例如，大多数人都知道，课堂是 50 分钟，电影大约 2 小时。逾期不下课的教师我们会不耐烦，谈情说爱时间缩短时我们会觉得沮丧。再比如，外交谈判中途退场表示抗议，因为在谈判之前，双方早已计划好会谈的时间，一旦这个时间段没有得到填充，就意味着某种沟通障碍出现了。

　　不同时间体系的人对时间期待的差异也会导致沟通障碍。例如，与笔者打交道的美国同事每次和我沟通关于访问复旦大学的计划时，总是要提前一年多和我讨论，他们通常把下一年每个月要访问哪里及在哪里开会都提早安排了，临时邀请他们到访的概率几乎是零。而笔者在邀请美国同事到访时，常常感到非常为难甚至恼火，因为国内机构总是在最后一刻才发布邀请外方的政策和经费预算，等待领导签字的时间也是无法预期的——快了一两天，慢了一两周或者一两个月。作为中间协调者和邀请人，笔者常常感到两头不讨好——美国同事嫌你做事无计划，总在最后一刻发出邀请；中国管理者嫌你过分催促他们，怪你最后的邀请计划失败（人家等不及中方的意见，早就撤退，另作安排了）。这就是双方对做一件事的时间期待完全不一样导致的沟通障碍。

　　还有，当人们认为在某段时间内应该完成的事情而没有完成时，或者在某段时间内不应该做什么而做了时，也会产生沟通障碍。例如，白天工作，晚上睡觉，中午吃中饭。笔者曾经在大年夜接到一个请教电话（电话是某某大学一位读新闻的女生打来的，几年前笔者去过该校开会），请教要不要考研，考传播专业还是新闻专业，考复旦应该怎么复习，可不可以来面见我，诸如此类等问题。出于要维护和蔼师长的面子，我一一解答了她的问题，但这时候全国家庭都在欢欢喜喜过大年，我的家人正在等我吃年夜饭。

　　准时也就是满足时间期待。准时非常重要，大部分人是依据他人对约定的准时性来对他人下结论的，按时到达还是迟到往往表示对人的尊敬与否。在准时这一点上会出现两种违背：一是早到，二是迟到。我们都知道迟到是不礼貌的，会给人留下不好印象。但是，殊不知早到也会带来沟通的障碍，因为约会的对方可能对时间的安排很精确，什么时间做什么，按时赴约都是在计划中进行的，早到可能打破对方的计划和安排，而引起他人的烦恼以及随之而来的沟通障碍。

例如，你和老师约好下午 2 点在老师办公室见面请教学习问题，四个时间安排，你会选择哪个时间敲门呢？13：45，14：00，14：10，14：30，你选择这几个不同时间将会影响老师对你的印象。笔者曾经有过如下经历：我家离办公室骑自行车需要 15 分钟，我计划提前 20 分钟（即 13：40）出发完全可以赶上 14 点的约定。下午 1：30，我正在收拾出门的书包，收到学生短信说"老师我快到了"。我潜意识紧张起来，匆匆背上书包，13：35 骑着车慌慌张张地开跑。13：45，自行车链条掉了，正在修理，学生短信又来了说"老师我到了"。来不及回复短信，捣鼓好链条跳上车又开跑。这一次人在车上手机呼叫铃响了，不理，继续响。只好慌慌忙忙边骑车边从包里掏手机接听，学生在那头说"我到了，老师怎么还没到？"等我连滚带爬一副狼狈万分的样子赶到办公室门口时，时间不过 1：55。你能想象到，早到并催促他人给他人带来的心理压力和紧张感吗？

当然，准时、迟到、早到的管理也是和权力有关的。重要人物、高地位者总是让他人等待，是可以随意迟到的，而低地位者或者早到并等待，或者必须准时到。

对时间的感知和准时的遵守也是有个体差异的。有的人就是爱迟到，而有的人就是比较准时。

技能训练

1. 你如何管理你的时间行为，分别举一个时间管理带来的沟通和谐与障碍的例子。

2. 分析你对他人时间行为的反应，描述一件因某人的时间行为扰乱了你的行动节律而引起沟通问题的事件。

三、传播者身体运动对人类传播的影响

动态的身体移动和位移必然包括如下部分：手势（gesture），姿态（posture）（上肢、手、头、足和腿的运动），触摸行为（touching behavior），面部表情（facial expressions）（如微笑），眼神（eye expressions）（包括眨眼、直视、注视时间长度以及瞳孔增大），嗓音行为（vocal behavior）。

这些身体运动在传播信息和情感给他人时起着非常重要的作用。一些研究表明，诸如悲伤、愤怒、快乐这些情感可以从一个人的步伐得到准确确认（Janssen et al.，2008）。手臂摆动的数量、步伐跨度大、行走速度都在这些感知中扮演着重要角色。

(一)手势和姿态

手势和姿态指的是人的肢体位置与运动，使用的多寡因人而异。说"大

约这么高"，配以手势；可用手势等代替文字语言的特殊标记。如手语、旗语、警察的指挥手势以及肢体惯有的组合形式，再如食指和拇指围成圈，其他三指伸开的"OK"记号表示"好"之意；突然坐直而且前倾表示高度注意，站起来则可能表示"我做完了"，背对他人表示不想去注意。

1. 手 势

有很多不同种类的手势以及这些种类的变种，主要是指手、手臂、手指头的运动。手势具有丰富的人际传播功能。说话的人和听话的人都会从手势中获益，说话人把要点、重点表达得很明确，听者强化了对说者讯息的理解能力。

根据功能，手势可以分为如下两类：一是与说话独立的手势及和说话相关的手势。使用这些手势的同一文化或者亚文化中的人们可以对之进行很好的语言翻译，通常表示一两个词或者短语。例如，代表"OK"的手势，代表胜利的"V"手势，翘大拇指表示赞扬。尽管与说话独立的手势没有参与者说话也可以传播讯息，但其含义还是需要语境来确立。例如，向某人出示手指，表达的是幽默还是羞辱，取决于是谁做的，目标是谁以及伴有其他哪些行为。

尽管媒介在培植、推广人类的非语言符号及其意义的同质化方面功不可没（比如中国人也逐渐使用"OK"的手势），但同样的手势在不同文化里可能仍然代表不同甚至相反的含义。"OK"手势在美国文化表示"好"、"可以"，但在法国、比利时却表示"你啥都不是"。手势"V"在美国文化里代表胜利，但在英国却表示侮辱。

和说话相关的手势，直接和说话有关或者与说话相伴随，通常用来揭示说话人的指称物，表明说话人和被指示物的关系，充当说话人话语的停顿、规范和组织话轮。手势和语言的配合使用可以达到自我同步和互动同步。例如，手掌朝上表示更不确定（"我想"，"我不确定"），朝下表示确定（"很清楚"，"绝对如此"），手掌朝向听众，表示宣告（"我来说说"，"安静"），手掌朝向说话者自己，表示赞同一个观念（"我有了这个独特的想法"）。

2. 姿 势

姿势通常和其他非语言信号相关，为的是确定注意力和参与的程度，和其他互动伙伴相关的等第程度以及对会话伙伴的喜爱程度。例如，身体前倾表示不太熟悉的人之间互动时更高的参与、更多的喜爱、较低的等第。姿势也是一些情感状态强度的指示器。例如，紧张的姿势和愤怒有关。

诸如挥手、跺脚、接吻等动作，既表示身体的运动，又泄露、传达与该动作有关的其他讯息，具有功能上与传播上的双重意义。当人们对抽烟不满的时候，人们通常会掩鼻、偏头、皱眉；对高谈阔论不耐烦时，人们的面部表情僵硬，左顾右盼，不断移动座椅。

有些相似的姿势代表同样的事物，无论男人还是女人，老人或者年轻人，也无论是中国人、美国人、拉丁美洲人、欧洲人、澳大利亚人都会做的。例如，点头表示同意，挥舞拳头表示愤怒，鼓掌表示赞扬，举手表示要求注意，厌倦打哈欠，拇指朝下表示不赞成。

姿势也可以反映存在于会话伙伴之间的某种关系。只要观察人们面对不同的会话伙伴使用的不同的肢体动作，就可以判断出他们的关系是远还是近，是亲密还是疏远。

人们也通过姿势来传播支配和顺从。男人可能把拇指勾在腰带上，女人和男人都可能两手叉腰站立。当几个人在说话时，来了另外一个人，人们可能把身体转向外鼓励他者参与进来，或者身体朝里怠慢他者的参与。而坐着的人们向前靠被看成是积极的，向后靠表示更多消极的、不接纳的态度。

（二）接触行为

非语言传播最有力的形式是发生在两个人之间的接触。例如，轻拍、捏、重击、握、摇、挠、拥抱、抚摸、舔。接触有时简直就像电击，有时可以伤人，有时可以安慰人。

触摸在我们醒着的时光中扮演着重要角色。拿一本书，端一盆花，穿一双鞋等，这是人与物的接触。在人与人的接触中，接触行为可以分为自我关注型和他人关注型。自我关注型通常不是为了传播，可能反映了一个人独特的状态和习惯，比如舔嘴唇、抓耳挠腮、拽头发。而与他人的接触就复杂得多，传递着丰富的人际含义。例如，表示爱怜就拥抱，上级赞许、鼓励下属时拍拍肩。

研究者认为，接触对于健康生活和个人成长至关重要。"对于婴儿身体、情感以及心理健康以及他们的智力、社会性和传播发展都是必要的"（Burgoon et al.，1996：75）。母婴接触使婴儿感觉安全、被爱、有价值，而且早期的接触经验对于婴儿日后的生理、精神和情感调适也是至关重要的。在婴儿时期缺乏生理接触的小孩儿在学会走路和说话方面可能较慢，成人之间的身体暴力也可能和其婴儿时期接触的缺失有关（Mark Knapp et al.，2014：233）。

接触的数量和种类是因人而异的，与传播互动伙伴们之间的年龄、个性、性别、情形、文化、关系的差异紧密相关。例如，女性比起男性通常更可能接触。

接触行为具有深刻的文化差异。有些文化是触觉文化，而有些文化是不可触摸的。例如，中国传统文化强调"男女授受不亲"，而西方人则是接触文化的主要代表。当然，随着中国年青一代对西方亲密关系行为的认可和接纳，接触行为也成为亲密关系中的重要部分。在浪漫关系的早期，接触的数量是较多的，而在稳定、长期的亲密关系里，接触的质量代替了早期的数量需要(Andersen&Guerrero，1998)。

关于亲吻行为，也是最具有文化差异性的。在一些文化中，通过亲吻面颊表示致意；在另一些社会里，人们从未如此。前一种文化里，人们做的不过是别人都在做的动作，亲吻并不能说明什么问题，也没有告诉我们关系如何(但如何亲吻对方倒是能够说明关系)。在后一种社会里，亲吻对方面颊表示致意的行为异乎寻常，亲吻本身而不是亲吻方式更能告诉人们他们的关系如何(彼得·卡雷特，2007：2)。

即便是同一种文化，也会有个性差异。有些人被教育不要随便碰别人，有些人在现实生活中喜欢接触与被接触，而有的人不喜欢。有的人只喜欢在私密化空间里有接触行为，有的人对发生于公共场所的接触也不会抵触。

接触有时也传达权力和地位，比如拍肩行为。老板可以把手放在下属的肩上，而下属以碰撞老板的方式做出回应的情形则非常罕见。大多数时候都是支配性人物碰触屈从性人物的肩，但也会出现相反情形。例如，下级把手放在上级的肩上，这暗示了他们看来平等得多，但这也可能危及老板的权威。在研究者(Yarbrough & Jones，1985)看来，控制性接触是出现频率最高的接触，基本是要求获得顺从和注意力，表示"别动"，"听我的"，"赶快""马上做"，触摸点是不容易受伤的部分——上背部、手、肩、胳膊。其次，表达喜爱是接触频率居于第二的，比如拥抱、亲吻。触摸点是容易受伤的部分，比如头、颈、低腰、腿等。

如同其他非语言行为，接触行为可能激发人们积极的、中立的或者消极的反应。积极的接触可能与支持、安抚、欣赏、喜爱以及性吸引力有关。护士对病人的触摸被看成是安慰的、让人放松的，而朋友摩挲背部也表示积极的情感，打、扇、紧捏他人的胳膊都可能被看成是表示愤怒或者引发困惑的。接触也和一些情感有关，甚至可能是传播某种情感的优先渠道，比如爱与同情。同情使用轻触和拍来表示，愤怒使用打、挤压来表示。有时接触纯粹是为了玩耍，比如挠痒痒。有时接触是为了影响他人，表示权力和控制。

接触行为的含义也是高度模糊的，这取决于接触的实施方式、关系性质以及环境（Knapp，2014：231），而不仅仅是接触本身。例如，一个接触行为如果伴随其他信号，如长时间的注视，保持接触太久以及在私密空间里，就可能显得亲密。在长期工作的单位等公众场所，简略的触摸有时是积极的、支持性的，但也可能引发性骚扰问题。因此，接触最具有刺激性，也可能是最不被了解的非语言行为。在拥挤的电梯里，摩肩贴身地站立，和所有陌生人身体接触，你会身体僵直，眼光回避，甚至感到不愉快。或者，你坐在一个公共场所的桌子旁，不小心碰到了陌生人的脚踝，你会马上缩回脚并立即紧张地道歉。人们为何对非预谋的接触反应如此之大？因为，通常来说，接触表达亲密，如果亲密不是你的目的，就会立即做出反应以修改印象。

男性和女性在阐释某个具体接触行为的意义方面也是有差异的。女性认为来自陌生人的接触是对隐私的极大侵犯，而男性感到来自同性的接触是对隐私的最大侵犯；男性认为来自女性陌生人的接触带来的舒适感如同来自女性朋友的接触；男性和女性都同意最愉悦的接触类型是来自异性朋友在性感区域的轻触。

既然接触行为发生在人与人之间，意义又是因人而异的，那么，接触还是不接触、接触多还是少、怎么接触等方面都不要只顾自己的愿望，关键还是要考虑和你互动的人的期待。你所需要的接触、能够忍受和接受的接触以及你想要主动接触的数量和类型取决于许多因素。在家里，如果父母拥抱、亲吻你较多，通常你也会这样对待他人；如果少，你也会约束自己的接触行为。或者，当我们感到友好、安全和快乐时，我们愿意接触他人。

技能训练

观察男士、女士以及来自不同文化的人交流中的接触行为，你可以下什么样的结论？

回想你生活中被人触摸的情景，举出下面感觉的例子：感到讨厌，感到快乐；再回想你生活中触摸别人的情景，举出下面你感知到的他人的感觉的例子：他人讨厌，他人喜欢。你对接触行为会有什么结论？

（三）面部表情

人的面部是一个多讯息系统，面部表情可能是我们身体最富有表现力的部分，也是非语言传播最重要的焦点部分。面部的运动包括眼睛、眼皮、鼻梁、面颊、嘴巴、鼻子的下半部和下巴。面部有着丰富的传播潜力，其生动的可视性使我们格外注意我们接收到的来自他人面部的讯息，并通过这些面部信号来传播自己和判断他人的人格、兴趣以及回应。例如，在做自我介绍时，一个人对我们温情地笑着，这个人会被看成是友善的。而长着一张苦瓜脸的老年人会被看成是坏的和自私的。尽管实际情况可能恰好是相反的，但人们就是相信面部表情是可靠的，人们对面部表情有着根深蒂固的刻板观念。

1. 面部表情管理互动

面部表情具有管理互动和提供反馈的功能。例如，打哈欠可能代替语言讯息"我倦了"，也可能是关闭其他传播通道，如眼睛接触。

面部表情可以控制传播通道。比如，笑有着尤其丰富的含义。有时，表示推动和鼓励他人说话，有时表示参与互动的愿望，有时表示关闭传播通道。有时，笑和眨眼表示调情，不仅是邀请打开传播通道，还意味着所希望的互动类型。面部表情可以补充或者证明其他行为，与其他信号一并使用可以补充说明其他讯息。例如，"OK"的手势伴随着眨眼，表示非常确定的赞同。

面部表情还可以代替语言讯息。如果你讨厌某个情形，你会皱鼻子、皱眉头。

技能训练

观察下一次你的某个会话，什么时候是该你说话了，你如何知道的？他人的眼光和脸总是"告诉"你何时该你说话，人们也能够通过面部和眼睛"欢迎"或者"排斥"靠近他们的人进入会话。

2. 面部表情表达情感

我们每个人的脸都是栩栩如生的。研究者（Ekman et al., 1975）认为，人的脸部能够产生 250000 种表情，女性具有较多的面部表情。许多关于面部的研究都和展示多重情感状态的配置有关，得到最多研究的六种主要情感是愤怒、悲伤、惊讶、快乐、害怕、讨厌，这些情感可能在每个人的脸上出现（图 5-4）。

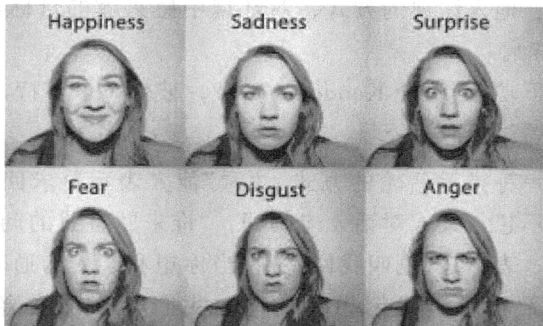

图 5-4　六种面部表情

惊讶：大睁眼睛，眉头耸立、皱蹙，嘴张开。

害怕：张开嘴，眼睛下的皮肤紧张，前额中心皱蹙。

讨厌：上嘴唇紧张，皱鼻子，脸颊上扬，眉头降低，上眼皮低垂。

愤怒：下眼睑紧张，也收缩嘴唇或者张开嘴，眉头降低或皱蹙。

快乐：笑着的嘴可能张开或者闭着，脸颊上扬，下眼睑皱蹙。

悲伤：嘴唇颤抖，嘴角下撇，上眼睑可能上扬（Beebe et al.，2008：201）。

（四）眼睛行为

眼睛行为是面部表情的重要部分。眼部运动常常是兴趣、注意力/参与或者欺骗的指示器（Knapp，2014：13），是和广泛的人类情感及其特征联系在一起的。被看也是社会承认的一种深刻形式，看的缺乏就是贬低了一个人作为社会存在物的存在感。想象一下当他人没有"足够"看着你的眼睛时，你所能得出的结论，就知道眼光接触的重要性。

由此，每个社会都建立了与眼睛有关的互动规范。在一场互动中，我们看哪里，什么时候看以及看多久都受到规范的约束，正如孔子所言"非礼勿视，非礼勿听，非礼勿言，非礼勿动"，不符合规范的就不要看。现代社会里，我们都知道在公共场所时不要注视陌生人太久，除了在特定情况下，眼光在他人身上各个部位扫来扫去，也是不合适的。在美国白人文化里，缺乏眼光接触几乎就没有正面意义——表示虚伪、不诚实、无趣、缺乏自信、撒谎。而且，在公共演讲中或者面试情境中，强调眼光接触要达到所有时间的50%～70%（Stewart，2006：130－131）。

注视指的就是我们对他人的面部做出的眼睛运动，相互注视发生于互动者彼此的眼部区域。我们既不可能一直看着一个人，也不可能眼睛一直在转动。那么，正常的注视方式是什么呢？显然，这个答案与参与者的背景和个性、谈论的主题、他人注视的方式、对环境中感兴趣的目标等有关（Knapp，et al.，2014：297）。

注视具有如下功能（综合 Kendon，1967；彼得·卡雷特，2007）。

1. 规范传播流程

视觉接触是一种指示话轮的方式，"看"他人表示要求回应或压制回应，表明想与某人或不想与某人对话。老师问："谁来回答我的问题"，学生迅速把眼睛移向别处，表示："别叫我回答"；当你想和某人沟通时，眼睛会移向这个人；当我们无法说出我们想说的时，我们转移视线避免向他人输入信息。

2. 监管反馈

我们也会通过注视来检查我们和他人之间的互动效果，检查他人对会话的反应。如果他看着我，我觉得他在专心听我说；如果目光游离，我会得出相反结论。人们寻求来自他人的反应时，往往注视着他人。听者的表情和注视不仅表明其注意力是否在这里，也表示是否对这个话题感兴趣，是否有共识或歧见。

3. 反映认知行为

在处理困难或者复杂的观念时，说者和听者都有避免注视彼此的倾向，包括闭眼，把注意力从外面转到内在，努力排除外部刺激等。例如，笔者的一位日本留学生学业很优秀，很多时候他是闭上眼睛听课。我问他原因，他说自己汉语不算很好，闭上眼睛可以集中注意力思考老师正在讲解的问题。

4. 表达情感

注视眼睛可以为情感表达提供大量信息。我们常说的"眼睛是心灵的窗户"，表明眼睛可以表达出个体的情感状态以及对他人的情感。

5. 表达人际影响力

注视也表达社会权力和人际影响力。当两个人对视时，如果他们的地位不平等，首先转移视线的往往是屈从者。如果没有转移视线，就构成对权威的一种挑战。有时不与老板争论，而是比平时盯老板稍久一些，就是一种微妙的目光角力。如果时间控制得当，会达到预期效果，而不会显得粗鲁无礼。地位不平等的人在会话时，支配性人物通常要显示其"视觉支配性"，通过这种方式，确定他人是否在听，是否有篡权之意。但是，当被支配者发觉自己成为倾听者时又会反向行动，减少目视他人时间，要表明他不想讨好他，不想再扮演倾听者的角色。松弛是支配性注视具有的本质特征，因为支配性人物的行动是经济原则——自信，能静则静，能省则省，而屈从性人物是努力原则——缺乏自信，四处张望避免祸从天降。有人问尼采："什么是贵族？"尼采的回答是："缓慢的动作和缓慢的一瞥。"这注释了眼光注视的权力问题。

注视的多寡与很多因素相关。例如，与情境有关，人们在听的时候的注视多于说的时候的注视；对话题感兴趣时有较多的眼光接触，不感兴趣、不自在、局促、害羞、隐瞒时就避免目光接触（Knapp, et al., 1997：390－391）。

注视深刻影响我们的传播互动，因此就需要使用的适当性。如果多于或少于社会情境中的注视的正常量，我们就需要改变我们的注视行为。当然，注视的多与少、注视的情境及其含义都有着文化差异，不可过于把这个问题简单化。关键还是要意识到眼光接触的人际意义并监管眼光接触（表5.1）。

表 5.1　影响注视的因素

最可能眼神接触是当你……	最不可能眼神接触是当你……
喜欢你的会话伴侣	不喜欢你的会话伴侣
离对话者远	离对话者近
讨论轻松的、非个人的话题	困难的、亲密的话题
无东西可看	有其他东西可看
对对方的反应有兴趣	对对方的反应无兴趣
试图支配或劝说对方	并不想支配或劝说对方
来自一种强调眼神接触的文化	来自不强调眼神接触的文化
外向的	内向的
高度需要归属于或者被包含于其中	低度需要归属于或者被包含于其中
正在听而不是说	正在说而不是听
女性	男性

技能训练

最近你是否看过一部新电影或者有一次新的旅游？找一位朋友和他/她聊这些见闻。在谈话之前，明确告诉对方请他/她注意你的眼光接触、面部表情、手势和姿势。完成后，请对方和你分享他/她的发现和评价。

（五）声音行为

首先，请说出如下句子，注意突出加下划线部分。

她把这笔钱给了他。（是她而不是别人在给钱）

她把这笔钱给了他。（她是给，而不是借）

她把这笔钱给了他。（给的不是别的来源的钱，就是这笔钱）

她把这笔钱给了他。（给的是钱，而不是面包或牛奶）

她把这笔钱给了他。（接收者是他，而不是别的人）

从中，你是否意识到不同的声音会影响我们对同一个讯息的理解？

另外，请你想象这样一个情景，一个人在紧急状态下大喊："着火了"，伴随一些非语言信号表示急迫，甚至还可能伴有痛苦，人们一定会把这个人说的情景当真。但如果一个人开玩笑式地大声尖叫："嗨……哟……着……火……了……"可能无人去理会他。可见，声音信号提供更为真实的情境。

声音行为又被称为副语言（paralanguage），处理的是事物如何被说出来，而不是说什么，主要是指围绕通常的讲话行为的、非语言的声音信号。通常来说，有三类声音行为：一是在说话时由声带产生的噪音变化，比如音调、音长以及音量的变化。二是口语中的干扰。三是沉默。你在用语言说出信息的同时，还用声音特质来表达你的感觉。音质、音调、音幅、节奏、频率、停顿等辅助语言符号系统和语言中的沉默、停顿、哭笑、咳嗽、犯错次数等讲话风格都是口语外符号系统，都会影响人际传播效果。视听媒介尤其要注意副语言表意的细微差异及其功能、效果。

无论是对成人还是婴儿来说，声音都是传播情感的富有感染力的工具，也是传递你与他人关系本质的基本工具。

1. 噪音的特质

人们的发音包括音调（声音的高低）、音量（声音的大小）、频率（声音的速度）、音质等。

人们说话的音量会随着情境而改变。在嘈杂环境中或者距离较远时，人们会放大声音谈话以便使听者听到。人们生气时会大声说话，而在表达爱意时会轻声细语。随着音量的改变人们还会改变音调。例如，紧张、激动的时候，人们会提高音调。显示强有力时人们会降低音调。卖关子时，人们会把语调拖长。

如果你想一想一个人说话非常快或者非常慢，你就可以感到声音的频率是如何影响传播的。人们在快乐、害怕或紧张时，语速会变快，而在不确定时或强调重点时，语速会变慢。

不同质的声音表达特别的心情。例如，抱怨、哀怨与鼻音连在一起。诱人的邀请和柔和的音质连在一起。生气和刺耳、严厉的音质连在一起。

人们通常通过这些差异来帮助会话伙伴理解他们所说的，理解是否强调了某些词或者短语，是否表达了感情，指示什么时候他们是严肃的，什么时候是冷嘲热讽的或者开玩笑的。

除了在人格和情感判断方面起作用，声音还对我们的态度改变产生作用。公共演讲领域尤其强调修辞情境中发出声音信号的重要性，是演讲的声音信号而不是内容是修辞学的第一大领域。声音信号（比如抑扬顿挫）对信息记忆的数量、对听众态度改变的多少以及听众对演说者的可信度多寡起着积极的作用（Knapp，2014：347）。

显然，我们的声音可以传播各种态度，诸如友好、敌意、优越、顺从。研究显示，以下的声音信号和更有说服力、可信度、能力或者实际态度改变有关（Burgoon, et al., 1990，转引自 Mark Knapp，2014：348）：流利，毫不犹豫，在说话人转换话轮时反应时间和停顿较短，音调变换较多，声音响亮，讲话较快。

但也有研究者指出，快速说话增加劝说性只在所说的讯息是和听者先前持有的态度相左时才起作用，而如果讯息和听者态度一致，说服力就会下降（Smith and Shaffer，1991，转引自 Mark Knapp，2014：349）。

2. 口语中的干扰

在口语对话中，有许多毫无意义的声音可以造成正常对话的中断，比如习惯性地频繁使用"这个嘛"、"嗯"、"哈"、"噢"。有些干扰使沟通完全中断，有些使人分心，有时显得你缺乏某个领域的知识或者缺乏自信。比起发音清楚、快速、流畅，语速慢、经常错误发音以及使用大量"哦"，"嗯"，就会显得缺乏信度或者说服力。

过度的干扰是一种长期养成的不良习惯，过度使用它们有时会付出代价。在与同僚、生活同伴的日常谈话中，或许口语干扰是可以被接受的，但是在较正式的场合中，诸如在应聘工作、解决问题中，则是不恰当的。但恰好是在重要的场合，由于紧张，人们的口语干扰会加重。

有时候，我们意识不到我们的口语干扰的习惯，常常看不出来干扰对听话者造成的不适、不悦。有时候，我们意识到了，却不容易从我们的谈话中除去，只有借由不断地提醒和练习来减少这些干扰。

技能训练

将你的任何一种谈话录音数分钟，比如和朋友的一个下午茶聚会，和好朋友谈论一场球赛。在录音前估计你使用"嗯"、"你晓得哇"、"好的啊"、"就是"的次数，在听完录音后，与你的口语干扰发生的实际次数比较，你觉得会话中，你的口语干扰的量正常吗？

3. 犹豫、停顿、沉默

在通常的交谈中，完全、彻底的流畅几乎不可能出现，少到微秒，多到几分钟，停顿、沉默总会出现在会话中。有时，停顿是语法需要。例如，一个句子结束了。而另一些时候是非语法需要的停顿。

停顿有两种：一种是没有填充的沉默的停顿，另一种是有填充的停顿。填充的停顿也就是在停顿中有"嗯"、"哦"这样的发音，这种停顿可以减少人的焦虑，表示人们说话的犹豫和小心翼翼，但阻隔认知过程（即口语干扰）。

而没有填充的停顿会使听者感到说话人的焦虑、愤怒或者轻蔑。

停顿的原因有很多，有时是由于形成讯息的复杂性，需要时间去组织、表达，有时是由于时间压力或者负面反馈带来的情绪状态引发的干扰。

停顿和犹豫往往相对较短，而沉默的时间可能就要长一些了。有时，特殊的环境和情境需要我们必须保持沉默，诸如在教堂、图书馆、医院，或者想聆听别的声音，和喜欢的人享受静谧的时光，欣赏夕阳西下的感觉。还有的时候，当一个问题我们无法回答或者能够回答但不想、不屑于回答时，我们选择沉默。

在会话中，沉默表达着极其丰富的含义，这就是为何我们说"沉默是金"的原因，就像我们对待语言一样，其意义只有在认真分析传播者、谈论的主题、时间、地点、文化等因素后才可得以了解。

沉默有时有着积极的意义，比如在群体传播中，表示更多的思考在进行；有时，爱、关心、赞同、喜欢、体贴、温暖和同情通过沉默的面部或身体运动以及触摸被恰到好处地表达出来。

但有时候，沉默表达的却是无情、枯燥、害怕、延误、悲哀、愤怒、威胁、反对、攻击、隐藏、忽略。沉默可能激发人们的被拒斥感以及更大的烦恼、害怕和伤害（Koudenburg et al.，2011）。在夫妻关系中，沉默经常被用作武器，丈夫知道当他不能说明问题时妻子不喜欢他的沉默，于是，他就刻意用沉默来"惩罚"她。

技能训练

用不同的副语言组合说"真的"这么简单的一句话，用它来表达"我不信任你"，"啊，那太迷人了"，"完全同意"，"那与我听到的不一致"等含义。

第三节　非语言传播的人际功能

前面一节我们集中讨论了非语言传播的类型，了解了各种类型的非语言符号是如何单独地或者成组地在广泛的人际互动情境中发挥重要作用的。本节我们将考察非语言行为如何一起发挥作用达到我们日常人际互动所想要达到的传播目标，包括如何规范互动，传播/识别身份，形成印象，表达情感，传播关系（亲密关系、权力关系）五个方面的应用。但要引起我们注意的是，当我们谈到任何一种功能时都会有两个方向，即传播者和接收者。例如，关于身份，传播身份是传播者表达自己是什么样的人，而识别身份是接收者对传播者进行分类并形成判断。

一、互动规范

在日常人际互动中，对于如何致意他人、转换话轮、结束互动以及对会话伙伴做出反馈，我们常常是不假思索的。我们这么做就是为了构建我们的互动，即规范和管理我们与人的聚散以及说话时一唱一和的过程。非语言行为对规范互动尤其是语言行为起着至关重要的作用，这是通过以下两种方法做到的：一是在生产我们自己的讯息时，协调我们的语言、非语言行为。二是协调我们和我们的互动伙伴之间的语言行为、非语言行为。

我们以多种方式规范我们自己的讯息。有时候，我们用各种非语言信号来分割互动单元。例如，姿势改变可能区别了主题改变，一个姿势可能预告要讲出一个独特观念了，停顿可以有助于把口语讯息组织成单元。

在会话中，传播者彼此总会有话轮转换，而这种转换往往由非语言传播来完成，眼睛、停顿、身体姿势等变化表明要求谁说话或请求说话（见第四章关于会话结构的部分）。在传播互动中，观察他人非语言行为可以避免由于不看别人而把持整个谈话的坏习惯。善于协调自己和互动伙伴之间讯息转换的非语言线索，也是人际传播的一项能力。

1. 迎来送往行为

迎接致意表示一场互动的开始，具有规范互动的功能；同时，还具有其他作用：承载关系讯息，减少非确定性，指示更好地理解他人的方式以及建构继发的对话（Knapp，Hall et al.，2014：373）。相遇时的非语言行为可能指示了身份等第和关系的差异，比如下级和上级，亲密程度，熟人还是爱人。一个迎接致意行为既可以反映我们愿意和一个人接触互动，也可以反映我们不情愿互动。

互动总是需要两个人参与的。相遇时，如果彼此承认对方的存在，有可能老远就打招呼。两个人继续往近走，这时，会彼此注视，表示想要说话，并准备握手。两人靠近时，会调整所站的会话位置，并会出现仪式性的问候："你好！""过得咋样？"等，根据文化的不同，会出现握手、拥抱等诸如此类的行为。

当然，迎接致意行为会根据文化以及关系的差异而不同，但微笑是所有迎接致意行为的标准非语言行为，这个跟相识程度无关。目光注视表示传播通道打开了，传播的义务出现。其他的眼光行为还有诸如眨眼、眉骨耸动。握手也是常见的行为，但近些年来，人们彼此"碰拳"也成为一种迎接致意的方式。

还有一些非语言行为指示互动的结束，当然，这些非语言行为也是随如下差异而不同的：传播者之间的关系、先前的会话、期望的分别时间、身体位置（传播者是站着还是坐着）及其他因素（Knapp，Hall et al.，2014：378）。最通常的行为是减少目光注视，身体朝着最近的出口，往往伴随着总结性的语言行为。在西方文化里，晚安式的吻别也是一种结束互动的方式。还有其他一些非语言行为也指示了道别，诸如看表，把手放在股部为了站起来保持平衡，收拾随身物品以及其他表示道别仪式的非语言声音出现——站起来时拍拍大腿，跺跺地。

2. 话轮转换行为

在会话开始和结束之间，传播者双方会频繁地交换说和听的角色，这就是话轮转换。人们会使用身体移动、发声行为以及语言行为来有效而巧妙地完成这个转化。话轮转换不仅有助于实现会话者角色转换，而且，是否能够有效实现话轮转换也是衡量你和你的会话伙伴是否是有能力的传播者的指示器。无能力的转换是"粗鲁的"（太频繁地打断他人说话），"支配性的"（没有充分的话轮让渡，也就是我们说的"话霸"，不给他人说话的机会）或者"令人困惑的"（不能辨识话轮线索，两个互动者同时说话，同时沉默的尴尬）（Knapp，Hall et al.，2014：375）。

说话者主要负责指示两个话轮转换行为：话轮让渡和保持。听者主要负责另两个转换行为：话轮请求和回绝。

（1）话轮让渡

当我们结束说话要把说话权交给别人时，除了用语言提问要求别人回答，大多数时候，我们使用非语言声音信号来完成：升高或者降低音调，或者拖长最后一个音节的音调。停顿也表示你要让出说话权了，如果别人沉默，要么是他人对你的信号不敏感，要么是你没有让他们明白你的意思。声音在管理传播互动方面起着重要作用，也就是提示会话者：谁，什么时候，向谁，说多久。

伴随着说话的身体移动也表示结束。例如，想休息的姿势，身体紧张状态变为松弛。如果听话人没有识别这些线索，也没有杜绝话轮的信号，说话人可能使用更明白的线索，比如碰碰他人，眉骨上扬充满期待，或者说"怎么？"

要注意的是，有时说话者提问只是要自问自答，而不是要别人接过话茬。这时候，有很多非语言线索示意这一点，有能力的听话人是能够识别这些线索的含义的且不会回答这样的问题，或者听话人识别了但想要接过话轮。

（2）话轮保持

有时，我们要保持我们的说话权，为的是显示我们的地位，避免不愉快的反馈或者夸大我们思想和观念的重要性。在感觉到有人要求讲话时，我们会提高音量和速度，增加填充停顿的频率，减少沉默性停顿的频率和持续时间。例如，居于高位的人只要愿意说，总是要把持说话主动权，而听者总是以不插话等行为来配合其实现话轮把持。日常生活会话中，有的人觉得需要反复把自己认为重要的、有价值的观念传送或者强加于他人身上时，会对听话人要求说话的非语言暗示置若罔闻，继续自己的话语流程。而有时候人们在收到令自己尴尬、无面子等不愉快反馈时，就会保持话语流程，继续滔滔不绝地说下去。

（3）话轮要求

在要求说话权时，打断或者同时说话是一种方式，但考虑到社交礼仪等因素，人们较少这么做。有时，在说话人的正常停顿时，听者可能开始结结巴巴地发声"我……我……我"，或者清清嗓音"哦，呃，嗯"。有时，还可以通过增加我们回应的速度，以使他人尽快结束说话。例如，反馈信号"耶"、"哦"、"啊"是鼓励他人继续说，但如果你快速地说它们，意思就是"我要说了"。

（4）话轮回绝

在某些情况下，我们希望他人继续说，不想要别人给我们的说话机会。我们会保持放松的听的姿态，保持沉默，或者故意盯着周围一些东西而不看说话人。大多数时候，我们还是以各种反馈表示我们还在认真听说话人说——微笑，点头或摇头，或者简短复述说话人所说的，或者要求说话人澄清所说的，只是不想把话轮转给自己。还有一些做法是与要求说话权相反的，即把反馈信号"耶"、"啊"说慢些。

当然，会话规范是一个微妙的事情，不仅包括各种非语言行为的复杂联动、协作，还包括联合的协商甚至激烈的话语权争夺过程，而不仅仅是发出与让渡、保持、要求、回绝有关的信号。而且，听者的反馈也会影响说话人言说的信息数量与类型、说话人说的长短以及说话的意愿。

二、传播者身份传播/识别

当传播者聚到一起时，他们的首要反应可能就是获得彼此的身份信息：她/他是谁？他们可能是哪种人？一是因为人生而具有这种瞬间判断的愿望和能力。二是由于传播总是需要不确定递减以便降低由于传播的不确定性而导致的传播失误。

第二章关于自我的知识让我们知道，每一个人都具有独一无二的自我特性，正是这些特性把个体与他人区别开来。我们的自我特性也就是我们的身份，身份概念既可以从个人层面也可以从社会层面予以建构，包括社会属性、个性、态度以及人们扮演的角色（Knapp，Hall et al.，2014：379）。而这些东西往往通过身体特征、穿着打扮、手势、姿势、面部表情、嗓音行为等非语言行为呈现出来并被人们所识别、判断，由于对非语言行为的解码是一个非常复杂的过程，同时这些传播信号很容易受到传播者有意识的操纵，这个识别的过程往往是非常复杂的。

1. 个人身份

个人身份包括独一无二的性格配置，如个性、态度、品位、价值观以及特征（Knapp，Hall et al.，2014：380），作为身份的一方面，非语言行为的表达方式也会截然不同。

个性是一个人在事件、情境中保持着稳定性和一致性的那些方面，往往和各种外表、行为信号联系在一起，非语言行为为一个人的个性属性提供了线索。

显然，人们会把人格、脾性等特征与某种身材连在一起，这种期待可能准确，也可能不准确。例如，中国文化强调男性的高大和威猛，而女性则是娇小和温柔的形象。而人们对超重的人的消极反应也比较常见，这些人在获得诸如上学、工作等机会方面会遭遇偏见（Boyrs & Latner，2009）。

人们还会把一个人的声音信号和其个性特征关联在一起，并由此对说话者的人格做出刻板印象的判断，尽管听的人并非总是能够通过声音准确观察到一个人的个性，但人们不可避免地使用声高、饱满度以及发音作为判断的基础。某些声音特质和外向联系在一起，而另一些声音特质和内向联系在一起。外向的人说话较流利，也就是说，在话轮转换时较短停顿，在说话时较短的沉默停顿，较少犹豫（快语速，高声说话，抑扬顿挫）。

人们还会把声音的某些特质和男性气质、女性气质联系在一起。在男人中，糟糕的发音、不擅长表达、低沉的音调、缓慢而大的声音被看成更具有男性气质，而女人只要音调低沉就与男性气质关联在一起了（Lippa，1998）。带着呼吸声的男性说话者可能被刻板化为同性恋者或者是年轻人或者是富有艺术气质的，而带着同样呼吸声音质的女性通常被认为是女性味十足的、较漂亮的、娇小玲珑的或者浅薄的（John Steward & Carole Logan，转引自John Stewart，2006：125）。

一些研究还表明（Borkowska & Pawlowski，2011），人们把说话的方式和支配性关联在一起。高嗓门的人更有支配性，更有支配性的个人趋向于有高嗓门。而在女性中，低嗓门更有支配性。

人们还会把个体的工作场所的布置与某些身份联系在一起。在工作场所，人们使用一些物体使自己的办公室个性化，这些个性化身份标识使人们对工作感到满意，或者为访问者提供激发会话的信息。当然，每个单位也想要传播自己的身份，于是雇员使用的个人物品的种类和数量必须和单位想要投射的形象一致。同时，工作环境的布置也反映了某些角色关系，打破关系中的界限或是增大从属性。例如，上司办公室的安排和访客的座位可以看出其想建立的角色关系。如果上司隔着书桌指示你坐下，表示正式会谈，可能是说："我们谈谈公事"——我是老板。但是，如果上司指示你坐在书桌旁的沙发上，可能是说"不要紧张，我们只是随便聊聊"。

这里有一个问题，在多大程度上，我们认为的他人的个性特征是和他人实际的个性特征相符合/区别的？笔者一位朋友讲了她的一个朋友的故事，"我的那位朋友博士毕业，工作能力强。个子高挑，对人体贴，乐于助人。但她找男朋友就是困难，每次相亲见面后男生就没有下一次约会的邀请了，她自己也很苦恼，问我们这些闺蜜什么原因。她家境很好，读书时父母就给买了车。每次相亲结束告别，她很女汉子地潇洒地对男生说：'我送你吧，反正顺路！'也许这个使男生感到有压力"。后来，我和我的另一些朋友在不同场所见到过那位女博士，还没讲话对她都没好印象，大家的评价是"眼睛目不转睛地盯着别人，很少转移眼光到别处，眼光咄咄逼人，喜欢上下打量人，不苟言笑。"当我们把这样的感知告诉那位与这位女博士很熟的朋友时，她觉得这位女博士是容易给别人这种印象，可能她们关系好，了解她的人品，所以没有特别觉得她的表情和眼神可能带来的沟通问题。你身边有这样的人吗？

研究表明（Gifford，1994），具有"有抱负的—支配性"特质的非语言行为和观察者对这种特质的评价是有联系的，但传播者自我评价为实际"抱负—支配"特质只有两项非语言行为出现在观察者评价的系列行为上（表 5.2，Gifford，1994：401）。这表明，观察者认为的较有抱负—支配的人一定会展示这些非语言信号，但他们却是错的。这也许是自我达成预言的作用，即，我们会更为注意那些与我们关于他人信念部分一致的行为。

表 5.2 观察到的有抱负—支配性与实际的有抱负—支配性的关联表

只和观察到的特质相关	和观察到的、实际的特质相关	只和实际的特质相关
头、身体和腿更直接地面对他人 头更向后倾斜 较少抱胳膊 更多自我触摸 更多摇头	较多手势 腿伸得较长	腿部运动多而快 较少摆弄物体

人们还会把他人的一些非语言行为与智商联系在一起。戴眼镜被人认为是文质彬彬的,掌握较为丰富知识的。研究发现(Murphy, Hall & Colvin, 2003),仅仅基于一分钟的会话活动,观察者就把许多信号与智力联系在一起,包括愉悦的说话方式,手随话动,坐得直直的,说得快,说的时候看着他人,常有反馈。然而,这些线索可能只有部分与高智力有关。

2. 社会身份

一个人还总是属于一定的社会和文化群体的,因此,就会有诸如种族、性别、职业、社会等第等社会身份。研究者发现,和这些社会属性相关的非语言传播也是有差异的。不同的性别、种族、职业以及社会等第都可能会有不同的非语言传播行为特点,但这并不意味着在同一性别里、种族、职业里的人的非语言传播毫无差异,也不意味着不同的社会属性里的人的非语言传播毫无共性。并且,一个人可能归属于多个不同的社会群体,因而其社会身份也就很复杂,表现出的非语言传播行为也会是多元的。

(1)种族差异

研究表明(Burgoon, Buller & Woodall,1989),美国的白人和黑人在诸如走路姿势、人际距离、注视行为和话轮规范行为等非语言行为方面存在差异。非洲裔美国人和欧洲裔美国人在注视行为、话轮转换行为等方面也是有差异的。可见,即便是在同一种文化的内部,由于种族的差异,非语言符号的使用也是有差别的,更遑论不同种族之间的差异了。

(2)社会性别的差异

我们每个人都有分属于男性还是女性的自然性别身份,但研究者更关注性别身份是如何在后天被社会构造的。所谓女性气质和男性气质就是这种社会构造物,这两种气质被看成是与特定的非语言传播特征联系在一起的,从而强调女性或者男性外表属性的打扮和装饰以及暗示强势或者弱势的声音品质的差异(Mark Knapp et al.,2012:248)。

在身势上，与男性相比，女性更多微笑（但微笑较难理解），更多目光接触，面部更有表现力，在说和听的时候更多凝视，更少展示居高临下的形象（边说边看和边听边看的比率更低），更多"顺从的"姿势和手势（比如歪着头，张开手掌的展示，双臂和双腿合拢的姿态，约束腿和胳膊等），有更正面的感情，更少发怒。男性微笑表示正向的感觉，女性微笑表示亲近和友善。女性喜欢把手臂贴近身体，较不喜欢身体前倾，较常玩弄头发和衣着。

在发声上，女性比男性说话的音调更高，口头更有表现力，使用更多的升调（就像提问的声调），更少说话，更多倾听，更多犹豫，更经常被打断。

在距离上，男性更可能支配间隔和拉开距离的模式，而女人被靠得更近，容忍更多空间侵入，更经常给别人让路，占据更少的物理空间，跟两性对话都采用更近的距离，更喜欢并排的坐法，对拥挤情境的反应比男人更正面。

在视觉上，男人有较多的视觉支配，也就是说时看的比率高于听时看的比率。而女人说、听和停顿时注视伙伴比之男性都较多。

在触觉上，女性比男性更经常给予和接受触摸，并寻求身体接触。男性在求爱时会激发更多身体接触。

在互动上，女性比男性更迁就伴侣的互动模式。

在解码上，女性被认为比男性的非语言解码能力更强，是社会互动各个方面的专家，包括更多地懂得普遍的社会互动规则以及适应不同特定情形的人际互动规则。当然，这也可能是由于女性面对社会期待的压力而调适出来的解码技能。

（3）社会文化的差异

我们每个人都生活在多种（亚）文化中，如我们的家庭、信仰团体、社会阶层、年龄组、学校、工厂、性别、虚拟社区，因此，也就会有多重的社会身份，这些多重文化在我们身上的整合所形成的与他人的差别也是自我身份识别的一种载体。一个人可能通过遵守某种文化展示规则来表示效忠某种文化，也可能通过违背某种文化展示疏离某种文化。人们可能通过他们的手势、姿势、面部表情、对话的社会距离等非语言符号来建立自己内群体和外群体的身份，从而获得内群体的彼此认同，并有别于外群体。

当然，通过非语言行为效忠某种文化本身也就疏离了另一种文化，疏离一种文化本身也就效忠了另一种文化。我们固有的文化身份和通过选择改变了的文化身份都在指示我们的身份。

在如何感知、阐释和使用手势/姿势、空间、接触行为、外表、时间和人造物等方面，不同的文化差异甚大。例如，直接的眼光接触并非全世界通用的习俗，西方人直接接触表示礼貌、兴趣，而中国人、印度人、日本人事先把眼光放在低处，阿拉伯人目光一直保持接触表示感兴趣。

不同文化对时间的知觉也不一样。例如，欧洲人、美国人和加拿大人重视时间单位的单一性，强调按照时间行事以及准时，即便几分钟之差也必须承认迟到，需要解释迟到原因以获得谅解。而对于中东地区和拉丁美洲，时间单位具有多重性，迟到较为正常，迟到半小时几句话敷衍就完事。

不同文化对空间距离的知觉也有差异。例如，中东人谈话时，距离很近。如果一个阿拉伯人和一个美国人谈话，其中一位可能会很不舒服——不是美国人感到领域被侵犯，就是阿拉伯人觉得自己被隔得太远。

不同的文化其接触行为也不一样。对于拉丁美洲和地中海国家的人们来说，亲近是正向和好的行为，保持距离为负向和不好的行为。而对于远东人来说，亲近是负向和不好的行为，保持距离为正向和好的行为。

在有关非语言行为的文化差异变量方面，学者们（Gudykunst & Ting-Tomboy，1988）提出了三对尺度：高接触文化与低接触文化、个人主义文化与集体主义文化、高语境文化与低语境文化。

高接触文化里的人们更喜欢更近的互动距离，更频繁地接触，更高比例的凝视，更多生动的手势。中、南美洲、南欧以及中东通常被划分为高接触区域，亚洲和北欧被视为低接触区域。这种区分揭示了人们惯常的人际互动风格各不相同，取决于他们的文化遗产。

但是，这种类别化区别可能会把复杂的问题过分简单化。例如，传统上，美国被划为低接触文化。但研究发现，美国人的身体接触数量是日本人的两倍，针对美国旅游者的跨性别身体接触的研究也表明，其身体接触明显多于东北亚人，东北亚人的接触少于任何研究观察群体，包括东南亚人（McDaniel & Andersen，1998）。再说，美国人口种族的多元性，给它贴上低接触的标签显得过于简单化。

并且，这种两分法可能覆盖了同一文化内的差异以及不同文化之间的共性。在同一文化里也会有重要的变量，比如个体的差别、关系的差别。两类文化可能显示出接触的不同频率，尤其是在公共场所，但这些接触行为的意义是否也不同，则是另一个问题。在这两种文化里，通过接触传播亲密是相似的，差别只在于一种文化比另一种文化容许更多的公共接触。

商务领域对空间使用规则的共性也是实际存在的，有关空间的安排所展示的关系含义，几乎能够为世界通用。

从人们展示的个人主义或集体主义的程度来看，文化又被分为个人主义文化和集体主义文化。个人主义文化强调人权、责任、成就、隐私、自我表达、个人主动性以及基于个人属性的身份。美国、澳大利亚、英国、加拿大、荷兰、新西兰、德国、比利时和丹麦属于这个区域。在这种文化里，支持个人主义的非语言信号包括为隐私设计的环境，散发出信任、力量和动感的眼光接触和语音信号。

而集体主义文化强调人们作为群体成员的价值，和群体成员分享兴趣爱好，为了群体利益而合作，保持群体内和谐，保持强调群体价值和成功的传统。委内瑞拉、日本、巴基斯坦、秘鲁、泰国、巴西、肯尼亚等属于这个区域（有意思的是，在很多研究者那里，中国既没有被归于个人主义文化，也没有归于集体主义文化），这种文化的非语言行为展示出相似的常规性、仪式性以及行为方式，顺从行为的频率高，比如鞠躬和避免目光接触，如压制情感展示的礼貌原则（因为情感展示会冒犯群体）（Knapp，Hall et al.，2014：410）。

文化还被区分为高语境文化和低语境文化。低语境文化依赖语言讯息，人们深信语言可以以一种直接、坦率的方式提供信息，模棱两可被看成是不能忍受的；而高语境文化依赖含蓄的、间接的讯息，非语言行为是有价值的，讯息的意义要在复杂的多语境下才可以得到了解，容忍模棱两可。

三、印象形成

在人际传播和人际关系的发展中，给他人留下好印象并善于管理符合自己传播目标的形象，是一项非常重要的能力。而非语言线索既是我们用来让他人以某种方式看待我们的方式（身份管理），又是人们对他人感知的一部分（印象形成）。

印象形成既包括传播者（编码者）视角，也包括接收者（解码者）视角。前者是传播者如何策略地谋划非语言行为去创造想要的形象，投射"他们想成为所是"的方式。后者是接收者如何对传播者的展示进行解码并形成判断。我们在第二章有关自我的知识中，已经详细阐述了我们作为传播者可以采取哪些策略来进行形象管理。本节将聚焦于讲解作为接收者是如何对他人形成印象的。

在人们相遇互动之前，人们会迅速对对方诸如性别、年龄、社会经济地位、政治归属、民族以及居住地域等特征进行归类，同时，对其政治、社会和宗教态度以及个性特征和全面品质（吸引力、可爱度和可信度）作推论。这种迅速的、下意识的印象的形成过程高度刻板化，充满了扭曲、错误的判断。尽管如此，人们对他人的识别机制始终如此地行进着，也许是出于降低非确定性压力使然，也许是我们的思维懒惰所致，还可能是由于我们对自己直觉过分自信。

相关研究成果显示，在人际互动中，非语言行为和印象形成的关系有五个关键主题（Knapp，2012：249）。

（1）判断的准确性和一致同意性

在对传播者做出判断方面，判断的准确性和一致同意性是一对孪生因素。准确性是人们的判断和传播者自身真实形象的一致程度，本节前半部分已经讲到这种一致性并非总能得到保障。而一致同意性，是指这些判断至少在多个判断者那里保持一致，最大准确地反映了一个人"真正的"特征，即观察者共享同样的感知，而这种共享的感知也不一定总是正确的。但对于传播者来说，如果大家对他/她有一致好评，即便他/她并不具备这样的好特质，也是一件愉悦的事情。反之，如果大家对他/她有一致恶评，即便他/她并非如此糟糕，也是一件非常烦心的事情。

研究表明，在相遇的最初 30 秒，在会话伙伴打招呼之前，人们已经做出判断这个聚会是有趣的还是枯燥的（Bert & Pinter，转引自 Duck & Silver，1989），人们作出这种直觉判断的长度只有短短数秒——也许就是一眨眼的时间（Gray & Ambady，2006）。在判断性别、年龄、职业和社会等第方面，通过外在的、象征的外表和语音暗示得来的判断准确性最高。而在判断态度、价值观和个性特征方面，则变数较大，且容易刻板化。但一些个性和人际特征还是可以得到准确判断。例如，持久的面部和声音线索可以精确地显示热心程度。

（2）印象形成中的偏见

非语言行为在影响形象形成方面，有两种特别的偏见都是基于视觉首位效应（visual primacy effect）：（1）人类有着强烈的视觉中心主义，把吃看成是低级的，柏拉图和亚里士多德乃至现代哲学家拉康等人都把视觉看成是发现真理的高级行为。现代科学的盛行、文艺复兴时期艺术领域的透视的诞生以及印刷革命，更是强化了视觉中心，对象在场与清楚呈现或对象的可见性成为唯一可靠的参照。在人际互动实践中，人们也有这种倾向性，对视觉信息过分依赖，以至于忽略了相关其他信息。（2）"美即善"的刻板形象。人们惯于把诚实、聪明、会说服人、沉着、善于社交、热心、权力和职业成功等一系列正面属性归属于相貌好的人，而不是其貌不扬者（Knapp，Hall et al.，2014）。但这种联系很多时候恰好又是错误的，《巴黎圣母院》就给我们讲述了这样一个美丑、善恶关系的反转故事。当然，也有研究表明，人们对于外形标致的人持有一些负面的偏见，比如潜在地难以亲近、自以为是、物质主义、爱慕虚荣、作为长期伴侣令人不快(Cash & Janda，1984)。

(3)对印象形成有重要作用的特定非语言暗示

外表、身势语、声音以及空间关系类型在形成印象当中的重要性不言而喻，视觉渠道重要于听觉。除了静态的外表暗示以外，富有表现力、微笑、凝视、非语言的直接性和投入性、面部表情的正面性和明显的自发性等传播风格因素，更容易被感受为有吸引力(Burgoon & Hale，1993)。

在工作面试时，反映表现力、友善和信心的非语言行为可以给资历合格的被面试者一种优势，尽管它们不会克服资历的欠缺。当被面试者展现出微笑、目光接触、直接的身体倾向和点头等非语言的直接性暗示（Wright & Multon，1995)，还有目光接触、大幅度手势、富有信心的声音、流利的口齿、没有紧张的动作等与镇静和信心有关的暗示时(Burgoon & Le Poire，1999)，他们更有可能被推荐和提供职位。

(4)第一印象的持续性

第一印象持续性的问题对人际传播尤其重要。如果第一印象是暂时的，那么一旦人们开始互动，变得熟悉以后，它们应该变得无足轻重。如果它们有一种持久的效力，它们可能成为后续信息过滤和吸收的模板（见第二章有关印象管理的内容)。

(5)与印象形成相关联的归因偏见

我们在第二章已经详细论述了归因理论及其归因偏见，与非语言信号相关联的归因，也对人际传播至关重要。我们知道，有的非语言行为是无意识的，有的是有意识的。但更多时候，非语言行为被认为是有意识的，并带有特有信息。例如，你遇到熟人时，脸绷着，目光相遇时没有任何表情，你的熟人可能会想"我啥时候得罪他了？他怎么今天这样？"尽管可能你只是遇到了其他的烦心事。研究发现(Manusov，2007)，陡然变化、凝视、微笑、面部表情、沉默、语气和模仿他人行为等许多非语言行为被阐释为有意识的。在可以作出情境归因的地方，负面的行为会被归因于情境因素，否则，就会被假定为故意的行动，在能力和社会评价上会被给予更加负面的评价(Knapp and Daly，2012：251)。例如，大家都知道张三最近失恋了，在互动中对于张三的一些反常的非语言行为，人们会"善意"地"谅解"为失恋这个情境因素，而不会觉得被冒犯。如果互动者不了解与张三的非语言行为相关的情境因素(失恋、失业及刚与人发生了冲突等)，就会对张三做出非常负面的评价。

四、情感表达

人类有着丰富的情感，情感往往是一种内在的状态，而情感拥有者的非语言传播则是情感内在状态的外部显现。当我们试图理解他人的感觉时，我们看他们的脸和姿势，听他们的声调，我们要传播我们的感觉时也会这么做。

尽管把非语言传播和表达情感的行为混为一谈是简单化了二者的关系，但非语言传播的确是表达、管理情感和情绪状态的主要通道。研究发现也表明，内部经历及其外部显现有着密切的联系（Andersen & Guerrero，1998），与快乐、悲伤、愤怒、恐惧、惊讶和厌恶这些主要的情感相关联的面部展示、生理反应及其阐释之间存在跨文化的相似性（Ekman，1973）。

1. 情感表达既具有普适性，又具有文化语境性

当然，情感表达也会有文化差异，来自个人主义文化和集体主义文化的成员之间就存在差异。就编码而言，来自强调民主、人权和个人主义价值观的国家的人往往表达更多的情感（Van Hemert et al.，2007）。而来自集体主义文化的个人可能在提倡集体凝聚力和和谐的时候才展示出更多的情感（Matsumoto，2006）。就解码而言，当人们阐释来自同一文化圈内的个人的面部表情时，其准确度较高。

但是，难道日本人的欢乐所引起的面部表情的变化真的和美国人的欢乐表现天生就差很大吗？这里就会出现和语言传播一样的问题：传播是受到文化规范约束的。所有人天生具备同样的与基本情感有关的生理变化和面部展示，而社会文化规则规范、改造了感情展示何时发生、如何发生以及有何意义和结果（Ekman，1973）。人们通过后天学习而从相同文化中的他人那里习得这些文化展示规则，从而有助于调节内在的感受，并用得体的方式来传播情感。有五种基本的展示规则（Mark Knapp et al.，2012：255）值得我们注意：(1)模仿，在人们展示一（多）种感情，自己并没有正在感受这种（些）感情时发生。(2)抑制，这是模仿的反面，在人们通过装作毫无感受而隐藏一（多）种感情时发生。(3)强化，对所经历的感情的一种夸大表达。(4)弱化，强化的反面，低调处理对一种被感受的情感的表达。(5)戴面具，人们试图显示的一种感情和其正经历的情感是不一样的。

2. 非语言传播既表达情感，也传播人际含义

传播者的悲伤表情难道仅仅就是内在感觉的外化吗？非也！研究认为

(Fridlund & Russell，2006)，面部表情不是为了满足情感动机，而是为了满足社会动机，即面部表情在更广阔的人际情境里也反映了人们的各种思想、意图和身体状态以及人际意义。例如，一个被感受到的微笑最好被理解为一种亲和的信号，一张所谓的悲伤面孔是在呼唤支持。再比如，假笑（并非假装快乐）是抚慰他人的信息，代表了社交礼貌等社会动机，而不是当一个人不快乐的时候假装快乐这么一条文化规则。

因此，情感的非语言信号的展示既具有个人性，又具有社会性。在个人层面上，情感表达帮助人们调整自身的内在思想和感情以及自身的行为；在社会层次上，情感表达帮助人们管理他人的反应（比如激发、鼓励他人对互动的参与）。

3. 情感表达的非语言行为具有多样性

传达情感并非只是面部表情的专利，情感表达有多种形态，比如肢体、声音、接触行为等。在判断另一个人正在经历的情感时，人们往往考虑来自面部、声音和肢体发出的信号。

（1）面部信号

情感的真伪可以通过面部表情的持续时间被传达（Schmidt，Cohn & Tian，2003）。"真实的"情感往往持续半秒到四秒；比这个持续时间更短或者更长的表情经常是虚假的或者嘲讽的。可是，问题在于，在实际的人际互动当中，转瞬之间的表情几乎不可能被注意到，更不用说被准确解码了。

每种文化都有关于快乐、悲伤、惊讶、害怕、愤怒和厌恶的一些习俗性的面部表情，这些情感的展示都各自有一些具体的文化规则，但在大多数文化里它们以相当类似的方式得到表达。例如，研究者把北美人的面部照片给日本人或者前文字期的新几内亚人看，随后又把后者的面部照片给北美人看，他们都承认：惊讶的面部表情是张大的眼睛，头向上仰起，眉毛上扬，嘴张开；厌恶则是眉毛下拉，皱鼻子，嘴唇上挑，嘴角向下。这说明，"在大多数情况下，一种文化里的成员能够准确辨明来自异文化的人们的面部所表达的情感"（Paul Ekman et al.，1980）。尽管如此，不同文化中的人的面部展示还是有差异的，比如要用微笑等掩饰负面情绪的日本人。

人的面部表情还会有一些别的个体差异，主要有如下六种（Knapp，Hall et al.，2014：263）。

第一种，屏住者。这种脸抑制实际的感觉状态，少有面部运动。

第二种，展示者。和第一种相反，通过这种人的脸，其真实感受一览无余。

第三种，拙劣的展示者。一个人以为掩藏了自己的感觉，但脸上还是流露出一些迹象。这人可能会难以置信地问："你怎么知道我不高兴的？"

第四种，空洞展示者。这种人自己觉得表达了某种情感，但在别人眼里，却是一张空白的脸。

第五种，错位展示者。面部表情展示了一种情感，但并不是这个人认为的正在展示的情感。

第六种，情绪呆板展示者。总是展示某一种情感的一部分。一些人天生的面部配置就是在放松或者中立的状态下，嘴角朝下带着悲伤。

政治人物总是试图控制自己的面部表情，总是试图隐藏喜怒哀乐，在有着"国之利器不可示人"的政治权威主义文化传统中尤其如此。

人们都不会否认面部的传播潜力并以各种方式对我们的面部表情予以控制，但并非总是能够恰如其分地控制自己的表情或者理解别人的表情。而且，人们有时同时经历几种情感，或者一种情感瞬息万变，有时我们连自己都不明白自己的情感状态。这增加了我们控制自己面部表情的困难，也增加了理解他人面部表情的难度。

（2）语音信号

语音信号在情感表达里也是极度重要的。振幅、音频、速度、声调模式和重音等声学特性区别了特定感情，人们可能或不可能成功地发送和接收声音表达出的情感，从声音判断情感的准确性和年龄以及心理特征乃至情商有关。孩子懂得他人情感的声音表达迟于他人的肢体、面部表达（Nelson & Russell，2011）。

也有证据显示，情感的语音信号在跨文化中具有普适性（Scherer & Wallbott，1994）。例如，儿童——无论来自哪个国家，无论失聪与否，都在差不多同一时间发出笑声。焦虑通常和不流利或者说话干扰联系在一起。例如，愤怒与高频率、高强度、快语速伴随。安静的悲伤包含低于平均水平的频率和强度以及较慢语速。

当然，一些情感的声音表达容易识别，比如快乐、愤怒、怨恨，但另一些情感的声音表达则较难识别，比如羞耻、爱、骄傲。

（3）传播者行为信号

除了面部表情和语音信号，肢体、接触行为、眼神等其他活动对情感表达也具有非常重要的意义。例如，对于奥运会运动员来说，举起双臂或者双手，往后仰头并扩展胸部表示骄傲。挥舞国旗，绕场奔跑或者抚摸球衣上的国家标志表示胜利的喜悦和对自己国家的情感。

眼光注视可以为情感表达提供大量信息。我们常说的"眼睛是心灵的窗户"，表明眼睛可以表达个体的情感状态以及对他人的情感。汉语中有许多成语惟妙惟肖地描写了眼睛表达情感的传神性，比如眉目传情、暗送秋波、明眸皓齿、顾盼生辉、回眸一笑、勾魂摄魄。

人的六种基本情感，如惊讶、害怕、讨厌、愤怒、快乐、悲伤都是通过眼光以及面部表情的联合而表现出来的。研究表明，眼睛比之眉毛、前额或者下脸部更能被准确地感知为害怕，而对准确地感知愤怒和厌恶毫无助益（Ekman & Friesen，1975）。

人际亲密感也会通过眼睛表达出来，我们通常说的"深情一望"、"回眸一笑"都在表达一种深层的、亲密的感情。

其他诸如接吻或者打耳光等非语言行为也表达了人的情感状态以及人际含义。

五、关系传播

从第一章有关人际传播的基础知识部分，我们已经知道，传播包括内容和关系指标，后者往往是通过非语言符号来进行的一种元传播。当我们与他人互动时，我们的感觉和情感反应不是基于会话伙伴所言而是其所行。一方面，非语言传播提供互动的情境线索，我们会依关系类型的不同而改变我们的非语言传播，而非语言传播释放的信息也表明了互动是在何种关系者之间进行的；另一方面，关系信号还反映了互动者如何看待彼此，如何看待自我以及如何看待关系本身，这就为人们如何阐释互动者所发出的语言信号提供了情境。在传播关系信息的研究中，亲密性和支配性是人们关注的重点。

1. 传播亲密

大量研究表明，亲密或者亲近主要靠非语言行为传播，比如身体的接近、触摸、长久的凝视、同步化的互动和延长一起度过的时间以及温柔的声音、佩戴婚戒或者好朋友的手镯等物品。其中，触摸尤其反映亲密。互相触摸脆弱的身体部位格外可能传达亲密，如触摸脸和搂着某人的腰肢被认为是比触摸肩膀或者胳膊更加亲密的动作（Lee & Guerrero，2001）。这些肢体行为组合的动作既向互动伴侣传达亲密，同时也向他人发出信号：我们是亲密的一对儿。男女朋友关系比起友谊关系在距离上比较接近，有较多的身体接触和注视，沟通的流畅度较弱，沉默较多，惯用的点头、高声附和在爱情中少于友谊（Steve Duck，2004：12）。生活中常见的例子是，当你与朋友在一起时，你会放松警惕，可能抓耳挠腮，脱下鞋子，这表明你信任他。但是，当你与未婚妻/夫的父母第一次见面时，你的姿势可能是僵硬的，笑容小心翼翼，因为你试图给人留下诚实、能干、懂得社交礼仪的印象。

研究者认为，亲密包含两种主要成分：非语言的投入和正面情绪的表达。非语言投入至少由五类行为组成：(1)直接性(接近，直接的肢体导向，前倾，姿势的开放性，凝视和触摸，这些行为发出接近和包含的信号)。(2)表现力(面部、姿势和语音展示生气和活力)。(3)他人中心主义(身姿和声学信号表明一个人关注他人并以他人为导向，而不是以自身为导向)。(4)会话管理(自我同步性、口齿流利、协调运动、互动同步性、反应时间短，这些创造了一种节奏分明而流畅的互动)。(5)社交稳重(比如放松的姿势和语音信号，不太焦虑)(Coker & Burgoon，转引自 Mark Knapp, et al.，2012：259)。当这些类型的投入行为伴之以正面情绪(微笑、点头、语音愉悦、放松的笑声)，就体现了更多的亲密。

事实上，关系越是亲密，互动者之间就会有更多的非语言传播，越能够使用和理解其伴侣的非语言线索，这大致就是我们所谓的关系传播中的"默契感"。因此，是否能够准确地理解伴侣的非语言含义成为读懂伴侣心情和情感的法宝，这也就是婚姻关系长久的夫妻比之约会时期更少时间用语言表达情感和感觉的原因——彼此都能够理解最敏感细微的非语言线索。例如，围绕餐桌进餐时，你的伴侣一言不发，你可能知道这一天对他来说是艰难的，你应该给他一些安慰——语言的和非语言的。

研究者常常从以下四个角度来考察和亲密有关的非语言信号。

(1)示爱行为

我们可能会经常观察到，某些男男女女不着字句，就能释放诸如此类的信号："你可以来找我"，"我需要你"。一些研究(Strauss，2005)提出了能够提高对异性的吸引力的非语言信号，包括扭屁股，触摸的姿势，格外长的目光注视，细看对方身体，表情飞快地表现出兴奋和欲望，身体靠近。

示爱过程包括(Perper，1985)：①接近阶段。两个人进入同一个区域。②承认阶段。承认他人的注意，并转向他人作为邀请开始会话的意思表示。③互动阶段。飞快的非亲密接触的数量增加，逐渐增加注视的强度。④性激发阶段。有了较多的接触、亲吻和其他的喜爱行为。⑤下决心阶段。其特征是交流。当然，不是所有人都遵守所有这些步骤，完全可能跳过某个步骤。

(2)准示爱行为

这种行为可能用于求爱行为，也可能传播归属于一种非浪漫关系的兴趣。在独特的语境下，某些行为可能被看成是友好的、调情的或是诱惑性的。跟这些行为相关的误解常常发生，性骚扰和约会强奸是这类误解的中心问题。男性对于女性的友好行为会感知到更多的性意图，而女性对男性的友好行为感知到的性意图则较少（转引自 Knapp，Hall，et al.，2014：363）。

研究者（Stefan，1965）对这类行为进行了分类：①示爱准备阶段。其行为特征是，持续的高音调，减少的眼袋，下颚下垂，减少了没精打采和耸肩，增加了腹部下垂。②打扮行为。其表现为抚摸头发，化妆，照镜子，粗略地调整衣服，如解开扣子，调整外套，重新调整领带结，等等。③位置信号。这是通过座位安排反映出来的，即"我们的互动是不对别人开放的"。腿、上半身都禁止他人进入会话。④请求或邀请行为。包括含情脉脉的一瞥，注视，骨盆扭来扭去，挺胸，等等。

（3）喜爱行为

非语言行为也是我们对他人积极或消极感知的敏锐指示器。有时我们很难说清楚一个人招人喜欢或不招人喜欢的理由，亲密线索是一个可能的解释，"亲密线索是传递喜欢或者引起愉悦情感的行为"（Beebe et al.，2008：207）。

研究认为，表示更多的亲近性或者喜爱的行为包括：身体更前倾，靠得近，更多目光注视，胳膊和身体更开放，更直接的身体导向，更多接触行为，姿势更放松，积极的面部和语音表达。如果这些行为的频率低，尤其是在这些行为受到期待时，或者相反的行为出现时，都表示亲密度低或者不喜欢（Mehrabian，1972）。例如，一个人笑和友好的接触表明积极的情感，皱眉或好战的样子表示对抗性；喜欢一个人就靠近，否则回避或退后；喜欢一个人会有更多的接触行为，相互的眼睛接触，笑，点头，开放的姿势。当然，这些系列行为主要限于初次相遇时表达喜爱。

（4）亲近关系中的亲近

我们大部分人都知道，在和我们不太了解的人初次传播互动时，该展示或者寻求哪类信号，但是，很少有人熟悉在朋友或者爱人之间如何传播亲密。在诸如夫妇这样的亲近关系中，很难用前面讲到的表达喜爱的行为来生搬硬套，因为这些喜爱行为在关系发展的早期已经实施了，一旦发展为亲密关系，这些喜爱行为只在某些场合偶尔展示。比起关系形成时期，亲密者在亲密关系中展示出的与亲密和爱慕明显有关的非语言行为可能较少。为了建立、发展亲密关系，需要亲吻、拥抱、手牵手等行为的频率很高，而在保持关系中，通常需要这些行为的质量而非频率，感知到的真心实意，表达的有力以及完美的时机都是质量因素的重要指标。例如，在一次争吵后不失时机的一次牵手的重要性可能相当于关系发展早期的十次牵手。当然，亲密关系中的非语言行为的频率有时也非常重要，比如当关系遇到危机时。

随着亲密关系的发展，非语言行为也可能会发生变化。亲密者之间对彼此的听觉、视觉和口语信号越来越熟悉，对其意义的解码也会更准确、更有效，而且长期的亲密关系中的伴侣们的非语言传播信号会越来越相似。

但是，没有任何非语言行为可以被视为纯粹是积极的或者消极的，或者是纯粹表达喜欢和不喜欢的，这完全取决于互动双方。例如，注视、触摸和靠近另一个人，如果这引起了对方的不喜欢、尴尬或者焦虑，对方的反应将是互补行为以抵消这些令人不愉快的行为，比如退后拉开距离等。如果这些行为引起了对方的喜爱、放心和爱，反应将是呼应的、投桃报李式的互惠行为。

伯贡（Burgoon，1978，1988，1993，2008）提出的期待违背理论可以很好地解释这一点。我们每个人都会基于自己的文化、个人经验以及对具体互动者的了解发展出会话中恰当亲近性的期待，当这种期待被满足时，激发行为就不会那么重要了。如果期待被违背了，无论是靠得太近还是太远，都会产生很强烈的激发行为，会使人们关注他们之间的关系本质。

2. 传播支配和地位

除了亲密之外，界定关系传播的另一个主要维度是支配、权力和等第（Schmid Mast，2010）。

你是否有时感到自己很软弱、不重要？是否有时羡慕那些在人际互动中轻易获得权威和权力的人？是否有支配朋友、恋人或者敌人的愿望？你是否不满意你和一个权力大于你的人的互动？如果你有这些感觉，那就表示支配性在他人或者你的动机中都是存在的。

支配也可以和权力、地位联系起来思考。权力是对有价值的资源、专业知识、经验和自治拥有控制权，地位涉及在一个社会或者组织中占据一个要位。现实的人际生活中，我们会看到有权力、地位却没有人际影响力的人，也会看到地位较低但却能在人际关系中有影响力的人。因此，支配和权力不仅是指现实的政治和经济权力，也不仅仅是某些人的一种人格特质，它更是一种促进社会影响的互动风格（Burgoon & Dunbar，2006）。

固然，语言传播有时可以表达、复制现实的政治经济结构中的"硬"权力和产生互动影响力，但仅仅通过会话内容很难表达出支配，你能一直说"我命令……，你必须……"吗？比起低地位者，高地位者说话的机会多，不容易被打断，可以说话没逻辑，可以发表冗长谈话，可以用命令发表讲话内容，可以用任何风格说话。但是，权力和支配更多的还是通过非语言讯息传达出来的，非语言讯息在关系支配中的影响力是决定性的。高地位者往往通过非语言传播复制其现实的权力和支配性；而一个人的权力、地位也可以从非语言传播中得到体现。

通过非语言讯息获得支配，往往有两个相反的方向：一是通过恐吓、威胁，二是通过传播技巧。非语言行为（如大块头，高嗓门，威胁的瞪眼等，最严重的是身体暴力）可以起到传达恐吓和威胁的信号。但是，出于恐惧，而不是尊敬得到的顺从并不会有长期持续的影响。因此，如果人们通过使用有社交技巧的非语言传播来行使支配，效果很有可能会持续更久。有很多类型的支配性非语言行为反映了社交技巧，比如较多的面部表情，较小的人际距离，更好的姿势表达技巧，较少的语音变化，较大声音和较快速讲话，听起来更放松的语音（Knapp，Hall，et al.，2014：371）。非语言行为和支配性之间的关系有如下三种（Burgoon & Dunbar，2006）：

（1）身体力量和能量的效果

这包括身体的块头及其展示的力量和个人表达力。那些大块头的人更容易给人们产生有力感。高地位者触摸低地位者比低地位者触摸地位高者更多、更随意。严重的权力和支配宣示是身体暴力。有些人的语言和身体力量的表现力也是特别强有力的，比如演讲时挥舞着拳头，怒目铮铮。在人际互动中，沉默与怒视通常表示强烈的双重权力。上级说话比下级姿势更放松，能够通过有力的姿势宣示自己的观念。你面见老师时，老师背靠椅子，手折叠放脑后，甚至脚跷在桌子上，而你却要保持较为正式的姿势。

（2）资源控制

空间的控制及其使用也是支配信号。男人掌握、使用较大空间。高地位者对空间使用具有优先性、选择性，被赋予更大的、更私用、更豪华的领地，且接近这个空间有很多障碍（隔离物或者秘书守卫）。不仅如此，他们还占用更多的社会空间，他们采取更加开放和放松的坐势，并运用更加舒展的姿势。高地位者轻易可以进入他人的空间（男性比女性，大人比小孩）。有权力的人也总是有"先来"的特权，当帝王、国家元首和高阶军官第一个走上红地毯或者进入房间的时候，就展示了这种原则。"领导"和"随从"的概念将这一原则具体化。

另一个支配信号是家具、衣服的使用。学生使用教室里不固定的桌椅，教师使用固定的家具，院长、校长使用更大、更新、更气派的个人桌椅。你上学穿牛仔裤和 T 恤，校长穿套装。这也就是为何领导们要做亲民样时总是学习老百姓穿着的原因。人们通常使用空间领域、衣服和家具等人造物指示他们在他人面前的支配感。

低地位者的情况恰好相反，会通过空间领域、衣服和家具等人造物显示其顺从感。

（3）互动控制

互动控制的状态也是支配性的重要信号，主要包括中心性、物理高度、发动性、非互惠性。

高地位者经常占据中心位置。一是占据空间中的中心位置，以最大化程度使自己成为所有人的视线所及范围，使得权力较少的个人看见或者听到他们。二是占有说话的中心位置，其话题、议程是人们讨论的重点，低层级人员的话题很难成为中心，主要围绕高地位者的话题展开会话互动。

在互动支配性中，人们赋予垂直的物理高度以重要性。顶楼办公室和高层建筑是地位的象征。坐在一个被升高的位置可以俯视，俯视就传达了权力。例如，坐在帝王宝座或者法官席上，座位在一个高台子上。而下跪和鞠躬等物理上的"矮化"则传达了尊敬，有时还传达了服从。

有权力的人总是处于互动发动者的地位，在互动当中首先采取行动。他们首先接近对方，首先说话，首先决定问候、接触是否发生和如何发生，首先提起某个议题，并可以首先结束互动，等等。通过他们的行动，他们为互动定好了基调。

支配性和权力信号还反映在和互动相对者的非互惠行为上。在所有的非语言符号的使用中，高地位者有违反非语言规范的特权，却不会受到责难——他们可以晚到，随意穿着，随意打断他人谈话，随意开始和终止一场会话，当他人说话的时候心不在焉，在他人需要支持时不提供支持，对他人讲话没有反馈，更多地、更自由地霸占话轮，可以随意阐释、启动话题和转换话题，更有决策权，不敲门就进入他人办公室，等等。而低地位者却惯于遵循非语言行为的各种文化和等第规范。

由上可知，非语言行为的确可以复制、传达现实的权力关系。但另一方面，无权力、少权力、低地位者往往也是通过非语言行为来争取、协商权力的。邓巴和伯贡（Dunbar & Burgoon，2005）认为，权力悬殊的人之间的互动实施更少的支配传播，恰好是在平等主义的关系里，人们会运用更多的支配。这个也是容易理解的，因为在平等主义的关系里，争取到支配性的可能性更大。当然，那些相对权力较低的人也常常打断较高权力者的讲话，这是一种努力争取权力的状态，是一种权力商讨行为。

当然，支配性和非语言传播之间的关系十分复杂，并没有一个简单的放之四海皆准的公式。否则，如果仅仅通过非语言行为就可以支配他人这么简单，那么，这个世界的麻烦就大了，人际传播也就索然寡味了。

想支配他人？你可以使自己的物理位置高于那个你想支配的人，把手放在脑后保持轻松的坐姿，占据尽可能大的空间，吝啬你的笑容，把手掌有力地按在你面前的桌子上，不要用快速的、不稳当的姿势，把手装在衣袋里时别忘了把拇指伸出来。这个建议清单还可以有很多。

第四节　提高非语言传播能力

前面几节的内容很清楚地表明，非语言传播是我们人际传播行为至关重要的部分。非语言信号，诸如传播者的物理特征和配饰物、传播环境以及诸如注视、手势/姿势、面部表情等的重要性就像我们谨慎选择正确的语词一样重要。例如，初次相遇时，我们通过草草"阅读"他人的非语言信号形成对他人的第一印象，而他人也是通过这种方法对我们形成第一印象的，第一印象对任何既定的人际互动以及后续互动都有着强烈的影响。

非语言讯息在正式的工作面试或者工作表现中的重要性也并不亚于语言讯息，一些职业甚至对着装与配饰物、头发长度、面部毛发都有要求。当然，也会有一些人和职业领域因为对于个体的外貌歧视而惹上官司。

即便如此，并非所有的人都掌握了非语言传播的各种技巧。看看我们周遭的人，我们会发现，有的人社交能力超过别人，在人际互动中机智、精明、泰然自若；而另一些人似乎是迟钝、笨拙、愚钝的，或者干脆就是离群索居的。一些人对非语言信号更为敏感，更能够确定这些信号的含义；另一些人在用非语言符号表达其感觉和态度时更为驾轻就熟。一些人使用语言信号和非语言信号是为了投射出自我的某种形象，但其表现看来却很虚假；而另一些人在投射其想要的形象时却做得非常到位。

这种区别我们可以称之为传播能力的差别，毫无疑问，非语言传播技巧是我们传播能力的一部分。因此，在承认非语言传播技巧的重要性以及有些人的非语言传播就是比别人的更有效这个前提后，本节将集中讨论那些想要发展非语言传播能力的人如何发展这些能力和技巧。

一、发展和提高非语言技能

关于人际关系的畅销书经常宣扬关系成功的秘密，有技巧的非语言传播就是成功的关键因素之一。有证据显示，社交技巧欠缺使得人们更容易患上抑郁，反过来抑郁又导致拙劣的技巧，形成一个恶性循环（Segrin，1996）。显然，非语言技巧有重要意义。实际上，准确地传送和获取信息的能力是社会生活的基本必要条件之一，但并非所有的人都具备这些技巧。一些个人天生比其他人更有天赋，或者更适应学习非语言技巧。

1. 学习非语言传播技能的重要性

我们的非语言传播技能，有时是通过无意识的模仿而得来的，但更多时候，却是牢固地植根于后天的学习和训练中。社会行为通常被看成是有等级的。社会行为中细微的、低层级的因素是自动的、习惯性的，而高层级的因素本质上有更多的、直接的认知控制。

许多人担心学习非语言传播知识会有负面效果，因为有这种知识的人（作为编码者）可能为了自我服务目的而故意操纵非语言符号从而操纵别人。有这种知识的人（作为解码者）可能总是去分析他人的非语言信号而使他人不快，因为他可以看穿别人的谎言和不诚实。但总体来说，拥有传播知识、技能无论对于个人还是社会都是一件好事，更多的知识和良好的技能可以使人们少受他人操纵的伤害，可以更好地表达自己的情感和关系态度，可以做出更符合社交礼仪的行为，从而少让他人受伤害。但要记住的是，有用的策略并非所有时候、所有情境对所有人都有用（见第一章传播能力部分）。

第一章我们谈到过，能力的培养需要知识化、技能化、动机化等。本章已为我们提供了有关何为非语言传播，非语言传播有何特征，有哪些类型的非语言传播通道，非语言传播的主要人际功能是什么等内容。如果说我们在接触这类知识以前的行为是自发的、模仿的、低层级的，那么，掌握了这些知识就为我们反思自己和他人的非语言传播提供了主动性，也为我们改进非语言传播能力提供了基础。

在知识层面上，我们还需要掌握基于文化、年龄、性别、任务、个人差异等因素而产生的非语言传播的共性与个性，这将有利于我们操练非语言传播的能力。

在实践中，一系列的方法被用于非语言传播技巧的训练，这包括教导非语言信号的含义，进行讨论，实践操练以及进行反馈。例如，有问题的婚姻关系和亲子关系的当事人，通过看视频——反映良好互动和功能不良互动的视频，检查自己的问题在哪里，还可以通过积极的角色扮演和反复实践，修正行为。

非语言技巧有很多别称：社交智商（social intelligence, Sternberg,

1984)，非语言敏感性，人际敏感，推断准确，传播能力，社交技巧，情商和移情等(Hall，Murphy & Mast，2006)。这些技能大多数可以被划分为两类：编码技能和解码技能。前者是指产生和控制的非语言表达的能力，后者是感知、回忆和理解非语言表达的能力(Riggio，1992)。其他技巧包括发送和接收的能力。在关于《情商》的著作里，创始人把情商定义为"感知情感、使用和产生情感的能力，目的是辅助思想，理解情感和情感知识以及反思性地约束情感以增进情感成长与智力成长"(Mayer et al.，2004：5)。情商包括四个成分：(1)注意，指对暗示的感知。(2)清晰，指作出精致辨别的能力。(3)知识，指对情感的认知理解和吸收。(4)反思性约束，指控制自身和他人情感状态的能力。

2. 与非语言信号编码、解码能力相关的因素

人们理解他人的非语言行为时，其自身的性别、年龄、生活经验以及文化视角都担当了过滤器的作用。由此，我们可知，在翻译具体的非语言行为时没有现成的字典可以求助，任何非语言行为的含义都不是普适的，其意义都是有赖于语境的。以为可以精确地翻译他人的非语言信号那只是一种奢望(尽管非常美好)，关键还是以他人为导向，在理解他人非语言传播时保持敏感，监控我们自己的非语言传播。准确地理解非语言信号与以下因素有关(Guerrero，Jones & Boburka，2006；Hall，Andrzejewski & Yopchick，2009)。

(1)编码和解码能力互相关联

好的非语言讯息的发送者往往也是好的接收者，反之亦然，可是这种相关性只是中度的。

(2)各种编码技巧彼此相关，各种解码技巧也彼此关联

声音的编码技巧往往与视觉的编码技巧互相关联；对解码技巧来说也经常如此，但并非总是如此。善于解码喜爱和厌恶讯息的人往往也善于判断暧昧的或者骗人的讯息。

(3)编码和解码能力与人格特质和价值观互相关联

那些更善于表达情感、性格外向、不沉默寡言、高度自尊、待人友好、高度自我监控、急于社交但不抑郁、不教条主义、有说服本领以及外形有吸引力的人，编码技巧也更高。

解码技巧和更能赢得赞同或者更有适应能力的社会心理机能相关联，更有技巧、人际敏感的个人更合群，更会交际，不教条，低度马基亚维利主义，等等。在解码非语言信号的测试中得分高的人展示出某种个人和人际特

征。例如，得分高的学龄前儿童和小学生更有人缘和社交能力，较少焦虑，较少情感烦恼，较少侵犯性，较少压抑，较高内在控制力。而且，学业也较好(McClure& Nowicki，2001)。

研究还发现，早年有过心灵创伤的人非语言信号的解码准确性会打折扣。例如，小时候父母有暴力倾向的人长大后比起没有经历暴力的人，在判断欢乐信号方面能力较差(Hodgins& Belch，2000)。

其他一些患有心理和精神疾病的人解码非语言信号的技能也较差。例如，患有孤独症的人在解码面部表情和语音表达的测试中，比正常人得分低。

(4)解码能力随实践和训练而提高，可是和年龄呈曲线相关

年龄和解码技能之间也有关系，社交发展和实践都有助于在一定程度上提高阐释非语言表达的准确性。人们对非语言信号的解码技能从幼儿园到20～30岁的成人期逐渐增长。例如，6～7岁的孩子不能区别享受的笑和非享受的笑之间的差别，但9～10岁的孩子知道。在大概25～30岁的时候增长趋势达到停滞状态(Nowicki & Duke，1994)。上了一点年纪，这种非语言信号解码的技能增长的趋势就反过来了，这可能是由于感知的敏锐度、专注的能力和记忆能力已经下降。

这提醒我们两点：一是经验未必是最好的老师；二是要关注老年人的非语言解码技能。这不仅事关他们的生命质量问题，也有助于我们在与不同年龄的人互动时，更具有非语言解码的敏感性和适应性。

正如人们所预期的，个人在从儿童成长为成人的过程中也学会了更有效地编码非语言信息。有效编码的结果是，知道什么时候自发地表达自己的真实情感，什么时候驾驭表达，从而发送得体的信息。例如，人们可能不希望在第一次约会的时候就显示自己对某人有强烈情感的真实程度。

(5)女人一般比男人更善于编码和解码非语言信息

这种编码的优势存在于所有年龄段，但可能局限于视觉暗示、非骗人的信息和正面(而不是负面)的情感。也就是说，女性在判断一个人是否撒谎以及地位和支配性方面并没有优势(Aamodt & Custer，2006，转引自 Knapp，Hall & Horgan，2014：73)，女性并非在理解所有的非语言信号中都占有优势。当判断某种情感状态时，女性尤其擅长判断面部信号(Hall，1978，转引自 Knapp，Hall & Horgan，2014：73)。尽管女人更善于编码正面的情感，男人在控制或者调节某些情感表达方面占据略微的优势，那些偏向自然流露情感表达的人是女性，她们较少控制其情感。

女人能够更准确地回忆非语言行为，无论是观看一场面试视频还是回忆一位实际的互动伴侣（Hall, et al., 2006），女人通常比男人更善于解码情感。有证据表明，与其说两性的主要差异在于非语言行为的使用，不如说是在非语言信号的解释上。男女关系最大的困难通常在于无法正确地对彼此之间的非语言信息加以编码和解码，男性对非语言的敏感度低于女性。研究表明，比起男孩和男性，女孩和女性在判断非语言信号的测试中得分更高（Mc-Clure, 2000），而且，女性解码非语言传播的优势随着年龄的增长而增长。这种性别差异大于年龄、文化以及测试方法带来的差异。

（6）编码和解码能力受到社会文化的影响

研究表明，来自同一文化或者文化相似性较多的人彼此之间在判断非语言信号的准确性方面略有优势（Elfenbein & Embody, 2002）。在中国文化中，座次具有特别的意义，而其中的微妙之处也只有中国人能够充分把握，第一把交椅寄托了对成功的所有想象。座位有物质和精神两方面的含义。如果只从实用考虑，能坐、舒适就行，大可不必争什么座次；如果从精神层面考虑，每个人在众人心里的位置是他的德与能的总和，争与不争都是一样的。但是，争的人永无休止，看的人配合有加。

（7）任务因素影响非语言解码的准确性

所谓任务因素，是指我们处理非语言传播的渠道和状态，不同的渠道和解码者的状态可以影响解码的准确性。通常来说，判断视觉信号，尤其是脸部比判断声音信号更容易准确，喜欢和不喜欢的情感与态度更容易从脸部得到准确判断，而不是从声音。而语音信号在传播焦虑和支配方面比别的通道更为有效。如果你有能力识别脸部信号，也会准确地识别语音信号。一个极端是，识别一个人是否撒谎很困难；但另一个极端是，很容易识别诸如厌恶或者喜悦这样的基本情感。

一个人的心情也影响他们如何感知他人的非语言行为。积极和消极的心情会对他人脸部展现的情感产生偏见，悲伤的心情减少了判断他人的准确性（Gray & Ambady, 2006）。

二、有能力的非语言传播者的特征

1. 编码能力

在人际互动中，我们会发出各种非语言信号。这些信号不免会被人们观察和理解，即使我们有时想"不以物喜，不以己悲"，不动声色。试图通过不展示非语言信号来达到控制情感、态度的外露是根本不可能的，人家仍然会把这种不展示理解为木讷、不自在、不舒展、冷淡，甚至欺骗。这应了在第一章反复强调的："你不能不（至少通过非语言符号）传播"。

人际互动中需要两种非语言信号编码技巧：一是为了获得他人的理解和支持，总想表现得正面——友好、聪明、诚实、健康、勇敢、自信，等等。二是总想通过有目的的非语言传播去做出社交得体的行为——尊重权威，在优雅的餐厅举止优雅，脸上表情要有礼貌，为后面的女士撑住餐厅门，等等。研究表明（Floyd，2006），能够有效传达正面感情的人，比起那些传达自身感情很费力的人，往往更讨他人喜爱，并拥有更满意的关系。

研究者（DePaulo，1992）认为，能否成功地约束非语言行为以提升个人的公共表现，取决于其拥有的知识、技能、实践、经验、信心和动机。有时候，也取决于非语言传播的通道。例如，脸部比身体和声音容易控制。还可能跟个体差异有关。例如，有的人属于自动表达型的，喜怒哀乐一眼能看出，这有其优势，但在要求运用展示规则或实施欺骗时，就捉襟见肘了。例如，这种人可能不适合玩一度颇为流行的"杀人游戏"的扑克玩法。有的时候这还受制于情境。例如，你很生气，但要显得像什么都没有发生一样，这个确实比较难以控制。

我们天生的生理和表达特征可以为我们加分，也可以减分，这取决于我们的目的是什么，有人际能力的人会根据目标调整展示套路。例如，长着一张娃娃脸的人容易被看成是诚实的样子，可以发展出一整套"无辜"的非语言信号以强化真诚的印象。但是，如果"娃娃脸"需要显得成熟，就需要补充其他一些举止以及表达性信号以提升自己的自我展示，比如严肃的表情和有力的肢体语言。

在有关情感传播测试（affective communication test，Riggio，1986）中，有表现力的人社交上更有影响力，表现力得分高的人更可能发表演讲，被选为政治组织成员，更能影响他人心情，会见陌生人时更讨人喜欢，更可能获得销售职位，更可能成为咨询师、外交官等。

2. 解码能力

准确解码情感和态度的一些面部展示和许多语音展示对人们来说是有难度的，尤其要注意的是以下几种情况。

在冲突的情境里，人们往往过度估计对方表达负面情绪的程度，而不是正面情绪，这可以导致攻击行为的螺线（Gaelick，Bodenhausen & Wyer，1985）。

人际互动中自然而然流露的感情，比起搔首弄姿的摆姿势表达，意义更含混，解码更困难（Motley & Camden，1988）。

此外，在人际互动中，人们经常同时展示多种感情的组合，并且很有可能操纵感情表达来达到关系目标。例如，传达的喜欢程度超过他人的实际感受，使得破解他们的真实感情状态更充满挑战性。

但是，也有一些让我们解码更为顺利的情境。例如，比起和陌生人相处，人们和朋友相处时的面部更有表现力，这使得识别他们的感情状态更容易（Wagner & Smith，1991）。还有，比起不那么强烈的感情，强烈的感情也往往更容易和更准确地被解码（Hess，Blairy & Kleck，1997）。

3. 编码和解码能力并置

有能力的编码者是否同时也是有能力的解码者？大量研究没有给出确定答案。一些研究认为这两种能力是正相关的，更多的研究则认为，发送和接收能力之间是没有必然关系的，甚至是负相关的。例如，能够准确发出脸部信号的人在解码他人的表情时却表现平平（Lanzetta & Kleck，1970）。针对孩子社会化经验的研究（Izard，1971）认为，在一个有高度表现力的家庭，由于表达技能得到了很好的发展，家庭成员会清楚明了地发出情感信号，就没有必要好好调谐一个人的解码技能，因此，解码能力是欠发达的。反之，在表现力不够的家庭里，孩子的表现技能是欠缺的，但其解码技能却很厉害，因为他/她被迫学习"阅读"来自家庭成员的蛛丝马迹的信号。也就是说，编码技能和家庭情感表达的较大自由度正相关，而解码技能则和情感表达自由负相关。

在传播过程中，编码能力和解码能力总是同时发生，并不是各干各的。一个人的编码和解码是同时进行的，展示情感、反应、意图、态度，同时也注意他人发出的信号，形成印象，解释他人表现的意思，评估来自他人的对自己行为的反馈。尽管如此，在实际的人际传播过程中，人们却很难做到同时应对来来往往无限丰富的非语言信号。例如，有社交焦虑症的人趋向于聚焦于自己，这会使他们无法集中于处理他人发出的信号（Patterson，1995）。

4. 控制感情展示的传染性

前文我们已经谈到，非语言信号不但传达情感，也具有人际意义。例如，当丈夫看见妻子一脸不悦地回到家，闷声不响，不耐烦地放下自己的背包时，作为反应他可能自动地蹙眉蹙额，愁云惨淡。也就是说，妻子通过非语言传播不仅传达了自己不愉快的情绪，也对关系伴侣产生了传染力，可能影响二人后面的互动。研究发现（Hatfield，Cacioppo& Rapson，1994），人们更容易互换负面的感情表达，而不是正面的。这表明，抑郁的人让其他人也不快活，愤怒的人可能激怒他人。

可见，除了擅长编码和解码情感和态度外，有效的传播者还能够意识到这种传染力，并努力协调和同步处理自身和他人的情感展示，这可能促进了一个更加正面的人际传播和关系环境。例如，在别人愁云惨淡的表情出现时，控制自己相应的受到传染的情绪，哪怕是表达假装的同情和关心，也可以使得别人感受你的正面情感而淡化愁容。

5. 语境能力

有能力的非语言传播者会适应不同语境而进行编码和译码。正如理解语言表述脱离语境会产生歧义一样，从孤立的行为去理解单一信号也会产生误解。一个人抱着胳膊看着你说话，你可能得出结论：他不喜欢你或者对你所言无兴趣。但实际情况可能是，他正坐在空调旁，有点冷想保暖。

当然，历史语境也很重要，也就是过去的经验。哲学上讲"家族相似"，你和他人越多的相似，越多的熟悉和了解，越能够理解他的非语言行为的含义。反之，当你熟悉了某个人的非语言编码及其含义后，如果他一反常态，会让你无所适从，这种情况尤其容易发生在朋友和家人之间。

人际传播技能不单单依靠非语言符号，也需要了解语言的含义——字面的、比喻的。把语言信号和非语言信号整合起来更有利于理解非语言行为的含义。例如，对挖苦讽刺的理解就需要通过非语言信号和语言信号的结合。

6. 角色能力

一个有能力的人懂得在一个给定的人际情境中，什么是被期待的，什么是不被期待的。在有着特定角色的个人关系中，比如教授和学生，什么可以被期待，违背别人的期待有何结果。在进入一次既定互动时，如果没有一种微妙的、不言而喻的（即非语言的）对各自角色的协商，社会互动几乎是不可能的，因为人们显然是不会用语言来协商的——"你是学生，我是教授，你应该和我这么讲话"，而是对对方是否恰当扮演了角色非常敏感。只有两个人无言地同意了对彼此角色的理解，才可以成功进行互动，因为如果不能有效扮演朋友—朋友、教师—学生、商人—顾客等角色对子的话，人们的沟通很难有效。例如，当一个学生言谈举止、神采语音等方面都把教授当成一个市井中的任何人时，你能想象他们之间的互动会有多别扭吗？现实生活中，实际上人们不用冥思苦想就通常知道怎样扮演、协商角色，这就是非语言传播的能量。

可见，阅读和发送微妙讯息需要角色协商，需要知道角色在何时得到恰当扮演，而这离不开对情境的识别能力，这是一项非常重要的人际技能。

7. 监管从非语言传播判断他人的偏见

愿意积极感知、观察他人并努力纠正感知偏见也是促进非语言能力的一种方式。如果我们对他人的非语言行为熟视无睹、充耳不闻，那么，很难准确地进行非语言讯息的编码和译码。要和他人良好互动，准确理解他们，我们需要注意到他人的特征，包括长相、着装、发型等非语言行为。有时，注意本身就是重要的，而无关于到底怎么去理解。例如，你注意到并记住了你的朋友喜欢环形耳环，喜欢穿蓝色衣服，"我知道你喜欢蓝色"这样的谈话会使朋友觉得被关注。有时，我们注意到一些事情会立即解释，"她蹦蹦跳跳的，一定有什么事很兴奋"。但有时，我们注意到一些东西，事后才知道其意思，"难怪那天你拂袖而去，原来你不喜欢他！"

但是，在感知和对他人形成印象的过程中，我们会出现归因自我服务的偏见（详见第三章相关部分）。判断他人的最好的方法是考虑语境和这个人过去的行为，必要的时候询问他人你对他的非语言行为的理解是否正确。例如，你一直边放音乐边做事，突然看见室友满脸不悦，你可以问："是我吵着你了吗？"不要想当然地认为人家是对你不满，可能人家正失恋呢。通常的检查步骤是：（1）观察他人的非语言行为，如语调、姿势、肢体接触等。（2）试图理解他人要表达的含义。（3）问他人你的理解是否正确。当然，并非要你一生所有时候都要这么检查，过度使用会骚扰他人。当你觉得你的理解不确定，或者他人非语言讯息的含义对你又很重要时，可以这样做。例如，当你对别人给的负面反馈有着过度的非语言反应时，可以这样问："我的反应可能让你觉得我不想听你的批评，但是我真的在听"。某人对你的批评做出负面非语言反应时，在你下结论前，可以问："从你的表情看，我觉得你好像不想听批评意见，是吗？"

当然，人际传播是一件非常微妙的事情，没有人愿意一点小小的情绪变化就引来无休止的询问。况且，询问也不一定能够得到答案。因为被询问者或者出于对自己面子或者对你的面子的维护考虑，即便对你有负面情绪，也可能否定这一点。

8. 善于从他人的反馈中学习技能

在成长的过程中，来自他人对我们的反馈很多时候并不会直白地提到我们的行为。一个人的反馈可能直接用语言表述，"你看起来有点烦恼"，或者不说任何东西，就在行动上把你看成一个烦恼的人。通过反馈，我们可以增强对我们自己和他人的意识。这种主动意识使我们知道做什么以及如何做，和谁做，什么时候做，在哪里做以及有何后果。我们可以频繁地发送和接受非语言信号，但是，想象一下，如果没有来自他人常规性的、准确的反馈，你能提高非语言行为的能力吗？反馈可以告诉我们非语言判断什么时候是正确的，什么时候是错误的。只有这样，我们的非语言传播技能才能得到提高。

三、识别欺骗的能力

我们除了要有正确传递和理解情感以及形成印象的能力，还需要有识别欺骗的能力。面部表情还涉及一个互动中的重要问题，那就是欺骗。面部表情和其他非语言信号一起可以用来向他人隐瞒我们的思想和情感。如果说在同一种文化里有着表情展示的共享的文化规则，那么，欺骗就是个体利己损人的行为选择。因此，把非语言行为植根于展示规则中的做法是得到社会允许的，而欺骗通常得不到社会的赞同。

1. 为何欺骗？

欺骗可以采取很多形式，如虚假陈述、直接撒谎、模棱两可、借口、夸张、省略。研究者（Ekman &. Friesen，1969）提出的泄露假说（leakage hypothesis）认为，比之身体和肢体运动，欺骗者总是试图审查和控制面部表情，因为他们预期别人会观察他们的脸。因此，最无法控制或者最没有受到控制的渠道成为欺骗最好的显示器，面部就是最容易露馅的渠道。

20 世纪 90 年代以来，人们发展出了人际欺骗理论（Interpersonal Deception Theory，IDT），认为人际欺骗是传播事件，它调动了身份管理、形象管理、关系传播、社会影响力等传播功能。在欺骗过程中，欺骗者通常的动机是保护自我形象和身份，并成功地影响他人。为达此目的，他们需要管理传播行为以防发出那些损害他们身份或者关系的负面讯息，并发送积极的关系讯息以提升信任。欺骗者也需要管理情感，以便减少实施欺骗所激发出来的激动或焦虑等信号，可能同时使用策略（故意）或者非策略（泄露）行为。

2. 寻找传播欺骗的非语言线索

人们常说："一看你就在撒谎"，可见，判断是否撒谎，人们更依靠视觉。人们常常通过看他人的非语言讯息来判断他人是否在撒谎，比如脸红、眨眼、坐立不安、颤抖的手、神情紧张、说话不流畅等。在已经被确证由欺骗者在面对面的互动中实际展现的各种暗示当中，会出现如下强劲效果：瞳孔扩大，眨眼更多，专注度减少，姿势僵硬和静止，更心烦意乱地轻微摆弄手或者手指，更长的反应延迟，更短的言辞，更高的音高，更慢的说话速度，更多的说话错误，以及其他许多语言迹象（Beebe, et al., 2008：214）。

但是，我们要注意对欺骗判断的绝对化。首先，不能仅仅看某一个行为，而是要结合诸多非语言信息甚至语言信息来判断。例如，说谎往往不是说些伴随非语言讯息的假话，而是通常不去说或省略某些感觉和事实。如果过分依赖脸部和语音特点，结果可能是这些渠道发出的信号本与欺骗无关但被我们认为是欺骗，或者我们忽视了考虑其他许多与欺骗相关的行为。其次，要了解欺骗展示是非常复杂的，传播者的特征、支配性、年龄、社交技巧、自我监管能力、人格、关系程度、排练的数量和经验以及信息内容都是需要考虑的因素。例如，一个看来紧张害羞的人可能一开始就不讨人喜欢，因为人们的偏见是那更可能是在实施欺骗。况且，主观判断也是相对正确的，除非用测谎仪去测量心率、血压、呼吸频率等，否则没有最简便、绝对的方法（表5.3）。

表 5.3　诚实与不诚实传播者的区别

非语言线索	诚实的传播者	不诚实的传播者
声音	较少停顿 说话流利，正常语速	停顿多；正在谈论他们想给出的"故事" 不流畅（嗯，啊，哦） 比正常语速快
面部表情	真诚地笑	假笑 笑太长时间
姿势	说话时较少摆弄物体 姿势较少 较少变换姿势 通常较少紧张	较多摆弄物件 姿势较多 自我适应者，不断变换姿势
眼光接触	保持正常眼光接触 正常的眨眼速率	眼光游离，较少眼光接触 眨眼速率增加，焦虑迹象增加

技能训练

你是否会根据他人回答问题前停顿的时间长短、言语上的漏洞来判断别人在说谎？你是否认为举止从容不迫便是诚实可信？你有过下面这两种经验吗？——看起来诚实的表情和从容不迫的举止，可是事实证明他在欺骗；看起来举止和面部表情是在欺骗，但事实证明他并没有。

3．怀疑对欺骗的影响

对欺骗者有利的一个因素是，通常大多数人都假定他人的信息是诚实和坦率的，尤其是在熟人中间。因此，怀疑并不那么盛行。但是，一旦欺骗信号的接收者产生了怀疑，就会出现相应的行为细微变化。而欺骗者会感知到怀疑者的行为变化，作为回应，更有技巧的欺骗者会调整自己的行为举止创造一种看上去更诚实的表象。但是，受到怀疑的人（可能是欺骗者，也可能是诚实者）的表演、更正行为可能导致自我达成预言，人们更加坚定地相信受怀疑的人是欺骗者，连诚实的人也变得不诚实。

那么，人们觉察欺骗的准确率有多高？通过什么方法可以提高准确率呢？研究表明（Aamodt & Custer，2006），人们察觉欺骗和真相的准确率只有 50%。大致来说，有两种方法可以提高准确率：一是通过以往经验的实例，正如民间所言的"姜是老的辣"，阅历使人对欺骗信号更敏感。二是通过知识和技能训练。但是，过多与欺骗打交道的经历也可能导致感知准确性下降，因为把很多信号都可能归于欺骗，反而把非欺骗看成欺骗。

进一步思考与讨论

1. 什么是非语言传播？
2. 非语言传播比语言传播更诚实吗？
3. 非语言行为具有普遍意义吗？
4. 非语言传播在人际传播和人际关系中的功能有哪些？
5. 传播环境对人类传播有何影响？有哪些传播环境因素？
6. 传播者的哪些个体特征会影响人类传播？
7. 传播者有哪些身体运动对人类传播产生影响？
8. 你对语言讯息和非语言讯息之间的关系是如何理解的？
9. 表情是否具有普遍意义？
10. 观察一个家庭的空间、家具使用/分配特点及其光线的安排。
11. 非语言传播如何表现人们的权力关系？
12. 男女之间非语言传播的差异有哪些？
13. 从自己的视角理解他人的非语言传播是否道德？
14. 控制话轮的非语言行为有哪些？
15. 非语言传播如何影响表达关系层面的意义？
16. 非语言传播如何影响情感表达？
17. 新技术传播中的非语言线索有哪些特点？
18. 理解非语言线索有哪四个原则？
19. 举例说明如何运用四个个人区域？
20. 有没有人比另一些人在运用表情、声音和肢体信号方面更技高一筹？
21. 能干的非语言传播者有何特点？
22. 编码和解码能力受到哪些因素的影响？

第三部分：在人际关系中进行传播

第六章　人际关系的发展机制

> 我们出自人的本性与他人交流，比如和他人保持友谊，或是与他人共坠爱河。当然，同时，我们也在试图满足彼此的社会需求。
>
> ——彼得斯

与人建立社会关系几乎是人类的本性。毫无疑问，我们都知道个人关系对我们意味着什么。在思考人际关系之前，我们早就开始了人际关系的实践；通过前面章节的学习，我们已经知道，人际传播和人际关系彼此相依相伴，紧密相连，交互影响。

人际传播是发生在两个人之间的以建立一种关系为目标的有意义互动的过程。显然，关系是人际传播的意义、核心和题中之意，已有关系的质量又影响着人际传播的质量和特征。例如，如果你和一个人有很认真的关系，就会懂得必须去表达大量喜爱之情给他，因为这是你对关系承诺的本质所在。在表达这些喜爱之情的过程中，可能出现两种状况：要么你确认了关系程度，要么你重新定义了关系、改变了关系程度或者减少了亲密度。

另一方面，人际传播是关系产生、发展及衰落的重要因素，是关系的生命、血液。生活中，我们与他人交际性的对话（"你怎么了？"）对事实的陈述（"地理是我最差的一门课。"）对观点的表述（"我的确支持……"），对感情的表达（"我喜欢她！"），等等，都是我们将他人拉进对话中，关系双方的传播行为和模式都会影响关系的性质和发展。有时，我们和他人的对话顺利、令人愉悦，滋养关系。但有时，我们和他人的对话充满误解、令人沮丧，破坏关系。

那么，关系意味着什么？我们的经历告诉我们：关系既可能是我们幸福与快乐的源泉，也可能是我们痛苦的来源。我们和朋友大快朵颐，推杯换盏，惺惺相惜，共渡难关；我们因渴望海枯石烂的爱情，而忽视那些不完美的部分，飞蛾扑火般地投入爱情的美好感觉中。但当关系进展不顺利和出现问题时，或者关系伴侣要求你履行关系义务时（提供帮助、时间和精力等），关系就可能成为令人头痛的事情，也可能使双方都感到心灰意冷。

不错，我们都有喜欢的能力和愿望，但问题往往却是，当你手边有事正忙，别人又需要你的时间和精力时，或者是另外的人际关系需要你看顾经营时，你如何平衡呢？你选择花时间、精力在他人身上，但你自己需要付出什么以及多少牺牲？如果不去牺牲，对他人和关系又意味着什么？我们最愿意花时间、精力、金钱和资源去做的事情就是那些我们最愿意负责任的事情。因此，我们要有愿望为关系付出努力，并在关系中切实地投入，恪守对关系的承诺。

"关系化实际上是一个非常复杂和广泛的过程，有着许多缺陷和挑战。关系不是发生的，而是发动的。发动开始，发动运行，发动发展，保持良好运行秩序，并防止变酸腐。为此，我们必须是积极的、善解人意的并且是有技能的"（John Stewart，1999：327）。这就要求我们对关系的建立、发展和保持有着健康的、积极的传播能力。

本章将聚焦于探讨人际需要、人际关系及其特征，人际关系中的吸引力、影响力与人际亲密等重要问题，并为提高人际关系能力提供一些建议。通过学习，看看我们的人际关系实践能够为这些知识补充或者改变些什么，抑或这些知识是否能够为我们的人际关系实践提供某些有益的启示或促进。

第一节　理解人际关系

毫无疑问，我们都知道个人关系在我们生活中无处不在。想象一下如果我们被剥夺了某种关系会怎么样？——如果没有家人、朋友、同事或者恋人。对关系的渴望是普遍的，无论对男人还是女人，无论是与同性的关系还是和异性的关系，无论对老人还是年轻人。我们或许都有过和这些生活中的重要人物处得不好的时候，并由此而饱尝痛苦的滋味。

在学习、研究人际关系之前，检查一下自己的人际关系状况大有必要。

技能训练：你的关系给你带来了什么？

请选择你的某一种关系，比如，友谊，为下面的这些陈述从 1 分到 10 分打分，指出你的这种关系发挥以下各种作用的程度，10 分表示功能发挥很好，1 分表明你的这种关系从来没有发挥作用，中间分数表示发挥作用的程度不同。陈述 1～5 是人际关系可能给我们带来的益处，6～10 是人际关系可能给我们带来的问题（Joseph A. DeVito，2013）：

1. 我的关系帮我减少了孤独感。

2. 我的关系帮我获得了自我概念和自尊。

3. 我的关系有助于我的身体和情感健康。

4. 我的关系使我体会到很多快乐并减少了我的痛苦。

5. 我的关系在我遇到各种刺激（如生理的、情感的）时，帮助我获得安全感。

6. 我的关系让我承受了不舒服的压力，以至于暴露了我的脆弱。

7. 我的关系增加了我的义务。

8. 我的关系阻碍了我发展其他人际关系。

9. 我的关系使我惊恐，因为好多问题难以解决。

10. 我的关系伤害了我。

一、我们为何建立关系？

在现代意义上，经由 18 世纪法国和德国的启蒙运动哲学家延续到歌德和黑格尔人文主义传统，其本质是把人与他人的关系看成是人之为人的根本。歌德说："人正是因为认知世界，才认知他自己……每一个被正确地认识的新的客体都在我们自身之内打开了一个新的器官"（复旦哲学系，1983：43）；黑格尔认为："自我意识只有在一个别的自我意识里才获得它的满足"（黑格尔，1997：121），人如果不能说明与对象的关系就无法说明自我意识、生命与自由，亦即我的存在是以非我的存在为前提的；海德格尔认为"此在"的人本身就是"共在"，"即便他人实际上不现成摆在那里，不被获知，共在也在生存论上规定着此在。此在之独在也是在世界中共在。他人只能在一种共在中而不在。独在是共在的一种残缺的样式，独立的可能性就是共在的证明"（海德格尔，1987：148）；马克思十分重视人的精神交往，重视社会关系的生成及其作用，认为人若脱离对象，即刻其存在就成为不真实的、虚构的、抽象的，"一般地说人同自身的任何关系，只有通过人同其他人的关系才得到实现和表现"（马克思，2002）。

以上都是从存在论来说明关系对于人的重要性，而在人际需求理论看来，一种关系是否开始、建立或维持，全在于双方所符合的人际满足程度。人的需求有差异，且会随时间而改变。当别人的需求和我们的明显不同而我们又不能理解时，我们会不清楚到底出了什么问题。我们每个人都有的基本人际需要有：喜爱他人和接受他人的喜爱。把他人包含在我们的行动中以及

使他人的行动包含我们。对他人实施控制以及使他人控制我们
（W. C. Schutz，1958）。此外，我们还有其他需要，比如依恋、安全、获得
社会支持等，但我们的大多数人际行为可以直接与喜爱（affection）、控制
（control）、包含（inclusion）有关（这些需要往往在语言和非语言行为中表现
出来）。这些需要既是我们建立关系的动力——人们越是有这三种需要，越
可能积极追求他人作为朋友并发起与他人的传播，也会影响我们的传播方式
以及关系的发展与消解，过多或过少的需求甚至还可能带来身体和精神的
疾病。

对大多数人来说，人际需要不是静态的，每一种需要的优势和重要性随
着传播环境的变化而变化。例如，当关系到达整合状态时，给予和获得喜爱
比包含和控制重要，而在关系发展早期或者下降时期，包含需要可能最为强
烈。而且，我们自己以及他人的需要也是随着关系的阶段、时机、语境等发
生变化的。例如，只有在孩子强烈地抗议再也不能忍受生活在父亲的高压下
之时，父亲才会意识到自己对孩子的过度控制。

1. 喜爱的需要

喜爱交换理论（Floyd，2006）认为，人类生来就有感受喜爱的能力和需
要，也有给予喜爱、支持、温暖和亲密的能力和需要。如果这种需要没有被
满足，就会对一个人的社会发展、身体健康以及人际健康产生负面后果；同
样，怨恨、冷漠、愤怒也很重要，经历这样（给予和获得）的情绪有助于我们
理解我们和他人所需要的喜爱的类型与数量。

我们总以为获得爱是人的本性追求，其实，给予爱也是人的需求。例
如，在天灾人祸中，无数素不相识的人会彼此积极援助，出钱出力出点子出
精力，就是一种爱的给予。体会到积极的爱的人更可能给他人以爱，给予爱
的倾向反过来又使他们处于获得更多爱的情势。很难想象，一个自己从来没
有获得过爱的人会爱别人。

虽然对喜爱的需求数量因人而异，因环境而异，但喜爱总是和奖赏、支
持、慷慨、合作、同情、温暖或者敏感混合，包括对某人怀有喜爱的内心感
情和正面的评价。当人们编码反映这些感情的信息时，喜爱传播就会发生。
喜爱传播包括：（1）直接的语言行为，比如说"我爱你"。（2）直接的非语言行
为，包括拥抱、牵手，意义明确地向他人传达爱慕的其他行为。（3）间接的
非语言行为，比如提供支持，这在某些情境里传达了喜爱（Floyd and
Morman，1998）。

人类对于喜爱和喜爱传播的数量、程度和方式有不同的最佳容纳水平，

因个体的人格特质、文化和情境、阶段、时机等因素而异（Mark Knapp & Anital Vangelisti et al.，2014）。有的人比其他人更需要喜爱与喜爱传播，有些人喜欢公开显示喜爱，而其他人却对此感到难为情。那些有着积极的被喜爱体验的人也更可能把喜爱给别人，反之，把喜爱给别人可能使自己更容易获得更多喜爱。当喜爱传播达不到或者超过最佳容纳水平，就可能引发反感。因此，尽管没有获得足够的爱慕可能令人苦恼，可是在错误的时间从错误的人那里获得过多的喜爱也同样让人烦恼。例如，来自陌生人的喜爱表示通常违犯了规范，引发人们负面的感情反应和心理反应。或者，在某些情境里（尤其是在情感表达更为含蓄的东方文化里），大庭广众下或者工作场所里的喜爱表示，也可能引人不快。

即便是在亲密关系里，喜爱的需要有时也很难满足。双职工的夫妻可能对事业成就和彼此喜爱都有强烈愿望，但是这二者很难兼顾。一方在外工作一方在家工作或者照顾家庭的夫妇，也可能难以满足彼此需要——在外工作的人追求事业成就，在家的那位需要更多的喜爱。而当在外工作的人抽出时间想要和家人在一起时——表示喜爱与接受喜爱，而在家的那一位却想要出去社交或者找一份工作，作为补偿其对成就的长期忽略。而且，夫妻们关于什么满足了事业需要，什么满足了喜爱需要的意见并不一致。例如，丈夫觉得勤奋工作，赚更多钱，就是对妻子的喜爱，而妻子不这么认为；妻子觉得照顾孩子、老人，做家务就是表达对丈夫的喜爱，可丈夫不这么认为。

有关喜爱需求，人们会有两个极端倾向：一种是过度追求；另一种是过度冷漠。我们有时可能听到有人说："我需要更多的爱"，这反映了第一种倾向。这种人追求过度人际关系，想和每一个人建立亲密的人际关系。这会有两种后果：一方面，我们是不可能和所有人发展良好关系的，或者我们的目标对象并不想和我们有亲近关系，个体就会有糟糕的挫折感以及害怕被拒绝；另一方面，使关系伴侣觉得被过度信任而背负较大的压力，那种对爱的索取与即刻满足的强烈愿望可能吞噬关系伴侣，而且，还会嫉妒关系伴侣的其他关系，因为其他关系夺去了关系伴侣的时间。

过度冷漠的人则很少或者避免对别人表示强烈感情，有时封闭自我揭示，别人很难接近，可能和他人有不愉快的经历，容易显示敌意和嫉妒。而这些敌意和嫉妒导致他人不愿意给他喜爱，这反过来实现了这个人的预言——不能把满足自己的喜爱需要寄托在既定的人身上。此外，具有这种倾向的人也可能试图和所有人成为朋友，以避免与任何既定的个人显得过于亲近。这类人在发展、维护亲密关系方面可能有障碍。

因此，适度的人际关系，是一种比较理想的追求，能够使双方自由放松，并从关系中获得快乐。

2. 包含的需要

人人都有归属的需要。归属理论（Baumeister，R. F.，＆ Leary，M. R.，1995）认为，我们每个人天然就有一种追求、保持和保护强烈的社会关系的动力。于是，我们通过人际传播与他人在职场、学校、邻里、社区以及宗教组织、在线社区、家庭等社会语境中与人建立社会纽带。这些纽带使我们觉得我们不是那么孤独。

我们所需要的这些社会纽带必然既是互动的，也是饱含情感的。如果我们和某人有着深厚的情感，但我们从来都没有沟通，那么，我们会很不满意。脱离社会互动可能带来健康和心理的灾难。这也说明了，为何远离故土的人以及独居的老人长期无法见到自己的亲人或朋友时，会感到万分孤独。

反之，和那些对我们没有真情实感的人互动是徒劳的。正如你移居到一个陌生的城市或者工作环境中，尽管你和出租车司机、食品店店员，或者新同事有很多互动，可能会满足我们很多任务导向的需要，但不会满足我们的归属需要，因为彼此之间情感非常淡漠。

当然，还会有一些社会关系既能满足我们的情感亲近的需要也能满足互动的需要，比如和我们保持长期关系的朋友。研究表明（Parks ＆ Floyd，1996），在线关系也可能和面对面的友谊有同样多的互动和情感亲近。

归属需要和包含需要有很大的接近性。对包含的需要因人因语境而异，但无论如何，人们在不同程度上都需要建立、保持对彼此的兴趣和牵挂，即便是最孤独的人也需要社会接触，这表明了我们作为个体的社会性。

包含是一种自我满足，能证明自己是否有价值。孤独感实际上就是期望的社会关系与实际得到的社会关系之间的分歧，抛弃和隔绝是人际恐惧之最（Mark Knapp，Anita Vangelisti ＆ John Caughlin，2014）。包含的持续缺乏可能是致命的。例如，鳏寡孤独和离婚者不仅比婚姻中的夫妻去世得早，而且每一种死因里，都有高死亡率（Lynch，1977）。

大多数人试图在一起和独处（也就是包含他人与被他人包含之间）之间保持平衡，否则，就会出现两个极端倾向：一种是包含需要过低；另一种是包含需要过高。具有第一种倾向的人被看成是低社交的人，他们较内向、保守、严肃、避免、回避语言互动，希望独处。当他人在场时，他们会沉默、言语出错，陈述快速短暂，一说话就是"对不起，我可能不能久待"，顾左右而言他"哦，哦，我要走了"，对参与表现出过度的冲突，从而阻碍被包含在他人的行为中。总之，这种人看起来是无能力、无愿望互动的，或者充满传播恐惧的。

具有第二种倾向的人往往较为外向，被看成是高社交的人。他们经常需要同伴，社交活动积极，拥有相对强烈的社会支持系统（Von Dras and Siegler，1997）。他们是欢乐的、热情的，倾向于向他人表达满意、同意，追求和对话伙伴的共同性，有充分自信管理互动。但在独处时，这种人会很难受。

当然，包含需要的高低和外向、内向之间的联系不是稳定的，是辩证的。有时，外向行为掩盖着独处的需要，内向行为可能显示一个人对包含的大量需求和愿望。非但在非亲密关系里，在亲密关系里，也可能有这种反向需要。例如，一对夫妻，一人在外工作，一人料理家务或者在家里办公。在外工作的那位的包含需要在工作场所得到满足，回到家可能更需要独处，而在家那位独自在家过了一整天——不被包含，于是就需要更多社交和互动。如果彼此不能了解这种需要，冲突就可能发生。

我们大多数人可能在这两个极端的区间上，并非在包含需要的最高点和最低点。有时候我们在某方面表现突出，以至于别人说我们"这个人是个交际达人"，"这个人不善社交"。很多时候，这种标签成为一种自我期待以及他人期待，以至于所谓的不善社交者难以成为参与者，所谓的交际达人难以静默。

因此，在某种程度上，那些身心都健康的人才可能建立社会联系。那些自己和他人都将之看为孤独者的人可能会关闭获得社会支持的通道，而那些和孤独者互动的人可能把孤独者看成是不善于交流的人。在这种情况下，实现包含的关键可能是彼此互惠。如果我们从他人那里得到大量支持，但从来不能或不愿意回报给他人支持，那么我们的包含需要——也就是支持的需要可能继续增长。同样，过于对他人提供支持可能阻碍我们在需要帮助时得到帮助。实际上，研究表明，过于集中于他人或者自己的人常常经历心理烦恼以及不良的健康状况（Fritz & Helgeson，1998）。

3. 控制的需要

心理学家经常把支配定义为一种人格特质，而传播学研究者往往把支配表述为一种促进社会影响的互动风格（Burgoon & Dunbar，2000）。也就是说，我们都需要建立和保持一种令我们自己满意的对关系和情形的影响力和掌控力，"振臂一呼，应者云集"可能是很多人乐见的自我影响力。

控制的需要既包括控制他人的需要，也包括被控制的需要。有时我们需要控制，有时我们也需要他人对我们负责，而并不在乎对他人更为顺从。大多数人想在控制一些情形和主题以及被他人控制之间保持平衡。只要是关系双方都认可的控制与被控制，并有能力根据情形转换控制和被控制的位置，即便是在扮演服从角色，人们也会感到舒服。

对支配、控制的过度需要可能有许多来源，比如絮絮叨叨，不能控制他人的不安全感，或者，如果我们不能支配他人，他人就会利用我们。达到支配力和控制力，既可以通过恐吓和威胁，也可以通过有社交技巧的传播。如果人们通过使用有社交技巧的传播来行使控制和支配，效果很有可能会持续更久，而不至于让控制和支配的相对方和关系处于风险中。进行控制传播既可以使用语言，如大声说话，说得多而快，骂人，打断等，也可能使用非语言。

有的控制者表面显得相对弱小或者顺从，实际上，在某种关系中，行动的顺从能赋予人们更多的权力。这就是我们常说的以柔克刚。例如，当一个人的关系伴侣最终依赖该人的顺从作为一种自我满足形式时，该人的顺从就成为操控力——给与不给顺从的权力。再比如，如果一个人在正确的情形下以及正确的人面前，对他们进行了"帮助"，这个人就会拥有很大的影响力。因为在这种情况下，观察者会把另一个人的成功归为这个人的帮助。

有时，我们每个人可能都想处于过度顺从和无助的状态，这可以逃避任何一种形式的责任和控制。

技能训练：观察我们身边的控制需要

请回忆你的某个关系，是否曾经在某个时候，你的关系伙伴不想为做决定负责，你说/做啥，他都可以，你不得不为所有事情拿主意。你享受这种控制状态吗？什么时候享受？什么时候烦恼？——你希望你的伙伴也能承担一些责任。

在控制需要方面也有两种极端的人：一种是没有控制需求的人，他们规避责任，不想管任何事；另一种是独裁者，喜欢承担责任，喜欢驾驭他人，否则焦虑不安。介于这二者中间的民主者是最理想的传播者和关系保持者。当然，这又取决于关系伴侣的个性和人格。

技能训练：你需要补充吗？评估你的人际需要的程度（Beebe et al.，2008：264）

1. 在你的活动中，你有多想包含他人？

很少 1—2—3—4—5—6—7—8—9—10 非常想

2. 当他人活动时，你有多想被包含？

很少 1—2—3—4—5—6—7—8—9—10 非常想

3. 你有多想负责任、作决定或决策？

很少 1—2—3—4—5—6—7—8—9—10 非常想

4. 你有多想让他人为你做决定？

很少 1—2—3—4—5—6—7—8—9—10 非常想

5. 你有多需要被他人接受和爱？

很少 1—2—3—4—5—6—7—8—9—10 非常想

6. 你有多需要接受他人并爱他人？

很少 1—2—3—4—5—6—7—8—9—10 非常想

做完后，请你的两个好朋友做同样的题目，比较你的评估和他们的评估，哪些领域你们类似？你们的关系互补吗？在关系中，有哪些产生问题的差异存在？比如，你们都想作决定而不是接受对方的决定？

总之，每个人都有人际需要，并在关系的各个阶段，影响传播并受到传播影响。

4. 获得各种奖励的需要

关系除了满足我们的喜爱、归属和控制需要，也给我们带来各种奖励。这些奖励包括精神奖励、物质奖励、健康奖励。

人生十之八九是不如意的。当我们面对不如意时，我们的亲人、朋友等关系为我们提供情感支持和鼓舞。无论是经历事业受阻，还是关系冲突和变故（如失恋），抑或是偶尔的情绪悲观和失落，我们关系圈中的人会安慰我们，同情我们，倾听我们，支持我们，并帮助我们走出情绪低谷。

除了同悲苦、共患难，我们和我们的家人、朋友还共喜乐。我们非常享受和他们在一起，是因为他们风趣、幽默，是因为他们让我们愉悦、放松；我们和父母手心相执，和相爱的人举案齐眉，和朋友穷游、品茗，和孩子嬉戏玩耍，无一不让我们快乐、幸福。我们人生大部分幸福的时光就是和他们在一起。在一起，就是对我们和他们最大的精神奖励！

社会关系还满足我们的物质需要。我们对食物、居所、金钱、交通都有不时之需，而这样的资源往往是彼此亲近的人才可能提供和享用。当你需要从一个城市搬到另一个城市，或者从所居住城市的这个角落搬到另一个角落时，当你临时手上用度打紧时，多半会从那些与我们保持紧密关系的人那里得到帮助，而不是从那些一般关系中得到帮助；而我们也多半更愿意为我们的亲近关系者提供这些物质奖励，而不是与我们不太熟悉的人。

由于西方人的物质福利可以通过工作收入、相对健全的社会救助体系得到满足，从关系中获得精神奖励对他们而言显得意义重大；在中国人多是从亲戚、朋友那里获得物质帮助，而不是社会救助体系。从这种意义上说，中国人对各种人际关系的依赖程度是大于西方人的。

社会关系还能够为我们带来健康福利。缺少紧密的、积极的社会关系可能产生的早亡的风险和抽烟、肥胖以及高血压引起的早亡一样大（House，J. S. Landis，K. R. & Umberson，D.，1988）。

拥有健康的社会关系有助于我们的健康，一是快乐和放松的亲近关系帮助我们处理由压力产生的消极影响。研究表明，压力对身体具有诸多负面影响，诸如失眠，不健康的体重增加，增加得心脏病发作的风险（Schnurr，P. P. & Green，B. L.，2004），而亲近的、满意的社会关系则充当了缓冲器，保护我们对压力事件免于过度反应（Jackson，P. B.，1992）。当然，这并不意味着，我们有了紧密关系就可以不经历压力了，而是指亲近朋友可以帮助我们以一种乐观的、有效的方式去应对压力，以便减小压力对我们健康的威胁（Cohen，S. & Wills，T. A.，1985）。

二是紧密的关系能够让我们寻觅到安全感和幸福。当我们有不良生活习惯时，家人和朋友可以督促我们去形成健康的行为方式，如体重过重时，监督我们去改善饮食结构；当我们身体出现状况时，提醒、督促我们去就医；当我们有慢性病时，家人和朋友陪伴我们去处理日常遇到的各种状况。

当然，我们从关系中获得奖励的同时，也会付出代价，做出牺牲。我们需要在关系中投入时间、精力、金钱。例如，你想独处时，朋友需要你的陪伴；当你的家人需要支持和鼓励时，你不得不放下你的工作或者旅行计划；你尽管不想帮朋友搬家，但你还是要去帮忙，因为你们是朋友。

获得奖励和做出牺牲、付出代价对关系双方来说是进退关系——一方做出牺牲，对方则获得福利和奖励，反之亦然。我们肯投入精力和资源，是因为我们的关系方也曾经造福于我们。但是，如果一种关系的报酬长期低于代价时，人们就会考虑离开这种关系或者重新定义关系，后面章节中的社会交换理论让我们对此有更深入、全面的理解。

二、关系的多重含义

关系，人际关系，是人类的共性，自古有之，中外有之。在人际传播中，关系的定义通常较为晦涩；而且，在不同的文化里具有大相径庭的含义和实践。

1. 西方语境中的关系

在人际传播意义上，英语的关系一词是"Relationship"，人际关系是"Interpersonal Relationship"。一种人际关系通常被看成是两个个体之间的联结，从转瞬即逝的关系到永久的关系不一而足，比如浪漫或亲密关系、父母—子女关系。这种联系形成于社会、文化和其他影响因素的语境中，这些语境包括家庭，亲属关系，友谊，婚姻以及和同事、俱乐部成员、邻居、教友之间的关系。有很多方式可以用来描述人们的关系，有的基于社会习俗，比如陌生人、熟人、伙伴、亲密朋友、恋人、爱人；也可能来自角色分配，比如邻居、老板、老师等；有的基于亲缘关系，比如妈妈、姐姐、堂兄弟姐妹、丈夫等。在不同的人生阶段，人们会有不同的关系需求。

对西方人来说，关系是生活的一部分，而日常生活则是所有关系的一部分。这些联系都被法律、习俗以及彼此之间的协定所规范，是社会群体和作为整体的社会的基础。关系通常牵涉某种程度的彼此依赖，在一种关系中的人们倾向于彼此影响，分享他们的思想和情感，参与共同的活动[①]。

因此，人际传播学学者通常把人际关系定义为"两个人基于人际传播的一种联系"（Steven Beeble, et al., 2008：260）。因此，每次当我们参与一种人际传播时，我们就在人际关系中。但是，人际关系不是一次传播就可以建立和完成的，还必须通过行进的、不断往复的互动。人际关系不是握在手中或者放在某个地方的东西，而是需要我们时时观照和用心维护的一种活生生的过程。每一种人际关系都是正联系着的两个人共享的感觉，并带来所期待的关系发展和人际亲密的变化。

2. 中国语境中的"关系"

在中国语境中，我们常常听到这样的话："我们是一个'关系网'社会""这事不找关系办不成"。那么，在这种语境下的"关系"，又指的是什么呢？显然，也是指一种人与人之间的一种联系。但是，不是所有的联系都能叫"关系"，也不是所有的"关系"都有联系。"关系"一词，源于晚清《官场现形记》对"过班"的注脚——通过关系而升官，早于此无该词，也无法发现关系有托关系、走后门之意。

可以说，中国是泛关系社会——个人关系在社会结构中，而社会就在个人裙带关系中。"关系"或"人际关系"一词在中国远比"Relationship"的含义

---

① http：//en. wikipedia. org/wiki/Interpersonal＿relationship。

丰富、复杂。正因为含义与西方语境的关系（relationship）的含义难以对应，因此，在西方专业书籍里，谈到中国语境中的"关系"的时候总是使用汉语拼音"guanxi"。

（1）关系的中国文化转型

"关系"的称谓是一种典型的中国文化视角，而不指关系客体的指向——亲戚、朋友、熟人、同学、老乡等关系。这些关系早已存在，在还没有叫作"关系"的时候就有了。传统中国有五种伦常关系——君臣、父子、夫妇、朋友、昆弟，这些都是一种人与人之间的联结，与西方语境的人与人之间的关系类似。但问题的关键是，在中国特有的文化语境里，发生了关系的转型。那些可以利用的对象及其社会资本才被称作"关系"，否则还是沿用旧名。七大姑八大姨，八竿子打不到的亲戚如果可以利用，才叫作"关系"，如果不能被利用，表哥还是表哥，姨父还是姨父，堂兄还是堂兄。当我们这样说时："他能进那么好的单位，因为他有关系"，这个关系的客体是表哥，但人们从来不会说"他能进那么好的单位，因为他有表哥"。作为表哥永远都是一个个体人际关系之一部分，但是，作为"关系"的表哥只是可以用来获取社会资本时才是关系。

因此，中国的人际关系（人与人的联系），不一定就成了"关系"，而"关系"也不一定就是人际关系。"关系"的本质在于人们迷恋于他人职权和身份所代表的社会资本。在"关系"主导的社会里，人人彼此都是资源，山不转路转，路不转水转，哪一天就转到别人手里了。于是，不得罪人（得罪一个人可能得罪一圈人），尽量与他人保持联系以便在不时之需时启动关系储备就成了关系社会人与人互动的原则。从这种意义上说，"关系"中的人与人的纽带是弱纽带。

于是，在这种特殊的文化规则语境中，无论你有多少种与他人的联系，也并不意味着你有关系资源。不会"搞关系"，在历史和现实中都被看成是迂腐无能的。关系，总是关系，成为中国人持久的、强烈的、普遍的焦虑。关系可以获利，所以为了关系，扭曲人格个性，扭曲关系本真成为利益关系、表面关系。这种交往缺乏信任，甚至是虚伪的。下级装模作样、小心翼翼，上级堂而皇之、心存疑虑。人情无处不在，却又是人情不再！情是冷的，人走茶凉——当你身上的职权或者利益攸关性消失了，情也就不在了，或者说原本的冷情变成无关了。传统之强大，现实之难以逾越。否则，囚徒悖论出现：谁先改变，谁就吃亏。

（2）关系：作为整合社会资本的机制

社会理论认为彼此联系的人总是在关系领域中计算个人机遇并定义他们的社会资本。古语讲"安身立命"之本，乃是社会资本。布迪厄认为，社会资本是"真实或虚拟资源的总和。对于个人和团体来说，由于拥有的持久网络是或多或少被制度化了的相互默认和认可关系，因而它是由自然积累而成的"（Pierre Bourdieu，1992：119）。按照韦伯的解释，社会资本有财富、权力、声望三个大类（约翰逊，1988：277）。罗兰德认为，社会资本是"朋友、同事和更普遍的联系，通过他们，你得到了使用（其他形式）资本的机会……它是成功的最后决定者"（Ronald Burt，1991：9）。也就是说，我们自己的人际关系网络提供一部分社会资本，而与我们有联系的他人的人际关系网络也可以成为我们社会资本获取之所。

这种资本既是先在的——只有通过某种特殊的传播规则才可以获得，也是后天生成的——人会根据自己的目标创造性地整合、组合不同资源，产生整体大于部分之和的资源运用效果。也就是说，不拥有和拥有社会资本的人，都会通过扩大人际交往的范围和深化人际交往的程度去获得、拓展、强化社会资本。由于个人资源的多少取决于自己的努力程度，于是，这种努力成为人们处心积虑的理性算计。在传统社会里，人是以血缘和地域为主要活动纽带，个人交往和活动范围有限，所以资源获得的途径和数量有限，而且对社会资源的感知不强烈。

当代剧烈的社会变迁使人口的流动性加剧，这就使人从血缘和地缘纽带中脱离。血缘和地缘纽带松懈，社会资源本身变得无限丰富，个体生活成本与质量包含更多的社会资本。人们获取社会资源超过那个基于首属群体的交往圈子，人们对来自工作场所的业缘关系依赖变重，而且由于制度和权威对稀缺资源的垄断，导致人们对他们的依赖增长。随着非面对面和虚拟传播互动的增长，"移动资本"（Kaufmannn，2002：103）、"数字资本"（digital capital）（Berit Skog，in James E. Katz，2002：269）、网络资本（network capital）成为一种重要的社会资本来源，"它是一种能力——导致和保持与那些不必是接近的人的关系的能力，而这些关系可以发动情感、经济和实际利益"（Urry，2002：197，更多论述见胡春阳，2012）。

相比西方社会人们主要依靠契约和对共同法的遵守来整合社会资本，中国人的社会资本整合机制也发生了文化转型，基于血缘、人伦、以家族主义为本质的社会与以契约为本质的社会迥异。

中国是一个人情社会、关系社会。中国人的人生体验、日常生活、社会互动都是关系取向的，所以关系对于每个中国人来说十分重要。"在关系取向的社会里，个人所拥有的社会关系也是一种十分重要的权力"（杨国枢等，1985：140）。也就是说，关系对于中国人，是一种非常重要的社会资本，甚至拥有比法律、制度更强大的力量，它在一定程度上是一种社会保障软体制——个人、企业需要关系网络接近稀缺经济资源，这些资源既来自体制又来自个人，来自个人的个人。由于制度和市场高度无规范，基于个人信赖和帮助的关系就成为经济交换减少风险的保障；而在教育、就业、住房、看病就医等个人生活方面，短缺的社会资源更是争夺的焦点，依赖关系便捷地获得优势和短缺资源成为许多人梦寐以求的追求。中国人的社会资本主要来源是关系，我们称作关系资本。

传统中国是个超稳定的社会，移动受到最大程度的限制。政治层面上的严厉户籍限制制度，为了社会稳定的保甲制度和连坐制度，地域广阔，交通落后以及"父母在不远游"的伦理义务都限制了人们的物理移动；由于信息的密制，由于"国之利器不可示人"的政治权威心理，由于舆论钳制，以言获罪盛行；由于严厉的社会等级制导致的信息获得的等级制，信息获取和接近的普遍性很低。由于地域限制和交通落后，信息获取和接近的可能性与现实性也十分有限。物理移动和信息移动的高度限制加上商品经济的异常落后，中国人的社会阶级阶层的攀升渠道狭窄有限，导致十分缓慢的社会移动。

但是，无论社会结构有多稳定，无论有多严厉的移动限制，超稳定中也会有松动。几千年的多子多福的核心价值理念与土地有限、生产力难以提高的冲突所产生的人地之争导致了人口迁徙与游民，加上明代商业活动增多，明代制度危机导致定居走向移民。欧洲为了获得新生产力、组合劳动资源，会鼓励移民，善于以规则管理移民，形成了商业和政治领域里的契约制度，而在家庭组织之外还有作为二元之一的基督教的组织训练，使其移动性有了制度和价值保障。而中国迥异，移动性本身不强，包容性文化无根，也无独立于家庭组织之外的价值训练，于是，只好改用儒教适应交往范围扩大后的移民局势——把家庭内的人伦关系实践扩大到移民组织中，靠拜把子、拉关系（血亲、地域等），虚拟家族纽带，形成以"混世"和"痞子"的价值观为基础的江湖规矩组成的制度规范（由非制度到制度，潜规则发挥着强大力量，甚至大于制度的力量），关系、人情、死党、面子成为江湖的关键词。于是，江湖成为一个人人可混的空间，是精英和民间的混合，是生存的手段。江湖规则是体制外力量，也是潜规则。于是，中国社会形成独有的体制外与体制内博弈竞合，明规则和潜规则博弈竞合的局面（于阳，2004）。这些原则既在私人生活中发挥作用，也成为主宰公共生活的强大力量。

（3）关系类型

黄国光把中国人际关系分为情感型关系、工具性关系和混合型关系。情感型关系少功利，基于伦理义务。例如，来自拥有权力的亲朋好友的帮助是自然的、易得的；而工具性关系根据公平交换原则，交易而退各得其所——这是工具性关系刚性的原则。资源支配者在考虑是否要"做人情"给对方时，除了考虑自己付出的代价和对方可能给予的回报之外，往往还会考虑：对方的关系网内有哪些人物？这些人物对自己有多大的影响力？（杨国枢等，1985：140）这一点与社会交换理论相通。

最复杂的是混合型关系，资源支配者与被支配者存在"给"与"不给"的选择，也就是要不要做人情的问题。这种关系有一定情感基础，但不像首属群体那样深厚、真诚。这时，会出现人情悖论——如果遵守公平原则——不帮，就违背了中国人特有的面子原则，破坏了自己的人缘；如果帮，既不具有充分的情感要素，又不具有持续可交换性。于是，在这种关系中，人们多半采取人情原则，以加强自己在他人心目中的权力形象，从而为自己获得其他社会资源或者长期社会资源交换奠定基础（杨国枢等，1985：140）。在这种意义上，资源支配者和资源追逐者都备受合适的交换价值的核算的煎熬。

（4）人情制度：关系社会的宪法

"人情急如债，头顶锅儿卖。"关系社会的关键在于它背后有一个人情制度，人情制度是关系社会的关键，是关系社会的宪法。有了系统的人情制度，无论是通过世袭、继承、认亲，还是托、套、拉、处、攀、通等人情"转托"，个体就可以精心建构一个从以自我为中心的人事关系网。一个从二人关系出发，经过辗转传递牵扯出一连串人群的共生圈，一个依赖亲缘、方言、地缘、业缘、特权的人脉网络，形成网络型的、规模庞大的关系社会网络（于阳，2004：53—54）。世界上许多民族是通过学习社会规范与他人建立联系的，而中国人却是需要通过对关系规范的习得来完成社会化的。

关系的畸变有一个移动的社会基础。它源于19世纪中国社会的转型，当时工商业兴起，西方文明传入，剩余人口迁移，移民在当地所能想到的人脉资源都被调动起来，形成一个关系网络。而西方则主要是依靠契约和对共同法的遵守来整合社会资本。从这里，可以看出社会制度系统的人伦本质与契约本质、基于血缘的家族主义与基于契约的个人主义的差异。在一个移民涌流的时刻，同乡会这种基于乡情—地缘关系的联合和关系整合就成为一种大规模的现象。因此，中国人移动性增加和对关系资本的热烈追逐彼此是互为因果和互为核心动力的。

（5）人情制度的细则

布尔迪厄认为，交换关系受两个方面的约束：对象的差别和时间的延后。交换的东西对等而易手的时间延后，这是借贷关系，这体现了人情制度的细则之一——"时间差"；交流的东西不等而交换又同时进行，这是贸易，这符合人情制度的细则之二——"人情债"，要在时间中偿还；如果对等的东西同时交换，实际上就是拒绝彼此产生"人情债"，这从反面表明，人情制度的另一细则——"清算忌讳"。礼品在不对等和延后的天地里发挥着谋略的作用：必须在种类上有差别、时间上滞后，并要"过量偿还"，这看上去才像发自内心的善意而不是交换，尽管一切礼品都附加了条件，其本质是功利交换，但人们否认这一点。实际上，礼品最终在社会关系中要大循环，有助于为此相互承担义务的丰富的社会网络的运行，单单给予和接受都是违背人情义务的，礼品必须巡回。这样，搁置延后和互动的道德经济才可以细水长流（综合于阳，2004；彼得斯，2003：48-50）。

正是由于对关系本能的、长期的、普遍的、潜在的需要，与更多的人建立更多重关系、扩大交往面成为关系社会的必然选择；也正是因为关系经营要求"时间差"中的"人情债"权利和义务的创造，"清算忌讳"和"过量偿还"要在时间中平衡，于是与更广大的社交圈保持长期、稳定的联系成为必要。

三、人际关系的原则

稳定的关系总是通过琐细、平凡的行为来运行的，也正因此，我们常常忽略这些行为而影响人际传播的有效性，并最终影响人际关系的质量。下面，我们要考察关系具体运行的一些基本原则，你将会看到这些原则是人际传播原则的扩大（综合 Gerald Corey et al.，2006；Beebe，2008）：

1. 关系或者基于选择或者基于环境

关系不是基于惯例偶然产生的，而是由于传播伴侣的行为方式造成的，包括二人之间在心理上、精神上或以沟通的方式找出相关的联系，无论他是远在天边还是近在眼前。而且，这种不在场的"缺乏互动"的幻想或念头，在建立和摧毁关系上，有着举足轻重的地位（Duck，2004）。我们进行回忆、想象，实际上是在替关系的过去和未来建构情境。

这种进行的联系既可以是因为环境也可以是因为有目的的选择。基于环境的关系的形成不是我们选择的结果，而仅仅是因为我们与他人某种生活形式的重叠。例如，我们和家人、老师、同学、同事之间的关系就属于基于环境的关系。

反之，选择的关系就是我们追求和有目的发展的关系，比如朋友、爱人等。尽管在这些关系里，每个人都需要彼此，但并非无你不活，不过是"弱水三千，只取一瓢而饮"，是"众里寻他千百度"后的选择。当一个年轻男人说："没有女朋友我简直没法活"，他的依赖感不能理解为爱，而是追寻和选择了一个使自己感到安全的对象。

在这两种关系中，行动和传播都有所不同，因为利害关系不同。同样的人际传播行为在不同关系中效果大有差异。我们愚蠢或不恰当的行为可能使朋友黯然离去，家人尽管可能不喜欢我们，但还是会选择与我们在一起。这也就是人们说的：父母永远不会背叛你。但这也会使我们产生惰性，把这种关系的韧性和永恒性当作自然而然的事，而不用心关照。我们应该明白，父爱母爱不是自来水，你渴了才需要，而是需要你时时加以爱的回报的。你可以问问自己：与父母互动频率有多高？互动的内容主要是什么？

但是，基于环境和选择的关系的区分也不是绝对的。环境关系在一定语境下可以成为选择关系。例如，兄弟姐妹可以成为好朋友。对方也可以定义或者再定义关系。例如，老板可能解雇你，亲戚可以与你绝交，爱人可以抛弃你，等等。

人们为何会选择这些人而不是那些人去建立关系？有时我们无可选择，有时我们选择一些人而积极避免另外一些人，有很多因素会影响选择，"性别，社会阶层，年龄，家庭关系以及现有友谊，都会影响与限制个人的选择"（Duck，2004：240）。生活中经常可以看到，相爱的人不一定结婚，不相爱的人倒会在一起。

2. 人际关系是个系统

在关系的传播中，我们不是操作一部机器，而是和一个和我们一样有着丰富情感和健全理智的独一无二的人在互动。因此，关系不是双方中任一方可以单方面决定的，而是在参与者的协商谈判中得以建立和发展的。人们意识到彼此存在并把对方考虑进关系，人们还必须意识到彼此的相互影响。例如，老师和学生彼此影响，夫妻彼此塑造，家庭成员彼此之间有坏或者好的影响。习语说："龙生龙，凤生凤"，除了表明人的生物遗传，还有就是家庭传统和价值观对彼此的相互影响。

关系受到诸多相互联系的元素的影响，任何一个因素的变化都会导致另一些因素的变化。人际关系的双方通常彼此依赖，很多改变了的或者影响关系中的每个人的事情将会一定程度影响另一方（Berscheid et al.，1983）。例如，你、朋友、家人、恋人等，任何人情绪不好，都会影响你情绪和行为的变化。关系中的双方彼此越是依赖，越能影响对方，彼此变化越大；变化越大，越能影响他人。

同时，人际关系也是开放的系统，外界的因素及其任何变化也会影响本系统。例如，一个人遭到事业的极大挫折，可能会影响其自我概念，个人会发生一些变化，这些变化反过来改变其与关系伙伴之间的关系本质，然后这些改变又影响两个人的自我概念，再影响关系。这个循环可以一直继续下去，除非双方都有清晰的自我干预意识，并予以调节。因此，关系中的人是彼此塑造的。一段良好的关系，可以彼此激发人性中最美好的一面，激发每个人从来没有意识到的潜力；而一段艰难的关系，可能彼此毁灭，所谓"冰冻三尺，非一日之寒""一天建不成一个罗马城"。

要分析人际关系的系统非常困难，因为确定哪些因素是这个系统的组成部分非常艰难，确定系统边界在哪里也很困难。例如，关于婚姻，结婚是和一大堆人建立新的关系，你的工作，你的收入，你和父母的关系，你老板的心情，或者你的传播老师都可能是影响你以及你的关系的因素。或许，传播老师在课堂上讲到两性沟通的差异，讲到人如何了解自我，你可能忽然重新发现自己的另一面，于是影响你随后的互动方式。固然，确定系统组成部分及其边界十分困难，但有一点是确定的，即无论有多少因素，我们必须知道关系具有许多显性和潜在的因素，都会影响我们的关系建立与发展。

3. 人际关系是个过程

任何关系都不是一成不变的和固定的，关系与其说是一个东西不如说是一个过程。它总是朝向新的层面和重新定义，既可以是从关系的一个阶段到另一个阶段，也可以随个体的成长和变化而变化。当两个在各自的价值观和生活习惯里生活了20多年的人因婚姻而结合在一起时，或者在孩子出生后，配偶之间的关系会发生巨大转变，这个转变可能是非常痛苦的，因为两个人都要努力去协调。再比如，你和老师的关系是传统的师生关系，可能随着时间推移，变为另外一种。在孩子长大成人后，父母和孩子的互动类型也会随之改变。

在基于环境的关系中，关系伙伴们通常会协商谈判去解决随关系变化而出现的问题。例如，孩子成长后与父母的冲突，不太可能发展到形同路人的结局。而在基于选择的关系中，如果变化太剧烈，个体可能会结束这段关系，比如离婚。

关系作为过程还意味着不可逆性。尽管我们可以选择分手，结束一段关系，但覆水难收，那些关系中曾经发生的一切是无法回转的，其产生的影响也不会消除，即便在时间中可能会减弱，即便可以彼此谅解。因此，我们每个人都是所有关系塑造的产物。

关系变化可能不是巨大的，但一定是在时间中累积而来的。和一个人建立、发展、保持关系意味着分享他人历史以及建立你们之间关系的历史，这些历史将影响你们当下以及将来的互动，而且每个人本身都会由此发生改变。例如，一个老师和学生的互动肯定不同于第一天在课堂见面的样子，因为现在你们彼此已有所了解。

关系是一个过程，还意味着它不是一个现成的东西，需要的时候拿起来，不需要的时候放下它。事实上，一切关系都需要用心去关照，尤其是那些重大的、持久的、平静如水的关系，如亲子关系、婚姻、友情等。正是由于忘记了关系是过程，很多人会把从关系中得到的一切支持、关爱当作理所当然的。如果一个人一直这么固执地持有这种观念，那么，他可能很快发现自己没有朋友，没有伙伴。适应变化才能够让我们成功地保持人际关系。

一对关系的发展不仅对关系双方具有意义，也对他人形成意义，而这反过来会影响关系的发展。例如，热恋中的人与其他人的互动频率明显减少，最后普通朋友脱离其人际网络，但这却不会发生在很亲近的朋友身上。

4. 人际关系由关系各方相互定义并一致同意

一种既定的关系，双方都必然具有某种共享性，即双方需要承认彼此之间有着某种联系，能够感觉到关系在进行。有时，只有某一方相信存在某种关系，导致的极端结果就是关系的强迫性或围捕行为（本章后面部分将要讨论），比如单恋行为；有时，双方都认为彼此有某种关系，但这并不意味着他们以同样的方式看待彼此之间的关系，双方会一起定义此关系性质，比如单方面无法自说自话地认为是亲密关系。

有时我们会直接公开谈论彼此之间的关系，然后对方以接受、拒绝或者修正作为回应。例如，两个恋爱的人一直争吵，一方提出"我一直希望我们能解决问题，但过去的一切表明，我们彼此伤害太深，已没有改善的迹象，我想还是分手吧！"另一方可能以如下方式回应："我看也只能这样了"（接受，虽然很痛苦），"任何关系都不可能是一帆风顺的，不是说好一生一世的吗？"（拒绝），"我没觉得坏到那种程度，我们都努力向好的方面发展吧。"（修正）分手本身就是重新定义关系。

彼此定义还意味着，动态的人际关系是需要持续谈判的。如上例，提出分手动议的一方对对方的回应还会给予接受、拒绝、修正的回应，如此循环往复，直到双方认可的某种关系继续——恋爱，做回普通朋友，暂时或永久不联系了。

重新定义也意味着表明心迹和愿望，而不是期望对方本能地知道自己所欲所求并主动给予。中国人讲究默契和心有灵犀，要求对方无言的理解，有时这种要求过高可能会让对方无所适从。事实上，每个人都要为自己的快乐程度负责任，并为改变关系中的这种不快乐而努力，不要因为自己的不快乐而一味责怪对方，或者干脆认为没有必要再维护关系了。

当然，并不是所有人、所有关系都会公开直接谈论关系，有时会以其他形式暗示我们对关系的看法和定义。例如，上例中，以减少共同的活动，对共同活动没有兴趣，甚至和其他异性交往频繁等方式表明不认可当前的恋爱关系。

5. 人际关系把我们铸入各种角色

正如在第一章谈到的，每一种名之后都有一套规则、责任和义务，"正名"就是各就各位，就是识别、担负某一个角色应有的系列责任和义务。在一种既定的关系中，我们不仅扮演一种角色，往往会随着情形的变化和需要，而担当各种不同的角色。例如，在亲密关系中，我们可能需要扮演爱人、导师、父母、子女、帮助者、安慰者、领导者、决策者、咨询者等角色。如果能够适应彼此的需要而顺利地进行角色转换，那么，这种人际关系的满意度可能更高。

6. 人际关系的双方对关系的感知是有差异的

即便是两个亲近的伙伴，对彼此关系的解释具有落差也是正常的。笔者举一个身边的极端例子。一对同事，同事甲说自己是乙的好朋友，乙的为人很好，正直，做事有原则，是不可多得的交往对象。笔者喜欢成人之美（以为听到别人的好评价每个人都会开心，并能促进二者之间的关系），就把甲赞扬的言语（对关系的感知）说给乙，但乙说"你爱信她的话！她做事没分寸，做人没原则，工作一塌糊涂（甚至满脸的不屑，轻蔑），谁跟这种人做朋友！"可见，二者对关系的感知差异有多大。我们一贯以为双方对关系的认识评价会一致，事实上，并非如此。

他人的认知往往是难以企及的，我们只好猜测，但猜测有时候是错误的，当错误发生的时候，关系误解和冲突就发生了。现实中，人们很少开诚布公地讨论对彼此关系的看法，而且往往对对方对彼此关系的认真程度感到不确定，好像只有在对方认定我们是朋友的情况下，我们才是朋友（Duck，2004）。

这种差异还表现在，双方对关系中哪些是重要事件的看法也不同，不能想当然地认为对方对于关系的本质与互动的认识和我们一样。例如，两个由热恋走向婚姻的年轻人，男士把第一次约会看成关系的转折点，而女士则认为是偶然相遇的怦然心动。这种差异时常成为人际冲突的根源。

7. 过去的人际关系定义当下和未来的人际关系

我们往往用过去的人际关系经验来指导我们对当下和未来关系的期待和行为。如果你的第一次求爱和恋爱比较顺利，你随后会以同样的方式效仿；但如果那是失败的经历，你会在下一次行动中充满抑郁，甚至对异性充满消极看法。

同时，一个人有很多人际关系，往往一种具体的人际关系期待和行为会影响另一种。例如，一个人在上下级关系里做派霸道，别人也总是顺服，这个人会把这种习以为常的互动方式带入夫妻关系、亲子关系，而这往往带来家庭关系的僵硬。

8. 每种人际关系都代表舒适和亲密的平衡

在关系中，人们常常感觉到，亲密多一些，似乎责任、义务、牺牲相应地也多了些，当然，我们的满意度、愉悦度以及自我被接纳的程度也可能多了些。也就是说，在关系中没有付出，很难有收获；但有了付出，不一定有收获。人们当然都希望我们的亲密度能够实现我们的舒适度的最优化。如果向亲密迈近后，人们发现失去了自由、个性等舒适度，时间长了，人们就不会再追求亲密了。有时，在亲密关系里，人们付出的代价远远超过收获，此时可能会选择关系降级或者结束关系。我们在关系中进进出出，来来往往，就是想要找到能够平衡和稳定关系的最佳状态。

9. 关系是辩证的

关系中的人常常有一些不同的动机和愿望，于是，在人类关系中总存在一对对矛盾。这些矛盾既出现在个人层面上，也出现在关系层面上。例如，你既想利用暑假参加社会实践为毕业后工作积累经验，又想去旅游放松自己。你想两种愿望都实现，但只能在同一时间满足一个；在关系层面上，我们都想和我们的伙伴在一起，但某个时候，我们想独自待着。我们之所以感觉得到共在和自在之间的矛盾，是因为我们知道，保持关系需要有共在和自在，但同时承认，总体上太多或者太少的共在或自在，抑或某个时间点上太多或太少的共在或自在，都会伤害关系。而是多还是少，关系中的双方都会有不同认知。于是，这对矛盾就更复杂了。

研究者(Baxter，2004；Baxter & Braithwaite，2007)确认了关系中存在

如下几对辩证关系。

（1）开放与封闭的矛盾

人们常常在希望处于一种封闭的、排他性的关系中还是处于对外开放的关系中显得非常矛盾。这对矛盾既反映关系伙伴之间是否开放，也反映在既定关系本身是否对其他人开放。

即便是在关系开始阶段，寻求他人信息与揭示自己信息的努力都是必要的。在关系持续中，我们依然希望彼此揭示自我信息，彼此信任，完全开放，无话不谈，无所保留和隐瞒，当发觉对方有所保留和隐瞒时，就会感到受伤；同时，我们自己有时也会保留一些信息。对自己的要求与对他人的要求的不一致常常导致关系紧张，而且，过于保留和毫无个人秘密也都可能伤害关系。

另外，在关系发展的早期阶段，你希望你和伙伴之间的配对是排他的，但你自己又想和更大的群体保持联系。例如，约会中的男生和女生可能都希望对方和异性甚至同性保持距离，但同时自己又想和更广泛的人群保持联系，这常常引发关系冲突。再比如，一方希望关系内的事件对外保密，但另一方觉得这些事件是可以和他人分享的，并经常和他人分享。希望保密的一方会觉得这种行为损害了关系的独一无二性。

因此，只有了解了开放与封闭之间的矛盾产生的原因以及这种矛盾对于关系双方的适用性，我们才有可能协调关系中的认知和实践差异。

（2）在一起与独处的矛盾

关系中的每个人都有独立的身份，关系在时间中很难顺利发展，在于在分离和在一起之间保持平衡很难。没有足够在一起，人们觉得被隔绝难以分享思想和经验；如果没有足够分离，觉得失去个人身份感，感到被控制。

在关系进展中，这对矛盾最常见。我们期望与关系伙伴彼此连接，相互依靠，但又同时渴望独立。夫妻之间、朋友之间，都不得不在这二者中寻找、建立平衡。你是否有过这样的经历？——朋友突然有一天自己行动，没有叫你，你感到很难过。

在亲密关系中，这一对矛盾变得尤为复杂。一方面，在有了亲密关系后，这对矛盾可能会降低，因为关系双方都会为对方放弃自己的坚持而满足对方适时对联系或者自治的需要；另一方面，即便在良好的婚姻或者友谊关系中，该矛盾会降低，但问题可能变得更严重。因为，比起一般关系，亲密关系需要更多的联系，太少的在一起显然违背了亲密关系的期待，但太多的在一起又会使个体的自治需要得不到满足——即便是最亲密的关系也需要距离；如果在某个时间点，一方想要自治，而另一方想要在一起，由于双方都不能满足彼此的关系期待，双方就会感到受伤。而且，关系越深，越容易受伤。

因此，在亲密关系里，亲密和距离都重要。我们能够理解并在实际中和一般关系的人保持距离，比如同事、讨厌的人，但有时我们也需要和我们真正牵挂的人保持距离，哪怕是短暂的距离。这些距离可以通过回避、有所保留、缩短互动、限制主题、保持严肃、懈怠非请自来的互动要求，还有就是欺骗。如果关系双方都意识到这对矛盾的根源，那么在处理关系差异时，人们会变得更有能力。

正如和亲密的人时刻保持亲密是不可能的一样，和每个人保持亲密关系也是不可能的，因为人们的时间、精力有限。你想这样，别人也不一定想这样；即便和那些经常相遇的人也不一定要亲密，可以和他人保持满意关系，但并非一定是亲密关系。亲密固然重要，但并非衡量关系满意度的唯一标尺。

因此，关系推进意味着在一定程度上解决或者克服这些矛盾，但又意味着这些矛盾会随着关系的发展而变化。例如，在刚开始发展一种友谊或者恋爱关系时，一个要考虑的问题是：是否愿意放弃一些自治（做自己事情的自由）以便花时间在对方身上（在一起）？这些相关于人际交换理论，因为你会在衡量成本（放弃自治）和报酬（联系）之间的平衡后做出决定。如果你愿意放弃一些自治，这对矛盾就解决了，你们的恋爱关系进展；但在稳定的恋爱关系里，由于双方对联系和独处的期待变了，又可能使这对矛盾激化。

技能训练

请阅读以下故事，你是否曾经有过类似的故事？这是一个什么问题？

"我的好朋友和他的女朋友分手了，他们分手后，我和朋友的友谊变得过于亲近。以前，他约会期间，我和他一周打一次网球，或者可能周五、周六晚上一起活动。现在，他女朋友不在了，他想和我在一起做每件事，而我不想和他共度人生每一分钟，而且，他还让我的女朋友感到非常恼火。我不想伤害他的感情，但这确实很烦我。我该怎么办呢？"

处理在一起与独处之间的矛盾既必要又困难，但唯有在双方都理解这种矛盾的性质和原因后，才会更好地协调这对矛盾。

（3）稳定与变化的矛盾

为了和他人在一起舒服，某种程度上的可预期性、常规性是必要的。如果没有或缺乏可预期性和常规性，人们会对关系缺乏安全感和安稳感。但是，太多可预期性又会使关系乏味，并促使某种非同寻常的东西发生。因为，人们不喜欢一成不变的、重复烦琐的、例行公事的生活，不可预知性往往给人们带来某种快感，于是，人们时常会追求新奇，这或许是人们喜欢冒险片、惊悚片的原因之一。喜欢新奇、变化还是喜欢稳定、可预期性，本身不会产生问题，问题的是双方的选择不合拍。例如，在西方社会，夫妻会偶尔选择离开孩子、家人去度二人的浪漫时光，这就是创造新奇性。如果一方（比如来自东方社会）认为离开孩子去过一个二人世界的假日是不妥当的，那么，这时，另一方的新奇需要和这一方的稳定需要就有了矛盾。在任何一个时间点上，双方都可能对稳定和变化的需求不合拍。所以，在关系中，平衡稳定和新奇十分重要。例如，一对关系充满太多变数，或者毫无任何新意的创生，就可能威胁关系存在与发展。双方需要彼此满足对方对稳定和新奇的需求。

人们总是在三个阶段中来来往往："抓紧我"，"放下我"，"别管我"（Desmond Morris，1973）。孩子的成长也经历了这样三个阶段，就是要求独立，脱离父母的庇佑、牵挂与视野的过程。这对父母来说，可能是一个艰难的过程。在成人关系里，这个循环也以各种方式出现，想离开朋友单独行动，参加没有配偶参加的活动，或者调离工作、中断原有联系。这样做有可能导致关系破裂，然而，也可能是重新调整和定义关系的另一番努力。

总之，开放和封闭，在一起与独处，稳定与新奇都很重要。这些辩证关系几乎是人的本能，就像巧克力，每个人都非常喜欢，但贪多就会腻烦。但这是一个两难问题，需要人们明智处理。人们有时对二者要求的时间不合拍，也会导致关系紧张。一些关系的破裂有可能来自这些方面。

10. 关系受到文化的影响

尽管所有文化中的人都有各种个人和人际需要，但文化差异使人们在满足以及提供满足这些需要时采取不同的方式。于是，当人们和来自异文化的人互动时就受到一些挑战，因为人们对不同文化对关系的理解以及期待的不一样使人们感到无所适从，不经意之间可能就冒犯了他人。

文化影响我们和谁建立关系以及如何建立关系，引导我们理解关系习俗和实践，比如是否和陌生人说话？我们如何定义陌生人？集体主义文化严格区分内外群体。例如，希腊人把"非希腊人"叫作陌生人。再比如，什么是有价值的？工作是目的还是手段？日本人、中国人可能把工作作为目的，其他文化则把工作作为达到目的的手段。再比如，和谁共度光阴是有意义的？东亚文化重视社交关系，而美国文化强调个人主义。中国人尽管重视家人、朋友，但如果与这种关系的互动时机和与老板等高位阶的人互动时机冲突时，就会放弃与家人、朋友的互动，而把与老板等的互动置于优先地位。

关于友谊的概念，不同文化也有不同理解。例如，一个人如果不赞同另一个人的哪个方面，那个人就不可能成为朋友；在美国却不是这样，人们即便政治观念、宗教信仰不同，仍然可以做朋友（Feig，1989：50）。对友谊的期待也不一样，个人主义文化把朋友就是看作朋友，但集体主义文化把朋友贴上家庭成员的标签，会和朋友称兄道弟，忘年交还会称师徒、父子。

文化习俗使浪漫关系和婚姻也不同。例如，在印度、阿富汗等地，人们的婚姻是受父母之命安排的，婚前约会是很少见的，在伊朗婚前约会甚至是违背法律的。中国传统社会也是如此。

文化还影响关系的发展。远东文化相信关系应该延续，个人应该忠诚于他人仅仅因为有义务如此。美国人由于强调个性，很容易进入和退出一种关系或组织。因此，远东地区诸多文化把职业和个人关系混为一谈，如果工作互动有更多个人层面，人们就会感到舒服；而要发展一种有效的职业关系，温暖的个人关系必须首先存在。

文化还影响种种关系的结果或过程。美国人是高度结果导向的，人与人之间互动是快热型的，趋向于主动，积极进行自我揭示；而亚洲国家人与人之间的互动是慢热型的，自我揭示不太主动，也不会太多，愿意花更多时间去了解彼此。

四、人际关系的类型

不同的人生阶段，我们会有不同的关系需求。例如，青少年极端看重友谊，老年人特别珍惜和家人在一起的时光。不同的心理、精神状态，我们也有不同的关系需求——人们想从一种关系走到另一种关系，可能渴望增加某种积极的感觉，而减少某些消极的感觉。我们有很多方式描述我们的关系，有时基于亲密程度：陌生人、认识的人、熟人、朋友、亲密朋友、恋人、爱人、家人；也可能基于角色分配：邻居、老板、老师等；有的基于遗传和血缘关系：爸爸、妈妈、姐姐、堂兄弟姐妹；有的基于婚姻：丈夫、妻子、岳父、叔叔、阿姨等；有的基于性别：男性间关系、女性间关系、男女之间的关系；可能是正式的、长期的被法律承认或通过公共仪式正式化的关系，比如婚姻，也可能是非正式的、长期关系，比如生活在一起或者不在一起的浪漫关系，通常被称作恋人、男朋友、女朋友，区别于异性朋友或者"重要他人"。

我们和另一人发展的关系的类型极大地受到我们彼此对关系的期待的影

响，而且这种期待也是随着时间而不断变化的。我们会想：这是什么关系？将来会怎样？应该怎样？我们可以期待什么行为？大多数人在类似关系中怎么做？

大多数期待是同一文化里绝大多数人都有的。例如，家人会最大可能地拥有亲近关系，男女友谊最可能自然而然发展为浪漫关系，同性关系最大程度是友谊而不是浪漫关系，角色关系中的各方（师生、医患）最可能按照规则行动。这种期待的共享和实践程度有助于说明各种被描述为"友谊"、"恋人"、"母亲"这些关系中的相似性，即人们之间是什么关系，有着某种共同文化语境的人们能够识别的不言而喻的内容。

但有时，关系期待非常具有个体性。例如，男女伙伴不追求浪漫关系，同性伙伴追求浪漫关系，一些人没有感到强烈的亲密也结了婚。当我们建立某种关系很困难，或者试图把一种已建立的关系变成另一类关系时，通常是由于我们对关系的期待变了。

有时，关系期待是令人困惑的，当和一个既定的人有不止一种关系存在时发生。例如，你和你的老师既是师生关系，可能也有朋友关系，并非每种情形中你都清楚哪一种关系在运行。作为学生的行为意味着系列期待——你需要专注于学业，对老师有更多尊重，而你没有做到，会让老师失望；作为朋友的行为也意味着系列期待——有很多共同的行动，可以随便开玩笑，可是，你得到的评价好像是出自老师而不是朋友。

对关系的期待也会随着环境、时间、时代而变化。例如，今天的浪漫关系和几十年前、几百年前的不同。中国的"父母之命"、"媒妁之言"曾长期主导中国人的浪漫、婚姻关系，约会是以双方父母或媒人为主，对男性的期待是有责任感，有养家的能力，而对女性的期待是有家务操持能力，有旺盛的生育能力。而今天，浪漫关系更多由两个人单独进行，需要有更多的共同活动，有更多的身体接触，以及表达更多的喜爱。对其他关系的期待，比如亲子关系，也发生了极大变化。

总之，不同的传播方式形成不同的关系期待，变化了的传播方式也常常使关系期待发生变化。同时，无论我们的关系是出于共享的环境抑或是选择而积极建立的，每一种关系都揭示了亲近度和亲密度的起伏。任务导向的关系通常比朋友和爱人更缺少亲密度，当然也有例外——亲密关系里缺少亲密行为，非亲密关系有较多亲密。

技能训练

列出这一两天和你谈话的人的名单。把名单分类，哪些是陌生人？认识的人？朋友？哪些是以角色为基础的关系？哪些是由你主动引起的关系？

自问自答，你如何界定一个人属于朋友或亲密朋友？何种原因使得一位你认识的人成为朋友或亲密朋友？比较你和认识者、朋友沟通的特质。注意在这两种情境中，闲谈和分享感情有何不同？

第二节　人际关系的驱动力

本质上说来，我们之所以能够随时选择开始互动、提升、保持或者弱化我们的某些关系，是由于我们存在一些过滤器，随时对关系本身及其进展进行评估与筛选。上一节我们已经考察了人际需要及其影响力，这一节我们将聚焦于过滤器，即人际互动发起、关系提升、保持以及弱化的动力和机制，主要包括人际吸引力、人际亲密度、人际影响力及获得伙伴允诺。

一、人际吸引力：擦出关系的火花

我们或许都有过与某人"一见如故"、"相见恨晚"的感觉，还有人有过"一见钟情"的经历，这种奇特感觉和经历的本质就是人际吸引力。亲密关系的开始、持续也是由于关系伙伴彼此之间的吸引力。因此，吸引力理论认为人们启动关系的基础就是吸引力。毫无疑问，某些人对你有吸引力，而另一些人没有；或者，你对某些人有吸引力，对另一些人没有。

那么，到底什么是人际吸引？"是你想和一个人形成或者保持人际关系的程度"（Beebe et al.，1996：229）。你可能发觉你对熟人有吸引力，这会刺激你增加互动，而增加了的互动反过来又可能增加、减少或保持你的吸引力。

吸引力分为短期、初始的吸引力和长期、持久的吸引力。人际关系发展早期的吸引力往往是短期的、原始的，在关系发展的过程往往需要长期、持久的吸引力。想象一下你曾经被某个人深深吸引，但你们从来都没有发展成为亲密关系，就可以区分这两种吸引力了。短期吸引力是你感知发展一种人际关系的潜力的程度，它可能是外表或者气质等，你与他人初次互动收集的信息也可能产生短期的吸引力。你是否追求发展关系，取决于互动的环境。

而长期、持久的吸引力是那种诸如保持好朋友关系的吸引力类型，一种喜爱或积极的情感能够激发我们保持或者提升这种关系。我们很难把长期的亲密关系，比如婚姻或者持久的友谊，归因为那个人的外表吸引力，而是你发现你们有许多共同点或者互补人格。例如，你的朋友的豪情可以平衡你的婉约。

技能训练：朋友的什么吸引了你？

想想你的一个好朋友，你们之间的关系是怎么开始的？是外表或者他与人打招呼、微笑、开玩笑的方式对你产生了吸引力？为何你与他至今还是朋友？

吸引力产生的原因非常复杂，比如外表吸引力、接近性、能力/魅力、相似性、互补性、自我揭示、喜爱互惠、关系潜力。但要注意的是，吸引力要素在线互动与面对面互动上是有区别的，在线关系的吸引力依靠传播的讯息、照片、视频、帖子的回帖率以及幽默感（Joseph De Vito，2013）。我们下面讨论的是面对面互动。

1. 外表吸引力：是美还是丑？

人们经常会说"不要以貌取人"，但事实上，人们总爱从外表来判断一个人的吸引力和能力。人们通常更喜欢那些外表更有吸引力的人，更倾向于喜欢有着令人愉悦个性的人（哪种个性富有吸引力，哪种没有，这是因人而异的），而且，人们通常会把外貌与某种道德价值联系在一起，比如"美的就是好的"。

个人的高矮、胖瘦、服饰、发型、化妆、珠宝、姿势等都是外表的方面，外表吸引力在初期吸引力方面比持久吸引力更重要。例如，在对大量约会男女的访问中，研究者发现，外表较有吸引力的人更可能被他/她需要，可能会进一步要求互动，比技能和知识更影响关系进一步发展的决定（Ellen Berscheid，et al.，1978）。

大量研究发现，男性比女性更看重外表吸引力。在短期关系中，无论男性和女性都偏好外表吸引力（Douglas Kenrick et al.，2012）。

但是，外表吸引力并不一定推动关系发展。如果男女总是追求那些他们能够找到的最有吸引力的伴侣，那么，那些非常有吸引力的人最终会获得比他们所期待的还要多的约会机会。可是，现实情况常常是这样的：外表有吸引力的人在主流的约会行为中始终会无人问津。因为"配对假设"（E. Walster et al.，1969）认为，每个人可能被最好看的人吸引，但在实际约会时，现实就摆在面前了：如果你只选最好看的人，就可能面临非己所愿的拒绝。于是，人们实际上还是会选择一个外表吸引力和自己相当的人进行互动。外表接近的双双对对在关系早期发展阶段的九个月时期里，更可能有求爱的节奏，而外表有较大差异的双双对对则更可能分手。

当然，外表产生的吸引力不仅仅源于单一的物理因素，还在于一个人呈现的外表可能流露出很多丰富的个性特质。例如，你爱打扮，喜欢锻炼，喜欢有规律的生活以及不吸烟对你很重要，你可能会追求或者吸引类似的人做你的伙伴。外表适应你的人可能在饮食与锻炼方面的哲学与你近似，这种近似是长期的、持久的吸引力的基础。正如感知和非语言传播这两章所揭示的，人们通过表面信息去推论人格不一定准确，但是否决定提升一种关系一定会受到原初吸引力的影响。

但是，相貌美丑及其吸引力不是绝对的。在不同文化甚至同种文化的不同历史时期，理想的外表定义并不一样，比如"环肥燕瘦"；在不同的人那里，看待美丑与吸引力也是有差别的，比如"情人眼里出西施"，"萝卜青菜各有所爱"。即便我们不具备吸引人的外表，但第一印象后，使人愉悦的人格更被看作吸引人的因素，随着关系进展，外表的重要性退居第二(Berscheid&Walster，1969)。人们常说的"人是因为可爱而美丽，而不是因为美丽而可爱"就是这个意思，当你喜欢一个人时，你会越看越觉得他好看。

2. 接近性：是近还是远？

接近也可能有助于吸引力，变成朋友的人往往是那些有较多机会彼此互动的人。

人们常常会被身体在近处的人吸引。例如，你可能和坐在你身旁的同学开始互动而不是和坐在远处的人，因为物理身体的接近性增加了传播的概率；我们倾向于偶尔和自己靠近的人谈话，以及感到被吸引。例如，我们可能和邻居谈话并由此感到被吸引，而不是对一个居住在另外一个小区里的人互动。也就是说，任何增加互动概率的环境都可能增加吸引力。这个因素对初期吸引力比持续吸引力更重要，换句话说，尽管你可能被邻居吸引，但并不一定最终发展出稳定的或者亲密的关系。

另外，我们可能想方设法去创造机会与吸引我们的人更接近。例如，两个住在不同社区的人一致同意搬到同一个社区里。尽管新技术让分离的人沟通更容易，但彼此吸引的人通常还是想要一些亲近性。实际上，那些不能常常见面的长期关系都会出现关系压力。因为，无法触摸的遥远是很难让人亲近的。

接近性是职场里的浪漫关系发展和保持最强有力的因素。同一工作场所的人会抬头不见低头见，或者会共同合作完成一项任务。当然，还有其他因素影响关系过程。如果工作群体对关系发展的压制、阻碍不是那么强，这种关系很可能继续发展。如果这种关系继续，这种接近性就是一种优势；但如果没有愿望继续发展关系，接近性就成为一个问题，人们必然努力减少同时出现的可能性。

那么，你又是如何思考彼此非常接近但彼此又没有产生吸引力情形的呢？当人们发现彼此在一些基本的价值观或态度不一样时，这种情况很快就出现了。但即便有这种情形，也不能改变接近性可能促进和影响吸引力这一点，因为缩小距离、增长彼此相遇的机会能让人们更快地获得彼此的信息。

3. 相似性：相似还是相异？

"物以类聚，人以群分"，这句话表明了吸引力的另一种状态——相似性。我们通常喜欢选择人格、价值观、成长背景、个人经历、态度和兴趣与我们接近的人作为朋友、约会对象或者配偶。爱我所爱，恨我所恨，就是为了让我们的感觉舒服。例如，你愿意参加老乡会，是因为你知道你们能共享一些东西。

人们之所以被相似的人吸引，一是与他人相似强化了我们对自己的认同感，"我不是那么孤独，不是那么怪异，还有人与我同在"，二是相似可以让我们准确预知，减少人际交往的不确定性和焦虑，我们的互动就不会那么费力。而相异的人可能要我们论证自己的信念、价值观，迫使我们搜肠刮肚地去理解一些表达，而这些表达在我们相似的人那里却是自然而然的事。三是我们都认为相似的性格会反映我们共同的世界观。四是我们有更好的机会被相似的人喜欢。

在关系初期，我们会努力揭示那些我们与他人的相似之处，"听说你是东北人，我也是。""你毕业于复旦大学，我们是校友。"相似程度越高，我们可能越喜欢这个人。有时候，我们还会编造一些相似处去获得他人更多的信息。例如，你误入一次海归人士聚会中，大家眉飞色舞地谈论着海外游学经历，你说："你说加拿大啊，巧了，我去那里出过差。"你这么做，是为了避免在这个人群中的孤独感，也可能是对别人谈论的话题或者这一群人中的某个人感兴趣，想要多了解他们。

与其说我们被与我们相似的人吸引，不如说是我们被那些与我们保持一致意见的人所吸引，也就是"同气相求"，人们更可能喜欢那些同意自己观念的人；如果我们被某人所吸引，我们就会发现我们与那个人有很多相似之处，而这些相似处并不引人注目。

人们感知到有相似之处并不一定导致吸引力。很显然，失聪者并不想遇到失聪者——人们不会认为自己和另一个神经崩溃并正在看心理医生的人在态度和信念方面是相似的。这种情况下，相似就是一种威胁；当互动不方便——对方住在很远的地方，或者那个人表示不喜欢我们等情况，再多的相似处也无法让对方之间产生吸引力。

态度相似和吸引力之间的关联也会随着时间在人们中发生改变。在关系的早期阶段，相似性可能植根于广泛的背景因素以及相对表面的观点和兴趣；而随着关系强化，某些主题、信念和价值观可能作为相似性的关键因素出现，并影响关系是否能够进行下去。例如，当初对方的想象力和创造力很吸引你，但随着关系发展，你发现他是一个爱说谎的人，而你又非常讨厌撒谎者。因此，关键的态度、价值观相似比起短期、原始的吸引力来说，更是一种长期、持久的吸引力来源（而且，了解他人态度本身也是一件需要时间的事情）。这在一定程度上也可以解释为何亲近关系的发展和持续过程中总是伴随着很多争议：一段关系中的关系伴侣并不总是以同一种速度、向着同一个方向成长，于是，喜爱之情就随时间改变了。

妻子：我不能理解你现在对于家庭的看法和行为。我们刚结婚时，都认为和家人在一起非常重要。

丈夫：我是这么想的，我不认为我违背了当初的想法。我在外打拼也是为了让这个家有更好的生存、发展能力。

这段对话也指明了另外一点，即人们认为彼此相似是基于普遍性的陈述（和家人在一起很重要），但最终彼此之间出现争议则是基于特殊的行为（最近常出去应酬）。进一步来说，我们不同意、或者不喜欢一个人的某个态度或特征，但还是能够喜欢上这个人，其前提条件是这些不讨人喜欢的属性不是基本的或者关键的。

对于成人来说，相似性甚至比传播能力更重要。研究表明，具有较低传播能力水平的朋友之间和那些具有较高传播技巧的朋友之间有着同样的关系满意度（Burleson & Denton，1997），"相似程度越高，我们便越是喜欢这个人。如果我们知道更多关于这个人的讯息，情况就会变得复杂一点"（Steve Duck，2004：99）。如果一个人和我们许多方面相似，但是有某些其他方面不招人喜欢，比如夸夸其谈、抱怨。这时，"吸引力就会变成讨厌，因为他们可能威胁我们的自尊，使我们担心我们也会像他那样招人厌"（Beebe et al.，2008：203）。还有，态度相近的两个人，在相互短暂互动后，相互喜欢的程度并没有超过两个态度不同的人之间的喜欢程度。而且，不相似的两个人若能互动的话，比起那些不相似且无法互动的状况，会更喜欢对方（Duck，2004：99）。

世上没有完全一样的树叶，也不会有完全相似的人。人们有各种各样的相似之处和相异之处——可能是个人偏好（态度、价值观、信念、兴趣、目标），可能是个人特征（年龄、种族、性别、长相、背景），也可能是传播模式（表达观点的方式、语言选择、主题选择），还可能是传播规范，个人需要，情境因素。有些相似或相异可能处于任何类型的吸引力的中心，而另一些则不是。在一种类型的吸引力中可能非常重要的相似之处，在另一种类型的吸引力中则不是。例如，在完成任务中非常重要的因素，比如雷厉风行、有决断力，在长期的浪漫关系中人们可能并不稀罕它们。

总之，"相似就具吸引力"随着情况复杂性的增加，这条简单原则的例外情况越多，越需要修正。

4. 互补需要

相似会产生吸引力，但相异也不尽然就没有吸引力，所谓"同性相斥，异性相吸"。也就是说，尽管我们喜欢相似的人，但如果整个生活总是和有着同等兴趣爱好、价值观和需求的人黏在一起，我们会感到索然寡味。寻找与我们有互补需要的人，他人和我们都可能为关系贡献彼此不具有的东西而惊喜连连。

有时，不相似的态度可以有助于巩固或者修正我们自己的信念。有时，相异和追求某种具体关系无关。例如，当相异不会挑战我们最珍视的信念时；有时，当相异的人说他们喜欢我们时，这种积极的评价可能抵消了可感知的差异。

正如相似一样，相异也会随着时间改变。例如，幸福的已婚夫妇在订婚阶段表现出有较多的态度差异，但随着时间推移，会变得越来越接近，而不幸的已婚夫妇会变得更不喜欢彼此。这就是我们常说的"七年之痒"的含义。对话可能是夫妇或者朋友之间发展和保持相似性的重要手段，也是人们处理差异的重要手段。

正如本章第一节所揭示的，人际需求包含喜爱、包含与控制。假如你对控制和做决定有较高需要，较少尊重他人决定，你感到和那些需要他人作决定的人在一起就很舒服。研究表明，关系长达二十年的成功与不成功的夫妻都是在相似和差异中互动的，极端相异是夫妇后来离异的原因；而当成功夫妻的相似性和差异性都能足够满足对方需要时，关系就充满趣味。所以，在相似性和差异性中保持平衡以满足对方在时间中变化的需要往往是持久吸引力的重要法宝（Sprecher & Felmlee，1997）。

5. 能力和魅力

我们通常会被能干的人吸引，也许我们希望他的能力能够对我们产生影响，增强我们的能力。但是，我们并不喜欢和太能干的人在一起，因为通过比较，我们会产生自不如人的糟糕感。

研究表明，能力和不完美共同决定着吸引力（Walster et al.，1966）。在一项要求学生对四种人打分的测试中，学生对这四种人的评分顺序是：最有吸引力的人是答题高手但打盹的人，其次是高手但不打盹，再次是一般人并不打盹，最次是一般人但打盹。也就是说，我们喜欢有点缺陷的能人，而不是完美的人。这启示我们：获得他人喜爱最好的方式是擅长某一项但也承认自己的弱点。那些自信的、对他人没有威压感的人，比恃才放纵、高傲自满的人，更能赢得人们的喜爱。

魅力是一个能够赢得人的利器。魅力是拥有吸引人的人格的艺术，每个人都天生具有与众不同的自然魅力，大多数魅力可以通过实践和耐心得到打磨。例如，使肢体语言显得更自信，用眼睛真诚地而不是礼节性的笑，当初次遇到一个人时，记住他的名字，就他人感兴趣的话题谈话，慷慨地恭维他人，尤其是提升他人的自尊，感激地接受恭维。或许，有时，魅力仅仅就是做一个好的聆听者，显示友善、和蔼和尊敬，让他人觉得自己被爱和关心①。

6. 喜爱的互惠

显然，我们喜欢喜欢我们的人多于没有对我们表达喜欢的人。然而，在初步互动中，我们往往不愿意让他人知道我们被他们吸引，我们可能克制我们的兴趣，因为我们怕被拒绝或者怕赋予他人一些凌驾于我们之上的权力。

我们通常会低估我们对新相识的人产生的吸引力，因为我们不能确信他人喜欢我们的程度是否与我们喜欢他们的程度一样，或者因为我们无法有效传播他人对我们所产生的吸引力的程度。即便在长期关系中，人们也会压制或掩藏他们被同伴或朋友继续吸引的那一面。这提示我们，当我们与新相识的人互动时，可能我们吸引他们的程度超过我们所能意识到的。因此，我们可能要相应地调节自己的决策。如果我们觉得某个人可能喜欢我们，我们可以通过直接邀请他进入对话互动，或者通过自我揭示激发他人来喜欢我们，这既表示对他的尊重和信任，也增加了解自己被喜爱的程度的机会，以便决定是否启动关系互动的下一步。但是，并非所有自我揭示都会增进喜爱，关键是要互惠。

7. 关系潜力：奖励还是惩罚？

在和一个人的初始互动中，人们会开始预算收入价值，并且随着对他人了解的增加，人们会不断地修改预期值。如果觉得他人以及和他人建立关系

---

① http://www.wikihow.com/Be-Charming。

能够增进自己的福利，人们就会超越初始阶段的吸引力而推动关系往前走；如果吸引力增强时发现有预期的负面后果，人们通常会避免或者终止进一步互动以及已有的关系。

人际交换理论很好地解释了这一点（Burgess & Huston，1979；Roloff，1987）。该理论认为：一种关系是否开始、建立或维持，全在于双方期待的人际需求的满足程度；在人际关系中，人们持续交换资源，诸如包含、控制和喜爱、地位、信息、情感、金钱、商品、服务；这些资源被我们评估为奖励或惩罚；人们的互动行为如同经济行为，总是普遍期待高报酬、低代价的互动，当双方都相信他们的报酬超过投资时，关系才会持续和发展；当人们发现收益大时（感受到自我价值，个人成长，更多安全感，成就感，处理问题能力提高等），就愿意努力维持某种关系。

当你的某段关系遇到困难的时候，你一定有这个问题："值得吗?"也就是说，你在这个关系中的收益是否值得你为保持这个关系付出的代价。一些人可能认为保持远距离的关系很容易分手，因为要花时间，花电话费，无法共同行动，收益小；但另一些人则认为远距离关系的收益大于成本，于是继续保持关系并使之成长。

（1）报酬、代价和收益

一说到报酬，很多人可能第一反应是金钱。其实，报酬有很多方面，既包括有用的信息、经济收益等物质因素，也包含精神因素。例如，人们在关系中体会到的好感觉（情投意合，心有灵犀一点通，享受对方诗意的语言，共鸣等），愉悦，满意以及感情需求的满足；而代价则是不想蒙受的损失，包括时间、精力、焦虑、体力乃至金钱。

收益是报酬抵消代价后的结果。人们普遍期待高报酬低代价的互动，当双方都相信他们的报酬超过投入时，关系才会持续和发展；当人们发现收益大时，就愿意努力维持某种关系；假如关系持续一段时间后，净利低于某一水平时，人们对这种关系就会感到不愉快或不满意。反之，则满意愉快。

（2）即刻的和长远的报酬与成本

在任何既定的相遇中，你可能会评估报酬和成本，并问自己是否报酬大于成本。自然，这个比率越大，你越可能对这个关系满意。例如，一名学生告诉教授说他是这个学校最好的教授之一时，该学生得到高分（当然是配得的）。学生获得收益，而教授付出很小代价。

有时，我们追求以最小的成本获得最大的报酬时，就会增加对方的成本。频繁地使用这个策略有时能够在暂时的、短期的或者表面关系中取得成效，但如果想达到更亲密的关系，这种策略则是不利的，因为在这种关系中一方总是"吃亏"，总是吃亏的一方不可能永远配合你满足你收益最大化的愿望。

（3）预期的报酬和成本

人们总是倾向于在思维中构建关系将会是怎样的模板。初遇某人时，人们会做最初的评估：与此人交往将会有收益吗？用预测去决定是否在困难时期（即成本增加而收益降低的时候）继续待在这个关系中，这直接影响在关系发展和降级中如何行动的决定。然而，如果你认为事情将会好转（预期的报酬），你不会在有一点麻烦迹象时（低即刻报酬/高即刻成本）就立即抛弃长期关系。

在生活中经常有这样的现象：一个人没有成就，就会因为平庸没有朋友，因为没有社会资源，不会给他人带来报偿；但可能也会因为成就卓越而失去朋友（图 6-1）。如果你乒乓球技术太差，肯定没有人和你玩。如果有人陪你玩，那是真的对你好的人；如果水平太高也没人和你玩，别人老是输也没意

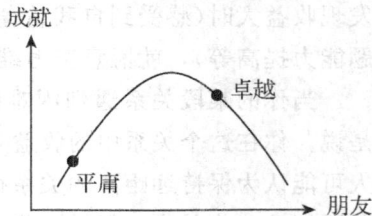

图 6-1　关系模板

思①。这说明，在婚姻中，一个人成长太快——事业有成，另一个没有成长（比如把守住丈夫作为人生唯一目的的全职太太），就可能出现关系问题。任何关系都需要双方共同成长，才可能给对方提供更多的关系报酬。

在感知一章中，我们知道，对朋友、爱人或者同事，我们都有理想的精神模板。我们用与理想相关的期待收益和成本去评估目前关系，我们更愿意选择最接近理想的关系；而如果与理想不符，我们就会抛弃这种关系。但问题是，这个理想或者理性标准因人、因事、因情形而不一。例如，一些父母有这样的观念——不在孩子面前争论。长大后的孩子对于快乐婚姻的期待就是没有冲突，于是很容易把自己的婚姻评估为不满意，因为与理想相差太大。这一点提醒我们：如果始终找不到符合理想的关系，需要重估我们的理想标准。

（4）累计收益和成本

为何人们即便在低收益时，还会待在一个关系中？这就涉及累计报酬和

---

① http：//mp. weixin. qq. com/s？＿＿biz＝ MjM5Mjc4MTIwNQ ＝＝& mid＝ 203252181 &idx ＝2&sn＝ f9d1b16494fbfdf60e6c59aa 120e538d &scene＝ 5♯ rdSent％20 from％20 my％20 iPhone。

成本，它表示在关系整个过程中获得的总报酬和收益。就像你挣的比花的多，你会存起来一样，即便关系报酬一时不是太多，你还是会保留这个存款账户。你保持关系是因为你已经投入很多并且获益很多。只有当账户余额不多，累计报酬失去价值时，你才可能决定终止关系。

（5）数量和比率

除了短期和累积报酬与成本的绝对比计算，我们不可能仅仅拥有一种关系，而是多种关系。在多种关系中，我们还会进行相对比率计算，以此来决定厚此薄彼还是厚彼薄此。例如，你有两个朋友，张三和李四。张三使你自我感觉良好，对你有帮助，有趣（报酬），但她贫穷又刻薄（成本与代价）。而李四对你有帮助，有趣（报酬）也贫穷（成本与代价），你更追求和谁发展关系？可能是张三，因为不仅有助益，有趣，还使你自我感觉良好，多了一种报酬；但是，你也可能追求与李四的关系，因为和她的关系中报酬和成本的比率较优（比起和张三的三个报酬，两个成本，与李四的关系有两个报酬，一个成本），你可能考虑进一步发展与李四的关系乃是由于同样的成本伴随着增加的报酬。但到了某个拐点，无论你投入多少，报酬也不会增加，或者成本增加了。例如，你和李四唯一共同的兴趣是逛街购物，你们经常出去时，对时尚的感知和审美谈得滔滔不绝，于是你决定花更多时间（成本）和她逛街。可是，一旦投入更多，你会发现这是一个尴尬的死胡同，因为你们之间可能没有其他任何共同的兴趣可以谈论（报酬）。因此，在关系发展过程中，你的收益最大而成本最低的节点是相当难找的。

（6）双方收益和成本的平衡

我们会比较目前关系与我们对潜在关系的报酬与成本的预期。当我们相信与另一个人的交往可获得更多报酬，我们就会减少与原有的朋友相处的时间，而试图花更多时间在那些具有更好相关收益的关系中。

但是，我们要知道，不光是你在做比较，关系双方都在进行比较。我们与过去的关系比较，与理想的关系比较，与潜在的未来关系比较，别人同样也在做这些比较。所以，最后达至的关系是双方都认可的收益和成本的平衡。如果你打定主意只是要在关系中获得报酬，而不想给予他人报酬，最终也会丧失关系。因为人际传播与交往原则是双向的，他人会用其人之道还制其人自身。"将欲取之，必先予之"是古训。那种在婚后仍然彼此给予对方报酬（爱、服务、信息、物质乃至金钱）的夫妻关系会更好，彼此之间会发展出友谊；反之，有更多障碍和成本的夫妻关系就会不好（缺乏支持、浪漫，负面信息过多，等等）。

（7）评估因人、因时而异

当一个人有许多高报酬关系时，将设定较高的满意度水平，可能对低报酬关系不满意。这也就是人们为何在各种约会冲突时，会选择高满意度的关系，为何在某些关系破灭时，挽救的力度和意愿很小。而较少积极互动关系的人更容易满足于那些重视高报酬的人所不感兴趣的人际互动。

有时，人们会继续待在非常不满意的关系中，这又是为何？是否持续某种关系取决于一个人是否有其他的选择。当一个人在某时某地关系较为缺乏，尤其是陌生环境或者艰难时期，即便一种关系不是那么满意（或者是亲情关系，或者基于某种道义），但仍然会选择维持；但出现各种关系竞争时，人们又回到投入产出的关系计算中。笔者一位美国朋友对持续了 25 年的婚姻始终不满意，但却一直希望通过婚姻咨询来解决问题，仍然选择待在这种不满意的关系中，因为他认为爱是一种选择和责任，而不是一种情感。这其实还是说明有关收益、成本的评估是因人而异的，因为对他而言，离婚对自己信念的伤害和毁灭（代价）大大高于婚姻不幸的代价。

关系潜力在解释人们建立关系的动力方面很有用，但也在一定程度上反映了人际关系的庸俗性——以交换为特征的人际关系。所以，钱权兼得的人往往得到更多的交往机会，关系挑选余地更大；而弱势群体的交往资源十分有限，关系挑选的余地更小。正如古谚云："穷居闹市无人问，富在深山有远亲"。我们讲的"墙倒众人推"，"客走茶凉"，何尝不是这种算计逻辑的结果？所以，同甘共苦，风雨同舟，不离不弃就成为人们对友情、爱情的期待，也更弥足珍贵。

当然，只有了解他人的需求，才可能了解他人的代价和报酬。这就需要有效倾听、分享信息和感情的能力。

二、人际亲密与亲近关系

亲密度是衡量社会关系深度的一个重要指标。生活经验告诉我们，所有关系大致都分布于从非亲密关系到亲密关系的区间里。我们与人交往，绝大多数不能达到亲密关系，只可能和人群中极少的人达到这个程度。尽管关系并非总是亲密的，但是，没有人想要没有任何亲密的生活，避免亲密实际是剥夺我们自己。亲密关系是尤其亲近的人们之间的关系，其在整个人类经验中扮演着中心角色，人类有着普遍的归属需要以及爱那些在亲密关系中最令人满意的东西的需要（Vangelisti & Perlman，2006）。人们能够在各种不同类型的关系中发展一种叫作亲密的联系，包括友谊、浪漫关系以及家庭关系。

1. 理解亲密?

当你思考你和谁亲密时，多半首先想到的是恋人、朋友和亲人，也就是那些和我们保持友谊、约会关系、精神关系以及婚姻关系的人。那么，亲密的确切含义是什么呢? 人们一听到这个词往往会与性行为联系在一起。实际上，在人际关系中，它是一个意义非常广泛的词。

(1)什么叫亲密?

亲密产生于拉丁文 *intimus*，意味着内在的、隐秘的，与他人亲密是接近、理解他最隐秘的本质。法国哲学家马赛尔(Gabriel Marcel)用诗句表达了对亲密的理解："即便我不能看到你，不能接近你，我觉得你与我在一起"。亲密是关系伴侣相互承认彼此并接受对方的自我意识的程度(Beebe，2008)，意味着我们可以与他人分享我们自己有意义的方面。我们可以和他人分享的亲密可以是情感的、知识的、身体的、精神的或者任何这些方面的结合。亲密可以是排他的也可以不是，可以是长期的或短暂的(Gerald Corey et al.，2006:355)。关系越亲近，彼此越能接受和承认; 彼此越能接受和承认，就越能相互依赖，就越能够提供和接受情感和个人支持。

和我们关系越亲近的人对我们的自我确认越重要，我们总是依赖亲密关系提供关于我们自己的信息，从而使我们认识自我，发展自我，增强自信。当我们没有亲密关系时，保持一种积极的自我意识和形象非常艰难。

亲密关系还是我们的社交网络中最强有力的部分，为我们提供强烈的情感依恋，并满足我们普遍的归属和关怀的需要(Rowland & Perlman，2008)，尤其是当个体遭遇生活的重大变故时，亲密关系带给人们无可代替的强烈的支持和安慰。有着强烈社会支持系统跟主体幸福紧密相关。

发展、维护亲密关系需要经年累月的投入，而不是速战速决，更不是一劳永逸。从陌生人到最好朋友会经历许多关系阶段，这些阶段又与人进行信息分享有关。

亲密的数量和类型因人而异。有的人拥有全部类型的亲密，有的人集中于其中某一种; 有些关系，比如熟人、室友、同事不会变得亲密，甚至家庭成员之间可能发展出虽然顺利但却非亲密的关系。即便是最亲密的关系也并非总是保持最高状态的亲密，有时，我们与恋人、朋友、家庭成员分享所有情感和思想，有时则只是分享其中之一部分。

传播行为和策略直接与关系亲密度相关。我们传播亲密感给他人既可以通过言语直接进行，也可以通过行为间接地进行。开放诚实、揭示高度个人化的信息是表达人际亲密度的直接方式。拥抱、目光接触、声调、抚摸、时间分享也是表达亲密的重要方式。

(2)什么不叫亲密？

那么，我们又如何理解那些很快就"亲密"的关系呢？一种原因是缺乏亲密技巧，另一种原因是关系策略。学者们认为，区别亲密关系和策略关系（交换关系）十分有价值。后者是脆弱的并容易破裂的，一旦有任何矛盾就会破裂；而前者要生机勃勃得多，能够经受相当多的争议磨炼（Mills & Clark，1994）。

亲密技能的缺乏除了导致过快的不恰当的亲密，也可能导致逃避亲密。亲密一定牵涉自我揭示和坦率，而缺乏亲密技能的人会拒绝自我揭示，保持与人（即便是非常喜欢的人）的界限，但又同时维持联系。

技能训练

你有没有速成的"亲密"？基于什么原因？你们彼此的理解和欣赏有多少？维持了有多久？因何衰落了？

亲密技能的缺乏还可能导致类似亲密但绝非亲密的共生形式。一种关系越亲密，双方的情感纽带越强烈，对关系承诺越重，彼此信任越大。这时，有人就会失去自我，把自己整个儿地依附于关系中。缺乏把自己从他人区别开来的能力是一种共生形式，共生是不同于亲密的，尽管与亲密感差不多。为了保持亲密关系的生命，我们需要发展良好的情感和人际意识，需要一种既能分离又能一块儿参与亲密关系的能力。

(3)亲密的形式

亲密有各种不同的形式（Kakabadse, A. & Kakabadse, N. , 2004）。一是反映在言词交流中的言词亲密。二是情感的亲密，它反映亲近感和情绪耦合，包括观念的接近性和共鸣，精神支持和能够忍受他人的缺陷。三是身体亲密，包括性和爱的其他身体表达方式，可能是性的，但也可能是充满感情的拥抱、亲吻。例如，孩子出生后会被摇晃、喂养、拥抱，年老时，生理亲密虽然减少，但还是重要的。四是知性的分享，当然不是每一种观念分享都能带来亲密，比如和老师谈论下周的考试。但是当和他人交换重要观念时，观念的接近性所产生的"与我心有戚戚焉"那种有力的、令人兴奋的共鸣就是这种亲密。共同的行为也可能带来情感亲近，但不是所有共同行为都带来情感亲近。例如，多年共事的同事并没有发展出亲密关系，有时甚至形同陌路，但在共同克服困难时往往创造紧密的联结。

(4)亲密的特征

亲密有三个共同主题：伴侣亲近和相互依赖，自我揭示程度，情感的温馨(Fehr et al.，2005)。亲密关系的伙伴追求患难与共，相濡以沫，不离不弃，无论成败荣辱，心心相印。我们可以通过亲密的系列特征进一步来认识亲密的本质。

亲密首先牵涉到响应力。响应力是指一个人是出于为对方考虑而非自我意愿去做某些事情。例如，两个相爱的人，周末都想到去看电影，这不一定就叫作彼此响应；相反，如果甲本来想待在家休息乙想去看电影，甲选择去看电影，因为自己爱的人——乙，喜欢看电影，这就是响应力。在亲近关系中，双方都倾向于响应彼此，并且随着关系越亲密，伙伴越倾向于响应彼此，随之而来的，亲近关系中的人开始注意对方是否响应自己。人们相信关系伙伴是支持自己、理解自己以及关心自己需要的程度叫作可感知的响应力，该响应力预示了关系中所有类型的积极结果，比如愿意把彼此需要置于自己需要之上，愿意积极努力保持关系，愿意原谅关系违背情况。

由于我们把自我确认置于他人手心，因此，关系发展和结束中大量情感起起落落，既包括强劲的冲突又富含强烈的忠诚。亲密关系中的冲突之强劲大于任何关系，受伤的人可能为此万念俱灰。但由于富含强烈的忠诚，人们就算失去所有关系，也不愿意失去亲密关系。因此，亲密的来来去去，几乎如同自己的生生死死。

亲密一定是一种纯粹的、开放的关系。吉登斯用"纯粹关系"来表达亲密关系，这是"一种基于感情交流的关系，这样交流的结果就是关系赖以继续的基础……与传统的社会关系相比，纯粹关系有一种非常特殊的动力。它基于一个积极的信任过程——人与人之间是开放的。开放是亲密关系中最基本的方面。"(吉登斯，2001：57—58)"指这样的一种情境……一种社会关系的达成没有外在的原因，它只是因为个人可以从与另一个人的紧密联系中有收获，这样一种情境只有在关系双方都对关系满意的情况下才可以维持下去"(吉登斯，2001：77)。

此外，亲近关系还有一些具体的特征：①亲密伴侣们喜欢共度时光，会随时追寻对方并频繁互动，分享最内在的思想与情感。②亲密伙伴会感到彼此相互影响，给予和接受帮助、支持、安慰和建议。③亲密伙伴认为可以从关系中获得积极的情感，比如下面任何一种或所有情感：尊重、信任、无条件支持、信赖、开放和诚实、友爱和温情、关怀、互相欣赏、性、接受，如果没有这些感觉就会感到忧伤(Elliot Aronson，2007)。④亲密伙伴感到彼此了解和理解，这种感觉来自对伙伴的自我揭示和信任，并且使其伙伴也这么对待自己。⑤亲密伙伴想要他们的关系长长久久，不如此，就会感到烦恼。

但亲密有时也会有别的特征。例如，友谊和关怀的表达可能被误解为浪漫行为，或者相反。当然，有时保持亲密、亲近、爱和喜欢的模糊性和混淆也是必要的，但有时更需要表达得一清二楚，传播者这时尤其要警惕可能导致的误解、误导，并且要提供必要的语境信息以澄清意图。

2. 亲密的基础

我们为何和某个特定的人发展亲密？我们和不同的人亲密程度和类型为何不一样？亲密度多少为好？在亲密中我们如何行动和沟通？我们很难用量化的标准去确定这些问题的答案，只能探讨影响亲密的一些重要变量，以帮助我们对这些问题进行理解，从而有助于我们的亲密实践。

(1) 个性和早期经验

个体特征为我们提供一种解释个人获得、避免、保持和/或者传播亲密的方式的源泉。大量研究表明，性别是重要的亲密变量。男性和女性之间在亲密方式上存在较大差异，女性在发展和保持亲密关系方面强于男性，她们较愿意分享最为个人的信息和思想（Dindia & Allen，1992）。女性对保护其孩子的男性有兴趣，于是，男性爱的行为就成为一种智谋的展示，这种智谋暗含着喜欢幼小；男性喜欢女性的生育能力，于是，女人的爱的行为就是"女为悦己者容"，努力强化外表吸引力。这些差异深深植根于我们作为一种生物的发展中（Buss & Schmitt，1993）。

成人行为可追溯到孩提时代的经历。一个有情感被剥夺经历的孩子，由于缺乏父母的亲近，长大后可能有两种极端的倾向：一种是把关系看成负面的，害怕依恋，不愿意效忠于亲密，"我已经受过伤了，我不能再让它发生"；另一种，可能奋不顾身地追逐许多朋友，并极端黏糊亲密者，以弥补早期不愉快的经历，比如对配偶显示原始的恋父或恋母情结。一个人何种程度上对他们自己的未来婚姻关系采取乐观态度取决于他们是否把父母的关系看成是好的婚姻。在浪漫关系中，成人也有四种与婴儿对应的依恋风格：安全的、轻视—逃避的、焦虑—沉迷的、害怕—逃避的。①有安全依恋风格的人对自己、伙伴以及彼此关系有着积极的看法，对亲密和独立都感到舒服，会在亲密和距离两方面保持平衡。安全的相爱者认为自己是快乐的、友好的、值得信赖的和彼此接受的，尽管有确知的缺点，相信在所有的关系中爱会潮涨潮落，但也相信在某些关系中爱永不消退。②具有轻视—逃避依恋风格的人要求较高的独立性，通过和伴侣保持距离来处理可能的被拒斥。他们害怕亲密，并会有情感偏激和嫉妒。他们相信浪漫的爱可能是幻觉，即便存在也不会持久。③具有焦虑—沉迷依恋风格的人，追求来自伴侣的较高的亲密、称赞和回应，这样的成人过度依赖，情感偏激，占有伴侣的欲望强烈，嫉妒伴侣与他人的交往，焦虑他们的伴侣会不要他们或者不和他们在一起。他们发现恋爱容易，但找到真正满意的、长期的爱的关系是极难的。④具有害怕—逃避依恋风格的人对亲近关系有着混合的感觉，既需要情感靠近但又对靠近感到不舒服，倾向于猜疑伴侣并把他们自己看作无价值的，他们追求较少亲密，压抑自己的感觉（Bartholomew & Horowitz，1991；Duggan & Brennan，1994）。不过，尽管人们有依恋风格偏向，但并非一成不变的，一方的行为和情形会经常影响和改变这些源于早期依恋经历的趋势。

个性如何影响亲密还可以看个性如何影响我们对他人的感知。一个不喜欢自己的人是不会喜欢他人的，如果觉得自己不可爱或者不浪漫，就会把恋爱看成是罕见的经历。一些人的气质适合与广泛的人群发展广泛的关系，一些人则在有限范围内和人们发展关系。这样说并非意味着某些个性优越于另一些，也不意味着行为类型就是一成不变的，只是说明在推进关系（亲密）时，不能忽略早期经历和个人个性的影响。

（2）情境因素

环境对于推进和阻碍亲密关系的发展有着举足轻重的作用。在一起工作的人发展关系强烈地受到工作情形的影响，一起完成任务、吃饭或者休息时进行社交，增加谈话的亲密，扩大谈话点，发展友谊自然而然。当然，工作环境固有的情境因素也可能成为关系发展的障碍。

一旦一种亲密关系形成，其持续性可能极大地依赖于周遭的环境。父母亲之所以限制青春期孩子与异性交往，就是因为他们深知环境对孩子的巨大影响，从而阻隔孩子进入一种可以进行亲密选择的环境。许多不尽人意的婚姻也仅仅反映了一种共在的保持，而不是亲密的保持，"我们没办法分开，这对孩子打击太大"，"我知道我们之间已没有希望了，但离开她好多事情我就不知道该如何处理了"。

年龄因素也会影响亲密关系的发展。一个 6 岁的孩子，一个 20 岁的新娘，一个中年离婚者，一个老寡妇对于好朋友和爱人的期待是不同的。这些期待随不同生命周期中对于事件的感知和反应的不同而不同。例如，孩子对外公说："给我一块糖，我就做你的好朋友"，这种期待很难成为成人对亲密的确认。

因此，对环境力量、周遭事项以及我们人生每一次发展阶段进行分析，肯定可以为我们理解和分析亲密关系的本质以及亲密传播模式提供必要的知识和理解。

（3）文化脉络

亲密及其公开行为因不同文化而各异。研究表明（Argyle & Henderson，1985），亚洲和欧洲文化最大的差异就是处理亲密，包括公开表达情感和爱意、性行为以及相关隐私。例如，在传统的中国社会和中国人中，亲密关系，尤其是处于恋爱和婚姻关系里的人避免在公共场所有亲密接触，甚至在家庭环境中，亲密情感的揭示和亲密接触都被克制和避免。

在不同的文化里，自我揭示也是有差异的。在主流北美社会里，自我揭示尤其高，本土美国人比其他文化人群的自我揭示都高，他们揭示较多个人信息给熟人甚至陌生人。而德国人和日本人除了极个别关系，很少进行个人揭示。在日本文化里，人们注重内外有别，在得到正确介绍之前，人们很少主动接触陌生人，一旦被介绍，他们会极端掩藏群体内成员的不利方面。而美国人在这个方面差别较少（Seki et al.，2002）。

然而，在一个全球传播的时代，诸如杂志、电影、肥皂剧等媒介文化无处不在地影响着人们关于亲密的态度、期望和行为。这可能产生两种后果，一方面，原本处于不同文化脉络中的人的恋爱（友谊等等）理想可能趋同。例如，爱情就是要山崩地裂，就是要不食人间烟火，父母亲就是要和孩子成为无话不谈的朋友；另一方面，在不同的历史时期，人们对于亲密关系中两性行为的认知以及亲密的表达也在不断变化。过去，男人被教导要羞于过度情感表达，要以间接的、朴素的方式表达温柔和爱，要对所有重要关系和事务做决定负责任，是亲密行为的发起者；过去，同性恋爱和同性婚姻是一件被人们视为极端耻辱的事情；过去，最典型的是有关男性和女性性行为的双重标准——男人可以没有爱而有性交往和性兴奋，而女性如果没有恋爱是不能有性交往的。当代人对两性的行为标准的态度已逐渐趋同了。大众传媒在改变人们的亲密观和行为方面有着不可低估的力量。

尽管文化脉络处于变化或趋同中，但文化传统仍然影响着人们关于亲密的态度、期望和行为。例如，"门当户对"作为中国人择偶标准，至今还在影响人们，许多人还会认为未婚的中年妇女是没有吸引力的并且通常是人生的失败者，今天"剩女"的话题仍然是传统价值观的翻版。

性别文化脉络也会影响人们的亲密观和行为。在信息交换的数量和速度方面，女性—女性的关系处于自我揭示的顶端，男性—女性的关系其次，男性之间的自我揭示比其他性别配对更少；无论在什么年纪，女性比男性都具有更高的自我揭示，信息更为个人化，更可能是情感揭示；男女两性都同等可能地揭示负面信息，男性较少可能分享积极情感；女性认为谈论个人事务是亲近的尺度，男性通过一起做事创造和表达亲近。这种差异有时带来两性关系的紧张。情感揭示作为重要尺度，女性可能忽略男性非表达性的关心努力（比如帮忙），而男性可能常常忽略女性表达性的关心努力（比如话语安慰）。

因此，和不同文化的人进行传播互动最重要的是考虑他们恰当的亲密形式。一方面，不要用自己的标准误判他人；另一方面，在谈论自己的同时还要荣耀他人。

（4）自我满足

自我满足被视为亲密关系的基础之一，这是基于这种假设——我们的需要越是被关系满足，我们的亲密感就越大。在亲密的追寻中，需要被满足的方面包括如下几个方面。

第一，喜爱需要。对喜爱的需要的满足是亲密最基本的需要，它使人产生强烈的归属感。在有些关系里，喜爱满足包含性满足，但这并非充要条件。

第二，自尊需要。人们表达自尊、承认、欣赏和身份的方式总是有差异的，亲密的双方要会认可和处理这些不同的方式，要了解对方对这些讯息需要的频率。

第三，安全需要。安全有广泛的定义，不仅包含衣、食、住、行等原始的、物质安全需要，还包括心理安全需要，即免于被威胁，获得支持性的传播，对关系和环境必要的可预知性。

第四，自由需要。人们越是亲密，越是不可救药地会为关于自由的满足的问题而战斗。依赖和独立在不同语境里会被同一个人需要，朋友的过分依赖可能侵犯你的自由需要，当你感到被关系约束和限制时，就会不快乐；但如果没有被限制感，没有沉重的牵挂感，你也可能是悲哀的。因此，同时要求完全的自由和完全的亲密一定会让你失望的，这是很难一致的两个方向。

第五，对等需要。我们有时想要凌驾于别人之上，有时想要顺从，有时想要平等。通常的顺从方如果变为凌驾方，或者相反，另一方都会感到被侵犯。而且，就前面提到的几种满足都需要彼此满足、尊重来看，平等满足不能总是一方的满足。

从社会交换理论来看，你的奖励与成本的比率应该和你的伙伴的比率大致相当。如果你对关系的贡献多于你的伙伴，那么平等就表明你应该得到更大奖励。如果你们的贡献是差不多的，那么，平等就表明你们应该得到同等奖励；反之，不平等就是你付出很多，你干的都是对方不愿意干的活，而对方享受更多，或者，你们都付出同样努力，但对方得到更多回报。在人际关系中，人们是要求对等的。如果你收益过低，就会愤怒和不满；你受益过多，就会心生愧疚。当然，这种对等不是指一时一地的绝对对等，而是在时间中要总量平衡。这种平衡不是一方强制要求对方做到的，而是对方愿意努力去做到平衡的。试想一下，你随时都需要提醒、强制对方来为你、为关系付出，要么你会崩溃，即便他满足了你的要求，要么他/她会崩溃——谁也不喜欢被强制。但遗憾的是，亲密关系中，人们很容易把对方的付出看成天经地义，而时常忘记或者不主动去补偿对方的牺牲和付出。这种不对等在双职工的夫妻关系中表现非常突出，成为中国许多年轻家庭解体的主要原因。例如，男女双方都需要在职场努力打拼，但妻子或者丈夫都期待对方做更多的家务，尤其是受到传统观念的影响，妻子往往被期待在下班后继续干家务。为对方付出和牺牲是亲密关系的重要内涵，许多亲密的人对此肯定是心甘情愿的，但是，单方、长期的付出和牺牲必定会伤害付出方，并最终伤害关系，因为付出方体会不到爱与关心。

因此，对等理论表明，我们发展、保持并感到满意的是对等关系，而不是相反。

（5）自我顺从

人们给予的意愿及其程度是亲密程度的标尺之一。大多数人对人对事的评估来源于这样的感觉——"这对我意味着什么"，而自我顺从与此相反，其反应是"这对他/她意味着什么"。自我满足处理的是"取"，而自我顺从处理的是"予"。现实中，人们很少到达这种程度——关心他人的满足像关心我们自己的那样，但也可能有人比别人做得更好。

（6）对共同身份的忠诚

亲密是两个人的联结，就是你连着我，我连着你，你中有我，我中有你的感觉，就是从"我"到"我们"以及共同行动。对共同身份的培育可以从外在的、刻意的努力中表现出来。例如，双方可能会讨论其关系远远超越各自的个人需要和愿望，因为，平衡个人需要和相互需要的努力是一种对亲密伴侣持续性关心的体现。关系忠诚如同对其他事务忠诚一样，需要努力认识它，需要投入时间，需要制订未来计划，需要好言好语谈论它，需要保护它免于破坏性力量。此外，相似的语气、雷同的行为和表达方式，可能都是表明对共同身份的忠诚。

婚姻仪式在很多文化里被看成是一种迈向共同身份的宣言。在传统的中国文化以及美国文化里，由婚姻缔结而来的共同身份还表现为女性使用夫姓。

3. 亲密的传播特征

检验关系是否亲密最重要的方式之一是依据与关系有关的传播特征，传播行为和策略直接与关系亲密的程度相关联。我们已反复强调，我们与他人的传播互动影响关系的性质，而关系反过来影响我们的传播互动形式。表6.1是研究者根据亲密程度或者关系发展的阶段总结出来的八对传播特征（Atman & Taylor，1973），这些特征会随着关系发展和衰退而变化。关系越亲密，传播就从八种受到约束的、非个体的属性（左栏）转换为开放的、个体的属性（右栏）；在关系衰退时，过程就反过来了，传播就不那么开放和个体化了。在实际生活中，大多数互动介于这两个极端之间，即便是在同一个关系中，个体之间的所有互动也在这两端之间来来去去。

表 6.1　关系发展的八对传播属性

成长阶段 ⟶

⟵ 衰退阶段

狭窄的——	——	——	——	——	广阔的
公共的——	——	——	——	——	个人的
模式化的——	——	——	——	——	独一无二的
困难的——	——	——	——	——	有效的
僵化的——	——	——	——	——	灵活的
笨拙的——	——	——	——	——	顺畅的
犹豫的——	——	——	——	——	自然而然的
不做公开评价的——	——	——	——	——	给予公开评判的

（1）狭窄—广阔

当人们走到一起时，可想而知的是他们之间的传播互动数量和谈论的话题类型是逐渐增长的，从陌生人到最好的朋友要经历许多关系阶段，这些阶段都与彼此之间的信息分享有关。显然，亲密关系中的传播互动数量和话题明显有别于其他关系。是什么使你的好朋友成为你的好朋友？毫无疑问，特征之一就是你们彼此分享了最个人化的信息。"社会渗透"模式（Irwin Altman & Dalmas Taylor，1973）全面地解释了人们所揭示的信息的数量、类型与所确立的不同性质和程度的人际关系之间的关系。

如图6-2所示，圆圈表示你能揭示给他人你所有的潜在信息，代表着你

们分享的信息（主题）广度。这些圆圈
又被分成了许多部分（饼图），每个饼
代表你自己的特殊部分（某一个具体话
题），比如文艺才能、宗教信仰、政治
态度、个人兴趣爱好等。

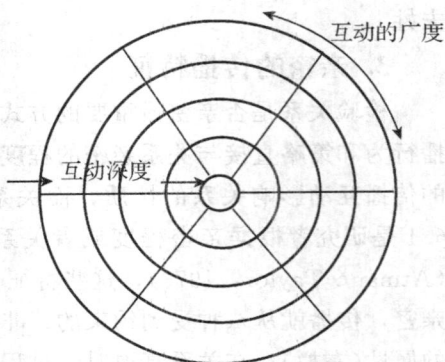

图 6-2　社会渗透模式

越往圆圈中心，表示你对某个具
体话题能够揭示的信息的深度越深，
最小的圆圈表示你最隐秘的个人信息。
深度越深，表示信息越具有亲密性和
个人性。显然，告诉他人你害怕乘飞
机比告诉他人你喜欢喝豆浆更显得
亲密。

因此，你的每种关系都表示一种社会渗透的程度，也就是他人浸入你的
世界的深度和广度。信息分享或侵入的广度和深度又可能分为四种情况。

第一，一个人谈论一些主题，而对每一个主题都揭示较少。人们并不会
和他人分享个人所有的方面，比如可能只是和某个具体的人谈运动，而在运
动类型里，只愿意谈乒乓球，不会揭示怎样开始练习乒乓球的。

第二，一个人谈论一些主题，而对每一个主题都揭示较多。例如，你有
一个谈论时尚的朋友，关于时尚，你俩无话不谈，你可能告诉她关于时尚的
个人和亲密话题，甚至自己的弱点，但却没有告诉她你的工作、爱好、政治
观点或者其他方面。你和导师的关系可能就像这个，是一种受限的广度。

第三，一个人谈论许多主题，而对每一个主题领域都揭示较少。例如，
谈论性、金钱、宗教信仰、政治、运动、学校，但都是浮光掠影，一旦被人
问到详细、深入的信息就可能转换主题。

第四，一个人谈论许多主题，而对每一个主题都揭示很多。这个人可能
被认为是非常开放的，是愿意谈论广泛主题的，并急于揭示每个主题类型里
的很多东西。

这个自我揭示模式表明，人际关系是有层次的，既有广度，也有深度。
广度表示彼此所讨论的话题的数量多少，而深度表示彼此对话题的了解的程
度。自我揭示通常与关系的发展紧密相连，在揭示个人信息的过程中，关系
变得亲密成为可能。

当某种关系开始时，人们彼此的话题少，深度不够，没有机会和趋势自
我揭示；一旦开始提升关系，自我揭示陡然上升，两个人之间开始了解彼此

的关系，但有可能在变成朋友前中断关系，可能是因为冲突，也可能是追求关系的不确定性或者外界环境限制了互动机会；随着关系进展，互动变得强烈而亲密，话题的广度、深度增加，人们从分享低风险信息到高风险信息到最后私人信息，关系越亲密，人们越是揭掉与陌生人交往中使用的面具；自我揭示戏剧性的增加或减少反映了关系有意味的变化，从分享亲密信息中后退意味着不愿意提升某种关系。例如，友谊等亲密关系弱化时，话语的频度和深度减弱，减弱的自我揭示被看作亲密衰弱的表现；无论普通还是亲密关系，话题广度都可能很大，但深度只有在关系更亲密后增大；如果本应留给亲密朋友的话题出现得太快，时机不成熟，对方会觉得不对劲，因为还没做好准备。

　　自我揭示是亲密的关键指标，一个关系朝向亲密关系发展，必定典型地包含一个早期的高自我揭示的阶段，话语是频繁的，话语互惠十分重要。当人们能够彼此分享私密，信任和理解增长。假如获得理解和信任，进一步的传播兴趣和信任增长，自我揭示的数量和深度增加。假如他人对我们早期的有限的话语以接受的方式回应，并且这个人值得我们信任，随着关系的进展，我们会更乐意进一步揭示亲密信息，如"我高考曾经失败过"，"我刚从上一份工作中被辞退"。亲密固然通过自我揭示而发展，没有自我揭示的人际关系断不能达到亲密，"但简单的揭示信息并非一定保障关系变得亲密"（Bochner，1992）。

技能训练

　　想出一个你拥有的亲密关系，依据这两个理论，说明这个关系发展和维持的过程，并使用一个特定互动情节当作证据来支持你的说明，从这些分析中你对人际关系有何感悟？这些感悟如何影响你未来的互动关系？

　　但是，随着关系变得越来越亲密，揭示的信息数量会减少。也就是说，在稳定的关系中，自我揭示并非基础的传播机制，话语也不一定要立即互惠，数量不是绝对的。

　　（2）公共的—个人的

　　这个指标也可能和社会互动的深度有关。当我们刚刚开始和人谈话时，我们谈论的事物多半是反映我们的公开个性，随着关系的发展，人们会日益揭示越来越多的私密的、个人化的信息。而在关系衰退时，人们会关闭可能释放个人信息的阀门。

　　不同的关系的不同阶段传播的深度和广度是不一样的。妻子和丈夫的关系最亲密，广度和深度都大。妻子和朋友之间有一些广度和深度，低于夫妇之间，但多于熟人。妻子和熟人之间有最表面的关系，很少有广度和深度。

（3）模式化的—独一无二的

建立亲密关系的过程最终是要达到这一点——我们和另一个人互动是作为独一无二的个体而不是作为一个特定社会的成员。例如，握手是一种习俗化、模式化的行为，如果人们把彼此之间的关系看成是亲近的朋友，那么，握手表示关系消退。亲密朋友久不谋面，或者一方不确定是否还是亲近朋友，或者当语境需要更正式时，可能就会有握手这样的错误开始。在关系衰退阶段，司空见惯的是模式化传播的正规性回归。

（4）困难的—有成效的

随着关系增长，我们和另一个人的传播会更有成效，因为彼此揭示了更多，有更多的语境信息进入我们的互动和理解中，增加了互动的顺滑和精准度。关系早期阶段，传播可能不够精确，进展缓慢，因为我们依靠的是刻板化行为和较少的传播渠道，很难精确翻译他人的信息，尤其是非语言信息。一旦熟悉了传播独一无二的意图，人们就能少花些力气去传播意图意义。关系衰退阶段，少花力气意味着不花力气，结果就会出现困难的传播和无成效。

（5）僵硬的—灵活的

灵活性就是有各种不同的方式去传播观念和感觉，关系阶段越高，灵活性越强。而僵硬性往往出现在关系的早期阶段和衰退阶段，这时，传播渠道标准化、稀少化。

（6）笨拙的—顺畅的

随着对他人认识的增长，对他人行为的预期能力也会增长，同步性互动就会增强，每个关系方都能清楚地意识到自己的角色并以一种顺利的、互补性的方式扮演出来。我们和陌生人互动时却总感到不知所措。

（7）犹豫的—自然而然的

在和陌生人见面时，我们的互动充满犹疑不决，因为我们对陌生人的一切都是不了解的。我们会根据我们对一个群体、一个阶层、一种性别等的刻板印象对一个人形成初步期待，而这种期待可能是错误的，并把互动过程搞砸；在关系衰退时，我们也会看到犹豫的增长——关系各方是想挽救关系还是终结关系？在亲近关系中，人们就自然得多，这是一种非正式的、容易开放给另一个人的，进入另一个人的领域是惬意的，关系互动很容易。而和陌生人互动时，人们会小心翼翼，字斟句酌。

（8）悬搁公开判断—给予公开判断

和一个人初次相遇时，我们可能会对他形成潜在判断，这些判断评估通常不会说出来，直到关系达到更高阶段。如果陌生人之间有大量消极回应，可能表明他们对彼此没有兴趣，或者没有机会去发展进一步的关系。关系越近，人们随意给出和接受积极和消极反馈的可能性也更大，批评和赞扬在亲密关系中都没有禁忌。但在关系衰退时，人们尽量悬搁公开评估。

三、人际权力和影响力

对一个人来说，人际影响力是一项终生的事业。在孩子出生的那一刻，他们通过唯一可用的方式来表达他们要抱、要喂的愿望。随着年纪增长，他们通过使用语言，获得他们想要的玩具和食物，并引导更小的小朋友远离伤害，以及偶尔把他们引入历险中。进入成人之后，他们要建立并协调更复杂的同伴关系以及在职业生涯里保持人际影响力。即便是生命后期乃至过世后，一些人还通过其遗愿的执行者，努力塑造朋友和亲戚的行为。

人际影响力还是每种社会关系的一部分——从表面的到深度亲密的关系。随着关系发展，关系双方经常为这样的问题挣扎——谁做决定？哪一方支配了另一方？这就是权力因素。它们在关系发展、保持以及关系健康方面扮演着重要角色，关系伙伴之间对彼此的人际权力达到相互接受的理解的能力是获得和保持亲密关系的决定性因素。而随着关系的发展，关系伴侣之间的人际权力也会随之发生变化。权力的数量显然不如如何运用权力重要：我们使用权力是为了自我利益还是为了关系中的双方？

因此，人际影响力是一种贯穿人类每个领域的现象，并会产生非常大的影响。那么，什么是人际影响力呢？这是一种"符号努力，这种努力被设计为保持或改变另一个人的行为，保持或修正另一个人的认知、情感和身份"（James Price Dillard et al.，In Mark Knapp et al.，2012）。

（一）人际权力的原则与来源

那么，什么是人际权力呢？人际权力是在人际关系中"影响对方朝着你希望的方向行动的能力，即，使他人做你所想所愿"（Beebe et al.，1996：266）。由于两个概念的相似性，本部分聚焦人际权力。

1. 人际权力的原则

回想你所拥有的几个人际关系，比如朋友、同事、家人、同学、老师、老板，想想哪些人、哪些关系，在哪些方面对你有绝对权力，或者你对他们有权力？以下几个人际权力原则解释了权力如何在人与人之间运行，我们如何在日复一日的互动中以及持续的关系中有效管理权力。

（1）权力存在于所有互动和关系中

权力和影响力是人际传播的决定性本质，所有传播都有说服成分，即便是日常聊天，也会无意间发挥说服的作用，比如建议别人吃什么，使用什么护肤品，哪条街值得逛。"沟通永远是巧妙的修辞与间接的说服。交谈所表达的永远是发言者与听众的想法和身份认同……希望获得同伴或者听众的青睐"（Duck，1994：173）。我们和许多人打交道，有些是认识的，有些是不熟悉的，有些是我们喜欢的，有些则不是。有时，我们需要陌生人停止令我们不快的行为，有时会拜托交情不深的人帮助我们，有时要说服父母支持自己的某个行为，有时被请托帮他人忙，有时被需要两肋插刀。我们都曾经被这种种自己的要求与他人的要求所困惑——有时很乐意为喜欢的人克服困难效力；有时我们连举手之劳也不肯付出，因为我们不喜欢那个人。

（2）在既定关系中，权力来源于一个人满足他人需要的能力

能够满足他人人际需要（爱、包容、控制）以及其他需要（金钱、食物、安全及爱与性等）的程度表明一个人拥有权力的数量。这就是所谓"吃人嘴软，用人手短"和"人在屋檐下不得不低头"的含义，因为一旦你的需要满足寄托在他人的支持与配合上，他人就拥有了这种权力。为何要"卧薪尝胆"以使"越甲三千能吞吴"？卧薪尝胆是处于对他人的权力服从中。尤其是在一种依赖关系中，一个人对对方满足自己需要的要求越大，对方对自己的权力就越大；一个人可以满足我们的需要越多，我们个人所拥有的权力就越少；你自己不依赖他人满足自己需要的能力越强，他人对你的权力越少。有时，某种关系对他人已经失去价值，但你仍然希望继续，作为权力不平衡的结果，你会同意你通常已经拒绝对方的要求。例如，一个不良少年再也无法从父母那里得到任何支持时，会选择离家出走或者脱离父母的监护，而父母为了维护对子女的关系，就会同意孩子先前提出的已经被拒绝的任何要求。

（3）关系权力具有不平衡性

在现实生活中，一些人比另一些人更有权力——一些人在生活中的某个领域富有权力，一些人在别的领域拥有权力；一些人在许多领域都有权力，而另一些人只在一些领域拥有权力。例如，有的人天生富裕，另一些人天生贫困。一些人生来身体健康、仪表堂堂，而另一些人生来羸弱、其貌不扬。有时我们感到无权，有时我们感到富有影响力。

在某些关系中，我们能够清楚地意识到权力的不平衡，不平衡的极端表现就是人际暴力。例如，比起在夫妻关系中有较大权力的丈夫，权力较小的

丈夫更可能对妻子实施身体虐待(Babcock，J.C.et al.，1993)。

权力的不平衡性会产生特权。当一个人对另一个人具有影响力时，拥有权力的一方就具有某种特权。一个人权力越大越有特权。例如，老板可以随意进入下属的办公室。这种特权还表现为对争议和讨论拥有一锤定音的最后说话权，也就是有权力的人通常赢得辩论，或者其观点在讨论中具有非同寻常的力量；有特权的人还可能轻易违背规则和承诺，而那些缺少权力的人总是遵守规则。例如，开会老板可以迟到，让很多人等他，而下属却要按时到会。

(4)关系权力随着时间和情境变化而趋于平衡

由于我们的需要在不断变化，因此，权力对比也会发生变化。尽管人们在任何时间和任何具体的领域里拥有的权力数量是不一样的，但每个人都可以以某种方式增加某种权力，也可能由于"时移事易"，而减弱或者丧失某种权力。例如，你可以通过学习传播技能增加劝服的权力。

再比如，在青少年成长过程中，他们高度依赖父母和其他成人。然而，当他们拥有较多知识和技能后，不再需要父母满足其某些需要时，他们的权力就会增强，并且拥有了对父母长期的权力。因为，父母需要孩子的爱，尤其是在中国，还需要"养儿防老"的经济保障，"儿孙绕膝"的天伦之乐。父母的这种需要和愿望给了孩子影响父母的基础和权力。孩子的权力增长的同时，父母的权力就减弱了，这往往导致亲子关系紧张，因为父母意识到自己对孩子的权力不再像以前那样神圣不可侵犯了。随着父母的衰老，他们越来越依赖子女，需要子女去满足他们的需要。

因此，关系权力是此消彼长的。当我们已经满足了他人需要，而那些需要不再存在时，关系可能被抛弃。这往往会使我们有被利用感。例如，你给新来的同事提供了许多帮助，而当他熟悉单位人情世故后，你们的关系可能就结束了。

(5)权力是可以分享的

权力此消彼长只是事情的一个方面，实际上，通过分享权力也可能使关系双方都得到赋权。如果我们只看到权力此消彼长的一面，就会把人际关系看作如你死我活般的悲惨。

分享权力并非某一方的大公无私，而是一种"交相利"行为。那些被赋权的人更可能对关系保持忠贞，行为更主动而不仅是简单做出反应，更愿意承担做决定的责任。这种种特点将使关系生机勃勃。例如，谈话时，我们总是试图行使权力——让他人听我们的。你是否有过试图与不想听你的人说话？

这让你很有挫折感，因为你正想行使权力时遭到了抵制，而他人拒绝听也是在行使他对你的权力。但是，当我们分享了权力，轮流地进行说与听时，互动就会是公平的、轻松的。

有的人总喜欢去挑别人的错，总想在争吵中获胜，这就削弱了他人的权力。赋权的行为包括努力为对方提供建设性意见，避免语言侵犯和谩骂，积极地倾听，为他人提供移情的、积极的和支持性的信息，允许他人自由地做决定，尽量让别人获得自尊。

（6）关系发展涉及双方对权力的协商谈判

在关系发展中，是关系双方决定谁对谁有权力以及何种权力，而不是由哪一方单方面决定的。例如，有时候，关系中过度的自治会带来紧张、冲突和谈判，你不得不放弃一些自治去促进亲密关系。因此，有能力达到双方都满意的权力分享的平衡点是带来关系成功和满意度的一个因素。例如，一些恋人在双方都认可的权力划分后，才会去结婚。

（7）人际权力具有文化差异

不同文化赋予了关系双方不同的社会权力。例如，一些文化价值观崇尚挑战权势人物，只有合法使用的权力才被允许。一些文化把权力、社会不平等、阶级不平等看成是既定事实，对社会不平等不以为然，视等级关系为自然的、恰当的，具有高地位的人有权力按照自己认为合适的方式去使用权力。前者称为低权力距离（比如北美地区和丹麦等），后者称为高权力距离（比如中东和远东的一些国家）。因此，来自不同文化的人在一起时，要考虑权力的文化差异，以避免冲突。

（8）权力具有性别差异

人们通常认为女性不如男性那样有权力，这会影响我们的每一种关系。通常，在关系中，男性比女性更努力地实施控制和支配；男性和女性也都可能这样看待权力——男性更有权力，应该赚更多的钱，取得更大的成就。当这种对性别权力的期待不被满足时，关系就变成一种磨难。一方面，男性在这种权力期待面前深感压力，因为他们成为家庭唯一收入者已经很操劳；另一方面女性越来越多走向职场，但她们还是把家务等看作首要责任。不均等的工作负担引发关系憎恨、不满意甚至解体。反之，会导致关系满意和稳定（Kenneth Dempsy，2000）。

（9）权力关系有对称性、互补性和平行性

请复习第一章相关内容。

2. 权力的来源

人际传播的目的之一是去影响他人，通常，你想影响朋友、爱人和家人的态度和行为，因为你和这些人的互动最多，要做的决定和负的责任也最多。但是，这些人也可能抵制你的影响企图，当然，你也可能抵制他人的影响企图。这些就是人际传播取得顺从和抵制顺从的领域。在进入顺从和抵制顺从这一领域之前，我们先来探究一下权力的来源。

（1）个人权力

每个个体都会拥有大量权力，而是否拥有某种权力的衡量尺度就是可信度。他人认为你越可信，越值得追随。如果他人认为你能干，见多识广，性格好，有魅力，有活力，他们就会认为你可靠，那么，你在影响他们的态度、价值观和行为方面就更有效。

例如，个人魅力是他人认可你的个性和活力的总和。如果你被看成是友好的、令人愉悦的而不是冷漠、严峻的，是朝气蓬勃的而不是犹豫的、优柔寡断的，那么，你就被认为是更可信的。

为了强化你的魅力，可以在恰当的时间表达你的专业知识，但不要过分，否则给人卖弄炫耀的感觉；可以表达你的公正性，强调你对良好价值观和道德水准的关心，因为每个人都喜欢实践公正和公共价值的人；表达你对他人的关心，这是你的高尚一面。展示自己积极正面的形象而不是消极负面的形象；显得富有激情和热情，这也可以增加你的魅力。

（2）关系中的权力

有些权力来自彼此之间的固有关系。研究者区分了如下六类关系权力（Raven B. H., et al., 1998）：合法权、参谋权、专家权、信息或劝服权、奖励和惩罚权、顺从的获得，而这六类权力都对应着一种获得顺从的方式。

第一种是合法权。由于你的职位，别人认为你具有影响或者控制他们的权力，那就意味着你具有合法权。合法权常常来自人们占据的角色。例如，教授、老板、父母、法官、CEO、医生等，被看作在某些不同领域里具有合法权，人们常常会尊从他的要求。

第二种是参谋权。参谋权主要依赖于吸引力、声望。如果你能对他人建立参谋权，并使他人愿意喜欢你或者认同你，你就会获得他们的顺从。我们愿意受到那些我们喜欢的人的影响，我们改变言行以满足我们喜欢的人的愿望。例如，一位哥哥可能对弟弟具有参谋权，因为弟弟喜欢哥哥，一旦弟弟信任哥哥的所言所行，哥哥不费吹灰之力就可能对弟弟施加影响。

第三种是专家权。我们赋予那些知识技能和经验比我们丰富的人权力。

专家权通常有具体的领域。例如，你病了，你会受到那些和你的病有关的专家的权力的影响，而不会受到律师的影响。如果你被看成是公正的，不追求从影响他人中获利，你的专家权增加；反之，你的专家权削弱。

第四种是信息或劝服权。如果人们认为你有能力进行充满逻辑性和劝服性的传播，你就对他人具有信息权或劝服权，因为你可以影响他人的态度、价值观和行为。

一个人的语言和非语言模式反映其对另一个人的权力。例如，男性气质就是要大声说话，充满力量，用深沉的语调，显得是权威人士，等等；而女性气质就是说话温柔，和善，友好，温情，嚼舌，高音质，更多的非语言讯息表达。

在我们启动语言和非语言讯息选择以及倾听选择的策略时，我们也在传播权力，并会通过信息交换影响权力的平衡。

具体的说话方式也会显示出一个人是有权力还是缺少权力。有时，人们说话显得犹豫不决，"我想，恩，这个，可能是，你觉得呢"。一些时候，人们用太多的强调词，会使事物听起来一模一样，而无法让你强调那些应该强调的，"真的，这是最了不起的。真的是我见过最好的"；有些时候，人们显得不具备资格，使人显得没能力和不确定，"我没有看过这部小说，但……"人们使用太多的反问句，表示要征得他人同意，"她很漂亮，对不？"人们使用自我批评式的陈述表示缺乏自信，"我对这个不在行"；人们使用俚语和粗俗的表达，表示位于下层，并因此无权。

技能训练

你讲话显得有权力还是无权力？你是否使用上面一些说话方式？如果你不是很清楚，请和你的朋友一起彼此提示各自的说话方式以表现有权和无权。

非语言讯息有时在表达权力方面也是非常有力的。表6.2为说话有权和无权的方式对照表（Steven A. Beebe, et al. , 1996）。

表6.2 有权和无权的说话方式对照表

有权的说话者	无权的说话者
第一个说话	第二个说话
支配说话时间	谈得较少
发动会话	让他人发动会话
谈话很长	谈话或回应简短

续表

有权的说话者	无权的说话者
说服他人	频繁地犹疑表达(哦,那个,这个)
打断	增加限定词(如果可以的话,也许)
问问题	使用免责申明(我不在行)
做解释	做紧张的、频繁的姿势 使用过度正规的语法 使用礼貌的语言(请,谢谢,我可以吗?)

人们不仅通过语言和非语言表达传播权力,还通过倾听传播权力。请参考表 6.3,了解有权和无权的倾听(Joseph A. DeVito,2013)。

表 6.3 有权和无权的倾听对照表

有权的倾听者	无权的倾听者
积极地听(聚精会神于人们正在说的,尤其是集中于人们所说的是其想要的或需要的)	被动地听(想别的事,假装在听,在回应别人时很少和别人所说的有关)
有视觉上做出回应但只是中度的(偶尔表示同意的点头,或者表示"你说的有趣"的面部表情)	很少回应或者回应过多(很容易被看作无权的证据,很少回应表示你根本没听,过多的回应表示你是吹毛求疵式地听)
反馈线索(恰当的时候点头,简单的口头呼应,表示"我在听你说")	无反馈线索(说的人怀疑他人是否真的在听)
保持较多的眼神接触	较少的眼神接触
很少或者不使用调节物(这使听者看来能够控制情形,并喜欢成为听者)	使用调节物(拨弄头发,玩手中的笔,这显得不自在,无权力)
保持开放的姿势(他们不会用手遮住自己的肚子或者脸)	保持一种防备式的姿态(手臂交叉,这表示一种易受伤感和无力感)
避免打断(这是遵守礼貌原则,传播了权力)	完成说话人的思想(这违背了会话礼貌并传播了无权力)

第五种是奖励和惩罚权。奖励权是人际关系中最普遍的形式,是以一个人满足另一个人的需要的能力为基础的。如果你能给予他人一些奖励,你就对他人具有奖励权。奖励可以是物质的(如金钱、礼物、珠宝等),也可以是社会性的(如爱、友谊、尊重等)。

当然，奖赏权又同时意味着惩罚权。如果他人不愿意受你的影响，那么，你就有能力实施惩罚或者收回、保留奖赏。例如，孩子想要玩具，但父母不同意，因为孩子没有顺从父母要求学习的愿望。

人们不会只使用一种权力来源去影响他人，而是通常运用多种权力来源去影响他人，获得他人的顺从。例如，如果你拥有专家权，你可能也拥有信息权和法权。但是，正如我们前面谈到的，一些人比另一些人拥有更多权力。而且，权力使用过度，也会变成消极权力。例如，在惩罚权的威胁下，孩子被警告不要做某件事，但偏偏做了，这就是消极的惩罚权。

第六种是顺从的获得。有时我们心甘情愿地顺从关系中的他人，但有时，我们希望对那些比我们更有权力的人施加影响，这个过程就是劝服的过程，也就是顺从获得的过程。当你经济还没有独立的时候，父母假期安排是想去拜访亲戚，而你想出国旅游，你如何使父母同意你去旅游呢？或许你也有某些对父母的权力，你可能劝说父母认可你的权力，这就是顺从获得的使用。例如，父母非常看重你的学习成绩，你许诺旅游会增加你的学习动力，回来后将专心致志地学习。顺从的获得是在人际关系中采取的一系列行为，以从我们的关系伙伴那里获得某些东西，使之服从我们的兴趣和目标。我们发展、使用顺服获得策略去影响他人。

(二)顺服获得策略

说服不但广泛应用于政治游说、广告等公共领域里，在日常互动中也非常普遍。例如，伴侣们花费很多时间争论客厅如何装饰，该买哪种品牌的汽车，把孩子送到哪种学校读书等。无论我们的目标是获得控制、喜爱还是尊敬，我们都需要通过传播来获得我们需要的一切。社会学家使用顺服获得策略(Compliances-getting Strategies)来定义我们用来劝说别人以一种我们希望的方式去思考和行动。而这些策略既可以是基于考虑对方需要的双赢态度，也可能是以利己主义为出发点的。

有多少时候我们成功地对他人实施了权力并说服了他人？有多少时候我们向那些我们认为有权力的人做了让步？成功的劝说者总是要理解他人持有的态度、信念、价值观，并知晓他人的需要，以实现自己的劝说目标。我们总会有和那些行为与我们的信念、价值观等冲突的人互动的时候，这时候，我们会采取措施减少冲突，努力获得顺服。

当然，关系并非是为了改变对方，但无论喜欢与否，亲近关系中的人总是试图影响对方的想法、感情和行为。这是关系中的难题，往往带来冲突。当我们要求就某件事，给予建议或批评时，就进入了劝服阶段。劝说的目标

(J. P. Dillard，1989)包括以下几个方面。

对伴侣的生活方式给予建议("不要总是花你父母的钱")。

对伴侣的健康给予建议("你必须停止饮酒")。

建议对关系做出改变("我们都冷静考虑一下怎么办")。

要求对方改变价值观、政治立场("这种人有啥好支持的，祸国殃民")。

请求帮助("我希望周末你能帮我洗衣服")。

获得他人顺服的策略可能包含"诱之以利"和"胁之以威"等抽象行动，也包括"口头赞扬"或者"有朝一日会因为这个(得到奖赏/惩戒)"等具体行动。古典修辞学认为，人们可以通过三种方式游说：罗各斯、情感以及人格。在游说陌生人时，前两者更有用；而在游说熟人和朋友时，诉诸人格更管用，也就是"你是谁"比说什么更重要。

1. 单互动顺服策略

研究者指出了语言影响策略的普遍性(Guerrero，L. K.，et al.，2007)。这些策略包括：第一，直接请求，有权力的人直接说"把那个文档给我拿来"。第二，讨价还价或者许愿，"如果你按时完成作业，我就让你看电视"。第三，逢迎讨好，通过逢迎讨好得到自己想要的，"你是大厨，我今晚不想做饭了"。第四，威胁，警告他人如果你得不到想要的就会有好看的给他，"如果你完不成作业，你就甭想吃冰激凌"。此外，还有很多不一样的语言、信息策略。

一些施加影响的努力相当简要，不过一个请求和一个回应(顺服或者拒绝)而已，如下就是单一互动顺服技巧。

(1)直接请求

获得顺从最直接的方式就是提要求，比如"你下班后载我去图书馆吧，我需要借本书"。如果所提的要求很简单，是对方可以轻而易举地顺从的，这种方法的成功率很高。

在提出直接请求时，附加支持性的证据可以强化一个请求，"我的毕业论文很快开题了，时间很紧，这本书对我的论文很关键，我还需要时间消化这本书"。

还可以通过增加一个额外筹码以获取顺服，比如"如果你带我去取书，今晚我做晚饭。"

还可以通过拿出一致性和社会证据来增加直接请求的效果，"这一直管用!""整个管理层都支持这个方案。""大家都会支持这样的行为和决定。"

（2）间接请求

当直接请求是令人尴尬的或是无效时，通常人们会提出间接请求，希望他人能够推断出我们的真实意图。间接请求通常采取暗示的方式，比如"你去市中心？太巧了，我正好要去那里的图书馆借书。""你不喜欢那条裙子？那么好看啊！"

当暗示作为策略来定义时，其运用效果是非常微妙的，关涉人的面子维护。因为直接请求可能使人不舒服，使人尴尬。例如，你想参加主人举行的一个家庭聚会，你自说自话地告诉主人"我也要来"显然不恰当；但如果通过暗示，给主人邀请你有个考虑机会，或者假装没有注意到你没有说出来的请求。当然，暗示的风险就是另一个人可能不承认它们，但也不失为一种方式。

（3）奖　惩

人们可以通过提供奖赏获取他人顺服，这些奖赏包括可供选择的各种类别。例如，不同数额的金钱或者不同类型的口头赞扬，如果一种被提供的奖赏行不通的话还可以用另一种。这就是我们说的对对方"诱之以利"，比如"如果这个项目成功了，我会把你介绍给总裁。""你要帮我取了包裹，我下周给你洗一周衣服"。当然，有时也可以对关系许以光明未来，"我如果顺利毕业，就会得到那份工作。我们的经济压力就会小些，我就有更多的时间陪伴你。"

除了通过奖励对方使对方顺服，人们还通过惩罚、威胁来获得顺从，"我知道你不太愿意带我去图书馆，我不过是去图书馆而已，又不是去周游世界。如果你不愿意去，那我下次也不会出席你们那个同学会"。于是，人们会选择顺服，因为自己清楚不顺服的代价。

但是，并非所有奖惩都能立竿见影，有时只是产生普遍的效果。例如，老师对同学说："不好好读书，将来就找不到好工作"。

由于奖惩可能说得非常露骨——"你给我洗衣服，我给你买礼物"，"如果你不能得到优异成绩，过年就不要回来了"，有时这就成了赤裸裸的交换或者威逼利诱，会伤害对方的自尊和面子，可能产生消极后果。当积极的顺服获得策略优于消极的策略时，关系才会令人满意。在权力不平衡关系中，老板可能使用这种方法是可行的，但无论如何，奖惩的使用并不是我们想象的那样常用和管用。

（4）面子保全策略

奖励不一定就是明白无误的方式，有时可以通过强化他人的自尊，使他们对自我感到满足，这也可以使他人顺服。例如，你可能需要朋友帮助你完成一件艰难的任务，你会说"你是如此能干，许多事情对你来说，都是小菜一碟。如果你能帮我，这件事就不费吹灰之力了。"朋友也许并不想帮你完成任务，但帮你忙使她这么想问题，"我真的很聪明，我乐于助人，我是个好人。"老板可能会说，"我就知道指望你没问题"，这会给你制造自我满足预言。

当然，有时人们把面子保全策略用到极端，就变成吹捧了。过度的吹捧也会产生反面效果。

如果把这种策略放在关系的时间里，不一定有用。因为当关系伴侣知道你为了得到帮助和利益，总是使用这种方式去利用对方，对方就会想："你把我说得这么好，就是为了利用我。我不想当这个好人。"

(5)诉诸喜爱情感

丰盛的情感话语总是感染人心的。"我真的希望论文获得优等，多少年的马不停蹄，多少年的熬更守夜，我需要这个。但没有这本书真的会影响我的论文，我很想去图书馆。你就带我去吧"。

(6)诉求关系

有时，我们顺从他人是因为我们出于对对方的尊重或喜爱，出于我们对关系的忠诚。这种策略取决于目标对象和游说者之间的关系，妥当与否视两人关系而定，"看在你的面子上，我破例帮忙"非常常见。因此，通过关系劝说十分重要。

我们会把顺服策略用于陌生人、熟人以及亲密关系伙伴身上，获得的效果是不一样的。反之亦说明，面对不同的关系语境，我们的顺服策略应该有差异。"我知道你喜欢抽烟，可是我真的讨厌这种味道，你可以为我放弃抽烟吗？"这种方法在亲密关系里非常有效，因为对方更愿意考虑我们的需要。但如果是熟人，他可能会想"我为什么要为你放弃？"也就是说，对于某些顺服要求，劝熟人比劝亲密者费力，因为陌生人没有义务为我们牺牲。而面对熟人，因为彼此之间有些交情，我们会强调特殊待遇，对方应该稍加礼遇。而与关系亲密者互动时，我们彼此了解，在意关系的维系，亲密关系的某些责任是我们要履行的，即便是麻烦事也愿意去做，有难同当，有福同享的规则就会发挥作用。

但有时，这种诉求非常算计，具有强制性。"如果你真的爱我、关心我，你就不会抽烟喝酒"，这往往会伤害对方的自尊和自我。尤其在长期关系中，如果频繁使用这种策略，会使关系伙伴感到压力重重，影响关系满意度。因为对方的自由受到压制，不断放弃个人权益。以爱的名义控制他人常常会伤害到关系伙伴。

（7）用示弱平衡强势

一个太强势的人要获得顺服有时比较困难，尤其在相对平等的关系里。比如你处处给人以威胁感，他人感觉就不舒服。如果你在某些方面表示出弱势将可能获得对方的顺从与合作。例如，你在学业方面取得很多成绩和奖励，你可以通过分享你的情感问题，让他人弱化对你的对立倾向——觉得每个人都不容易。

（8）平衡态度的策略

当我们的行为、感觉、信念、价值观等是以一种人们喜欢的方式存在的，人们就觉得舒服，心灵安泰，这就是一种平衡状态。如果这些东西让他人体会到不舒服和紧张，就会带来关系不满意。平衡理论（Frizs Heider，1958）认为，我们希望我们喜欢的人爱我们所爱，我们不喜欢的人恨我们所爱（图6-3）。例如，你喜欢度假，你的关系伙伴也喜欢度假，你喜欢你的关系伙伴，你的关系就是平衡的，如图例（一）所示；如果你不喜欢度假，你喜欢你的关系伴侣，你的关系伴侣也不喜欢度假，那么关系还是平衡的，如图例（四）所示。当关系平衡时，我们感到宁静；不平衡时，我们感到不平静，就会努力协调以恢复平静，于是劝服就开始运行了。

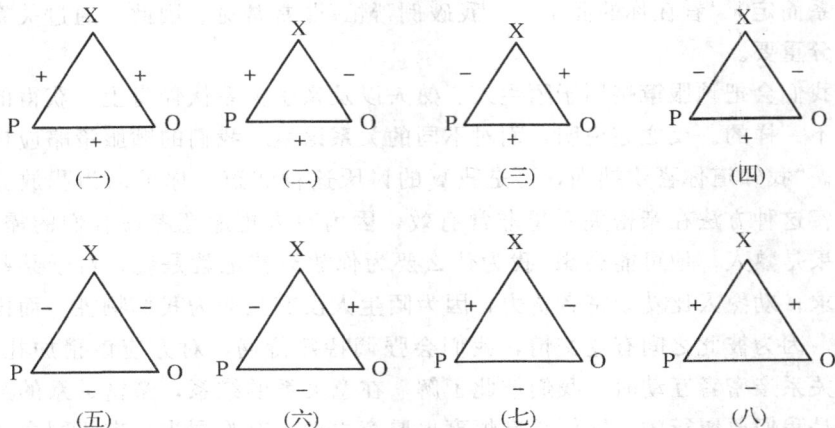

图 6-3　平衡图例

在八种平衡图例中，P代表一个人，O代表另一个人，X表示正在讨论的议题。我们可以用符号＋和－来表示这三者之间的关系，＋表示正面的情感和态度，－表示负面的情感和态度。

为了达到平衡状态，关系伙伴会故意避免和对方互动，因为害怕我们会彼此讨厌和发生争议。但有时，我们却无法避免和那些威胁我们平衡感的人互动。例如，和我们喜欢的人，和那个人的关系对我们来说非常重要。当我们珍视的关系遭到不一致的威胁时，我们可以通过如下方式恢复平衡：第一，可以修改我们的认知和态度，看看我们自己原有判断是否是错的。第二，告诉对方支持我们观念的一些信息，但是，可以不和对方讨论这件事。第三，从讨论问题中退出来，只需要决定是否讨论该问题对关系是至关重要的。第四，我们可能会误会别人的意思，劝自己说对方真的和我们看法一致，他说的不是那个意思。第五，把不平衡看成是一种财富，让我们知道关系的差异性，我们不用为争议感到极端不舒服。

费斯廷格的认知不和谐理论也可以解释当我们的行为和我们所持有的相关信念不一致时，我们是怎么平衡的。一是选择性暴露，确定通过回避可能与我们的信念不一致的人或者信息。二是再确认需要，确定寻找信息和社会支持来确认我们发出的信息是正确的。三是行动的最低正当化，是小刺激而不是大刺激在制造不和谐和引起态度改变方面更有效。

2. 多互动策略

很多时候，一些影响是在互动的各个阶段展现的，并且互动的每一步都成为建立随后要出现的事件的理由。这就是多互动顺服技巧。

（1）激将法

用一个非常与众不同的表述来提出一个请求可能挑起目标对象的兴趣，增加其思考处理过程以及强化顺服（Santos et al.，1994）。有实验表明，假扮为乞丐的实验者向路人要 17 分或者 37 分的钱（还有控制请求如"25 分"以及"随便多少"），比起在控制情形中的目标对象，听到这些激发请求之一的目标对象顺服的可能性多于 60%。因为人们好奇乞丐为何要 17 分钱——太不同寻常了，人们驻足以及施舍的可能性增加。

（2）将欲取之必先与之法

有时人们并不愿意实施我们想要他们做的，但还是服从了，这是因为社会规范——互惠。贯穿人类历史，每个社会都会使用互惠的规范。该规范导引个人回报同类行为、东西，也就是说，我们有义务投桃报李。

在慈善机构的资金募捐或者市场调查中，人们常常使用互惠原则，比如，主动赠送诸如日历和地址簿之类的小礼物。这种策略有效实施的一个必要条件是，信息接收者实际接受了在前的给予。没有接受产生的债务，接收者就不需要互惠。但如果礼物太大，信息接收者在接受时会有障碍，因为他们欠的债超过他们感到舒服的临界点。

顺服目的能否顺利实现，要看目标对象是否相信想产生影响力的人知道他们的顺服（Whately, et al., 1999）。如果你让他人捐款，当他人相信你是知道他们是出于爱捐的，他人就会捐，并感到舒服；否则，被劝服者就会感到是被迫履行债务。但是，当目标对象期待诉求方知道他的顺服时，顺服就会进一步增强，这表明了社会关怀可能作为劝说的运行机制。

研究发现，在劝说陌生人时，互惠比直接要求更容易产生顺服。事实上，友谊的决定性特征之一是互惠发生于一个延续的时间框架里——如果诉求方使用先给策略并表明一种希望立即互惠的愿望，他的意思是关系并非一种友谊。

当然，有些人会把互惠规则当作操纵性手段使用，这就涉及伦理问题了。例如，有的人会给你一种你并不需要的东西，使你有义务在下一次给他某种他特别需要的东西。当然，互惠是保持关系运行的润滑剂，这是支持他人的一种方式，可能对双方都有益。

（3）关系技巧

有时，提示自己和目标对象之间已经存在的某种关系，也可以提高顺服率，即便这两个互动者先前并不认识彼此，并且关系的基础根本就是偶然的。例如，当请求以这种互动打头时，"喂，你是复旦大学的学生吗？哦，太好了！我也是"，大学生之间的顺服会大大增加，因为呼吁对关系做突出关注对于激发目标对象的义务感十分必要。显然，一个关系的感知可以通过如下方式产生：在提出请求前开始一个简单对话以了解是否和对方有某种互动之前就存在的关系。譬如，"今天你怎么样？""你有几门考试？"或者了解对方是否和自己有同一个名或者同一天生日。

（4）以退为进法

先提出一个大的不合理的要求，被拒绝后再提出一个小要求，对方还会拒绝吗？而小要求正好是提要求者所需要的。例如，要求学生去西部支教两年，绝大多数人会拒绝；但是接下来给一个比较简单易行的要求：暑假短期支教，许多人都会答应。该方法的要点是：①这两个请求的提出必须在时间上紧跟。②最初的要求要大到离谱，让对方觉得不合理甚至荒谬，就算拒绝你也不会产生负面情绪。③提出第二次要求的是同一个人，因为连续拒绝同一个人两次，人们会觉得过意不去。④第二个请求要和第一个请求相关。

（5）得寸进尺法

得寸进尺法的技巧是：首先提出一个几乎每个人都可能接受的小请求（比如"你能接受我们2～3分钟的采访吗？"）。接着，提出并非无关紧要的第二个请求（比如，问参与者是否愿意接受2小时的采访）。如果没有第一个小请求作铺垫而直接提出第二个请求，顺服的概率就大大下降。街头推销美容美发的人常常使用这一招。他要免费赠送客户一些东西，客户多半会同意这样一个不太费神费力、看来对自己无害的请求，而一旦接受这个免费礼物，请求就会越来越多，美容套餐、月计划、年计划，结果，免费变成几千元的消费。

（6）低球法

该技巧来源于早期汽车经销商的做法。其第一步是，销售人员提供一种匪夷所思的低价，在获得购买者答应要买的许诺后，销售人员离开去和管理层结算交易。但他回来时，购买者却被告知管理层拒绝了交易，因为那个价钱会让经销商折本。于是，销售人员只能开出一个新的、较高的价钱。也就是说，让对方在不知道真正采取行动要付出多少成本的情况下而作出承诺，一旦造成覆水难收的局面，就难以反口，继续会按照承诺行动。例如，隐瞒了一次活动的时间，等到你原则上同意了要参加，才告诉你要两个小时。

与得寸进尺不同的是，对方答应的行为就是我们的真正要求。这种方法的基础是双方缺乏个人往来，如果知道是某人的惯用伎俩，就会失效。这是极为欺诈的做法，可能说服的人数远远不及损失的朋友数。当然，朋友间很少使用这种方法。

低球法仅仅限于如下条件：同一个人提出第一个和第二个要求。一些研究表明，低球法比得寸进尺法获得的顺服概率更高（Brownstein et al.，1985；Hornik et al.，1991），但比以退为进法概率低（Wang et al.，1989）。

（7）言不由衷法

比起单一请求，在提出请求前询问个体的感觉会产生更高效果（Fointi-at，2000）。当个体公开宣称自己感觉很好时，就会体验到一种内在压力，即，要言行一致，这种压力导致强化的顺服。例如，当学生问："老师，你和我们在一起开心吗?"老师回答："和学生在一起我感觉很好。"于是，下一次老师真的不想和学生在一起时，就会觉得别扭，因为自己已经把喜欢与学生在一起的形象塑造出来了，不去显得自己口是心非。

3. 影响策略选择的因素

正如第一章讲到的，没有放之四海皆准的传播能力，一切能力都是适应于情形的。同样，也没有适用于所有情景的顺服策略，更没有完美的策略。很多策略要因情景、对方的反应而用，并随时修正。例如，在你想获得朋友的帮忙前，你帮他一些忙；如果你的朋友拒绝了你的帮忙请求时，你可以提醒他所欠你的人情；如果他仍然拒绝，你可以再为他做些事；否则，关系会改变。

文化会影响策略选择。例如，在美国，进行解释和说明原因是最常用的策略；而在中国，要求承担共有的义务是最有力的策略，因为关系性关联和责任至关重要（Ma R. & Chuang，R. 2001）。

人们的权力程度影响其所采用的顺服策略。有较大权力的人（比如老板对雇员）使用简单的、更直接的（有时是不恰当的）策略去获得顺服更有效，并达到目标（Kellerman，2004）。权力小的人则需要小心翼翼地考虑其策略以避免导致消极后果。例如，到了下班时间，你要离开，但结果可能导致你失去工作。

在选择策略时，还有很多因素要考虑，比如亲密度（是配偶还是邻居），抵制性（诉求对象是温顺的还是顽固的），权利（合理的还是不合理的要求），劝说者的个人利益（奖励性高还是低）以及拒绝的后果。追求顺服的人的个性也很重要，比如，那些在语言上具有侵犯性特征的人更可能选择反社会的顺服策略，并把这些策略看成是成功的（Richard Falvo，2002）。

(1)哪种策略对即刻成功机会最大？

既然是要获得他人的顺服，那么需要选择成功概率最大的策略。因此，需要使自己的策略适应于相关人的个性特征，比如感觉、动机以及理解力，选择是直接提要求，还是间接方式，是用罗各斯诉求还是请求帮忙。

(2)策略如何影响关系的长期幸福？

有的策略可以取得即刻效果，但绝不利于关系的长期发展。如果要关注关系的长期质量，我们就要仔细考虑使用还是不用该策略。例如，要劝说一个计划灵活性较差的人放弃实验和你去参加一个聚会，你可以用面子保全方式（"我真的盼望你和我一起去"）或者威胁（"你若不去，下次别指望我跟你去做别的事"）。使用后者，尽管你成功了，但为了达到短期目标而影响长远关系是得不偿失的。

(3)关系类型影响我们的策略选择

例如，由于我们的权力，我们很少遇到伙伴对我们的要求的抵制，于是我们不需要任何顺从获得策略。但是，如果我们滥用这种权力，将导致关系的改变。策略只是一种外在的东西，事实上，我们的目的不仅仅是说服对方，还要考虑关系目的。也就是说，我们当然希望抽烟者听我们的请求不抽烟，但我们并不想因为劝阻别人而感觉不好，不想反应过度给人不宽容的印象。一个人不愿意为了达成某种要求而丧失良好关系。因此，在选择策略时，会受到自己与对方的关系的影响。例如，对老板不妥当的做法，你可以诉诸他的上司，但从长期的关系维护而言（这份工作对你很重要），这不一定是好的选择。即便是陌生人，我们也要考虑自己的形象。

（4）策略和我们的价值观以及个人风格符合吗？

无论我们采取什么策略，首先我们自己要感到舒服。衡量这一点可以看看策略所及对象舒不舒服。"己所不欲，勿施于人"，也就是说，策略选择要考虑伦理。我们的行为受到来自媒体、文化规范以及熟人、朋友和亲人组成的社群网络的道德检视。社会中有一个隐藏的游说者，防止我们采取某种不合规范的活动，一旦被发现就会受到他人的谴责。

策略还要适合个人传播风格。你可能对某些策略感到舒服，比如挽救面子、情感诉求等。

另外，也应开始适时考虑使用你不常用的策略。在某种情形下，一些不常用的策略可能是有益的。

4. 在人际关系中进行权力谈判

我们通常以为权力总是来自对方，事实上，是我们自己决定了另一个人对我们的权力有多大。这种决定通常是权衡不顺服的利弊的结果。权力不平衡本身是不会带来关系问题的，能带来问题的是一方滥用权力。最好是双方建立彼此接受的、并有奖励的权力关系。

（1）评估关系中的需要及其满足状况

要想获得权力的满意平衡，谈判首先需要确定关系双方彼此的需要。你和对方各自想从关系中得到什么？你和关系伙伴想从彼此那里得到什么？需要注意的是，需要有很多种类，包括金钱在内的物质到诸如自尊、自我观念等精神层面的需要。评估应当包括双方那些已得到满足的需要以及未得到满足的需要，你满足了或未满足对方哪些需要，对方满足或未满足你哪些需要。未被满足的需要既影响关系，也影响彼此的权力。人们彼此满足需要的程度反映了对彼此拥有的权力。一段关系满足人们的需要越多，人们越愿意保持这段关系。

当然，人们的需要也会随时间、情形而发生变化，需要的改变也会改变人们彼此影响的能力。因此，随着时间、情形等的变化，进行再评估是必要的。

（2）确认基于需要的冲突和紧张

冲突源于不可接受的权力失衡（某人对对方拥有的权力过多过强），也源于同等数量的权力（每一方都试图影响对方），或者源于对某人试图实施控制和操纵的反应。例如，夫妻间在刚结婚的第一年常常会因为如何平衡工作与家庭，谁花钱在哪些方面以及家务的分担等方面争吵。再比如，你进入大学，一群刚刚成为室友的新同学会因如下问题发生冲突：谁占有的空间大，谁在什么时候该不该打扫卫生，谁在什么时候该不该聊天，等等。

（3）直接讨论权力问题

日常对话帮助关系中的人为权力平等、任务分担平等而努力，因而也最终影响关系的满意度。无论是在婚姻、恋爱还是友谊中都大抵如此。有时候，他人故意要操纵你，凌驾于你之上；但有时候，他人并没有意识到他们在以一种你不喜欢的方式行使权力，这时简单地指出来可能有助于纠正这种情形；还有些时候，要考虑运用积极的冲突管理原则，诸如描述权力问题本身但不要做评价，描述你对权力情形的感觉（使用"我"语言而不是"你"语言），以合作的途径谈判权力，等等。

第三节　聚散之间：人际关系的发展及其互动策略

我们已经探讨了人际关系的本质、关系发展的动力以及关系中的重要指标，那么，人际关系发展的具体过程是如何进行的呢？这个过程通常有哪些典型的阶段？每一个阶段的传播特征有什么异同？

人际关系是一个动态的、持续变化的过程，正如生命有开始、有过程、有结束。关系的动态过程无一不是由传播推进的，通过观察、传播，人们能够判断关系发展到哪个阶段。人们和芸芸众生中的某些人相遇不相识，和某些人相遇又相识，和某些人相遇、相识并相知，即达到亲密关系。关系的顶点和高潮是亲密阶段，但并非所有的关系都会发展到亲密关系。

关系发展过程就好比乘电梯，顶层就是亲密关系。每到一层，你都可能下去或者犹豫是否继续到上一层。上行的时候，你不知道它要把你带到哪一层，也不知道你要在每一层待多久。但如果热恋了，你就会非常想一层层电梯极速上行直达顶层——亲密。有时，是你和你的关系伙伴共同决定跑多远，待在每一层多久，什么时候以及是否乘电梯下来。有时，人们故意追求发展一种关系，但通常关系发展的初期阶段却是未经事先规划的，完全计划好也是不可能的。当人们想把一种关系推进到另一个阶段时，很可能是想增加某种积极感情或者消极情感。在关系发展过程中有许多拐点，比如第一次相遇，第一次约会初吻，第一次说我爱你，冲突后修补，危机中提供帮助，等等。图6-4列出了关系发展的阶段模式（综合 Beebe et al.，1996；Mark Knapp et al.，2014）。

在详细了解关系发展的过程和阶段之前，我们需要就该模式指出以下几点：第一，我们不要以为上行阶段总是"好的"，下行阶段总是"坏的"。和某人发展亲密关系未必是"好的"，和某人结束一段关系也未必是"坏的"。第二，模式总是对过程和阶段的极端简化，阶段与阶段之间好像泾渭分明。实际上，每个阶段都包含着别的阶段。例如，亲密关系里也会有殊异化行为。而在探索阶段，人们可能也会亲密。第三，该模式是和前面讲的传播的八个向度紧密相关的，比如启动和分手阶段，传播是狭窄的、模式化的、困难的、僵硬的、笨拙的、公共的、犹豫的、搁置公开判断的。第四，该模式揭示了发生在人际关系中的运动类型，尤其要注意两类箭头。退出箭头表明，在每个阶段人们都可能选择退出关系，即便是最亲密的关系你也可能结束。而阶段与阶段之间的垂直双方箭头表明人们在每个阶段可能上行，也可能下行。

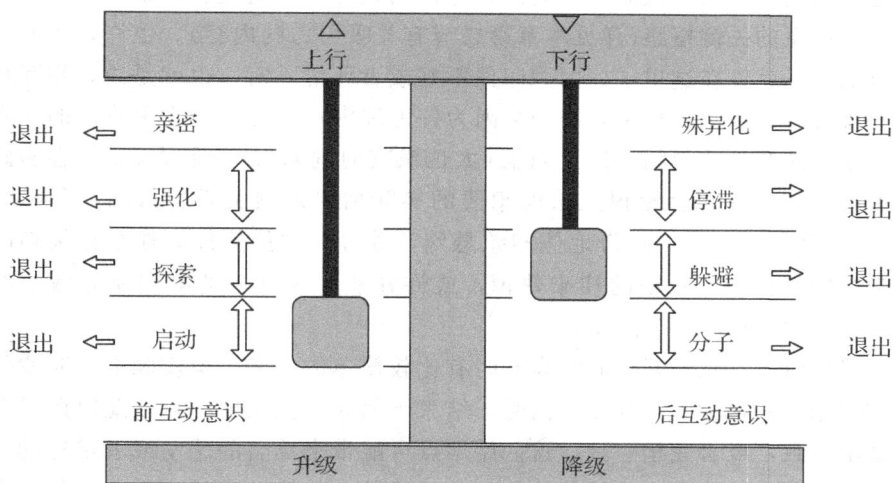

图 6-4　人际活动阶段楼梯模式图

一、关系发动及其互动形式

关系上升包括五个阶段，这种从一个阶段到另一个阶段的发展表示两个人之间亲密性的一点点增长，每一个阶段都伴随有独特的传播模式、转折点以及关系期待。这五个阶段分别是：前互动意识，启动，探索，强化和亲密。前三个阶段称为关系发动阶段，后两个阶段称为关系保持阶段。与这几个阶段对应的关系分别是：陌生人、熟人、朋友、亲密朋友、好朋友/恋人/配偶。

1. 关系发动阶段

(1)前互动意识

我们总会和某些人不期而遇，可能在朋友的生日聚会上，可能在社团活动上，等等。这时，你可能观察某些人，或者向他人打听这些人的信息，而不是直接和这些人互动。通过被动观察和打听，你会对某些人形成初步印象，会问自己，"这个人有没有吸引力？""是否我们要开始交流？"如果时机不对（比如他人很忙，来去匆匆，被他人簇拥），或者你对他印象不好，你不会从前互动意识阶段往前迈进；如果他人吸引了你，而且时机也合适，你就可能向启动阶段迈进。这就是前互动意识阶段。

(2)关系的启动

关系启动总是开始于吸引力。被陌生人吸引是所有关系往来的起始点，身体的吸引是进入关系的第一扇门，相似的兴趣、价值观、背景、个性等也是进入关系的关键枢纽（详见本章第二节有关吸引力的内容）。也许，我们与对方的关系就停在这里了，因为印象不好或者环境不对。也就是说，相互吸引不代表有关系上的往来，我们会因为各种理由不去与每个吸引我们的人发展关系。这些理由包括：缺乏意愿（太忙没有时间），缺乏能力（那些容易感到孤独和害羞的人会觉得无法就想要的实际情况发展关系），或者不合适、不恰当（已经结婚了，身份地位相差悬殊，等等）。"虽然外表往往在最初时引起我们兴趣，但长期的往来熟识，或许并非因为外表的吸引所导致的结果"（Steve Duck，2004：103）。

我们对于关系的开始和结束有时有比较简单的想法，但实际上有时我们很难追溯到底这段关系开始于何时，结束于何时，关系伙伴们彼此对此可能看法不一致，或者完全一致。这些始末点可能带来莫名的感动或者难忘的打击。你和恋人结婚了，你认为你们的关系开始于他第一次约会你，而他认为开始于被你的倩影吸引而心旌动摇时。你们对关系的开始认识尽管不一样，但你会因此莫名感动。提出约会可能被看作开始，但也许计划向对方提出约会就是开始，而不是约会本身，也或者关系就是在约会中发展出来的。

人们一旦被他人吸引，而且时机合适，就会开始试探性交谈——破冰之谈，这是关系的第一个拐点。但是，走这一步，勇气很重要。有了勇气，合适的开场白成为必要——和他人交谈的最初的几秒钟或者几分钟往往为进一步的互动和联系定下基调，比如"嗨，你好"；"你的T恤真好看"；"哦，你的英语很棒"。

（3）关系的探索

一旦传播启动了，我们就开始探索的过程，也就是想要到第二层去了。你就会开始分享有关你自己稍微深入的一些信息，揭示那些未知的、更广阔的东西。这个阶段的典型传播方式就是闲聊。这种对话风险低，自我揭示少，互动双方都保持着社会距离，很少身体接触，并彼此限制共享的时间。

当然，发动与探索这两个阶段并不一定在时空上是分离的，发动了就进一步探索是通常的状况。

那么，决定我们的关系更上一层楼或是原地踏步的互动因素有哪些呢？

2. 互动形式

（1）称呼及其形式

和人相遇，我们总要称呼他人，称呼的恰当与否决定互动流程能否顺利进行。我们每个人都有自己的名字以及社会角色，似乎称呼一个人很容易、很简单。但在实际互动中，我们还是会在称谓方面惹出麻烦。因为称谓会透露出我们和那个人的关系种种——我们和对方有多熟悉？我们对那个人是讨厌还是喜欢？是正式还是非正式场合？如果互动的双方用不同的方式定义彼此关系的状态和亲密程度，称呼的选择就会让人充满挫折感。例如，张三既是教授，也是某个机构的主任，你是称呼他"张教授"还是"张主任"呢？你姓王，哪些人称呼你小王，你有/没有不舒服的感觉？尤其在深受等级文化意识影响的中国，称呼之间的细微差异都会对互动进程产生巨大影响。

关于称呼有一条基本规则：人们之间关系越亲密，称呼越不那么正式。从正式称呼到非正式称呼，再到亲密称呼，是人们之间关系亲近性不断增强的实际反映；人们之间的关系程度和称呼的不一致（如亲密关系用了正式称呼，或者陌生关系用了非正式称呼）则是人们互动策略或互动无能的体现。

第一，正式称呼。正式称呼一般来说是用于陌生人之间、新认识的人之间以及那些我们认为地位比我们高的人那里。也就是说，正式称呼反映了传播者之间较远的社会距离。

正规的称呼是"先生"、"女士"、"小姐"、"夫人"、"太太"。遗憾的是，中国传统文化里的这些正式称呼（尊称）在政治化称谓——"同志"普及化运动中，已消失殆尽；而在市场化价值冲击下，人们对"同志"这一正式称谓有些难以启齿。这就导致了今日中国人称谓的混乱与别扭。

技能训练

你有没有在称呼他人时踌躇犹疑的经历？这种经历多吗？为何会如此？由于称谓带来的传播效果有好有坏，请举例说明。

　　低层级者称呼高层级者往往用职阶，"李局长"、"王教授"、"张主席"等，或者使用社交礼仪所规定的陌生人、新认识的人之间使用的称呼，如"张先生"、"王女士"。如果低层级者违背了这样的互动规则，就会冒犯高层级者。有这样一个例子，一位李姓教授和学生处熟后，学生称呼她为"李姐"。可是，当一位新生见面就称她为"李姐"，她觉得很不舒服，因为这降低了她作为教授的社会等级，而且，该称呼还传递了令人不快的过度、过快的亲密感。

　　而高层级者称呼低层级者为"小"字辈——"小张"、"小王"、"小李"，或者直呼其姓名，抑或使用很熟悉的人或者亲密者之间的称呼——只称名不带姓，比如把王弘毅称为"弘毅"。

　　相比低层级者，高层级者对低层级者的称谓有更多、更随意的选择灵活性。例如，称呼王弘毅为"小王"，还是"王弘毅"，都是符合职场交往等级文化的。而称呼"弘毅"，则是高层级者表现亲和力的方式。

　　第二，非正式称呼。非正式称呼一般用于熟悉者、亲近者之间，或者社会等第较为平等或者上对下的层级关系中。最常见的非正式称呼是直呼其名（不带姓）。例如，称朋友、下属王弘毅为"弘毅"。

　　很多时候，人们在需要给予别人正式称呼时，或是当人们之间的关系并非那么亲密时，人们会故意称呼他人的名以加速关系进程。例如，当你遇到一个随意并频繁地称呼你名的汽车销售员时，你可能会感到被冒犯了，因为你觉得你们的关系（作为陌生人）以及情形（商业交易）需要更正式的称呼，你还会觉得他称呼你的名直接就把你放入下级或者平级社会等第中。尽管西方文化在这方面较为开放，但除非高层级者和你初次见面时表示你可以称呼他的名，最好还是按照正式称呼来打招呼。

　　称呼和社会层级之间的关系是有文化差异的，西方表现得更灵活。例如，在西方文化中，可以直呼父母、祖父母的名而不是"爸爸"、"妈妈"、"爷爷"、"奶奶"，可以直呼博士生导师的名而不是"格林先生"、"耐普教授"。但在中国文化里，这绝对是不符合家庭伦理和社交礼仪所要求的正规性的。

　　第三，亲密称呼。亲密者之间的称谓一种是使用昵称。例如，中国人称"宝贝"，西方人或者神圣化称呼为"Angel"（天使），或者以无辜小动物化相称"Chickadee"（山雀），"Goose"，或者小儿化称谓"Honey child"，抑或是诵出愉悦的味道体验"Honey"，"Sweetheart"，或者超能力化称呼为"Fireplug"等；亲密者之间另一种称谓方式是呼其名（不带姓）或乳名。但称呼名有时还不足以表达人们之间的你侬我侬的柔情蜜意，此时人们会创造一些名的变种。例如，在名后面加上"ie"，"y"，或者"ee"。Bob，Ted，Tom 已经是名了，但变为 Bobby，Teddy，Tommy。中国人则喜欢把名字最后一个字"儿"化，比如"斌儿"、"英儿"、"萍儿"。

尽管称谓可以体现关系的亲密度，亲密可以通过称谓表现出来，但亲密称呼在长期亲密关系中会根据语境等出现某些变化。例如，人们可能停止使用任何称呼，或者偶然使用较正式的形式来强调亲近度或者开玩笑。例如，夫妻之间使用"李教授，我好爱你啊"，朋友之间称呼"王博士"。

当然，同样的称呼形式既可以用来表示喜爱，也可以用来表达讨厌。例如，"王教授，我好爱你啊"，既可以表示亲热，也可以表示讥讽，不喜欢。关键要看说话人的语气、表情、姿势等非语言符号传达出来的真实意思。

第四，含混的正式性。即便我们对正规称呼、非正规称呼以及亲密称呼都有非常丰富又明确的知识，但在实际互动中，我们依然时常感到不确定该如何称呼一个人。因为在具体的语境下，我们彼此之间如何看待自己与对方常常是含混不清的。例如，称呼张三为"教授"还是"主任"？张三可能看重学识称谓，也可能看重权力称谓；称呼李姓副局长为"李局长"还是"李副局长"呢？你见到退休的院长是继续称他为"院长"还是"某某老师"？什么时候关系处到可以称呼你的学业导师的名？好多时候，我们处于称呼的两难处境中。有时，尽管一个退休的院长叫我们称他老师就好了，但我们还是不确定是否应该这么称呼。中国文化看重含蓄和权力的价值，退休局长可能一方面按照要懂得"识时务"、"知进退"、"不威胁新任者权力"的官场规矩希望不再被称为"院长"，另一方面因想测试"客走茶凉"是否发生在自己身上了，抑或真的恋权，又会希望被称为"院长"。中国人对涉及权力的称呼可能更是颇费心思。

第五，亲属关系称谓的泛化。这是中国文化有关称呼的独特表现，即用家庭亲属关系之间的称呼来称呼家庭外的人员。这种用法非常普遍，也非常含混，既可以是正式称呼（普遍用在职场、陌生人之间、上级对下级），也可以是非正式称呼（用在熟人、友谊之间，下级对上级），还符合亲密关系的特点，比如"叔叔"、"伯伯"、"阿姨"、"大爷"、"阿婆"、"大姐"、"小弟"、"小妹"等。这既反映了中国社会生活高度粘连在以五伦为基的裙带关系上，也是一种通过把亲属关系拟制到所有关系上以加速、强化关系的一种策略。但在跨文化使用中，可能会出现啼笑皆非的互动结局。在中国，向路人问路称呼对方为"阿姨"、"叔叔"没有任何问题，但如果这些亲属称谓用于美国人身上，他们一定会惊骇不已。笔者见过这样一个例子：一位中国访学教授教自己的孩子见到和爷爷奶奶年龄接近的人称呼为"Grandpa"，"Grandma"，并认为这是尊称，可是这样的称呼无一例外地都让美国人感到非常不自在和尴尬。

还有，中国人的某些称呼在不同的地域里有着截然不同的含义，同样的称呼可能产生意想不到的传播效果。最典型的是"小姐"、"阿姨"这两个称呼。"阿姨"在许多地方是对社会生活中与母亲年龄相仿的女性的称呼，稍有尊称的意味，但是，上海人却是用"阿姨"来称呼低层女性劳动者，如钟点工、保姆、保洁员等。笔者的访谈得知，上海的高知女性、白领女性大多数不愿意被人称为"阿姨"，正是因为其中包含的社会阶层因素。但她们却能够坦然接受不包含社会阶层含义来自别的地方的人对她们的"阿姨"称谓。此外，在传统文化里被用来称呼大户人家有教养的女子的称谓——"小姐"，在今日已经普遍被用来称呼风尘女子、不良少女了。因此，女性会因被称为"小姐"而深感冒犯。但在我国香港和台湾地区，"小姐"这一称呼被普遍地（普遍性和正式性类似于西方普遍运用的"女士"这一称呼）用于职场和社交场所（而不论年少年长，不论已婚未婚），依然保持着尊称的意味。

可见，称呼中蕴含着强烈的文化价值观。因此，在称呼来自不同文化背景的人时，我们颇为踌躇犯难、犹疑不定。

（2）互动仪式：打招呼

人们相遇时，总会有一些墨守成规的打招呼的方式，比如"你好"。人们发动传播互动最便捷、快速、例行公事的方式莫过于说出一个字的招呼问候语"嗨"，或者用非语言形式表示"嗨"的含义。打招呼如此常见、频繁，以至于我们很少注意到它，但恰恰证明这种墨守成规的招呼的重要性。

当我们打招呼时（无论是语言地还是非语言地），我们已经含蓄地表示要介入他人的生活/互动。他人可能会对这种好心的致意没有任何反应，因为他们并不想卷入我们的生活/互动。想象一下这样的情形：一个你认识的人经过你的身旁但却没有打任何招呼表示你的存在，或者你故意忽略来自一个熟人的招呼。发动传播的行为是成为另一个人生活一部分的第一步。即便是陌生人之间相互致意问候，也是社会承认的一种方式，是对他人作为人的存在的一种确认。

尽管一声简单的招呼问候极为平常，但它并非是一成不变的，而是不断灵活调适的。人们会根据彼此之间的关系、彼此的心情以及对方是如何回应我们的等情况调整我们的问候语以及问候方式。

对陌生人来说，常见的招呼问候方式有：握手，诸如"先生"这样正式的称呼以及诸如"早安"，"很高兴见到你"这样的正式表达。通常说来，比起亲密者之间的招呼致意，我们希望关系早期阶段招呼致意是情绪高涨的，比如语调高昂。

（3）关系搭讪

当人们想发动关系时，可能有很多方式开始，比如提问（如"你怎么样?"），广告性宣示（如"我的名字是张三。"）以及奉承（如"我喜欢你的套装"）。还有哪些方法呢？人们很希望有一个完全处方，按部就班就可以打开互动的良好局面。事实上，我们却没有这样的处方，我们很容易想到一些不恰当的行为，而不是恰当行为。因此，人们总是费心费力地演练如何和吸引他们的人开始第一次会话。这就是我们所谓的"搭讪"。

有些人喜欢直接见效的方式，比如"你觉得我挺可爱的吧?""我肯定非常愿意遇到你。"这固然可以很容易减少我们对另一个人的非确定性，但是，我们还要考虑在效率和社会恰当性之间的平衡。关系是基于两个人的愿望和需要的，因此，必然要考虑到对方是如何回应我们直接询问的。

在以计算机为中介的传播里，关系发展的情况复杂多了。因为借助中介的互动方式限制了一些形式的传播，比如直接观察到潜在伙伴的非语言行为，也给了他人更多自由，比如直接提问、印象管理（M. B. Adelman et al.，1991）。于是，人们可能使用比面对面互动更直接、更亲密的非确定性减少策略（有关手机互动引起的亲密的变种——暧昧的研究，见胡春阳，2012）；同时，由于个人呈现是以文本形式出现，人们往往基于照片、受教育程度、年龄、收入、兴趣爱好来推动关系过程。

无论是面对面传播还是基于中介的传播，人们的需要还是有一些共性的。例如，异性恋男子希望女子提供外貌的吸引力，异性恋女子需要男子提供经济保障。同性恋男子比异性恋男子更看重外貌吸引力，同性恋女子不像通常的那样看重外表吸引力（A. Feingold，1990）。

实际上，根本没有什么放之四海皆准的搭讪技巧，必须考虑如下因素：这些讯息是谁说的，说给谁，怎样说（语气等），说的地方，跟随的信息是什么，等等。

无论是面对面互动还是中介传播，好的搭讪并不能确保关系的发展。

（4）闲　聊

闲聊是一种传播形式，对于早期关系的发展至关重要，我们可能把大量时间花在闲聊上。在很多情形下，闲聊都是必备的传播形式，比如在家庭团聚时刻，在初相逢时。

人类最古老、最自然、最人性化的传播模式是在小的、稳定的社区，和紧密联系的社交网络享受频繁的"修饰性交谈"（grooming talk）（S. I. Hayakawa, 1978，ch. 6）——也被称为闲聊（Small talk or Gossip），交际性交谈（phatic communion），表面性交谈（superficial talk），社会美容品（social cosmetics）。人们通常会错误地以为严肃交谈（big talk）比闲聊（small talk）对于保持关系更重要。一项研究发现，人们和朋友、熟人、浪漫伴侣、家庭成员等的谈话几乎有一半是由相对非正式的表面的谈话构成的（Goldsmith & Baxer，1996），而且三分之二的人类会话是闲聊（Kate Fox，2001）。

第一，闲聊是什么？闲聊"是关于某人自己的表浅的、习以为常的并可能是最低层面的传播，特征是广度而不是深度"（Powell，1969），是非正式的一类话语，比如下例。

张三：早上好，李四。

李四：哦，早上好。你怎么样？

张三：很好，谢谢。周末过得可好？

李四：很好，谢谢。回见！

张三：好的，再见！

因此，能够闲聊也被看成是一种重要的社会技能。否则，人们会在管理人际距离方面困难重重。

第二，闲聊的功能。研究者把闲聊称为一种"友好的互助系统"，类似于非人灵长类动物之间的舔舐仪式所提供的舒服感、安全感以及彼此接受（D. Morris，1969）。如果人们是初相识，闲聊是进行功能性会话的柔和导语；如果不认识，闲聊则被用来表示善意和需要积极互动的愿望。

按照前面我们讲到的人际需要观点，闲聊在满足人际包含需要方面是最有效的，因为它是被设计出来让每个人都能够参与的互动形式。人们在闲聊时，通常是愉悦的、放松的、闲散的、责任有限的。现实生活中，人们总是觉得高明了不起，"通常不明白无意义的价值"。高明其实无用，甚至比无用更差。"当一个高明的人试图勾引女人，这个女人就觉得是在竞争。她觉得自己也必须高明"（米兰·昆德拉，2014：16）。而无意义可以解救人，让人没有提防之心，不要求动任何脑筋，使人无忧无虑，更容易俘获。也就是说，闲聊能够充当人际抚慰者，是一种非威胁的、消磨时间的行为，使人放松，释放压力。

闲聊是社会化的重要机制。通过参与闲聊，我们学会作为群体成员行动，无论是作为一个家庭，一个组织，还是一个社区。人们正是在闲聊中习得什么是该群体可接受的，什么是不可接受的，谁是尊者，谁是位卑者，谁可以有话语优先权，谁没有。

闲聊有助于约束互动行为。它首先可以充当"空间填充物"（space filler）——会话如果突然结束，就好像拒绝了他人，而闲聊可以减轻拒绝感，肯定两人关系，软化道别时刻；闲聊还可以避免沉默——在许多文化里，沉默通常令人不快，于是通过交际性交谈可以较少紧张感，直到更实质性的主题出现（Joseph Jordania，2009：272—277）。

闲聊也是新的关系或者已有关系的确证，有助于确定人们之间是朋友关系，是同事关系，还是初相识的关系。只有在我们对表浅性的闲聊感到满意后，我们才会迈入严肃谈话——个人揭示的深度增加，谈话更有焦点。甚至，闲聊是保持亲密关系的秘诀。亲密者之间例行公事的谈论更能够持续地把他们的生活编织在一起，而不是重要历史时刻的谈话——宣告爱或者主要危机。婚姻的互动往往是日常琐事，能够耐心聆听絮絮叨叨的配偶的谈话可能是保持婚姻的秘诀——絮叨，啰唆，分享彼此的熟人信息，讨论家具、着装，谈谈鸡毛蒜皮，是配偶们把握关系的稳定脉搏。因此，夫妻之间最大的问题是不能分享琐细的谈话。

虽然闲聊的主题是不重要的，并且由于在闲聊中很容易出现流短飞长，但决不能把闲聊仅仅看成是琐碎的消遣，而本质上它关系着人类社会的、心理的、身体的康乐，深植于人类本性（Kate Fox，2001）。闲聊是人们与其他人保持社区感或者伙伴感的形式，是我们人性的黏合剂（Knapp，2014：198），有利于关系建立，组织的黏合，社会地位和位置的澄清，强化共享价值观，对于冲突解决等都有好处。

然而，在日益分离的、片断化的快节奏现代社会中，和我们的社交网络进行修饰性交谈的质与量都受到严重局限，这种受限在一定程度上使我们的压力难以舒缓，使我们的情感的社会支持性供应减弱或缺乏。于是，需要寻找并促进治疗性的闲聊的新方式，社会需要新的联系方式，通过不经意的小细节，保持朋友关系。手机闲聊就成为人类心理危机必要的治疗行为，是有效的重要的新的减压器。在一个激烈竞争和不友好的工作环境里，为那些互不关心的陌生人呈现原野村庄的绿意，花园篱笆的温馨与亲近，帮助我们重新创造前工业时代的更自然的、最具有人性的传播（Kate Fox，2001；Jukka-Pekka，in James E. Katz，2002，更多论述详见胡春阳，2012）。

第三，闲聊的主题。研究者（Miller et al.，1975）提出了预示人际相遇的三个基础：①文化信息。如果对方是来自自己的文化，我们可能共享一些可预期的行为和思考方式，我们会假定那个人对自己的文化来龙去脉是了解的。在初相逢时，双方都努力想要获得另一个人的社会剪影，希望寻找到某些相似之处，从而形成进一步会话的共识，比如"你上海来的啊，你知道那个……"显然，当一个人帮助另一个人寻找融合性主题时，就已经表明了继续互动的兴趣以及发展关系的意愿。②社会信息。这类信息是会话策略的基础，一个人的偏好和群体身份常常被用于休闲的社会聚会中。当我们听说一个人是大学生，医生，律师，教徒时，我们会立即搜肠刮肚地寻找与这些标签有关的信息，以有利于我们的会话互动。例如，当别人知道你是复旦大学的学生，总会就最近复旦大学的新闻和你闲聊。③心理信息。这类信息承认一个人的会话伙伴的个体差异，更可能出现在会话伙伴彼此之间比较了解的情况下。例如，一个人一身诗意，你就会努力把闲聊的话题说的充满诗意；一个人喜欢时尚，你会就时尚和他展开会话。

闲聊式传播较容易，大量较为表面的、例行公事的因而也是安全的主题被揭示。人们会彼此交换人口统计学意义上的信息，把一个公开的自我介绍给他人——姓名、职业、家乡、学校等。因为这些信息不会有威胁感，也不具有争议性。

有时，闲聊的话题跟周遭环境有关——"这幢建筑立在这里，真的有点妨碍大家通行"；有时，天气是大家常用的一个闲聊主题——"今天天气不错"；有时，假期是人们闲聊的一个话题——"黄金周真的不能出去，到处都是人。"总之，说说鸡毛蒜皮，谈谈天文地理，诸如此类，而不是过多地涉及自我的一些信息。

当我们有效地传播了自己的人口统计学意义上的信息后，我们可以增加谈话的深度，比如生活的困惑、任务的难题、内在的秘密。目的是促进关系向前推进，甚至发展亲密关系。当然，谈话深度的自愿增加本身也是亲密的指示；同时，我们还可以揭示与人口统计学指标相关的其他方面，也就是增加闲聊话题的广度。女性的闲聊有时包括赞扬，比如"这裙子真好看"。而男人之间的闲聊充满竞争性，好像语言拳击赛，进行玩笑性的"侮辱"和"贬低"（Tannen，1992）。但这却不被看作侮辱，而是团结的创造者和指示——表示彼此在一起能够说这些事感到舒服。

因此，通过闲聊我们最终会对对方有所了解，了解其兴趣、所爱所恨、情趣、将来的打算、其熟人或朋友圈。最终，闲聊会超越那些人口统计学指标层面，他人的态度、信念、观念、目标以及处理错误、冲突、娱乐等的具体方式都会为我们所知。

当然，这又取决于双方是否有这个愿望和需要。那个和你互动的人和你上了同一部电梯，上、下或者迷失都由你们两个决定。如果都不分享进一步的其他信息，你们的互动就会在此戛然而止。因此，相互自我揭示是关系发展所预期的，彼此自我揭示表明双方都有兴趣去发展关系；如果我们不愿意发展一种关系，只要不作自我揭示就是了。

闲聊也会有文化差别，其规则和话题因文化不同而不同。例如，谈论家庭问题这个话题对亚洲和阿拉伯国家来说很普遍——在以高度地位为导向的文化中，比如中国和日本，初相识的人彼此询问大量问题以使彼此的社会区别类别化，而欧洲一些国家讨论政治或者经济问题比较普遍（Hofstede，2000）。

技能训练：开始说话的技能——正式或非正式地介绍自己

谈谈物理情景，谈谈天气、装修，征询他人看法："今天很适合比赛"等。

谈谈你的看法或感觉：这儿好像空气不流通。

谈谈另一人：他是我的朋友，你认识他多久了？

二、关系保持及其互动方式

当两个人有了较满意的互动后，不论是认识的人、朋友或亲密朋友，都期待关系稳定下来，让关系维持一段时间，甚至直到永远。同时，还会努力提高沟通和互动质量，从而提升关系的亲密度。强化和亲密往往又被人们看成是关系保持的重要阶段。

关系保持包括人们竭尽所能地使关系在想要的层面上运行良好，并反击那些导致关系发生不想要的改变的力量。尽管有效的关系保持并不排除也会有不愉快的互动发生（冲突和人际关系黑暗面这一章将聚焦于此），但本节主要聚焦于那些有利于关系保持的愉悦互动。

当然，不是所有关系在所有时候这些形式都是等量齐观地重要，确定具体关系保持中的行为类型本身就是关系保持的能力。这个阶段，积极的沟通气氛很重要。

1. 关系保持阶段

（1）关系强化

在关系强化阶段，互动双方开始依靠彼此，自我变得更为确信，彼此成为朋友，敞开心扉程度提高，增加一起活动的类型，谈论私密性问题增多，比如"我高考失败过很多次"。揭示的主题包括任何领域，但最关键是直接与关系发展有关的主题。采用个人的物理距离，有了较多的身体接触，比如手拉手，使用较为个性化的语言，能够分享喜悦和悲伤，彼此愿意付出时间、精力和信任，常常会讨论或者重新定义关系——"好朋友"、"午餐伙伴"。实际上，很多关系发展不到这一步。

（2）达到亲密

这时，关系的电梯上到最高层。互动双方接受和肯定了彼此的自我观念，对各自角色和彼此关系有清楚定义。沟通具有高度的个性化和同步性——最显著的外在表现是"一对儿"，行为、兴趣趋同。语言和非语言理解增强，使用较少的词却能够较有效地沟通，"我们感"、"一体感"强烈。变得无话不谈，常有亲密的自我揭示和大量的身体接触。

在这个阶段，互动的双方会通过婚姻或者其他形式把关系正式化和制度化，在形式上对关系予以承认——结婚证、生意合同。双方都觉得有责任保护这个关系，都会花时间建立信任，在各种情形下观察彼此，建立责任和情感纽带。

2. 互动形式：自我揭示

从前面各个章节的讨论中，我们知道自我揭示是自我概念和自我意识形成的重要通道，也是关系达到亲密的必经之路。不仅如此，自我揭示也是关系发展中的必要互动机制。

（1）自我揭示作为关系传播的策略

那些追求建立亲近关系的人总要谈判隐私的界限，这些谈判包括哪些可以、应该被共享，哪些应该设置界限。这听起来简单，实际上并非一目了然。例如，你和家人、朋友关系都很好，都会觉得彼此应该有更多的分享，当你遇到烦恼时，他们会一遍遍地问你："怎么了？怎么了?"而你觉得他们的即便是关心的发问也会让你烦恼万分——因为你想静静地一个人待一会儿。没有界限感，往往是亲密关系常有的状态。都把自己的事、感觉当作他人的，把他人的当作自己的。在浪漫关系里，最强烈的揭示—隐藏窘境是出现婚外情后该怎么办。

因此，如果不加区别的使用自我揭示，也会失去其能力。问题不是我要有多开放，而应该是我想达成什么，我如何做得更好。要考虑时机，对方回应的能力，我们和对方的关系，长期和短期后果，揭示的动机，要求多少细节，届时是否相关于目前情绪和感觉（Knapp，2005：257）。

（2）自我揭示作为操纵装置

人们可能故意揭示某种信息去伤害、刺激他人或者使他人难堪。例如，张三明明知道李四正在经历失恋痛苦，但他借用与李四同样情况的另一个人的事例来发表自己的负面评价。

有人还会利用互惠形式，通过巧妙的自我揭示来挖掘或是诱出他人个人信息。在一个适当、确切的语境下，如果自我揭示得好，就很容易使他人在回应个体的自我揭示时打开心扉，并引发他人去谈论自己。于是，有的人以一个假造的自我揭示来引发对方的言论以便发现对方的真实想法。有这样一个故事：一位领导正处于升职的组织征求群众意见的时刻，领导的下属之一热情地做东召集大家聚餐，席间，这位下属对该领导有诸多恶评，甚至破口大骂，这引得一位刚刚走上工作岗位的小同事产生同仇敌忾之感，对该领导的诸多做法也给予了负面评价。散席不一会儿，该领导就知道了该小同事说的每一句话并找该小同事训话了。正是那个下属的故意自我揭示，诱导了该小同事自我揭示。这个案例中，自我揭示被当作操纵装置来使用了。

（3）影响自我揭示的因素

自我揭示发生在一些具体情境下。我们并非向每一个人揭示自己，也不会把有关自己的所有情况都揭示给他人，也并非大多数时候向即便是亲密者揭示自己。

通常来说，自我揭示是相互的。在二人交流中，如果一个人先做自我揭示，那么，相互自我揭示就可能发生。我们通常在他人自我揭示后，揭示自我的意愿大于主动自我揭示，而且在一来一往中，揭示的数量和质量会较高。很少有人在没有被邀请或者没有得到较多回应的情形下，去滔滔不绝地揭示自我，尤其对那些内向的人来说更是如此。

那些接收我们自我揭示的人会做出语言和非语言回应，这反过来会激发我们的自我揭示。人们在作自我揭示的决定前，需要预期一个积极的回应（Altman&Taylor，1973），自我揭示和预期的揭示对象所表达的关心影响参与者的自我揭示愿望。你把你以为的自我揭示给他人时，如果他人把你的诸多方面理解为优点并补充你所具有的优点时，或者对你的缺点显示更多的理解和包容时，你会觉得受到了鼓舞，会了解到很多自己没有发现的优点，会淡化因为缺点带来的自责。如果大多数时候，你的自我揭示都得到支持性的回应，你会认识到自己"人缘"很好。例如，你说了自己一个弱点，对方描述自己一个弱点，你会感到舒服。而我们大多数人愿意揭示自己给与自己并不熟悉的人，仅仅在他人也揭示自己个人信息时。研究发现（Greene & Burleson，2003：105），艾滋病感染者可能揭示自己的状况给那个首先揭示自己是艾滋病感染者的人。

会话伙伴的多寡也会影响我们的自我揭示。考虑到自我揭示的风险，人们更愿意在小团体中自我揭示，而不是在大团体中，更不是大庭广众之下。而且人数少，比如二人情境下，更容易互动和观察情形，并根据情形调整自己的自我揭示。如果得到会话伙伴的支持性回应，可能会做进一步揭示；如果缺乏支持，可能停止自我揭示。

与会话伙伴的关系也会影响自我揭示。我们更愿意向我们的父母兄弟、亲朋好友自我揭示，我们更愿意向我们喜欢的人自我揭示，而不管他们和我们是否亲近。例如，你会向一个你喜欢但关系不是特别亲近的老师揭示，而不向你不喜欢的兄妹姐弟揭示。我们倾向于和那些善于提供支持的人做自我揭示，但也会有相反情境发生。例如，火车上的陌生人之间，会增加自我揭示，原因是偶遇降低了自我揭示的风险。

研究者（Collins&Miller，1994）揭示了三个叠加机制说明自我揭示和关系的亲近之间的关系：①人们向他们喜爱的人揭示较多。②人们喜欢那些给他们揭示较多的人。③人们更喜欢他们已经揭示过个人信息的人。这是从线性过程来说的，但环形过程就不一定了。例如，待在一起的夫妻可能在最初阶段的大开放后，自我揭示会陡然下降，约会的人会在一开始非常快地做高程度的自我揭示。

主题会影响自我揭示。我们愿意表达对外部世界的观察和观念，而很不愿意涉及自我。涉及自我时，关于我们自己认为隐秘的事情，我们会小心谨慎。在关系的早期，人们更愿意揭示事实性信息，然后情感以及大多数时候揭示的是自己正面的信息。

关于哪些话题是亲密话题，这依赖更复杂和更具有情境性的事件。因此，没有绝对的亲密话题或者不亲密的话题。有些亲密的话题可以用不亲密的方式或者语境进行。例如，"你的性生活怎样？"像是很亲密的话题，但如果是一位医生在这样问，就另当别论了。我们通常通过检查对方用词、谈话的主题和话题判断我们与他们之间的亲密度，有时候会用比言语更具暗示性的象征手段。这也就是为何我们通过传播交往知晓别人对待关系的态度，而很少直接问对方是否有兴趣与我们发展关系。

揭示内容的正负性质影响自我揭示。正面的自我揭示较之负面揭示更为常见，负面揭示往往更多出现在亲密关系里。正如前面提到的自我揭示与信任度有关，对于我们还没有建立信任关系的人，我们是不会轻易说那么多有关自己的负面信息的。事实证明，那些进行正面自我揭示的人对你来说，比进行负面揭示的人更有吸引力。尤其是在关系发展早期，进行负面揭示被认为是不恰当的。

性别也影响自我揭示。大量研究表明，女性比男性更愿意、乐于自我揭示，女性比男性较多揭示先前的浪漫关系，以及与亲密朋友的一点一滴以及相处的感受，还会揭示亲朋好友家族情况，随着关系变得亲密，女性会增加揭示的深度。但男性在这些方面较弱；女性的自我揭示是为了增强关系，而男性自我揭示与控制性、脆弱性有关；男性在异性关系中揭示较多，女性往往和同性之间有亲密传播（Farber A.，2006）；两性避免揭示的理由也各有不同。男性避免揭示的主要目的是为了维持控制，怕揭示让自己失去控制力，女性避免揭示的目的是避免个人受伤害，害怕别人利用自己的自我揭示来攻击自己（Rosenfeld et al.，1979）。

心情也影响自我揭示。比起消极心情，处于积极心情中的人会更多地揭示亲密。快乐的人倾向于接近更积极的信息，这会导致其行为方式更乐观和充满信心；不快乐的人倾向于接近更多消极信息，这使他们小心翼翼的、悲观的和克制的传播倾向增加（Forgas，et al.，2011）。

人格特征影响自我揭示。害羞会减少自我揭示。那些看起来较为"严厉"的男人少有可能揭示和表达自己（Ignatius et al.，2007）。

动机也是影响揭示的关键因素。我们是为了得到某种利益而揭示还是别的？揭示是否和自己的理想自我配对？我们愿意揭示自己以一种我们觉得和我们自己的自我一致的方式，我们告诉他人的有关我们自己的事通常使我们真的变成这个样子。

文化形式影响自我揭示的数量和质量。人们的文化背景影响他们所揭示事物的种类以及可能与人分享的亲密信息。例如，北美人比日本人更可能揭示更多的个人和亲密信息给他们认为是亲近的朋友，更可能与人谈论性生活、约会模式、爱的情趣和情感。而中国人在自我揭示时，表现出爱面子（家丑不可外扬，报喜不报忧，不太负面自我揭示），内外有别（特别注意是否是"自家人"，如果是，不该揭示的也要揭示；如果不是，该揭示的也要守口如瓶），含蓄、客气（也不太正面自我揭示，在正面和负面揭示中保持平衡。过多的正面揭示，既可能招人嫉妒而伤害自己，又可能使他人在社会比较中自惭形秽而心生不安、痛苦）。

总之，揭示决定牵涉到处理"辩证"的两难，关系伴侣试图调和矛盾和不相容的个人需要——是通过开放与他人建立联系还是通过掩藏保持自治和独立。在单回合会话中，做揭示决定的模型可能会如图 6-5 所示（该图组合了以下研究者的观念：Derlega&Grzelak 等人，1979；Greene 等人，2003）。该图包含了文化准则，社交网络和个人差异。个人差异包括个性和揭示者个体差异、揭示目标的差异、性别差异、自尊以及依恋风格的差异；该图也包含了揭示的相关性因素，比如自我、传播伙伴以及揭示与不揭示之间关系的相关原因；该图还包含了对当前情形的评估。这只反映了一个揭示回合。但真实的情况是，揭示是一个在时间中展开的过程。例如，在单一回合中揭示的接收者的回应（比如社会支持的表达，问问题，表示兴趣），潜在揭示者（潜在揭示者指的是揭示的接收者有可能成为揭示者）的自我输入（比如暗示一个人想说的），都可能影响在时间中的内容和将来会话的揭示决定。总之，和近关系传播互动中的归因理论一致（Manusov&Harvey，2001），揭示与不揭示都反映了一种自我聚焦，他人聚焦，关系聚焦以及情景—环境聚焦（Derlega & Winstead，2008）。

3. 谈论关系及其承诺

关系向前走就会有较多亲密，于是，直接谈论关系的频率增加。在关系稳定阶段，人们必然会显示或者谈论对关系的忠贞和承诺，有很多方式，"我喜欢你"，"我爱你"都是传播你对对方感觉的方式，有时这就足够了。但亲密者却是通过显示在各种传播情形中的语言和行为来揭示他们拥有的和希望拥有的关系，考察承诺是其中一种方式。

承诺有很多种。有的承诺是双方彼此都"想要"的，而有的却是"不得不"对彼此做出的，是基于义务的，觉得应该这么做（"我把他弄进这段关系的，我应该待在里面"）。当关系经历困难时，或者"想要"的动机受到挑战时，应该显得非常重要。当一方觉得应该时，关系满意度就降低。下面这三种承诺就会反应并被反应在不同的关系谈话里。

（1）感知到有回报的将来

我们通过来自互动伙伴的信息来预测奖励，我们感知到和伴侣的将来状况的程度增加了我们对关系的忠贞长度。在关系遇到问题时，关系双方比较频繁的谈话就是努力建构有回报的将来，并有一种"修复"关系的愿望。"我们不要再纠缠在这个问题上，重新开始吧。""我可以辞职，在家照看孩子，你就不会这么辛苦了"。

（2）确认关系

确认关系也可以让人们保持承诺。例如，从谈论"我"到"我们"就表示关系迈向亲密。当浪漫关系的双方强烈地专注于彼此时，就会自动使用彼此属于彼此的代词，更大程度地感知到彼此的联合，更多地以关系为焦点

```
                    ┌──────────────────────────┐
                    │ 背景因素：文化             │
                    │ 社交网络                   │
                    │ 个性和个人差异             │
                    └──────────────────────────┘

                    ┌──────────────────────────┐
                    │ 衡量自我、他人以及与关系相关的 │
                    │ 原图支持或反对自我揭示的原因   │
                    └──────────────────────────┘

                    ┌──────────────────────────┐
                    │ 当前情势的评估：           │
   自               │ 预期的揭示目标的实用性       │
   我               │ 揭示的私人场合             │
   决               │ 会话流程                   │
   定               │ 关系质量                   │
   模               └──────────────────────────┘
   型
                    ┌──────────────────┐   ┌────────────┐
                    │ 我揭示吗?         │──▶│ 不          │
                    └──────────────────┘   └────────────┘

                    ┌──────────────────┐   ┌──────────────────┐
                    │ 是                │   │ 非揭示者的即刻反应  │
                    └──────────────────┘   └──────────────────┘

                    ┌──────────────────┐   ┌──────────────────┐
                    │ 讯息选择：         │   │ 非揭示者的收获，揭示 │
                    │ 谁? 什么? 如何? 何时? 哪里? │ │ 的目标，他们之间的关 │
                    └──────────────────┘   │ 系                │
                                           └──────────────────┘
                    ┌──────────────────┐
                    │ 揭示者的即刻回应以及揭示目标： │
                    │ 行为的             │
                    │ 情感的             │
                    │ 认知的             │
                    └──────────────────┘

                    ┌──────────────────┐
                    │ 揭示者的收获，揭示的目标，他们 │
                    │ 之间的关系          │
                    └──────────────────┘
```

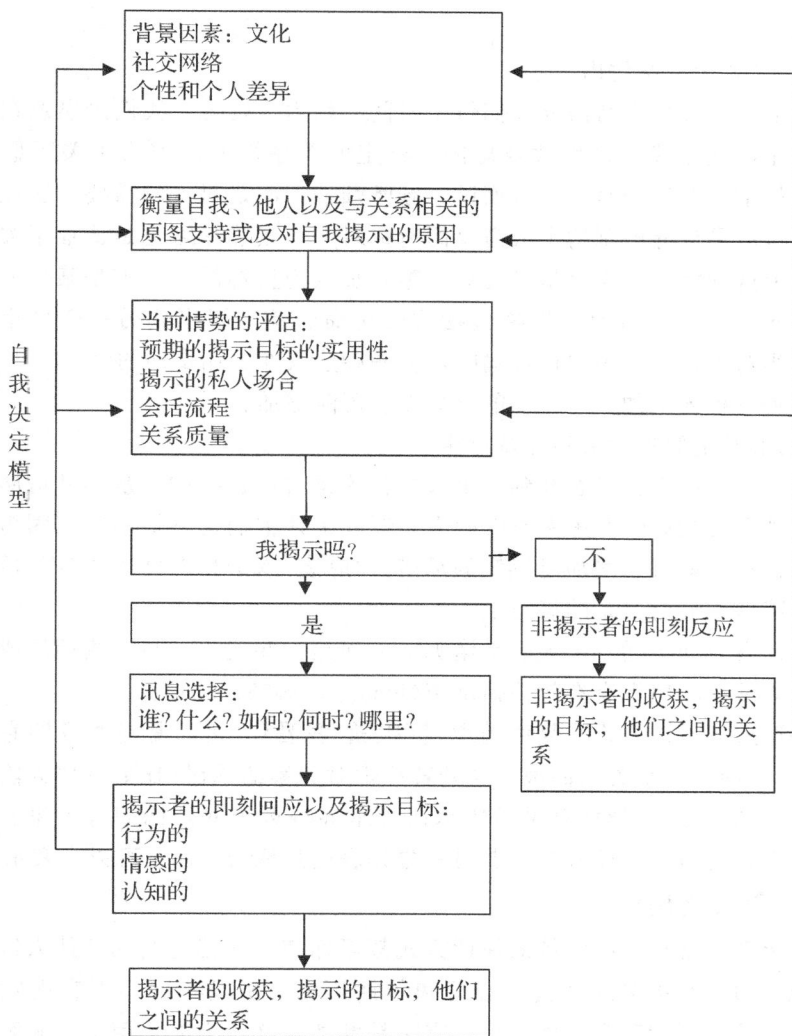

图 6-5　自我决定模型

（C. R. Agnew et al.，1998）。

（3）感知到更少的吸引力替代者

任何关系中人们都希望自己是独一无二的，都要求消灭替代者，也就是排他性。高度的承诺可以通过指出没有吸引的替代者传播出来。可替代者就是潜在的关系，也可以是工作、爱好。当这些可替代者有足够吸引力，以至于代替该段关系的某些方面或者全部时，关系就会偏离这段关系的原本应有的承诺。

（4）愿意为关系付出

生活中有许多事情需要我们付出时间、精力、资源，我们最愿意在其中投入的东西就是我们最愿意效忠的。稳定的关系需要双方为了关系愿意努力，如停下手头活帮对方准备面试，倾听烦恼，满足对方的需要。这往往是牺牲，也就是放弃即刻的个人需要而造福对方，当然最终也是造福于关系和自己。但这种牺牲不应该是以让对方感到负疚为目标的，也不是某一方不成比例地永远付出。有时，牺牲包括改变生命轨迹，搬家到另一个城市；有时，是当对方在争执中不可理喻时，说一些建议性、让步性的话。

对关系投入增加，对关系的忠贞度也可能增加。

（5）心甘情愿地对关系保持承诺

承诺的强度有赖于感知到一个人的行为是自由选择的，是心甘情愿这样做的。外在力量有时对关系影响很大，但如果伴侣们仍然把承诺归因为他们的自由选择，就可以增加可感知的承诺。"应该"承诺和忠贞或者"不得不"承诺都会降低人们对关系的满意度。

如何有效地传播一个人的承诺呢？下面是一些建议，与这些相反或没有这些行为就意味着没有有效传播承诺（Knapp，2005：301）。

一遍遍以不同方式重复你的承诺（跟随"我爱你"之后是各种证明它的具体行为）。谈论将来关系回报。公开宣称你对关系的承诺（比如一些人隐婚就是对关系的伤害）。把你对关系的承诺宣示弄得久远些，比如写下来。做一些表示努力的事。不要总是等着另一方先表达其承诺，你也可以先表示。

4. 个人化用语

亲密者常常有一些独特的说话方式甚至称谓，这把他们和其他人区别开来。他们通常有更多的社会、心理和传播历史，所以有许多不言而喻的事情，很少的谈话就蕴含很多信息，有时是默契。这些个人化用语一来强化这一对儿独一无二的身份，把不认识的人排除在外。二来确定关系规范，即喜爱之情如何表示，应该如何指示一些私密的事情。

这些用语可能是私密的符号及其含义，或者是他人使用的词和短语，但对亲密者有特殊含义，比如独特的喜爱表达，开玩笑的独特方式，给对方起昵称，对老生常谈的事情的独特表达，表达玩笑式羞辱，性邀请等。

技能训练

举例说明你对男友/女友的个人化表达。

5. 赞扬和礼物

赞扬是否在关系保持中扮演重要角色呢？赞扬使我们感到我们多有价值，由此使我们感到愉悦。但像批评一样，赞扬有时也具有威胁性，因为赞扬也是一种对他人的评价，评价总是让人警惕。你可能赞扬我："你洗得衣服比我洗得干净多了"，但我并不想要这个赞扬，因为该赞扬暗含着我要经常洗。由于有人把赞扬作为操控手段，所以我们对此保持警惕。研究表明，最有意义的赞扬是对一个人的整体或者人格个性进行赞扬（M. Knapp，et al.，1984），比如"你很善于鼓励别人"。

犹如赞扬，礼物也具有周期性地宣称关系的作用，是为了把亲密保持在想要的程度上，有时有效，有时无效。

人们在某些特殊时刻对礼物有期待，比如春节、生日、生病。如果没有礼物，就是对关系的一种消极宣示。一些夫妇也会建立规范，即便在特殊日子没有礼物也不会制裁。把礼物给一个你认为亲近的人而对方又不想要时，对方就像得到一个不想要的赞扬。但在不愉快的争吵或者一个人感到情绪低落时，给礼物具有"修补"意义，表示给礼物者想重拾彼此的亲近感。经常给礼物也有风险，因为礼物不再被看得有意义。

看来给礼物也是一种挑战。一般是根据收礼物者的需要和愿望裁定，同时礼物要承担宣示关系的意义。

6. 安　慰

我们的生活不会一帆风顺，总是充满跌宕起伏，亲密关系中的伴侣彼此分担压力是常有的事。伤害的来源可能外在于关系，也可能就是关系本身，比如感到被拒绝，自我观念受到伤害。受伤的人总希望伴侣用安慰信息来帮助自己渡过难关。提供安慰讯息的技能应该也是亲密关系的必要晴雨表，人们应该在关系保持中努力发展管理这种传播的能力。

安慰也是双向的。如果安慰者本身就是情感低能儿，安慰讯息的目标接受者可能感到情感不稳定；但如果安慰一方能够让对方感到好些，安慰者也可能感到好些。

当对方需要安慰这一点确定了，安慰者就有责任提供安慰。找到环境实施安慰，在接受者做好准备时实施安慰，安慰讯息应适应这个人的历史与能力以及伤害的本质。至少，要集中于倾听或者缓解对方不愉快的感觉。没有理想的安慰传播方式，被广泛使用的方式有：①谈论感觉。②谈论被帮助者的价值。③表示帮助者的回应的真实性（Bippus，et al.，2001）。

安慰行为的成败常在于帮助者是否以及如何谈论感觉。男性比女性在这方面更艰难(B. R. Burleson et al. ，2005)。无论男女，如果轻描淡写或谴责受伤者的感觉是不可能安慰成功的。有时安慰者想使产生痛苦的问题影响最小化，或者情感上鼓励被安慰者"高兴起来"，但如果没有其他语言与非语言行为伴随，被安慰者会非常不舒服——"犯不着为他说的话难过"，"不要搞得这么悲惨。已经发生了，没什么大不了的"(缩小人家问题的意义)。通常，人们喜欢其感觉被承认、被接受——"听到你感觉不好，我很难过。要我也会有这种感觉的(同时给予拥抱)，如果想哭就哭吧。"

安慰还需要探讨原因，给予建议，以便帮助受助者有效解决和面对问题。还要显示安慰者是完全投入的，其反应是真实的，而不只是"经历这个情感"。要感同身受，并谴责伤害人的人——"我知道那很伤人。谁都会为此愤怒的。他没有资格对你那么说话。我完全站在你这边。如果你不想继续干这份工作，我支持你。你需要一个有人欣赏你的工作环境。"

7. 建　议

面对别人遇到的问题，人们的通常反应是建议。但是，即便是出于好意的建议，也未见得总是有助于关系。例如，当一个人失去亲人，悲伤者会收到包括建议在内的同情，但悲伤者可能并不需要建议。"人死不能复生，你受过这么好的教育，应该懂得这个道理。"事实上，情感修复需要时间，理智上很多人都懂得这个道理，悲伤者的叙述是一种修复，一种纪念，可能需要的就是聆听的耳朵。

在如下两种情况下，建议最受欢迎。一是他人以直接的方式提出请求，"你认为我该怎么做？"二是建议者考虑到接受者的面子需要(Goldsmith，2000)。当然，即便符合这两个条件，建议也可能是无效的。因为建议可能对该如何行动毫无帮助，人们通常只能告诉他人在他人那种情况下，自己是如何行动的。但是，对一个人对的东西不一定适用于另一个人。而一旦建议采纳者无法成功行动，就会责怪建议者，推卸对事态的责任。另外，人们并没有打算采纳建议，只是想说出想法和情感。未经请求的建议伤害接收方的自我(Goldsmith，2000)。例如，"这种事情很好处理，你应该这样……"这好像接受者做错了什么，贬低其尊严。

因此，在给建议前，要搞清楚四个条件：①确定他人真的想听你的建议，最清楚的指示是人家直接请求。如果不确定这一点，可以问"你需要我给点建议吗？"②考虑一下那个寻求你建议的人是否真的准备接受它。有的人总是自有主张，就不劳烦你给出好建议了。③确信你的建议是正确的，对你只知道皮毛的事情不要冒充行家，你的绝对有用的行为路线不一定对他人适用。④确定假如建议不管用，接受者不会怪罪你。

8. 劝　服

在稳定关系中，也经常会出现劝服，具体内容请参考本章第二节顺服的获得部分。

三、关系下降阶段及其互动方式

关系中除了喜爱、支持、安慰以及温润话语，也有牢骚、厌倦、抱怨、烦恼和刺人的话，关系中常常有伤害和伤痛。有时关系破裂是"祸起萧墙"，有时则起因于鸡毛蒜皮。当关系破裂时，我们要设法补救和整顿。而关系最终瓦解也会经过几个阶段。

当我们发现关系问题的迹象时，会有三种选择：等等看下一步发展，决定重新定义或者结束关系，试图修补关系。

关系降级和结束并不总是坏的，不是每一个关系都需要忍耐。如果关系对双方都是伤痕累累，或者不能提供自我确认以及满足人际需要，结束就是一种健康的行为，也是对新的关系的开放。当然，有时选择不结束，只是降级到较少亲密阶段，在收益和成本间寻找新的平衡。

关系下降就是一个关系的亲密度降低的运动过程，整个互动特点是朝向陌生人的传播类型。关系下降有五个过程，即关系殊异化、停滞、躲避、分手和分手后的影响。

能够对关系问题有着较高的敏感度是有效进行关系管理的一部分。关系的每个阶段都有独一无二的传播质量、语词与非语词线索，这些都可以帮助我们发现何时开始出现关系降级。

(一)关系下降阶段

结束一段关系不像下电梯，转瞬就到达地面。有的从亲密朋友到偶然朋友，有的夫妻觉得彼此成为朋友更好，只是不再要浪漫关系或者排他性关系，于是，他们的关系消解就保持在淡化阶段或者探索阶段。关系降级也是一个动态的过程。

1. 关系殊异化

这个阶段，关系出现波动，这是通过各种退缩策略或者设置障碍传播出来的。互动者之间的物理(身体)距离增加，传播和身体互动减少，互动间隔长，在一起时间减少，虽然不一定争吵。有时，通过发送不具体的讯息逐渐使联系困难，比如什么地点、什么时间联系。"我在哪里找得到你?""不要麻烦了，我会打电话给你的"；"你什么时候可以来拿东西?""我想来就来"。

波动也可以通过传播内容显示出来。关系双方开始觉得不对劲，冲突增加，彼此挑毛病，关系定义不太清楚了，相互接受降低，传播氛围紧张，双方开始烦恼关系的管理方式，交流变得困难。过去能够坦率讨论的话题，现在成为冲突的来源。"你对我真是一心一意，棒极了"，这些原本积极的话语会被听成"你从来不考虑我的需要，你是我见过的最自私的人"。

波动也可以通过非语言行为表示出来，比如不太直接的身体方向，减少的目光接触，目光接触短，除非是在语言传播或者打架中用来羞辱、威胁对方，较少触摸，声音冷漠，充满令人不舒服、尴尬和情非所愿的沉默，而不是曾经令人温暖的沉默。

关系波动时，关系失去紧要性，伙伴变得可替代。此时，一方或者双方努力重建"我"意识，不再强调"我们"。有时，则希望没有责任牵绊的亲密关系。

研究表明（Gottman et al.，1994），在夫妻关系中有四个关系问题迹象：一是批评和攻击对方人格。二是通过侮辱和心理虐待显示轻蔑。三是否认责任，寻找借口，抱怨和反抱怨。四是阻碍——配偶退缩，停止回应，较少参与关系。如果所有迹象持续出现，多半最终会离婚。于是，幸福的夫妻发展出有效传播模式以克服它们。

导致殊异化的原因有可能是一方或者双方关系管理模式出了问题，也可能是因为单方面或者双方的个人经历发生了改变。此时，关系可能继续下降；也可能停止下降，长期停在这个阶段；或者通过个人修复、重新定义或者更新关系回到原状态。

2. 关系停滞

此刻，沟通的质量下降，双方感情变淡，关系僵局出现。双方减少了互动，定义自己的生活为个人的而不再是"一对儿"，从"我们"到"你""我"，好像在表明"我想我们从来就不认识"。增加了身体、情感、心理的距离，比如衣服风格差异大起来。对一些对方不喜欢的食物和东西偏爱起来，情趣背道而驰。深层次的思想和情感分享转变为闲聊，日益关心起自己来，不再把对方看作伙伴或者非常重要的他人，对关系的关心少了（为了保持自我，趋向于在争议中较少让步，采取我赢你输的姿态）。开始讨论对关系的定义并质疑关系将来，评估每一方满意和不满意的层面，不直接告诉对方自己的想法，把矛盾埋藏在内心，在日记里或者与其他人谈论该关系。

当然，通过传播模式的观察来确定关系下降有时非常困难。例如，一对关系展示了几次殊异化和僵持，而这不过是反映了这一对儿一种适应形式的变化，而并非指示关系下降；有时这些殊异化和僵持是双方想把关系退后一步——从紧密到考验，而不是结束；有时观察者观察到这一对儿这样的行为，但这一对儿并没有意识到他们是发送了殊异化和僵持信息；还有，任何关系，即便是最亲密的关系，也会有一些信息是传达殊异化和僵持的信息的，这些信息要多充分才算是关系进入下降螺旋呢？这是一个非常复杂的问题。可能是，如果我们只听自己的感受，或者我们对他人的感受不再感同身受时，就多半是关系下降了。

这时，关系也可能被修复，个人可回到强化或者亲密阶段。但无论如何，这一阶段的互动变得较为困难了。

如果要想解决关系问题，此刻首先要勇敢地面对关系伙伴。有时需要正式告诉关系伙伴自己的感觉并试图解决；但有时在没有告知的情况下，有人便脱离关系；人们有时还会用撒谎来隐瞒已经脱离关系的状态，比如"我很忙，没有什么变化啊"，等等。

3. 躲　避

这时，双方尽量避免接触，见面时的一问一答对话显得很尴尬。有时也有直接交流，但主导的想法是"不想再见了"，关系结束指日可待。双方重新分配财务、资源和朋友圈。这时候，人们把对关系的烦恼公开化，试图获得他人的支持与协助，使自己的观点得到认同，使关系得到调停，使问题得到校正，或者停止关系往来。

这个时期刚出现时，互动非常紧张和困难，尤其是经历了亲密的关系。如果从未超越关系的探索和强化阶段，关系结束的商谈就相对无痛苦；对于经历过亲密关系的，最尴尬的事莫过于彼此曾经分享过的个人信息。尽管知道彼此很多事情，但谈论却在表浅层面，互动相当不舒服。随着时间推移，人们知道的对方信息会越来越少，原来的信息就过期了。

4. 分　手

结束关系没有绝佳方式，如果想改变一种关系的亲密程度，首先要问自己：是想以较低亲密度继续关系还是就此结束亲密关系？是否意识到结束关系的代价？

关系结束也不是一下子就完成的，而是慢慢消退，或者是不断反复。一旦结束某段关系，人们觉得要重新确定自我。有时双方都愿意分手，要做的只是列出分手细节，比如时间、个人财务以及分手后联系的条件；而最痛苦的莫过于一方想结束，一方想继续。要求结束一方必定要使用顺服获得策略使对方同意如此解决，或者有时干脆直接脱离关系；而不愿意结束的一方也会使用顺服获得策略，或者，使用围捕手段试图维持关系。

分手不是一个孤立的话语过程，其互动反映了整个关系历史的所有方面。其典型特征可能是大喊大叫和说肮脏下流的话。

研究表明(Sigman，1991)，分手传播行为有三个功能：①总结陈词关系历史，强调关系的不愉快之处，提出将来行动的基本原则。②努力用语言和非语言传播来增加心理和地理距离。"以后我们不再见面，或许以后偶尔在哪里可能遇到，但我不会再和你一起出去了"。③为即将发生的一切表明支持性。"我很想达到你的满意，但很抱歉我没有做到"，"尽管分手了，我在心中还是为你保留了一个特殊的位置"。一种好的分手是确认双方的价值而不是贬低对方。

5. 关系后影响

在关系模式图的底层就是关系后阶段，这个阶段代表关系中的种种对我们的自我感觉以及后续的其他互动与关系产生的影响。

关系结束后，尽管关系双方彼此不再互动了，但过往关系产生的影响并不会就此消逝。一段关系可能永远留在我们生命的轨迹里和记忆中，并时不时影响我们的感觉，影响我们其他的互动和关系。正如我们失去生命中最重要的人一样，失去一段我们曾经非常用心维护并十分珍惜的关系后，人们往往会"哀悼"，会"服丧"。

人们会创造一些故事向他人讲述为何分手以及分手的合理性。很多时候，分手后的人的自我受到很深伤害，不得不努力重获健康自我。分手的人还会开始思考为何分手，而与谁提出分手无关——如果提出分手方没有对分手原因进行充分说明，对方就会很迷茫并猜测原因。这种困惑可能使不明原因的一方在将来的关系中继续那些破坏关系的行为，因为他们不知道自己对过往关系结束所产生的作用。

有时，一方的关系后行为和另一方相反。一个人感觉分手释然了，另一方感到遗憾；一些人处理失落感时，会和他人保有更多联系，而另一些人则更为封闭。

(二)关系破灭的原因和方式

1. 关系破灭的原因

任何导致关系苦恼的东西都可能被看成是关系解体的来源。夫妇们最普遍的十个麻烦领域是：①传播障碍。②失去共同的目标或兴趣。③性生活不协调。④不忠。⑤失去婚姻的兴奋和趣味。⑥金钱。⑦冲突和孩子。⑧酗酒和滥用毒品。⑨女性平等问题。⑩姻亲关系（Baxter，L. A.，1982）。其中，传播故障是导致关系分裂的主要力量之一。

传播模式是关系最终解体的症候。当关系面对压力时，人们交换很多负面的东西而不是正面积极的。评头论足带着讽刺挖苦，争吵较多，问题一般会升级。当人们发现不再能从关系里得到他们期待的回报时，就没有保持关系的目的和意愿了，或者发现保持关系存在诸多压力，就趋向于分手。烦恼的夫妻趋向于交换和感知大量互动中的负面性，并表达大量负面情感，对对方做负面理解。比起不烦恼的夫妻，有更多含沙射影，更多负面感觉，彼此睚眦必报（B. R. Karney et al.，1997）。

当然，不能说传播是降级的唯一原因，还有大量其他原因，比如对伴侣不满意；从伴侣那里没有得到想要的回报；对关系的幻灭；个人特征问题干扰了奖励性关系的保持；不能和社交网络中的他人处好，比如姻亲关系；背景变量的张力，比如种族、教育；不能处理来自环境的压力，比如失业、搬家（Knapp，2014：345）。

2. 关系结束的形式

研究者区别了"渐行渐远"的关系和那些"突然死亡"的关系（M. S. Davis，1973）。

（1）渐行渐远的关系

由于种种原因，关系慢慢失去活力。以下三方面是非常重要而又典型的预示器，出现这些因素之一可能会失去关系，但也不一定。学会处理它们是避免分手的最好保障。

第一，一个新的亲密者进入既有关系场景。这会导致嫉妒，嫉妒是对一种可感知的对关系的损失或者威胁的反应，不是一定有威胁，而是感知。异性关系中，人们最嫉妒什么？男性较为嫉妒伴侣的性不忠，女性更嫉妒男性的情感不忠。除了不忠，还有如下类型导致嫉妒：时间嫉妒——感到对方没有足够时间和自己在一起；对人的嫉妒——一方可能感到受到另一个具体的人威胁，这个人是另一方选择来联系的，而不是实际受到他人威胁；机会嫉妒——一个人可能有独特的机会把伴侣排除在活动之外。

在一定程度上，通过表示关心、关爱，嫉妒是有益于关系的，但也可能导致病态反应——自怜，计划报复，威胁用暴力。有人把嫉妒等同为爱，这尤其危险。通常，那些最依赖、没有安全感、坚信关系应该完全在一起的人最容易体会到嫉妒。关系经历也会是产生嫉妒的一个因素。例如，同居的人比婚姻中的人更容易嫉妒，离婚或者分居的人比起婚姻中的或者寡居的人更容易体会到嫉妒。

那么，人们如何处理嫉妒感？男性更可能努力修复自己受损的自尊，而女性更注重修复受损的关系。嫉妒不是一方的问题，而是牵涉到关系。最有效避免嫉妒的方法是交换对有问题的行为的期待和感觉。

第二，互动距离。随着时间流逝，互动距离可能扩大，引起关系衰退。尽管有研究表明（L. Staffor et al.，1990），远距离约会伴侣可能传播受限，这通常产生一种把关系理想化的倾向，可能有助于人们保持远距离关系，但以理想化、非现实的方式看待关系也可能为双方走到一起时的过渡期带来困难。显然，没有接近性想要保持相当亲密的关系是非常困难的。

第三，关系过程中个人心理和生理变化可能耗尽关系强度。严格说来，关系是易碎品，彼此吸引的某些方面在另一个时候会变成困难，一度认为令人兴奋和与众不同的东西成为不可理喻。例如，容貌的改变、孩子出生、生病、事故、晋升、新工作、新地点，都可能使人的态度、兴趣和习惯改变。

(2)突然死亡的关系

这是猝不及防的关系消解。伴侣们失去亲密感，但继续履行角色，因为某些纽带不允许他们结束关系。一旦履行角色必要的纽带松散了，关系会很快结束，认识他们的人甚至会感到震惊。例如，孩子离家读大学后，夫妇关系解体。

有时，一方想结束关系而另一方不想，不想结束的一方通常会承诺"我会改"，但总是故伎重演。不满意的一方通常决定单方面地、迅速地试图避免对方的任何拖延战术。终结者试图增加不愿意分手者的代价直到可以单方面决定分手。

关系发展过于迅速也可能导致关系突然死亡。一方如果感到发展太快，会要求减缓速度，保持目前状况看看后续发展如何。而如果另一方并不打算减慢，抵制减慢的态度就会强硬起来。双方的冲突就会激烈爆发，导致一方毅然决然地分手。

第四节　成为关系传播的高手

人们都渴望有令人愉悦的关系，这就需要关系双方一起有效地传播。那么，有没有关系成功的标准化公式呢？有效传播包括哪些基本策略和技巧呢？例如，当我们发现我们喜欢上了某个人，如何发动关系？一旦建立了某种关系，我们又如何确保关系健康以及双方都舒服的亲密程度？如何在关系下降时采取恰当的方式改进或者结束关系？

尽管有效的关系保持并不排除也会有不愉快的互动发生，本节主要聚焦于那些有利于关系发展、保持和提升的愉悦互动，也就是关系开始、提升、保持和结束过程中可选择的技巧与策略。这些一般技巧和策略包括：准确评估他人需要，为推进关系进行闲聊，揭示/保留一些个人信息与情感以增进彼此理解，提供社会支持，关系谈论开诚布公，忍耐伙伴的缺点和失败，有能力使伴侣相信其责任和喜爱之情，有能力共同行动，能够建设性地处理冲突等。

但值得我们注意的是：第一，这并非有关策略和技能的完全清单，我们这本书学到的一切技能，比如准确感知能力，营造良好的人际氛围等都有助于关系建立和保持。第二，正如我们在第一章所谈到的，所有的策略都不是绝对的、完美的，要适应具体情景。第三，关系绝非自然而然发生的，关系双方必须有积极努力付诸实践的强烈愿望。人们时常会有这样偷懒的想法：告诉我几种简单技巧，我拿来就可以用，而且用了立即就有效。这种想法是把关系看作不需要我们做什么特殊努力的。实际上，努力提高关系是一项终生事业。第四，不要以为良好关系是一个人就可以完成的，这需要与对方的合作和配合努力。第五，这些技巧和策略并不必然指引我们的各种关系走向成功或是失败。我们对我们如何形成关系、为何关系能够运行良好或者不良好的知识越多，我们越有可能把它保护好，而不是必然保护好。因为关系建立、保护和结束是极为复杂的过程，诸多因素会影响我们技能和策略的实施效果。

一、关系开始、建立及其策略

通过了解关系发动的典型行为，我们可以发展出很多技巧和策略来发展我们的关系。

1. 观察并回应接近线索

人们在地铁上、电梯里总是避免眼光接触和身体碰撞，因为那表明接近的愿望；人们通过转向另一个人，做出微笑、动静、眨眼、挥手、开放的身体姿势，发出愿意接近他人的信号。如果没有这些信号，通常意味着一个人想独自待着。

不仅他人会通过语言和非语言线索来传达对我们是否有兴趣，我们也会通过语言和非语言线索直接或间接地表达我们对他人的兴趣与喜爱。当环境和座次等不方便人们交换非语言讯息时，可以用"你好"等语言主动策略表达对他人的兴趣，表示你是可接近的且你正在接近他人；如果他人还以微笑，或者问话"你听清楚今天老师布置的作业了吗?"这就表明进一步互动的门打开了；但如果他人报以似笑非笑、沉默、匆匆忙忙等，则意味着互动之门关闭着，我们可以得出结论：他人不想受到打扰。

在启动互动时，绽放一张愉悦的脸尤其重要。人们只有感到愉快才会有互动的动力和愿望。但并非所有人都是以愉悦的状态进入关系发动阶段的。由于关系发动必然涉及对一个人作为关系伙伴目前的吸引力和潜在价值的评估，这个过程并非天然是正面的。人们会感觉到连串的负面情感状态，比如感到紧张、焦虑、不自在、小心翼翼、不舒服、犹豫、害怕以及惊慌。在人们追寻建立一种关系的情形中(或者对建立关系的可能性保持开放)，无论愉悦的展示是被充分体验到的还是伪装的，愉悦的规范化期待对推进该过程是相当成功的机制(Susan Sprecher et al.，2008)。

2. 确认和使用对话启动器

通过做广告性宣示，让他人觉得我们是可亲近的，比如"我的名字叫张三。""我毕业于复旦，我们是校友。"当你发觉对方穿着"复旦"字样的校名衫时，你问"你是复旦的学生？我曾经去过那里"。

3. 遵守互动仪式和传播常规

任何文化里都有既定的互动常规，比如英语世界里与陌生人打招呼"hello"，"hi"等，中文"你好"等。然后，交换姓名或者一般信息("我是你老乡")，讨论当前情形("这场球赛真臭!"或者"啊，好天气")或者讨论是否认识某个人("你认识黎明吗，他和你在同一个系")，或者讨论教育背景或者职业，一般主题如电视剧、电影、音乐、家庭、运动、书籍等。以我自己访美经历之一为例，美国人问我："你看过 *Kong fu Panda* 吗？我非常喜欢"，接着讨论进一步聚会("有机会我们聚聚")，再接着交换愉悦("认识你很高兴")。当然也可以文雅幽默地说"相见恨晚啊"，结束对话。("再见!""我要去上课了"，"留个电话号码吧")

遵守常规让人安全舒服，减少紧张和不确定性。初步互动中如果过于突破常规，会让对方觉得突兀，不安全感增加，无法鼓励对方继续与你互动并进而追求某种关系。如果第一句就问对方"你结婚了吗"或者"某某是你老公吧"会显得很突兀，对方会觉得隐私正在被挖掘；如果说"你知道吗？人类自文艺复兴以来，理性的登峰造极带给人类现代生活巨大灾难"，这似乎在拷问别人的知识丰富性和思辨的复杂性，也会给人以防备感和警惕感。

一般文化中，通常男性被期待主动邀请女性外出，如果女性主动发起约会，会留下负面印象。一项对 400 个学生的调查研究表明(Momgeau, et al.，

1993），比起等待男性邀请外出，那些直接邀请男性外出的女性被看成是积极的、灵活的、诚实的、外向的，女性主义、自由主义特征较为明显，生理上的吸引力减弱。而女性学生认为女性约会发动者比男性更可爱、机灵。

技能测试

你如何看待第一次约会女生邀请男生外出？你们的观念有多不同？调查5～6个男生和女生，收集以下问题答案，看看他们的反应有多接近？何种程度上男性、女性在这些问题上是彼此同意的？

男生回答以下问题：第一次约会有女生邀请你外出吗？你对她的态度如何？你受到她的邀请行为的影响了吗？

女生回答以下问题：第一次约会你邀请过男生外出吗？你认为男生对你的态度如何？他受到你的邀请的影响了吗？如果你从未有过这样的经历，你认为你真的这么做的话，男生会如何反应？

4. 提问以了解他人兴趣，分享自己的兴趣，抓紧时机推进关系

诸如"你怎么样？"这样的提问可以增强互动，提高你对他人的适应性（Murray，1985）。提问的关键是要激发对方回答，如果你得到答案，要进一步跟进问题，或者回答对方的提问。如果对方只对你的问题简单作答并没有问你有关问题，表明对方对互动没有特别兴趣，你就不要进一步追求互动了。

但提问不要提得像审问人一样。有的人在社会互动中很委屈，觉得自己很友好，但在初次互动中总给人不友好的印象（请复习第五章监管非语言信息以及创造健康传播氛围那部分内容）。有这样一个不愉快的互动例子：一个20多年不曾谋面、且在读书期间也很少交往的同学B，突然给A打电话，A很兴奋，觉得回到了大学的流金岁月，但很快又失去了互动兴趣。以下是A与B的对话。B问："我是××，还记得我吗？"A答："当然，这么多年没联系，听到你声音好高兴！"B问："你在复旦教书？我们班当官的很多，教书的很少。"A答："是的，这么多年你还好吗？还在老家工作吗？"B问："你老公干啥的？对你好不？你有小孩了吗？"A答："他在上海交通大学工作，有小孩了，5岁了，你小孩多大了？"B答："找了个教书的！你一定赚了很多钱，有车有房了吧？我买了别墅"。可以看出，B没有回答A的任何问题，接下来的时间A就一直耐着性子"嗯，嗯"，听着B一个人说。A的感觉是："挂断电话，我对她的认识还是二十年前的，她对我来说还是一个陌生人。"

但问题的恰当性也是相对的，会因人而异，同样的问题在不同的人那里激起的情感和情绪状态有可能不一样。有些问题不可问，会增加他人的防备

心；有的问题对某些人不舒服，但对另外一些人却是没有问题的。

所以，如果你想推进关系的话，提问的关键是以他人为导向。

技能训练

寒暑假的火车上，青年大学生很容易接近，你有这样的经历吗？有多少人有"火车"女友或者男友？有这样经历的人彼此交换互动的开始是如何进行的？请比较各种互动发动的异同与效果。

5. 不要在初步互动中期待过高

初步互动并不意味着关系就有将来，不要一股脑儿把很多东西放在初步互动中，不要在初步互动中期待过高。初步互动的常规性限制了你和同伴彼此达到更深了解的机会，或许需要几次互动。如果你真的和对方有吸引力的火花擦出，就安排下一次互动的约会吧。

二、关系发动和提升都适用的策略

"不会这么巧吧，我也喜欢看电影"，"和动漫迷说话爽极了"，这些语句强调了共同性以鼓励听者喜欢说话的人，在刚认识某个人和提升关系时都可以用。具体说来，增进某人对我们的吸引力，恰当自我揭示，收集信息降低非确定性，监管视角，积极倾听以及肯定性回应，社交适应等等都是在这个阶段使用的技巧。

1. 培育和传播吸引力

当我们被他人吸引，我们通过语言和非语言线索直接或间接地表达我们的喜爱，比如减少物理距离，增加目光接触和碰触，向前靠，开放身体方向，微笑。也可通过间接的语言传播吸引力，比如称呼他人用名不带姓，指示"你和我"时用"我们"。

用直接的语言奉承来增加我们的吸引力，也被人们常用。"我喜欢你的套装。""你很有吸引力。"用语言传播来表达奉承可以增加我们的吸引力，但还要考虑对方对我们这种直接性奉承的反应，因为关系是基于两个人的愿望和需要的。有些人喜欢这种直接的语言，但有的人并不喜欢。

同时，还要考虑在直接性效率和社会恰当性之间的平衡。奉承会给人溜须拍马之嫌，不宜经常使用。但想想别人告诉你你如何吸引了他的感觉，你就知道该如何做了。也就是说，尽管在高语境的含蓄文化里，社会互动并不鼓励这种做法，但依然可以偶一为之，因为奉承他人是解决棘手问题的一种能力，可以得到他人的积极回应。

还可以通过增加亲和力让人们喜欢我们。有亲和力的人通常会引起他人互动的愿望。这个方法包括：①自信地自我揭示——"我正在学习设计，毕业后准备到法国留学，开拓视野"，这显得很有主见，有能力回馈别人。②增加视觉性——穿着打扮吸引人，表现自己的激情与充满活力等。③显示诚实可靠，建立相互信任——"和你很僵的那个人向我打听你的情况，我说我不清楚"。④有礼貌地回应对方——"不好意思，我打断你了，请继续"。⑤表示关心、支持、敏感性等，"在这种情况下，谁也不会处理得那么完美"，"地震对你家乡有影响吗?"⑥包含互动的人们——"一起去郊游一定有趣"，用"我们"谈论"你"或者"我"。⑦揭示共性，确认和使用对话启动器——"和你一样，我也喜欢看动漫"(Bell and Daly，1984)。

2. 适当开放，进行自我揭示

我们都知道自我揭示对于关系亲密的发展是关键因素，非此不能达到。双方都要做这样的决定，是否继续关系。你可能觉得共同点很多，但他却没有达到同一点。

闲聊是一种自我揭示，但要注意，初步的自我揭示不要违背既定的文化期待，如果你揭示你的问题给他人，这会使他人远离你，而不是推进关系。在关系早期，揭示太多负面信息是不符合西方文化规范的，也不一定符合中国文化。因此，应尽量揭示自己的正面形象。有着积极自我形象的人是吸引人的，比如积极的声音、微笑、取得的成绩。积极的自我揭示不仅包括语言的，还包括非语言的，即不要嘟嘟哝哝、犹犹豫豫。当然，积极的自我揭示并不意味着你要自大、自夸，也不是给予虚假信息，而是对分享的信息有所选择。每个人都有弱点，对方也试图呈现正面的形象。

小王参加一个朋友的聚会，一位女士过来和他聊天。15分钟内，小王不但知道她住哪里，而且还知道她毕业于哪里，在哪里工作，每个月赚多少钱，正在和谁约会以及有一次她向男朋友妥协被同学看见她是多么尴尬(说得栩栩如生，还有声音效果)。你是否遇到过谁告诉你关于他们的个人信息远远超过你想知道的?尽管自我揭示是关系建立的手段和必要步骤与过程，但过多过快告诉他人关于我们自己的一切是不明智的。

也就是说，即便我们知道自我揭示的重要性，也不表明我们就知道如何揭示。恰当的自我揭示是一个重要的并且需要学习的传播技能。

20世纪六七十年代，人文主义对自我揭示影响很大。这种视角认为：坦诚交流被认为是建立良好关系的基础；而弄虚作假、言行不一、反馈乏力以及自我揭示保持拘谨都会加深关系中的裂痕；理想的人际关系要求人们允许别人充分体验他们，也能敞开心扉充分地体验他人(小约翰，1999：466)。

后来人们发现，坦率并非一定有助于关系，有所区别地自我揭示的人比不加区别地进行自我揭示的人对他们所处的关系更满意。心理健康的人会对社会环境中一些重要的人做高度自我揭示，对其他人做中度的自我揭示；而传播适应不良的人对社会环境中的差不多每个人都不会做高度或低度的自我揭示（Paul Cozby，1973）。那么，怎样的自我揭示是合适的呢？

（1）自我揭示要循序渐进

自我揭示通常是小额度增长，并要有合适的机缘。大多数人是一次揭示一点自我信息，而不是立即发布个人传记的浓缩版。过多过快地揭示自己给他人，不但会伤害自己，也会伤害他人。因为他人会因为知道你过多的信息而感到是一种负担——为你保守秘密的压力以及因为不知道如何回应而不知所措。尤其自我揭示是亲密关系的一个指标，当对方还没和你达到这种关系时，过多地知道你的信息就会感到非常尴尬。小郑告诉我他遭遇过的一次尴尬："一次社团活动中，我遇到外系一个女生。她热情洋溢地讲了自己的饮食习惯、爱好兴趣、人生追求、选择男朋友的标准以及对待成家立业的态度等。以至于周围人都认为她喜欢上了我。社团的第二次活动我们又重逢了，她继续深入谈论她的恋爱经历、态度和选择男友的标准。我觉得非常不自在，开始考虑退出这个社团，以防产生不必要的误解"。你是否有过较快、较深入地揭示自己给他人的经历？

因此，恰当的自我揭示应该掌握好的时机，要适应相关者的期待和情形。上例中，小郑不舒服是因为在非常短的时间里他知道了那个女生太多的信息。

（2）自我揭示的个人信息要由浅入深

自我揭示的深度可以通过分享的信息的亲密度表现出来。假如在我们还没有与人有任何交往历史的情况下，我们过多过快表达亲密信息，就违背了我们交往伙伴的社会规则和经验。《为何我怕告诉你我是谁》的作者鲍威尔（John Powell，1969）认为，揭示自我的进展应该遵循以下层次。

层次5：无关痛痒的寒暄——与他人进行语言沟通，通过说些什么让他人知道我们承认他的存在。"你好！""怎么了？""这部电影好看吗？""你的发型很好看！"等等，这些都是激发关系的愿望表达，尽管是简短的、表面的。

层次4：事实陈述——告诉他人有关我们自己的一些非威胁性信息，比如姓名、家乡或者专业（当然，专业对某些人或某些时候是威胁性信息，反之则不是。有时，家乡也是威胁性信息）。

层次3：态度和个人观念表述——开始谈论较多个人信息，比如对工作、学习的态度或其他相对安全的话题。信息不要太具威胁性和揭示性。但这时，我们开始谈论喜好憎恶或者我们认为不具争议性的话题。

层次2：个人感情表达——在发展了一种较为友善的关系后，我们开始分享较亲密的恐惧、秘密和态度，谈论的话题和事件开始非常个性化。当然，前提是基于信赖。与此同时，我们开始人际历险。

层次1：巅峰传播。绝大多数的关系都难以到达这个深度，我们仅仅和最亲密的朋友揭示这方面的个人信息，甚至和父母、子女、配偶也无法达到这个顶点。这个层次之所以很少发生，是因为风险太大，整个人完全敞开，需要绝对信赖。这也就是为何关系越亲密，彼此伤害越深，关系破裂后，痛苦越深，因为我们最隐秘、脆弱的那个部分可能被对方攻击，失去那个几乎是另一个自我的亲密伙伴就几乎等于失去自己。

（3）揭示的私人信息不能对我们有太大伤害

我们通过揭示某种具有私人性的信息开始交往，但这种信息不能伤害自己，如"我从来都怕做这种事情"，"我怕在大庭广众下讲话"。也就是说，尽管自我揭示是关系发展的必要机制，但也是高风险的。保持封闭的界限可以带来更大的自主权与安全感，而开放边界则促进人与人之间的亲密关系与共享意识，但这却是以个人容易受攻击为代价的（小约翰，1999：468）。于是，何时敞开、敞开多少、何时封闭、封闭多少就成为我们必须把握但难以把握的艺术。

一旦你揭示个人信息给他人，他人也可以分享这种信息给第三方。把他人作为机密分享给你的信息告诉第三方是不道德的，假如你已经许诺保守秘密就应该遵守。假如你所揭示的信息并不想让其他人知道，而那个知道的人就可能对你具有额外的操控力——有一天，关系受阻时，那些信息可能成为攻击你的有力武器。用他人的个人信息攻击、操控他人是对他人的信任的滥用。

一旦你揭示个人信息给他人，还会有被排斥的风险。也就是我们所说的"话不投机半句多"。我告诉你我是谁，而你又不喜欢这个我，这种伤害比得不到你的了解更强烈。

当然，风险和信赖并存。人们对友谊的最基本期待是朋友不要泄密给他人，或许我们最隐秘的事情就只为家庭成员、父母和兄弟姊妹所知。我们把家庭秘密揭示给别人是在以下情形下（Vangelists and Caughlin et al.，2001：1—27）：①在和他人的对话中，我们发现那个人和我们有同样的问题，或者我们认为揭示秘密给他人能够帮助别人。②当我们认为即便我们不揭示秘密，秘密最终也会大白于天下。③当揭示秘密具有紧迫性或者重要性，如果掩盖带来的麻烦大于揭示带来的麻烦时，就会揭示。④如果我们认为家庭成员不介意秘密泄露，并仍然接纳我们。⑤如果在既定话题的会话中揭示是正常和自然的。

（4）自我揭示要互惠

关系发展的早期阶段，话语是频繁的，话语互惠十分重要。大多数人愿意揭示自我给自己并不熟悉的人，仅仅在他人也揭示自己个人信息时。相互自我揭示是被预期的，尤其在初期阶段。你告诉他人你的名字，希望他人也告诉你他的名字。这允许人们把自我揭示作为策略获得信息减少不确定性。是否要互惠，我们可以通过代价和奖励来评估，社会交换理论对此做了全面、深入的解释。

3. 收集信息，减少非确定性

如果我们成功地吸引了对方，接下来做什么可以发生较为深入的关系互动呢？这时，自我揭示是必要的，必须彼此提供信息。根据不确定性递减理论（Berger & Calabrese, 1975；Berger & Bradac, 1982），所有关系都是从不确定性开始，尤其在关系早期非确定性极大。其基本假设是，我们喜欢拥有控制力和可预知性，而对不确定的东西会感到不舒服。因此，与人相逢开始关系非常不容易，因为人们对未知状态充满恐惧，我们无法预知他人行为。

在与一个人有了基本信息的对话后，别人可能揭示一些自己更个人化的信息，我们自己也会通过一些方式去获得这个人的信息以减少不确定性。这需要很多技巧，但有效感知和积极倾听是基本功。

当他人以我们无法预知的方式行动时，我们也要寻求不确定性递减。你发觉你一贯喜欢打游戏的朋友天天到图书馆，你觉得奇怪，要问为什么？是否回答取决于其所揭示的个人信息是否令其舒服。

对伙伴关系定义以及伙伴对我们的关心有时也是非确定性的，有时会损害关系的发展、提升、保持，比如对方如何看待我们的关系？你的恋人想要多亲密？为什么最近朋友很少打电话给你？为何朋友把一个机密告诉了他人而没有告诉你？

降低不确定性策略不但在关系早期有用，对于关系提升和降解也有用。主要有以下策略。

第一，被动策略。在完全不了解某人时做一些观察，较好的做法是在非正式社交场所与之互动，因为在这种场所，人们更容易泄露真实的自我。

第二，主动策略。以任何形式主动地搜寻某人资料，操纵环境使对方处于被观察的方位，而不是直接和人互动，如设法分配到你感兴趣的那个同学的那一组。当然，过分操纵环境被对方知道后，会适得其反。

第三，互动策略。直接询问对方，或者通过自我揭示邀请、激发他人自我揭示。

当然，还有可资利用的其他策略，比如监管我们的视角，积极地倾听和肯定地回应。如果一个人笑得前仰后合，你却毫无反应，这显然是不恰当的。

三、关系提升和保持的技巧和策略

以下一些策略和技巧有助于关系提升和保持，比如提高彼此需要的相容性，对关系既要具有灵活性也要有坚持性，表达情感的意愿，提供社会支持，关系谈论，开诚布公，忍耐伙伴的缺点和失败，合作管理冲突，等等。

1. 提高彼此需要的相容性

人际需要总是在关系中发生并只有在关系中得到满足。图 6-6（Mark Knapp, et al., 2014）可以用来分析关系中有关双方需要满足的如下问题：一个人（甲）想给予的以及另一个人（乙）想要得到的，一个人需要的自我分析（甲想要给予的以及想得到的），一个人认识到他人的需要（甲认为乙想给予的以及乙想得到的），甲想得到的以及乙想给予的。此外，该表还可以用来描述关系的相容性，也就是，"你有的或者想表达的是否是我所没有的（或需要的）"。如果你想给的不是我想要的，你不给的正是我想要的，就是需要的不相容。

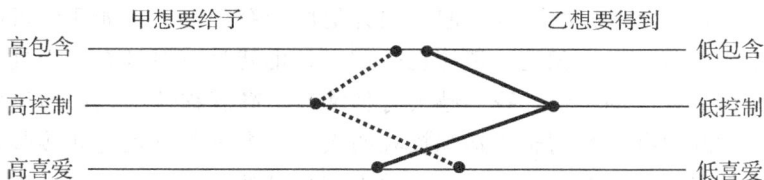

图 6-6 关系中双方需要满足的分析图

有时候，我们对一个关系的期待可能强化需要（比如恋爱关系中的人就该提供更多喜爱），另一些时候，某种需要可能强化关系（比如对喜爱的需要可能创造一种爱的需要）。但无论如何，在既定关系中，一个人的需要和另一个人的需要之间的相容性对关系具有实质性影响。相容性主要是在对称性关系和互补性关系层面得到探讨。

2. 对关系既要灵活也要坚持

人会变，情形会变，价值观也会变。这些变化通常需要修改个体和伴侣传播的方式和内容，如果没有能力或者意愿适应这些变化了的关系传播需要，人们就不会保持亲近的、令人满意的浪漫关系。灵活不是软弱或者顺从，而是伴随着一种坚持性，即总原则是要使关系运行良好。也就是说，关系是需要一种信念的，无论遇到什么都要有一种要回到关系最好的那种愿望，这才有可能发展良好关系，改善关系中的不尽人意之处。

3. 表达、监管情感

情感是我们对周围环境和他人做出反应时我们体验到的感觉。如果我们在关系里获得奖励，我们就会感到快乐；如果我们觉得受到威胁，我们就会感到焦虑。任何人都可能经历愤怒、厌恶/轻蔑、恐惧、悲哀、惊讶和欢乐等情感（Ekman，2009），这是很容易发生在每个人身上的事情，但不容易的是，在合适的时间和合适的人有着合适程度、合适目的以及恰当方式来表达这些情绪。也就是说，情感既可以促进也可能阻碍健康关系的发展，情感尤其会在关系语境中积累起来并最终形成关系气氛（比如关系满意、持续的喜爱，或者无法抹去的怨恨），形塑冲突过程的演变，以及在某些情况下塑造对关系违背的管理，而这些关系违背会导致和解或者关系终结。于是，对情感的处理既包括监管我们自己的情感，也包括对他人情感的同理心。

（1）情商和移情是重要的人际关系能力

情感不但伴随着个体生理的变化（比如愤怒使心跳加快，紧张，脸红，声音很大而压抑可能使人脸色暗淡，失控地哭出来等），还会影响我们的人际关系。我们喜欢和某些人在一起，因为他们让我们笑。正如我们可能因为细菌感染而感冒一样，我们的情绪也会感冒，也就是情绪具有传染性。我们越是能调谐到他人的心情，我们越具有移情性。高度移情的人趋向于发展情感支持。比起那些擅长情感表达和接收的人，一个不善于发送和接收心情的人一般有较多关系问题。充分意识到他人和自己的感觉，并保持敏感，可以使我们更灵活地处理失望并从失望、难过和压抑中快速恢复。所以，情商就是一种很重要的能力。情商帮助我们保持情感平衡，保持关系健康。情商就是理解他人以及与他人相处的能力。当人们情商高时，能够监管自己和他人的情感，区别我们体验到的各种情感，利用我们识别出的东西引导我们的思考和行动（J. D. Mayer et al.，1993）。例如，和恋人争执毁掉了你一整天？一个计划被取消了，我们是否会难过好几天？我们从失望中缓过来要多久？

（2）评估情感模式：你的情感是积极的还是消极的？

如果我们的互动能够支持我们的幸福，能够达到我们的关系目标，我们通常体验到的就是积极的情感；反之，如果互动阻碍了幸福，阻挡了健康关系的发展以及关系目标的实现，就是消极的情感。我们在关系中会体验到各种情感。例如，情感维度模式（Plutchik，2001，2002；Plutchik & Conte，1997）和"环形模式"（Russell，2003）指出了八种核心情感：愤怒、害怕、悲伤、欢乐、厌恶、惊讶、期待、接受（所有其他情感都是这八种基本情感在激发或者

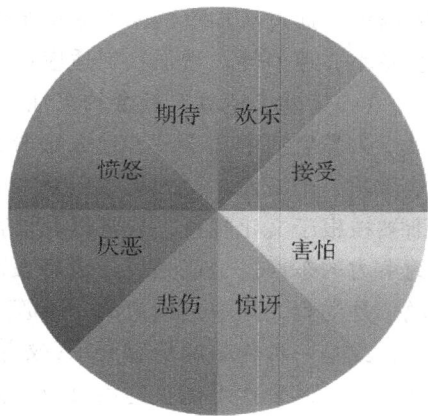

图 6-7　基本情感环形模式

强度方面的联合或者变异），但一般而言，怜悯、快乐、希望、爱、自豪和安慰是积极的，而极端焦虑、厌恶、嫉妒、害怕、内疚、愤怒、悲伤和羞耻则是消极的（图 6-7）。

（3）对情感的评估影响我们的情感

每个人对同样的刺激做出的反应是不一样的，强度也不一样。快乐的人更可能看到世界的玫瑰色，而悲伤的人更可能满目皆灰。所谓"境由心造"就是这个含义。当我们愤怒时，我们看到的世界就是冒犯性的；当我们在爱中，一切都是美丽的。

情感的评估理论认为（Lazarus，1991），评估是整个情感体验的"成分"，亦即，人们对事件的评估（认知表述和判断）引发他们自己的情感反应，而不是情感本身。于是，为改变个体的情感状态，必须进行认知再评估——对情形采取不同视角。

随着时间发展，亲近关系中的伴侣的情感体验会发展出相似性，这有利于一种自动的、开放的和舒适的情感表达。情感相似性会导致情感融合，而情感融合反过来促进一种情感上开放的传播气氛、相互信任以及关系满足（Anderson，et al.，2003）。

亲近关系的高度相互依赖既可以促进情感融合，也可能刺激情感发动，因为伙伴的行动（或者不行动）对于另一方的幸福和目标达成富有含义。一些负面的情感表达方式会伤害关系，尤其是愤怒和嫉妒的侵犯性表达。在问题情感被体验到时，最有效的情感表达方式是情感约束。也就是说，与其压抑

强烈的负面情感和耿耿于怀于所有真实感觉到的情感迹象，不如在回应倾向实施前，通过认知重估来管束情感体验，从而控制这些情感的显现，这样就会减小心理消耗，增强社交适应性，从而使关系具有建设性。

（4）情感表达具有社会约束性

人类生活中几乎没有什么比情感更重要、更普遍、更复杂。情感是人类本质的一个方面，而人类本质原本是满足基本的生存需要，但后来，情感逐渐被植根于文化规范、规则以及语言组成的矩阵里，人的情感变成具有社会约束力的东西。也就是说，情感表达对于个人、正在进行的互动以及关系来说，是受到人际规范约束的。不管一种被感知的情感是被有意或无意地压抑着，或是一种伪装的情感展示（或者其他说法），表达约束是人际互动的重要部分。情感表达可能被约束反应在如下方面：表示合作和信赖，管理面部表情，引发支持，示意伤害，虐待他人，或者行使任何其他亲社会的或是反社会的各种社会功能。确实，社会情形中的情感约束被确定为普遍的情感能力或情商的一个重要组成部分（Salovey et al.，2008）。

（5）情感表达具有文化约束力

集体主义文化里（比如日本、中国、印度）不鼓励人们在公共场所表达任何负面情感，因为这种文化赋予保持和睦特别重要的意义，负面的情感可能为群体内成员制造不和睦。而个人主义文化（如美国和加拿大）鼓励人们是什么感觉就直来直去地说出来，人们对表达自己的情感感到舒服，因为克制感觉或者保持感觉神秘化会让他人无从知道你的感觉，这是不恰当的，也是无效的管理感觉的方式（Larry A. Samovar et al.，2010：316）。于是，当这两种文化的人相遇互动时，要么个人主义文化感到集体主义文化不够直率坦白，要么来自集体主义文化的人觉得个人主义的人过于直白、直接而感到被冒犯。只有对他人文化信念中的情感表达模式保持足够敏感，我们才能处理好情感表达。

（6）性别影响情感表达

男性和女性在表达情感和对他人情感的敏感度方面是有差异的。男性通常被期待要喜怒哀乐不露于形色，保持克制、深沉被看成是男性力量和美德；女性更可能公开表达各种感觉，可能比男性爱哭。女性在注意到他人的情感线索方面比男性敏感，而且在解码他人的情感方面更准确（Judith A. Hall，1984：182—184）。

（7）提高情感能力

既然有很多因素影响情感的表达，我们拥有这些知识后就可能提高我们对他人和自己的情感表达的敏感性。一方面，我们要避免对他人的情感做过度评估和反应；另一方面，我们应为自己的情感负责任，实施分享情感的能力。

对于别人的情感，我们会给自己说些什么呢？想象如下情景：你经过你的爱人旁边，他突然冲你大喊大叫，你如何反应？当你的爱人在病中，朝你大喊大叫，你又如何反应？显然，对这两种情形，人的反应是不一样的。第一种情形你会觉得难过和愤怒，而第二种情形，你会感到悲伤和心烦意乱。是你的理解使你体验到不同的感觉。

那么，我们又是如何告诉他人自己的感觉呢？如何向他人揭示我们的愤怒，而不是勃然大怒？当我们描述我们的感觉给他人时，我们实际上在告诉他人我们愿意被如何对待，也告诉了他人其行为可能对我们造成的影响。比如，如果你礼貌地对朋友这样讲："你一直说自己，却很少停下来听我说，有时我感到不开心"，也许，下一次她就会考虑你的反应而不是独白了。当然，这也会伤人面子。关键是描述感觉而不是展示感觉，这是两码事。努力描述自己的感觉而不是实施它们，就增加了幸福和提高关系的可能。

很多人不愿意、不善于表达情感，但在恰当时间分享情感是关系提升的方法之一；不表达情感不利于解决问题，反而使问题隐藏；但是，在错误时间分享情感也会带来有害结果。大多数人喜欢分享积极的情感，比如喜悦的成功，而不喜欢分享悲哀的、消极、恐惧、失望的情感，因为负面的情感使我们看起来比较脆弱。然而，在针对 46 对有责任感的浪漫的夫妻关系调查中，发觉关系的第一问题就是不能谈论情感（Vangelisti, in Harvey et al.，1992），"他从来不让我知道他在为某个不喜欢的事情难过。我们通常都想知道我们亲密伴侣的感觉，即便是消极的"。

但是，持续的、同样的消极表达也会让关系伙伴的情绪和情感受到挫伤，使伙伴疏远你。因此，在正确的时间以建设性的、肯定的方式表达积极和消极情感的平衡十分必要。亲近关系中的情感的形式、功能和后果是由关系的性质（比如约会、婚姻、朋友）、关系的质量（如满意和忠诚）以及那种关系中双方相互依赖的程度所型塑的。

当然，除了管理情感的内容和正负性，还需要选择合适的词汇和非语言符号来表达自己的情感，比如考虑合适的时间、地点、场所和对象。当你愤怒时显然不是告诉他人你有多愤怒的好时候，应该等一会儿，聚集你的想法，考虑以最好方式在最好的时机表达。

4. 适时提供社会支持

由于人们在生活中会遇到各种挑战、压力和困境，因而，人都有获得社会支持的需要，其与个体的身体、精神幸福高度相关。社会支持是"引导主体相信自己被关心，被爱，被尊重和被重视"的信息（Cobb，S.，1976：300）。社会支持有种种来源，包括亲近的朋友、亲戚、熟人以及专业帮助者，比如治疗师、牧师。即便陌生人也可能提供支持，由于在线支持群组的普遍使用，这种情形也越来越常见（Barak，et al.，2008）。适时为关系伙伴提供社会支持既是人际关系的实用功能的体现，也是关系里的道德义务。

由于亲近关系通常被看成是亲密和关怀的重要场所，因此，直接的家庭成员、朋友以及恋爱伴侣都是社会支持最频繁使用的资源。人们在经历各种考验时，尤其期望能够从朋友、亲人以及亲密爱人那里得到支持和安慰，并在他们的帮助下渡过难关。同样，他们也需要从我们这里得到安慰和支持。由社会关系提供的最常见的社会支持有四类：一是情感支持。主要是提供移情、喜爱、爱、信任、尊敬、接受、亲密、鼓励或者关心等，提供情感支持可以使个体知道自己是有价值的，因而，有时也成为自尊支持或者评估支持（Wills，T. A.，et al.，2000）。二是资讯性支持（Cutrona，C. E.，et al.，1994）。主要是提供建议、有用的信息以及引导，这类支持能够帮助他人解决问题。三是工具性或有形支持，主要是提供金钱、劳动、物质或服务帮助，是以具体的、直接的方式帮助他人。四是陪伴支持。主要是给人一种社会归属感的支持，是陪伴某人共同参与某些社会行为（Uchino，B.，2004）。所有这些支持可以帮助关系伙伴表达和检查感觉并把那些感觉放在广阔的语境下重新评估，从而进一步推动关系良性发展。例如，在婚姻关系和长期的恋爱关系中的关系伙伴，关系的满意度、稳定性和从对方那里得到敏感的支持有关（Brock & Lawrence，2008）。

但提供支持常常会遇到挑战，我们的努力可能会产生负面效果，比如提供建议可能被看成是控制的，并暗示了被支持者无能力做决定或者处理问题，更何况建议可能是错的。过于紧逼的、强烈的支持常常降低他人的自尊，使他人更烦恼。通过和消沉的朋友分享自己的类似经历，展示移情，可能帮助朋友获得一些洞见，但也可能使朋友觉得被排斥，因为谈话的焦点可能转移到你和你的生活而无关于朋友的状况。有时，移情性地倾听可能带来更好效果，此时，消沉的朋友可能需要的仅仅就是一对聆听的耳朵，而不是谆谆教导。

是否得到或者提供了支持，有着不同视角。一方面，支持是一种来自支持者的东西，另一方面，是主体感知到的支持可获得性。那些经历压力但却从其社交网络中获得高度帮助的人比起那些经历压力而得到较少帮助的人，更快乐和健康(Lakey & Cohen，2000)。但是，由帮助者施行的行为可能并不被受助者看成是支持性的。于是，社会支持的关键因素可能不是支持者提供的东西(如，建议或者安慰)，而是接收者的主观感知和判断，也就是当需要支持的时候能够得到支持(Kessler，1992)——"我知道你就在那里，一直为我而在那里"，而无关于主体是否实际从他人那里得到支持。

5. 恰当地谈论关系

关系双方除了围绕各自的生活进行谈话，也要就关系的本质、质量、方向或者定义进行谈论(Beele et al.，1996：308)。但是，在早期阶段谈论关系被认为是不合适的，一方过早谈论关系可能把关系结束在摇篮中。早期可以含蓄表达愿意谈论关系的意向，说明对关系的兴趣和责任。

(1)内容层面上的关系谈论能力

随着关系提升，应准备讨论关系情感和想法。在许多亲密关系中，关系谈论帮助伙伴们解决可能导致冲突和不满的关系方面的差异。在亲密关系中，不愿意谈论关系最终会赶走伙伴。在面对问题时，尤其要谈论关系。如果激烈争吵，容易陷于高情感和恶性循环，最好是跳出问题回到关系，如果觉得彼此还相爱，也就没有解决不了的问题。关系是一种选择，如果你觉得彻底不要那种关系了，自然也就没有愿望谈论那种关系了；如果还需要那种关系，自然也就需要在关系谈论中找到问题的症结，并持续推动关系保持和发展。

(2)关系层面上的传播能力

除了提升谈论关系的技能，我们还需要提高对关系层面的信息的感知敏锐度。我们已经知晓，任何信息都有两个层面——内容维度和关系维度。大多时候，我们对关系双方说的话是高度自觉的、敏感的，但对关系层面上的信息显得较为自发、迟钝。人们对关系信息比较敏感的往往是以下三种情形。

第一，当信息极大地违背了我们的关系期待时，我们很容易意识到讯息中承载的关系含义。例如，一个陌生人用拥抱、亲吻来迎接你时，你会感到尴尬，因为这些行为违背了陌生关系交往的一般规则。

第二，当我们卷入高强度的关系时，比如在关系震荡期间，很容易意识到任何威胁我们双方关系的讯息。例如，一对夫妇正在决定是否离婚时，双方说的话无论内容层面还是关系层面都和他们关系本身有关。

第三，当争议和冲突发生时，我们很容易意识到讯息的关系层面。在冲突中，人们围绕一件具体的事争辩，有的人逞口舌之快，想成为"赢家"，可能"说"（讯息内容）赢了，但是，另一方却摔门而去，或者开始评论彼此之间的关系，"我就知道，你不会让我的"。

6. 用尊敬、珍惜和关心来回应你的伴侣

停止关系谈论的最快方式就是没有反应。即便是谈些老生常谈、例行公事的事，如果关系伴侣对自己所说的没有兴趣，人们也会感觉非常糟糕。当然，回应不仅仅是听一方的语言表达，也可能通过非语言符号来表示在听。有时人们用非语言行为表示对伴侣的尊重、看重和关心以及对伴侣的重视，比如通过眼神接触、复述、点头，或者抚摸。不用考虑具体行为，关键是要让你的伴侣感到你在高度关注，在认真聆听。

7. 考虑轻重缓急

即便是最懂得回应的人也会在这方面遇到困难，因为可能无法对伴侣认为重要的事情做出回应。我们通常会对我们认为重要的事情做出回应，我们对先后、主次、轻重很了解，但殊不知确认伴侣认为重要的事却是很不容易的一件事。在关系早期，伴侣们急于取悦彼此而忽略了对自己的愿望和需要的表达。后来当这些需要没被满足时，就会产生憎恨——"如果他真的爱我，他应该知道什么对我重要"。以下是笔者一对朋友夫妇的例子。由于这位先生几天前就和我及我女儿约好某一天的傍晚 8 点一起去给蔬菜地浇水，而其妻一直在和其父亲视频聊天，到 8 点时已经聊了两个多小时。这位先生催促其妻好几遍该断线了，最后有点生气（觉得跟人约好了时间，不该耽搁太久）。其妻极不高兴地断了线，在去蔬菜地的路上，二人一直争吵。妻子很委屈："那是我的亲爹，他病了，我和他多说几句话就不行？"丈夫莫名其妙地："当然没人说不该说，跟人说好的事情不要让人一等再等"。妻子认为父亲最重要，这一刻所有事情应该让位于与父亲聊天，而丈夫认为守信用重要，而且已经拖延很久了。

要知道轻重缓急，就必须花时间、精力去了解你和伴侣双方都感到对关系重要的事情，也意味着将无关宏旨的事放置一旁。人们有时过多关注对关系来说是微不足道的事情，从而忽略了大事。当然，有些表面琐碎的事情下掩盖着重要的事态。例如，两个人在为谁该倒垃圾而争吵，实际上这可能表示伴侣在对他们是否获得足够的尊重感到焦虑。

技能训练

在一个好的关系中，你觉得对你和你的伴侣来说都重要的是什么？你们

怎么定义什么是好的关系传播？你想从关系中得到什么？这些问题是关系双方都要反复考虑并回答的问题。

8. 宽容并克制

最令人满意的关系是那些双方都节制对彼此的持续的反对、批评与消极评价，双方要学会接受对方，不要强迫症式地持续指出对方的错误和失败。研究表明，调节良好的夫妻抱怨具体的事务和行为，而不良好的夫妻抱怨彼此的人格和个性；调节良好的夫妻较为和善、积极和较多幽默，不良好的夫妻关系经常有以牙还牙式的反抱怨（Kalberts，1988）。正如人们所言，家庭是讲爱的地方，不是讲理的地方。睚眦必报，锱铢必较，争你对我错的对话方式最容易破坏关系。

9. 合作管理冲突

人际关系中，冲突不可避免。随着关系发展，双方的个人信息分享和在一起的时间较多，冲突的可能性也就增加。有效的冲突管理模式是把冲突可能转变为增强关系的经历，要清晰地界定关系，增加信息交换，创造合作解决问题的氛围。

10. 通过劝说性策略获得对方的顺从

通过对方的顺从更能够友善地达到个人目标，当然，达到个人目标不是强加自己的意志给他人，而是持有一种对彼此都公平的原则劝说他人按照你的方法行动，最理想的状况是满足双方的目标。问题是，许多人不愿意劝说，而是积累很多的矛盾，一旦爆发，往往不可收拾。事实上，有时多一点耐心，劝说就会使双方目标达到皆大欢喜。这提示我们：一次解决一次的问题，不要积累不满和怨气。而暗中报复，采取不合作的态度最终会伤害关系。

尤其当遇到满足你的目标的需要被抵制时，更要有耐心劝说，而不是期待对方自动达成理解。世上没有两个人的立场和生活阅历完全一样，对方不可能总是自动地就理解你并向你提供支持。例如，向朋友借钱，朋友说好的，没问题。但如果朋友说"不行，上次借给你的，你还没有还给我"，就要用这个策略。当然也要相应于对方的反应做出互动或者调解互动。例如，在你向对方借钱前，你先帮对方一些忙。当他们说不行时，你可以提醒你曾经为他做过什么。但还有个问题是，人们常常对自己给予过别人的小恩念念不忘，而将他人对自己的大帮助忘在九霄云外。

11. 不仅让关系运行，还要让关系有滋有味

生活中，只工作不休息会让人厌倦，在关系里也是这样。只想着关系发

挥功能，而忘记了让关系活泼有趣，往往使关系双方感到厌倦。因此，需要找些双方都觉得有趣的事并花时间一起做，比如一起旅游，一起度过一个只有二人的周末，一起笑闹，谈谈梦想和远景，勿忘初心——走到一起的浪漫关系就是因为彼此喜欢，享受在一起的时光。有趣难道不是人们待在一起的原因之一吗？

12. 谨防亲密的意识形态(Parks，1982)

人们对人际关系有一个重要假设，就是分享内心世界越多，彼此的情谊就越深厚。似乎只要愿意沟通，所有人际问题就会迎刃而解，愿意、乐于沟通变成了关系维系和冲突管理的灵丹妙药。其实，这是一种意识形态。人际传播和各种亲密情谊关系具有复杂的关联，并非一一对应的关系。这种意识形态忽略了分享内心世界有时可能产生反效果，拒绝表白、欺骗、撒谎等传播行为有时反而还可能帮助提升彼此关系。这都要在情形中得以解释和实践。

四、关系降级、修复和结束策略

人们会使用一些策略来淡化和结束关系，也会选择在降级过程中的任何时候对关系进行修补，在关系结束后还会使用一些方法来修复受伤的自我。

1. 关系修复的传播(Joseph A. DeVito，2013)

在关系降级的每一个阶段都可以进行关系修复。修复意味着改变你的传播方式，并最终实践学过的关系保持技巧以及冲突管理技巧。但最基础的是双方保持关系愿望的程度，问题的本质，关系的阶段以及彼此的承诺和修复动机。所以，没有一劳永逸的解决方法，需要具体问题具体处理，必要时要寻求关系专家咨询。

当你的朋友不再给你电话或者邀请，你认为关系结束了还是听之任之？或者直接打电话问原因？有时直接问是好的，尽管会使我们自己或者他人的自我观念受到挑战。如果朋友想结束关系，你的反应如何？最好集中讨论什么导致了他的决定，由此可能得到所需信息去修补关系，或者获得有助于未来各种关系的信息。

如果只有一方愿意修补或者改善，首先就是说服对方修补和改善的意义。有时关系降级只是关系伙伴某个具体的行为问题，于是承诺改变就成为关系修补和复苏的大道。例如，辱骂使对方难以接受，就要改变这种关于愤怒的表达方式。这种改变往往是含蓄的，有时对方并没有意识到你的变化和努力。所以，有时要严肃地进行关系谈论，分手后重新联系（和解），接受或者谅解对方的侵犯，寻求外在帮助，等等。

修复策略可以是六个层面的，每一个层面的第一个字母结合拼成修复。

第一，承认问题。承认问题既是在理智上的，也是在情感上的。具体指出关系面对哪些问题，希望做些什么改变可以使关系变好，设想想要的关系状态。从对方的角度看问题以及让对方从你的角度看问题，用开放的、移情的心态和对方交换意见，描述自己的感觉，避免使用"我"语言。

第二，实施建设性的传播和冲突解决。所有的人际传播技巧都可以用来做修复传播，有效地人际冲突技巧也是至为关键的。这就需要寻找积极的关系词汇，以澄清动机和需要，练习移情和积极的回应，即便是在冲突中，使用积极倾听方法可以帮助伴侣探索表达相关思想和感觉，保持讨论问题的开放性。

第三，提出可能的解决问题的方案，减少修复的难度，找出双赢方案。

第四，认可彼此，为彼此提供积极的、支持性的评估。不要退缩和隐藏内在的自我，要表明你有多在乎关系，多在乎彼此。珍惜行为是认可他人最温暖的方式，可以增加有利的信息交换。

第五，把方案融贯进通常的行为中。双方争论后达到的方案往往只能持续很短时间，双方关系可能会迅速回到原有状态。而融贯意味着成为日常关系行为的一个完整部分，如赞扬、珍惜行为成为正常关系的一部分，而不是出了问题偶尔为之。

第六，修复关系意味着冒险。迈出的第一步可能遭到对方拒绝，可能招来以德报怨，可能你是问题产生的决定性原因，需要你自己做更多改变，等等。

2. 关系淡漠的策略

在关系淡漠时，人们有多种传播方式，比如退缩，拒绝做自我揭示，欺骗，积极讯息下降，消极讯息增加，原来赞扬的地方成为批评的地方。可能对方的行为并没有变，而是你看待这些行为的方式变了，所谓的"心动幡动"。

人们在关系结束时，会用各种策略结束关系。有的人选用对他人关心以保护他人自尊的策略，以避免对他人造成伤害；而有的人选择对自己有利的行为，不顾对他人的影响；有的单刀直入地宣布结束，有的间接地表明分手的意图；有的是单方面的，有的是双向的。无论单方面还是双向的，都可以使用直接或间接策略。策略的性质取决于关系的亲密程度，帮助伙伴挽回面子的愿望，结束关系的紧急程度以及人际技能。

(1)间接策略（Baxter，1984）

人们有时采取不那么直接的策略来淡化关系，主要有三种。

第一，退缩。这往往是单方面想解除关系时采取的策略，即不做任何解释就减少互动和接触的量，用一些借口避免互动频率，对于对方对关系的关注不做回应。研究表明，这种策略并不能真正处理人际困扰，所有结束关系的方法中，被抛弃的一方最不喜欢未经讨论就突然中断关系的做法（Destephen，1996）。

第二，假装降级策略。一方宣告他或她想要以一种较低亲密度来重新定义关系，但事实上是想要结束关系，比如"从这段关系中，我们都受益了，但时间冲淡了一切"，"我们做朋友更合适"。可能这是真的，也可能是想要完全退出关系，只不过没有明确言明；如果双方都想要结束关系，可能都会使用假装降级。

第三，成本增加法。其做法是试图增加与保持关系有关的成本，迫使对方终结关系，比如无节制地要求他人无规律的时间投入，挑起争端，批评对方，破坏关系准则；故意显现自己严重不忠实的证据，让对方不得不对关系的结束采取行动。这是一种最具操纵性的策略，男性比女性更多地使用它。

(2)直接策略

人们有时直接传播关系淡化的愿望，直接策略有如下四种。

第一，消极身份管理，直接宣称结束关系的愿望，不考虑对方的感觉，甚至包括批评，如"我已经对这种关系厌倦透顶"，"我要和另外一个人约会了，仅此而已"，"我不想再和你纠缠下去了"，"我们分手吧"。

第二，正当化。直接宣告要结束关系的愿望，但伴随诚实的原因解释，并试图保护彼此的自我，不责怪对方，如"我爱上了别人，他让我更开心。""我在我们的关系里成长很多，你好像并未如此。"这可能会严重伤害他人的感情，但没有置错于他人，稍加努力就可以保护双方的自我感。很多接收方喜欢这种方式（Destephen，1996）。

第三，关系降级。也就是我们通常说的"冷处理"，诚实地宣告要重新定义关系的愿望，表明需要较低亲密度或者向关系结束迈进。一方要求尝试分离以便增进了解机会或者清晰认识彼此需要的程度，"我们都需要冷静一阵来看待我们的关系"。

第四，积极腔调。对他人的自我感最敏感，这看来最矛盾——呼吁停止关系，但是试图确认他人的品质和价值。"我仍然爱你，但我只是无法和你在一起生活。""你很优秀，只是不适合我。""我爱你，我的高中女生，你注定是一个传奇，我要的只是正常的家庭生活。"（李亚鹏和王菲分手时发的微博）。

研究表明，人们在关系结束时，总是找理由责备对方而不是寻找公正的方法让关系合适地结束，人们试图自我合理化，推销自己对于关系破裂以及破裂原因的看法。实际上，尽管互动完全停止，但只要我们还关心结束的后果，关系就没有结束，我们一旦进入这个关系就永远无法离开它（Baxter，1984）。

3. 分手后伤痛愈合策略

一种亲密关系的分裂往往令人痛不欲生，人的自尊通常会下降，感到被抛弃，不被需要，不被爱。关系越亲密，分手时，人们越伤心，人们的自我确立越可能受到威胁。而生活还要继续，就需要受伤的人恢复积极的自我评价，努力重寻一个健康的自我感，以便能够滋养未来的其他关系。于是，愈合分手带来的伤痛显得极端重要。

释放悲伤和失落既需要向外走，也需要向内求。第一，向外走。向那些善解人意的人宣泄情绪，尤其是从我们的社交网络——家人或朋友中寻求支持和自我确认，向他们倾诉，以得到安慰和支持；通过娱乐，或者通过积极参加其他活动，比如阅读、看电影等你喜欢的方式去分散注意力，而不要耿耿于怀、日思夜想分手的事；再有，要扔掉那些令人不愉快的关系象征，比如照片、礼物以及信件，不要沉湎于这些物件勾起的记忆中，只在情感可以面对时再去潇洒翻看。

第二，改变内在认知。受伤者要告诉自己，关系中发生的一切是处理情感忧伤的方法之一，从关系破灭中我们可以认识到不同的自我以及了解关系的更多负面性。不要自责自己破坏了关系，就算如此，也要知道关系已走，自己并非失败者。人们常常在分手时往往把对方的优点理想化，这就需要提醒自己看到伙伴的缺点，以舒缓不舍感；受伤者还需要强化疗伤的意愿，如果自感毁灭，没有任何人可以拯救一颗失落的心；受伤者要一遍遍告诉自己，原谅他人就是原谅自己，从过去学习经验，保持愉快回忆，让生活向前走。当然，在适当的时候，还要检讨自己的关系方式，避免重复消极的关系类型和同样的错误。

但是，说总比做容易，虽然有策略，但做起来还是不容易。这也是我们不应该避世般地寻求修复、而应依赖家人、朋友的原因之一。亲密关系破灭的人很容易陷入孤独—压抑的循环，越是痛苦，越是选择孤僻，越是孤僻，越是感到压抑。所以，受伤者要打破这个恶性循环，与其限于孤独和压抑，不如积极地行动，和你的社会支持系统里的人增加社交活动，而不是独饮苦酒。

当然，时间是治疗一切伤痛的良方，愈合只能在时间中发生。为了减弱伤痛，人们常常急于跳进另一段关系，这是需要避免的。因为在我们还没有修复积极的自我前，这种做法既对他人不公平，我们尚没有修复的自我也无法滋养我们急于跳进的关系。关系破灭后，还有人会产生"一朝被蛇咬，十年怕井绳"的关系恐惧，对所有关系都心怀不满。不要走极端，要努力从二价身份中恢复为独一无二的自我。

技能训练

回忆你自己结束过的一个关系，以及他人结束过的一个关系，看看哪些直接、间接的策略被使用？在关系结束方式上，你和他人有何区别？策略的选择对你以及伙伴产生了何种影响？何种策略被你用来治愈分手伤痛？你有哪些策略与课本中提供的不一样？比较你和你朋友在这些方面的差别？

五、中国式关系

从本章第一节我们知道，关系在中国出现了文化转型。那么，中国人获得关系的方式自然反映了独特的文化规范。第一，要拥有多种现成的人脉资源中至少一种，并且越多越好。第二，具备面对面互动的历史过程，俗称"处"。也就是说，中国人的关系是处出来的。第三，启动人情交换程序，人情债券、债务交换记录随时发生（杨国枢等，2008：83—84）。

1. 多种人脉资源

在中国人的各种人脉资源中，有的是先天关系，有的是后天关系，是通过攀、托、拉等方式累积发展而来的。

每个人都有固定的亲戚关系，人们对近亲属都很熟悉，出于伦理义务，人们一般可以轻易、免费使用近亲属的资源。如果亲属关系较远，即便是"八竿子打不着的亲戚"，也可以通过各种亲属关系（一般是有声望的长辈）之间的转托得以引见。

对中国人来说，"老乡见老乡，两眼泪汪汪"。可见，老乡也是天然具有某种或强或弱的情感关联的。老乡来自可大可小的地域概念，即便是半个老乡，人们也热衷于寻求认同。当然，嘴上的老乡并不等于客观的老乡，那些帮不上忙的同乡虽是同乡却不会进入人们的关系视野的，只有那些在社交圈子里最积极、活跃的人才可能进入人们的视野。同时，如果某人特别活跃，能帮得上忙，人们会想方设法也要搭上老乡这艘船——"你是山东人啊，我是山东女婿"。

中国人重视世交关系。这是长辈留下的资源，可资利用，但必须通过关系参与者亲身去交往以便激活转变为自己的资源。

人在社会上生活，总会有几个朋友。有的是情感上惺惺相惜的真朋友，正如中国人讲的"患难之交"、"刎颈之交"。但有些朋友关系却是非常复杂的，比如"酒肉朋友"、"江湖朋友"，是某种场景下关系修辞的美化之辞，有时指的是可以办事的熟人关系。

现代教育的普及使每个人都可以有诸多同学关系。在海外最盛行的关系联系之一就是同学会，是人们在陌生环境里找到情感认同以及资源互助的一种手段。同学之间相互帮忙是内容，同学之称是形式。

在更广阔的地域空间里，校友会也是常见的一种关系认同方式。校友比同学关系浅，但也是可以套近乎的理由之一。因为两个人的生活一旦进入同一圈子，就会产生相互帮助的需要，甚至情感义务。如果公共资源运作恰当，就不会有关系这个第二渠道。关键是有合作利益，否则不是所有校友都会成为关系。

街坊邻居也是中国人的重要关系资源。串门唠嗑图个热乎，在时间中积累情分，其产生的心理效果明显。否则，有事时才登门拜访，能不能成为关系很难说。

在扩大的业缘圈子里，人们还有各种同事关系。虽然有时交往不深，但只要没有过节，一般相托某些事，同事之间还是抹不开面子的，回绝请托是非常困难的。

人们由于某种具体行动目标而走到一起行动就会形成同伙关系。这种同伙关系可能在任务完成后就消散，但在遇到事情时，曾经同在一条船上的经历也会成为请求帮忙的合理名分。

一些人还会有战友关系。战友转变为战略合作伙伴一般是在复员转业后，战友之间有了互助需求与合作可能。原来可能并不认识，甚至不在一个部队，只因为参过军，就成了战友。

拜师学艺或者进校念书，人们就会有师生和师徒关系。这种关系类似同学关系，但却是等级制的，类似于上下级关系。老师（师傅）叫学生（徒弟）办事，学生（徒弟）不好推脱。这样，老师欠的人情少，人情债与师恩抵消。而学生请老师相帮，代价较大，要考虑师恩背景以及恩重多少。

由于某种价值观相似，人们还会结党。同党关系比同伙关系更稳定、牢固。同党成员彼此支持、帮助、摇旗呐喊既是利益一致性的要求，也是同党的道德义务。

在职业场所里，人们除了同事关系，还会有上下级关系。在西方科层制职业领域里，上下级只是任务关系，但在中国却是权力、人身依附关系。"朝中有人好做官"，在官场尤其明显，上下级就是一条绳子上的蚂蚱，"一荣俱荣，一毁俱毁，扶持遮饰，皆有照应"（如《红楼梦》写四大家族的势力一段）。在中国古代，新官上任，必须详细了解当地的人情关系，看看哪些人是退休的高官、京城大官的亲眷，哪些人是当地权势赫赫、富甲一方的士绅。这样才不至于得罪人，万一触犯了这样的人家，不但官爵，只怕连性命也保不成呢！相反，主动与这些人搞好关系，会更利于的自己的仕途。而且，官员之间是十分讲究攀关系的，以求官官相护，达到彼此的利益最大化，保证彼此仕途平稳、家族发达。在今天中国官场高度政商化和干部任免严重依赖一条线的惯性局势下，上下级之间的经济、政治利益高度捆绑，上下级互相利用获得资源成为一种司空见惯的现象。

中国的历史长河中，由于公共服务及其产品的匮乏，人们的个人福利极大地依赖亲缘、地缘关系，于是，当人们迁徙到异域时，就要通过结拜等方式把陌生的关系逐渐发展为拟制的姻亲关系，金兰之交、八拜之交、歃血为盟。人们一般不会拒绝被人认作父兄这样的美意的，于是，关系成立。

为了保护、谋求家庭在一个小地域内的利益以及为家庭成员谋求发展的利益，人们往往还会认干亲，也就是不同家庭之间的结盟诉求。干亲也是拟制的血亲，可以互帮互助，尤其在共克时艰时，干亲发挥着极大的作用。

2. 面对面：处得好

中国人常说的"处"关系，"处"关系之"处"就有在一起的意思。这说明，中国人的关系必然且只有通过面对面才可以发展得好。人们根据任何选择标准——老乡会、同乡会、校友会、同师门等，随时进入一个或多个群体中，并与群体及其成员保持恰当联系非常重要，而且这也是一个人管理生活能力的标尺。光提到同样的背景、名字等远远不够，还要花费时间去展示对某个群体的效忠，在任何时候、任何地方保持联系非常重要，否则，即便有背景的共同处（各种先天和后天的人脉），也会失去联结。因此，关系是一种独特的文化，往往通过礼物、好处以及宴请的交换制造义务和债务，使原有的关系得到认同，使原本没有的关系通过第三者拉上、扩展到，关系的参与者有义务给予、收获并且回报。所以，才有无功不受禄的说法（不讲理，只将功，这也是伦理、关系社会区别于制度章法社会的一个方面），而"平时不用功，临时抱佛脚"是一种违背关系原则的做法。于是，为了待在群体里并强化纽带，一个人随时要贡献时间、精力给非正式的社会生活，关系社会的人的休闲时间大量被用于关系经营，通常在工作之余——那才是真正的工作开始，这远比制度范畴里的工作对个人福利更具有社会保障性。以个人主义为特征的社会里的日常聚会和中国人的日常聚会差别甚大。在前一种文化里，为了工作、业务协调的安排见面往往发生在工作时间里，商业伙伴像商业关系，而家常便饭式 Parties（聚会）更多是为了私人生活的共在愉悦，私人关系像私人关系。而中国文化公私界限模糊，生意关系像个人关系，职员帮老板作做私事是被普遍接受的。于是，在工作时间里安排下班后的聚会，在工作之后聚会获取关系资本以使来自制度领域的福利最大化，看来是"处"关系的常态。

因此，一方面，关系社会的传统价值是，无论先天还是后天关系，妙处就在面对面，即在一种条件保障下，让两个人能在特定时空里面对面交往。只有见个面，吃个饭、喝个酒，串个门，聚个会，送个礼等，各种人脉才可以转化为"关系"；另一方面，尽管手机传播增进人们之间的联系，尽管穿越时空的会面要花费昂贵的时间、精力和心思，但会面仍然具有强烈的动力——享受共在的愉悦以及导致网络的扩大、加强，对"形成"和"黏合"弱纽带极为重要，给人们提供资源，尤其是强化的社会资本（胡春阳，2012）。普特兰所阐述的社会资本也是在接近性的社区中产生的，"指的是个人之间的联系——产生互惠和信赖的社交网络和形式"（Putnam，2000：19），拥有高度社会资本的这种社区的特征是：互惠的社会关系的密集网络，良好运行的彼此义务，普遍化的互惠，高度的信赖，叠加的会话集群以及能够拥有弥合习俗的社会区分的纽带。

3. 启动人情

有些关系基于先天，有些基于环境。但毕竟每个人的资源有限。听天由命只是普通人的命运，生活中总有极少数人，长袖善舞，尽心精心设计关系圈，这些人被冠以"老江湖"、"能人"、"活络人"、"交际花"等称呼。他们设计关系圈的机制就是启动人情。我们已经在关系的概念中讨论过，人情是关系社会的宪法。人情是心理认同，是彼此把对方看作人情交换的对象，相互委托办事的对象。你帮我来我帮你，一帮还一帮，都有各种规矩。费孝通描述中国人的关系是"一枚石头扔进湖塘"，亲疏、内外、上下都可以层层传递、辐射扩展。各种关系并不均等，与不同关系的人都有特定相处之道，方式规则各不相同。但关系传递是共有的特征——寻觅熟人的熟人，有关系要上，没有关系创造关系也要上。这种扩大了的交往空间，能与法制社会抗衡，递条子打招呼，成为体制外的惯常制度，关系网最大的江湖属性就是反宪政性。

这些关系活络的人当然也付出了代价，日夜应酬，拼着酒量和胆量等。这种关系的特点是工具理性和快餐化。他们想热乎谁就会不达目的不罢休，想冷落谁就可以立即翻脸，圈子随着自己的利益漂移。中国大量谚语深刻地道出这种关系的利益相关性，"贫居闹市无人问，富在深山有远亲"；"不信但看宴中酒，杯杯先敬富贵人"；"门前拴上高头马，不是亲来也是亲"；"有钱有酒多兄弟，急难何曾见一人"。中国"活络人"就是这样扩展、积累关系的。

第一，要办事或新到一地，搜肠刮肚看看有哪些现成的熟人及其在当地背景，有哪些上级资源可以打通当地，预约省里的熟人前往目的地。主要工作是打电话，作记录，为关系作规划。《红楼梦》中，贾雨村的门子（一个熟悉官场规则的低级职员）递给贾雨村的"护官符"上面皆是贾、史、薛、王等名宦之家的谚俗口碑，"贾不假，白玉为堂金作马。阿房宫，三百里，住不下金陵一个史。东海缺少白玉床，龙王来请金陵王。丰年好大雪，珍珠如土金如铁。"无论官宦还是普通人，新到一地或者新办一事都会如此处理。

第二，登门拜访老乡、朋友等各种人脉。请客送礼、觥筹交错，通过这些人结识另外一些朋友，打开一个关系圈的新网络，以备不时之需。

第三，套近乎，随和，称呼改变，构建哥们儿语境，通过新哥们儿结识他们的人际圈子。

以上三个步骤一轮轮反复，直到对方撂下话："有事尽管开口"，至此，关系网建立。

显然，这种关系不是基于传播，而是基于各种人情交易。

第五节　管理人际关系的挑战和黑暗面

我们已经探讨了关系中有助于满足我们人际需求的各种技能，但任何关系都不可能一帆风顺，总会遇到各种挑战和问题。现在，我们已经知道一些阻碍我们关系建立、保持和发展的传播因素，比如不准确的自我揭示，低自尊的自我形象，语言误解，偏见感知，不准确的非语言线索及其理解，贫乏的倾听技能，等等。

不仅关系里的实质内容会对人际关系的建立、保持和发展产生消极影响，而且管理关系挑战或者人际传播的黑暗面的无能为力也会产生消极后果，乃至关系解体。挑战包括，一方没有满足另一方的期待，或者双方保持超越时空的关系，或者遭受来自社会对某种关系的偏见带来的压力。关系的黑暗面就是用人际传播对伴侣造成的伤害与非道德的方面，包括欺骗、强制侵入、围捕、嫉妒、关系暴力等。克服这些挑战和黑暗面需要关系双方共同努力并承担责任。

一、关系挑战

张三：我听说昨天你去面试了。

李四：是的。

张三：我们不是说要一起去吗？

李四：哦，我忘了。不过你一直也很忙。

张三：不要骗我了。你并没有忘记，你只是不想让我跟你去。

李四：嘿嘿，不要说那么多，又不是什么大问题，不过是去试一试。

张三：你和谁去的？

李四：一帮哥们。

张三：骗人，我听说你和一帮骚货去的。

上例中，李四明显地违背要和张三一起去的诺言；面对质问，李四企图通过撒谎蒙混过关。这既伤害他人（张三），也构成对关系的挑战。而张三以侵犯方式和难听的称谓揭穿了李四。这种冲突不同于作为具体冲突的人际冲突，而是涉及人际关系中大的方面。

那么，当我们遇到不想见到的欺骗、语言侵犯和论争等情形时，该怎么办？除了这些情形，还有哪些情形构成对关系的挑战？

1. 对关系期待的违背

关系定义中就包括关系期待，人们进入任何一段关系都会有系列期待——友谊、亲密爱人或者配偶应该是怎样的。恰当的期待和对期待的适度满足是人际关系和谐的两个相互依赖的重要指标：违背一方的期待就会引起不确定性，使其产生伤害感和愤怒感；一味地满足一方的期待，也会导致不良的关系。面对期待违背，我们或者从自己的期待出发决定关系降级或者结束关系，也可能修改我们的期待使期待不再被违背，还可能和他人谈论期待违背，以期彼此调适。例如，你觉得朋友就该在你处于患难时与你同在，在你需要时提供适时帮助，在你需要金钱支持时大度地借钱给你，但如果你的朋友老是拒绝你这样的请求和"义务"，你可能不再期待在友谊里有这样的品质，也可能不再和这个人保持朋友关系，还可能和朋友讨论友谊是否应该提供这样的东西。因此，如何管理期待以及期待的违背影响着关系的健康。

（1）期待违背的一些解释原则

期待违背理论（Expectancy Violations Theory，Burgoon，1978，1983，

2007) 及其扩展理论——互动调适理论（Interaction Adaptation Theory, Burgoon et al. , 1995)试图全面解释人们对非期待行为的反应及彼此调适。人们有两种期待，一种是基于传播的社会规范，另一种是基于具体的传播语境。例如，欢迎一个人的惯例是握手，但如果一个人被迎接时却被亲了脸颊，这可能被看成是违背社会规范，因而也就是违背了个体基于社会规范对迎接行为的期待；人们也会和伴侣在一段具体关系里发展出一套期待。例如，丈夫和妻子可能有晚上的常规——丈夫总是晚饭后洗碗，如果他有一晚没这么做，这就被看成是期待违背。期待理论主要有如下内容。

第一，人们对他人有语言和非语言的期待（Burgoon，1983)。例如，在爱的关系里，人们希望对方更多柔情蜜意地表达某些内容，希望有更多的身体接触。如果一方是冷漠的，就会觉得违背期待。

第二，这些期待的违背导致被违背者情绪激动，产生不确定感，被违背者会发动一系列对违背的认知评估活动（Floyd & Voloudakis，1999)，被违背者格外关注对方、关系以及违背的意义，"他怎么了？他原来不是这样啊！他为什么这么对待我？他遇到了更让他快乐的人了吗？……"

第三，一种行为是否被评估为违背期待是由传播者的奖励价决定的。被违背者对期待违背的行为和违背者的性质（奖赏）的反应和解释可能是积极的也可能是消极的，积极的违背会增加违背者的吸引力，消极的违背会减少违背者的吸引力（Burgoon，1988)。被违背者通过许多类型来评估违背者的奖赏，如吸引力、声望、提供资源的能力等。例如，对一个人个人空间的违背，可能具有较多的积极评价（如果是一个高富帅的、有权势的异性干的违背行为），也可能具有较多的消极评价（相对来说，如果是一个穷困潦倒的、无家可归的、散发着口臭的人干的违背行为）。

第四，违背价由三个因素决定：行为的评估，行为或多或少比期待更有利，违背的数量。每种违背行为的严重度是不一样的，一般性质的违背，人们容易谅解，不会引起关系多大震荡。但如果严重违背，就会产生关系震荡。当违背行为比期待更有利，积极的违背发生。当违背行为益处较少时，消极的违背发生。

当然，影响一个人的期待与期待违背评估受到传播者变量和语境变量的影响。前者包括互动者特征和关系特征，比如不同性别、种族、文化、身份、年龄的人对期待及期待违背的评估是不一样的，处于满意度较高关系中的伴侣对期待及其违背的评估显然不同于满意度较低的伴侣。语境变量包括环境和互动特征，环境变量包括围绕互动的可获得空间的数量以及领域的性质，互动特征变量包括社会规范、互动目的以及情景礼节等（Guerrero，L. K.，Andersen，2010）。

至于人们为何违背期待，可由非确定性递减理论、社会交换理论以及会话合作理论得到解释。

第五，积极的违背比起那些与期待匹配的行为导致较多有利的结果，消极的违背比起那些与期待匹配的行为导致较多的不利后果。例如，你期待生日那天收到爱人的礼物，但爱人给了你一个浪漫的烛光晚餐，这超过了你的期待，其后果是有利于关系的。除非你把烛光晚餐评估为消极的。

（2）评估期待违背事件的严重性

期待违背事件的严重性不一而足，因此，对关系的影响也是不一样的。显然，室友不打扫寝室卫生不如一个人有了外遇严重。例如，在浪漫关系、婚姻关系里，性不忠被看成是非常严重的期待违背。在约会关系里，心猿意马，吃着锅里望着碗里，欺骗，违背诺言，与他人调情，对伴侣保密都会是期待违背事件。当男主外、女主内的社会规范进入具体的浪漫、婚姻关系里，男性不能养家赚钱就会违背女性的期待，而女性如果不能照顾丈夫、孩子、整理家务也会违背男性的期待，甚至女性不会做家务被社会和具体婚姻关系看成是严重缺陷。所以，我们要承认在关系里双方的期待是不一样的，这可以避免期待违背行为。在美国文化里，男主外、女主内并非社会规范，那么在其具体的婚姻关系里，中国式的性别期待就不会成为这种社会两性关系的挑战。

（3）用传播会话回应关系期待违背

关系伴侣谈论期待违背往往是责备—解释模式。在这种模式里，双方要做出大量决定。当一方觉得发现对方出现期待违背行为时，首先要进行讨论的是真的出现了期待违背行为吗？双方是否对具体期待有一致看法？这种期待是合适的、现实的、可接受的还是过高的？有时候人们忽略了细微的关系期待违背事件，或者过于看重建立明白无误的期待。这涉及评估关系。如果不是太看重这个关系，人们就会忽视期待违背事件，觉得不值得努力；但如果人们特别看重这个关系，可能细微的违背就会引发关系伴侣的不舒服感。对于一个不够敏感的伴侣来说，觉得你需要什么给我说明白，我就尽量会满足。但是，很多时候关系伴侣把对方的敏感和体贴也看成是爱的表现，不会把期待表述的明明白白、清清楚楚。

责备既可以通过直接说出的方式也可能通过非语言的方式间接地表达出来。例如，如果你的恋人忘记了你的生日，你可能对他很冷淡，也可能直接说出不满。语气可以是温和的也可以是强硬的，"你太忙了，忘记了我的生日"，"你从来记不得我的事情"。

责备的性质影响解释或回应的方式。对于责备，人们有很多反应方式：①道歉，承认关系期待违背事件，承担责任。②找借口，承认但说明一些环境因素。③找理由把违背事件合情合理化，接受责任，但重新把事件定义为非违背事件。④否认，不认为违背了期待。⑤沉默，忽视指责，拒绝回应。

责备者收到解释者的回应后必须决定解释是否是可接受的。如果不被接受，解释者通常会给予另一个解释；但是，如果解释被拒绝了，违背事件就会变成一场人际冲突。

（4）用谅解回应违背事件

谅解意味着接受违背事件，克服问题，让负面情绪和抱怨远去，继续关系。原谅的动机既可以是因为看重关系，也可能是出于个人的快乐和健康考虑。原谅策略有：①非语言表示。不直接说出已原谅对方，而是用喜爱、继续互动等方式表示对方已被原谅。②讨论。承认并谈论违背事件，分享彼此观点。③设置条件。"只要你……我就原谅你"。④最小化。对冒犯和违背轻描淡写，看得不那么严重。⑤明朗化。直接宣布原谅（V. R. Waldron et al.，2005）。面对原谅，违背者应检讨自己，而不是反复实施同一个违背事件。否则，原谅不可能一直继续下去。滥用伴侣的原谅会导致人际冲突。

当然，人们也会用报复来回应违背事件。面对关系期待违背事件，被违背者可能产生负面情感，常常伴随针对违背者的语言和非语言暴力，是想要违背者感受自己所承受的伤害，比如通过侵犯性传播（大喊大叫，谴责，挖苦讽刺），积极制造距离（冷暴力，回收情感），操纵企图（激发对方嫉妒心，犯罪感，测试忠诚度），联系违背者的对手联合打击违背者（Steven A. Beebe et al.，2008）。

2. 关系非确定性：障碍还是机遇？

这世上，除了死亡是确定的，其余的可能都是不确定的。我们的不确定感使我们的人际关系也常常出于模棱两可的状态。关系不确定性（Knobloch et al.，1999；Knobloch et al.，2007）就是人们在人际联系中感知到的参与性信心。

"我好担心我们的经济状况，担心它会影响我们的关系。"

"当孩子离开家独立生活后，不知道我们还能否相处？"

"我不知道我们是不是结婚太早了，对我们未来的婚姻是否会有影响？"

"那个帅气、聪明又幽默的人约我出去看电影，我不知道该怎么办？"

这些说法和想法往往引导我们的关系，尤其是亲近关系。当陌生人相遇时，他们首先关注的是互动中他们自身和其他人的行为的不确定减少或者预测性增加。为了减少在初次互动中的不确定性，伴侣们会进行信息寻求行为。随着伴侣们之间语言传播的增长，他们的不确定性倾向于降低。只有在人们逐渐了解了彼此后，他们才开始交换更亲密的信息，因为他们的不确定性减弱了(Berger et al.，1982；Berger，1982)。当然，人们在发动和建立关系后，也会经历对其伴侣思想、价值观和情感的不确定性。

因此，不确定性既可能是关系障碍又可能是机遇，无可争议地与亲密关系的幸福连在一起。

(1)关系不确定性的来源(图 6-8)

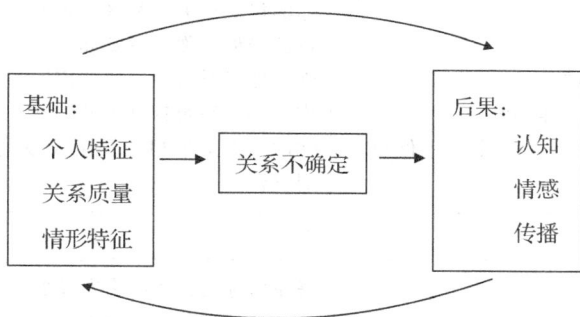

图 6-8　关系不确定性的基础与后果

(来源：Theiss et al.，2009：600)

不确定性通常有三类彼此关联又相互区别的来源：①自我不确定性。就是人们对自身有关关系的态度或行为的困惑或者无法预测，比如"结婚的决定对我来说是个明智的决定吗？"②伴侣不确定性。就是个体感觉到不能预测关系相对方的态度或者行为，比如"他会不会一直爱我，一直忠贞于我？"③关系不确定性。就是人们对其和伴侣的关系状态的疑问，比如"当孩子独立了，我们还会像以前那样相处吗？"尽管正在进行的关系的不确定性角色是复杂的，但研究者还是发现，关系不确定性一般来说和婚姻质量是反向关联的(Knobloch & Solomon，1999)，也就是说，关系不确定性较高的话，人们的婚姻质量可能较低；人们越对自己、对伴侣、对关系感到确定，婚姻质量可能就越高。

(2)不确定性的内容

研究者(Knobloch and Solomon，1999)通过质化和量化研究自我报告，发现自我不确定性包括这些问题：①对关系的愿望。②对关系的价值的评估。③关系进展的目标。对伴侣的不确定性问题是：①伴侣对关系的愿望。②伴侣如何评估关系的价值。③伴侣如何评估关系进展目标。人们对关系的不确定性包括这些问题：①关系中恰当行为的规范。②关系定义。③关系的将来。虽然这是关于浪漫关系中的不确定性，但也可以给我们一般关系提供线索（表6.4、表6.5）。

表6.4　求爱关系中自我和伴侣不确定性的内容

自我不确定性：你对自己如下问题有多确定？	伴侣不确定性：你的伴侣的如下问题有多确定？
愿望	愿望
你对关系有多忠贞？ 你的伴侣感觉如何？ 你对关系感觉如何？ 你是否打算忠诚于伴侣？ 是想和伴侣发展为浪漫关系还仅仅是朋友？	你的伴侣对关系有多忠贞？ 你的伴侣对你的感觉如何？ 你的伴侣对关系感觉如何？ 你的伴侣是否打算忠诚于你？ 你的伴侣是想和你发展为浪漫关系还仅仅是朋友？
评估	评估
关系对你有多重要？ 你对你的伴侣有多牵挂？ 你是否想保持与你的关系？ 你对关系的看法是什么？	关系对你的伴侣有多重要？ 你的伴侣对你有多牵挂？ 你的伴侣是否想保持与你的关系？ 你的伴侣对关系的看法是什么？
目标	目标
你是否想让这段关系长期运转良好？ 你是否想延续这关系？ 你是否长期想和你的伴侣在一起？ 你想要这段关系往哪里去？	你的伴侣是否想让这段关系长期运转良好？ 你的伴侣是否想延续这关系？ 你的伴侣是否长期想和你在一起？ 你的伴侣想要这段关系往哪里去？

表6.5　求爱关系中关系不确定性的内容

关系不确定性：你对如下问题有多确定？
行为规范
关系中，你们彼此之间可以说什么？不可以说什么？ 这段关系中，恰当与不恰当行为之间的界限在哪里？ 这段关系的规范是什么？

相互性
你和伴侣对彼此的看法是否一样？
你和伴侣如何看待这段关系？
是否你的伴侣喜欢你如同你喜欢他一样？

定义
这段关系如何定义？
你和伴侣如何描述这段关系？
你们是朋友关系还是一般关系？

将来
你和伴侣是否会在一起？
关系的将来在哪里？
关系是否会很快结束？
关系向哪里去？

技能训练

请根据表 6.4 和表 6.5 的问题，选择自己两个关系例子，想一想你对自己、对伴侣、对你们的关系有多确定？

（3）关系不确定性的事件

哪些事件会增加友谊和浪漫关系的不确定性呢？这包括个人改变，竞争性关系，欺骗，性行为，对信任的背叛，失去联系，极大的亲密差异，等等（Planalp，S.，et al.，1988）。在婚姻关系中，增加不确定性的事件包括反常行为，不被期待的善解人意，对怀孕的反应，家庭情形的变迁，不关心个人，关系转变，欺骗，竞争性关系（Turner，1990）。

（4）关系不确定性模式

导致关系不确定有很多指示器，而不确定性也会产生诸多后果。

第一，指示器。每个人都有个性特征，个性特征如何影响关系不确定性是因人、因情景而异的。例如，对模棱两可不是太能忍受的人会对不确定的环境有较多焦虑，反之亦然，那些有确定性倾向的人更愿意在人际关系中保持冷静。不自信的人容易没有安全感，低估伴侣对自己的爱怜，对关系的评估是悲观的（Murray，S. L.，et al.，2001）。

关系质量也可能指示人们的关系不确定性。伴侣之间的物理与心理距离可能产生关系不确定性，关系震荡模式考察了亲密和不确定性之间的关系。

在关系震荡中，关系不确定性增加，并且由于日益增加的彼此依赖性，伙伴的干预也加剧了。关系不确定性和干预预示了伤害的强度——不确定性越多，干预越多，伤害越强；如果把造成不确定性的事件评估为故意的，也会对关系造成伤害（比如对关系伙伴的信任减弱，关系质量减弱）。所有这一切都和更直接地传播伤害事件有关。

情形的诸多方面也影响人们体会到关系不确定性。当行为和先前的行为不一致时，人们会经历不确定性。当情形是令人不快的、和主流的社会期待不一致时，都会使人们经历不确定性。

第二，关系不确定性后果。关系不确定性会产生认知后果。当人们卷入不确定性时就会做出极端判断，比如对伴侣的激怒行为看得更严重，对关系更有威胁力。经历关系不确定性的个体会预设相关敏感话题的沟通对他们自己以及关系更具有威胁性。人们把持续的关系不确定性看成是充满挑战的、大有问题的以及具有威胁性的。

关系不确定性还会产生情感后果。不确定性可能激发强烈的情感，尤其是负面情感，比如嫉妒。对关系卷入不是那么确定的人更可能感到受到潜在对手的威胁。在不确定性环境下，个体会感到更多的愤怒、悲伤和害怕。

关系不确定性还会带来传播后果。不确定性可能激发人们暂时沟通以避免伤害自己或者关系。当人们对其关系定义不是太清楚时，就无法引导他们的传播，就会做出伤害自己面子、伴侣面子的行为，认为其伴侣对关系投入不够，会注意到不平等的责任，从而最终引发冲突等。因此，人们更可能采取逃避或者间接的传播作为安全行动。例如，在关系非确定情形下，人们不太可能表达嫉妒感，也就是说，宁可间接地谈判他们的关系。但这就有个矛盾，因为不确定性，人们需要更多信息消除不确定性；但由于间接地表达，增加了不确定性，获得人们需要的信息以搞清楚关系本质变得困难起来。也就是说，如果不愿意冒险去公开谈论关系，关系不确定性将使传播复杂化。那么，人们如何传播引发关系不确定性的事件呢？当他们预想到会有不想要的信息时，就会避免传播；当预想到有回报的信息时就会实施直接传播（Knobloch & Solomon，2002）。

因此，一方面，关系不确定性会引发大量消极的认知、情感与传播后果；另一方面，事情又是一分为二的，不确定性也有如下有利方面：①对模棱两可情形进行小心翼翼的沟通，可能使讯息生产及处理功能较为良好。也就是说，使人们避免宣告一个彼此不认同的关系定义——"我没想要和你发展下去"，避免在不合时宜的情形下直接讨论关系，避免使个体在缺乏充足信心的情况下匆匆下结论。②关系不确定性可能在亲密关系中产生兴奋、新奇和浪漫，抵制那些关系中的无聊，使关系重新充满活力。当然，只是一定程度的不确定性，太大的不确定性只能对亲密关系产生伤害。③不确定性可能为人们重申对关系的承诺提供时机，因为不确定性吸引人们注意力，激发人们提高彼此关系，比如故意使伴侣嫉妒，以便引发伴侣的不确定性，重获伴侣的兴趣。

3. 远距离关系

现代社会移动性的增强使人们和他们有关系的人天各一方，现代传播媒介又为人们提供了在互联网中相识并发展关系的可能性，远距离的恋爱关系变得越来越普遍和常见。

无论是远距离关系，还是守在一起的关系都各有利弊。远距离关系需要关系双方更多的认知和情感能力以对彼此关系做调节和管理，容易导致关系紧张，但远距离会给关系提供更多的自治；在一起的关系给伴侣提供更多时间在一起和亲近机会，但又会由于过度亲近和依赖，给彼此带来烦扰。

（1）远距离关系的挑战

"两情若是长久时，又岂在朝朝暮暮"，这是人们对爱情跨越时空阻隔的美好期待，实际上大多数情况并非如此，远距离关系会产生很多问题，比如增加了保持关系的成本。成本包括金钱的成本（通讯费和交通费），精力成本（计划看望对方而打破常规的时间安排），时间成本（要花更多的时间在电子通讯或者探望的路上）。是否金钱、精力和时间的花费就是成本，这取决于关系双方对成本与收益、奖赏的对比，奖赏取决于在某种关系中双方伴侣的欲求。例如，如果对生理的和爱的满足需求强烈，长久的、远距离的分离使人对关系不满意；反之，如果抱着"知音难觅"的愿望，即便无法面对面互动，远距离关系也无妨。

即便双方都认可远距离关系，依然会面对很多问题：①互动一方无法为关系提供实时事务性帮助和情感上的支持，可能导致另一方想找到另一个人来满足需要。②由于无法全面观察和了解对方情形，仅仅靠语言符号沟通可能会导致无端的嫉妒和猜疑，于是对方需要反复解释，这增加了互动的成本和烦琐。③对另一方的发展变化了解甚少，因为不能在基本层面上分享足够信息以及情感，这也能导致误解，降低情感依恋深度。④一旦远距离朋友到访，个体与远距离朋友有一个关系，还和身边的朋友有一个关系，当两个关系又不是同一个友谊圈子时，关系双方就会产生矛盾。因为远距离访问要求密集的时间在一起，这打破了个体的某种近距离关系互动频率和习惯。远距离配偶如果到访，个体也会因为过度计划和惯常的自治日常规律被打破而感到苦恼，从而导致关系紧张。⑤分离的配偶和浪漫恋人还可能由于离别对对方产生理想主义想象，而一旦在一起，一点小的问题就容易对对方和关系产生失望。当人们保持关系的成本超过报酬，可能就会中断关系；反之，保持关系。但如果把成本看作投资而不是损失，关系本身就是报酬，即便面对面互动少，也会维持一生。

有趣的是，笔者对旅美中国留学生访谈发现，时差也是导致关系挑战的重要因素。当一方需要另一方的社会支持行为时，另一方却在深更半夜的睡梦中；当一方是休息时间，而另一方是工作时间，彼此的传播次序的轻重缓急和先后安排颇为不同。这时，要么以对方的传播需求为先，要么就要中断手上正在持续的任务，关系双方都会感到烦扰。在恋爱的柔情蜜意阶段，人们愿意放弃自己事务的优先性而迁就对方。但时间久了，双方就会觉得是一种负担，由此导致分手的状况很多。

也许，传播就是保持有力关系的重要因素，传播越是诚实和开放，越是与近在咫尺的关系类似。短暂的分别和永久的分别都需要双方用更多的认知和情感能力去对彼此的关系作调节和管理，其中，多久可以面对面相聚能够决定物理距离对关系的影响。研究表明（M. Dainton et al.，2001），远距离的恋爱关系如果能够一周相聚一次，那么，在保持关系方面和那些天天在一起的人们之间类似。

（2）远距离关系的益处

远距离关系也有很多益处。双方可能学到有关自我依靠的技能，而这些技能日后可以强化关系；双方有较多的自由时间追求个人爱好和情趣，各自都可以发展出新的兴趣和朋友；当双方不再是远距离关系时，双方多样化的爱好和朋友类型可能增加生活的趣味和丰富性，由此强化彼此的关系。

如果说远距离关系可能有运行良好的结果，那么必有一些导致这个结果的原因：①双方都看到保持长距离关系的需要，都努力让它运转良好。②双方都知道最终会结束远距离互动而在一起面对面相处。③当双方对关系的承诺程度都强烈，并且关系是在各自远走之前已经牢牢建立了的。④双方基本上都能进行声音通话。⑤双方既愿意谈论"大事"，也愿意谈论生活中正在发生的"琐事"。⑥双方谈论关系并有各种方法去处理关系，而这些关系可能对长期关系产生消极影响。⑦双方只要一有机会就创造在一起的机会（Sahl-stein et al.，2008）。

4. 挑战社会规范的关系

每一种文化都有规范，来自不同种族、宗教和社会等第的人的关系往往备受打击；在许多社会里，对于不同年龄和同性别之间的恋爱关系也是反对的；当违背社会规范时，关系双方都会面对遵守社会规范的压力或者冒险被放逐。

跨文化和跨种族之间的关系传播与互动会面临挑战，比如彼此之间的语言和文化理解上带来的传播障碍以及周围人的负面反应。根据对跨种族的恋爱关系的访谈，研究者发现他们要经历四个阶段：意识到为双方吸引力所平衡的种族差异，处理种族和文化差异以及作为一对儿的回应，作为一对儿以及自我身份出现，保持关系。除此之外，还要以积极视角承认不同文化独一无二关系的价值，忽略可能带来的问题，经常讨论差异，使双方真正理解对方和欣赏对方（A. Foeman et al.，2002）。

同性关系、双性恋爱等常常面对强烈的社会敌意，所以很多人选择隐藏自己的性取向避免遭到社会排斥。

但规范也会随着时代改变而改变，那些曾经挑战社会规范的关系可能现在不再会是带来压力和放逐的关系。例如，人们对同性恋爱的宽容度越来越高。

二、人际传播的黑暗面

如果你发现朋友欺骗了你，你怎样继续你们的关系？人际关系带给我们很多温润美好的东西，但也会产生很多黑暗面。黑暗面主要可以用两对量度来评价：规范性的、道德上恰当的与不恰当的，功能上生产性的与破坏性的（Brian H. Spitzberg，2007：5，图6-9）。

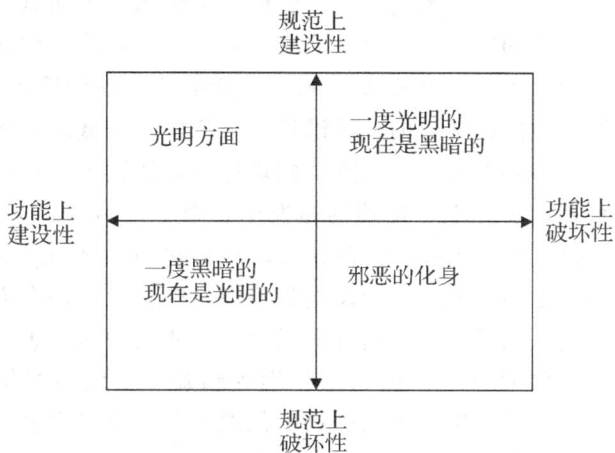

图 6-9　黑暗面的边界

1. 欺　骗

你迟到了但害怕批评，于是告诉老师说，你在路上助人为乐了；你不爱对方了，对方问你你却说："爱"。这些行为都是欺骗。

传播建立在对真实的假定上，然而，实践中，传播者常常认定诚实并非最好的原则。例如，配偶双方撒谎以减少关系冲突。因此，欺骗和怀疑欺骗至少占所有会话的四分之一（DePaulo, et al., 1996）。

（1）欺骗的解释框架

欺骗是人类互动中本质的、常见的特征。人际欺骗理论（IDT——Interpersonal Deception Theory，Buller and Burgoon，1996）试图解释个人用来处理有意识或者下意识层面上实际的或者感知到的欺骗的方式，认为欺骗传播是讯息发送者和接收者的互动过程——信息发送者实施欺骗，接收者的配对行为就是观察欺骗或者怀疑。

但一些研究者（DePaulo et al., 1996；Stiff, 1996）批评了人际欺骗理论，认为其因为没有区分互动传播和人际传播而缺乏解释力。互动传播强调传播交换的情境和语境方面，而人际传播强调在其中发送者和接收者对彼此的行为做心理预言，而这些行为是基于个人具体的先在了解。因此，人际欺骗理论与其说是人际欺骗模式不如说是互动欺骗模式。斯蒂夫的人际的和传播的互动向度关联图（James B. Stiff, 1996）可以揭示这种区别，并使我们对人际欺骗有一个更深入的理论认识（图6-10）。

象限一描述了发生在高度互动、高度人际关系的传播。第四象限描述了高度互动但却是低度人际关系的传播。例如，工作面试中面试主考官和被面试者的互动是无中介的面对面的讯息交换，缺乏个人具体的信任和心理层面上的彼此了解。第二象限是在高度人际的、低度的互动语境中发生的传播。比如大学低年级学生发给父母的电子讯息。第三象限是低度人际的和低度互动的传播，如电子市场的邀约。人际欺骗理论声称描述了上面第一、第二两个象限的欺骗传播，实际上它描述的是发生在第一、第四两个象限的欺骗。如果人际欺骗理论宣称是人际行为的模式，那么它们应该描述人际关系中的欺骗交互，而不考虑这些交互行为发生的语境。事实上，许多人际关系中的欺骗形式并不是通过在单一互动语境中通过一种非关联的讯息交换来临时起意的，人际欺骗牵涉对一个人的关系伴侣的感知和信任的开始、强化和保持。这个过程通常在时间中通过高度或者低度的互动语境而发生。的确，关系伙伴通常使用一种混合的传播语境来进行临时起意和永久的欺骗。例如，远距离的恋爱关系常使用联合手段，如写信、打电话的或者面对面的讯息来

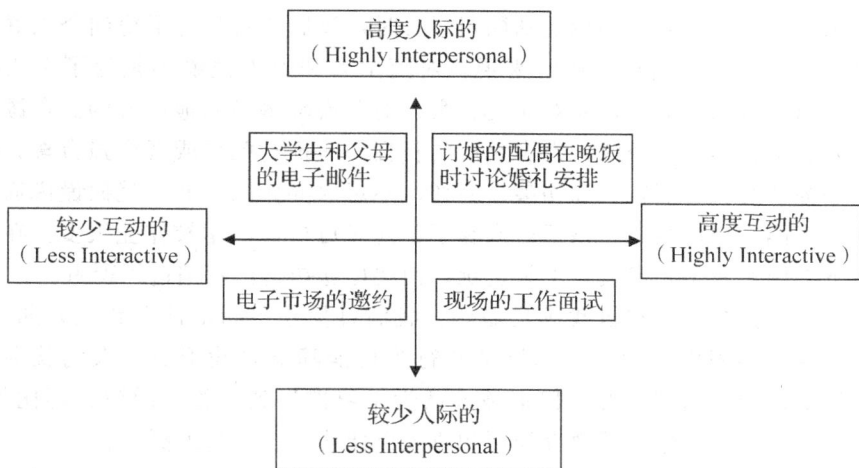

图 6-10　斯蒂夫的人际和传播互动向度关联图

（来自 James B. Stiff，1996）

制造欺骗——表明他们是"深深忠诚于"彼此的。像这样的欺骗不是单一互动事件的产物，而是通过多种语境、诸多讯息交换而达到的顶点。也就是说，人际欺骗理论很难解释发生于时间和语境中的欺骗。所以，把人际传播和在互动语境中发生的传播区别开来有助于人际欺骗理论的发展。

研究表明，以计算机为中介的传播尤其容易出现欺骗。一个解释是，没有面对面互动，传播者可以隐藏身份，匿名性保护了隐私但也使人们把自己的身份夸张化或者造假，比如教育背景、年龄、性别等。在约会网站上尤其厉害，多达 20% 的约会者承认在个人描述方面向他人撒过谎，但问到有多少人受骗时，自认为受过骗的人达到 90%（Epstein，R.，2007）。

（2）为何欺骗？

欺骗传播是我们每日相遇中，人际的和情境化的语境中必不可少的劝服行为（Miller & Stiff，1993；Stiff，1995），是"发送者有意发送讯息以培育接收者错误的信念或者结论"（Kory Floyd，2011：384），其目的是通过生思熟虑的扭曲信息的手段来影响他人的信念、态度和行为。这样来理解的话，就与格赖斯的合作理论贯通了，欺骗讯息是一种违背了一个或者多个会话规则的传播，这种违背还是反映了合作互动。

第一，利他主义的欺骗。利他主义欺骗经常用于亲近关系中，我们关心我们的重要他人是否会受到伤害。如果某种信息对他人是有害的，我们就会撒谎以保护他们的资源、自我形象以及安全。

第二，获得资源，避免受到惩罚。有时，我们欺骗是为了得到个人好处或者避免不想要的结果。通常来说，对陌生人和熟人说谎多是为了个人获益、资源或者利用他人，而对朋友、亲人的撒谎较多是利他主义的。资源包括物质、金钱等有形资源，也有无形的目标——推进关系或者增强自尊，也可能是为了避免资源丧失和伤害。例如，不想放弃休闲时间，就撒谎说周末有事，不能去帮他搬家。孩子回家晚了，向父母撒谎说学校作业很多，在学校留下来做作业了，但实际上是贪玩，怕父母惩罚自己就编造了理由。

第三，保护自尊和自我满足需要。我们总是希望满足社会和他人期待，于是呈现一个积极的形象。如果某些行为可能降低自我形象，人们就会撒谎。例如，知道迟到不好，但怕被人认为是习惯迟到，总是撒谎。再比如，同学聚会，你夸大你的受教育经历和收入以便使自己看起来更好。

有时，人们撒谎是为了保护自己的隐私。例如，别人问你可好，即便很糟糕你还是会说"很好"，因为你不想和别人讨论你的生活。

第四，娱乐需要。这在开玩笑里常常可见。例如，"听说小丽暗恋你"，而这可能不是事实。经常可见的例子是，人们有时觉得生活没劲，在网上故意编些他人的故事贴在贴吧上。

第五，欺骗是礼貌的通常组成部分。人们欺骗还有一个基本原因，就是保持礼貌，就是为了不得罪人。礼貌的重要作用是使他人感到被欣赏，不管这个人是否真的值得被欣赏，或者你是否真的欣赏这个人。例如，朋友邀请你一起游玩后，朋友说："好好玩啊"。你尽管可能并不这么认为，但你还是说："真的好玩，以后我们还可以再去"。

所以，礼貌最终是为了避免伤害他人，保持关系和谐，避免冲突。尽管撒谎不好，但却是社会润滑剂，完全诚实可能导致个体的社会孤立，因为他人会把这看作不礼貌，缺乏社交技能。

第六，主导谈话过程。有时，人们撒谎是为了认识他人，编造二人的共同点以便打开话题。"我也喜欢旅游，那感觉真好"，实际上并不喜欢。

第七，报复他人。有时撒谎是为了报复他人。为了报复一个伤害过你的人，你编造一些事件向第三方传播。

欺骗不同于诚实传播，故意的欺骗远比诚实传播更需要认知上的智谋，无论撒谎、隐瞒还是模棱两可①。

---

①　http：//en. wikipedia. org/wiki/Interpersonal_deception_theory.

（3）欺骗的三种类型

第一种，通过省略、隐瞒进行欺骗。故意保留他人要求的信息或者为他人期待分享的信息。你昨晚看电影了，也打牌了。父母问起，你说看电影去了。你没有撒谎，但是因为删减了信息，这就是欺骗。决定删减是否是欺骗取决于欺骗者是否是故意的。有时，删减信息可以保护自己，但会误导听者。例如，你告诉同学你很喜欢她那件衣服，因为如果日后同学质问"你为何没有说外套难看？"你会说："我可没有说你穿好看！"有时，没有分享信息是因为考虑关系期待，这会使他人失去选择和做决定的机会。例如，你知道朋友的恋人与其他人约会，却不告诉他。通常人们认为过滤信息没有伪造信息严重，但如果过滤的信息重要，就会被看作像伪造一样可恨。

人们还通过模棱两可来欺骗，也就是表达模糊的信息，制造一种错误印象。张三问李四："你觉得我穿这件衣服如何？"李四回答："这是今年最流行的款式。"张三可能理解为李四认为他穿这个最好了，可事实上李四可能不是这个意思。

第二种，通过撒谎进行欺骗。当人们向他人提供不真实的信息时，就是在撒谎。例如，找借口分手，告诉他人你拥有并不真的拥有的博士学位，结婚了却说未婚。撒谎可以通过伪造，也可以通过夸大。伪造是人们最常见的欺骗，是一种明显的谎言。还有一种撒谎就是基本事实是有的，但是夸大陈述。你的确组织过一个小型国际会议，但你说多次组织过大型国际会议。这也是欺骗，因为会误导他人。

撒谎是高频率的欺骗行为，有高风险和低风险的撒谎，风险的大小取决于欺骗的获益和损失。关于谎言，人们有很多纠结的想法：谎言何时可以不算谎言？真实的就一定是道德的？例如，你很真实地传播了某个人说的话，但如果因为该传播会挑起纷争，这还是好的吗？

第三种，恐惧诉求。在人际传播中，人们常常诉诸恐惧、感性诉求。譬如，孩子要出走，母亲假装心脏病发作，或者用假哭达到阻碍孩子出走的目的；或者孩子为了逃避学习，告诉母亲自己胃痛得厉害。这都是恐惧、感性诉求，这种诉求是利用人的同情心和理解来达到个人目的。这没有谎言那么容易判断。但实际上，此时已经剥夺了对方选择的自由。这是不道德的，但是如果母亲真的伤心就是道德的，或者善意的恐惧诉求也是道德。例如，你做论文没日没夜，没有正常衣食住行规律，父母希望让你小憩一会，打个电话谎称说："母亲生病，回来看看"。

欺骗可能发生在所有关系中，我们既是欺骗的发动者又是接受者。关系越近，人们越能够辨认出对方的欺骗，越能够从互动风格中了解哪种线索可以看出对方是值得怀疑的。从伦理上讲，我们应努力诚实，但有时诚实也会有害于双方及彼此关系。于是，我们会一直面对诚实的危害和欺骗的危害的评估。因此，有效管理欺骗的挑战也成为一种传播能力和人际关系能力。

（4）欺骗与非欺骗的界限

欺骗涉及两个重要特征。一是信息的传送，不仅包括语言传输，还包括非语言行为。也就是说，不置一词也可能在欺骗。二是跟欺骗者的动机有关，一个人实施欺骗和另一个人是否被骗关系并不大，比如为了一个"好"动机而欺骗别人。确定是否是欺骗，必须同时满足三个条件：①发送者必须知道信息是错误的。②发送者必须是故意传播这种错误信息的。③传送者试图让接收者相信该信息。所以，下列情形排除在欺骗之外。

第一，如果你相信你所说的是真实的，你就没有撒谎。例如，你问我自助游出国旅游容易吗？我说很容易。因为我真的这么认为。但是，你发现对你来说，这是一件非常困难的事情。你问我问题，我回答了。我也希望你相信我所说的，我没有欺骗你，因为对我来说，该信息是真实的、正确的。

第二，如果你的目的不是要让人相信你所说的，你就没有撒谎。常常人们所说的并不是要人们去做字面理解。"我这一觉可以睡到明年"，人们不会从字面来理解这句话，字面意思显然是错的。但你没有撒谎，你不是要人们相信错误的字面意思。许多形式的玩笑和嘲讽并不会被字面地理解。

第三，人际传播中常常充满善意的谎言。有些善意的谎言在特定的语境中可以是伦理的，关键看人们是否尊重了他人对自我信息的权利要求——人们有权利了解关于自己的信息，以便做出正确决策；人们也有权利不去知道有关自己的信息。例如，一个癌症病人希望得到自己身体状况的真实信息，以便安排自己剩下的时间。如果隐瞒了，虽然是善意的，但却让其本人失去了选择的机会。当然，一个癌症病人也可能不想知道自己的身体状况，这时，我们隐瞒事实，就是伦理的。如果我们告诉他他不想知道的身体状况，可能就会害了他，反而是不道德的。

再比如，某人穿了一件你认为难看的衣服，在发表意见时，我们可以有三种选择。

其一，模糊表达意见："它看起来好与众不同，我从没见过类似的东西"（误导，是谎言）。

其二，坦白地告诉对方你的真实感觉："没见过这么难看的"（真实，但残忍）。

其三，"非常适合，非常吸引人"（不诚实，如果对方穿它去参加面试，结果可想而知）。

这里，是否要说谎（或者说谎是伦理的）关键是考虑对方要什么？如果对方要你诚实地评价衣服，你就这么做，但不说"又老气又难看"，而说"或许应该穿鲜艳些的"；如果对方询问衣服好不好看是想得到你肯定的回答，那就满足她！在人际关系的传播中，也许内容不是重要的，而是发问者的心理感受。我们可以说："看起来不错"，这不是谎言。但是，如果你知道了对方的人际需求，但你故意不去满足，那就是不道德的。

（5）欺骗和保守秘密的关系

人们往往鼓吹开放传播、自我揭示的益处，而对避免开放充满担忧。因此，保守秘密被看成是关系管理的黑暗面。实际上，保守秘密有时并非尽是坏处，开放传播也并非全是益处。处理好开放还是隐藏这对辩证关系也是一种人际能力，这需要依情形而定。在这个问题上，人们常常混淆隐私和秘密的界限——秘密是不向有权利知道信息的人透露信息，而隐私指的是他人没有权利知道的私人信息。秘密的例子，如婚外恋，家人串通起来隐藏父亲亡故的消息，一个父亲向孩子撒谎说自己没有犯罪。

（6）欺骗产生的不良后果

尽管撒谎在人际传播中非常普遍，但会产生很多问题。当谎言在人际关系中被揭穿时，可能导致冲突、愤怒和被背叛感。我们发现要原谅撒谎的人很困难，更不用说再次信任他们。这些后果包括：一是导致他人根据我们的错误讯息做出错误的决定和行动。例如，一个人迫切地想知道自己的病情以便对时间做出安排，但如果被告知错误的信息（无论是善意还是恶意），都会使人失去详细安排生活的机会。二是伤害关系，甚至导致关系终结。例如，你告诉你的同学那个女生喜欢他，你的同学（本来喜欢那个女生但不确定是否表白）就去表白，但事实上那个女生并无意于这个男生。显然，你的同学做了错事，这就可能破坏了这位同学和那位女生的关系，也对他和你的关系带来负面影响。三是重复的欺骗使他人给欺骗传播者贴上撒谎者的标签，最终失去信任，可能的结果是传播者说什么都是错的。"狼来了"的故事是欺骗后果的最经典注释。四是殃及池鱼，即使第三方承受欺骗的后果。例如，那位女生对这种没头没脑的表白感到不快，而那位男生非常尴尬，并因为被拒绝而受伤，可能觉得女生太骄傲，从而疏远女生。五是导致额外的伤害。例如，欺骗者受到惩罚，产生犯罪感，获得一个恶名等。

（7）在不同语境下甄别谎言

识别谎言确实是件不容易的事。研究表明，一般人只有55％的时间能够甄别欺骗（DePaulo, B. M. , et al. , 2004）。之所以难，是因为人们相信耳听为实，同时，质疑我们耳闻目睹的东西需要花费大量精力。以下因素影响我们对谎言的甄别。

第一，熟悉度影响甄别的成功性。和朋友谈话与和陌生人谈话哪个更容易识别欺骗呢？你可能回答是朋友，因为你们彼此很了解，知道他的心思意念、行为方式和通常动机；但与此同时，我们更可能相信朋友所说的。研究表明，人们更可能对朋友撒谎成功，而不是对陌生人。也就是说，对事实的偏爱阻碍了人们去注意自己可能被欺骗的那一面（Burgoon et al. , 2000）。

第二，擅长表达的人是撒谎高手。研究表明，善于表达的人比不擅长表达的人更可能欺骗成功（Feldman, R. S. , et al. , 1999）。这有点像中国文化里讲的"巧言令色，鲜矣仁"。擅长表达的人对自己的表达比较小心翼翼，能够更好地控制传播行为。一旦撒谎，他们更流利、正常。同理，擅长表达的人更当心别人的行为，有技巧预测听者的怀疑，因而更有能力纠正其行为以减轻怀疑。但是，这仅仅表明，他们一旦撒谎会做得较好，而不表示擅长表达的人比不擅长表达的人撒谎多。

第三，文化有时影响撒谎的成功性。常识告诉我们，来自异文化的人之间甄别欺骗更难，因为不熟悉另类文化里的人的行为，而在同一种文化里更容易甄别。

第四，怀疑可能无助于提高甄别能力。当我们对一个人产生怀疑时，就会比平时更仔细甄别这个人的行为和讯息。这似乎有助于我们检测欺骗，但事实不是如此，怀疑反而使人们在检测谎言时更糟糕而不是更好（Burgoon et al. , 1994）。人际欺骗论认为，娴熟的撒谎者能够检测到人们在怀疑，然后采纳一些看起来更诚实的行为。例如，那些有外遇的人知道配偶在怀疑自己，那么就会用正常音调轻描淡写描述自己的活动，避免紧张的笑声。不合时宜的微笑以及持续眨眼。他们会努力传播表示自己诚实而没有撒谎，配偶可能最终也相信了，尽管被欺骗了。

第五，非互动语境对撒谎最有用。一个大学生没有按时完成学位论文，这是非常严重的事，为了避免重修，他决定撒谎，可是如何发送谎言最好呢？——当面去说明？打电话？发送语音信息？还是写信或者发email？也许，有人会说当面或者电话，因为可以观察到管理者行为和听到管理者的话，然后采取适应性行为。但实际上，也许非互动语境更好。例如，发

email 等，因为这使人更好控制自己的讯息。研究认为，当且仅当对陌生人撒谎时，互动语境比非互动语境更可能撒谎成功（Burgoon，J. K.，Buller，D. B. & Floyd K.，2001）。但如果说话人和听话人是朋友时，互动语境似乎无关宏旨——无论是在互动还是非互动语境中，谎言成功的可能性一样大。

2. 伤害感情的传播

当人们发现被欺骗，就会感到被背叛、被愚弄、被伤害，由此，感到愤怒。当我们收到受伤的信息时，我们试图确定说话者的动机，因为动机影响我们的受伤感（Vangelisti，in Cupach and Spitzberg，1994）。

对于有伤害的信息，人们有三种常见反应。一是积极的语词回应。针锋相对，反击，讽刺，自我保护性论述，要求对方解释。当然，除了语词回应，还有情感回应，比如愤怒。二是以默认来回应，比如哭，让步，道歉。三是无伤害回应。忽视讯息，笑，沉默，显示信息没有伤着自己。

关系越亲密，人们的受伤感可能越重，因为与我们素不相识的人很难在情感上伤着我们。例如，来自家庭成员的伤害比非家庭成员的多，恋爱关系比家庭或者非恋爱关系或者非家庭关系体会到更多伤害。

人际关系中，伤害信息不可避免，关键是如何回应和管理讯息的影响，这会影响我们感知到的关系的满意度和幸福。我们可以要求对方澄清原因，因为说话者不一定意识到讯息有害。伤害信息的发出者可以澄清自己的意图、目的，修改自己的信息。例如，真诚地道歉可以减轻他人的受伤感："对不起，我不是那个意思。"或者宣称只是开个玩笑。

3. 嫉　妒

电影《绝望的主妇》中的乔治烧掉女友的汽车，女友和别人说话就扇她的耳光。这些行为就是黑暗面之一——嫉妒的写照，虽然日常生活中嫉妒不一定表现得这么典型，但嫉妒的确可以使人做出很多对关系和伙伴有害的行为来。

（1）嫉妒的来源

嫉妒有很多来源。第三方的出现使关系中的一方对关系的失落感增加，或者外界因素损害关系，比如伴侣寻求他人建议，一方失去对伴侣的影响力，或者伴侣用更多时间精力在其他事情上。例如，当我们发现朋友越来越多地把时间花在其他目标上时，会认为其把目标看的比我们重要。这时，我们可能有两种反应。一种反应是简单地接受朋友的行为，一种反应是感到嫉妒。

（2）为何嫉妒？

嫉妒有两方面原因：一是展示对伴侣的兴趣和喜爱；二是对伴侣缺乏信任。有时，被嫉妒者会被伙伴的嫉妒感染，甚至主动激发嫉妒以发现关系的价值；还有的时候，是嫉妒者极端想独占伴侣，并限制伴侣除自己以外的社会交往。关系中双方对嫉妒的情感反应对比非常强烈——嫉妒的一方因为关系可能失落而害怕、愤怒和悲哀，被嫉妒的一方也会害怕或愤怒，但可能有系列其他情感反应，比如开心、被抬举感、不被信任、难过、谦卑等。

（3）嫉妒的表现

嫉妒和个体的人格有关，比如低自尊，神经质，不安全的依恋风格。这种人可能对伴侣非常依赖，伴侣哪怕有一点没有集中在自己身上，就会妒意大发。

嫉妒也可能是认知性的，比如容易怀疑，喜欢反复揣摩。

嫉妒也可以是行为上的，比如质疑先前的关系。即便伴侣和先前关系已经重新定义，但还是追踪伴侣与其前关系伴侣的蛛丝马迹。

嫉妒也是情感性的，比如每每想起嫉妒事件就非常难过。

（4）嫉妒管理方式

对关系失落及其有意义的变化表示关心无可厚非。关系变化代表期待违背，嫉妒一方可能做出侵犯性反应（比如哭喊、造成伤害等）或者从关系里退缩，或者找到办法较直接地处理引起嫉妒的情形。如何表达嫉妒的感觉直接影响对方回应。直接和伙伴讨论嫉妒情形并寻求解释比监视或者从第三方那里获得信息更能激发积极反应，冷静地表达自己的嫉妒感，以积极的方式表达自己并表达对对方的关心比展示暴力更能激发积极反应。当然，人们在乎关系修复才会这么做。

有时候，人们用嫉妒作为关系管理策略，也就是说，通过激发伴侣的嫉妒感以使伙伴关注自己或展示更多承诺来提升关系。但是，这种策略可能是危险的。因为一旦对方发觉你是故意刺激其嫉妒，会觉得不愉快（从前面章节我们已知道操纵性行为会引起他人防备）。你是否嫉妒过关系伴侣或者关系伴侣表达过嫉妒给你呢？嫉妒管理方式既能增强关系也能破坏关系。

4. 关系暴力

关系暴力存在于任何关系中，配偶、恋爱的人、孩子、家人、朋友、同事之间都有，前面讲的几种黑暗面都可以被看成是关系暴力行为。在美国，每天有四名女性死于与其关系亲近的人所犯的暴力罪行，50%的女性遭受过身体和情感的虐待，85%的虐待是男性对女性犯下的（Michael P. Johnson，

2006)。

（1）关系暴力表现形式

关系暴力不同于社会领域中的暴力，后者针对不确定个人，而关系暴力存在于存续的关系中。关系暴力包含针对关系伙伴的广泛的破坏行为，比如侵犯、威胁、身体伤害。关系暴力既可以是语言的、心理的，也可以是身体的虐待。身体侵犯往往是由敌意的、竞争性的语言行为引发和推动的，一些细枝末节可能引发口水仗，然后升级到身体侵犯和虐待。

有时，一拳打在桌子上也是暴力，虽然关系伙伴没有直接受虐，但仍然会引起关系伙伴的害怕，其所代表的是暴力升级。哪些行为会激起你的害怕？大喊大叫，赌咒，摔盘子扔碗，推搡，扇耳光，打人，把人摔在地上，等等。很显然，这些程度不断升级的行为都是威胁行为。女性扔东西和扇耳光的可能性比男性大。

亲密关系里的侵犯通常是相互的，双方都会参与。在男女关系中，女性通常是严重关系暴力的牺牲品。在家庭关系里，女性和孩子受到的伤害大于男性。

（2）关系暴力的类型

研究者区分了三种关系暴力：一是"亲密恐怖主义"，通过暴力使用控制操纵关系。二是"暴力抵制"，控制企图遭遇到暴力回应。三是"情境配对暴力"（situational couple violence），指的是在回应具体的关系冲突和紧张中使用的暴力，这是出现频率最高的关系暴力。男性几乎要对所有亲密恐怖主义负责，女性要对暴力抵制负责，两性都可能实施情境配对暴力。亲密恐怖主义最可能导致受虐方离开关系，而"情境配对暴力"通常不被用来结束关系（Michael P. Johnson，2006）。

（3）实施暴力的原因

人们为何会用暴力？有两个动机：一个是工具性动机。那些受到传统力量和控制目标影响的人通常会产生暴力。例如，在父权制文化里，男性觉得自己总是对的，用任何手段对待关系伙伴都是合理的。在不对称的权力关系里，冲突也经常引发暴力。一个女性越不独立，对暴力的忍耐性越大。忍耐越多越久，可能给了男性更多施暴的机会，并对暴力习以为常。二是表达性动机。这往往反映一个人内部的认知或者喜爱状态（比如愤怒、嫉妒、怒火、困惑、侵犯性），有时是人格失序。

个体经历也影响人们是否实施暴力行为。例如，用暴力对冲突做出反应的人，可能是因为亲眼见识了原生家庭或以前关系中的暴力，施暴者往往是童年时期以及早期关系中的暴力的受害者（Straus，M. A.，1990）。当然，反例也较常见，那些童年受到暴力伤害的人可能在成年后从来不用暴力对待子女，而那些没有经历过童年暴力的人成年后可能会选择用暴力伤害家人。

当然，理解暴力还必须根植于更大的互动语境中，而不仅仅是个体特征。例如，长期、频繁的冲突和心理虐待容易导致暴力。在一个打老婆成风的环境里，男性很少能节制自己的暴力行为。暴力往往和传播侵犯性同时发生，即受害方往往和表达的愤怒、敌意、负面情绪以及传播侵犯强烈地联系在一起，面对暴力会实施烈度很大的以牙还牙。令人悲哀的正是关系暴力行为成为人的一种传播方式，人们用暴力传播表达愤怒、挫折、缺乏控制、对伙伴的漠视，反过来又引起还击、害怕和破坏行为。暴力传播是一种负面传播模式——缺乏冲突管理和问题解决技能，缺乏好的论辩技能都可能导致关系暴力。如果对伴侣有影响力，对冲突局面有控制力，就不会采取身体侵犯。请记住，不要接受关系暴力作为某种关系的条件，如果发现自己是关系暴力的牺牲者或者实施者，应该寻求专业帮助。可惜，中国缺乏这样的专业救助机构。

（4）暴力后果

暴力给人们带来生理和心灵的伤害，痊愈非常困难。常见的是女性遭受循环暴力还留在有暴力的关系里。为何如此？这往往来自电影等媒介迷思——女性通常对爱持有浪漫的观念，认为爱就该海枯石烂，男人就该有点侵犯性但又有吸引力，女性是迷人的但却是无助的。女性过度依赖关系的刻板观念导致她们更能容忍虐待，这反过来助长了身体和情感危险。

现实中，虐待行为的牺牲者处于一种无法赢的情形。一旦虐待的循环出现，虐待的牺牲者几乎没有更好的选择。无论是选择侵犯还击，还是离开虐待者都非常困难，因为施暴者总能控制受害者的所有行动——有的女性和孩子离开虐待者没有经济来源，有的习惯于反反复复相信施暴者不再施暴的承诺而回到施暴者身边，一些女性怕失去孩子也会选择待在虐待关系里。当受害者忍无可忍想要离开暴力关系时，最坏的可能就是遭到杀害。因此，对于孩子和女性来说，逃离那个她们如此依赖并施加暴力给他们的人非常困难。

减少暴力是非常困难的，原因之一在于施暴者把其行为看成是"没有办法，是外在环境逼迫的"。他们把卡喉、打人等行为当成自我防卫而不是暴力。

5. 分裂的关系

人们追求和他人关联的愿望是深刻的、普遍的，与此同时，人们又常常需要摆脱被他人关联。在前面章节里，我们对关系的关注聚焦于关系的相互性和双方自愿性，而当关系不是相互的和自愿的时，关系结构上就是分裂的。当一个人持续追求与他人的关系关联，而他人又明确回避时，这个人将陷于基本上是分裂的、功能不良的关系。这种分裂关系可分为两种行为类型：强迫性的关系侵入(obsessive relational intrusion，ORI)以及围捕(William & Spitzberg，2004)。尽管围捕和侵入的发生有诸多原因，而不仅仅是追求一种关系，但最普遍的原因是对关系关联的欲望——培养、保持陪伴、恋爱或者和独特的他人亲近。

(1)强制性关系侵入

关系侵入是指陌生人或熟人因为欲求和他人有亲近关系而不断侵入他人隐私(Cupach & Spitzberg，1998)。个体身份和隐私密不可分，一个人的隐私包括两个重要方面：一是拥有控制个人身份信息的自由，发布或不发布自己的信息，个体是可以控制的。二是免受他人打扰和干涉的自由。但在强制性关系侵入发生时，个体的积极隐私和消极隐私都受到严重侵犯。也就是说，一方想和他人有某种关系，而另一方不想。其特征是，不规律的自我揭示，试图得到他人的揭示互惠，给予非所愿的礼物、便条、电话以及其他情感表达，安排"巧合"的会面，表达身体接触的愿望(William & Spitzberg，2004)，窃取对方信息并把信息散布到公共领域里。

电子传播可能刺激了更多更容易的关系侵入。移动传播体系的繁荣促进了"个人化网络"的形成，这既给了人们与不在场的人联系的自由，也增长和加剧了人们被不在场的人监管的可能性。确如米兰·昆德拉所言："在今天这个世界里，我们每个人的一举一动都被控制，都被记录下来，那些大商场到处有摄像机监视我们，人们摩肩接踵，接连不断，甚至连做爱都会在第二天被搞调查或做研究的人盘问……一个人怎么可能避开监视完全消失，连一点痕迹也不留下？"(米兰·昆德拉，2003)"交流的意义在于解决我与他、私密与公共、内心思想与外在词语的分裂所引起的痛苦"(彼得斯，2003：2)，而"中介的作用增加了困扰双方的幽灵，增加了陌生人插手的机会，增加了陌生人眼睛窥视的机会"(彼得斯，2003：158)。也就是说，由于人们之间的移动网络可以适时协助、交换，不同网络之间的交叉指示作用突出，于是，我们身处何方，我们在做什么，我们的身体状况，我们的交友方式，我们的爱好情趣都可能像瘟疫一样被散布到最广泛的人群中，并且对特别个人予以行踪追踪获得的信息可能被大规模散发，从而导致"人际监控"(Lara Srivastava，2004)。追逐私人关系的侵入机制与针对公众人物的侵入机制差不多。

（2）围　捕

围捕是拼尽全力地对他人施加一种强制的关系，而不管他人要还是不要这种关系。不幸的是这通常发生于亲近关系降级时，是一种破坏性的传播模式。大量的围捕源于一种报复动机，以回应关系被拒绝。围捕者最终意识到关系目标不过是幻想时，就可能产生围捕行为，围捕就从追逐关系转化为羞辱疗伤（Cupach & Spitzberg，1998）。

围捕是重复的、非所愿的侵入，这种侵入使人们关注个人的安全和对侵入对象的恐惧（Cupach & Spitzberg，2004），算是侵入行为的极端。围捕有直接的、持续的，也有间接的和含蓄的表达（比如常常用非语言行为邀请亲密，让对方误解和困惑）。一项研究（K. L. Yanowitz，2006）表明，大学生认为有两种类型的围捕：接近行为（实际的互动或者尝试互动），监视行为（观察和信息收集）。

技能训练

看下面类型，想想哪些行为对异性朋友是围捕？哪些行为对普通人是围捕？比较你与他人的差异。

接近行为：

即便已经被拒绝，某人仍然要求约会。

某人给他人送花，即便对方不想要。

发送电子邮件不署名。

打电话给他人只是为了听他人声音而不留下任何讯息。

打电话给他人，而他人不想听。

监视行为：

校园里跟踪某人看他到哪里去。

翻垃圾寻找他人的信息。

向某人的朋友打听其个人信息。

去听课或者参加聚会仅仅是因为某个特别的人在那里。

尾随某人从购物到回家。

向门里或者窗户里瞟看谁在那里。

在他人不知晓的情况下观察他人。

电话、短信和邮件等新传播技术为侵入提供了更多方便，也扩张了人们为非作歹的心理。"电子沟通的相似本质在怒火中烧时，加速了不怀好意的扩展，这种电子沟通是：肉身变成字词……当字母流过一个终点荧屏时，道成了肉身；无肉身的、有时匿名的争斗者容易感到他们能够不受惩罚地用力投掷侮辱"(Dery，1994：1)。由于手机的永恒可接近性使接近更方便、持续，往往是通过重复的、持续的呼叫或者短信侵入，试图随时抵达他人。即便已经被拒绝，仍然不断通过短信提出约会要求，打电话给他人只是为了听他人声音而不留下任何讯息(而他人并不想听)。有时，人们不得不试图改换号码和邮箱地址，但只能暂时阻碍他人的接近。互联网使个人信息的获得十分容易，"人肉搜索"就是一个"赛博围捕"的典型。面对面我们可以控制自我揭示多少以及揭示给谁，但在移动传播时代，一切都改变了，我们无处可藏！

大多数人接受关系的发展来自两情相悦的现实。在亲近关系中，我们对关系伙伴是如此依赖以至于可能导致我们对他或她决定结束关系产生强烈抵制。无论开始还是结束一段关系，最终都不完全取决于我们自己，而必须接受他人的决定。不幸的是，有些人对他人不能回报其关系投入或者对关系没有兴趣或者想中断关系的愿望，不肯善罢甘休，通常表现出牵制行为，试图改变或者继续关系。有时这些行为只会给自己徒增烦扰，有时却给对方带来安全恐惧。一个感到被围捕的人关心自己的个人安全，害怕不受欢迎的侵入。

被围捕者通常选择直接和围捕者接触，试图结束围捕行为，但这可能增强围捕者的围捕努力，因为围捕者又得到了互动机会，他们求之不得。研究表明，女性发现，由于手机或者网络的使用，要和丈夫或前男友绝交很不容易，她们的关系施暴者以一种心理虐待来进行骚扰和威胁(McKenzie-McLean，2007)；但另一面，女性不赞成男朋友通过短信绝交，通过短信或因特网结束关系被看成是手机最为耻辱的用法，因为这被看成是无人情味的(Taylor and Harper，2003)。因此，围捕和绝交是彼此刺激的。还有，那些可能对于一个人是可接受的行为却被另外一个人看成是围捕，所以了解我们与他人看待这个问题的差异有助于我们理解他人的反应与害怕。

进一步思考与讨论
1. 揭示传播与关系的关系。
2. 我们为何建立关系？
3. 如何理解关系既是系统也是过程？
4. 选择的关系和环境的关系有何差别？
5. 影响人际互动的因素有哪些？
6. 描述权力的类型以及如何在关系中进行权力谈判？

7. 关系有哪些层次？

8. 关系发展的阶段以及这些阶段发展的特征？

9. 人际关系有哪些类型？

10. 适用于关系开始阶段运用的基本策略和技巧有哪些？

11. 发动和提升关系的技巧和策略有哪些？

12. 提升和保持关系的技巧和策略有哪些？

13. 解释亲密和距离对关系的影响。

14. 描述欺骗的类型及其对人际关系的影响。

15. 讨论结束关系的策略。

16. 解释短期吸引力和长期吸引力。

17. 影响吸引力的因素。

18. 自我揭示的技巧有哪些？

19. 闲聊在关系中的功能是什么？

20. 你如何理解结束关系的直接策略和间接策略？

21. 结束关系有几个阶段？

22. 人际关系面临哪些挑战？

23. 人际关系中有哪些黑暗面？

24. 追溯你的某两个亲近关系，一个是和异性朋友的，一个是和同性朋友的。通过关系发展的阶段揭示，你是否发现了你和他们的关系的每一阶段的差异性和相似性？你如何解释这些差异性和相似性？

25. 解释社会交换理论和辩证理论的关联？

26. 讨论安慰与建议在人际关系保持中的作用以及二者之间的辩证关系？

第七章　管理人际冲突

　　人与人之间的冲突是生活的本来面貌。正是由于人类每天都面临着大大小小的冲突，人们才期盼一个没有冲突的世界。但这只会出现在童话故事中。无论我们怎样期望和梦想，无冲突的世界也不会存在。最擅长传播、最幸运的人也不例外，也要屈从于情境，尤其是当他们的需要、利益、兴趣等与别人不一致时。

　　在我们的生活中，大多数严重的冲突可能牵涉与我们有亲近关系的人，比如家庭、朋友、浪漫关系伙伴以及工作伙伴。如果冲突得不到解决，或者任由其升级，就可能破坏我们的关系；但如果我们能够成功地解决冲突，我们和他人的关系就可能更强、更有生机。

　　关系健康与否不是取决于冲突本身，而是取决于冲突如何被解决和管理。有时，人们把冲突看成是孤注一掷的情形，要么完全回避冲突，要么以彻底的战斗状态结束冲突，完全无视这样处置冲突对于关系的严重伤害。好多时候，人们完全不知道在面对冲突时，还会有有效的、调适性的传播方式。无论冲突原因是什么，建设性的冲突可能是强化我们关系的一种切实可行的方式。

　　因此，冲突管理不是单一的而是系列的技巧，有效解决冲突的最好办法是学习有关冲突的本质以及我们应该如何应对冲突的知识，反复反思自己的冲突方式并实践那些积极的冲突方式。这一章我们将集中探讨人际冲突的本质、类型以及人际冲突迷思，冲突的过程及其建设性功能，冲突管理的模式以及如何实践建设性冲突模式。

第一节　理解人际冲突

　　试想你或者他人曾经经历过的冲突，你列举出的冲突例子可能以多种形式出现——你和父母彼此大叫，你和男/女朋友激烈地争吵，家庭暴力，法庭辩论，关于柴静在美国产子引发的网民论战，中日媒体和民众对钓鱼岛归属的争论，等等，不一而足，小到观念差别，大到战争。

一、定义人际冲突

笔者的美国朋友 Bob 曾经请教过笔者如何理解中美文化差异以避免不必要的冲突。Bob 家里住了两位中国租房客——Guohua 和 Song。"嗨，亲爱的 Guohua。周末时，我和 Song 花了三个小时把屋子里里外外收拾了一番，家里看起来干净多了，我非常开心。"一天，Bob 眉飞色舞地对 Guohua 说。"我也非常愿意和你一起做清洁，可是我最近很忙；我很讨厌脏，一直以来都是我打扫清洁的，某个人从来都不做的。"Guohua 冷冷地应答。Bob 有些发懵。Song 从屋里探出头："喂，你说谁脏呢？你才脏呢！你成天不在家，哪里看得到我干的活？我不做，你每天做饭干净的锅和灶台从哪里来的？"Guohua 和 Song 冷言冷语一来一往。Bob 完全不知道发生了什么。我告诉 Bob，当你眉飞色舞地向 Guohua"炫耀"你和 Song 的快乐心情时，他会误以为你在"影射"、"批评"他没有加入。Bob 很委屈："我没有别的意思。我只是很享受变漂亮、干净的家，我只是想和 Guohua 分享我的愉快心情，希望他也感到愉快。我想要的回应就是他说他也感到愉快。"

为什么他们三者之间在沟通时陷入僵局？Guohua 和 Song 的交流是复杂的，他们的目标是冲突的，有着根源性的怨恨。在你复杂的人际交流中，又怎样才能避免类似的结局呢？所有关系都要经历冲突。

1. 定义冲突

无论冲突的表现形式有多少种，研究者总想找出一些共性。由美国言语传播协会主办的"冲突研究中的传播学"会议 1972 年在美国费城举行，跨学科的学者云集于此，大多数学者采纳了莫滕森的定义，"冲突是在有限资源的分配中，对不相容的利益的一种表达性抗争"（Mortensen，1974：93）。后来，更多学者给出了各自的定义。例如，乔伊斯等人（Joyce Horker & William Wilmot，1991：11—21）认为，"冲突是至少两个相互依赖的人可能觉察到了彼此不相容的目标、稀缺的报酬以及来自对方对自己目标的阻挠，并且，这种争议被表达了出来"。冲突就是相互依赖的人发现他们之间具有不相容的目标时，表达出来的抗争（Cahn，1992）。这种抗争可能是发生在资源缺乏时，每个人都把自己的目标看得最重要，而且这些目标是难以企及的（Wilmot & Hocker，2007）。

尽管这些定义各有千秋，但关键词都用了"不相容性""彼此依赖的双方或多方"。不相容指的是彼此之间相互排斥或截然相反的目标、价值观或者信念；彼此依赖的意思是关系中的个体想要达到目标以及解决冲突，都必须依赖彼此，无论是通过合作还是竞争。冲突的一般定义详见表 7.1（综合

Outsell & Stella Ting-Tommey，2013：6 以及其他内容整理）。

表 7.1　冲突的一般定义表

作　者	定　义
莫滕森	"在有限资源的分配中，对不相容的利益的一种表达性抗争。"(Mortensen，1974：93)
西蒙	"是一种社会关系的状态，其中，两个或者更多人之间不相容的利益引起的抗争。"(Simons，1974：8)
霍克尔等	"冲突是至少两个相互依赖方表达出来的抗争，他们感知到不相容的目标、稀缺的资源以及在达到各自的目标时受到他人的干扰。"(Hoker & Wilmot，1978：9)
丁-图米	"冲突在概念上被定义为一种人际的以及/或者人内的强烈不协和的状态（紧张或者对立），是发生在两个人或者更多的相互依赖的双方之间的、由于目标、愿望、价值观、信念/或态度的不相容。"(Ting-Toomey，1987：552)
佛尔格尔等	"冲突是相互依赖的人之间的互动，是感知到不相容以及由于不相容而来自他人的干扰。"(Folger, Poole, and Stuntman，2005：4)
乔伊斯等	"冲突是至少两个相互依赖的人可能觉察到了彼此不相容的目标、稀缺的报酬以及来自对方对自己目标的阻挠，并且，这种争议被表达了出来。"(Joyce Horker & William Wilmot，1991：11—21)
巴克等	"是发生在彼此依赖的主体之间的动态过程，就是当他们面对可感知的争议以及目标达成的阻挠时，所经历的负面情感反应。"(Barki, H. & Hartwick, J.，2004：234)

2. 定义人际冲突

人际冲突是冲突的子集，是冲突在人际情形中的反映，有着冲突的一般特征。当然，人际冲突也有一些独特特征，它是基于"人际"而产生的。巴克等人(Barki，H. & Hartwick，J.，2004：234)综合了众多定义，认为人际冲突"是发生在彼此依赖的主体之间的动态过程，就是当他们面对可感知的争议以及目标达成的阻挠时，所经历的负面情感反应"。

（1）表达出来的争议

在争议表达出来之前，个体可能经历人内冲突，即个体缺乏解决问题的方案，通过自我约束造成的一种内在矛盾状态。从人内冲突到表达出来经历的时间有时短，有时长。

技能训练

想想你的一次人内约束，你可能正感受到的，或者过去一度感受过的，你感到有哪些内心争战？你有没有"阅读"过别人从来没有表达过的人内冲突？

传播是人际冲突必不可少的特征，因为传播使问题、感知形成，并把感觉"翻译"为冲突，并实施冲突本身；传播是表达意图、交换信息、实施影响并合作产生结果的一种即兴符号；传播是冲突的显性阶段，也就是说，使社会互动外观化，使策略和战术外观化（John G. Outsell, Stella Ting-Toomey. 2013：1）。

当人们感知到争议时，冲突的讯息和行为以微妙的或者明显的信号在相互依赖的彼此之间交换。也就是说，争议是被表达出来的，意味着冲突的双方都知道争议存在。例如，你的室友天天大声放音乐让你感到很烦，但是除非室友知道你很烦，否则你们之间的冲突并不存在。

当然，被表达的冲突不一定是语言的，人们也可以一言不发地表达歧见，比如瞪着眼，凌厉的目光和表情，或者充满情绪的声音。人们可能采取公开的、直接的方式表示差异，也可以以隐蔽的方式表示差异。大多数时候，人们是采取隐蔽的方式（尤其是在情感和意见表达方面以含蓄著称的中国人），其特征是否认、掩饰歧见。例如，室友把宿舍弄得很脏，你很恼火，就在他睡着时放音乐，大声说话。

（2）彼此依赖

冲突双方实施一个表达性争论并阻挠彼此是因为他们是彼此依赖的，如果没有彼此依赖，对彼此没有特殊兴趣，人们是不可能和他人有冲突的。一个人的行为选择必然要针对另一方，所以冲突也是相互行为。在人们进行冲突的策略选择时，也是需要有相互兴趣和合作的——"怎么使冲突以一种有利于我的方式进行？"当双方被非生产性的彼此依赖绊住时，这些冲突就变成僵局性冲突，双方处于以牙还牙、以眼还眼的恶性循环中。很多关系都在独立和彼此依赖之间进进出出。

（3）可感知的不相容目标

如果人们发现彼此的目标不相容，或者达到目标的途径较少，而自己的目标受到了阻挠，或者个人倾向于使用竞争而不是合作来满足需求和达到目标，冲突就产生了。例如，女朋友想要去看电影，但你想待在家里看直播球赛。你想到美国上名校，可是父母只能供养你上一般院校。

冲突不仅仅是争议，也可以是在人们相信他人干扰了自己的利益和目标时发生。

人会有各种目标，比如获得金钱、商品、服务、爱，或者获得信息的状态。在不同关系中，我们的目标并不一样。在友谊和爱中，我们的主要目标是让人喜欢我们。在同事关系中，目标可能是为了获得信息或者劝服某些事情。在强烈的情感爆发冲突中，人们可能并不清楚目标，可能只是通过和他人经历冲突以揭示他们的目标，目标可能随着冲突过程而转变。

人们在冲突中追求四个一般目标：主题或者内容，关系，身份（或者面子），过程（Wilmot et al.，2010）。

第一，主题或内容目标：我们各自想要什么？

主题目标是外在的，可以很容易看出来，并得以谈论——"我不过是想要块手表"，"我想换另一间办公室"。主题或内容争斗有两种，即感知到的目标不相容，既可能是双方都想要同一样东西，也可能是双方想要不同的东西。前者的例子如，同事之间为了竞争一个提升机会；后者如上面的例子，假如女朋友选择在家和你看电视，她就极可能觉得索然寡味，而如果她执意要去看电影，你就可能很烦、很郁闷。由此可见，所有冲突的得失看来都是此消彼长的。

技能训练

选出三种不同关系语境，如友谊、工作场所、家庭，列举出在每一种关系中引起争议的典型主题，比较这三种不同关系之间的主题异同。

第二，关系目标：我们是彼此的什么人？

冲突中关系目标的关键问题是"我们是彼此的什么人？"它要确定的是每一方想得到另一方怎样的对待以及彼此向往依赖的程度（如何定义他们为一个整体）。如果关系伴侣的关系目标不同，就会出现冲突。关系目标会出现在任何正在进行的争议中，我们必须承认并管理。

技能训练

找出你的两个重要关系，比如父母子女关系，恋人关系。想一想某一次你很烦恼他对待你的方式。然后，列举出引发争议的"关系问题"，比如得到对方如何对待，彼此依赖的程度。

关系目标是所有冲突互动的核心，但很难以从外面把它说明（有时从里面也难），因为每个人都是从自己的角度来理解事件的关系意义。例如，关于春节回哪家过年，年轻夫妇通常都有争论。主题目标一目了然（丈夫想回自己家，妻子不愿意，更想回自己家），但关系目标差异就大了——妻子的关系目标可能是：和自己的父母度过一段时间，自己的父母养大自己，不愿意他们冷冷清清过节；而丈夫的关系目标可能是：让自己家人开心，让妻子和自己的大家庭处得更融洽，平时工作忙节假日想和妻子有更多时间在一起。

妻子回到家，看到客厅里的烟蒂满桌，鞋子、袜子满地，酒喝完的空瓶子还摆在那里，就爆发了。丈夫说："我忘了"，妻子说："你总是忘"。在这里，内容信息一目了然，但关系目标不一样。丈夫的理解是：这些乱糟糟不重要，我希望她能注意到对我来说更重要的东西；妻子的理解是：他根本就是把我说的当耳边风，他我行我素根本不把我的想法和感觉当回事。

关系问题的困难在于我们永远无法彻底搞懂另一个人对一个事件的理解。

因此，关系目标是相互的，理解之后有理解。

第三，身份，或保全面子：在互动中我是谁？

"在具体的冲突中，我的自我身份如何得到保护或者修复？"这也会贯穿于冲突中，但在某些情况下会更严重。当面子保护成为一个事件，人们的灵活性就会降低，并实施破坏性行为。许多时候，人们公开表达身份或面子保护目标，"我根本不屑于做这种事情！""我是这种人吗？"

在冲突中，人们要么保全面子，要么丢掉面子。这就事关人的自尊了。没有哪个人是自尊满满，以至于不需要在冲突中寻找自我好的方面，尤其是在对方认为你伤了他的自我感觉时，风险特别大。既然冲突是出于自我利益，那么，争议发展通常是人们为了保护自己的面子。于是，会出现如下四种情形（Wilmot et al.，2010，表7.2）。

表 7.2　挽救和破坏面子的维度

	自　我	他　人
挽救面子	挽救自己的面子	挽救他人的面子
破坏面子	破坏自己的面子	破坏他人的面子

人们有时会伤害自己的面子，这一点似乎难以理解。的确，人们常常说一些有关自己的负面东西，"我真的不是好母亲"，"我太笨了"。如果关系伴侣能修复这些负面性，这个人就可能放弃极端自卫的策略（比如怀有敌意），比如回应以"你是好母亲，我们有目共睹"。

人们极力通过保护自我形象来避免丢面子，通过让另一个人失去尊严感和感觉无价值力图解决问题或者停止冲突。这不可能长期管用。过度使用权力可能暂时解决问题，但一旦有了输家，输过的人总在等待时机"扯平"。

第四，过程目标：使用了何种传播过程？

不同的传播过程可能改变关系。许多时候，人们不能彼此同意如何正式或者非正式地实施冲突。比如，亲密者可能的争议是，是否强烈情感破坏了冲突过程，伴侣不应该在一方困了时还喋喋不休到半夜，等到天明更能被接受。再比如，不让别人说话，不让孩子插嘴。

需要注意的是，并非所有类型的目标都出现在所有争议中，目标是叠加的，并且首要性不同。例如，你和教授争议你的得分（主题目标），你也想受到教授的良好对待（关系目标），你想让自己感觉好些——你尽力了（身份或面子目标），很可能后两个目标不是你的主要目标。而教授可能最关心自己被看成是一个公平和和善的人，也可能关心关系目标（别人认为我是一个对待学生平等公正的人），身份目标（我做的是我应该做的，我喜欢回应学生关心的问题）以及主题目标（我想学生得到高分），但首要目标却是关系目标——"我不想滥用职权"。

还有，关系和身份问题是争议的"驱动力"，推动了争议，是主题和过程问题的基础。主题目标总是公开的，而身份、关系目标是隐藏的。

（4）可感知的稀缺资源

当人们认为没有充足的资源供应、分配时也会发生冲突。如劳资冲突是关于钱的供应和分配。时间也是稀缺资源，我们一天只有 24 小时，但有多种角色要扮演，家庭、孩子、老板、朋友都可能需要我们投入更多时间，而我们又无法一一满足，就会发生冲突。因为，和我们有关的所有人都要求得到比我们能够给予的时间更多的时间。

资源有时是真的稀缺，有时是资源的分配问题。例如，亲密朋友经常会这样想：如果好朋友喜欢别人，我从好朋友那里得到的喜爱就会减少。这就是可感知的稀缺资源，事实不一定是这样，但喜爱是稀缺的感知恰好制造了朋友间真实的冲突。因此，有时比较恰当的做法是，与其重新分配资源，不如改变对方对资源的感知，比如以支持性回应来劝说对方不必害怕失去喜爱。

在人际争议中，权力和自尊经常被看成是两种稀缺资源（Wilmot et al.，2010）。"他太颐指气使了"（他比我有权力，我总处于不利地位），"我不想再出一个子儿了"（我在她眼里不过是取款机，我毫不重要，我只有这样才可以让她知道事情该怎么做，我不是傻瓜！）。无论争论的是什么主题，冲突中的人通常都感到缺少权力和自尊，而对方总是很多。

（5）阻 挠

彼此依赖的人感知到不相容的目标、而想要同样的稀缺资源并不一定会产生冲突，阻挠或感知到阻挠是冲突形成的必要条件。妻子想去逛街，逛就逛吧；丈夫想要去看电影，看就看吧。但如果作为家庭活动，希望一起行动时，一方的目标达成就会受到阻挠和干扰。这时，冲突就会出现。

二、人际冲突的迷思

正是由于大多数人缺乏处理冲突的能力，使冲突在现象上显得非常具有破坏性和负面性。于是，"冲突"这个词本身就充满了贬义。因此，有必要澄清对冲突的一些偏颇认识和误解，这将有助于我们理解自己、他人对冲突的反应，从而改进我们的冲突管理能力。

迷思一：冲突意味着不良的人际关系。

既然人际关系是作为个体的人之间的关系，那么，关系中的人必然会有或多或少的目标、利益、兴趣、价值观等方面的不相容。我们都有对人对事独一无二的视角，人际心理上的亲密以及芥蒂的潮涨潮落不可避免地导致关系中的冲突。所有关系都要经历或多或少、或迟或早、或长或短、或轻微或强烈的冲突。在新闻和影视剧情节中，主人公为说明自己和某人的关系好，总会这么形容："我们连红脸话都没有说过"。这句话的潜台词是，有冲突表示不良的人际关系，也否认关系中的冲突是不可避免的。

我们总是幻想没有拌嘴，没有不一致，没有争论和紧张，但这永远不可能。虽然持续的斗嘴和攻击是关系深度问题的症候，但争议并非意味着关系岌岌可危。假如一种关系没有冲突，其中的个体必定对彼此不够诚实。她说要吃饭，你也说饿了；她说去看电影，你说正好；她说想确定和你的恋爱关系，你说你早就这么想了；她说想分手，你说你正想提出。生活中，有这么完全一致的关系吗？如果有，你一定在某个时候说了谎。事实上，过度礼貌或者虚饰的对话往往比周期性的争议更可能是问题，一段有着频繁冲突的关系可能比一个看起来没有冲突的关系更健康。争议的诚实、自由表达通常是健康关系的特点，因为你相信与你的对话伙伴这样表达是安全的、舒服的，尤其是关系有了问题时，这是解决问题的必要手段。如果没有冲突传播，我们可能不知道要"修理"什么。冲突的目的还是为了处置问题，处置得好，冲突得以解决。

有趣的是，冲突居然是很多持久关系得以紧密相连的一种方式。我们常常会听到、看到这样的故事：配偶一方死了，另一方肝肠寸断。但是，当你去考察他们一生的生活时，发现他们经常吵架，每件事都争吵——怎么使用金钱，过年去哪方大家庭过，走亲戚买什么礼物，谁做饭、洗衣，到哪里去度假。是什么使他们彼此如此紧密相连呢？——持续的斗嘴。这表示，彼此并不冷漠。有时候，冲突是我们能够给予对方最好的奉承，好像是说"我爱你"，"你就在我生命里"。而我们的确会发现，当一对长期关系到了连斗嘴、争吵、协商都没有的时候，这段关系已经冷寂如死了。

因此，争议并不总是负面的，可以把争议看成是达成共识的一种工具。强化关系的一种手段就是不要把冲突总是看成坏的，而是和他人一起成长的机会。当然，我们这么说，并非意味着冲突总是建设性的，总是好的。长期破坏性的、消极的冲突会给关系带来不可逆转的伤害。

迷思二：冲突总是因误解而产生的。

甲说："你根本不知道我想做什么"，拿着手提包摔门而去。乙回应道："你也根本不知道我今天要是不把这个表格填完后果有多严重"，边说边使劲挪动椅子。显然，他们有冲突。但他们都认定冲突来自彼此的不理解。事实上，他们彼此理解，乙知道甲想要上街购物，而甲也知道乙不得不完成表格。问题在于双方不同意彼此对事物轻重缓急的安排。这种不是源于误解的不一致正是冲突的关键性根源。

迷思三：冲突是客观的，关系中的个人无法对此负责。

冲突是原本"就在外部世界"里，还是人们主观地、社会性地构造出来的？经验研究者强调前者，即冲突的物质因素。例如，我们的时间是一种客观存在，如果孩子不向我们要更多的时间，即不争，就不会有冲突。

当然，我们应该综合考虑冲突的客观起源性和主观构成性。如果资源足够充分，冲突产生的基础削弱，冲突的可能性也就降低；但是，即便资源再丰富，人性的种种需要（尊严、身份、影响力、不安全感、对伤害的报复、贪得无厌、自我中心等）也必使冲突频仍。

迷思四：冲突是可以避免的。

我们可以通过理性或者非理性的方式、建设性或破坏性的方式解决冲突，但冲突绝不是可以避免的。这么说，不是指具体的哪个冲突一定不可避免，而是指关系存在期间，总会有冲突发生，这是日常生活中自然而正常的部分。

如果人们认为冲突是可以避免的，就表明关系是不需要冲突的，应该把它消灭在关系中。但是，无论我们这种愿望多么美好，多么强烈，冲突从来都没有离开过每种关系，即便在最好的关系中仍然存在最惨烈的冲突。例如，家庭暴力往往就发生在最亲密的人之间。

冲突不可避免确实是令人沮丧的事情。但对于有能力的传播者来说，尽管消除冲突不可能，但还是能够有效管理和解决它。冲突发生时，关系可能削弱，也可能增强。技巧性地管理冲突能够为更健康、强烈和满意的关系打开一扇门，并有机会促使关系和个人成长。一种独特的冲突模式取决于如下因素：感知到争议中问题的重要性，意识到和关系伙伴保持关系的意义，管理冲突的时间压力以及双方的文化背景（Folger et al.，2005）。

迷思五：冲突总是破坏性的。

一说冲突，人们很容易认为冲突总是破坏性的。实际上，冲突既可以是功能不良的，也可能是功能良好的。功能良好的冲突既可以增进个体的幸福，也可能强化我们的人际关系。冲突的潜在建构性功能是：预防系统阻滞，释放阻塞的紧张，使重要事物显示出来，使人们集中注意力于分歧的事物，考虑不同理念，产生新的创造性观念，激发兴趣和好奇，改变自己观念、行为、目标，认识自我以及关系情境，增加系统内部的凝聚力，使我们对关系有新鲜的认识，充当表达问题的安全系数并激发伴侣双方的改变。甚至，在社会群体冲突中，可以使群体或组织重估或者理清组织目标和使命，可以促进社会变迁，消减不公正和不平等（John Stewart，1999）。近几年所谓的"官民"群体冲突事件对此做了注脚——没有问题的充分显现，就没有改变的动力，就意识不到问题的轻重缓急，更谈不上重新协商规范了。

由于冲突模式选择的不当会给关系带来极大损害，因而，人们更关注的是如何预防破坏性的冲突。破坏性的冲突恰好是争议者忽略了原来的目标，伤害或者败坏了彼此。例如，"春节回谁家"是一个通过理性协商可以找到解决方案的冲突，但很多夫妇争执纷起后，往往从这个主题延伸到金钱在两个家庭中分配的多寡，履行家务责任的尽力不尽力，谁挣的钱多谁挣的钱少，到最后攻击对方人格。这正好说明，有必要学习建设性的、功能良好的冲突模式并实践之。

迷思六：冲突总是可以被解决的。

我们可能会有不切实际的想法，就是学习一些基础理论、基本技巧和方法，任何冲突都可以解决。其实，并非所有的差异通过聆听和沟通就可以解决，一些冲突过于尖锐，彼此成见太深，观念成型，很难找到双方都能接受的点。我们不得不求同存异，彼此忍耐，有时还得有"退一步开阔天空"的心胸。尽管放弃自己的主张、目标、爱好、乃至价值观是非常痛苦的，甚至是让人绝望的，但还是取决于我们有多看重这段关系。在一些不良的婚姻关系中，双方长期的矛盾已经没有调和的余地，一方甚至受到另一方身体暴力和精神冷暴力，但伴侣还是选择了待在这个关系中。这是冲突无法解决而选择忍耐的结果。生活、人性、关系之所以复杂也就在此。但是，这种关系或迟或早都会把长期积聚的消极力量释放出来，其对关系和个人的破坏性将是无以复加的。

因此，一方面，最具有生产性的冲突是双方首先承认，并非所有冲突可以被解决，接着为达到双方满意的解决方案而多次协商。也就是说，解决冲突是需要时间、耐心、毅力和意志的，而不是浅尝辄止。今天的"闪婚闪离"，关系双方都说有冲突，而且都努力了。真的如此吗？另一方面，无法造就个体反而是毁灭个体的关系既是缺乏技能的，也是不道德的。据有关部门统计，我国大约有 24.7% 的家庭存在不同程度的家庭暴力，涉及家庭暴力的故意杀人案件，占到全部故意杀人案件的近 10%①。这说明什么？——缺乏解决冲突的手段和技能是其中一个因素。如果仅仅是缺乏技能，可以通过学习获得。但如果是出自人心的"丑陋"——乐见对方的痛苦和绝望，那么，这就不是冲突管理或者人际传播学可以解决的问题了。

总之，冲突发生在所有互动层面和关系语境中，是每一份关系中不可或缺的一部分；没有冲突的关系意味着其实你根本没有关系，而不是意味着你拥有一份很好的关系；冲突并不一定制造问题，恰好是无能的处理方式才导致问题；冲突既可以是功能良好的，也可能是不良的，功能良好的冲突对个人和关系是有益的；不能解决或者欠缺解决人际冲突的技能是不满意的人际关系的标志，反之亦然。

三、人际冲突的类型

根据不同的分类标准，冲突的类型多种多样。根据冲突发生场所的不同，可以分为人与自然的冲突，群体间冲突（发生于不同群体之间，当冲突很大时，通常持续多年，解决起来极端复杂），群体内冲突（发生于一个家庭或者工作团队成员之间，通常源于个体差异，并最终影响整个群体），人际冲突，人内冲突（发生于一个人的内部，当我们自己的观念、态度、情感或价值观发生矛盾时）。

根据冲突发生于其中的关系情境，可以分为家庭冲突，亲子冲突，夫妻冲突，浪漫关系冲突，工作伙伴的冲突，甚至陌生人之间的冲突，等等。

根据人际冲突的定义，我们又可以把它分为伪冲突、利益冲突、个性冲

① 《10%的故意杀人案涉及家庭暴力》，2014-02-27，http：//js. people. com. cn/html/2014/02/27/291772. html。

突、人格冲突、价值观冲突(Beebe et al.，1996)。

1. 伪冲突

伪冲突往往是由于误会引起的。它发生在我们没有搞清楚一些讯息的准确意思之时，但如果我们不通过交流询问更多的讯息，就可能引发真正的冲突。

甲：我把你送到步行街，把你交给你朋友，我就回家。

乙：好吧(脸色骤变，很不情愿)！

甲：你怎么了？

乙：走吧，别说了。

一路二人无话。

乙：你走吧，步行街到了。你不用陪我了！(没好气的口吻)

甲：没到啊。

乙：这不是步行街吗？

甲：(大笑)这是南京路步行街，我说的是我们学校的步行街。

乙：哦。我还想你这么不够朋友，把我扔在这个人生地不熟的大街上。

这个例子中，甲提供了帮助性信息——"这是南京路步行街，我说的是我们学校的步行街。"乙检查了这个信息并做了积极回应："我还想你这么不够朋友，把我扔在这个人生地不熟的大街上。"

如何避免伪冲突呢？关键是澄清你没有理解的别人的意思。而遗憾的是，我们常常因为面子或者多愁善感或者自作聪明，而假装明白了他人的意思，但在心里积累着不满和怨气，长此以往，小事变大，积怨成仇。为减少误会，记住下面的一些原则是有益处的。

第一，检查你的理解。对任何不明白的地方请求澄清，以确定你的理解是否和会话伙伴的意思一致。

第二，仔细倾听。人们通常并非用语音表达疑惑，而是非语言行为，比如脸上的困惑、不悦，语气的埋怨、不满等。

第三，建立支持性而非冒犯性的气氛。冒犯性的气氛包括操纵，支配，冷漠，高人一等，或者强硬地宣称自己是对的。这些方式开启了创造戒备或者误解的按钮。

2. 利益冲突

利益冲突是指双方在观念、立场、目标上具有不可调和的利益，这是基于一种对时间、金钱等资源的心理需要的差别而引起的冲突。例如，你想周末看电影，女朋友周末想购物；你想和女朋友结婚，可你父母说要先立业再成家；你想最好一学期老师都不要布置作业，但老师月月都布置讨论主题要求准备；你想暑假出去旅游要求提前考试，但你的同学举报说提前考试是不公正的。也许，你们都能够彼此理解，但依然无法彼此同意。一句话，"情有可原，理无可诉"。

这些冲突看来是在生活中最容易发生的，也是最简单的冲突。拆解简单冲突的关键是使对话聚焦于当前事务，不要使差异的表达变成人格攻击。下面的例子揭示了意见差异的简单冲突，看看他们是如何找到解决差异的途径的。

妻子：今晚我想看那个连续剧，大结局了。

丈夫：不行！有一场辩论赛我要看，明天我要用它作讲课案例。

妻子：可是，我工作了一整个星期，很累，想放松放松。

丈夫：好吧，去看吧。我试试看有没有网络直播。

妻子：好的，谢谢。我去烤一些你爱吃的东西，我们先一起吃晚饭吧。

可以确定，这个简单争议的结局是皆大欢喜的。其做法就是"投桃报李"，"投我以木桃，报之以琼瑶。匪报也，永以为好也。"（《诗经·卫风·木瓜》）意思是，我们彼此给予的东西虽小，但却是我看重你、看中我们关系的表示。

同样的简单冲突，方法不一样，可能产生糟糕的结局。我们来看下面这个例子：

小丽：我不知道今天有这么重要的招聘会。可不可以下次通知我一声？

小英：对不起，我很忙。应该班干部通知你。

小丽：恐怕你忘了，以前我总是通知你的。而且你说有什么事需要帮忙说一声就是了。

小英：是呀。可是我没有通知你的义务。

小丽：好吧。以后也别叫我做任何事。你很自私。

小英：是吗？你才是呢。贪婪地占据了大半个房间。说说谁自私？咱们是半斤八两。

小丽：对的。我们看看谁霸道，早上你总是很长时间霸占卫生间。

这里，两人都把原来关于招聘会通知的事情忘记了，小差异最后演化为人格冲突和论战，冲突的目标变成了攻击。

要避免利益冲突上升到人格冲突，首先要澄清你和你的会话伴侣关于事件理解的差异，讨论要集中于眼前事务，而不是游走到过去的争议以及不相关的个人牢骚上，努力寻找更多解决问题的方案，不要想一口吃个胖子，同时解决许多事情，而是挑选最重要的事件讨论，就事论事，找到你和伴侣对这件事的契合处；假如已经怒火中烧，冲突升级，应努力平静下来，转移到另一个你和伴侣都觉得新鲜的话题上来。

3. 个性冲突

我们的感知和情感在我们是否喜欢一个人的人格中扮演着重要角色。如果你觉得对方很粗鲁、令人讨厌，你几乎不可能和他相处，这通常会导致个性的冲突。

我们每个人有不尽相同的为人处世风格。两个人完成任务、目标的风格不同也会导致冲突。例如，你喜欢立即处理，对方喜欢拖沓；有人程序化地处理问题，而你想用创新方法处理。

4. 人格冲突

输掉争议会伤害一个人的自尊。例如，你想去看不同于朋友选择的电影，通常来说容易解决。但如果你感到朋友总是选择你们一起看过的电影，你可能觉得让步会使自己成为关系中的弱势方。为避免弱势感，或者强化自己，你可能让冲突升级到超过情境所需要的程度，即朋友说看什么电影（即便你喜欢）你都不同意。

处理这类冲突最好的方式是直接面对基本冲突并努力解决。前面小丽和小英的例子已经看到，人身攻击使伙伴受伤并得罪伙伴。许多人信奉"最好的防卫就是有力的进攻"。当你发动人身攻击时，你其实就选择了"战斗"，伪冲突或者简单冲突很容易演变为可怕的人身攻击。看看下面这个例子。

小张：我已经告诉你，不要再叫我帮你做这做那了，你从来没听进去。你总是为我所用。我早已厌烦你老是摆布我的样子了。

小王：放尊重点！你根本说不出啥好话。从我搬进这个房间那天起，你就不喜欢我，我经常帮你付外出花费的钱。

小张：那只是我不喜欢被欺负而已。你总是指挥东指挥西——应该吃什么，看什么电视，听什么音乐。你又不是我的老板！

小王：不知感恩！我多少次帮你付过账？你最好算算！现在居然跟我斤斤计较芝麻绿豆的小事。你可真行！

你看，冲突中的二位都想维护自己，结果事情变得混乱不堪。还记得本节开头的例子吗？它开始于一个唐突的评述，最后演变为一场争论。因为 Guohua 和 Song 开始攻击彼此，并提出敏感的事情而不是集中于原来的评述。

如果觉得自己卷入了人格冲突，应该尽量避免来来去去的猛烈的人格攻击和情感侮辱，而是轮流表达感觉并且不要侵犯彼此，然后让时间来冷却。

但是，当大家情感火爆时要采取有效倾听十分困难，要给对方表达的机会也非常困难。

5. 价值观冲突

这个世界，没有两个价值观完全相同的人。成长于不同家庭、文化或者宗教背景中的个体，对对错、是非有着不同观念，冲突通常起于一个人试图强化自己的那套价值观。例如，你觉得攒钱为将来打算是一种重要的价值观，而你的关系伙伴相信，享受当前生活更重要。价值观的冲突解决起来非常困难，因为双方可能都不愿意妥协。有时，最好的选项只能是"我同意不同意"。很多浪漫关系以及婚姻关系没有走到最后，核心价值观差异太大是一个主要原因。如果彼此能够尊重差异，也可能让关系维系。但现实情况却是，双方都长期致力于改造对方，冲突由此经常爆发。

第二节 人际冲突的来源、过程及效果

人际冲突有复杂的来源，其发生过程和冲突结果也是错综复杂的。那么，冲突源于哪里？冲突的进展分为哪些阶段？冲突可能对个体、伴侣以及关系产生何种影响？这些都是本节要回答的问题。

一、人际冲突的来源

有关冲突的来源，研究成果有不同的观念和结论，我们在这里归纳出三个主要方面：关系及其变化、个体差异、传播。也就是说，冲突在关系的某些时间段倾向于更常见；一些人比另一些人对冲突更敏感；成（得）也传播，败（失）也传播。

1. 来自关系本身及其变化

几乎所有的有关人际冲突的定义都强调冲突是发生在相互依赖的人之间的。之所以这么强调相互依赖性，有两个原因：一是冲突的当事人每一方的言行都必然影响另一个人，一方目标的满足与否依赖于对方的行为，否则就不会有冲突。国家、种族、社会群体、组织机构、朋友、恋人、夫妻之间都存在相互依赖性。二是问题得到解决也只能通过彼此的努力。有时候冲突难以得到解决是因为忽略了相互依赖性。

第一，关系发生转变时会激发冲突。关系震荡模式（turbulence model，Solomon & Knobloch，2004；Knobloch et al.，2007）认为，当个体从一种关系转换为另一种关系时，会采纳新的关系定义和行为模式，关系的非确定

性增加，来自关系伙伴的干预也会加剧，这时候彼此之间往往会出现震荡（冲突）。例如，当你和某人从暧昧的约会关系转为固定的热恋关系时，你们的关系变得更亲密，但还没有在更高层面上稳定下来。彼此都需要调适期，从原来的"自我感"十足而我行我素，到"我们感"增强而来的步调一致。彼此希望自己的恋人能时刻伴随在自己身边，恋人和异性接触保持适度的距离和克制，这些都是干预方式。在转型状态中的个体把伙伴的刺激行为看得较严重（Solomon & Knobloch，2004），体验到更消极的情感（Knobloch et al.，2007）。而且，引发重复争吵的某些事情可能一直存在。例如，有的女生会把对方是否把钱交给自己管，作为衡量对方是否爱自己的标志，而男生可能在这个阶段不太能接受这一点。于是，一旦谈及这个问题，可能双方都会有争执。一旦双方成功地实现了转型，震荡就会减弱。

第二，持续的关系也会产生冲突。个人－关系平衡模式（Kumashiro et al.，2008）认为，作为独立的个体总是有自己的需要，而处于特定的关系中时，关系也会有其独特需要。于是，个体试图在个人需要和关系需要中保持平衡。尽管每个人都想成为平衡的高手，但实际是相当困难的。当任何一种需要失去平衡时，个体就会参与一些重新恢复平衡的活动。例如，当做妈妈的感到自己牺牲了太多个人需要而去滋养母子关系、夫妻关系时，她们可能在某些情况下减少亲子、夫妇关系活动（比如不去参加家庭聚会），约上闺蜜单独行动，而这就产生了冲突。

日常生活中的关系牺牲有两种。因接近动机（比如爱伴侣，想要伴侣开心）而自我牺牲时，人们的自我牺牲会增进个人和关系幸福；而当人们的自我牺牲是由于逃避动机（比如害怕伴侣，独立性，愧疚感），则有负面效果。有趣的是，既定某一天由于逃避动机而做的牺牲和接下来一天的冲突是正相关的。例如，做妻子/母亲的觉得把丈夫、孩子单独放在家里，过意不去，就会在与闺蜜的单独行动后，用加倍的时间放在家人身上。一旦夫妇之间意见稍有相左，做妻子/母亲的就会觉得很委屈——"我为家庭做了牺牲，你居然不理解我，不领情"，这就可能积累消极情绪。而丈夫可能觉得你根本不是发自内心来爱家庭，和家人在一起。另一有趣方面是，当人们在既定某一天经历了冲突时，接下来一天他们更可能由于接近动机而做出牺牲的行为，这表示他们正在努力修复由于冲突带来的关系伤害（Impett et al.，2005）。

第三，关系下降阶段也会出现冲突。在关系的长期存在中，人们会对关系伙伴的一些行为非常敏感，并产生非所愿的情感反应。例如，在婚姻关系中，当妻子发现丈夫对个人和居室卫生整洁变得非常随意时，就可能认为这是他当初对彼此关系高度激情衰退的表现——因为约会期间或者婚姻早期，"他是那么讲究自己的形象！"而且，伴侣们某些情感状态总是处于反复受刺激的状态，并把那些来自伴侣的刺激行为看成是故意的。女性觉得男性不太爱干净了，而男生并不觉得自己有多大改变，始终处于"自在"的状态，而女生只要一看到跟男性不整洁有关的状态，就会出现情绪激发状态甚至抓狂，尽管男性的一些所谓的"不整洁"、"不爱整洁"的状态在别人看来根本就不是一个事。女性会觉得我越是提醒你，越是希望你改正，你越是老样子，分明是跟我对着干。反之，男性也会有过敏源——一听到女性提及"整洁"，就觉得怎么这么啰唆，这么唠叨，这么不依不饶，也会产生消极的情感反应，出现抵触。可见，这种过敏源对伴侣的影响强度大大大于对他人的影响，在长期关系中，对关系的伤害也很强烈。这更说明亲密关系的本质——维系或破坏关系的往往并不是大是大非，而是反复刺激彼此的那些"小事"，即过敏源。

2. 来自个体的差异

人际冲突有时是在关系发展和转变阶段出现的，有时则是由于个人感知的不同导致的，包括对对方行为的感知以及冲突是否存在的感知。在所有冲突中，有两个方面特别重要：一是传播行为；二是对这些行为的感知。

（1）影响人际冲突的认知因素

每个人都对自己、对方和彼此的关系有自己的独特看法。这些感知便形成属于冲突的基本"看法"，并一起形成一次特定冲突的拼图。但人们看自己、看他人、看关系的独特视角在某种程度上又是扭曲的，也就是说，来自个体的诸多"过滤器"塑造着我们的经验。我们都很容易在冲突中"归罪"于对方，很容易告诉对方"事实胜于雄辩"，"你做的说明了一切"。其实，这些所谓事实都是奠基于我们的理解之上的，行为自身是不会说话的。

社会认知研究聚焦于人们如何对自己、他人以及其社会行为赋予意义的过程（详见第二章关于人际感知的内容）。同样，冲突也受到人们如何建构、解释它的模式的影响。与社会冲突的认知有关的六类知识是：信念、脚本、伙伴记忆、规则、认知图式、问题评估（Roloff & Miller，2006）。

第一，信念。一个人的信念影响人们的认知，也影响人们对冲突的认知。影响人际关系的信念包括对自己的、对关系伴侣的以及对关系的。

其一，与他人有关的信念。信任对方是一种信念（尤其是面对困难和挑战时），对方是一种可以依赖的支持和安慰的来源。如果能够彼此信任，就会减少对冲突做出负面反应的可能性，减少破坏性行为，减少对对方惹人讨厌的行为做消极归因，减少以一种可能威胁到将来关系的方式回应，从而增加建设性冲突行为。

其二，与自己有关的信念。短兵相接的冲突是由一个人对自己的信念决定的。研究者认为（Knee et al.，2005），对自治有需要的人，相信关系给他们提供了个人好处，他们自由地选择在这种关系里；而对自治的需要不高的人，相信他们从关系中受益很少，待在关系里是由于对方的期待或者对结束关系有负疚感。持有自治信念的人进行的冲突行为可以增强理解，而和强化关系满意度的反应成反比，这种反应是自卫式的。

其三，与关系相关的信念。一个人如果认为关系是功能不良的，那么实施导致冲突解决的行为的可能性就低。

其四，与冲突有关的信念。人们有时对冲突结果也有信念，研究表明（Campbell et al.，2005，2010），个体信任伙伴的程度和相信冲突是破坏性的成反比。具有安全型依恋风格的人对冲突的反应是试图通过关系保持行为和伙伴在一起。然而，焦虑型依恋风格的人把冲突看成是关系威胁，这就刺激了针对伙伴的负面行为，会经历更频繁、更严重的冲突，这就会产生苦恼和较低程度的关系满意度。焦虑型依恋风格的个体和他们的伙伴都报告说，比起那些安全型依恋风格的人，双方在冲突后都会感到很苦恼。

第二，脚本。认知脚本也会导致人际冲突。例如，传统文化关于性别的脚本是男主外、女主内，那么，双方都会发现彼此行为的不相容和问题。男性会对女性花费更多精力在工作上感到烦恼，女性发觉男性对金钱、权力的欲望不高时也会烦恼。

如果两个人有包含不同行为的脚本，就会有冲突。例如，两个人都觉得大学谈恋爱不影响学习，但对待在一起的安排有不同看法。一方认为每天、所有活动在一起是可以的，另一方则认为，在一起的时间应该有规划。

当两个人对同一情境使用不同脚本时，争议就发生。例如，在恋人关系里，女生不愿意和男生有性关系，而男生通过操纵性手段获得了。女性可能认为这是强奸，但男生的脚本是强奸总是和暴力连在一起的，自己的行为没有暴力，不能算强奸，只能是引诱。

当一个人个人脚本不同于规范性脚本时，也会发生冲突。

第三，伙伴记忆。伙伴们大脑中存贮的有关伙伴的信息也可能引发冲突。一些个体把伙伴的积极、消极特征分为两个不同的区域（例如，伙伴是个不负责任的穷学生，但心地善良、关心爱人），而另一些人把伙伴的积极、消极特征整合在一个区域里（例如，伙伴是一个善良、关心人的人，但也可能对关系不是太负责任的人）。前一种情形称为分裂型记忆结构，后一种称为整合型记忆结构。具有整合型记忆结构的人可能强化冲突解决和提高关系质量。在聚焦于伙伴的前设行为时，整合型结构把伙伴的积极和消极特点都带入思考，而具有分裂型结构的人只强调伙伴的消极行为。

第四，规则。规则构成对发生于一个既定情形中何为恰当行为的共同期待。当规则被违背时，受害者感到被背叛，而违背者会受到社会谴责。比如，父母抛弃孩子是最坏的违背，而孩子参与犯罪行为是对规则的最大冒犯。

第五，认知图式（请参照人际感知部分的知识）。

第六，问题评估。如果一个人认为伙伴的一个伤害行为已伤害自己，这种评估可能使个体和伙伴保持距离。但如果把伤害行为理解为无意的，这个趋势就会克服。如果把伤害传播评估为故意的，就会有较远距离，较少关系满意度，较低的亲近感（Vangelisti & Young，2000）。

研究者（Mclaren & Solomon，2008）把评估分为初步评估和二次评估。在初步评估伤害信息时，个体聚焦于伙伴无价值的传播层面，从而导致关系距离；在行动之前，个体要做二次评估，会考虑相关信息——故意性、理性特征、伤害信息的频率，这三个变量调和伤害信息的强度和关系距离。

（2）依恋风格影响感知

个体不同的依恋风格（详见第二章关于依恋部分的内容）也会使个体对同样的行为有不同的感知。例如，具有焦虑型依恋风格的个人担忧被伴侣否决，焦虑是这类个体的一种评估/监管系统，通过这个系统，个体对关系明察秋毫，以确保有足够的关系亲密度。然而，这个系统是有偏见的，因为它更多看到的是否决而不是支持，这就增加了对冲突的感知（Fraley and Shaver，2000）。例如，那些对男/女友或对婚姻配偶的行踪、通话记录、收支状况监管得水泄不通的人往往是焦虑型依恋风格，一旦对方不服从这种监管，就会怀疑对方对自己、对关系的忠诚，而忽视了对方以其他方式表现出的高度支持和忠诚。因此，有高度焦虑的个人和约会伙伴有更多的日常冲突，更可能使冲突"上纲上线"而升级。

一个人对一种人际关系的忠诚程度也可能影响对冲突的敏感度。也就是说，对关系高度忠诚的人比起那些忠诚程度较低的人，在意识到伴侣的负面特征及其对关系的威胁后受到的影响更少，更能对伴侣的错误做良性评价（比如比起其他人对同一错误的看法，不觉得有多严重），更有动力去保持关系（Arriaga et al.，2007）。

　　(3)性别影响和过滤

　　性别是一种感知过滤器，你自己的性别以及与你进行冲突互动的人的性别，影响你的行为和你如何看自己以及如何看他人。因此，对冲突行为构成影响。

　　研究表明，女性更可能避免冲突，男性比女性更可能控制会话，把会话引向自己的方向。女性往往处于"倾听者"的角色而不是"演说者"角色，这使她们的声音难以被听到(Tannen，1994)。女性更趋向于被看成是与他人联系的，在各种关系中看到自我。男性看自己以及被看都是独立的，不和具体关系联系在一起。

　　男性和女性在消极看待伴侣的行为方式上是有差别的。在实验研究中，女性报告说，伴侣威胁关系的行为(比如行动居高临下，粗枝大叶，自我中心)是比较令人心烦的；而男性报告说，伴侣威胁其自主性的行为(比如行动喜怒无常，嫉妒)是令人心烦的。比起男性，女性发现伴侣性侵犯行为尤其烦人；而比起女性，男性发现伴侣的性拘谨行为尤其烦人 (Ter Laak et al.，2003)。

　　(4)文化影响和过滤

　　每个人都在不同程度上经历过文化多元性，这既是我们领略不同文化精华的机会，也是冲突的一个根源。人们不得不对处理冲突的不同方式保持敏感。例如，以集体主义文化为特征的中国强调和为贵，尽量不表达差异，即便表达也非常含糊，避免冲突严重化和表面化；而以个人主义文化为特征的西方社会把自我表达和自治看得很高，个人(清楚的)表达被看作比和谐更有价值。当这两种文化的人相遇时，可能对彼此的行为都会感到不舒服。如果对这种差异没有包容度时，冲突就会产生。来自集体主义文化的人所言与所指往往有差异，争议要通过避免或者容忍来解决，特别注意面子保护。人们避免和他人直接宣称式的针锋相对——这样是粗鲁的、愚昧的；而个人主义文化所言就是所指，所听就是所得。争议是通过使用能力、竞争或者一起解决问题而得以处理。表 7.3 揭示了这两种文化中的冲突特征(Gudykunst and Ting-Toomey，1988：158)。

　　因此，文化作为过滤器，影响我们看待他人及其行为的方式。来自个人主义文化的人看到亚洲人在公开场所同意每个人说的，从来不和他人做公开辩论，就会觉得这个人没有脊梁骨；反之，当亚洲人看到个人主义文化里的人公开表达反对意见时，就会感到这个人没教养。彼此之间就会发生价值观的冲突。

表 7.3　两种文化的冲突特征

关键问题	个人主义文化	集体主义文化
为何？	分析的、线性逻辑 工具导向的 冲突和冲突各方是分开的	综合的、螺旋式的逻辑 表达导向的 冲突和冲突各方彼此不分
何时？	个人导向的 低度集体规范性期待 违背个人期待制造冲突可能	群体导向的 高度集体规范性期待 违背集体期待制造冲突可能
什么？	揭示 直接的、直面的态度	掩饰 间接的、非直面的态度
如何？	行动和解决问题导向的 直白的传播符码 线性逻辑（line-logic）方式 联系的、事实的表述 开放、直接的策略	面子和关系导向的 含蓄的传播符码 点逻辑（point-logic）方式 直觉的、情感化的表述 模糊、间接的策略

3. 传播在冲突中的作用

很多人认为传播是冲突的来源之一，如果没有传播，也许冲突会少很多。但同样很多人认为，只要恰当地控制传播过程，就可以产生更公平、更富有人性和更满意的冲突形式。也不尽然，有时"最好"的传播形式也会导致最坏的结果。

传播是所有人际冲突的中心环节，传播和冲突有三种关系：传播行为通常制造冲突，传播行为反映冲突，传播是生产性或者破坏性冲突管理的工具（Wilmot et al.，2010）。

传播是如下行为的外显形式：策略，语言和非语言讯息，类型化或者序列化的讯息，情感的表达，媒介，符号，对行为的理解以及反应，表面的以及深刻的含义；传播也是冲突的一种建构性的互动性变量；传播还是一个人对冲突赋予意义的过程（Oetzel et al.，2013：15）。

（1）传播作为冲突的一种变量

传播和冲突被看成是同一过程的两个不同的构造物。冲突是形成传播的一种构造性变量；传播是冲突的一种构造物或者互动变量。形成冲突及其结果的建构性变量有很多（如文化、性别等），传播是其中之一。传播是冲突发生的先行条件，决定直接冲突的结局，是其他变量的调节因素，并决定着冲突管理的方向。

　　传播作为冲突的一种变量表现在不同的媒介影响谈判协商的方案。有关传播媒介的研究（Walther，2009）表明，以计算机为中介的传播为提高充满敌意以及高度多元性的群体之间的关系提供了潜力，尤其是通过减弱双方参与者面对面相遇的焦虑，而有助于他们聚焦于讨论。

　　个人在处理冲突时会有不同的模式偏向，这些偏向和传播以及性别、关系类型等建构性变量大有渊源。亲密者避免冲突或者克制抱怨的原因包括无力感，害怕语言或者身体侵犯，或者缺乏传播技巧。避免冲突的策略有克制、假装、退出、迂回、被动支配、让步等。而夫妇们在这些方面各有差异，越是对各自关系不满意的夫妇，越是避免冲突，越是影响关系满意度，尤其影响女性的满意度（Affix et al.，2009）。

　　传播作为冲突的一种互动变量还表现在讯息类型也影响冲突结果。传播是一个由动态的、多功能的讯息构成的系统，行使着冲突管理的功能。例如，冲突中的传播方略包括威胁，贬低，或者声明承诺，或者担当解决问题的角色，让步，或者程序讯息（Putnam & Wilson，1982）。

　　传播作为互动变量明显与冲突目标和结局有关。例如，在合作谈判中，那些彼此交换有关基本需要及优先性讯息的争议方增加了达到最高联合收益点的机会（Olekalns & Smith，2000）。

　　(2)传播作为冲突的过程

　　通过社会互动的过程，传播恰好形成冲突的本质。如果说传播作为冲突变量的重点是强调媒介、讯息对于冲突结果的重要性，那么，传播作为过程，其重点就在于考察这些讯息之间的关系及其关系类型，讯息在构成冲突发展各个阶段与顺序方面的角色。

　　人际关系中往往会发生持续性争论。持续性争论指的是在一个时期内，针对同一个主题反复的冲突，一直得不到解决。持续性争论会成为期待，是功能不良的，并明显地诉诸传播的要求/退缩模式。这种模式的特点是，一方抱怨或要求时，另一方退缩或者避免冲突（Caughlin & Scott，2010）。无论是持续性争论还是要求/退缩模式，都影响关系的质量，并增加冲突后的压力。例如，在婚姻中，一方希望对方少一些应酬活动，而另一方的观念和行动都表明应酬多不是一个问题。由于各自的生活信念以及价值观的不一样，可能互不让步，持续性争论就会出现。

　　持续性争论的运行是行动—反应模式，在时间中是可预期的，并决定冲突的本质。这种模式主要有三种序列类型：互惠、反向、补充。互惠是双方策略匹配，威胁对威胁，驳斥对驳斥，以牙还牙，以眼还眼。在抗争性或者竞争性传播中，互惠使冲突升级。争议方也会发展出另一种互惠——合作的、解决问题的互惠传播，即"投桃报李"，这会产生生产性冲突（Olekalns & Smith，2000）。

如果对另一方以相反的动议回应，就可能改变紧张的互惠模式。例如，当对方使用争议性策略时，只做程序化回应，打哈哈，可能会减弱冲突循环的发展。研究发现，在婚姻冲突中，比起那些烦恼的夫妇，正常夫妇会以多种方式回应争议性情境（Donohue，1991）。

能够制止冲突升级发展的另一类模式是补充性策略（详见第一章有关互补性回应的知识），这是通过互动者在冲突互动中合作使用语言词汇达到的。例如，一方支配，另一方顺服。

从互惠、反向和补充的序列模式我们得知，传播影响冲突的本质。互惠性互动使冲突既可能向建设性发展也可能向破坏性发展，而使用反向策略使冲突得以降级，补充性互动也可能使冲突降级。

（3）传播作为一种解释方法

语言和符号在形成争议的意义方面扮演着不可低估的角色，语言的亲近性与强度、予以解释、作支持性陈述、争论都影响互动协商。语言的亲近性指的是个体如何使用策略行为去传递与对方的亲近感或者距离感。例如，用第一人称"我""我们"，短促发声以及简单句子，表示亲近和非正式，而使用第三人称、长音以及超量动词，则表示距离（Donohue，1991）。而使用诸如粗鲁的评价、过度的打断以及欺骗的陈述这样的强势语言会损伤协商者的关系并使冲突升级。

在进行解释时，争议方会发泄，会进行批评。密集的解释来来回回会形成负面评价的螺旋，引起冲突升级。因此，仲裁者在冲突中的作用就是平衡引导争议双方的谈论，对每一方的观点保持敏感并给予回应（Glenn，2010）。

总之，传播不仅仅是冲突的一个斡旋者和调停者，传播还是冲突本身。

二、人际冲突的过程

从冲突的时间流程和构成冲突的过程来看，冲突通常有起源、开始、发展、结束，以及结果这样几个阶段（Beebe, et al.，1996）。

1. 冲突之前：前提条件

冲突过程的第一阶段通常是某个人设立了不一致，并意识到个体和他人之间的差异。差异可能来自于角色期待、观念、目标和资源。在本章开端的例子中，Guohua 感到在保持房间清洁方面，他和 Song 的差异；或者 Guohua 因为别的事情不满 Song——Song 用了他的生活用品；Song 更讨 Bob 的喜欢；Guohua 以为 Song 在 Bob 面前说了自己坏话，觉得自己是名校教授，作为大学新生的 Song 应该给予自己更多尊敬。

人际关系中，许多潜在的冲突根源被淤积在表面下，燃烧为公开的冲突会有一段时间。冲突也可能是其他利益的混合物，很难分清楚，可能是真的不满，也可能是找茬儿。

2. 开始：挫折意识

某一方意识到差异不断问题化。你可能自我对话：哪里出问题了？是哪件事让他不高兴？我做了什么冒犯他了？不可能啊！你注意到不对劲，使你的感觉受挫。你或者感到无法实现一个重要目标，或者他人拥有你无法拥有的资源。Song 总是晚上做厨房清洁，白天学习。相反，Guohua 习惯每次用完餐就清洁。

意识到差异并不一定导致挫败感增强。当差异使你所欲受到干扰时，挫折感增强。也许 Guohua 想要塑造一个完美的中国学者形象，而 Song 漫不经心的样子使冲突发动。

3. 发展阶段：积极冲突

当你把挫折感带进他人视野，冲突变为积极的、表达的争斗。你只把挫折藏在心里，这是消极的冲突。积极的冲突可能是语言的也可能是非语言的。在 Guohua 发难前，也许 Song 并没有意识到问题所在。而 Guohua 意识到了只不过没有表现出来。专家建议不要等到挫折演变为极端紧张才去沟通，因为高情感增加管理冲突的困难。

4. 结束：解决问题

试图管理冲突时，就到了问题的解决阶段。并非所有冲突都能够干净利落地得到解决。夫妻离婚，商业伙伴不再合作，各走各的独木桥，都是一种解决办法，尽管不是那么友好的方式。

Guohua 和 Song 经过辩论，可能达到可行的妥协。Song 尽量早做清洁，但不要打破学习规律；而 Guohua 应该给 Song 更多尊重，或者少一些命令口气。

5. 结　果

结束才是开始。冲突结束后，跟进阶段应该是修复受伤的感情或者管理混杂的不良情绪，检查对方是否退缩进挫折意识阶段。我们知道，人际关系的运作是交互的，不是线型的亦步亦趋，冲突可能在每个阶段发展，你可能要再次解决同样的冲突。

经过讨论，Song 可能骄傲地显示每天清洁的结果，而 Guohua 用更尊重的态度对待 Song，关心 Song 是否需要帮助。当然，也可能是更坏的结果，比如反目成仇！

技能训练：你的一次冲突

想一想最近一次你和某人的冲突，回溯发展过程。如果尚无解决方案，考虑一些可能的方案。和你的朋友分享你的冲突分析。

1. 前设条件：冲突的前提条件是什么？

2. 挫折意识：你什么候意识到冲突？

3. 积极冲突：何时以及为何冲突成为一种积极冲突？

4. 解决：有解决方案吗？如果有，是什么？如果没有，还有其他方式管理冲突吗？

5. 跟进：冲突过了吗？你还心怀怨恨吗？如果是，什么策略有助于你管理憎恨？

三、人际冲突的效果

人际冲突并非天然是消极的，周到细致地管理冲突可能帮助双方一起学习、成长，并达到彼此的个人目标。一般来说，卷入冲突会产生多重效果：一是对解决问题的作用；二是影响个人幸福；三是对关系产生效果。是产生正效果还是负效果，这要在一定条件下才会出现。

1. 可能有助于解决问题

学者们早就注意到冲突可能是促进变化和问题解决的必要条件。一方面，冲突使个体意识到他们出现问题的行为，并推动改善问题。没有冲撞，人们可能意识不到改变的必要。另一方面，冲突促进了问题解决，因为个体彼此分享了信息。当个体之间有争议时，他们懂得了另一种观点的存在，懂得了对方某些需求也是合理的，这就可能提高他们对彼此行为和表现的理解度。

首先，冲突可能促进改变。一般来说，个体会用一套理想的标准去套关系伙伴的行为，比如浪漫，充满活力，有身份，值得信赖。按照这种理想标准，当伙伴被看成是有缺陷的时，个体经常会试图规范伙伴的行为以便他们得到提高（从而符合社会理想标准或者自己的标准）。

要求对方改变的做法通常有两个相反的结果。一是其关系伙伴强烈意识到自己成问题的行为对对方和关系所造成的困扰的严重性，希望并推动改变。二是大多数规范努力失败了。因为，当关系伙伴意识到自己被看成是有缺陷的时候，自尊就会受损，就会抗拒改变。作为结果，关系的满意度下降。事实上，对关系伙伴的缺陷锚铢必究带来的是抗拒而不是改变。

其次，冲突也可能改变提出要求的那一方，从而促进问题的解决。人际冲突既可以聚焦于任务问题也可以聚焦于关系问题，分歧既有认知的成分，也有社会的成分。当两个人联合面对一项任务时，他们可能发现自己持有与对方不一样的主意、观点和偏好，而且，他们对任务的性质及解决办法感到不确定。这时，任务冲突出现。在这种情形下，个体使用两种方法之一去应对冲突：个体可以进行认知冲突管理，评估有关任务的各种观点的有效性；或者，个体可以进行关系冲突管理，试图通过展示其办法是最好的来显示自己的能力。而这往往导致争议者感到个人不融洽，比如紧张、敌意以及烦恼，关系冲突就产生了。

任务冲突可能是有益的，因为双方在一来一往的观念表述和信息分享中，即"头脑风暴"中，可能形成解决问题的方案；而关系冲突则可能是有害的，因为个体在内心不融洽的情况下，会坚定自己的立场，并使立场极端化，决不让步。

2. 可能影响个人健康

人际冲突常常成为个体压力的来源，而且这种压力影响个体的生理和心理幸福与健康。

正在进行的人际冲突的压力会引起大量生理反应，而这种生理反应使免疫系统的功效大打折扣（比如抽烟和饮酒增加），并减少了关系伴侣愿意迁就彼此健康的可能性，所有这些都减弱了生理幸福。研究发现，婚姻头五年的冲突和个体的功能损害正相关，也和十年间的压抑正相关。功能损害，如由于某种精神或者身体状态，不能完成日常任务；压力反应包括过度反应，侵入性思考，逃避以及身体问题，比如饮食和睡眠问题，干扰日常行为（Choi and Marks，2008）。

不同的压力处理方式出现不同的结果。越是采取隐忍的姿态处置冲突，与压力相关的反应越多，而选择性忽视争论则与压力负相关。其他形式的处置方式如转移注意力以及抽身，是和压力无关的。处理压力的典型方式是寻求社会支持，寻求社会支持的男性比起不寻求社会支持的男性，在冲突际遇中有较高程度的压力，因为他们习惯在社会支持中得到释放和安慰；比起其伴侣不需要社会支持的人——无论男性还是女性，只要伴侣典型地需要社会支持，就会体验到更大的压力。那些依赖伴侣作为社会支持的人在冲突中尤其难过，因为伴侣这个时候根本无法提供支持，于是自身压力就可能转移到伴侣身上（Gunlicks-Stoessel and Powers，2009）。

尽管没有证据表明单一冲突可以损害健康，但行进性的、长期的冲突真的降低了个人幸福，也妨碍了关系发挥正常功能。

3. 可能影响关系健康

人际冲突会影响关系的质量和健康，这是在一定条件下发生的。也就是说，并非人际冲突一定导致关系功能不良，人际冲突和关系功能不良二者之间的关系受到大量变量的调节。

变量之一是关系伴侣正在争论的主题的重要性。如果一个主题不是太重要，个体就能够更好地解决它并避免关系伤害。然而，这里有一个问题，关系伴侣对同一个主题的重要性排序是不一样的。对于一方是重大主题，而另一方却觉得是鸡毛蒜皮，因此，主题有多重要也常常构成冲突讨论的内容。

比起主题来说，一个人的依恋风格似乎是更有力的协调者。具有安全型依恋风格的人对冲突的反应是试图通过关系保持行为和伴侣紧密相连。然而，具有焦虑型依恋风格的人有更频繁、更严重的冲突，更容易对伴侣有问题行为作出负面归因，对冲突反应过度，把冲突升级，把冲突看成是对关系的威胁，这就刺激了针对伴侣的负面行为以及产生冲突后的高度苦恼和较低程度的关系满意度(Pearce & Halford，2008)。

个体对关系的信念也会影响关系健康。一些个体相信，关系是随着时间逐步成长的，并需要维护，通过处理问题，关系双方可以使关系更牢固。这种"成长"视角可能有助于个体处理人际冲突。

无论有多少变量调和了人际冲突对关系健康的影响力，但总体来说，正在进行的冲突降低了关系的质量而不是提高了关系的质量。

第三节 人际冲突的管理模式

所有人、所有关系都会面对冲突，这是共性，但作为个体的我们都拥有一些处理冲突的习惯性方式，而且这些方式不尽相同。有时，这些方式有利于问题解决，促进个人幸福与增加关系满意度，但有时，则适得其反。如果人们有能力处理冲突，就可以使正在激发的冲突偃旗息鼓，使正在行进的冲突云开雾散，使冲突事项迎刃而解，使个人身心愉悦，使冲突后的关系修复水到渠成。这种能干的处理方式为冲突双方讨论各自的所思所欲、所忧所惧、所盼所望打开了通道，使双方对彼此有了更深的理解，增加了彼此之间的尊重和亲近，使冲突双方利用冲突重新评估了关系状态。长期来说，会带来关系的正向改变。因此，建设性的冲突管理深刻地影响着人际关系的质量。反之，如果不能有效地处置冲突，就会引发怨恨、敌意，影响双方的生理、心理、情感和精神健康乃至导致关系的结束。

我们大多数人能够区分健康传播和导致关系跌宕起伏的语言/行为之间的差别，并有兴趣保持顺畅的、灵活的和相互造就的关系。我们很少故意制造冲突，但之所以会出现冲突，是因为我们可能没有意识到我们自己的行为如何导致了人际问题，有时是因为我们忘了，或者困惑和烦恼，有时我们只是心情不好，有时我们如此愤怒，以至于全部集中于自己的需要，而忽略了他人的需要。

因此，为防止冲突的发生，我们首先要确认我们产生和管理争议的方式。你处理冲突的模式是怎样的呢？读完本节，相信你对此会有一个清晰的认识和判断。

一、定义冲突管理

冲突管理可以被广义地看成是发生在冲突被感知到之前、之中和之后的行为（ Mark Knapp et al. ，2012），其目标是限制冲突的消极方面，增进积极方面，促进人们的关系。

由于每个人在冲突时的外显行为、宣告冲突的方式或解决冲突的策略都具有差异性，这些差异性就形成了种种冲突管理模式。所谓冲突管理模式，就是人们用来管理与他人的差异的稳定的、持续的方法与方式。每个人都有某种模式偏爱，个体的模式是其遗传基因、生活经历、家庭背景以及个人价值观的混合体。为了减少冲突的破坏性，个体需要发展出灵活适应各种语境的多模式和策略，这需要我们走出原来我们感到舒适的领域。策略用到信手拈来，不虑而行，就成了模式。

由于关注的重点不一样，冲突管理又可以分为方向模式、回应模式，结局模式（冲突是否解决以及如何解决，过程是如何互动的，比如要求—退缩，相互敌意，关系消解）；按人们强调问题的激情分为积极模式和消极模式；按人们解决紧张、保持关系的能力分为破坏性模式和建设性模式。

二、冲突的五模式论

研究者提出了冲突的两模式论（合作和竞争，Deutsch，1973），三模式论（非直面，解决问题导向，控制，Putnam & Wilson，1982），四模式论（让步，解决问题，迟钝，竞争，Pruit，1983），五模式论（合作，调适，竞争，逃避，妥协，Thomas et al.，1976）。大多数研究者采纳托马斯等人的五模式论，如图7-1。

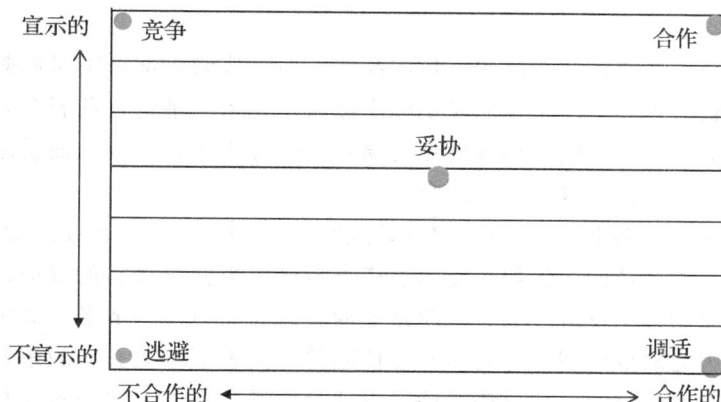

图 7-1　冲突五模式

逃避代表低度宣示和低度合作，调适表示对自己低度关心，但高度关心他人，调适的反面是竞争（高度关心自己，但低度关心他人），既关心自己也关心他人就是合作，妥协是中间状态，中等程度的宣示与合作。

技能训练：测试你的模式？

找出一个你最近卷入的具体冲突情形，回忆你说过的话。然后，具体地想一想假如你可以使用更有效的语言会怎样，想一想你的传播是否原本可以创设一种充满信任的语调。你有没有发现你要对冲突负部分责任？比如责备，一整天或整周反复唠叨一个特定行为。在这次冲突中，你胜利了吗？你没有应当负责任的地方吗？（的确，有时可能是另一人制造了冲突）

1. 你是避免冲突还是卷入？

你的冲突经历中有没有这种情形？一个人追逐不停，一个人避之不及；一方加入，一方逃避。这往往成为破坏性冲突出现的开端。一旦这种偏向成为一种僵化模式，建设性冲突就变得非常困难。如果一个人能够灵活地处理，适度参与，适度回避，就是一个有能力的冲突者。退避或者参与都不是绝对正确的选择，要看情形和关系。例如：

勇：有些事情不对劲。

花：我累得不行，现在不想说话。

勇：我很烦你当众那么说我。

花：你吹毛求疵。别烦我，下次再说。

勇：打算啥时候谈烦我的事？我烦的时候，你从来都不愿意谈。

花：你没听到我说的？我告诉你我压力太大了。我要去散步了。下次再说！

勇想介入冲突，花想逃避。每次冲突出现，他们就不得不对逃避或者参与达成一致。可能下一次在面对不同主题时，是勇想逃避，花想介入。但通常在长期关系中，人们会形成僵化的模式：一方靠近，一方避而远之。固化的偏好限制了人们很好地解决冲突。

在不同的情形下，逃避和参与都可能对一种关系是生产性的。避免直面冲突可能是生产性的。例如，花的逃避可能激发勇检查自己的反应，认识到自己在社交场合中反应过度，由此减少冲突；而在另一些情形下又可能是破坏性的，因为缺少说明，为后面不可控制的冲突埋下伏笔。花的逃避表示她根本不关心他的感觉，他应该开始退出这个关系。逃避往往表示参与者不能达成调适，不能解决问题，最终伴侣可能会渐行渐远。

2. 竞 争

竞争模式的特征是实施侵犯的、不合作的行为，只追求自己的关心点，通过直面冲突获得权力，试图"赢"得争议，而不根据对方利益和愿望做出调整，打嘴仗让这种人很兴奋。

竞争性策略也可以是宣示性而不是侵犯性的方式，不过侵犯常常偷袭而来。宣示性的人强化自我，努力达到想要的目标并表达自己，而侵犯性的人把自我表达的意愿达到极端。这种贬低他人的模式只会使侵犯者事与愿违。宣示性的人可以是竞争的，但不会含沙射影，不会破坏他人。

当一个人竞争是为了达到自己目标而不破坏他人时，竞争性模式就是生产性的，即在主题有争议时，仍然关心关系。

（1）竞争的益处

在需要快速做出决定采取行动时，如紧急情况下，竞争是恰当的并有益的；当两人互动良好，观念得到呼应时，竞争可能激发创造性的观念；当外在目标重要于关系目标时，如在短期的不再有的关系中，竞争有用；竞争也可能让对方知道自己对问题的重视程度；竞争在双方都同意的情况下，是自然而然的，就是有用的，比如体育竞技。在这些情况下，如果不是竞争模式，冲突的解决就很渺茫。

（2）竞争的坏处

竞争可能因为聚焦于外在目标而伤害关系，如果一方不能、不愿意短兵相接时就是有害的，竞争性冲突可能鼓励一方走入隐蔽方式使对方付出代价，可能把冲突化简为两个选择——"要么你反对我，要么你赞成我"，把一个人的角色局限于"输"或"赢"。

3. 妥 协

妥协是一种中庸模式，结果是每一方都有得有失，是宣示性和合作性的中和。特征是相信"得一点，失一点"。在妥协时，一方放弃一些重要目标以获得对方认同。妥协和合作容易混淆。合作要求创造性地、灵活地解决问题，而妥协要求权衡和交换(Folger et al.，1993)。有些人不想妥协，是因为要放弃一些特别珍贵的东西。

(1)妥协的益处

妥协有时让冲突各方(比起合作)花费较少时间达到重要目标。在时间紧迫的情况下，强化一种权力平衡，可能用来达到短暂的或者权宜之计的解决方案。当另一个人的模式失败时，妥协是可以用来作为做决定的一种支持性方案。妥协在其他各种模式都失败或者很显然不合适的情况下是最好的方案。

(2)妥协的坏处

妥协对某些人来说总觉得是"输"的方式，可能成为公式化的模式，人们不愿为创造性方案努力，因为妥协更容易。也可能成为逃避问题的高级形式，要记住，机会主义不是真的妥协。

有人认为"我们两个都失去了一些东西"，另一些人可能认为"我们两个都得到一些东西"，这取决于个体怎么看。

4. 调 适

例如，你兄弟说要去做什么，问你意见，你说"无所谓"。实施调适的人并不宣示自己的需要，而是采取合作的方式。为了让关系伙伴高兴而把自己的关注点置之度外，即关系目标对于调适的人来说非常重要。

人们既可以愉快地向他人让步(觉得为家人、团队、群体牺牲是应该的)，也可能苦大仇深地让步，会成为悲催的抱怨者、凄苦的人、怠工者。

(1)调适的好处

当一个人发现自己错了，最好是容纳他人的理性意见；如果问题对一个人重要，对另一个人不重要，后者付出一点以便得到更多；调适也能阻止一方伤害另一方——当一个人无论如何都会有损失，就可以使损失最小；如果和睦或保持关系是当前最重要的目标，调适就避免了公开的冲突，允许关系继续。

(2)调适的坏处

如果人们形成一种向他人显示他们有多好的模式时，调适可能引发竞争的悄然进行；调适可能减少创造性选项；过度使用调适，使关系承诺从来得不到考验———一方总是让步，这会导致问题假解决，尤其是一方非常讨厌调适时；调适让一个人缺乏权力。

5. 合　作

合作关系既关注自己的目标也关注他人目标，畅通解决问题，并强化关系。双方共同努力解决问题，做出描述性和揭示性的陈述，并诚恳寻求对方意见。如果需要，一方会做出让步，承担自己应该承担的有关冲突的责任。与妥协不同———妥协是找到即刻的容易的办法，让每个人都满意，合作是两人创造性地找出新办法，将会使二者目标最大化。

当人们知道如何运用合作时，合作模式就会成为冲突管理的成功工具。合作的一个不好方面是一个人专门用它，这就贬低了另一方不用它的人。例如，一方试图合作，而另一方正想避免或者竞争。合作方可能说："我试图解决问题，但他不想"。消极地看待他人选择的模式可能成为"一上"的高级形式，即如果我做得对，他人必定是进一步冲突的原因。语言技能较好的一方可能以操纵的方式来使用合作，比如由于对方选择了不同模式而谴责对方"没有理性"。还有，高权力的人使用伪合作保持权力的不平衡，这不是真的合作，因为合作至少需要两个人来完成。

三、冲突管理的方向模式

个人在管理冲突时有两种方向：或者选择关心自己，侵犯别人；或者选择关心他人，与他人关联（Kilmann & Thomas，1977）。这两个方向对应着冲突管理的分散模式和整合模式。分散模式就是争议者采取赢—输的冲突类型，把目标看作总量不变，强调保留自己的信息，了解对手的抵制点，使用策略或计谋去获得一块"固定蛋糕"的最大份额；而整合模式把讨价还价看成是在双赢情形中的可变数量，倡导信息共享，双方参与问题解决，各自做出让步，理解对方的需要和利益（Putnam & Poole，1987）。这些认识形成了集体谈判的策略与策略性传播的基础，但也被广泛应用于人际传播领域。

由以上的两个方向可以衍生出对于冲突的以下三种态度：双赢、赢—输、输—输。双赢模式就是传播者双方追求找到能够满足双方目标的最佳解决方案；而赢—输模式是一方希望达到自己的目标，但对他人达到目标的追求不感兴趣；输—输模式有点同归于尽的味道，"你不想我好，我也不要你好"，具有很大破坏性。最有建设性的冲突是，彼此都有解决问题的愿望，都有保持关系的愿望，而不只是想赢。两种相反方向的解决冲突的模式之间的差异见表 7.4（Ronald Adler et al.，2004：410）。

表 7.4　两种反方向模式的比较

赢—输	赢—赢
冲突的利益	共享的利益
谈判基于： 权力 低自我揭示 只关注自己	谈判基于： 信任 高自我揭示 关注自己和他人

1. 赢—输模式

这是一种"非此即彼"的方法，一方的得到是另一方的失去，一方的胜利是另一方的失败。这是竞争性冲突最常见的特征，譬如在体育竞赛中必须有赢者和输者，同事之间为争一个提拔机会，夫妻之间为有限的收入做安排。

这种方法以牺牲对方为代价，使用权力和影响力去战胜对方，尤其是奖惩权常常被使用。妈妈经常对孩子说："再不听话，我把你关黑屋子"，这是一种威胁。上级也常常动用权威分配工作时间，安排职员晋升以及解雇职员。

智力因素（如知识，技能）也可能成为征服对手的权力。猫和老鼠的游戏在人间也比比皆是，弱者可以胜过强者，比如引诱犯罪，对被要求的事情打折扣、耍花招、虚假让步等。这种方法是无助于解决冲突的，因为"失败方"会怀恨在心，增加未来的关系摩擦。

这种策略的存在具有必然性，尤其是资源严重稀缺的时候。例如，周末的时间总是有限，做丈夫的想要睡懒觉，看球赛放松自己，做妻子的想要购物，大家一起做家庭清洁，而孩子需要人陪伴以及参加各种兴趣班。这必然要求某一方做出更多让步。但是，尽管资源有限，也不能认为自己只有这种模式；而且，在时间和动态中，赢和让步的总量是要平衡的，否则要维护一段关系是相当困难的。

在有些情景中，这种模式是解决冲突最好的方式，只允许一方达到满意。例如，他人坚持要击败你，而你最符合逻辑的反应就是还击，以保护自己。"一个巴掌拍不响"就是这个意思。例如，一个被父母或者老师定性为问题孩子的人会持续拒绝采取合作的方式解决问题，拒绝接受父母和老师的评判，找各种借口，采取逃避方式。

有些时候，当某人试图伤害第三方等错误行为发生时，只有一种方式可以阻止其错误行为时，那就是击败他人。但这只是极端情形。

在冲突的协商、谈判中，我们经常会观察到：人们大声地争吵，而不是冷静地寻求合作。或者寻找出对手的愿望（软肋），巧妙地利用它来迫使对方让步，甚至采取欺诈的方式误导对手，等等。这些做法可能使人赢得一时，但最终可能产生相反的效果。因为，从现实利益看，没有人愿意永远是输家，永远受人操纵。而且，失败使失败方的自尊受到伤害，最终会导致失败方也使用赢—输模式甚至鱼死网破的输—输模式来处理冲突，最终使你自己以及关系受挫。尤其那些使我们有愿望要进行冲突管理的情景正是我们特别看重的关系和人。

显然，该模式尽管有时是有效的，但并非是恰当的。因此，这并不是值得推荐、效仿的模式。我们之所以在这里讨论这个看来具有破坏性的分散模式，意义在于：一是当他人使用这种模式时，我们能够防患于未然。二是当我们自己以及我们的伴侣对关系的满意度降低时，我们可以认识到我们自己的冲突方向模式是否有问题。

2. 输—输模式

没错，追求利益最大化是人的行为原动力。但是，有的人在自己处于劣势得不到利益的时候，往往采取同归于尽的方式，使双方都得不到好处。例如，你不让我睡懒觉，我就不帮你带孩子，你就逛不成街。该模式产生的结果往往使双方都不满意，这就是我们常说的"损人不利己"情形。尽管很少有人愿意用这种方式，但这种解决冲突的方式在人际传播和关系中却非常普遍地存在着，关系各方都想做赢家，而且都渴望是永远的赢家。但，最终都输的例子比比皆是。

3. 双赢模式

经济学领域的博弈论因其包含了任意冲突情形中的基本要素，为我们理解冲突提供了启示。博弈论强调游戏参与者都是理性的，能够做出理智决策，目的是使受益最大化而损失最小化。为此，游戏参与者就会选择各种不同举措以便产生各种不同的奖赏。例如，你和恋人就去北京工作还是留在上海发生了分歧，你可能按照自己的计划行事——在网上搜索北京的信息，打电话寻找北京的单位，给亲友讲自己的打算。你的每一个举动都是为了战胜对方，如果目的达到了，你赢她输。

传播学者挑战了博弈理论的单一考量，因为当游戏双方无法清楚明了地沟通时，动机和意图是相当模糊的，而且，聚焦于报偿和结果的博弈忽视了对另一方的心理补偿，忽略了和对方的关系以及忽略了保留面子和自尊。囚徒困境（Morton D. Davis，2012）生动地刻画了信息共享与否带来的结果的差异。嫌犯甲与其同伙嫌犯乙被捕，在被分开监禁后，两人都必须选择是否招供。如果甲招供而同伙乙未招供，甲将被无罪释放，而甲的供词会让同伙乙坐牢 20 年；如果甲和乙都招供，两人都判 5 年；如果无人招供，则会按照较轻的罪名对两人各判刑一年。由于甲与同伴乙之间无法交流，彼此不知道对方的选择，双方都面临是相信对方保持沉默来相互合作还是争先招供的困境。如果是前者，结局对双方都佳；如果一方不配合，另一方也无法合作。几经审判，大多数人最终都倒向不合作。

同样，在人际冲突中，你既可以选择坚持己见，也可以通过彼此交换信息而想出一个对双方都有益的解决方案。是合作还是竞争？必须在对情势做充分而清晰的评估后，做出最合适的选择，表 7.5 中所列就是可供选择的几种方式及情势（Adler，2004）。

表 7.5　可供选择的方式及情势

考虑服从他人(输—赢)	考虑竞争(赢—输)	考虑合作(双赢)
当你发现你错了	事情很重要，而对方要利用你非竞争的方法	当事情对于妥协来说很重要
当发现事情对对方的重要性远远大于对你的重要性	当与某人保持关系对你并不是太重要时	你和他人的长期关系对你很重要
让他人在犯错中学习		当彼此都愿意合作时
如果短期的收获要以长期的收益为代价		

在进行选择时，冲突者一定会努力知己知彼。研究者列出了冲突方评估对方策略的三种方法（Steinfatt et al.，1974）。

一是多次观察对手的行动，以便决定下一步举措。如上例，如果你的恋人开始在上海积极找工作，你知道她/他是认真的。

二是通观冲突全局，参加者以此对对方的战略与局势做出推断。例如，与恋人交往久了，你试图总结出他/她行事的偏好以及通常采取的行动。

三是直接交流。因徒困境表明只要有充分的交流机会并且双方都同意合作，结局会是双赢的。两人好好谈，或许能够找到一个折中方案。交流的好处是：一是象征性的，不会产生实际行动引起的后果。二是交流具有改变行为的可能性，如果彼此对对方的想法多一些理解，就会少一些阻碍。三是可能让对方意识到倾向性和习惯性的想法，从而产生改变的意愿。

如果你选择合作，那么，就需要确认各方具体的、清晰的、理智的目标，本着维系关系的原则，定义你自己的目标，努力集中于事情的积极方面，避免侮辱性、强迫性的沟通。

如果你不愿意降低目标，那么，在坚定自己的目标的同时，就要竭尽全力去寻找创造性办法实现它。这时候，就要懂得并讨论各自目标的优先性，表达对手诉求中的兴趣点、合理性，以便双方权衡孰轻孰重。当那些正在讨论的观念对你很重要时，应该强烈、清晰地表述你的需要。

总的来说，选择合作就选择了双赢。双方务必要保持开放、诚实、宣示性，并尊重对方。以下几个步骤似乎是必要的。

一是承认问题。其目的是说出自己的想法、需要，并倾听他人的愿望，定义你们认可的事情，以及产生争议的事情。

二是提出几个可能的解决方案。关键是要聚焦于共享和一致的目标，提出系列概念以解决问题，不管这些想法是否可行，努力朝着想法的数量而不是质量进发，创造性在这一步中是关键。

三是评估这些供选择的解决方案。重点是考虑各个方案的利弊，逐渐缩小范围，减少至一两个处理方案。在这个阶段，每个人都是诚实的最重要。解决方案可能对双方都是理想的，也可能包含各自的妥协。

四是决定最好的方案。选择双方看来都接受的方案，即便对每一方都不完美，只要显得公平，并相互承诺解决冲突。

五是补充方案。对双方必须做些什么的细节取得一致同意，并安排每个细节的执行。

六是继续评估方案。问题解决总是动态的、有顺序的，应该随时询问对方的状态如何，以便发现未预想到的事情或问题可能被忽略的那些方面。当然，方案的修正应该是开放的，只要新方案是双方都认可的。

然而，说总是比做容易得多，简单的原则实践起来却很难。人们在面临冲突时，往往是采取赢－输和输－输这两种模式，因为，我们可能要么过于看重自己眼下的利益(恰好破坏关系)而不考虑对方需要，要么把对方利益和需要最小化，总希望用恐惧和权力来赢对方。如果我们总是赢，另一个人会觉得很受伤，关系也会受伤。

同样，如果总是投降去避免冲突，这也会导致消极后果，这无异于给对方传递一个这样的信号：其自私自利是可接受的。对方会在长期关系中不自知，完全忽视我们自己以及关系的需要，我们的自我价值由此遭受折磨。

因此，真正解决问题的高手，总是知道轻重缓急，孰轻孰重，能够审时度势然后进行选择性地争议，而不是时时处处占先机。

四、从破坏性冲突到建设性冲突

事实上，我们前面讲过，传播是交互式互动，需要你和对方合作才能够完成，也就是说，传播者的冲突模式是彼此影响的。例如，你决定用宣示解决冲突，但最后你不得不用侵犯，因为对方具有不合作的特征；如果对方有身体威胁的模式，你不得不选择沉默。任何时候，解决冲突不是一个人的事情，总是取决于同伴与你的互动。在一种较稳定和长期的关系中，会有一种相对固定的方式，一些是建设性的，一些则是破坏性的。

冲突互动是建设性的还是破坏性的取决于很多因素，包括语境及其使用的传播。冲突的代价很高，如果冲突各方对冲突结果都不满意并且最终导致他们的损失很大，冲突就是破坏性的。一旦末日的四个马车夫（Gottman，1999）这四种传播实践驾驭了一种关系，结局不言而喻（图7-2）。

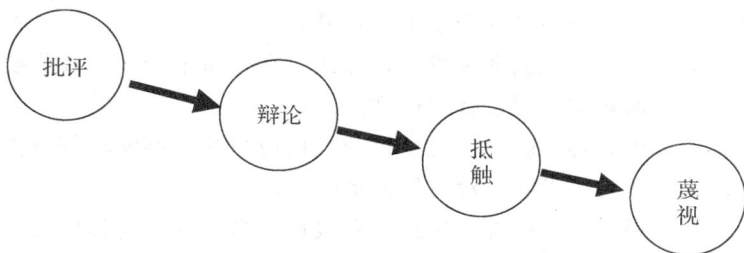

图 7-2　末日的四个马车夫

1. 末日的四个马车夫

（1）批评打头为所有冲突设置基调

冲突互动的第一时刻可以为建设性冲突还是破坏性冲突设置基调，批评为一个极困难的局面开了一个头。在婚姻冲突中，女性的批评多于男性。当开头就是批评性陈述时，冲突可能很快升级，女性的中立感觉马上转为消极感觉。任何以"你总是"，"你从来没有"，"你不要太自私啊"，"我知道你不会带孩子去武术班的，你去过几次"开头的冲突都具有破坏性后果。人们批评是为了引起对方注意，指出自己感觉有多糟糕，试图使冲突看起来重要到必须解决。尽管可以理解这些理由，但这么开始互动都会有不良后果。破坏性抱怨包括责备，对对方行为做消极归因。

我们可以尝试一个建设性的抱怨，比如使用"我"语言表述，描述不愿意的行为，只用中立而不是判断性语言，请求一个具体行为的变化。请看如下对话："我很难过我们不能一起回家看我父母。我已经三次请你把周末腾空，我们就可以一起去看他们。他们年纪大了，有时需要帮助，有时也希望看到我们回去。我不想要一个我独自回家看父母的婚姻，这会让我尴尬、难过，好像我没有结婚似的。如果你能和我一起回去，我想我比什么都高兴。"

（2）辩论形成破坏性冲突的特征

当人们使用辩护性传播时，他们是要保护自己不受到伤害，不受到威胁，不想承担责任等。如果人们不急于辩护，而是听对方说完，那比较好；但如果辩护支配了会话，许多破坏性结果就会出现，比如权力争夺，无趣，长期争执，情感伤痕等。这个互动过程就像打乒乓球，一来一往。

甲：每次我跟你说什么，你都是抱怨，发牢骚，从来不听我说。（批评、责备、攻击）

乙：如果我再不说说话，你会说一晚上，你除了抱怨还是抱怨。我决定，从现在起，只要你一副苦逼的样子回家，我就会回敬给你。我也有权利要求倾听。再说，你也不是这个家里最重要的人。

甲：如果情形像你说的那么糟糕，你还留在这里干什么？我所要的不过是一点共鸣，但那对你来说比登山还难。

对许多人来说，会话就是比谁更机智，反应更快，能够驳倒对方。而相互理解看起来确实枯燥乏味，没有任何挑战性。反例如下。

甲：我发现最近好多事都不对劲，我很烦。当我回家告诉你时，你立即开始说你很烦，听起来比我的烦恼还要大，还要悲催。我觉得没人听我说话。我也没有听你说。于事无补。

乙：我想你说得对。我感觉你占了所有的时间。我想如果我不说话，你会说一晚上你糟糕的一天。我真的不想听这么多你糟糕的工作状态。

甲：感谢你让我知道这些。这使我不是那么抓狂。我真的想听你说。我想知道你在听我说并理解我，我想你也是这么想的。我真的在乎你的感觉。

乙：我不喜欢我自己这样。我一直试图告诫你不要抱怨。但我却不停抱怨。我们重新开始吧。

后面的对话，双方都试图营造一种支持性氛围而不是辩护性氛围。辩护性氛围中的人总是惹是生非的，总是一点就着的。辩护性氛围是评价的而不是描述的，控制的而不是解决问题的，策略的而不是自然而然的，中立的而不是共鸣的，居高临下的而不是平等的，确定无疑的而不是暂时的（Wilmot，2011）。支持性会使辩护中立化，但支持不意味着赞同，支持是让对方知道你在听，让对方知道受到了尊重、共鸣，意味着听比说的时间多。我们可以不赞同但同时又是支持性的。

（3）当一个人从互动中退缩时，抵触发生

会话是一来一往的，是需要话轮转换的。但抵触者不是这样，他们竭力表示他们"不在场"，只是看着对方一举一动，然后匆匆离开。他们控制自己的肢体语言，面部表情僵硬。如果说女性容易批评，带来破坏性冲突，那么，男性的抵触带来破坏性冲突。好批评的女性和惯于抵触的男性可以毫不费力地预示离婚的结局。抵触不仅不能避免冲突，还可能使冲突升级。

人们害怕受到他人影响，怕愤怒，就希望不参与互动。但有时，不互动表示不想尊重他人。你能想象当你积极参与会话，而对方抵触的情形吗？

丽：你根本没有回答我。好像你压根儿不在这儿似的。告诉我你在想什么？

勇：我一直在洗耳恭听。

丽：我们怎么才能回到谈话上？你能给点建议吗？

勇：闭嘴就行！

丽：你正是那样做的，闭嘴。这能解决问题吗？我想你和我说话，并听我说。我开始听你说。

对于抵触者来说，这可能不管用，因为他想要惩罚别人。如果勇有自省的话，可能改变以后的对话。如果没有改变，那关系运行就完了，因为没有人愿意永远被关在外面。

（4）蔑视推动了破坏性冲突

蔑视是一种居高临下的状态，包括卑鄙的嘲弄，贬低，拒绝，敌意的修正以及非语言表达（嗤之以鼻），嘲讽。在长期的重要关系中，蔑视是不合理的，是对他人人格的严重攻击。

在遭到蔑视时，可以这样表述："我不想让你这么对待我，我觉得你不尊重我，如果我再待在这儿，那就是我自己不尊重自己了。""请不要蔑视我，你到底要什么，告诉我。""你如此生气我没法和你说了，过会儿再谈。"

技能训练

这四种消极传播行为有哪些你曾经体验过？你在哪种情形中用过这些传播行为？分别举出一个你使用这四种传播行为的例子来说明该问题，并自问：我能够用建设性方式传播吗？

2. 上升和下行的螺旋

以上是导致破坏性冲突的一些消极传播行为，下面将探讨破坏性冲突的模式。

(1)上行螺旋弥漫于破坏性冲突中

冲突常常失去控制，开始时小心翼翼交换反面意见，随后恶化为情感爆发，急躁地交换强烈的情绪，如愤怒、害怕、激将。在上行螺旋中，关系一直围绕越来越具有破坏性的目标前进，其特点是误解、歪曲、破坏、以牙还牙、以眼还眼、各不相让，直到关系破坏。

(2)逃避螺旋模式降低了建设性冲突带来改变的可能性

上行螺旋是"战斗"模式，而冲突各方也会出现避免冲突的"逃避"模式，逃避也反映了破坏性冲突互动。其方式是积极减少彼此依赖，减少对方对自己选择的影响，对关系不再投入。逃避螺旋就形成了，这种螺旋下行到最后直到寂静无声的关系。

上行螺旋是公开表达冲突，而逃避螺旋是隐藏式表达。例如，对方问"怎么了?"你说"没什么"掩藏愤怒、敌意或者失望。

3. 在破坏性冲突和建设性冲突中取舍

尽管我们可以意识到不良冲突管理模式并实践改变，但切记，解决所有冲突都有一个重要的原则，即双方都必须把冲突看成是一个需要双方共同努力来解决的问题，才可能找到一种双方都接受的方案。冲突双方都对结果满意并非偶然，而是双方都采取了与众不同的方法，双方都必须是解决问题的高手，都在积极地寻找答案。

(1)取中对极端

紊乱的冲突偏好极为普遍。自己总是对的、好的，他人总是坏的、错的；自己的行为总是防卫性的，而他人则是侵犯性的；自己的行为是"开放的，值得信赖的"，他人是"欺骗的，伪善的"。极端化低估了与他人可能有的共同点。

相反，功能性的冲突意识到他人的需要也是合理的，冲突双方是相互尊重的。喜欢西餐的理解不喜欢的人并非老土，喜欢中餐的也尊重吃西餐的有自己的理由。

(2)合作和隔绝

功能紊乱的关系参与者视彼此为对手，把他人的得看成是自己的失。这阻碍人们寻找共识和使双方满意的解决方案。即便是在非紧要的事情上，也很少让步。例如，在大学生就业中，本来你已经找到工作，但对于他人找到的任何工作你都觉得自己损失了什么。

相反，意识到合作可以找到使双方满意的答案。

（3）同意与高压

高压是严重依赖权力得到想得到的。例如，"下班之前你必须完成它"常常是一个威胁的口吻，是命令式的。金钱、喜好、友善、性，甚至身体推搡都可能是强迫他人让步的工具，但这非常损害关系。

明智的传播者意识到权力展示是非常坏的，这不仅是伦理原则，而且通常是反效果的。在关系中，完全无权的一方并不存在，往往会带来两败俱伤。

（4）非升级与逐步升级

升级的就是小事变大，大事变糟。经常看到关系中的小事失控，产生的破坏性结果远大于其重要性。相反，长久看来，功能性的冲突旨在解决问题而不是创造问题。与其讳疾忌医，不如忍痛割瘤。

（5）聚焦与偏离

偏离就是跑题，把许多无关或者相关性少的问题带进原初的问题。这会扩大敌意，制造新问题。因此，要一次集中于解决一个主题。以小丽和小英的冲突为例，"我很愿意谈论自私的问题，但是现在首先解决通知的问题好不好？"

（6）远见与短视

试图赢得一场战斗，但却输了整个战争。得了芝麻，丢了西瓜。朋友之间有时争论到底是谁发起争论的，虽然最后你成功证明了你是对的，但是如果是以牺牲友谊为代价，那胜利等于零；另一种短视是只感兴趣于有利于自己的解决问题的方案，而忽视不同的能够满足双方目标的方案；再就是不循序渐进，单方或者双方直接进入冲突。

五、华人人际冲突管理模式

以血缘关系为根基和枢纽，正是中国社会组织形式的鲜明特征。血缘、地缘结合，由家到族，由家族到乡党，由乡党到家国，一脉相承，关系由亲到疏，由浓到淡。在一个扩大了的生活空间中，血缘成为社会关系组织和关系资本获得的最优通道，于是，没有血缘关系的人会通过各种方式制造假血缘和类血缘，"一表三千里"就出现了。这种以血缘为核心纽带的社会关系是伦理本位的，而不是通过传播交流形成的。由于血缘亲疏已天然决定了人际关系之间的等级序列，满足由各种等级序列组成的弥天大网的需要并在该弥天大网中得到各种满足，就成为中国人几千年的生活方式和社会关系组织形式。由家族血缘扩展到上层建筑等国家层面就成为宗法制度，这种社会组织形式决定了家国同构——家的血缘组织方式就是缩小的国的运作模式，国的组织方式就是扩大了的家族血缘。

在伦理本位的社会里，和谐秩序是基本架构。人与人之间随着亲疏远近的不同关系而来的种种"情分"、"理分"，对应各种关系与地位的相应义务，此义务是人际关系所共守的规范，需要克制私欲，以对方为重。梁漱溟（1963）认为，中国人的人情练达是善于接人待物，善于处理人际。社会之和是"君臣，父子，夫妇，兄弟，朋友"这"五伦"的人际之和，是父慈子孝，兄友弟恭，夫唱妇随。因此，天道是和，"中也者，天下之大本也，和也者，天下之达道也，致中和，天地位焉，万物育焉"。

但是，和谐又是中国人的功利心的展现之处，唯有透过和，才有更大的利益可言（黄丽莉，2007）。因此，表面的"和"常常掩盖着私下的"斗"，碍于情面，碍于"得罪一个人会得罪一圈人"的权衡考虑，人们会尽力掩藏这种不和。一旦忍无可忍，冲突爆发时，就会撕破脸面，双方言语、态度和行为都会失态。

1. 面子：处理人际关系的核心

中国人的面子与西方人的面子具有根本差别。西方人的面子与自我、人格有很大关系，自我实现是题中之意。而儒教体制以面子为工具，形成一套礼俗，对个体角色进行程序化、格式化修饰，在其中个人真实本性消逝，按照礼俗扮演角色，"扮演角色生成的外部形象就是我们的面子"（于阳，2004：195）。西方人马斯洛所探讨的自我实现在中国下层基本不存在，而仅在大学里的师生中拥有粉丝，但一旦踏入社会，都知道没有自我实现的土壤，于是很快随波逐流，反而讥笑自我实现是幼稚。于是"混出模样，给人看看"是面子，这关系到他人对我们的评价，而无关自我真实（于阳，2004）。

于是，在人情和礼俗社会里，碍于面子，留面子，给台阶都非常重要，既是维持人际和谐的重要机制，也与冲突及其化解有关。碍于面子、留面子或给面子成功了就必能缓冲或制止矛盾，平祸于萧墙之内，御争端于千里之外。冲突若在熟人圈内，面子机制具有缓冲功能。讲关系处必有面子，讲面子处必有关系。保存面子十分重要，保持积极形象对集体主义文化来说十分重要。如何使他人保存面子而不陷于尴尬是华人处理人际关系与协调冲突进行权衡的核心。

一是碍于情面，忍！忍是为了不伤感情，不伤和气。不伤感情与和气是为了以后有照应，为了不得罪别的什么人，得罪一个可能得罪一群。得罪一群意味着撕破脸皮是得不偿失的。

二是借小钱不追。这是中国熟人社会的规矩，否则伤面子。小钱不追是一种消极调停，消极也可以转为积极。如果数额大过忍受，就会讨逼债务，但先设置一些方便别人下来的台阶。如果你不下，就让你敬酒不吃吃罚酒，仁至义尽，过不在我。台阶是双轨制，敲外面听里面，挤里面看外面。敲山震虎，听话听音，江湖中人都能听懂。上策是既讨债又留面子，下策才是不惜面子硬性讨债。下策导致对方损失最大化，未免太狠。中国人会竭尽全力寻求最优化策略组合——自己拿到钱又能让对方拿到面子。圆通的均衡就是中国人的台阶。

2. 面子：协调人际冲突的影子法律

中国人在面对冲突时，往往通过三种方式来解决冲突：一是靠自己独断独行，二是忍耐，三是让第三方介入以解决冲突。无论哪种方式，面子在调节个人行为，贯彻关系体制法则中都充当影子法官，成为消化关系社会的内部矛盾和纠纷的关键因素。一个共同体总有人犯规，一旦犯规必须有办法抑制和惩戒，关系社会就是不成文法和惯例制度，靠众人博弈，唯一的仲裁机构就是面子——别人让你没面子，或自己觉得没面子，以此作为手段制造伦理禁忌，减少人际冲突和违规，具有监督和修复的机制。

第三方介入协调是中国人至关重要的解决冲突的方式。第三方化解冲突就是遵循礼的规范，正名分工，各司其职，强调冲突双方个人道德的完善。第三者将重点放在当事人行为和情绪失控方面，较少谈论是非曲直，和谐比讲理重要。即便参与者一定要争出个输赢与是非曲直来，但不管有理无理，或者不依不饶，或者闹上法庭，都会受到民意的攻击，因为这种行为使处于争议中的一方处于道德劣势。所以，第三方往往被人们称为和事佬。明恩溥是一百多年前的美国传教士，在中国居住了半辈子，是地道的中国通。在《中国人的特性》一书中，他这样评论道："中国人的问题永远不是事实问题，而是形式问题"。例如，甲乙两人吵架，和事佬通常并不理会事实真相，只根据双方面子的大小，撮合一个方案，使争吵双方都能保住面子，达成均势。这就好像欧洲政治家处理国际纠纷时奉行的势力均衡原则。

无论是第三方协调还是自我处置冲突，根据是否有利于双方可以有四个象限的冲突处置方向：①协调的方式，是双赢方式，包括相济相成，折中妥协，协商谈判。②抗争方式，对自己有利，对他方不利。这是一种为争取己方利益或维护己方立场，不断伸张自己的主张和权益，并不吝消弱、攻击对方的做法。标准心态是"人不为己，天诛地灭"。争夺升迁机会、财产，表达政治歧见等。赢，赢得心力交瘁；输，输得不是心服口服。两厢断绝关系，冲突后忧患不断。包括据理力争，权威强制，出击反击。③退让方式，对自己和他方都不利。这是一种双输模式，看来平静淡化，却隐含杀伤力，使关系恶化断裂。退避和抗争的共同点是，都不让对方遂愿。抗争结果是自己赢别人输，退避则是宁肯自己输也不让对方遂愿。你不让我好，我也不让你好。退避与忍让的共同点是，两者都不利于自己。忍让愿意暂时成全对方，成全关系；退避不甘居于对方的下方，包括玉石俱焚，消极抵制，隔离退弃。④忍让方式，对对方和关系有利，但对自己不利。忍让是中国人化解冲突的重要法宝，是以权衡关系破灭的后果为重，调整自己，顺应他人，委曲求全。忍可带来人际和谐，免于祸害，修身养性，超越人生。"忍得一时之苦，省得百日之忧"，包括自我压抑、阿Q精神、顺势迂回（图 7-3）。

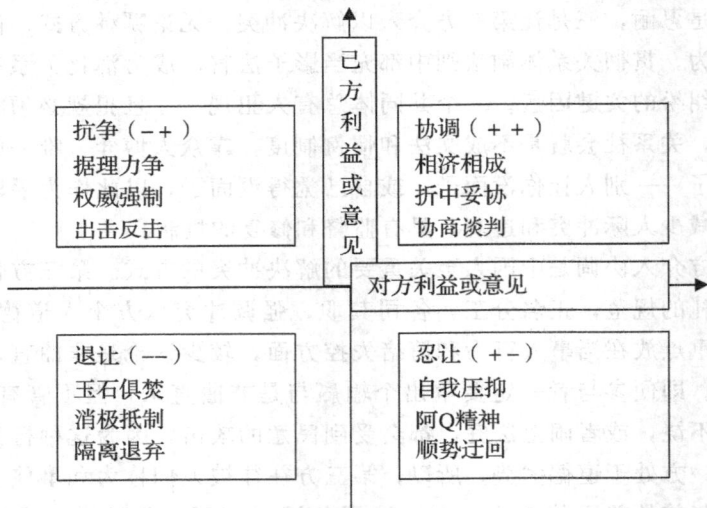

图 7-3 华人冲突方式象限图

第一，相济相成。双方获全胜。这非常难，因为面对冲突时，似乎就是零和关系——对方之得，我方之失；我方之得，对方之失。要达此目标，必须超越眼前立场和利益，转移到双方共利目标或者长远目标上。

第二，折中妥协。冲突双方各让一步，因退让各有损失，但都有收获——"失之东隅，收之桑榆"。通常第三者介入调和，管事不管理，充当和事老。调节者首先提醒争讼的恶果，接着请求给调停人一个面子各让一步达成协议；如果调解者权威够大，要求面子不用说出口。当事人总想讨个公道，但最后碍于调协者面子或不想斩断人情网络而让步妥协。虽不满意，但可接受，是中国人最赞许的方式。

第三，协商谈判。着眼功利考虑，是一种工具性关系。冲突双方冷静地面对面，在权衡利弊，各有进退中，在大利大害与小利小害之间反复衡量，最后达成一致。

第四，据理力争。当事人认为自己的权益是合理的。但其特点是争理，而不能争气，甚至争闲气，或是公义中夹杂私欲。否则，就成为攻击别人的行为。

第五，权威强制。利用声望、名分、地位、职权，企图通过说服、命令、制裁、压制等方式强迫对方屈从或不战而退。在等级文化里，权威强制潜在地具有这种能量。如果个人权威不够，还可以通过"众口铄金"的方式，孤立对方。

第六，出击反击。打败对方，愤怒螺旋形成，冤冤相报无了时，关系越来越紧张，最终出现两败俱伤的局面。冲突时，都很紧张并有严重威胁感，都想宣泄，不假思索失去控制，也成为展示个人权力的机会。

第七，为了忍，人们使用阿Q精神，"吃亏就是占便宜"。

第八，为了忍，人们实施自我压抑，忍气吞声。这对个人心身健康有不良影响，是一种病态文化。

第九，为了忍，人们顺势迂回，策略地实施忍让——避其锋，挫其锐，以退为进，以柔克刚，韬光养晦。

第十，玉石俱焚。两败俱伤，同归于尽。

第十一，消极抵制。当事人面对强势一方时，抗争怕对自己更不利，忍让又怕对方软土深耕，得寸进尺。于是，采取不合作的行为和态度。也就是软硬不吃，其奈我何！

第十二，隔离退弃。走为上策，离开冲突情境，以避免冲突升级，避免失态。

第四节　增强冲突管理能力

每个人都会面临冲突，而且每个人都试图管理冲突。对大多数人而言，巩固和加强人际关系的质量就是学会策略地处理冲突。有时人们的冲突被策略地处理，有时，冲突在没有清楚的目标和计划下就"发生"了；有的人大多数时候能够策略地处理冲突，而有的人大多数时候却是被冲突自然发生裹挟而去。这就表明，在策略地管理冲突方面，人与人是有差别的。有的人显得更能干，有的人显得较为笨拙。也就是说，冲突可以被良好地管理，也可能被拙劣地管理。冲突中我们要学会"做不自然的事情"，如果我们依然做那些我们一直做的行为，就会得到我们一直得到的结果，即依然限于旧模式的泥沼中。

我们提高了的冲突技能可以有益于我们的身体健康和精神健康，并在家庭、恋爱等关系中获得长期满意度。我们的关系伴侣也可以从我们提高了的技能中获益，他们的精神和身体健康也部分地有赖于成功的冲突管理。

我们已经了解了冲突发生的过程及其管理模式，这有助于我们预防冲突。那么，当冲突发生时，我们如何使用有效策略去化解冲突呢？这就是本节将要考察的内容。首先，我们要考察何为冲突管理能力。其次，讨论人们是如何协商其重要的个人和关系目标的，如何把问题和事件置于用心建立管理冲突的目标中。聪明能干的冲突模式，使人们离开防备模式（这只会激发冲突）而进入支持性模式。

但是，知易行难。知识转化为能力需要长期的反复磨炼，而且，即便是掌握了一定技能，冲突还是在所难免的，因为没有人在任何时候面对任何关系都是处理冲突的高手。

一、冲突管理能力及其能力模式

提到冲突管理能力，意味着双方都有追逐自己目标的权利，并且没有人应该利用、伤害甚至忽视他人。换句话说，关系中的双方都应该以伦理的方式对待彼此。

有能力的管理冲突可以取代那种在亲近关系中想使用侵犯和暴力的愿望。研究表明，婚姻中的暴力主要在于牵涉其中的人缺乏彼此有能力地相处的传播技巧（Marshall，1994）。因此，冲突管理能力极大地影响了亲近关系的质量。婚姻关系中的伴侣如何管理冲突影响婚姻的满意度和稳定性，也极大地影响亲子、友谊以及兄弟姐妹关系，因为原生家庭的冲突模式必然给子女提供早期的、基本的冲突模式，如果没有后天的学习、反思和改进，这种模式可能伴随一个人的一生。

第一章我们已经讨论了有能力的传播必须同时满足有效性和恰当性。在冲突中，即便双方的目标是不同的，但也要考虑恰当性和有效性。基于能力的人际冲突模式（Canary&Spitzberg，1989；Spitzberg et al.，1994），指的是传播者在冲突中评价传播行为是有能力的，每个互动可以在有效性、恰当性和满意度上做出评价。有效性是达到目标，但在冲突中，很难达到互动目标；恰当性是在传播符合语境和关系期待的情况下发生的，很显然，不恰当的行动会得罪伴侣，并阻碍伴侣的目标实现，这反过来又影响人们自己目标的实现。满意是伴侣们有能力的传播发生时的一个情感反应。

但是，由于传播是分分秒秒进行的事情，在多大程度上人们能够意识到其行为的方方面面并采取理智行动，这本身就是一个挑战。加上冲突互动本身(伴随高度的情感状态)与理性相左，互动双方技能性地修正自己的传播行为更困难。尽管如此，学习冲突知识在一定程度上还是可以提高人们彼此互动的能力的。首要的是我们得用心，即在冲突中高度留意一个人的行为。

1. 留意还是不留神

留意(策略性地)还是不留神(自动地)有助于解释人们对冲突传播行为的有意识程度及其效果。遗憾的是，不留神状态在互动者中是普遍的。不留神是指对信息做最少的处理，依赖来自老经验的信息来套用当前行为，并对当前行为不动脑筋；而留意是一种机敏的状态和行为，这种状态和行为依赖当前情景信息去确定行为(Langer，1989)。

留意思考包括考虑互动的语境，强调认知的灵活性、创造性和适应性。会考虑在一种情形下的不同方式，或许第一反应只是该种情形的反应方式之一而不是全部。冲突不是例行公事的事情，必然需要更留意的方式去面对、处理，需要转换通常的视角和思路，而不是常规性方法。但实际上，人们很难超越其初步反应，总是坚持第一反应。因此，在不留神的情况下，人们很难面向整合性解决方案。

人们还应该留意如何策略地进入、协商谈判和退出冲突短兵相接状态。在冲突中有效(比如达到自己的目标)总是和恰当(比如满足伙伴的期待)正相关。人们可能在冲突中显示高度的有意识，但还是必须高度留意；即便人们是留意的，但也不是所有时候都是留意的。

因此，知道留意和不留神的作用后，我们将继续讨论策略性冲突的模式。

2. 承认、接受他人，创造支持性冲突气氛

我们已经在第六章了解了支持性氛围对于人际关系的重要性。支持不仅是信息层面的，还要从情感上理解和支持，能够和对方感同身受。事实上，只有人们在冷静的状态下，才可能做到这一点。也就是说，在冲突中要创造支持性氛围难之又难。积极的气氛包括认知、承认他人；开诚布公地表达自己，但不是凌驾于别人之上；前面学的留意，双视角，移情，检查感知以及使用"我"语言都是创造支持性冲突氛围的重要技能。

3. 策略性冲突的一种解释模式

冲突策略模型说明了人们是如何在不同冲突阶段对原有冲突做出反应的，以及如何增大其个人以及关系结果的（综合 Canary & Lakey，2013 以及笔者的研究理解，图 7-4）。

这个冲突策略模式包括情节控制、个人控制、归因控制、目标控制、策略控制以及互动控制。并非冲突出现后就直接导致传播行为，而是人们必然处理冲突的出现，并决定如何管理它。也就是说，人们如何管理冲突是和其互动目标、对情形（互动历史，关系伙伴等因素）的评估以及社会技能有关的。当个人追求达到消极目标或者对关系伙伴做消极期待时，消极冲突管理就会产生。重要的是，这些目标和评估并非是固定的，会在争辩中发生改变。

模式图告诉我们，有四个因素充当冲突出口，传播行为是冲突的协调因素。

图 7-4　冲突策略模型

二、冲突激发与过程控制

有时候，冲突的出现并非以明白无误的方式，而是和别的事情如影随形纷至沓来。例如，你对妻子生气，可能是因为正在承受压力，你心里很不舒服，心里胆怯，甚至单单就是汽车喇叭吵人。这就是我们所谓的"指桑骂槐""迁怒于人"。

大多数人与冲突相关的情感是愤怒。愤怒的原因就是让人感到挫折，并且是以值得谴责的方式。例如，不回邮件，损害了我们的财物等。

尽管愤怒是对值得谴责行为的合理情感反应，但当冲突升级时，过于频繁的愤怒会增加；当伴侣是以满不在乎的方式行动时，愤怒很快升级到大发雷霆，以及情感的惊涛骇浪。

不受控制的愤怒通常导致冲动的评价以及行为，人们根本意识不到其传播选择的后果是什么。但是，人们可以管理其愤怒并实施过程控制。如果人们在乎对方、关系以及自己的感觉（有人对自己的愤怒也有强烈的挫败感），

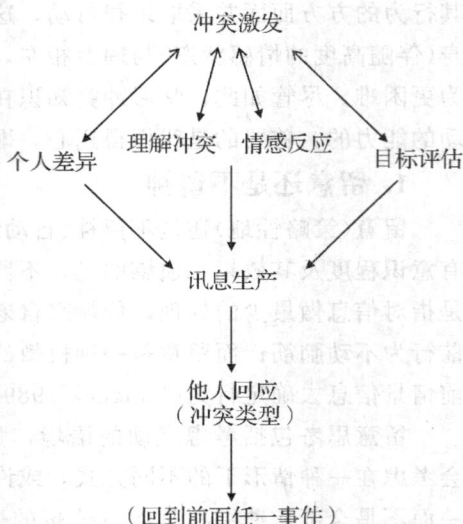

可以使用策略性传播去降低愤怒使一个情形降级，并能够减弱情感程度直至消弭冲突。

压力也可能导致人们进行消极互动，日常工作压力可能导致一个人对家庭生活冷漠。例如，工作压力大的妈妈对学龄前孩子关心较少，交流少，关注度不高等。但具有讽刺意味的是，人际冲突是所有压力中最令人难过的压力。人们会把肇始于冲突的压力带入工作中，呈现一种负面状态。了解这一点有助于我们预测到这种消极反应，有助于增加我们对他人留意的、技能性的反应，而不会把自己的烦恼强加于那些与我们原本的压力事件毫无关系的人。

技能训练

回忆一次你经历过的事件：由于路上堵车很久（或者别的原因），你以负面的状态回到家里。然后，你和室友或者家人有了消极互动。

再设想一下，在回家前，如果你稍微花点时间预想一个你可能说出的不友好的、能够给他人产生压力的话。然后，回到家，你和室友或者家人的互动会有什么不同呢？

因此，预测冲突情形可以实施情节控制。研究表明，预测到一个人对潜在冲突的负面反应有助于人们在起冲突时限制冲突出现与升级（Zillmann，1993）。

个体对一个情境中的互动是有不同的期待的。当一个人的行为违背了期待时，个体就可能被激发，努力搜寻对方违背过的期待，然后作出反应。也就是说，违背了先前的期待有可能产生冲突。但是，行为和期待一致也并不一定可以避免冲突。例如，焦虑型依恋风格对于被拒绝的信号特别敏感，且可能夸大这些信号。那么，我们就该有意识地检视自己的期待是否过高，对于期待违背我们是否和伴侣交换过意见。不经讨论就对期待违背事件做出冲突行为，显然是不利于冲突管理的。

三、冲突当口及其控制

1. 个人差异与自我约束

一些个人因素潜在地影响人们管理冲突的方式，包括自恋、依恋风格、神经质、亲和力等（Canary & Lakey，2013）。

第三章有关归因论述中，我们已经知道，根据人们对自己的成功和失败负责任的程度，可以把控制的场所分为内在和外在。在冲突问题上，人们也有这两个场所。对冲突采取内在导向的人更可能使用直接的、合作的冲突行为，而外在导向的人则更可能进行直接的、消极的策略或者逃避（Caughlin&

Vangelisti，2000)。

个体达到目的通常行为都是自动的、习惯性的，然而，有时候这种通常的回应却是和他人目标不相容的，因而可能需要相当的自我约束以控制自己的行为。自我约束可能影响发生冲突的可能性。例如，那些想保持长久浪漫的人会减少自己对可替代性伙伴的吸引力，较高程度自控的人在保持对浪漫伙伴的承诺方面冒犯较少，不和异性调情，不大有愿望去和一个有吸引力的可替代性伙伴约会。

冲突可以被两种系统控制：一是热系统，一是冷系统。冷系统是认知的、刻意的、理性的和策略的，激发自我约束；而热系统是自动的、情绪化的和欲求的，低估自我约束。自我控制的个体减少和愤怒表现有关的负面后果(Mischel，DeSmet，and Kross，2006)。但是，如果个体累了，心不在焉，或者情感厌倦了，或者反复琢磨前导行为，其自我约束能力会大大减弱，冲突常常升级。比起那些不容易生气的人，容易发火的人几乎不可能使用认知资源去控制侵犯性想法。趋向于自我控制的人很少可能实施针对亲密伙伴的暴力。被伙伴刺激的人在自控资源减弱时(比起没有减弱时)，更可能向亲密伙伴回应以暴力(Finkel et al.，2009)。因此，通过约束自我行为和情感，可能减弱随后对会话内容的回忆，从而减弱冲突消极因素的累积。

只要人们坚信这一点：冲突可以被有效控制并产生积极结果，人们就应该试试个人控制。首先，人们需要意识到自己在冲突中的角色和责任，承认自己也是冲突的推动者，这将使人有能力去改变冲突的方式。迁怒于他人并扮演受害者反映了个人控制力的缺乏。留意行为有助于人们考虑更多的信息，以及与冲突有关的其他观念。第二，人们应该留意那些可以用来产生生产性结果的行为。第三，人们应该在整个冲突过程中随时提醒自己，自己的结果绝大部分是由其能力和行为决定的。相信一个人能够带着高度成功可能性进行协商，这是有效和恰当管理冲突的一个极端重要的组成部分。

自我约束还包括对伴侣行为有更多容忍。当个体有负面行为时，其伙伴的第一反应就是回应，但如果考虑到未来关系，通常就会抑制破坏性行为，而建设性地行动。在关系中依赖性较强的那一方如果有容忍行为(比起不容忍)，就会受到来自伙伴的更大接受，以及互动中更多的亲密。

冲突后的自我约束也是必要的。冲突之后对源于冲突的压力进行自我约束与否可以影响关系质量，从冲突相关压力中修复过来可能有利于伙伴和关系。继续停留在压力中表明这个人不相信冲突已经过去，这可能增加继续战斗的可能性(Salvatore et al.，2011)。一句话，自己从冲突压力中恢复得快，伙伴有可能恢复得也快。

2. 理解冲突及归因控制

(1)管理冲突的问题

并非所有冲突都有解决办法。但是，把冲突看成一个具体问题而不是一场你死我活的战斗，显然更有助于解决冲突，可以使我们避免过于情感化以及让对话集中于具体事务。

第一，定义问题。一对相恋多年的恋人最近总是为小事争吵，他们决定找出其中的原因。结果发现，女孩想要结婚，而男孩觉得确实爱女孩，但经济上还没有做好准备。

第二，分析问题来龙去脉。为何会这样？家庭背景的差异，女孩接受来自父母有关相夫教子的教育，而且父母早恋；男孩家长年纪大了，而且父母是经过长期的慢节奏的约会后才结婚的。他们对问题有不同的参照系，因此结婚的时间表有差异。

第三，确定目标。需要使用本章前面内容提到的技巧。他们发现具有共同目标：结婚，但需要时间。他们决定采取一些行动让彼此感到安全。

第四，提出相应解决方案。这需要时间和智慧。一个关系确定的仪式，比如订婚，订婚戒指；好好存钱，一年后结婚；轮流继续深造；轮流工作支持另一方取得学位；现在结婚，找工作，推迟学业；贷款，现在结婚。

第五，选择最能满足你与对方需要的方案。例如，决定订婚，但没确定结婚时间；确定经济目标，一年攒够50000元就确定婚期；如果继续学业，就打工维持家计或者贷款。

(2)避免自我服务的偏见

归因理论已经告诉我们，人们必然会对他人行为的原因进行解释。如果人们能够进行归因控制，那么，就可以恰当而有效地管理冲突。当人们对冲突愿意负责任时，就倾向于实施合作的行为，比如提供帮助，寻求伴侣的自我揭示。而把冲突的原因归结为伙伴的人可能实施竞争性冲突行为，并睚眦必报对方的竞争性行为。归因部分地协调了不安全风险和负面传播之间的关系，充分协调了不安全风险和后续讨论的压力之间的关系，但归因不协调依恋和传播之间的关系(Pearce & Halford，2008)。

根据自我服务偏见原理，有自我服务偏见方式的人趋向于把竞争性计谋归因于他人的内在本质，而把合作行为归因为自己(Bradbury & Fincham，1990)。人们还趋向于把自己对冲突的内在反应更多归于外在因素。因此，冲突中的双方都趋向于看到对方的竞争性和逃避行为，而可能同时认为自己更合作和有能力。在指出负面冲突问题时，用全面的、稳定的以及内在原因去解释对方行为的人，难以实施生产性冲突管理，趋向于阻碍自己和伙伴。也就是说，把冲突的原因和行为置于一种封闭状态，认定伙伴对改变无能为力。而把冲突原因归因为伙伴的具体的、在时间中不稳定的、外在因素的人，趋向于产生生产性的结果。

关系满意度影响个体如何解释伙伴的行为。关系满意度高的个体趋向于以一种积极的方式理解伙伴的行为，即便伙伴的行为看来是消极的，因为他把伙伴的积极特征运用于伙伴。而不满意的个体会对伙伴的积极行为打折扣，因为他把负面特征更多地运用于其伙伴（Jose et al.，2010）。

因此，人们应该进行归因控制，即扩大生产性结果的可能性。人们应该常常留意自我服务归因的偏见，不要责备伙伴，推迟使用全面的、稳定的以及内在的原因归因。不要把冲突原因归结为显而易见的原因，而是积极地处理信息，对伴侣的冲突方式更敏感，多加理解。双方都不应过于以自我为中心和为自我服务。

3. 情感爆发与情感控制

"处于冲突中就会有情感控诉"（Bodtker & Jamerson，2001：260），严重的冲突的特征总是伴随着高度的情感激发，尤其是破坏性的冲突的标志就是既有负面的情绪又有侵犯性行为。这种负面情绪既和目标受到阻挠有关，也和对伙伴的传播的反应有关。例如，女朋友要出去看电影，你要在家看电视。如果你选择愉快地和她出去看电影，或者她愉快地选择和你在家看电视，你们之间没有冲突；如果你们都不肯放弃自己的目标，这时候就会有负面情绪出现——抱怨、嘟囔、愤怒等，因为目标受阻。与此同时，你们开始对对方的传播以负面情绪来抵制——"你为何用这种方式与我沟通？你要不是这样，我还可能让步的！"好多时候，冲突升级时，人们已经忘记了目标冲突，而是为为何你用那种语气、表情、态度与我争执。

当我们面对冲突时，第一个反应就是愤怒、挫折，甚至悲哀。这些情绪像狂风暴雨一样席卷我们。如果我们感到无力控制我们的情绪，我们也很难找到理性的解决冲突的途径。以一种情绪爆发来表达感觉，可能会让我们逞口舌一时之快，而封闭了理性谈判之路，可能后患无穷。古语云"忍得一时之气，省得百日之忧"就是这个道理。当然，情感的强度在冲突中是不断变化的。在冲突开始时，很强烈，后面随着开始解决或者处理问题，强度减弱。

尽管有时候，冲突以令人满意的结果结束，但是，负面情感和破坏性传播通常会让人们错失成功解决冲突的机会。

因此，关系的质量是由情感表达的类型及方式决定的，我们怎么处理这些情感是冲突管理成功的关键因素。首先，我们应了解情感在冲突中扮演的重要角色：①情感和冲突具有相似性。②和冲突相关的情感有六种：敌意、脆弱、无力、积极、自我意识、害怕。在冲突中这六类情感被传播。③期待违背理论可以解释情感在冲突互动中的角色。然而，我们应用中度的情感表达来约束负面情感对于冲突管理的破坏性。

（1）情感和冲突具有相似性

一天繁忙的工作后，小丽回到家，发现屋子乱成一团，水池里堆满没有洗的碗筷，小孩又哭又闹，而丈夫勇正在看电视。小丽今晚想放松的希望落空了，她很烦很愤怒，情不自禁地朝着勇喊："当什么爸爸？没听到孩子在哭？没看到到处都是脏的？"勇很防备地回应："你怎么当妈的？这一周你天天晚下班！"小丽回敬道："我下班早晚我能决定？我回家总是忙家务，照顾孩子，至少没有坐着看电视。"见勇继续看电视，小丽狂怒，关掉电视（希望他能够集中于彼此之间的对话）。勇也异常愤怒了："我只是要看天气预报，明天单位有重要的户外活动。什么都得听你的？嗯？"对话就这样你来我往，互不相让，两人开始朝地上和对方扔东西，直到发现孩子停止哭闹，惊恐万分地看着他们。

情感和冲突具有相似性，这种相似表现在：①情感的发生是对刺激的回应，这些刺激威胁要中断、阻碍目标实现，或者强化目标。②情绪是情感体验的最根本的成分。③情感反应通常伴随着生理变化。④认知形成并有助于人们阐释情感反应。⑤具体行为趋势和各种情感相连（Planalp ＆Fitness，1999，表 7.6）。

表 7.6　情感和冲突的相似之处

情　感		冲　突
中断、阻碍或者强化目标	产生	不相容目标的感知
积极的 vs 消极的情感	引起	合作的 vs 不合作的方向
引发改变（增加或者减少）	生理	增加了激发（情感洪水）
给情感贴标签	认知	归因
靠近或者逃避的行为趋势	行为	直接的（接近导向）策略 vs 间接的（逃避的）策略

　　第一，情感和冲突的目标相关。一方面，冲突牵涉到不相容目标，情感是冲突过程的一部分。积极的情感比如喜乐和爱，是对强化目标的回应。如，父母希望你毕业后能够考公务员，你真的做了；而消极情感，比如愤怒、悲哀，出现于对目标受阻事件的回应。例如，丈夫如果说妻子唠叨，妻子愤怒，因为她想被看成是接人待物张弛有度的。如果妻子说丈夫懦弱无能，丈夫愤怒，因为他希望自己是能干的。事件会激发情感，在人们以情感回应前，人们并不会意识到。例如，小丽很久以来承担了主要的家务，没有抱怨，然而，当她看到勇在看电视时就会觉得非常挫败，因为自己都快没有自己了。另一方面，目标也是冲突风格的一个决定性特征。例如，关心他人就会考虑对方的目标，只关心自己的目标，他们之间就是竞争性的。

　　第二，情绪是情感和冲突的关键。研究者认为，情绪是一种有意识或者无意识的自动反应，这种反应"不过是一种极快的或好或坏的，或喜欢或不喜欢的刺激感"（Baumeister, et al., 2007：160）。情绪根植于一种反应时积极或消极的程度。如果出现了强烈的消极情绪，以一种乐观的、合作的方式去接近冲突就较困难，积极的情绪是和合作的冲突行为有关的，而消极情绪是和竞争性行为有关的。

　　第三，激发是情感和冲突的关键。情绪是情感最基础的部分，但激发程度的变化会引起生理反应，比如心率变化，脸红脖子粗，肌肉放松等。愤怒和害怕被分为不愉快的、积极的，悲伤是不愉快的但却是消极的，满意是愉快的、积极的。还有程度变化，压抑的强度大于悲伤，得意比愉快强度大。冲突提供一个强化负面情感的语境，因而使合作较为困难，反应不可能是建设性的，要么冲对方咆哮，要么自我辩护，要么回避退缩。

　　第四，认知评估和归因是情感和冲突过程的一部分。认知是情感引发事件解释的核心。例如，遭到责怪时，如果体验为负面情感，人们更可能把责备归因为伙伴并进行破坏性传播，比如退缩或者要求。在不满意的关系中，在冲突中通常体验到的误会、误解和负面情感比满意关系的人要多。

　　第五，在对情感和冲突做出反应时，行为趋势被激活。不同情感有不同行为，愤怒与攻击相关，害怕和逃避伤害有关，愧疚和补偿有关。

　　（2）与冲突相关的情感

　　第一类情感包括硬、软、平情感。愤怒、困惑、轻蔑是硬的、封闭的情感，具有负面情绪特征，具高度激发性，怀有自私动机。出现这类硬情感时，伴侣通常会使用更具有控制性的传播——批评，自我辩解，较少积极的传播形式（比如积极倾听和冷静讨论）。因此，不受约束地表达愤怒只会使自己更愤怒，并不会以有助于减少愤怒的方式释放愤怒。

害怕、焦虑、伤害、悲伤和压力是软情感，反映易受伤性和亲社会动机。这些情感可能增加负面传播，但也会引发移情，增加积极传播，激发冲突解决。

平淡的情感包括冷漠和没有兴趣，植根于负面情绪，较低程度的激发，常常退缩，积极传播减弱，以及关系不满意(Sanford，2007)。

第二类，以自我为中心还是以他人中心的情感，行为趋势是接近还是逃避的情感(Bell & Song，2005)。敌意是自我中心的和接近导向的。还有一些是以他人为中心和接近导向的情感，包括尊重、喜爱、移情等，就会有整合的、妥协的和体贴的策略。还有诸如尴尬、内疚和耻辱感等以自我为中心和退缩导向的情感。还有害怕情感，担忧麻烦或伤害对方，这是以他人为中心的但却是逃避倾向的情感。

(3)期待违背引发情感爆发

根据期待违背理论，期待有助于规范双方的情感和行为。当一个人的行为被看成是超过期待了，积极情感和互惠行为可能出现；但当某个人的行为被看作和期待有违时，负面情感可能出现。例如，你对新同事伸手握手，对方没有伸手出来。有时，人们用补偿性行为回应负面的期待违背；但更多时候是以牙还牙，负面行为循环出现。

人们是补偿或是互惠，部分取决于那个违背期待的人的回报价值。例如，那个人地位高，你不敢以牙还牙。如果那个人没有回报价值，负面行为就可能是以牙还牙的。例如，那个忽略你伸手的新同事不过一个实习生，你可能皱眉、看别处。如果那个人回报价值高。例如，同事忽略了你的握手，你还是微笑着(如果她很有来头)。然而，这是初次的，如果有回报的人持续实施负面行为，接收者可能体验到增长的消极情绪，并最终以牙还牙。

因此，当关系有回报时，人们愿意用整合传播，事件产生相对轻微的违背。相反，如果关系没有回报，在伤害事件之前，他们趋向于使用降级、分裂性传播(比如喊叫、做出指责性陈述)以及产生报复行为。但是，当人们最关心的人做出残酷评价或者关系违背时，人们感到最受伤。但他们仍然会原谅伤害他们最厉害的他们关心的人，会使用建设性而不是破坏性的传播。这也印证了前面的论述，即当人们发现关系的奖励性时，可能积极回应消极期待违背。有趣的是，拥有这方面知识的人，也会由于担心恶性循环的出现，而选择尽量积极回应。

尽管如此，人们更多的还是采取以牙还牙的负面行为。这最能解释为何期待违背时，负面情感出现。人们很难容忍伙伴的违背行为，并在体验到负面情感时，很难打破行为的负面循环。

（4）走中庸之道

比起那不被表达或者不受约束地释放情感来说，中间强度的情感是解决问题比较可行、比较有效的方式。

在面对冲突时，应尽量避免采取行动，否则你可能对所言所行追悔莫及。冲突升级时，运用情感管理技巧是非常难的。因此，面对冲突时重要的是减少情感指控，以便你和对方在解决冲突时能够理性地处置差异。

冲突时，对方可能很愤怒，可能大吵大闹，描述你如何应该受到责备，并为其不快乐负责任。你的目标是承认对方的愤怒，通过同意其情绪（比如"你有理由生气"、"我确实说过要给你打电话，我希望以后我能够做得更好"）来降低其愤怒程度。这并非意味着我们不讲原则，而是承认每个人看问题都有不同方式，对事态都有不同感觉。我们只是承认他人的立场有效，并推动冲突向健康方向发展。推迟即刻反应以便达到积极效果，输有时最终带来"赢"——不仅仅你自己获益，而且使对方、关系都获益。但在一些不稳定情形下，这种方式要产生效果也很困难。

在面对冲突时，我们应该有同理心，即将心比心，站在他人角度去想想问题。移情包括：①思想移情，即表示你理解别人说的意思——"你说你对我失去信心了，我理解"。②感觉移情，即承认他人可能有的感觉——"我猜你可能很生我的气"。③注意不要把他人没有的情感归于他人——"你现在所有情绪都爆发了"。

面对冲突，尽量使用"我"陈述。例如，"我们之间的事情到了这一步，我觉得很难过"，这样说远比"你真的让我非常难过"更少激发对方的情感。

面对冲突，努力去安抚对方，找到他人说法的积极面，表示对对方的尊重，即便他对你很愤怒——"我真的感谢你，能够这么坦率地把问题告诉我。"

下面是一些约束负面情感的建议。

①意识到自己在生气并且情感波动。

②努力理解为何生气。愤怒是自然的、正常的，每个人都会经历。

③做出是否表达愤怒的有意识决定。有时你不得不表达你的愤怒，但注意让愤怒就事论事。

④选择双方都能接受的时间和地点讨论冲突。当场或者随后谈，但要确定让对方接受你以及你的信息。

⑤组织你的信息，不要太情绪化，包括监管你的非语言信息。

⑥呼吸，深呼吸使自己冷静。

⑦避免人格攻击、骂人和情感夸大。不要总拿过去说事。

⑧慢慢建立和睦。

⑨自我对话"我累了，等我冷静下来，再谈论"。没有你的同意谁也无法小看你。

4. 目标评估及控制

人际冲突的定义已经表明，冲突可能源于争议双方的目标差异。这就暗含了一种假设：个人要求关系伴侣发生变化的愿望就是冲突的驱动力之一。比如，在某个既定时段，你要看一场关键球赛，你的妻子要去超市购物，孩子需要人陪伴去参加一个绘画课程。这时候，你们有了一个首要目标的差异，这相当于我们在本章第一节提到客观冲突，是由资源（时间）稀缺引起的。

接着，你希望你的妻子不再坚持自己去超市的目标，为迁就你而变化；而她希望你迁就她而放弃看球赛，带孩子去学习绘画。这时候，你们会明确表示各自的目标，包括接受和抵制变化。这一目标与我们在本章第一节提到的冲突的主观性有关，比起首要目标差异，这更能影响人们的冲突管理——我们选择接受变化或抵制变化，冲突情节和结局可能完全不一样。

（1）目标评估影响冲突管理

目标既是一个序列的起点，也是一个序列的终点，因为目标决定动机和随后的行为。目标也是帮助人们理解为何他人实施某种行为并继续实施。目标通常被分为三类（Clark & Delia，1979）：一是工具性目标，比如要求伙伴回应、改变，请求帮忙和资源。二是身份关系目标，比如自我呈现或者面子。三是关系目标，和伴侣确定关系性质。这三类目标的某些方面在所有传播者相遇时都会出现。这三类目标也代表了策略传播的功能。例如，如果人们强调关系升级和保持的目标，就会实施合作的、直接的冲突策略。

要管理冲突，人们除了表达单一的、直接的目标，还会考量多元的、间接的目标。要求改变者会在工具性目标（比如劝服伴侣服从自己）和关系性目标（比如保持关系）、自我认同（比如重建或者保持其自我感觉）和他者认同（比如支持伴侣）目标中进行选择。如果选择关系目标和他者认同，就会增加整合性行动的可能性。例如，尽管你非常不愿意牺牲自己的球赛事件迁就妻子，但当你权衡可能引发的关系问题时，或者考虑到在现实中你们的关系已经令人不满意，你还是选择了接受变化。但是，如果发动者强调自己的工具性目标的重要性（比如一个人想要保持自我，而要对方改变），就会增加他们实施分裂性行动的可能性（控制互动而忽略伙伴）。如上例，你可能据理力争你牺牲过多少次自己的时间，试图控制会话，并促使妻子为你改变。

另一方面，抵制者如果强调自己的工具性目标的重要性（比如试图改变对方），就会增加他们实施分裂性行动的可能性（控制互动而忽略伙伴）。例如，丈夫放弃自我改变而要求妻子改变的行为。而如果抵制者持有他者认同目标或者联合认同他人和关系目标时，就增加了整合行为的使用，比如更多自我揭示，提供解决方案等。上例中，你考虑到妻子很忙，平时工作也很累，你会对她解释这场球赛对你很重要，表达对妻子辛苦的理解，希望妻子去送孩子绘画，球赛结束后，你去超市购物。

此外，个体的冲突行为预示了伙伴随后的目标。发动者以分裂方式行动，就增加了抵制者形成工具性目标、减少把他人/身份目标、或者身份/关系目标看得重要的可能性。于是导致抵制者形成专门影响发动者的目标——专门跟你对着干。但当发动者实施整合性行为时，就增加了抵制者形成身份/关系目标、减少形成影响对方的目标的可能性（Keck and Samp，2007）。上例中，如果你执著于自己的看球赛目标（工具性目标），你的妻子也会更固执地要去超市。反之，如果你自我揭示，提供解决方案（关系目标、他者认同），妻子也可能反过来为你着想。

同样，抵制者的不同管理策略也会在要求变化者那里引发这两个反向过程（Keck and Samp，2007）。由此可知，在一个冲突情节中，冲突目标和冲突行为是随着冲突双方的管理策略的改变而变化的，而且，目标和行为也是彼此影响而发生变化的，冲突管理及其效果、后果也是冲突各方共同促成的。

研究发现，尽管两性都想看到其配偶进步，但女性想要男性发生变化的领域大于男性想要女性变化的领域（Heyman et al.，2009），并且，要求改变的目标是和要求—退缩序列相关的，即当个体讨论与配偶问题相关的自身问题时，都更具有要求性（比如责备、施加压力），而当讨论与自身相关的配偶的问题时，个体都更具有退缩性（比如主题回避）。然而，女性比起男性更具有要求性，男性比起女性更具有退缩性（Baucom et al.，2010）。

有时候，人际冲突发生并解决于一个情节中，但很多时候，冲突却是连续性的，并在时间上表现为对既定主题的反复争论，在长期关系中尤其突出。例如，小明和小丽确定了恋爱关系，但两人时常反复为一个问题发生争执：小明一直和前女友保持联系，并觉得男女之间存在友谊是正常的，也不认为这会影响自己和小丽之间的关系。但小丽认为这不妥当，希望他们保持尽量远的距离。这可能涉及个人的价值观、依恋风格等复杂而持久的特征，也许本无对错，但要维护关系就必须面对这个冲突。有很多长期关系就是因为围绕既定主题反复争论而又长期得不到解决，而最后以结束告终。

研究指出，个体在加入持续的论辩时，通常形成积极的或者消极的互动目标。如果目标是积极的——个体试图达到相互理解，找到解决方案或者表达对关系的正面感觉，就会推动积极的行动和想法。然而，当试图达到消极目标时——伤害伴侣或者改变伴侣，无论是积极行为还是消极行为都会刺激个体放弃其目标的行为和想法(Bevan et al.，2007)。在反复争论中，如果小明和小丽都坚持自己是对的，要做出观念和行为改变的是对方(消极目标)，那么，无论彼此在争论中是积极参与、互不相让(积极行为)，还是一方一直逃避(消极行为)，最终可能导致双方都不想解决问题，最坏的结果就是结束关系。但如果双方觉得这段恋爱关系很重要，希望彼此能够求同存异，能够站在对方的角度想问题(积极目标)——小明觉得也许很多女生不能接受男朋友和前女友保持联系，并表达"我理解你的感觉，如果我是女生可能也会这么想"，或者小丽也有类似的理解和表达，可能最终会找到一个妥协方案。

(2)对互动历史的评估影响冲突管理

个体总是试图通过评估为过去的互动赋予意义，而评估反过又来影响当前和将来互动中的行为。评估包括预期在一场冲突中伴侣将如何行动，是一个人对伴侣的期待，而不是伴侣的实际行为和一个人行为之间一定存在强关系。期待伴侣有多么善解人意是一个比较持久的评估指示器，如果认为伴侣善解人意的程度较高，消极行为的可能性就会降低，而增加了积极行动的可能性(Sanford，2006)。例如，通过过去你和女朋友的相处，你对她的评价是不太理解人，脾气很容易上来。某一天你因为公司一个十分急迫的任务要完成而赴约迟到了，还未见面，你就觉得她不会善罢甘休，于是，你首先就做出了争竞、辩解的准备(消极行为)。反之，如果你觉得她是善解人意的，你会充分意识到无论是赴约迟到还是别的什么原因，你自己都是不对的，对她造成的困惑自己是要负责任的，于是你们见面时你更可能实施积极行为，比如安慰、耐心解释、歉意，对她的情绪波动表示理解。

社会支持也影响冲突管理。在任何一种关系中，人们都非常看重来自关系伙伴的尊重和支持，当得到这种尊重时，他们变得更亲密。然而，在没有得到支持时，个人感到被轻视、不被关心。如果彼此之间原本提供的支持不够，在冲突发生时就更可能实施消极行为。社会支持视角更能揭示整个关系存续期的冲突管理能力。例如，消极的冲突管理不过是一种关系开始时社会支持技能明显不足的反映，而这种不足可能一直强烈地影响今后大大小小的冲突管理。冲突管理充满认知评估已经揭示，对先前的行为的评估会影响并满足人们对未来冲突行为的期待。

总之，冲突管理的成功与否需要人们约束对互动目标的评估，约束对双方互动行为的历史的评估以及未来的期待，而且，成功与否也取决于伴侣之间的社会支持技能。

(3) 目标控制

目标控制意味着人际传播者既知道自己所欲的程度，也对伙伴所欲所求保持敏感度。比起那些对自己想要什么以及如何实现目标只有模糊概念的人，拥有清晰的目标并知道什么时候目标可以有效和恰当地实现的人，更可能成功。当然，始终保持清晰是不容易的，因为在冲突中人们的目标通常不断转换，尤其是冲突升级时，关系和自我呈现问题成为焦点，而工具性目标变为次要的 (Zillmann, 1993)。这就是为什么人们冲突时是一个主题，有工具性目标 (比如谁该去接孩子)，到最后以另外的样子结束 (比如质疑对方的个性、承诺，变成了自我呈现和关系目标)。

当人们发现伴侣的目标和自己冲突时，就会有冲突互动。当意识到目标冲突时，双方可能都想显得有能力——试图以一种不得罪对方的方式实现自己的目标。但是，当冲突开始发生时，人们开始以不留神以及缺乏策略的方式行动——自我辩解，缺乏礼貌，对对方消极评价，甚至把与当下事件完全不相干的关系问题带出来。

那些对对方的目标敏感的人被看成是有能力的传播者，但对伴侣目标敏感需要人们以合作的方式传播，没有评价地倾听对方，承认对伴侣目标的理解及其合情合理性，这些都是留意的表现。一句话，有能力的冲突者意味着对伴侣的以及自己的目标有一个清晰的认识，这就是目标控制。人们通常对事件发展进行主观理解，忘记了他们处理的只是自己的感觉，容易把他人的不同意见看成是偏见，而把自己的意见看成是客观的。于是，人们变得更有竞争性，并把其带入冲突。留意的人清晰意识到各种目标及其转换契机，并以建设性的方式理解冲突。对于管理目标，如下建议是值得我们反复操练的。

第一，确认你自己和他人的目标。用倾听和回应技巧确定，如果你们都掩藏自己的目标，就很难解决冲突。在冲突中，你也会权衡你的目标与保持与对方关系的目标孰轻孰重。你会经常发现保持关系比面前的冲突事物更重要(表 7.7)。

表 7.7　确认彼此目标

问　题	目　标
老板想要你超时工作，你想去学校接放学的女儿	你想早点下班，老板想要你完成工作
你的配偶想开着窗睡觉，而你想关着窗睡觉	你想有个好睡眠，他也想有个好睡眠
你的年仅 6 岁的女儿在旅游时要跟同一个团的他人去玩	你想要女儿安全，女儿想玩得尽兴

　　第二，确认你和他人目标的重叠处。上面例子中，配偶的共同点是都想有个好睡眠，与其争论开窗还是关窗不如集中于"如何达到我们共同的目标"。这更具有建设性。

　　总之，以上四个因素影响冲突的激发以及冲突信息的实施，这四个因素分别表示一个人控制场所的个人差异。

四、讯息生产与传播控制

　　冲突来临时，人们必须决定和另一个人的沟通方式。首先，必须决定要多直接或多间接(Sillars & Wilmot，1994)，即是直面问题还是回避问题。但这中间还有很多程度不同的区间——从最大直接化(如威胁、侮辱)到最大间接(如径直否认冲突)，中间地带，如对冲突开玩笑或者论理。直接还是间接性和冲突结果没有绝对关系，有的和谐夫妇直接传播冲突，而另一些和谐夫妇避免冲突(Sillars & Weisberg，1987)。

　　直接性还是间接性是有个人、关系、文化偏好的。例如，那些具有彼此依赖性自我的人比起那些有独立自我的人，更可能使用直接性策略(Kim & Leung，2000)，因为彼此依赖的人把自己的身份看成是和他人相关的，而独立的人把自己看作原子化个体；而对于彼此喜爱的关系来说，间接性传播更管用，尽管间接性在用逃避掩盖正在进行的紧张和问题的关系中是功能不良的；相比个人主义倾向的文化来说，集体主义倾向的文化更愿意使用间接传播(Ting-Toomey & Oetzel，2001)。

　　二是必须决定有多合作或是多竞争。合作被人们看成是积极的、直接的，这不会得罪他人，也不会使他人以敌意的方式回应。因此，被看成是有效的、恰当的，使人们保持情感控制以及保有尊严。竞争性信息通常被看作既不恰当又无效。然而，人们又认为，竞争性传播在要求回话和表示愤怒时，也可能是管用的。因为作为针锋相对的结果，问题若得以处理，关系质量得以改善。冲突竞争性和关系质量的关系是一个环形，太多太少的竞争性针锋相对，都会带来不利后果。

三是必须决定情绪是敌意的（比如短兵相接）还是中立或友好的（比如调和行为或者幽默）。这和情绪管理有关，也和个性有关。例如，相容性好的人（满意的人、自我调适好的人）可能对别人更友好（Sillars & Weisberg，1987）。

这些选择导致不同策略的组合，直接性/间接性和合作/竞争两两组合产生如下四种冲突回应策略（Sillars et al.，2004；Ronald B. Adler，2004），这些策略都有相应的传播符码。

1. 四种冲突回应策略

每个人的冲突外显行为、宣告冲突的方式不尽相同。小英和小丽是多年的好朋友。她们总是随意放松地在一起，无话不谈。但最近小英越来越依赖小丽，她常常叫小丽给她订餐，帮她借书，帮她办事。而她自己经常旅游，借了东西常常忘记还给小丽，并且常常谈一大堆不愉快的事情和感受。小丽开始不在乎，但最近忍无可忍了，厌烦小英的做法了。

（1）直接积极策略——协商策略

这种策略是一种直接的、合作的行为，又可以称为宣告式策略。宣告者清晰地表情达意，谈论问题，试图解决问题，以使关系健康。但与直接侵犯不一样的地方是，不攻击对方。再看上例中，小丽直接告诉小英自己开始对她的要求感到不安，让小英知道自己很重视彼此之间的友谊，希望保持对小英的良好感觉。解释自己为何有这种感觉，并请求小丽和自己一道找出让自己少些压力和不安的解决问题的路径。宣称性的信息由六个元素构成。

第一，客观描述你观察到的行为，不要评价也不要责备或骂人。小丽可以说："小英，最近我经常感到烦恼，我想和你谈谈"（确认问题是自己的，而不是小英的。创造友好而不是侵犯性气氛，然后进入下一阶段）。你已经连续三个礼拜叫我帮你洗衣服、打饭了（行为）。

第二，告诉对方你的主观理解，开诚布公地谈问题，向对方寻求信息。"我觉得你对我有意见"比"为什么你对我有意见"好。小丽："我想你没有意识到我有很多不便之处。""我是这么理解的，你觉得怎么样？"有时，自我承认责任也不失为一种方法，"可能是我的问题"。分析性谈话也非常有用，"我昨天不理你，是因为你在生我的气"（描述性说法），"从来没有这么糟糕的一周"（揭示性说法），"我们都累了的时候，说话就要出问题"（有资格的谈话），"你怎么想的呢？说出来听听"（请求对方自我揭示），"我有什么不对的地方，你指出来吗"（请求对方批评）；赞扬双方或对方的言谈举止，"我们能做到这样已经不错了"，"你这么做（说）也有道理"。

第三，从你的理解中生出的情感。小丽："我并非斤斤计较，这也就是直到今天我才跟你讲这些话的原因。但我的确开始有些怨言了。"

第四，描述你所知信息产生的后果。对你的后果——"你一遍遍找我做事时，我都想避而不见你了"；对对方的后果——"如果哪一天我帮不了你时，你怎么办呢？"对他人或者彼此的后果——"我担心这些没完没了的琐事会影响我们的友谊"。

第五，表达改变的愿望，考虑双方都接受的方案。"站在你的角度，我可能也像你那么想"，"我觉得我应该好好检讨我自己"，"正是好机会让我们一起来解决它"，"这个问题我们逃避也没用，我们试一试有没有办法一起解决它"。

可以妥协（"我们各让一步好吗？"）或提议减少或者结束某个行为（"我少玩电子游戏，你少点抱怨，可以吗？"）或者建议增加某些行为（"我们周末应该安排一些户外活动"），或提出和解方案，承认责任，认可被指责（"这是我的错"），还可以表示对对方的感觉的关心，寻求谅解，提供帮助（"换了是我，感觉也会和你一样差，哪个能容忍我这样的"）。

第六，予以目标声明。小丽："我希望我们还是朋友。在我们找到更好办法之前，我想我还是另找地方住。"诸如此类的话，小丽："我不想这样的后果发生，我很珍惜我们的友谊。我们必须找出一些办法面对这些情况，我希望在你真正需要帮助的时候我能帮到你，而且不成为我的负担。"

这样做除了有机会达到你的目的，也能够让双方都有自尊，还避免了关系伤害。

(2)直接消极策略

这是一种直接的侵犯行为，带有对关系伙伴的强迫性，短兵相接。很多人错误地以为冲突就是愤怒、发狂，于是，在面对冲突时，决不含糊，直捣黄龙，直击不愉快的根源。例如，人格攻击、贬低能力、表情攻击、诅咒、戏弄、威胁、奚落等，常常是语词侵犯和身体侵犯连在一起。即便侵犯不是狂风暴雨式的也会对对方造成心理伤害，接受方可能感到难堪、被侮辱、绝望或者压抑。这不仅无助于解决冲突，还可能扩大对方的防备心，增加未来的摩擦程度。

这种直接消极策略可能表现为逃避、否定责任，"那不是我的错！""你不能事事都怪我"；还可能负面地阅读人家的内心，"我就知道你没安好心"，直接批评伙伴的行为和人格特征（"你这种人不伤人才怪呢"），攻击他人动机，威胁他人，命令、要求对方补偿（"你必须向我道歉！""你若一意孤行，我对你不客气！"），针锋相对地批评、拒斥他人（"算了吧"，"你太夸张了"），敌意的命令、质问（"照顾孩子的事大多数都是谁在做？"），敌意的玩笑（"是啊，我这种人就是伺候人的命"），敌意的要求（"如果你不想下决定去做这件事，就不要在我面前抱怨"），否定责任，猜测性评价（"你故意让你自己看起来悲催的样子"），否认他人辩论的合情合理性，寻找借口，打断他人"。

直接侵犯可能最终偏离原来的争议范围，伤害整个关系。再看小丽和小英的例子，小丽直接告诉小英厌倦了她的做法，不在乎帮一次忙，但不喜欢友谊被人利用，如果小英继续这么做，将伤害她们的友谊。当然，通过回忆本章第一节内容，我们知道，冲突也可能使小英认识到自己做得太过分，为了友谊，也考虑自己要做一些改变。

亲密和侵犯之间的互动极为典型，所有亲密关系可能都面临下面这些冲突形式：①不亲密—侵犯。双方争论不休，很难使双方的关系目标或者在满足重要主题方面成功。"算了吧，我可不想去参加你朋友那个愚蠢的聚会，他们只知道嚼舌和海吃海喝"，这里侵犯被直接表达。再比如，以讽刺的口吻说："当然，我要参加那个聚会"。这些都不能使关系满意，很难有助于调节不愉快。②亲密—侵犯。这种模式可能让局外人烦心，但在一些关系中运行良好。相爱者都像好斗的公鸡，但很快又和好。

（3）间接积极策略——非对抗策略

直接或含蓄地否定冲突存在，逃避型谈话，不承认或否定冲突激发后的冲突的存在。既可以是直接否定（如"那不是问题"），也可以含蓄否定（如"我们没有闲心争论这个问题"）。

这种情况是指在冲突中无能力或者不愿意表达思想和情感。这么做有时是由于缺乏自信，有时是缺少直接的或有意识的表达方式，有时知道如何坦率地交流，但还是选择了沉默寡言，闷不吱声。通常是通过身体抽身或者心理退缩，离开某种正面交锋，避而不谈问题。

第一种，通过抽身而去、心理退缩或者中途离开正面交锋的会话，避而不谈问题。例如，在争议发生后离开对方，后续过程退避三舍（抽身），改变主题（听到母亲在抱怨自己的房间脏，孩子"我快看完手边这本小说了，我希望它永远没有结束"），转移话题，开玩笑，或者否认问题存在（心理退缩），比如"我不谈这个问题"，"讨论这个问题无济于事，说点别的"。

　　人们之所以这么做，是因为通常以为忍受现状比直面问题或者解决问题更容易，尤其是东方人喜欢采取这种方式，反对把冲突公开化。因为，大多数东方文化是含蓄文化，强调给他人留面子，也给自己留有余地。而美国人可能比较习惯公开表达差异和冲突。有人认为，这是积极的（主动选择）、破坏性的方式。但是，关于管理的效果还有很多调节力量，也不一定就是破坏性的（在下面关于冲突管理的效果部分将详细探讨）。

　　第二种，迁就，即否认、消解问题，通过让步，把他人的需要置于自己需要之前，对关系保持执着，或者希望自己变得更好。这是建设性的方式，因其是沉默的，所以是消极的。这种方式最终也可能伤害关系，因为被迁就、被承诺的一方可能一直不知道自己的问题，而在关系中更为所欲为。而承诺方在时间中会感到压力重重，而伤害身体健康和关系健康。前面的例子中，当小英在寝室时，小丽假装有事不回来，找借口说自己为何不能帮她，或者帮助小英，内心盼望她能够自觉停止强加于她的各种事务。如果每次小丽都回避小英，或者转换主题，以至于小英不再找她帮忙，结果可能会是什么呢？小丽可能感觉不舒服，可能小英对自己始终被动的状态也不舒服。当这种迁就式回避经历一段时间后，尽管她们在一起还能够分享一些快乐，但也会被新的为人处世的方式销蚀掉，友谊最终退化为一种笨拙的冰冰有礼的文字游戏。到最后，由于矛盾日积月累，彼此猜疑，彼此以对方的不友好作为自己报复行为的前提。终于，像火山一样会爆发，反而重重伤害彼此关系。所以，有人把这种方式称为消极的（被动退让）、破坏性的。

　　亲密关系里，不侵犯的方式以两种形式出现：①不亲密－不侵犯。双方回避问题而不是面对问题。"你周末要参加一个聚会？哦，我想那也好"。在这种情况里，关系是稳定的。但因为无助于解决问题，关系的生机以及满意度会在时间中下降。②亲密－不侵犯。这种关系比较少见攻击、责备和批评。

　　总的来说，逃避或者否定冲突存在如果始终徘徊在互动之中，将制造将来关系紧张的可能性，甚至激发更多的冲突。

　　当然，回避行为也不尽然总是不好的。如果你觉得说出来的代价远远大于闷不吱声，你会选择沉默和避让。例如，说出来你会丢掉一份你不愿意丢掉的工作。当然，你正好不想干了另当别论；或者，有时候，说出来会让自己在公众场所难堪，或者面临身体伤害；其他一些时候，也可能是想保全对方面子。例如，如果你觉得客人待在你那里太久，你可以打哈欠暗示对方，远比直接下逐客令强。如果别人好心给你安排约会，你说"很忙"远比说"我没有兴趣"强；有些时候，回避是为了自我保护。挽救别人面子与自我保护是人们通常使用的方法，但也可能使别人误解或者不解风情，不明就里。

但这也不意味着所有成功关系的关键在于回避所有冲突。恰好相反，把精力用于真正重要的事务是明智的，或者清晰直接说出来能够产生更好效果，那就有必要采取后者。

是否选择退缩和逃避？即便是在亲密关系中，人们有时也选择回避方式，因为小事或临时事务，得饶人处且饶人；或者，当某件事对对方的意义远远大于对你的意义，我们也会觉得把某些话烂在肚子里比较好。快乐的夫妻关系的典型特征就是"选择性地忽略"对方的小缺陷（Cahn，1992：100）。

（4）间接消极策略

这是一种间接的、竞争的策略。指的是用一种伪装的方式表达不满，就是我们说的含沙射影，指桑骂槐，绵里藏针，话中有话，烦躁不安的情绪（传播压抑、悲伤，自怨自艾，抱怨的声音），放弃或者离开现场，敌意的玩笑和质疑，甚至退缩。

第一种，引起对方的罪恶感。"不要紧，我做就是了。我就是给人打工的命"。

第二种，暗示。"你觉得你什么时候有空完成它？"

除了用语言表达消极侵犯，人们还会用非语言符号来表达，比如大声咳嗽，痛苦表情，皮笑肉不笑，有时甚至用幽默来表达消极侵犯。

但这种做法也有很多弊病，因为对方可能并不领会你的意思而继续你所不期望的行为。有时是对方真的不解你意，有时则在了解了你的侵犯后也会不高兴，故意装着不理解你的意思，拒绝配合你的行为，变本加厉原来的行为。这都会让你更不开心，"装什么蒜呢？"即便有时短期内是成功的，但长久看来，会产生不愉快的结果。对方可能理解你的意思并顺从地行动，"好吧，我帮你做吧"，但心里却充满怨恨，这将影响未来关系。

再看前面的例子，小丽哪些做法可能是消极侵犯？小丽继续帮小英做事，但让她知道自己不高兴，暗示自己帮她做这些事很不方便，或者小英要求小丽做事时，小丽叹气，也或者小丽用讥讽的口吻说"和你做室友真是快乐无穷啊！"甚至告诉彼此的朋友，希望他们告诫小英要适可而止。但是，当小英问小丽是否烦她时，小丽却否认有任何问题。

2. 影响模式选择的因素

聪明能干的传播者会随着情形而改变应对冲突的策略，个人处理冲突的方式受如下因素的影响。

（1）语　境

在等级制的关系中，沉默、退缩可能是人们常常选择的方式。老板命令你马上做一件事，你多半会服从。"你凭什么那种语气说话，你冒犯了我"，尽管这样说话很清晰，但代价却可能是你失去工作。但有时候，却是需要冒犯性信息的，比如提高你的声音显示你是严肃的。

（2）关系伴侣

尽管宣示是一种比较积极并可能带来成功的方式，但并非每个接受者都喜欢。有些比较敏感易于被冒犯的人，他们可能不太喜欢这种方式，这时，消极侵犯可能比较好，可以引起他们的注意。

（3）你的目标

如果想解决问题，宣示比较好。但是，有时候，你需要采取非常关注的方式让狂怒的对方平静下来。例如，忍受喜怒无常的同伴的爆发比据理力争或者发动攻击更好，或者，静静地坐着忍受家人的唠叨而不是毁坏一场聚会。有时你的道德准则让你使用侵犯去陈述，即便它无法让你达到原来的目标。

（4）性　别

尤其是当代社会的变迁使性别和文化成为两个最有力的变量。研究表明（Wood，1993，1994），女性和男性在处理冲突时是有差异的。即便是在幼年时期，男孩可能更具有侵犯性、强制性以及竞争性，而女孩则较合作，这种特征一直伴随他们成长。男孩说："躺下"，"走开"等命令式语句，女孩在行动前会说："我们回家吧"，"我们问问她吧"这样的祈使句。男孩直接分配角色给他人，"来吧，你当医生"，女孩征求意见问他人想扮演什么角色，"我们一起当医生吧"或者"你当一会儿医生可以不？"男孩很少说明原因，"过来，我想马上完成"，女孩解释性地说明原因"我们必须打扫清洁了，房间太脏了"。

但也有研究认为（John Gray，2012），个体差异远比性别差异对处理问题的方式影响大。

（5）文　化

不同文化中的个人处理冲突的方式也不一样。前面章节我们已经讲到过个人主义文化与集体主义文化的差异，个人主义文化往往宣称性特征明显，而集体主义的、高语境文化的退缩性特征明显。高语境文化强调人际和谐，较少用直接的方式处理冲突。保全他人面子是基本原则，传播者力图避免冒犯他人的面子。例如，中国很少直接拒绝人，而是用含蓄表意："让我想想"

"有空我会关注的"，明白人都知道这是拒绝。

这里有两个我亲身经历的例子与大家共享，说明文化因素如何构成冲突，又如何影响人们的冲突反应模式。

例一，美国朋友 Bob 把房子租给了一位中国法学教授，每个月在规定的时间，这位教授都不按时交房租，Bob 每个月在合同的约定交房租的时间都会提醒该教授。开始几次的提醒，该法学教授都很生气，后来为了报复Bob，每次都故意拖欠。教授很"委屈"地告诉我："我堂堂教授、博导，会赖他的账？这么几个小钱他看那么贵重！"而 Bob 也很"委屈"："我们有约定，你就得遵守。如果你忘了，我有责任提醒你。"在这里，文化差别成为冲突的主要因素。美国人 Bob 讲究契约精神，协议就是协议，你有困难可以告诉我，我可以减免，但不能什么都不说也不行动。实际上，Bob 每月从该教授那里收的房租 400 美元远不及他每月捐赠给教会的 1200 美元，他也不是吝啬，就是把契约看得重，而且提醒那个学者就是简简单单的提醒，没有那么多的复杂心理活动。中国学者觉得被冒犯了，因为 Bob 用的宣称式伤了面子。而该学者的消极侵犯（故意拖欠，讽刺的话）以及躲避 Bob（退缩），也让Bob 难堪。

例二，我的美国同事邀请我去海滩玩，我说："我考虑考虑"（这是中国人习惯性表示犹豫的方式，或者表示不想去的方式），哪知道对方干脆地问："yes or no?"因为他要知道有多少人去以便租大一点的车。我立即意识到我们之间的文化差异，也知道该果断回答他的问题。但是，如果是中国人这么"直接侵犯"，可能彼此都会觉得难堪。

例三，中国人感冒了，靠近你的他人害怕被传染，但不会直接说，而为了你的面子，他/她多半会装出要接近你，不在乎你感冒的样子。当你说："我感冒了，你离远点，免得传给你"，对方多半会说："没关系，没关系"。双方都很合作——彼此表达了客气礼貌。但是如果你真的以为别人说了"没关系"就大咧咧地与人接近，会被人认为不知趣。因此，你多半会用"有关系"的方式处理。但如果你真的不知趣接近他人，对方也不会直接表达不满，而是找借口躲开你。

但是，美国人处理方式恰好相反。当我告诉一位美国朋友我感冒了时（实际是需要关心），他身体后退的动作非常突兀，并稍稍转开头避免与我直接面对面呼吸、说话，说道："哦，我要离你远点，我可不想生病，下礼拜我就不载你去中国超市了，你好了我再来。"这对中国人来说，绝对是不礼貌且不给面子的行为。

因此，当来自不同文化的人面对冲突时，习惯性的传播模式可能难以顺利咬合，能干的传播者都是能够灵活地考虑多种模式并顺利实现转换。从语言传播那一章，我们已经了解传播的含义是具有语境性的。尽管这些策略有各自的传播符码，但所有这些符码的意义在某种程度上却是多义的。例如，简单的一句"那没用"，既可能表示批评，拒绝，也可能表示解决问题，确认，取决于这句话所在的互动语境和其他因素。

3. 传播类型

人们趋向于实施互惠行为，也就是说，人们投射（对称）并补充彼此的行为（详见第一章有关传播互动的对称性和互补性），比如自我揭示互惠，喜爱互惠，冲突互惠，甚至以牙还牙式的憎恨互惠。一些消极的对称行为，如抱怨—反抱怨，提议—反提议，而不承认伙伴当初的提议。

（1）三种方式：互补、对称、平衡

互补的冲突方式，指的是双方采取方向不同的行为，互补是一种"斗—逃"的方式；对称的冲突模式指的是双方使用同样的策略；平行的模式是在前两种中依照具体事务而改变。

从传播类型表可以看出，互补和对称这两种传播方式都能产生好的或者坏的结果。如果互补是积极的，积极的螺旋产生，最有利于冲突的解决。孩子与妈妈是一种"说—听"方式，有效，很好；如果是对称方式，双方是"开诚布公"地谈话，一起解决问题。

破坏性的互补方式在不愉快的婚姻关系中很普遍。一方直接表达冲突，一方选择退让，但导致敌意和隔绝的上行循环。每个人对冲突开端和结束的定义不一样，责怪对方只会使问题更糟。丈夫会说："我退缩是因为妻子过于严厉"，而妻子不接受这种说法，"我批评是因为他退缩"。再比如下面这个攻击—辩护的会话，妻子希望丈夫在孩子们过多看电视时，不要向他们咆哮。

妻子：你可以好好说啊，你哇啦哇啦地叫了那么多遍都是同样的结果。你能不能好言好语地说几遍。

丈夫：我不这么认为。我好好说，他们不听；我动怒，他们就听了。

妻子：你不知道是你教会了他们这么做的？"我不想听，除非爸爸吼我，除非爸爸的声音变大，我才听！"

丈夫：不是。

妻子：你所干的就是反复训练他们，我们必须重新训练他们，让他们知道我们是严肃的。

丈夫：（开始采取攻势）我们怎么做？

妻子：一天天来。

丈夫：这不是什么答案。

破坏性的对称关系，双方对待彼此以对等的愤怒、敌意、侮辱。一方退缩另一方也退缩，一方进攻另一方也进攻。如果都退缩，事情永远无法得到解决。

下面这个例子就是争议－争议的对称性竞争。

丈夫：看看你干了些什么，看看你造成的局面。

妻子：啊哈，活该。

丈夫：不要这个样子，我不想……

妻子：所有人都会吵架。

丈夫：他们自作自受。

妻子：那……

丈夫：不，不是每个人。

妻子：是的，每个人都争吵的，因为如果他们不争吵……

丈夫：是，但不是有人在时。不是在有 15 个人在场的情况下。

妻子：依你看，我是一个挑事的人。我不管。

丈夫：但我在乎。

妻子：我知道每个人都在那里。

丈夫：是的，但我在乎。

妻子：他们大多数是你家的人，无论如何，我不在乎他们怎么想。

丈夫：好吧。但我在乎。

妻子：好吧。我不在乎。

丈夫：那好，以后我也不在乎你的家人怎么想。

(2)要求－退缩类型

在冲突中，要求－退缩模式得到极大关注。一方要求另一方改变，另一方拒绝改变。这里也有几个策略可以采取：一是一方要求，另一方退缩。二是互惠，即伙伴们轮流回应彼此的要求和退缩，原来退缩的一方，随着对话的推进，可能也会要求。三是要求－退缩模式强度也会增加。例如，一方的对话变得消极，甚至充满敌意。

这种类型的缺点就是对是否起冲突或者避免冲突缺乏共识。有能力的传播者就是能够实施互动控制的人，就是人们知道如何意识到冲突类型及其角色。在冲突互惠中，很容易产生无止境的循环，消极对消极，敌意对敌意。

传播者最大的挑战是如何不让消极互动类型无止境地进行下去，如何在一种冲突情境中发现更多的选择可能。

4. 互动控制

为了避免传播互动的僵化模式对冲突产生破坏性影响，需要留意练习互动控制——当我们留意用心行动时，就会拥有更多元的信息、观念，也由此更加理解冲突以及我们的伙伴。由此，我们就可以通过非冲动的方式做出反应，从而矫正自己的行为，减慢传播过程，实施更大控制，更多依赖各种合作策略。合作（无论是直接还是间接）行为都是最有能力的，还在限制竞争行为的负面效果方面起作用。

但是，对解决问题的效果来说，有研究（Overall et al，2009）指出，伴侣双方都感觉直接策略（而不管它们是否是积极的或是消极的）是无效的，消极策略（而不管它们是否是间接的或是直接的）亦无效。在实现改变时，只有积极的间接策略被双方都看成是相对有效的。然而，在一年的过程中，只有积极－直接的策略和消极－直接的策略导致被要求改变方报告说其行为发生了改变。在女性请求改变时，正面－直接策略和其伴侣的行为正相关。

这说明，即便我们对冲突管理很上心、留意，也不必然就能够成功地管理冲突，我们必须适应各种冲突情境灵活地调整冲突策略。

五、冲突的行进性、组织化特征

以上模式只是简单地表明冲突中的行为和策略选择要素，真实的人际冲突并非如此简单地做线性流动，更不是僵化的刺激－反应模式。双方会就一个单一的冲突事件，不断地进行行为和策略选择，并根据对方的行为和策略选择来调整自己的选择。而且，个人的目标也是复杂的，常常追求达到有形的结果，受到公平对待，保持个人尊严，保持关系健康，遵守情景规范，呼应时间和任务压力（Daly&Wiemanne，1994）。因此，具体关系中会有多个回合的互动，人们会联合使用以上多种方式，在直接、间接、消极和积极中进进出出，因此，必然会回到前面任一事件要素中去。这就是冲突的行进性和组织化本质，具有如下五个特征（Sillars & Wilmot，1994）。

1. 多样性

这个特征是关于传播者修正其行为的程度是高还是低，其在既定情形下所使用的可替代性的讯息是贫乏还是多样。冲突的僵化模式序列反映了最小的多样性，导致极端方式，比如持续回避，无休止地分析和再分析；而行为具有灵活性和多样性的人趋向于以令人舒服的方式参与冲突。例如，用玩笑、提问等方式来反平衡激怒，或者在回避的插曲后回到问题上来。

有限的多样性有两个方面：一是某种独特类型的缺乏，比如完全没有幽默感，或者除了抱怨还是抱怨。二是冲突顺序高度模式化。例如，那些不满意的夫妇的负面互惠尤其突出，无论是语言的还是非语言的。

2. 连续性

指的是互动者讨论的主题的范围——冲突可能是有关很多不同的事情，比如连续性食物、金钱的使用方式，安排度假，让人讨厌的习惯，尊重，傲慢等。随着冲突的扩大，冲突的范围趋向于从具体的实质性问题扩大到关注关系（如自尊、权利、信任）以及冲突的基本原则。

低强度的冲突总是出现在这种情况下：对核心问题有一致共识，有关系底线。悲惨的破坏性冲突总是关于核心问题的，如权力、自尊等。如果一个具体内容的冲突频繁出现并且强度不断增加，伪问题又没有得到解决，就会成为一个关系问题。强烈的关系冲突又导致许多具体问题的激增，在这种冲突的对话中，争论双方缺乏主题连续性。例如，一对正在闹离婚的夫妇，原本的问题是星期天孩子的探视问题，但很容易导致对分手前的姻亲的怨恨，谁背信弃义，谁没有对孩子负责任等。从一个事情转到另一个事情，这是冲突中传播最易出现问题的方面。

3. 对称性

对称性是指传播者互动的互惠性，人们很容易对伙伴的行为作出匹配的反应。例如，奉承激发积极感觉，并产生奉承的回报，即彼此吹捧；批评导致负面感觉，并回敬以批评。奉承很少会引发批评，除非在表面下有特别悲催的感觉。互惠也会在长期基础上存在，双方开始即便回应方式差别较大，但在最终调适到对方的风格上。

在问题关系中，对称性有两个存在问题的地方：一是互惠率可能非常高，反映了一种僵化的"刺激—反应"结构，可能妨碍建设性的冲突管理策略。例如，正面交锋可能残酷地导致反埋怨、反威胁以及其他形式的升级。二是冲突模式缺乏整合性。例如，分享幽默可能是一种建设性的资源，但如果两人并不彼此加入彼此的幽默，那么，玩笑就显得不恰当甚至残忍。要成功地管理冲突，必须用与以往不一样的策略来打破这种循环。

4. 静止性

现实中，一些冲突是高度静态的，即在不同事件上，有着相似的冲突阶段；而另一些冲突是经过多阶段的，会周期性地回到一个早期阶段；还有，就冲突进展顺序来说，有的冲突中，双方开始是逃避，接着是正面交锋；而另一些冲突中，他们先是正面交锋，接着是逃避。

比起一般强度的冲突，高强度冲突似乎更快地经历阶段变化。这里的关键因素是双方对关系性质，尤其是实施冲突的规则有大多程度上的基本一致意见。例如，一方提出问题，另一方认为不应该让它表面化，通常就会有一个争议，以确定问题的状态，讨论得体性。争议讨论会经过逃避、分析、正面交锋以及进一步逃避。在夫妇关系中，他们通常实施一种社会可接受的冲突风格，如分析性风格，但如果这种风格不是一方通常的冲突技能的一部分，那么很快会瓦解。例如，两个人的冲突可能开始于一方温和的询问，然后升级，猛烈地彼此你来我往地攻击，怒气冲冲，修复，最后发誓永远要彼此支持，将来相互爱对方。在阶段层面上，这个过程显然不是静态的。但是，如果同样的顺序在其他事件上反复出现，这个过程在流程层面上就是静态的。可能在阶段层面上，改变比较容易，但在流程上的改变则困难得多，要改变可能需要第三方介入。

5. 自发性

有的冲突者在冲突讨论中深思熟虑，监管其评述，而另一些人则很少使用策略，总是"即性"说话，后者就是自发的。冲突中更大的自发性出现在两个相反方向上。一是，那些很少或者没有出现过致命冲突的人看来有更大的自发性。例如，和谐的夫妇策略较少，因为他们有共享的互动规则，冲突限制在关系的"外围"区域，这样的人趋向于用简易方法找到冲突传播的一种轻松过程，"说说你在想什么"。从这些人的角度看，很难搞懂他人传播为何那么复杂和麻烦。二是，压力大的冲突可能阻碍即刻的策略化，因为某种程度上的压力会打破一个人复杂思考的能力，包括区分和同时考虑多元视角，即，高压力可能强化一种僵化的、消极的自发形式。

总之，过度的策略化或者完全的自发性可能都代表关系问题。过度策略化强化一种高度的个人主义，而完全自发强化僵化性。有能力的冲突管理是能够使双方都意识到冲突的五个特征，并保持在这五个特征的中度位置。例如，随着时间流逝而耿耿于怀于一个或者太多问题会使冲突的解决适得其反。因此，传播双方应该好好修炼连续性的中间度，不要反复回味过去，而是集中于当前冲突。同样，在修炼自发性方面，"理想的情况是，人们会足够自发地充分地合作性地回应对方，但在修正其冲突的破坏性模式方面是有足够策略的"(Sillars & Wilmot, 1994：182)。

冲突通常并非被解决了，而是得到某种程度的管理；冲突管理也非永远能够完全控制事态。但有心总比无心好，留意总比不留神好。控制并不容易，但确实使双方受益，值得我们努力变得更用心留意。但是，遗憾的是，很多人在冲突中都是习惯性地做出反应，尤其是那些已婚夫妇，很可能形成对对方的负面归因牢不可破，彼此互动的恶性循环难以打破，这就需要心理和关系专家的介入。

六、第三方斡旋能力模式

斡旋是第三方介入解决争议，帮助争议的双方达成一个双方都愿意的解决方案。其角色通常是打破双方不合作的策略，短暂地改变非合作性协议的传播模式（Daly& Wiemanne，1994）。

但第三方介入必须满足两个条件：一是冲突双方对冲突是负责任的，即愿意解决冲突，愿意提交第三方。否则，第三方介入会让问题更复杂。二是最好的结束冲突的一致意见应该源于冲突双方的充分参与。

第三方介入，必须是中立的，不是做裁判判断是非曲直。否则，问题会越搅越麻烦。斡旋者使用传播技巧引导双方进行充分讨论，监督过程，激发双方找到解决方案。能力模式基于斡旋者介入的恰当时机。例如，为避免冲突循环，斡旋者应该在一方争议者攻击另一方之前立即介入；为调节争论者的情感强度，协调者需要在早期情感强化阶段发生作用。第三方斡旋的能力模式还需要确认基本模式，提供替代模式。例如，许多想要离婚的夫妇都被破坏性的互惠消极情绪高度锁定。一个人说，"他历来都不遵守我们的协定"，这会引起另一个人唉声叹气或者更为激烈的反弹，这会激发第一方继续攻击。可能他们一直重复着这种模式。斡旋者可以改变一方的语言组织，帮助另一方消除破坏性的"唉声叹气"。

这从另一个角度反映了离婚夫妇缺乏冲突管理策略的多样性。斡旋者就可能提供回应的多元性，帮助他们自我约束正面交锋的回应方式，帮助他们向着分析性、解决问题的传播风格进展。

在处理静止性的力量时，协调者需要使固有顺序"不起作用"。正在谈判离婚的夫妇显示出的一种总体模式是：女性设置进程的基调，男性开始保持相对的沉默，在时间快要结束时极端爆发。斡旋者在看见这种模式出现两次后，就开始干预。在下一次进程中，男性首先说话，这使双方一致依赖的模式阻隔了，男性情绪不会那么升级，女性不必捍卫启动者地位。

冲突参与者为许多不同问题争论时，缺乏连续性出现。斡旋者要求一次只说一个话题，"小明，你说了三个问题，我们一次说一个好吧？"为增加连续性，斡旋者通常打破离题的谈话，而后对冲突参与者之间讨论进行过程控制。

对称性回应是最容易被斡旋者判断的，斡旋者鼓励积极的对称而消解消极的对称。如果一方已经提出某个事情有助于推进问题解决，斡旋者可以说，"小明，小丽已经提出如何安排孩子接送了，你有没有进一步意见跟进这个积极步骤呢？"

斡旋者还可以为非生产性的冲突系统提供必要的改变，通过改变互动中自发性的程度。有时，一方太讲究策略了，拒绝对关系承诺，拒绝提供打破阻碍的建议，不愿花时间考虑，斡旋者就要劝说这一方合作，增加灵活性，对关系需要更愿意回应。斡旋者要号召一个会面，强制性地指出所面临的困难。另一方面，如果冲突者彼此干扰，激发快速的、未经思考的回应，斡旋者可以使他们的速度慢下来，给他们在说话前思考的时间。

有时候，在一对关系中，人际传播知识和技能较强的一方也试图担当选择的角色，给自己以及对方惯常的冲突策略建议，以试图打破、阻隔僵化冲突策略模式带来的破坏性后果。这是一个值得进一步研究的领域。

进一步思考与讨论

1. 如何理解人际冲突的概念？
2. 关系中的冲突是健康的吗？
3. 人际冲突的类型有哪些？
4. 人际冲突的根源有哪些？
5. 冲突的过程是如何发生的？
6. 人际冲突有哪些功效？
7. 对于人际冲突，人们普遍存在哪些迷思？
8. 请阐释人际冲突管理五模式论，你通常是哪种或哪几种模式呢？
9. 冲突管理的方向模式有几种？你的方向模式如何？
10. 描述建设性和破坏性解决冲突的方法。
11. 末日四个马车夫是什么意思？认识这四个马车夫是否有利于我们处理人际冲突？
12. 华人处理人际冲突管理模式有什么特点？请举例说明。
13. 冲突管理需要哪些能力？
14. 你如何理解冲突策略模式中提出的各个环节的意义？
15. 隐藏你的真实情感以便与他人相处道德吗？诚实是否总是最好的策略？解释你的答案。

16．是否某些情形中你不该宣示你的观念？举例说明。

17．甲和乙总是以人身攻击和骂人结束他们的争论，他们经历的是何种类型的冲突？如何避免？

18．想想最近你和某人的冲突，是伪冲突，简单冲突，还是人格冲突？

19．想想最近你和朋友或熟人的冲突或正在发生的冲突，怎么用本章提供的解决问题的步骤去解决问题，改善关系？

第八章　不同语境中的关系及其传播

投我以木瓜，报之以琼琚。匪报也，永以为好也。

——《诗经·卫风·木瓜》

我们大多数的人际关系不仅仅是和陌生人互动，也不仅仅是在公共场所中互动（比如包含上下级以及平级之间关系的工场关系），对人们有重大影响的关系，是那些在我们私人领域的持久的、令人生饱满和温暖的关系：朋友关系，浪漫关系，婚姻关系以及亲子关系。这些关系是难以动摇的、令人温馨的并且是可以预期的。我们无数次在那些皓若繁星的古典诗词歌赋和现代诗歌、散文和歌曲的传唱中，感受到隽永的、浓烈的亲情、爱情和友情，并为之怦然心动、震撼而泣。

这些关系都是亲近关系。所谓亲近关系，就是一种强烈的、互动频繁的以及多样化的彼此依赖，并会持续相当长的一段时间（Kelley et al.，1983）。这些最亲近的关系无疑在一个急剧变迁的世界里遇到的挑战是最大的。无论你是否结婚组建家庭，长期和一个人生活在一起都不是一件容易的事情，"亲密不可避免地制造问题"（John Stewart，2006：353）。

各种亲近关系有着某些相似性，正如《诗经》所云："投我以木瓜，报之以琼琚。匪报也，永以为好也。"他送我木瓜，我拿琼琚回报他，不是为了回报，是求永久相好。这种"投桃报李"式的互惠，不只是一般的礼节，而是一种仪式；不仅存在于爱情中，也在亲情和友谊中，以示两情相悦、两心相许。

恋爱、婚姻、家庭都有其发展史，不同历史阶段的奠定与组织是通过谈话、达成共识与协商完成的，而这些传播行为也往往是相互影响的。在恋爱、婚姻和家庭关系中，至少运行着两位成员彼此之间的互动。两人之间从交往到婚姻家庭（甚至离婚）的这段历史环环紧扣，两人之间不断重复产生同样议题或问题，所以关系的组织尤为重要。

但这些亲近关系之间也有明显差异。不仅在权力和亲密度方面，而且在不同关系所能够满足的个体和关系需要方面也是有差别的。朋友提供给我们有价值的支持，男人和女人看待友谊的方式总是有差别的；在浪漫的情侣关系中（包括当代被社会越来越宽容的同性恋关系），除了性行为和吸引力，彼此也有高度的亲密度和依恋感；家庭关系被视为最亲密的关系，家庭里又包括多种关系：配偶关系，父母－子女关系，兄弟姐妹关系，亲戚关系。家庭关系提供养育、支持和赡养，影响个体自我观念的发展，在家庭关系中，每个个体共度生命并彼此实施跨代际影响。

当代社会，以计算机为中介的传播迅速演变为与朋友、家庭乃至陌生人互动的工具，这种可以被称作"赛博空间的关系"及其传播补充了面对面的关系和传播，并产生了超人际效果。

本章的重点是探讨不同类型的关系及其传播互动特征，通过对传播特征的了解，提高我们在不同关系里的传播能力。

第一节　朋友关系及其传播互动

随着时间的推移，我们的一些熟人关系会发展成友谊。与熟人关系不同的是，友谊自愿追求同进同出，享受在一起的时光，显示一种强烈的相互关心，彼此接受、信任、理解，为彼此的秘密保密，提供情感支持，分享重要利益，期待友谊地久天长。

一、朋友和友谊的本质

友谊是诗歌、小说以及所有艺术家表达和讴歌的对象。我们都听过许多关于朋友的歌曲。周华健的《朋友》这样唱到：朋友一生一起走/那些日子不再有/一句话一辈子/一生情一杯酒/朋友不曾孤单过/一声朋友你会懂/还有伤还有痛/还要走还有我；谭咏麟的《朋友》唱到：繁星流动/和你同路/从不相识/开始心接近/默默以真挚待人/是谁明白我/情同两手/一起开心一起悲伤/彼此分担不分我或你/你为了我/我为了你/共赴患难绝望里/紧握你手；臧天朔的《朋友》这样唱：如果你正享受幸福/请你忘记我/如果你正承受不幸/请你告诉我/如果你有新的/你有新的彼岸/请你离开我；《友谊地久天长》如此唱：怎能忘记旧日朋友/心中能不欢笑/旧日朋友岂能相忘/友谊地久天长。

我们也耳熟能详许多关于友谊的诗词，"莫愁前路无知己，天下谁人不识君"（高适：《别董大》）；"劝君更尽一杯酒，西出阳关无故人"（王维：《送元二使安西》）；"海内存知己，天涯若比邻"（王勃：《送杜少府之任蜀州》）；"天之涯，地之角，知交半零落。一壶浊酒尽余欢，今宵别梦寒"（李叔同：《送别》）；"桃花潭水深千尺，不及汪伦送我情"（李白：《赠汪伦》）。

还有很多流传千古的友谊美谈，其中主人公之间的精神和灵魂完美相契。"钟子期死，伯牙终身不复鼓琴"（《汉书》）成为高山流水般的知音绝唱。伯牙善鼓琴，钟子期善听，竟能领会伯牙鼓琴是志在高山还是流水，而发出："峨峨兮若泰山"和"洋洋兮若江河"的慨叹。伯牙所念，钟子期必得之。伯牙惊曰："善哉，子之心与吾同。"后钟子期死，伯牙痛失知音，破琴绝弦，终身不复鼓琴。"管鲍之交"更表达了友谊不计利益荣辱、罔顾生死的高尚与执著。春秋时期，管仲和鲍叔牙走南闯北做生意，出生入死在战场，成为知心朋友。做生意分利润时，管仲总是多取，有人替鲍叔牙打抱不平说管仲是贪财之辈。但鲍叔牙说："他不是这样的人，他有母亲要赡养，还要接济族人，我的经济好得多，不急用钱"。鲍叔牙有一次遇麻烦，管仲相帮结果劳而无功，旁观者说他成事不足，败事有余。鲍叔牙说：他是为我好啊，而且事情棘手。管仲做官多不保，多亏鲍叔牙鼎力相推。外人说管仲没出息，鲍叔牙辩护：管仲天下奇才，仕途不济乃是缺少机缘。管仲打仗不敢冲锋陷阵，凯旋时却抢在前面邀功，人人讥笑他。鲍叔牙为之辩解道：他是有名孝子，保全性命是为奉养母亲，这种美德何人能比？尔后，鲍叔牙力推管仲做齐国宰相，而甘做副手。管仲叹道："生我者父母，知我者鲍叔牙也。"

所有这些所唱所传所咏的都道明了友谊在人生中的隽永和重要，一个人一生可能朋友不多，但绝对不能没有朋友。没有朋友，形单影只，这样的人生一定痛苦万分。

1. 朋友、友谊的定义

重视交友，东西方皆然。在中国文化里，朋友被称为五伦之一，"义"被看成是朋友的核心。桃园结义，金兰之交被广为称道。《说文》对朋的解释是"凤飞，群鸟从以万数，故以为朋党志"；对友的解释是"同志为友"。《论语·学而》中写道："有朋自远方来，不亦乐乎!"而"朋"、"友"二字合用则无从考证。

西塞罗在《有节制的生活》中这样论述友谊："一个人，他的真正的朋友就是他的另一个自我"，"友谊就其本性来说是容不得半点虚假的：就其本身而言，它是真诚的，自发的。因此，我觉得，友谊是出于一种本性的冲动，而不是出于一种求助的愿望：出自一种心灵的倾向（这种倾向与某种天生的爱的情感结合在一起），而不是出自对于可能获得的物质上的好处的一种精细的计算。"在这种意义上，友谊更多是我们心灵和灵魂上的满足，而不是为了获得实际的帮助和支持。

2. 人为什么需要友谊?

我们发展友谊是因为我们需要。根据前面讲到的人际需要的内容，我们和他人发展友谊有三个需要：包含、控制和喜爱。正因为有这些需要，社会隔绝可能对我们的身体健康和精神健康带来负面影响。朋友不仅让我们保持身心健康，也是我们重要的社会支持系统之———帮助我们对付压力，是我们述说伤悲的对象，满足我们发展人格、个性需要，有助于形成我们的态度、信仰和价值观，在生活和工作面临大变动或者危机时，帮助我们对付不确定性。

友谊增加我们的归属感和信任联盟感。我们都愿意被接受和有归属，即便那些选择孤独的人也是自己选择的结果，而不是他人选择的结果（Weiss，1974）。没有人想成为乞儿，或者被社会弃绝。所以古罗马、古希腊以及近代把流放看成是对人的严厉惩罚。关系则给我们包含感。患难朋友之所以被人们看作真朋友，是因为在我们孤寂，被（来自社会、他人甚至自己的）弃绝时，我们重新获得归属感和接纳。

友谊还可以整合和稳定我们的情感，为我们提供情感支持。尤其是在我们面对危机和压力时，这种作用特别明显。这就是为何人们在失火、地震、战争等灾难后，会纷纷聚在一起的原因。当人们失去配偶或者朋友时，就会感到缺乏支持，因为他们感到从那些帮助过他们应对生活难题、消除各种确定性的人中被开除出去了。

友谊还为我们提供现实的物质、体能等帮助。你在外地手机没钱了，你打电话叫朋友帮你充值。你出远门叫朋友照看你的家和宠物。彼此之间提供帮助在老年人友谊中最明显，他们对他人的物理依赖增加，而无力回报。这就是人们不喜欢变老的原因——讨厌无助的感觉，讨厌欠人人情。但有研究者（Wright，P. H.，1984）更强调友谊的"自愿依赖"（voluntary interdependence）方面，也就是说，人之为人就是自由地选择纠结在一起，彼此在一起就是一种享受，而不是因为他为我所做的。

友谊也给与我们传播自己的机会。个体生活总有喜怒哀乐，总有经验教训，总有志得意满，总有独到见解，总有另类阅历。这些都需要聆听者，而没有任何人有义务必须来聆听我们。这时，友谊是最愿意为我们适时提供聆听耳朵的稳定人群。

友谊确认我们的个人价值。个性孤独的人往往认为自己无价值、无意义，也认为他人会如此看待自己。涂尔干《论自杀》中重点提到的利己型自杀就是对这种极端无价值感的注脚。当个体在其所处的群体中互动性很低时，个人与社会的关系疏远，得不到集体的关心、支持和帮助，使个体感到孤独、空虚和无所依靠，无法享有社会成员共同的价值、信仰、传统和情操，于是，利己型自杀现象就会增多。自杀率表现为新教徒高于天主教徒，未婚的成年人高于已婚的成年人，家庭规模大的高于规模小的，但在战争期间由于政治原因社会整合程度相对提高，自杀率则趋于下降。所以，我们欣赏朋友是因为他们对我们的评价对于我们提高自尊有很重要的作用。朋友既可以直接评价我们，也可以间接评价我们。例如，直接夸奖我们或者告诉我们别人对我们的好评价；而参与我们的活动，倾听、征求我们的意见，尊重我们的意见、方式、行动就是间接评价。

友谊还为我们提供人格支持，激发我们的精气神。我们绝大多数人需要别人提供鼓励，并告诉我们自己是正派的、讨人喜欢的。当我们经历不公正时，朋友与我们同仇敌忾，甚至两肋插刀。我们的人格不但包括行为方式（是内向的还是外向的），还包括我们的思想、疑惑或者信仰。在人格里充满符号，这是一个连锁思维系统，充满经验、理解、期望和个人意义。在那里我们成为我们自己（John Stewart，2006：336）。如果我们的观念、价值观、信念不被支持，我们的人格将毫无意义。我们都需要经常性地确认我们的思维世界是健全的、可靠的，否则我们就会停止行动。关于我们的思考和行动，朋友可以经常性地帮助我们看到我们是对的还是错的。这就是同类型、同种行为方式的人最能够沟通的原因，亦即"嘤其鸣，求其友"。缺乏或失去特别的亲密朋友将剥夺我们获得人格支持的量器，使我们暂时死去，或者人格漂浮，或者心理分裂。这也就是百岁老人宋美龄晚年感到万分孤独坦然求死的原因，因为同时代的人都已远去，没有任何人再能够理解她所经历的那个时代和那种岁月，自己的人格变得虚无缥缈似雨打浮萍。

实际上，多数友谊并非非同寻常或惊天动地，也并不大可能经历生死考验，而是追求谈话、共餐或者一起娱乐，比如"寒夜客来茶当酒"的随和，围炉夜话的温馨，大学宿舍里卧谈的快意。

二、友谊的特征

在日常生活中，朋友就是我们喜欢并且也喜欢我们的人。我们信任那个被我们看作朋友的人，我们与之同悲同喜，我们想与之在一起并愿意为此花时间、精力。朋友的最高境界是知音，相知的朋友"酒逢知己千杯少"，"心有灵犀一点通"。可是，人生难得一知己。也许正是知音难得，人们才如此讴歌友谊中的深情厚谊。

1. 友谊是自愿的

朋友不是偶然的，而是基于自愿的选择关系。我们的朋友关系是从认识的人开始的，是和相识的某些人在实践中发展成较为亲近的关系，是我们自愿选择某些人去建立更多的个人关系，同时也是他人自愿选择我们去建立更多的个人关系。我们不必和那些我们没有交往愿望的人成为朋友，没有外力迫使我们在一起。不像在工作、学校、家庭这样的环境中，我们与他人的人际关系是无法选择的，是我们必须接受的关系。即便是在这样的环境中，我们也可以选择一些人作为朋友，发展友谊。

友谊的自愿性也表明了友谊的特别性：朋友双方在关系中都是基于选择的。在人类生活的移动性不断加剧的时代，人们选择朋友的余地和范围也越来越大，不像传统乡村社会，朋友是那些青梅竹马、两小无猜的人。我们选择那些我们愿意并且对方也愿意的人作为我们的朋友。

友谊是自愿的并不意味着我们是随意选择朋友的。前面学过的关系形成和保持理论、吸引力和代价—回报理论都说明了我们进行朋友选择以及保持友谊关系的机制与动力。

友谊是自愿的也不意味着它是荣枯由己的，相反，它需要我们自己以及友谊伴侣通过传播互动行为共同努力保持与发展。

既然友谊是自愿的，那么是否意味着我们应该尽可能多地发展朋友呢？朋友固然带给我们很多益处，但是太多的朋友可能让我们没有足够的精力和时间履行友谊中所需要承担的责任，从而降低友谊的质量。那么，我们需要多少朋友？大多数人有不超过 5 个的亲密朋友，15 个其他朋友，20 多个社交网络的成员(包括家庭成员)，还有更多的关系只是熟人。网络传播技术给了我们在更大范围选择更多朋友的可能性，一个人动辄可以有成百上千的朋友。但研究表明，数百的 Facebook 朋友关系却是肤浅的，因为保持高质量的友谊非常困难，看起来可爱而不肤浅的 Facebook 朋友最佳数量在 300 个左右(Tong et al.，2008)。英国牛津大学的人类学家罗宾·邓巴(Robin Dunbar)提出 150 定律(Rule of 150)，即著名的"邓巴数字"，也说明了这个问题。该定律根据猿猴的智力与社交网络推断出：人类智力将允许人类拥有稳定社交网络的人数是 148 人，四舍五入大约是 150 人，即人类的社交人数上限为150 人，精确交往深入跟踪交往的人数约为 20 人。社交网络给了我们联系，却未必给我们交流；拉近了我们的距离，却未必增加我们的亲密；激发了我们社交的天性，却可能磨平我们沟通的能力。社交的幸福感来自社交的质量而不是数量，来自于沟通的深度而不是频率。这提醒我们，莫让技术令你我的人际关系变得越来越扁平和肤浅。

2. 友谊通常是对等的人之间的关系

友谊是一种人际关系，是发生于彼此把对方看作独一无二的、真诚的、无可代替的个体之间的关系。显然，你更可能和同伴发展为朋友关系而不是和老板、父母，因为他们都试图控制你，即便是短暂的。也就是说，我们更愿意和权力、地位相对接近的人交朋友，或者说，真诚的友谊更愿意把彼此的权力、地位看成是接近的。当然，这并不是说我们就不能和导师、老板、长辈发展友谊，事实上，也有很多超越职业身份和权力地位的友谊，也可以有忘年交。但这种友谊关系就比较复杂，因为职业关系和个人友谊关系常常纠葛在一起，在朋友那里产生友谊的自愿性和职业角色的非自愿性之间的冲突。例如，你和你的导师是朋友，那么，导师可能在给你 A 或者给你 B 之间犹豫，因为你的友谊期待和职业关系的期待是冲突的。

3. 友谊是受规则约束的

正如其他关系都有规则一样，友谊也有。成为某人的朋友，你不得不承认，至少是含蓄地承认，你从那个人那里期待某种东西，而那个人也可以从你那里期待某些东西。而这些期待往往是合理的、可能的，因为友谊是受规则约束的。这些规则即便不是明文所写，但一个既定社会一定知道和理解这些规则。如果违背了这些规则，就可能带来关系问题。例如，朋友给你生日礼物，你觉得很温暖；但要是不给，或者给了很值钱的礼物，你可能会感到不舒服——感到侮辱，觉得这改变了友谊的本质，礼物只是友谊的象征。

友谊通常有如下规则（Nicotera，1993；Davis＆Todd，1985）：

比任何其他人（除开其他亲密关系）保持更高优先性

朋友不在时，代表朋友说话

开放/诚实/真诚/忠诚

良好的友谊有高度的温暖和深情，提供关心/同情/情感支持

相容性/相似性

自我概念彼此支持、积极评价

不公开批评朋友

不嫉妒或批评朋友的其他关系

为朋友保密，尊重朋友隐私

信任/尊重，珍惜彼此

比较多的自我揭示/自由地表达亲密信息/分享秘密和问题

花时间和精力履行各种责任：互助等，尤其是在患难中的互助

都相信关系持久，积极解决争议

努力使彼此快乐。

中国人对友谊的期待是投契式的。在友谊中自由自在，轻松自然，没有

束缚压力，有义气投缘感，没有利害关系，地位平等，彼此关心，自然开放。而情绪感受是心灵自由，精神契合，赤子情怀，不费力气，自在平衡（黄丽莉，2008：130）。

我们都有自己关于友谊的如上期待以及其他期待。一个既定的人满足这种期待的多少、好坏是我们考虑是否选择与之建立友谊的一个因素。但是，现实的友谊也并非完全样样都达到这样高的程度，也并非具备所有这些特征。因此，对待友谊，我们必须有宽容和耐心，容得下朋友的疏忽、冷落，有耐心等待和听从朋友的解释和忠于友谊的行动。

当然，我们只可能和很少的朋友发展为亲密朋友，亲密朋友之间往往有高度的温暖、深情、信任，能够分享内心最深的感受，愿意放弃与他人的关系，花更多时间、精力在一起。因此，友谊也是有时发展于并停留于某一特定情境中。在刚认识时，彼此之间在谈话的质与量方面很有限，交往具有很大的偶然性。有的友谊持续一生，有的友谊只在某个阶段存在。因为在彼此生命和阅历的各个阶段，友谊都会面临许多有趣而且常常是复杂的挑战。

三、友谊的不同种类

并非所有友谊都是亲密的，我们对朋友的喜爱强度以及我们会话的亲密度决定了我们把某人看成是熟人、一般朋友，抑或是亲密朋友；我们的一生中，友谊的性质也会发挥变化，我们会在生命的不同阶段拥有不同的友谊；友谊可能发生在同性之间，也可能发生于异性之间。

1. 不同喜爱强度的友谊

熟人　我们绝大多数人都有很多熟人，我们与之认识但并非朋友。我们不会常常专门约定见面，不会彼此送生日礼物，外出旅行不会带礼物回来。我们和熟人的传播基本是事务性、功能性的，也是表浅的。和熟人之间的自我揭示是有限的。

一般朋友　熟人和一般朋友的差别是会话的亲密程度，我们揭示给一般朋友的东西显然多于熟人。例如，在学校，你和一伙人有项目合作，在一起讨论课题开展，也会一起吃饭、看电影、郊游等。在某个时候可能成为一般朋友，这种朋友更可能在需要的时候自愿提供帮助，机会合适时会选择聚会。这是我们重要的社会支持系统的一部分，包括我们的某些亲戚。

亲密朋友　就是与我们关系亲近的人，是我们亲爱的人。可能是近在咫尺的，也可能是远在天涯的。有时，我们可能和亲密朋友有着频繁的互动，尤其是在遇到重大决策、大的困难和挑战的时候。亲密朋友通常是同性。

亲密朋友之间的会话是高度亲密的，你相信那些你信任的人，你会自我揭示很多隐秘的方面给对方。亲密朋友也是那些经常出手相帮的人，尤其是压力、沮丧、困惑的时候。你也会常常想和对方在一起分享喜怒哀乐，并享受在一起的时光。

但是，达到亲密并非所有友谊的目标，那种通过操控别人、强制别人来依附自己的人，是没有人喜欢的。友谊是双方的选择，是情到一定程度自然而然的结果。

技能训练：谁是你"最好"的朋友？

我最好的朋友是 _____

我们如何相遇的？ _____

为何我们成为朋友？ _____

我的朋友如何满足我的需要？ _____

我如何满足朋友的需要？ _____

2. 生命中不同阶段的友谊

建立亲密关系是需要花时间和精力的，我们大多数人仅有非常有限的亲密关系。在人生不同阶段我们对亲密有不同需求（Dickens ＆Perlman，1981），这些不同阶段的友谊性质有差别，但也有共同点。例如，自我揭示在任何阶段的友谊里无论是数量还是深度都是必不可少的。

（1）孩提时代的友谊

大约两岁时，我们开始与人会话，与人玩耍，玩伴是我们的朋友。最初的友谊开始通常是表面的，是以自我为中心的。有5个重叠的阶段，3～7岁有短暂玩伴，在一起互动。4～9岁时，友谊是从"取"而不是"予"视角。6～12岁时，是"予－取"较多，只有事情进展顺利时才会互惠，问题和冲突来临时可能结束关系。9～15岁时，相互的亲密度增加，随着亲近的发展，关系变得较有占有性。12岁～成人阶段，友谊不但增加了相互依赖性（这允许较多的亲密层面和分享），还具有较多的独立性。这个过程就是从"我，我，我"，到"我们一起做点什么"，再到"我们彼此需要共同成长"（Steve Duck，2004），是逐渐习得社会规则和角色需要，并且通过人际合作以认识他人，认识自己，了解社会关系，实践社会责任和义务。

儿童也会有人缘佳和不佳的表现，原因有很多。可以通过对有人际困扰的儿童进行所欠缺技巧的训练而得以改变。例如，参与游戏，以合作取代竞争，肯定别人，等等。但还应该把他们的同伴纳入训练计划，否则改变了的儿童的行为模式仍然会被同伴忽视，应鼓励同伴与有人际困扰的儿童交往互动。还可以鼓励不同年龄的儿童互动，不成熟的儿童和比自己年幼的儿童玩耍，使他们学会掌控局面，担负责任。对于年纪较大的儿童则实施相反策略，使他们与年长于自己的儿童玩耍，观察年长儿童的行为以效尤。对有暴力倾向的儿童来说，这种做法可以使他们明白强中更有强中手，明白面对强手可能的危险。因此，儿童本身就是问题的来源，不同场所都会出现问题，老师、家长等人际环境因素加入进来将更有利于儿童改进人际交往（Steve Duck，2004）。

这个阶段的友谊与父母的交友模式甚至年龄有关。父母如果有稳定可靠的朋友，孩子的幸福感就会较高，学校适应也较好。父母的人际网络会随着年龄而扩张或缩小。例如，在常规的生育期内，同事以及邻居的孩子都很小，彼此的孩子会成为玩伴。如果父母比一般人大，他们的朋友圈里就不太可能有年幼儿童，儿童的择友面很小，只能和身在面前的儿童玩，从而缺乏人际资源和机动性（Pettit&Mize，1993）。

儿童的友谊拓展关键是在学校。谁说儿童之间的友谊无关紧要？如果不受同学欢迎，儿童就容易酗酒，出现行为偏差、抑郁，破坏集体荣誉（Duck，1991）。

（2）青少年友谊

开始于 12 岁的青少年时期，我们把关系的重心从父母和其他重要成人转向同伴。在此阶段同伴关系对我们的行为会产生非常重要的社会影响。男孩可能加入诸如运动队、辩论队等社会接受团体或者诸如暴力或者破坏财产等较少社会接受度的团体；女孩会发展一到两个闺蜜，发展亲近的、敏感的和亲密的关系。友谊通常在青少年晚期、成人早期达到高峰（在我们选择配偶前）。

（3）成人友谊

这是人一生中最有价值的关系，这个阶段的人会经历个人生活和公共生活的巨大变迁和挑战，往往有许多人生的重大决策和转折点在这个阶段出现，友谊所提供的各种帮助和支持是最巨大和频繁的，比如找什么工作，和谁婚恋，要不要结婚，工作遇到大麻烦。这个阶段的友谊为人们提供情感支持、活动伙伴以及社会化机遇。女性朋友较男性朋友更循规蹈矩于参与分享性、支持性和发泄性的传播。

大学毕业后，亲戚或者同事可能会成为我们的朋友。这同时就决定了这种友谊的临时性，换一个环境或者单位，原来的关系衰退；许多人在婚后，这种友谊退居二线。婚姻通常减少了跨性别的友谊的可能性。当然，有时我们可能也会拥有特殊的、能够持续整个成人时期的友谊，并不以迁移、婚姻或者新工作而发生变化。

(4)老年人和友谊

人是旧的好。老年人尽管也会交往新朋友，但通常最依赖配偶和老朋友满足他们对陪伴的需要，倾向于保持小群体的高度有价值的朋友网络。尤其是退休后，人们有更多时间用于社交，通过友谊的活动变成生活的重心，往往原来的老同事成为主要的社交圈子。

当然，由于中国都市建设的巨大变迁以及人们居住环境改善能力的提高，老年人也可能搬离一生熟悉的朋友环境（比如好邻居），一些老人会感到非常孤独；或者出于生活起居方便的考虑，一些老人会住进养老院。老人聚居而住的可能问题是彼此谈话的话题越来越偏离社会生活的潮流，自我揭示更多消极、悲观信息，彼此影响、传染，可能使老年生活更灰暗、消极。

3. 其他类型的友谊

(1)忘年交：跨代际友谊

我们大多数是和相同的人建立友谊。相似性使有效沟通和相互理解更容易。差异越大，在保持关系方面挑战越大。然而，无论友谊还是亲密关系都可能在不同文化、年龄和种族之间发展。如果你和他人有共同的爱好、兴趣，你们那十年之差的影响就会较小。但如果差别为四五十岁，彼此可能对生活的看法差异就会很大，对关系的挑战就很大，这种友谊就比较罕见了。通常，年纪越大，年龄差异带来的对关系的影响越小。15 岁的人和 30 岁的人互动较之 30 岁与 45 岁的人之间的互动显得更为困难。

技能训练：你的忘年交关系如何？

想一个年龄比你大的人，你和他的关系。再想一个年龄比你小的人，你和他的关系。比较一下这种关系与你和同辈之间的关系差距在哪里？和比你大或者小的人的关系有多少是亲密朋友？你是否发现，保持这种关系需要特别的努力？

当然，年龄只是影响关系的差异之一。

(2)跨文化、跨种族的友谊

文化、种族和民族对友谊也会产生影响。和某人成为朋友在质量和期待方面，不同种群之间会有差别。例如，美国人可以和某个人成为朋友，但不必为朋友牺牲自己。但在中东、亚洲以及拉丁美洲，不愿意为朋友牺牲自己的人就不是真正的朋友(Dresser N.，2005)，即为朋友张目，为朋友两肋插刀是很重要的。在集体主义文化里，帮助群体里的他人天经地义。在中国文化里，人们对群体内的人做的往往超过对方所需要的。当你为某人做了某件事，就增加了你的吸引力，这可能是友谊的开始。这种文化持续地奖励这些亲密的联系。

而在个人主义文化里，个体把自己看作第一，彼此竞争，努力做得比对方好；如果不是对方主动请求，一般不会把自己的愿望和方案给予对方，也就是非请不帮，请了必帮。

在这种差异存在的情况下，当你和来自另一种文化里的人互动时，你会参与到那些（在你的文化里是）恰当的行为。如果你违背他文化的人（基于其文化）的期待，你就会得罪他。或者你迎合他文化的期待，而你自己觉得很不愉快。要想沟通顺畅，彼此之间通常会发展出第三种文化———一种折中的文化，包括友谊观，以适应彼此的需要和期待。

当然，这种差别不是绝对的。集体主义文化里也有奉行个人主义文化的友谊理念的，个人主义文化里也有奉行集体主义友谊理念的。尤其是在当代人类生活跨越民族界限的情况下，人们在彼此吸收不同种族文化里的价值观，包括友谊观。

(3)男女友谊

性别对友谊也有很大的影响，不同性别在如何看待、期待友谊以及谁是朋友方面有着很大的差异。例如，女性的自我揭示多于男性，更爱闲聊，比男性更多地分享亲密。而男性的自我揭示较少，较少表现亲密细节，男性通常不把亲密看成是友谊的必要本质（Hart F.，1990）。

女性和男性对友谊的评估也有差异。女性对同性友谊在质量、亲密度、愉悦和彼此滋养方面的评价高于男性，而男性认为他们的异性友谊在这些方面更好（Sapadin L. A.，1988）。男性友谊围绕着共同行动，比如一起玩牌、打球，而女性友谊往往围绕分享感情、支持、亲密。此外，中年的男性比中年女性有更多朋友，你怎么理解这件事？

有时性别构成友谊的一种挑战，因为异性彼此存在潜在的性吸引。你认为男女之间会有友谊吗？也许我们既可以发展较少性吸引的跨性别关系，或者重新定义浪漫关系为友谊。无论异性之间是友谊还是爱情，在了解并重视彼此差异时关系就会经营得较为顺利。男性需要了解，女性对于关系是表达式的———对女性而言，亲密意味着分享讯息、感情、秘密和想法，自我揭示式的叙述"我真的需要你来"等是女性表示亲密的方式；女性需要了解，男性对于关系是行动式的———对男性而言，亲密意味着提供实际的帮助、协作和做伴，男人说"你开会时我帮你洗车"是他们表示亲密的方式。

此外，男女在区别亲密的友谊和爱情方面都有困难。爱是友谊的延伸，但友谊常因爱情和性而消失。

跨性别的友谊对一个人的个性和关系成长较重要，因为在这种关系里，你可以看到不同视角，你可以洞察到异性是如何思考的。异性友谊可以为男性提供机会去学习、进行情感表达，而女性可以享受在同性友谊里少见的共同行动。这往往是学习爱情中互动技能的前奏和基地。

（4）男性间友谊

男性和女性看重各自友谊的不同方面。男性关系是友善的表示，未必是亲密的。男性之间的友谊较少"高度自我揭示"，以相互帮助、协助和做伴表示关心。通常，人们谈话的话题分为主题性的（政治、工作、事件），关系性的（友谊本身）和个人性的（个人思想和情感），男性之间的交谈通常局限在主题性话题，最常谈的主题是运动、性（年轻男性间）（B. Fehr，1996）。男性之间的友谊只与特定层面有关，而非把关系视为整体，更多集中于任务导向的共同行为。婚后，男性认为太太给予的关心和支持远胜于生活中所有的关系。

（5）女性间友谊

女性的友谊一般更强调对话和情感表达（Parks M. R. & Floyd K. 1996）。女性友谊具有高度亲密性，交谈涵盖三方面，且以关系性和个人性的交谈为主。女性友谊比男性友谊发展快且深，易于把亲近的人的困难看成是自己的困难。当然，重感情的结果便是要付出代价，会影响健康，会导致过度依赖。已婚女性虽认为配偶是他们最亲密的朋友，但仍需要亲密的女性朋友来满足人际需求，即闺蜜。

无论是男性之间的友谊，还是女性之间的友谊，抑或是异性之间的友谊，彼此理解和接受彼此的差异以及关系期待都非常重要。在这些关系中，我们不但可以学习到未来爱情和婚姻生活的准则，还可以更好地认识、发展自我。

技能训练：友谊中的怜爱

以下问题可以帮助我们确定友谊中的怜爱程度，想一个你最亲密的朋友，回答下面问题。如果完全同意，填上4分；不是完全同意，3分；同意一些，2分；很少同意，1分；不同意，0分（Ronald B. Adler，2009：74）。

1. 我理解朋友所说的（   ）

2. 我理解朋友的感觉（   ）

3. 我欣赏朋友对于他们经历的感觉（   ）

4. 我努力用朋友的眼光看待事物（   ）

5. 我会问朋友关于其经历对他的意义这样的问题（　　　）

6. 我会问朋友在想什么的问题（　　　）

7. 我问朋友关于他们的感觉的问题（　　　）

8. 我的朋友理解我说的（　　　）

9. 我的朋友理解我的感觉（　　　）

10. 我的朋友欣赏我对我的经历的感觉（　　　）

11. 我的朋友努力用我的眼光看待事物（　　　）

12. 我的朋友问我关于我的经历对我而言的意义这样的问题（　　　）

13. 我的朋友问我在想什么的问题（　　　）

14. 我的朋友问关于我的感觉的问题（　　　）

1～7 题的得分加起来，代表你对朋友的怜爱状态，8～14 题的得分代表朋友对你的怜爱状态。总分分布于 0～28 分，得分越高，彼此之间越怜爱。

然后，再让你的朋友做这道题，比较你们的答案和分数，可以增加你们关系中的彼此怜爱。

四、提高友谊的传播能力

无论何种友谊，都会面临各种紧张关系。虽然在不同的年龄阶段友谊面临的挑战及处置方式是不一样的，但都会对一些辩证压力进行把握（William K. Rawlins，1992）。我们需要了解两类辩证关系，一种是基于情境的辩证关系，另一种是基于相互作用的辩证关系（小约翰，1999：470）。能否恰当处理这些矛盾张力和我们对友谊的满意度有着密切的关系，也是我们传播能力的一种校准。

1. 基于情境的辩证关系

情境辩证关系与更广阔的文化领域内的友谊的意义有关，也就是与友谊在具体社会环境中的地位有关。要处理如下两对矛盾：一是公与私的矛盾，二是理想与现实的矛盾。

（1）公与私的矛盾

友谊本质上是私人之间发展出的关系，但同时又受到社会文化期待的制约，社会对友谊的认识和期待与私人对友谊的认识和期待存在差异。当二者发生冲突时，是选择忠于友谊还是社会规则？一个例子是：小梅和小武是高中最要好的朋友。某天傍晚，在 A 市读大学的小梅接待了匆匆从家乡逃来的小武，小武说自己冲动之中用水果刀刺伤了人，很害怕，要到外地去避一避，但慌乱中没带钱，请小梅帮他筹集一些钱。小梅痛苦地挣扎了很久，还是选择了帮助他。她可以选择帮助和不帮助，两种选择都要面对压力——符合了公益就违背了私益，满足私益就违背了公益。

在两性友谊中，这种矛盾更突出。中国社会对男女授受不亲界定很清楚，一旦有亲密友谊，就必须向别人进行解释，而且由于外部强大压力很难将这种友谊持续下去。

（2）理想与现实的矛盾

我们的文化赋予我们关于友谊的理想价值标准，然而很少有友谊可以达到这种理想，现实的朋友之间必须以某种方式来调适这种矛盾。钟子期死，伯牙不复鼓琴。高山流水，知音难遇。朋友之间要求忠诚，甚至两肋插刀，比如水泊梁山的好汉们。但是绝对的忠诚可能导致美德、个性以及自由的光辉暗淡。

这两对基于社会情境的辩证关系是相互联系的，公众对友谊充满理想化的期待，而私人之间现实的友谊又是受相互磨合出来的真实关系的制约的。

2. 基于相互作用的辩证关系

这些辩证关系是关于各种友谊日常交流的模糊状态和矛盾心理。包括独立与依赖的矛盾，友情与功利的矛盾，评判与自我保护的矛盾，自我揭示与保护友谊的矛盾。

（1）独立与依赖的矛盾

朋友之间应该有各自的生活，但也应该履行朋友间必要的义务，比如适时给予必要帮助、建议、支持等。人们都懂得这个道理，但常常会在这二者的处理中举棋不定。要么过于关注自我而伤害了友谊，要么过于干涉朋友的生活或者在关系中要争取主宰位置代替他人作决定而伤害友谊。处理这对矛盾最常用的方法是允许他人自己做决定，包括是否需要寻求帮助。

对于青少年来说，相互依赖与彼此独立都十分重要。这个年龄段正是个性不断成长的阶段，需要独立；但又是社会化的重要阶段，同伴传播有着极重要的地位，发展形影不离的友谊极为重要，有利于克服成长带来的烦恼和压力。但青少年由于友谊知识与实践经验的缺乏，往往在这对矛盾面前无所适从，从而导致友谊中矛盾重重。

（2）友情与功利的矛盾

人们也常遇到这样的矛盾：是尊重朋友，把朋友更多视为精神上的伴侣，还是把朋友视作可以利用的工具？尤其在工具理性时代，人们讲究可交往性，讲究关系中的利益最大化。你会向朋友借钱吗？你会请朋友帮你做事吗？朋友之间似乎应该相互帮助，但关键是请朋友帮忙却不会使朋友有被利用的感觉。所以提出请求的时间把握要特别敏感，而被要求的一方尽可能表示真心实意。而且，切记不要把个人的一切事务都看成是对方有义务来满足的，并长期役使对方帮这帮那。

（3）评判和接受的关系

每个人都有独特的自我及自我意识，友谊也不可能消弭自我。朋友之间要彼此接受彼此的自我，还是总是试图改变彼此的自我？这对矛盾也常常出现在友谊中。朋友既然是彼此选择的，就应该彼此尊重和接受彼此。如果友谊的维持要牺牲其中一方的自我，那这种友谊就是令人痛苦的。当然，友谊也有义务给对方一些建议，甚至当头棒喝。人们有时批评朋友，有时听之任之，含糊其词，十分谨慎。无论如何，评判和建议应该讲究时机，尊重基本的传播路线。

（4）自我揭示与保护友谊的关系

友谊要求的忠诚度表明在友谊传播中诚实和真诚十分重要，但也不要因为自己的诚实而伤害朋友。换句话说，向朋友表达情感可以直白到何种程度，这是友谊中常常遇到的尺度难题。同样，传播者对表达自己的时机要有敏感性。比如，当朋友情绪低落时，却在眉飞色舞地表达自己获得的某种成功；当朋友并不想谈论关系时，你却告诉他你觉得友谊出了问题。

第二节　浪漫关系及其传播互动

爱是人类一种非常重要而又极端复杂的情感，人类爱的历史与人类社会的历史一样隽永。无论古今中外，对爱的向往、执着与讴歌构成文学作品、乃至哲学探讨的永恒话题。"关关雎鸠，在河之洲。窈窕淑女，君子好逑"（《诗经》），"哪个少男不钟情？哪个少女不怀春？"（歌德：《少年维特之烦恼》），"两情若是久长时，又岂在朝朝暮暮"（秦观：《鹊桥仙》）。即便如此，人们从来没有停止过对"爱是什么"的追问——"问世间情为何物，直教人生死相许"（元好问：《摸鱼儿·雁丘词》）。仓央嘉措的《见与不见》，更是把爱之无条件、温婉与深刻倾诉得刻骨铭心。

爱成就了无数千古佳话。"梁祝化蝶"的凄婉，"西施范蠡"的纯美，"许仙白蛇"的悲情，才子司马相如和才女卓文君为爱夜奔的浪漫奔放以及为坚守爱甘尝当垆卖酒为生的艰难困苦。

但爱也被归咎为许多糟糕事物的肇始原因，大到"冲冠一怒为红颜"的吴三桂与陈圆圆的故事，小到每日出现在小报上各种与情感有关的犯罪。

那么，爱是什么？爱的传播有什么特点，如何提高我们维护浪漫关系的能力呢？

一、爱是什么？

到底什么是爱？——一见钟情？生死相依？海枯石烂，地久天长？曾经沧海难为水，除却巫山不是云？不同的人可能有不同的爱的遭遇，也就有了对爱不同的看法。对西施来说，爱情可能是武器；对貂蝉来说，爱情也许是计谋；对昭君来说，爱情多半是手段；对杨玉环来说，爱情竟是"天长地久有时尽，此恨绵绵无绝期"。

1. 爱与友爱（友谊）

浪漫之爱包括依恋、关心和亲密。依恋是接受来自他人的关心、赞成和身体接触的需要；关心是珍视对方的需要和幸福如同珍爱自己的那样；亲密指的是和另一个人分享想法、愿望和感觉。友谊也可能具有这三个因素，但程度上可能较轻。显然，人们喜欢爱侣的程度高于喜欢朋友。

爱与友爱（友谊）最大的不同是充满激情。研究者把人与人之间的爱分为友爱和激情之爱（Elaine Hatfield，1985）。浪漫之爱当然也包括友爱的特征——相互尊重、依恋、喜爱、理解和信任，情趣、爱好、价值观相投，彼此能够同甘共苦。人们的确常常把情侣视为最好的朋友。但浪漫之爱的关系本质上不同于友谊，其重要特征就是充满激情。激情之爱具有浓烈的情感、性吸引力、渴慕、喜爱等特征，这种浓烈的情感是相互的，人们感到愉悦和满足。如果这种爱无法互惠，就会导致沮丧和绝望感。在爱与喜爱的区分上，女性分得比男性清楚（Zick Rubin，1973）。

爱与友谊的另一个关键区别是性吸引。无论是同性之间还是异性之间，都可能发生友谊关系，也可能发生浪漫关系。尽管面临社会压力和法律禁止，同性恋关系自认为有着异性恋者同样的浪漫关系。而友谊显然是缺少性吸引这个要素的。

爱与友谊的另一个区别还在于关系中的人们谈论、对待其关系的方式的差异。爱情更强调彼此倾诉对方吸引人的特质以及心灵相通的地方，更能够丰富地拓展个体的自我。朋友不太可能庆祝相识纪念日，不会用特殊方式来标记通常方式的时间流逝。而情侣们用各种仪式来创造"我们"的归属感、激情和彼此认同。

总之，爱情显然是一个比友谊更复杂、深刻、有趣的人类情绪和关系，是我们生活中最"剪不断、理还乱"的事情。正因此，破译爱的密码殊为不易，否则，爱还让我们神往吗？也许，你和他人发展的最亲近的关系可能就是浪漫关系。

2. 激情之爱与友爱

激情之爱总是短暂的，通常持续 6～30 个月。激情之爱是在人们堕入情网时产生的，即当一个人遇到了符合理想的那个爱人时，并在那个人出现时出现生理亢奋异常时，有较密集的传播和情感波动时。理想化的激情之爱可以导致友爱，激情之爱最能触动关系的建立，而友爱比较能维持长远的关系。大多数人渴望那种集友爱的安全和稳定性以及激情之爱的浓烈特征为一体的爱情。可是，这种完美的爱实在少见。

彼此保有激情不一定能够准确预测伴侣们建立美满关系的概率，共坠爱河的情侣们可能为了交往顺利（克服种种差异）而耗费过多时间、精力，以至感到挫败。最终，他们可能因为无法建立良好关系而最后放弃，选择分手；或者干脆结婚，期待时间会改变一切。

但是，如果把坠入情网的双方都看成是需要成长的，那么，激情之爱和友爱也可能伴随一生。因为，爱有情感的、认知的、行为的方面，人们在这些方面可能是成熟的，不成熟的。不成熟的爱的特征是狂热的，心醉神迷的，对爱痴迷上瘾的，而成熟的爱创造一种伴侣双方都成长的氛围；不成熟的爱遵循的原则是"我爱，因为我被人爱"，而成熟的爱的原则是"我被人爱，因为我爱人"；不成熟的爱是"我爱你，因为我需要你"，而成熟的爱是"我需要你，因为我爱你"（弗洛姆，2008）。

因此，随着伴侣之间的成长，可能对爱的理解会更深入，那么，友爱和激情之爱都可能持久，并伴随婚姻关系的始终。

3. 爱的内涵

当两个人都觉得彼此都符合自己有关恋人的理想概念时，就会相爱。相爱的双方必然具有相对成熟的心理、生理条件，包含对爱的认知成分而不仅仅是低级情绪，既包含精神上的吸引，也包含性欲、性感。

在世俗之爱里，年龄、性别、生死、物种似乎都会成为问题。但人类所向往的真爱（不得不承认，真爱是一种相爱者的主观体验）几乎是没有任何界限是不可以逾越的。真爱来时，年龄不是问题，那是杨振宁和翁帆演绎的故事；真爱来临时，性别也不是阻隔，两个男人在《断背山》也可演绎激情之爱；真爱来临时，生死更不是问题，在《人鬼情未了》里还可以继续浪漫而深刻地爱着；真爱来临时，物种也不是问题，《白蛇传》的人蛇之爱也可以千古风流。可见，人们是多么渴望超越世俗障碍的爱。

在世俗之爱里，大多数的爱是有原因（"我爱你，因为……"）和条件的

（"如果……我会爱你"），比如"我爱你，因为你漂亮"，"我爱你，因为你帮了我很多"，"如果你得到那个位置，我会爱你的"，"如果你有房有车，我就把女儿嫁给你"，"假如一个女人对我说：我爱你，因为你聪明，因为你诚实，因为你给我买礼物，因为你不勾引女人，因为你洗碗，我会失望的：这种爱好像有什么功利目的。"（昆德拉，2003：49－50）

在一个市场原则占据社会生活的所有领域的时代里（"宁在宝马车里哭，不在自行车上笑"公开宣示了物质在爱里的绝对性），许多人的爱情观和爱情关系也遵循着和控制商品和劳动力市场一样的基本原则。人们看来也如痴如醉地疯狂爱恋，人们把达不到占有目的宁肯毁掉对方看成是强烈爱情的表现。而实际上，这只是证明这些男女过去是多么的寂寞，多么的自私和残忍。

人们都希望获得一份地久天长的真爱。真爱有什么特征呢？是无条件的爱——因为爱，所以爱。米兰·昆德拉在小说《慢》中这样写道："被选中是神学概念，含义是：出于上帝的自由，被选的人不需要任何功绩。圣徒就是怀着这种信念毕生去忍受最严酷的苦刑……这在一切爱情关系中都是存在的。……爱情从定义上来说，是一件无功受禄的礼物；无名分而得到爱，这才说明是一种真正的爱。"对人来说，最大的需要就是克服他的孤独感和摆脱孤独的监禁。而这只有通过真爱才有可能实现。真爱的基本要素，首先是"给"而不是"得"，恰恰是通过"给"，我才能体验我的力量。在"给"的态度和实践中，还有对对方的关心、责任心、尊重和了解（弗洛姆，2008）。因此，真爱是以对方为中心的，而不是以自我为中心，真爱是人的主动性活动，而不是被动情感。无条件的爱虽然稀少，但也是存在的，也是人们椎心泣血追求的。

真爱必定是专一的、唯一的。爱的本质就是排他性，这不仅是人类情感的高尚性（与动物区别开来）的体现，更是社会生活的基本伦理和法规所要求的。

真爱是平等的。那种在恋爱关系里居高临下、颐使气指的行为，既不尊重对方，也贬低了自我的存在价值。那种自以为有某种资本高于伴侣的男男女女总把伴侣当作自己思想、精神和行动的专一奴仆，这不是爱，而是对他人的极端破坏。《简爱》的台词为爱的平等做出了精彩的注释："你以为我穷，不好看，就没有感情吗？我也会有的……我们的精神是同等的！就如同你跟我经过坟墓，要同样地站在上帝面前……"。

真爱还是持久的。这就是为何人们动辄爱说爱唱"爱你一万年，经得起考验，飞越了时间的局限"的原因。古人所言的"夫妻本是同林鸟，大难临头各自飞"都在说明爱经不起时间考验的残酷性。

真爱也是精神和灵魂的高度相契，彼此互爱，是"你中有我，我中有你"。元代著名的书画家、诗词创作家管道升写给丈夫赵孟頫的那首世代传颂的"我侬词"就是互爱性的传神写照：

你侬我侬，忒煞情多；

情多处，热如火。

把一块泥，捻一个你，塑一个我。

将咱两个一齐打破，用水调和；

再捻一个你，再塑一个我。

我泥中有你，你泥中有我；

与你生同一个衾，死同一个椁。

爱与不爱都可能缔结成婚姻。在历史上，爱情在婚姻中并不具有重要性，甚至在婚姻关系中并不一定有爱的存在。婚姻对于有名望和势力的人来说往往只是获取现实利益的策略安排，是维系和巩固家族、群体利益的手段。而现代社会则认为爱是婚姻的基础，但又认为婚姻是爱的坟墓（爱与婚姻更为自由、自主，但离婚率却越来越高也是事实）。婚姻当然以坚贞、忠诚、责任为基础，爱情则以激情为基础。

二、爱的方式

爱是一种非常复杂奇妙的感觉，理解因人而异。当我们告诉一个人说："我爱你"时，对方通常惊异地问："什么意思？"男性和女性对于爱的理解和反应在某种程度上也不一样。爱情有许多行为所指，以为有一个统一的所指是浪漫关系双方之间的一个最大传播障碍。当两人说他们相爱时，实际上他们在用不同方式表达、诠释和体会爱。

1. 六种爱的类型

爱有不同的表现形式，不同的人会有不同的爱的方式和方向。"颜色轮类推"（color wheel analogy，Lee，J. A，1973）理论提出了六种爱的类型（三种基本的，三种次生的）。三种基本类型是：爱欲（就是爱一个理想的人），游戏式的爱（把爱当作一场游戏），友情式的爱（把爱看作友谊）；三种次生的爱分别是：沉迷占有式的爱（爱欲和游戏式的爱的结合），现实之爱（是游戏式的爱与友爱的结合），无私奉献的爱（是爱欲和友爱的结合）。

第一，以爱欲方式相爱的人是激情的、浓烈的，对于美以及外表一见倾心，心旌摇动，通常相信"一见钟情"。他们对理想的美有清晰的概念，当某个人符合自己的理想模型时，就会获得一种明显的生理反应——急切地进行个人揭示并向往性亲密。当然，这种外表不一定是漂亮的或者英俊的，而是符合自己独特审美价值的。这里的问题通常是，恋爱者强烈期望找到并不存在的理想爱人。于是，这种人经常经历强烈的情感峰谷——很容易一见倾心，又可能二见灰心。

第二，逢场作戏式的爱。相爱者愉悦于把关系作为游戏，一场游戏一场梦。他们对关系不会过于认真，常会打情骂俏；他们通常认为爱的重要性次于其他方面，比如工作；他们如此自恋以至于认为自己不会从他人那里要太多；他们不关心投入和依恋，只是玩游戏；他们强调交往的有趣性，一旦失去趣味，就会结束关系并很快忘记自己的风流韵事；他们津津乐道于玩花样、好时光，常常会有一夜情，可能同时有多个爱人。对于不要求承诺或者自足的人来说，这种爱是令人满意的。但是，如果对方要求更深、更长久的承诺，关系问题就出现了。

第三，友情式的爱。这种相爱者是耐心的，让爱自然地生长为和美的爱情，彼此提供相对的稳定性和可预期性；这种爱不是基于激情而是照顾，相信爱是从友谊发展而来的；这种爱志同道合很重要，有类似的情趣爱好；这种爱是伴随对另一个人的尊敬与关怀而成长，而不是短暂的游戏刺激感；相爱者相信两情若是长久时，又岂在朝朝暮暮；浓情蜜意通常不是这类相爱者的诉求。如果一方渴望较多变化和兴奋感，就会感到这种爱是枯燥乏味的。那么，关系问题就出现了。

第四，沉迷占有式的爱。这种爱混合了爱欲之爱以及在游戏式的爱的特定，但对关系有着操纵的愿望。相爱者缺乏安全感，过度迷恋对方，占有欲很强，对方稍有忽略或不重视，哪怕一点微小的激情不足，就会焦虑、痛苦和嫉妒，去做一些蠢事来引起对方注意，比如发病；他们对爱的要求如此之多，以至于不能容忍伴侣的自我生长，不能让关系自行运作，因为他们需要伴侣填充他们的自我空虚，在沉醉的巅峰和欲望的深渊中挣扎，分手对他们来说就像切断毒瘾一样可怕。这种爱也被称为上瘾的爱（addictive love，S. Peele & A. Brodsky，1974）。

第五，现实的爱。这种爱混合了友情式的爱和游戏之爱中的控制、操纵。相爱者会精打细算对方是否会成为好配偶、好父母，对对方的态度、信念和价值观以及未来的发展前景乃至收入随时都在做算计、比较。这种算计不仅在求婚中，也在分手时，甚至分手的恰当时间和情形事先都在仔细设计中。生活目标、价值观、收入等因素的变化都会给这种关系带来挑战。显然，这种爱不那么浪漫，显得功利十足。

第六，无私奉献的爱。正如宗教之爱——神爱世人是不需要任何回报的大爱，是不讲任何条件的无私的爱。"爱是恒久忍耐，又有恩慈；爱是不嫉妒，爱是不自夸，不张狂，不做害羞的事，不求自己的益处，不轻易发怒，不计算人的恶，不喜欢不义，只喜欢真理；凡事包容，凡事相信，凡事盼望，凡事忍耐。爱是永不止息。"相爱者会用自己的一切力量来帮助对方渡过难关，把对方的需要置于自己前面。但人们往往更相信这种爱只会发生在小说或者电视剧里。这种方式也会有问题，总是索取自我满足的那一方更多是关系的旁观者而不是充分的参与者；而且，在长期的索取关系中榨干对方的一切，并培养索取者的贪婪、自私和冷酷。

那么，人们是否希望伴侣有与自己近似的爱的方式？约会关系中的人们常常有这种愿望——有着沉迷占有式的爱或者游戏式的爱的方式的人寻找有着同样方式爱的人。是否有哪种爱的方式优越于别的方式呢？无私奉献的爱和友情式的爱在追求爱的人那里是最广泛的诉求（G. D. Morrow et al.，1995）。

技能训练：测试你的爱的方式？

1＝强烈同意，2＝同意，3＝中立，4＝不同意，5＝强烈不同意

1. 我和我的恋人之间有着正确的身体"化合反应"（　　）
2. 我觉得我和恋人对彼此都重要（　　）
3. 恋人和我真正理解彼此（　　）
4. 我的恋人契合我对漂亮/英俊的理想（　　）
5. 我相信我的恋人知道我不会伤害他（　　）
6. 我有时必须防备我的恋人知道我别的恋人（　　）
7. 如果我的恋人知道我对他人做过的一些事，他会感到难过（　　）
8. 我乐于和恋人以及其他伙伴玩"爱的游戏"（　　）
9. 我们的爱是最好的一类，因为是经过长期友谊发展而来的（　　）
10. 我们的友谊最终在时间中融为爱情（　　）
11. 我们的爱是真正的深厚友谊，不是神秘的情感（　　）
12. 我们爱的关系是最满意的，因为是从好的友谊发展而来的（　　）
13. 在选择恋人时，一个主要考虑是他如何对我的家庭做出反应（　　）
14. 选择恋人的一个重要因素是否他会是好的父母（　　）
15. 选择恋人的一个考虑是他对我的职业做何种反应（　　）
16. 在对我的恋人做出承诺前，我试图勾勒出他的遗传背景与我的相容

程度（　　）

17. 当我的恋人没有注意我时，我浑身都是毛病（　　）

18. 自从我和恋人恋爱，我无法集中于任何事情（　　）

19. 如果我的恋人和其他人在一起，我不能放松（　　）

20. 如果我的恋人忽略我一小会儿，我有时会做愚蠢的事情去吸引他的注意力（　　）

21. 我宁愿自己受苦也不愿让恋人受苦（　　）

22. 如果我不把恋人的快乐放在我自己的前面，我就不会快乐（　　）

23. 我经常愿意牺牲我自己的愿望去达到他/她的愿望（　　）

24. 为了恋人，我愿意忍受一切（　　）

1～4题的分加起来，这是关于爱欲或者激情之爱的，5～8题的总分是有关游戏式的爱，9～12题是友谊式的爱，13～16题是现实之爱，17～20题是占有式的爱，21～24题是无私奉献的爱。分数越低，表示越同意这种爱的方式，分数越高，表示对这种爱的类型越持否定态度（比如，4分表示对这种类型的爱持有强烈的肯定的态度，20分表示对这种类型的爱持有一种强烈的否定态度，Hendrick et al.，1988）。

在爱的发展中，爱的种类也会发生转换。例如，最初的好感是爱欲，或许还混杂沉迷占有式和游戏式的爱；随着发展，可能发展出较多友情式的爱；接着，可能开始谈论是否建立长期关系，是否发展成终身伴侣以及为人父母，这就会经历理性实际的爱；如果双方觉得合适，就会开始无私奉献的爱。

2. 爱的三向度及其八种组合类型

所有爱的关系都有三向度：亲密、责任和激情。亲密包括信任、关心、诚实、支持、理解、敞开、亲近感、分享、传播等（回顾第六章有关亲密的内容）；责任包括忠诚、奉献、对方优先、彼此需要、短期决定爱对方、长期承诺并保持承诺；激情包括兴奋、性兴趣和行为、极端渴慕。激情被看成是发展浪漫关系最重要的向度（C. Hendrick and S. S. Hendrick，1989；R. J. Sternberg，1988，图8-1）。

这三个向度的不同组合成就八种不同的爱的关系，现实生活中这八种爱的关系都是存在的。如图所示，虚线表示缺失某个部分，但即便是缺失某个组成部分，也不意味着完全没有，只是影响较少，程度较低；实线表示具备、充满某个部分，但即便是具备某个部分，也不表示极端强烈。从绝对没有到绝对拥有有一个变化区间。

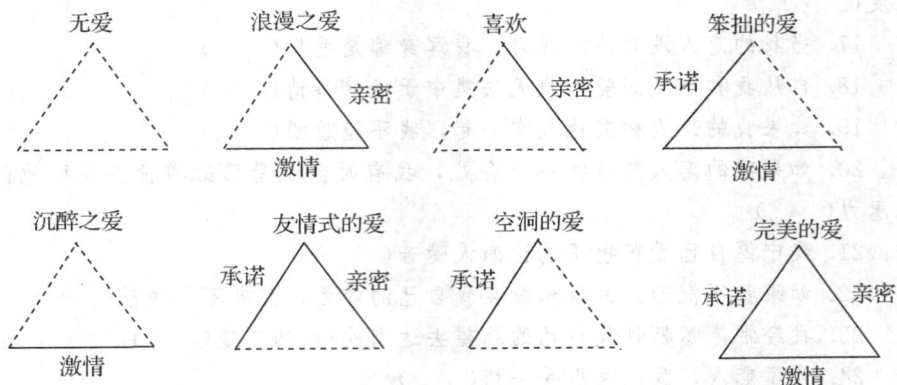

图 8-1　斯登伯格的爱的三角演绎图

其中有两个极端组合：一个是亲密、责任和激情三项度都不具备或者缺乏，这种关系是无爱；另一个是亲密、责任和激情三项度都具备，这就是完美的爱，是最强烈和最持久的爱。例如，蜜月期的恋人、新婚燕尔的夫妇最具有这种特征，他们以信任为基础，以性吸引和欣赏为催化剂，以承诺为约束。当然，这种状态可能是爱情经历中很短的一个时间，随后和其他的爱的状态存在彼此转化的可能。显然，完全无爱和完美的爱的关系状态都很稀少，建立在两个或两个以上因素的爱比建立在单一因素上的爱更持久。

其他六个组合分别是一个，或者两个向度较为强烈，另一个或者两个向度较弱或者缺乏。亲密和承诺组成的爱是友情式的爱。相爱者有着亲情式的信任和依赖，相互依存，长相厮守，爱成为一种习惯。"我能想到最浪漫的事，就是和你一起慢慢变老"是也。

激情和亲密组成的爱是浪漫的爱。这是最轻松、最唯美的爱情。但人们常常会发出"为何浪漫的爱情难以长久？"的慨叹，因为在面对需要对爱做出承诺时，浪漫之爱就会受到冲击。大多数情窦初开的青年男女之间的爱就是这种爱。

承诺和激情组成笨拙（虚幻）的爱。这种爱的体验是笨拙的，缺乏以信任为基础的亲密，发生在旋风般的求爱中。例如，闪婚——对彼此不了解，风险大。罗密欧与朱丽叶的故事可能就是这一类。

只有亲密就是喜欢。两性之间真诚的友谊，不会激发激情。人们会疑惑的是"你是爱我？还是喜欢我？""男女之间有没有纯洁的友谊？"

只有承诺就是空洞的爱。这是高度道德化的，或者价值观高度异化的两性伙伴关系。西方文化里所谓的激情燃尽没有温暖，只有待在一起的决定。例如，戴安娜和查尔斯王子貌合神离的爱，中国传统文化里多数的包办婚姻也属于这种。

只有激情是沉醉式的爱。相爱者之间有着强烈的性吸引，缺乏彼此了解与信任，最容易发生变化，而且如过山车般幅度大。最常见的就是一见钟情。你相信一见钟情吗？

爱的三向度某一个、二个或者三个向度的缺失或充满也是在时间中变化的，伴随着爱的历程。曾经没有的向度出现了，而曾经有的向度又消逝了，于是，爱的种类也会发生转变。例如，两个青梅竹马或者日久生情的人原本就有喜爱，如果某一天迸发出了激情，就会开始浪漫关系，如果彼此能够进一步发展出承诺，就达到完美的爱（蜜月期）；或者一见钟情式的沉醉如果能发展出亲密，也可能开始浪漫的爱，如果彼此有了承诺，爱也可修得圆满（蜜月期）；如果是无爱的包办婚姻，伴侣们如果能发展出亲密，也能修得圆满（蜜月期）；那种沉醉式的爱加上承诺（始终没有亲密），那只能是虚幻的爱，修不成正果；而圆满的爱如果激情消退，就变成友爱，成为白头偕老的老夫老妻，友爱如果失去亲密，就变成貌合神离的无爱；友爱如果丧失了承诺，就变成喜爱，喜爱再失去亲密，就变成了无爱，也就到了浪漫关系的分手阶段。

3. 影响爱的方式的因素

有人认为爱像人们的愤怒或欢乐一样是人类的基本、普遍的情感，于是强调爱的荷尔蒙和生物意义；而另一些人则认为爱是文化现象，部分起因在于社会压力和社会期待。总体来讲，爱既是生物现象也是文化现象，我们表达和经历这种情感是受到我们个人的爱的观念的影响的[1]，而这种观念往往受到文化、个人经历的具体情境及性别等因素的影响。

（1）爱是文化导向的

尽管研究者提出了六种爱，但一些别的文化中的爱也值得我们关注。个人主义文化（比如欧洲）可能更强调浪漫之爱和个人满足——恋爱就是自己的事情，而集体主义文化可能把爱延伸到一个大型亲戚网络里（Dion et al.，1995）——恋爱是一大家子的事情。美国人与法国人相比，美国人对友情式的爱以及狂热的爱的记录比法国人高，而法国人在无私的爱方面得分较高（Murstein B. I. et al.，1991）。

---

[1] http：//psychology. about. com/od/loveandattraction/a/theoriesoflove. htm。

爱的表达也是有十分重要的文化差异的。在讲英文的社会里，常用美好的事物来比喻和称呼爱情，比如甜心（honey，sugar，sweet）；而中国人的称呼一直比较含混，甚至对女性多带有贬义，如糟糠、堂客、拙荆。

（2）爱具有性别差异

女性似乎恋爱较男性早，并且经常在青少年时期开始恋爱，而男性在20岁以后容易恋爱；男人的爱情多半属于激情的或者游戏式的爱，是属于热情的、不愿意给予承诺的，抱着游戏心态并加上罗曼蒂克式的，而女性更强调友谊，更考虑经济上的实际性，并带着某种程度的占有式的爱，愿意照顾对方，占有欲强。这样说并非就表明男人不愿意负责任或者女人不重感情，而是说男女在经验爱的种类时有不同组合。情境不同，经验也不同，面对不同的人所体验的爱也会不同（Hendrick et al.，1993）。

好莱坞的电影刻画了无数伟大的浪漫故事，也在表明男性和女性爱的方式的差异。爱是男人生活的一部分，而爱是女人的全部；女人是情绪化的，男人是理性的；女人爱的强烈，男人爱的超然；已婚女性比已婚男性对爱更实际，较少浪漫看法（Knapp et al.，2014）。

（3）情境不同，体验到的爱不同

爱有个体方面的依恋和牵挂，又有二人关系方面的亲密。从依恋风格来看，爱是多情感面向的，由健康和不健康方面组成，爱也是发展的（S. S. Hendrick，C. Hendrick，1992）。前面已经讲到，婴幼儿时期的依恋模式会影响到成人的浪漫关系。安全的依恋表明，成人对亲密是舒服的，对彼此依赖是舒服的，很少有被抛弃的恐惧，于是他们的爱的体验就是愉悦的、友好的、信任的；逃避风格的个体对亲密有恐惧感，依赖他人很困难，对伴侣接受度低；焦虑感的个体渴望亲近但害怕被抛弃，常常体会到情感的起起落落以及嫉妒（S. S. Hendrick，C. Hendrick，1992）。只有在安全、安定的依恋语境中，相爱的人才能够追逐理想的人类功能和彼此兴旺（Snyder et al.，2007）。

此外，情境因素和发展因素也会影响爱的体验。大多数的爱包含不止一种爱，并且爱的关系是发展的，那种基于友谊的爱可能发展为爱欲。激情和爱是高度个人化的现象，没有任何人的爱的方式和历程是可以复制他人的，没有任何人对爱的体验是一模一样的。因此，人际传播不可能教给人们一套适用于所有人的路径去培植爱，只可能督促人们去学习并实践一些保持健康关系的基本技巧和原则，比如以他人为导向，注意倾听对方，等等。

三、爱的传播互动方式

和友谊相比，浪漫关系也有一个典型的但不是普遍的发展路径。对大多数人来说，都会经历爱的沉迷、发展与恶化，从初次约会到结婚或者分手。爱除了是感觉，还是行为和传播，包含诸多互动形式。处理得当，关系顺利进展；否则，以失败、分手告终。

1. 爱需要传播

"爱是一种表达与沟通出来的感觉状态"（Duck，2004：66）。默然相爱，寂静喜欢，这是一种高尚的精神之恋。世俗生活中的爱还是需要各种互动方式来表达和维护的。

在相爱阶段，情侣的交谈通常较多，包括频繁的自我揭示。自我揭示自己的经历、生活方式、感觉方式、沟通模式、价值观等，目的是让对方更了解自己，自己尽快全面地了解对方，以推动关系的发展。

其他的一些交谈既具有处理事务的工具型功能，还能够愉悦彼此身心、表达爱意以及愿景向往。情侣们会温柔地说话，对彼此格外地礼貌和殷勤；情侣们会使用非常个人化的传播——用只有他们自己知道意思的词汇来指涉秘密，创造个别化的用语、词汇、短语、动作来表明他们之间的特殊关系，比如使用昵称。对外人来说，使用这些昵称就不恰当，就是侵入人家隐私。

情侣们在对话中对彼此的认可也超过其他关系，他们知道说什么和怎么说可以取悦对方，让对方感到快乐；情侣们还知道如何通过语言和行为来奖励对方（或惩罚对方）；为了爱的关系，经常愿意用建设性方式解决冲突。

情侣们在表达爱、维系爱时，除了使用语言符号，也使用非语言传播。情侣们会手拉手，勾肩搭背，空间距离很近，注视的频率高，穿情侣衫，佩戴成双成对的饰物。频率很高的温暖、深情的目光凝视是爱最清楚的非语言标志，抚摸、拥抱和亲吻频繁显示彼此很高的亲密性，情侣们亲密的互动方式别人一望便知。你如何和你爱的人传播互动呢？你会说什么？会有哪些非语言传播行为？

2. 情侣冲突

浪漫关系为我们管理冲突的能力提出了严峻考验，"决定关系的是参与者如何成功地穿越冲突中的大大小小的事件。"（Wilmot，1995：95）两个生活在不同家庭环境和成长背景下的个体，甚至生活习惯差异较大的个体要连结为一个社会单元，差异及其引发的争论在所难免。有的争论有益，有的则无益。有益关系的冲突，是对日常事务以及活动及其角色的安排进行协商，谁该做什么，谁可以去，你为我做某事我该如何回报等。如果能把这些议题协商清楚，尽管起初有争议，实际上可能变得更亲密。这里的前提是你真心想获得一份基于爱对方的情感，如果你是抱定要寻找一个言听计从的随从或者干脆是伺候你日常生活的保姆，那就另当别论了。

　　而无益的冲突往往是对彼此的目标或关系的看法发生差异，比如是继续以结婚为目的的关系发展还是友谊，还是终止关系；或者一方想要结婚，另一方不想做出承诺；再或者一方想分手，另一方用各种办法挽留。这种冲突常常是难以调和的。

　　还有一种不良倾向，即为了爱的关系的发展，人们总是展现最美好的一面，总是表现出自己关怀、迁就、大度和宽容的一面，而不愿意选择协商差异以达成共识。这种倾向是为对方牺牲自己的情趣、爱好，把对方的优先性放在第一位。一方或者双方过于迁就往往为婚姻生活埋下祸根——彼此觉得你不是当初的那个你了。

　　所以，恋爱本身就是最好的关系学习。学习如何既表达自我，又能够以他人为导向；学会坚持自我的某些积极方面，又学会为爱妥协。任何极端的做法，将会损害关系的发展和维系。面对差异而不是回避差异，这对爱的关系的发展是利多弊少。如果能够成功解决交往中的这些状况，就能够顺利地处理好婚后的工作和义务的变动，比如为人父母的变化，彼此协商日常生活事务。当然，也可能因为难以协调好冲突而导致分手，但也比在婚姻后发现对方不是当初的那个他/她产生的失望和冲击感带来的破坏强，失败的爱依然可以为我们下一次的爱提供经验、教训。

3. 爱的关系中的性活动

　　性行为可能为彼此带来欢愉与满足，但也可能成为问题的来源，包括谁该主动，谁有权力主动，双方对于性行为的频率、起始、情境以及方式等都可能有差异。有文化差异。例如，在东方社会，女性通常被认为应该是被动的接受者，主动追求性活动往往被视为道德不洁。还有个体差异，就是这些问题必须获得双方的共识或认可。性爱的满意度与两人关系的满意度成正比。

　　但是，男女两性在这方面又会是有差别的。在传统的浪漫关系中，各种文化普遍地认为男性是可以主动的，可以忠于和顺从自己的生理和心理冲动，而且即便是在初次约会中也可以发生，并把是否可以发生性关系看作关系发展的标尺；而一旦遭到抵制，就会觉得对方还不够爱自己。女性被看作不能跟着感觉走，要按照文化要求活动——表现出羞涩、拒绝、不安、痛苦。其结果是男性对性活动持有双重标准——要求交往的女性是淑女，毫无性经历最好，但自己从来不必保持对女性性贞洁的尊重。

4. 爱的安排要符合既定社会准则

也就是说，相爱者的关系要获得一种文化群体的认可，并非仅仅靠情侣本身就能完成，还要在一个多节点的人际关系网络中下功夫。因为交往的密切性，使情侣与其他人际关系互动减少。为了避免不快，必须主动向别的人际关系言明原因。例如，恋爱期、蜜月期享受二人世界通常得到社会规范的认可，但从蜜月归来后，或者在结婚庆典后，如果继续沉浸于二人世界，就会引来社交圈的不快。这个节点后，情侣们将变身为一对被社会认可的伴侣。

约会是浪漫关系很重要的一个起点。一个人明确提出约会，另一个人同意或者拒绝都是正常的。游说他人去约会包括以下问题：一是行为的正当性，即在这个场所提出约会请求是否正当？约会要尽量让他人产生正面的自我看法，即被邀请是得到认可和喜爱。二是要谨慎地说出讯息，以便满足对方的面子需要。有些女性会欲迎还拒，会拒绝男士第一次约会，但又暗示下一次可以。还有，太快太热切地接受约会邀请，有时会产生形象问题。当然，约会要求的提出或者接受反映了双方相互之间的吸引力以及对未来进行互动的期望。男性和女性提出约会的方式是有差异的，社会规范通常认为男性应该是主动方，如果女性主动会造成不够自尊和轻浮的印象。个性被动的女性不会给人这种印象，但过度被动又会给人高冷的印象，使人不敢接近，而失去和自己真正喜欢的人在一起的机会。

5. 爱情中的嫉妒

恋爱中尤其容易出现嫉妒，这是由爱的专一性和独占性的特点决定的。如何面对自己对伴侣的嫉妒以及如何处理来自伴侣的嫉妒是爱的关系里最常遇到的问题。

嫉妒是普遍的人类倾向，在幼儿早期阶段就会出现。什么是嫉妒？人们十分在意自己拥有的东西，却同时羡慕别人拥有的。也就是说想独占自己的伴侣，却羡慕或渴望别人的伴侣（Duck，2004：71），这是"一种嫌恶的情绪反应，由一个人与现在或者与以往的亲密伴侣以及第三者之间的关系引起的"（Buunk and Bringle，1987，转引自 Duck，2004：72）。这段关系可能是真的、想象的、预设的，或者是曾经发生过的。研究者一般认为这是一种强烈的负面情绪，会影响自我评价，也会损害关系。

嫉妒分为认知的、情绪的以及行为的（Pfeiffer and Wrong，1989，转引自 Duck，2004：71）。认知的嫉妒是指一些怀疑、担心伴侣可能与异性交往的想法。情绪的嫉妒是指当伴侣对异性表现出热情时，人们的情绪反应。行为的嫉妒是指检查伴侣的物件、各种网络账号以及通话记录等。当人们越看重与某个人的关系、越依恋某个人，可能会因这个人与其他人的见面、互动感到心烦意乱。

四、成为爱的艺术大师

尽管不是所有爱情都会经历心醉神迷的陶醉和触电般的感觉，但爱的确是人类最愉悦的体验，"恋爱总是充满魔力"，恋爱的人都认为自己的爱是独一无二的，可以摆脱世间比比皆是的失败结局。但我们很快"变得强求、怨恨、吹毛求疵，也不够宽容"（John Gray，1992：13）。"几乎没有一场冒险像爱情那样，是以如此巨大的希望和期盼开始的，并以如此的规律性遭到失败。"现实生活和大众媒体中，我们每天眼见无数亲密爱人变成敌人，爱与婚姻是如何成为两性战场的？

如果我们把爱当作本能，那么，我们没有什么是需要学习的；如果我们把爱当作一种能力和艺术，那么，就需要像学习任何其他艺术门类（如音乐、绘画、木工或者医疗艺术和技术）一样艰苦努力。学会这门特殊的艺术的必要步骤一是掌握理论，二是努力实践，三是对爱上心，即要把"成为爱的大师"看得高于一切（弗洛姆，2008）。

1. 对爱上心

巩固的恋爱关系或者婚姻后，差异才被揭示出来。我们面对两个选择——注定和那个人悲惨地生活，还是弃船重来？绝大多数人在这两者之间做了选择。那么，我们是否有第三种选择呢？

大多数人认为爱仅仅是一种偶然产生的令人心旷神怡的感受，只有幸运儿才能"堕入"爱的情网。之所以人们会这样想，是因为他们没有把爱看作一种能力。大多数人认为爱情首先考虑的是自己能否被人爱，而不是自己有没有能力爱的问题；认为爱的问题是一个对象问题，而不是能力问题；人们不了解"堕入情网"同"持久的爱"这两者的区别（弗洛姆，2008）。也就是说，坠入情网很容易——恋爱的经验就是情感高涨，然而这却不是真爱。其一，恋爱不是愿望的行为或者有意识选择，而是"堕入情网"；其二，由本能所主宰的行为不费吹灰之力，彼此做一些稀奇古怪的不自然的行为，甚至是"短暂的精神错乱"（Bierce A.，1985）；其三，不是真正以滋养对方的个体成长为取向的（Gary Chapman，1992：34）。

显然，第三种选择就是，"现在是该追寻和配偶的'真爱'的时候了，这种爱本质上是情感的，但不是迷醉的。需要努力和约束，是选择花精力致力于造福对方，懂得他或者她的生活因为你的努力而丰富，你也会找到满足感——真正地爱另一个人的满足"(Gary Chapman，1992：36)。也就是说，恋爱的激情过后，爱的能力才是保持爱历久弥新的秘诀。爱的能力赋予人们关系的深度，带给人们生理和情感的靠近，使人们广泛地思考他们自己与伴侣以及世界的关系。爱的能力使人们保持"兴旺关系"(flourishing relation-ship，Fincham et al.，2010)，兴旺关系不仅是亲密的，而且还彼此造就(而不是彼此败坏)，让彼此感到快乐和轻松(而不是紧张、局促、焦虑，感到禁锢和失去自由)，也允许在亲密关系和其他社会关系之间保持动态平衡(而不是仅仅执迷于二人世界，对其余一切关系乃至世界置若罔闻)。

关系兴旺本质上是由于人们对关系上心(minding relationship)，上心是"互惠的了解过程，是一个不停止的、相关联的思想、情感以及行为的过程"(John Harvey et al.，2009)，上心包括5个组成部分：①了解和被了解，追求理解伴侣，包括伴侣爱的语言以及异性的爱的密码。②对行为做关系加强型归因，对那些疑惑进行积极解释。③接受和尊敬彼此，运用移情及其他社会技能来做到这一点。④保持互惠，善用积极事件强化关系。人们在人际语境中是能够从积极事件中获益良多的，进而促进关系兴旺。研究显示，告诉他人好消息的行为以及他人的回应都会产生个人和人际的后果，包括增长的积极情感、主体幸福、自尊以及关系好处(亲密，责任、信任、喜爱、亲近以及稳定，Gable et al.，2010)。⑤保持上心的持续性，爱不是一种单一的行为，而是我们生活中的一种气氛，一种需要我们终身学习、发现和不断前进的活动。

此外，保持浪漫关系还有很多常规行为，但人们却很少全部意识到，如给予建议(适时给对方提出一些推荐)；关系保证(显示并告诉伴侣他/她对你来说多么重要，并强调你的承诺)；有效地冲突管理(正确地和应时地道歉、倾听、合作和原谅)；恰当的开放性(分享感觉，谈论关系)；积极的举止(乐观向上的、使人愉悦的方式)；分担任务(任务、责任数量均衡，提供帮助)；混合社交网络(和共同的朋友共度时光)(Dainton et al.，2002)。更多这方面内容请参考第六章关系维护部分。

2. 学习对方爱的语言

"如果我们打算成为爱的有效传播者，我们必须愿意学习我们配偶基本的爱的语言"(Gary Chapman，1992：14)。"爱是一种选择，而不是强制……我们每天必须决定爱或者不爱配偶。如果选择了爱，就要用我们配偶要求的方式去表达，他们的要求使我们的爱在情感上最有效"（Gary Chapman，1992：107）。我们都说过"我爱你"，但悲催的是我们把重点都放在"我"上、而不是"你"上，我们总是用我们自己的方式去爱对方，而且对对方的不接受还感到困惑。实际上，要使关系满意，我们必须用对方的方式来爱，也就是必须用配偶的爱的基本语言来表达爱。这些语言不仅适用于爱的关系，也适用于婚姻和亲子关系。

（1）欣赏的语言

在爱的关系中应尽量使用建设性的语词，用语词恭维、赞扬、感谢。马克·吐温曾说："靠一句赞扬的话，我可以活两个月"。可见，积极的话语对我们的幸福以及关系的重要性。"真的谢谢你洗碗"，"这口味像大厨做出来的，我很喜欢"。如果相爱者把爱的目标当成是从对方那里得到某些东西，而不是为了所爱的福利，我们很难说赞扬、欣赏的话。即便说了，充满策略性的互动也会引起所爱的反感。

有研究对成婚多年的已婚夫妇进行了研究，提出成功婚姻的"神奇比率"理论，认为一个成功的婚姻，夫妇必须有5个积极互动对一个消极互动的平均律，当比率达到1∶1时，离婚十有八九（Gottman，2003）。批评、轻蔑、冒犯都是消极互动，会产生消极关系。

第一，说鼓励的话。"生活不是建立在成就上，而是关系上"（Gary Chapman，1992：43），鼓励需要移情性地站在对方角度上想问题，首先要知道对对方来说什么是重要的，否则，很难说出鼓励的话来。要表达"我了解，我关心，我和你在一起，我能够为你做什么？"这样的意思。鼓励可以使我们的所爱克服不安全和挫败感，恢复自信。

第二，说和善的话。伴侣通常"翻译"我们的讯息基于语调，而不是我们使用的词汇。"爱不是永远把错误记录在案，不是呈现过去的失败……谅解是爱的方式"（Gary Chapman，1992：47）。谅解不是一种想不想谅解的感觉促成的，而是一种责任——为了对方和关系的幸福，必须这样做。

第三，说谦卑的话。不要总是觉得自己智商、情商高于对方，说话总是咄咄逼人，高人一筹。

（2）专　注

给对方专注的时间并进行专注地对话对保持健康关系十分重要。专注的核心部分是归属感，是集中注意力。一位丈夫边看球赛边和妻子说话这不是专注。除非你的注意力在你的恋人、爱人或孩子身上，否则即便是只有你们两个人的晚餐也可能没有一分一秒的专注时间。电子传播时代来临后，常见的不专注就是"世上最远的距离不是你在天涯海角，而是我们面对面时你紧盯在小屏上。"专注包括在一种友好、不打断的情况下分享经历、想法、感觉和愿望。好的伴侣不仅是说，也不仅是听，而是适时了解对方需要，给对方提建议，积极回应伴侣以使对方安心。

（3）用礼物表达爱

一些伴侣对爱的视觉符号特别有感觉，在这种情况下，礼物就是这些人爱的表达方式。如果他们没有经常收到来自伴侣的礼物，就会觉得这代表伴侣爱得不够。在危机时刻，你的人亲自到场是你能够给予接受礼物为基本爱的语言的配偶最有力的礼物。礼物不必贵重，也不是每周都给。对有情人来说，它们的价值与钱无关。经常的小礼物、偶尔贵重的礼物，甚至免费的礼物，都可能让对方对关系感到快乐和安全。好在这种爱的方式是最容易学和表达的。

（4）用点滴行动传递爱

帮伴侣做一些生活琐事可能也是无法忽视的爱的表达方式，比如帮洗衣、做饭，帮修理自行车或帮忙倒垃圾。通常，伴侣双方都喜欢这种表达方式，但依然要了解哪些是我们的伴侣最感激的点滴行动。例如，她花了一整天帮他洗车，帮他遛狗，但如果他觉得帮他洗衣服和收拾房间更必要，他还是感觉不到爱。

做这一切琐事应该是出于爱而不是被迫，如果是出于愧疚或者害怕，那就不是爱而是恨的表达。但是，满足对方需要的点滴帮助往往是不符合自己的期待的，所以，学会说这种语言意味着某种牺牲。但如果这种牺牲对你的伴侣意义重大，那将能够确保你们快乐的关系。

（5）身体接触

许多伴侣感到最被爱的时候是受到伴侣的抚摸、拥抱、亲脸颊、亲吻等。如果那是他/她的基本语言，说或不说这种语言可能造就或毁灭关系。需要了解的是，你的伴侣对这些触摸是如何在生理和心理上做出回应的，还需要了解你的伴侣是如何进行身体触摸的——有些触摸是不受伴侣喜欢的。也许，没有什么比在她哭的时候或者危机的时候，给她一个拥抱来得重要。

技能训练

写下并按照重要性排列你的爱的语言，如何揭示你基本的爱的语言？

1. 你的伴侣所做的或者没有做的伤害你最深的事情是什么？最伤你的反面就是你基本的爱的语言。

2. 你最经常要求伴侣做的是什么？最常要求的就是你觉得最被爱的

方面。

3. 你最经常性地向你的伴侣表达爱的方式是什么？你表达爱的方式就是一种指示，这种指示使你觉得被爱。

满足对方爱的需要是一种每天都要做的选择，假如我们知道他/她的爱的语言并选择说出来，他/她最深的情感需要就被满足，就会在爱中感到安全。那些对我们做起来越不自然的行为，越能够表达我们对伴侣的爱。

3. 学会异性爱的密码

男人和女人之间的差别之大如同来自两个完全不同的星球——水星和火星，而这无疑象征他们的关系有时形同水火。"男人和女人不但传播有差异，而且他们的思考方式、感觉、观察、反应、爱、需要和欣赏能力都很不同。"(John Gray，1992：5，表 8.1)

表 8.1　男女传播互动的差异

	女	男
在感情上的需求	关心、照顾、了解、尊重、转移、肯定、保证	信任、接纳、欣赏、羡慕、认可、鼓励
在爱的关系中	需要感到被珍爱	需要感到能力被肯定而不是不请自来的忠告
面对压力，情绪低落时	需要聆听感受，而不是替她拿主意，建议	需要独处，而不是被勉强细说缘由
在寻找自己的价值时	从人际关系中肯定自己	从成就中建立自我
在增进爱情时	需要感到被对方了解和重视	需要感到被对方欣赏和感激
在相互沟通时	总以为男性的沉默代表对自己的不满和疏离	总以为女性的宣泄代表向自己寻求解决问题的办法
沟通模式	关系导向	方案导向
语言的表达内涵	表达情感	表达信息

很多时候，尽管我们怀着十分的真诚和爱意来与对方沟通，但我们的沟通还是充满挫折和无成效，我们时常感到非常委屈。一个重要的原因就是我们时常忘记我们和异性之间的差异，期望异性更像我们自己。因此，"当男性和女性能够尊重和接受彼此的差异时，爱才能够有机会绽放"。(John

Gray，1992：14)在浪漫关系和婚姻关系里，有多相爱固然重要，但能够理解异性和自己的差异更能决定关系的质量和走向。

(1)女人需要被倾听，男人需要被接受

在爱的关系中，男人往往是"解决问题"(Fix-it)先生，而女人是"家改委员会"(Home-improvement committee)(John Gray，1992)。

女性对男性最多的抱怨是男人不善于听；女性越抱怨，男人越不听。这就变成了一种恶性循环。男性对此深感迷惑不解，因为每次他都在听，并且为了她的快乐和幸福，总是努力及时给出解决问题的方案。女人反反复复抱怨他没有听，他反反复复给出方案以示自己在听，因为他以为她要的是解决问题的办法。而女性要的不是办法，而是他感同身受地听，需要理解、关心、尊重、投入、安慰，希望他承认自己的情感和反应是合情合理的。于是，当女人抵制男人的方案时，他感到自己的能力被质疑。结果他觉得不被信任，不被欣赏和感激，于是停止对她的关心。他理解性地听的愿望就越来越不堪。

男人中最常见的对女性的抱怨是女人总试图改变他们。当女人爱一个男人时，她感到自己有责任帮助他成长并试图提高他们做事的方式。尤其是当男人犯错时，女人就成为家改委员会，提供未经请求的建议和批评，试图改变男人的行为。无论他拒绝了多少次她的帮助，她还是固执己见。男性不想被控制，而是需要被接受、信任、欣赏、仰慕、赞同。于是，当男人抵制女人的管教时，女人觉得他不细心，感到自己的需要不被尊重，最终感到不被支持。于是，停止对他的信任。

(2)女人是关系导向的，男人是方案导向的

尽管男性和女性都在努力让对方感到舒心和愉快，但却总是难让对方满意。因为"男人的自我感是通过他达成目标的能力来确定的……。他们对客体和事物远比对人、对感情有兴趣"(John Gray，1992：16)，因此，他们是目标和方案导向的。给男人提供未经请求的建议就俨然轻视了他没有能力自己做这些事；而"女人的自我感是通过感情和她的关系的质量来确定的"(John Gray，1992：18)，因此，她们是关系导向的，是表达性的。对她们而言，沟通是最重要的，分享个人感情远比达到目标和成功更重要。

随着时代变化，雌雄同体可能出现，两性行为更灵活，展示曾经饱受限制的那些方面。例如，女性可以是顺从的但也是果断的，而男性可以是竞争性的但也是可以培育的。

(3)女人需要被珍爱，男人需要得到认可

如果两性都了解这种差异，就会在爱的互动中更好地激发对方。"男人被激发和感到充满力量是在他们感到被需要时"（John Gray，1992：43）。在爱中，如果给予男人展现自己能力和潜力的机会，他就能越来越好。反之，不被需要，对男人来说等于慢性死亡，他会不断退回到一个老我去。因此，女人要做的改进就是"放弃给建议"。例如，强和蔷带孩子去某目的地参观，他们从来没去过那里。蔷几次建议说向人问问路，强开始沉默，后来说话越来越没好气。蔷根本不知道他为何总是没好气，后来自己也变得没好气——因为很委屈，"我关心你，给你建议，你还不识好歹来气我"。而对强来说，他觉得自己被冒犯了，"我难道连这个都不知道，需要你来教导我？"因此，如果蔷意识到除非他要求给一些建议，下一次遇到同样情况，将不主动提供方案，而是深呼吸感激地看他如何为她引路，强将非常感激。

而女性被激发和感到充满力量"是在感到被珍惜时"（John Gray，1992：43），如果给女性多一些珍惜、怜爱，女人觉得不枉付出，就会越来越好。反之，不被珍爱、不被关注对女人来说如同砒霜，诛心毁容。因此，男人要做的改进就是"学会听"，要记住："女人谈论问题是为了获得亲近，而不一定是获得解决问题的办法"（John Gray，1992：21）。例如，晴累了一天回到家，她想分享自己一天的感受。

晴：太多活儿要干，几乎没有时间留给自己。

勇：你不必那么卖力工作，又不要你养家，你可以做一些你感兴趣的事。

晴：我很喜欢我的工作，只是人们太急于求成，恨不得一分钟内改变一切。

勇：不要听他们的，我行我素好了。

晴：我是这样的！我简直不相信我居然忘了给我妈打电话。

勇：别着急，她可以理解的。

晴：但你知道她最近多难吗？她需要我！

勇：你太多焦虑了，难怪你总是不快乐。

晴（愤怒地）：我没有总是不快乐，你就不能听我说？

勇：我在听啊。

这段对话后，晴很烦，刚到家要追求亲密和陪伴的感觉荡然无存；勇也很烦，不知道哪里出了问题。他想帮她，可是"解决问题"的策略在这里没用。如何做呢？感同身受地耐心听，真正地追求理解对方的感觉。即便不理解，也要表示出"换了我，我也和你一样感觉"的移情。再看看以下的改进性对话。

晴：太多活儿要干，几乎没有时间留给自己。

勇（深呼吸，放松地）：嗯，看来是艰难的一天。

晴：人们恨不得一分钟内改变一切，我不知道怎么办。

勇（停顿一下再说）：嗯。

晴：我今天居然忘了给我妈打电话。

勇（轻微皱皱眉）：哦，怎么这样子？

晴：她现在太需要我了，我感觉很糟糕。

勇：你很有孝心，过来坐坐（或者让我抱抱你）。

勇搂着晴的肩，她很放松，一副释然的样子说："很喜欢和你说话。你让我开心。谢谢你听我说这些！我感觉好些了"。

（4）缓解压力，女人用谈论，男人用独处

男人遇到压力，为了感受好些，会把自我包裹起来，采取孤僻的行为，就像躲进"洞穴"一般；而女人遇到压力，为感受好些，会变得更有参与性，会找人聚在一起谈论问题，靠说来缓解压力。通过解决问题，他感到好受一点；通过谈论，她的感觉变好些。不理解和接受这些差异，关系就会出现不必要的摩擦。

例如，强回到家想通过看新闻安静地放松，工作中有很多问题没有解决，他感到压力大，想通过忘记来缓解压力；而妻子蔷想通过谈论问题来缓解压力，喋喋不休，见啥说啥。于是，二者之间的紧张慢慢升级，最终变成怨恨。强不理解蔷为何说这么多，于是拒绝听；蔷不理解强为何一直看新闻，感到自己被忽略和漠视，于是要让他参与说；她希望他说，他希望她停止说。

要改进两性关系，无论对女性还是男性来说，都需要有一对进退行为：收敛一点自己的模式，对对方的模式多一点理解。面对男人的淡漠、孤僻和不愿交流，女性不要阻止他，不要试图通过提供答案去帮他解决问题，不要试图通过问他的感觉来滋养他，不要坐在"洞穴"门口等待他出来，不要为他担忧或者感到难过，做一些让自己高兴的事（如果她这样做，他也会开心。比如听音乐，读书，锻炼，吃东西）。当然，如果男人能够适当谈论压力，适当克制自己的漠然和孤僻，女人是非常富有同情心和关爱的。

面对女人的情绪多变与大起大落，男性应给予更多的关爱、体贴。因为在她脆弱不堪时，她需要更多的爱。当女人情绪起伏时，男人会问："我怎么又惹你了?"女人会更不耐烦，情绪更波动，"你连我怎么了都不懂，还需要问吗?"而男人会把女人的不耐烦看作不可理喻。于是，会选择躲开她。避免争吵当然是健康的，但是，消极情感被压抑的同时，积极情感也被压抑，爱也就死了。长期得不到安慰和关注的女人，就如同没有得到浇灌的鲜花一样枯萎。当然，如果女人适当闭嘴，男人也会是充满感激的。但最糟糕的情况是，两者都遇到压力，都启用自己的压力模式。

总之，在爱的关系里，男人为自由权而抗争，女人为难过权抗争；男人需要空间，女人需要理解。反之，给男人自由权他会给她更多理解，给女人更多理解和珍爱，她会给他更多自由。

（5）女性用语言表达情感，男性表达信息

男女约会时，女性趋向于多说，把会话看成是关系发展必不可少的；而男性把会话看成是功能性的，目标是分享信息和解决问题。所以，语言学家认为女性是默契谈话（Rapport talk），男性是报告式谈话（Report talk），女性谈话是为了建立和谈判关系，男性谈话是保持独立性和谈判状态（Deborah，1990：77）。

男性和女性即便使用同样的表达，指的可能也不是一回事。最容易被错误理解的通常是抱怨。女性趋向于用语言表达情感，而男性是表达信息。当女人说："我觉得你从来没有听过我说"，她不希望"从来没有"被字面地理解，这样用也只是表达她此时此刻的挫折感和困惑感。很有趣的是，"为充分表达感情，女性就像获得诗歌大赛证书一样，使用各种最高级、比喻和概括"（John Gray，1992：60）。两性对同一个表达的理解的差异，如表 8.2 所示。

表 8.2   两性对同一表达的理解的差异

女人这样说	男人这样说
我们从来没出去过	不对，上周才出去过
所有人都不理我	我确信一些人注意到你
我累得不想做任何事了	你并没有说的那么累
我想忘掉所有的事	假如你不喜欢你的工作，辞职好了
房间总很乱	并不是总是很乱
根本没人听我说	我不是正在听吗?
都没用	你是说那是我的错?

续表

女人这样说	男人这样说
你不再爱我了	我当然爱你，不然我在这算啥？
我们总是很忙	并非如此，星期五我们就很放松
我想更浪漫些	你的意思是我不够浪漫吗？

对于以上表述，假如男人这样听，可能就好多了。第一句女人的意思是"我想出去一起做点什么。我很喜欢和你在一起。怎么样？你愿意带我出去吃晚饭吗？我们有一阵没有出去了"。如果男人理解成女人在说他没有履行职责，那就大错特错了。

第二句女人的意思是"今天我觉得被人忽略了，没有人看见我似的，我确定有人看见我但不关心我。我很失望你最近这么忙，我真的感激你为这个家努力工作，但有时我感到我对你不重要，你把工作看得比我重，你能抱我一下或者告诉我，对于你我有多特别吗？"如果男人听成这样就错了，"我不高兴，每件事都无希望，你也不注意我，你没有爱，你应该感到羞耻，我都从来没有这么忽略你"。

第三句女人的意思是"我今天做了太多事情，在做别的更多事情之前，我需要休息。我很幸运有你的支持，你可以抱我一下让我确信我做得很好，值得休息。"如果男人听成这样就错了，"我做了所有事，你没做啥，你应该多做点，我想和一个真正的男人在一起生活，选择你是一个大错误"。

第四句女人的意思是"我对工作很负责也很喜欢，但今天实在太累。我需要时间休整。你会感同身受地听我说吗？我想让你理解我的压力，这样我就感到好多了。"男人如果听成这样就坏了，"我不得不做不喜欢的事，我对你和我的关系不开心。我想要一个能给我生活更多满足的伴侣"。

第三节　家庭关系及其传播互动

家庭是社会的最基本细胞。有人类以来，两性相吸，两情相悦，结合成家，进而繁衍养育后代。有了家庭，就有了家庭传播，家庭传播可以说与人类历史演进息息相关。

然而，随着农耕社会进入工业社会，人的生活日益增长的迁移性以及性别角色的变化，越来越多的夫妻分居两地，家庭的稳定性受到从未有过的冲击。在美国社会，初次结婚的伴侣至少有 50％ 会以离婚收场，1/4 的已婚夫妇会在 7 年内离婚（Duck，2004：134）。传统的长相厮守变成多次婚姻，离婚，单亲家庭，有职业的母亲，成家推迟，等等，不一而足，都构成对家庭价值观和家庭生活的极大挑战。

随之而来的就是家庭关系和家庭成员之间的传播互动模式的巨大改变。一方面，随着工作压力的剧增以及高风险社会的压力，家庭成员的角色需求越来越多元化，配偶必须成为浪漫的情人，善解人意的朋友，甚至成为彼此的关系咨询师和心理治疗师。中国独生子女成家高峰来临之际，甚至不切实际地期待对方担当自己的保姆和父母角色。另一方面，随着家庭成员变大变老以及家庭成员的增减，家庭成员的角色和关系也会发生改变。于是，面对日益增加和改变的来自外部社会以及内部家庭的情感和理性期待，个体的适应力面临巨大挑战——每项角色都不能偏废，但又彼此竞争。如果不能坚韧地背负这种期待，就面临家庭冲突；但如果一切期待都被满足，"将会成为毁灭个体的最佳社会途径"（Sher，1996，转引自 Duck，2004：135）。

在个体与家庭的张力中，家庭成员应更深入理解家庭传播的本质，并提高家庭传播能力。当然，没有单一的最好的适应所有家庭的传播能力，所有幸福的家庭都是相似的，不幸的家庭各有各的不幸。

一、家庭的本质

我们关于传播的大部分知识来自我们的成长，家庭是我们如何创造、保持和结束关系的首要学习场所——如何表达自己，如何表示愤怒，如何表达喜爱，如何选择会话方式，等等。无论何种家庭都是我们的原生家庭，我们在那里习得人际传播的技能和规则，以及关系的基本评估方式。

1. 家庭的定义

家庭是人类基本存在单位，没有正式的定义，政治家、保健人士、研究者都会有不同定义。传统的家庭定义重视生活在一个屋檐下的丈夫、妻子、孩子的角色，现代定义不太注重角色，而是强调人际关系和个人责任。

可以通过结构、功能和互动这三个原则来确定什么是家庭（Segrin & Flora，2013）。从结构定义就是通过考虑家庭的形式，以确定一个社会群体是不是家庭。人际关系学者杜克认为，"家庭唯一的定义特征就是：至少要有一个孩子以及至少一位负责养育的成人。"（Duck，2004：134）美国人口统计局（2012）如此定义："一个家庭就是两个或更多的人（其中一个是户主）组成的一个群体，这个群体与出生、婚姻和收养有关，并居住在一起"。该定义强调家庭中人的数量、合法关系以及共享居住空间，但不总是由婚姻或者血缘所凝聚。

从功能来定义，指的是被看作存在婚姻关系的那些人"履行的以及被期待的任务"(Segrin & Flora，2013：5)。其功能有：成员和家庭形成(比如提供一种归属感)；经济支持(比如提供食物和住所)；养育、教育和社会化(灌输社会价值观)；保护易受伤的成员(比如保护老、弱、幼、病等)。按照这个标准，任何人组成的群体只要满足这些家庭功能就可以被定义为家庭，无关于血缘、法律缔结或者其他。这可以把非传统的关系包含在内，比如同性配偶及其非生育孩子。

从互动来定义，就是按照传播过程构成家庭的方式来定义，家庭是"两个或更多人的一个社会群体，特征是持续的彼此依赖，并带有长期的承诺，这些承诺是来自血缘、法律或者喜爱"(Braithwaite et al.，2006：3)。该定义不那么强调结构、功能，而是彼此依赖、承诺和喜爱。

因此，家庭是由两个或更多的人组成的一个长期群体，是由生物、法律或类似的纽带连接在一起的，并且这些人通过持续的互动、提供工具性的和情感性的支持，以实现这些纽带。

大多数人都会在人生的某一个点结婚生子，大多数人都有配偶、父母、子女、兄弟姐妹关系(由于独生子女政策，中国家庭基本丧失了兄弟姐妹关系)。这些都是家庭里最普遍的、最重要的关系，影响我们的自我概念和自我价值。"家庭关系会成为孩童对其他一般关系的信念基础"(Cooney T. M，1997)。

一个人最初的亲密关系是和家人的关系。亲密性表现为凝聚力，家人总要花费很多时间和精力发展、保持凝聚力；亲密性表现为适应性，家人要对角色关系、权力结构和决策规则上的改变有反应方式，改变可能使家人更团结或更疏离。

2. 家庭的特征

原生家庭具有如下几种特征：家庭成员相互影响、相互依赖，确定的角色，承认责任，共享历史和未来，共享生活空间，维系家庭的主要脉动是沟通。

(1)家庭成员彼此依赖

家庭是一个系统，一个整体。夫妻、父子/女、母子/女、兄弟姐妹等关系形成一张网络，这张网里的每一个家庭成员之间相互依赖，相互影响。一方面，这种相互依赖表现为家庭所有成员要努力保持一种稳定感和平衡状态，以便促进家庭存在。但，这往往是一个悖论。家庭是多边关系，但人际关系的二价性表明，一次只在两个人之间有关系，当另两个人关系发生变化、甚至破灭时，这位家庭成员是支持该关系还是退出该关系？无论何种选择，都是痛苦的。因为维护家庭平衡和存在是极端重要的，但介入另一对二价关系又是不恰当的。

另一方面，这种依赖性还表现为适应性。当任何部分发生变化，就会使整个系统进行调试，每一个成员的情感、状态和行为都会影响其余所有成员，所谓"牵一发而动全身"。个体的生活总会出现从一个人（因为缔结婚姻）变成两个人，（因为生育）变成三个人，（因为孩子离家上学）又重归夫妻二人世界，再（由于子代的生育）变成大家庭，最后（由于一方的生老病死）变成一个人。在这么长长久久的变迁中，每一步都需要调试。各自都会爱着你的爱，痛着你的痛，悲伤着你的眼泪，快乐着你的快乐。

家庭不但要随时调适内部互动，还要调适与外在环境的互动。这时，家庭成员之间的界限很难划分清楚。例如，离婚后的单亲无法清楚地刻画与前配偶间明确的关系界限，因为还要扮演共同抚养孩子的角色。界限模糊往往是造成离异家庭冲突的主要来源。

这一切对家庭都不是那么容易对付的，因为变化带来不知所措、压力和冲突。所有家庭都会努力面对这些挑战，并通过改变旧有传播方式，发展适应自家家庭的方式来实现目标。

（2）家庭大于局部之和

按照系统论，总体大于局部之和。也就是说，把个别家庭成员的特征加起来也无法让我们理解整个家庭。我们需要注意家庭的成员是如何作为整体运转的以及他们相互联系的方式和互动类型。包括他们是谁，他们和其他人的关系，是否能够向彼此谈论自己的感知、愿望，以重塑彼此应该承担的角色和互动类型。

家庭是复杂和流变不居的。有许多家庭风雨同舟，即便困扰重重还是坚持到底，但许多夫妻选择了离婚，原因很多，诸如性格、价值观、关系历程等人际因素。离婚没有单一原因，也不是一场事变或突变，而是家庭整体长期转换过程的结果。例如，婆媳关系、翁婿关系、亲子关系长期影响夫妻关系。离婚过程也颇费精力和时间，不仅是爱情的消失，还包括对双方身心健康的影响，双方的日常习惯巨变，身份认同发生困难，其他人受到影响，比如父母、兄弟姐妹以及孩子，过去苦心建立的所有关系都可能毁掉，还要承受社会希望他们在一起的压力。但许多婚姻破裂的人也会重组婚姻，无论离婚还是重组都会对儿童带来最大影响。婚姻关系的结束并非代表一切联系结束，在未来都会以无数方式影响各自的生活，不造成任何伤害的婚姻根本不存在。例如，离婚家庭的儿童有较高的反抗性与叛逆性，且具有暴力倾向，缺乏自控能力，注意力涣散，苛责他人，还会受到他人嘲弄。

（3）确定的角色

在自我那一章里，我们谈到家庭直接或间接地为性别分配角色，确定身份。在很多文化里，异性夫妇对角色分工是传统的，男人赚钱养家，维修家庭设施，付账单，送孩子上下学；女性烹调缝补，照顾孩子、老人，做家务，比男性更多地为家庭成员提供安慰、照顾和温暖的责任。例如，男主外、女主内一直是中国家庭的传统角色分工。但现代社会来临后，女性也分担了承担家庭经济责任的角色，而男性也开始分担照顾家人的角色。但女性仍然花更多时间在家务和孩子照顾上。当然，具体到不同家庭对角色分工也有各自不同的观念。

平等和婚姻的质量一直有关（Stafford L. et al.，2003）。丈夫参与孩子成长和家务是婚姻平等观的一种反映，表明对家庭情感生活的投入。有工作的女性如果感到和配偶不平等（尤其那些经历情感超载的女性），她们就会感到压抑，很多人不得不做出事业上的让步。有趣的发现是，参与家务劳动的丈夫在成婚四年后较少生病，或许是避免冲突的结果（Gottman，1994）。

但在当代同性关系中，却不遵循"男性气质"或者"女人味"这样的角色刻板化定型，普遍的模式是灵活的、轮流的角色。尤其是在高学历和社会经济地位较高的家庭里，传统分工发生了极大改变。但在伴随社会转型的家庭转型的中国当代社会里，双职工夫妇可能要认真审视角色的变化，学会协商角色和责任，满足情感需要，处理竞争以及分享控制和权力。很多夫妇在平衡工作、家庭、社会责任以及大家庭责任方面苦苦挣扎。

（4）承担责任

家庭成员认为彼此之间有某种义务和责任，即守望相助。例如，在经济上帮助其他成员，当家庭成员处于压力、困苦时提供情感支持和安慰。爱其所爱，痛其所痛，努力使他们快乐。时间分享对所有关系都重要，但对家庭成员来说尤其有意义。尤其对空巢老人来说，金钱、物质可能都不是他们需要的，最需要的就是子女的陪伴。

按照人际交换理论，成本和收益必须存在一定程度的对等。例如，中国的家庭传统，父母养儿育女，付出了无形的爱和关怀以及有形的金钱与劳力。在父母年老后，子女有赡养父母、回报父母的义务，尤其在社会保障体系不完善的情况下，这既是法律义务，也是道德要求。还有，婚姻中的一方或者双方，虽然为不愉快的婚姻付出了沉重的个人代价，但若相较于选择结束这场婚姻所得到的未来回报，如年龄偏大，怕找不到对象，社会对婚姻承诺以及离婚的看法压力，以及可能离婚后经济的无法独立（比如传统女性），还是宁愿承受不愉快婚姻。

（5）共享生活空间、历史和未来

如果不能共享空间，关系会被看成是不正常的，或者短暂的。即便有的夫妇因为各种原因不常在一起，但也总是寻找机会在一起，共享空间。比起那些共享空间的关系，许多远距离关系并非那么悲催——缺少满意度，责任感、亲密较少，或者难以持久，只要个体能够一个月团聚一次（Stafford, L. & Merolla A. J.，2007）。

成为一个原生家庭，必然会有一些历史。在家庭的存续期间，会形成特有的权力结构，养成固定的时间规划、私密玩笑、暗语、惯用语甚至日常生活习惯，成员间都会拥有共同的历史回忆。过去有意义的互动、仪式以及庆祝活动都为目前的变化开辟道路，并指示了将来还要继续的相互影响的关系。例如，当两个人不再相爱，这些东西就会混乱无序。由于这些事情我们习以为常，只有失去时我们才知道它的重要性，也会由此而痛苦，因为带走了我们生活中不言而喻的部分。

尽管现代离婚率增加，但很多人在形成婚姻、组建家庭时都希望是永远的，长长久久的。

（6）传播互动

无论你拥有何种类型的家庭，传播在决定家庭生活的质量方面都扮演了主要角色。传播互动是否良好直接或间接地影响婚姻的品质、亲子关系以及家庭成员与外界交往的好坏。传播往往是家庭问题的关键来源。好的家庭传播如此重要，以至于"是决定我们和他人建立的关系类型的最大的单一的因素"（V. Satie, 1972）。

3. 影响家庭的文化变量

不仅时代变迁影响家庭结构、功能、成员角色以及成员如何思考、行动及传播模式，文化也是影响家庭的重要变量。

家庭角色有很大的文化差异。一些家庭是以地位为导向的，而另一些家庭则是以人为导向的。地位导向的如中国，角色和年纪、性别严格关联，服从权威是毋庸置疑的。例如，在中国和韩国，父亲是家里的权威，其他成员要服从他，养育和照顾孩子是妈妈的事情。在中国文化里，孩子学会尊敬父母并履行对父母的终生义务是天经地义的，否则就是数典忘祖，无本之木，无源之水。印度男人是家庭里的权威，女性和男性要分开吃饭，或者女性要在男人吃完后再吃。而个人导向的家庭实施民主决策，角色可以谈判，倡导个人主义，强调家庭成员之间的互动。

传播模式也因文化而异。不同文化对于坚守传统的性别角色、忍受不确定性、改变/分享或揭示其感觉和喜爱之情、保持个人身份以及宣称个人权利方面的程度是不同的。美国孩子从小就被教导把个人能力和动力看作非常重要的，而华人对家庭成员要提供一种非常支持的氛围，即便个人关系并不怎么好，孩子依然被教导要依赖家庭，并支持家庭，判断个人成功水平的标准似乎就是家庭成就。

这也就解释了来自不同文化背景的两个人组成家庭后可能面临不同价值观、不同角色、不同规则的定义。除非人们谈论差异并揭示彼此之间的期待，我们是无法搞清楚并检查对角色、责任、冲突的想象的，家庭传播必然面临挑战。

不仅缔结婚姻有文化差异，就是在婚姻解体时也是如此。例如，在个人主义文化里，你有权利离开一段不满意的关系。但在一些文化里，你不能简单地结束一段关系，因为成家是为了孩子。为了孩子、老人，即便不快乐也要待在一起。

在有些文化中，那些关系破灭的人们徒增诸多困难。例如，在美国，孩子的监护权基本都是给女性，这增加了男性的情感伤痛；在伊朗，孩子几乎无一例外地给男人，这增加了女性的情感伤痛；对印度女性来说离婚比男性难度大得多，因为她们经济上依赖男性，家族制的家庭秩序给她们很大压力（Amato，1994）。

性别在关系中的地位也受文化影响。在美国，无论男性还是女性都可以发展关系，也都可以提出关系解体；而在伊朗，只有男性有权力没有任何理由就提出离婚；在另一些国家，找同性配偶被看成是犯罪，会面对严厉的惩罚甚至死刑；而在美国的很多州以及西班牙、南非、加拿大等国家，同性配偶是合法的，可以结婚。

4. 家庭的类型

对家庭进行分类可以有很多方法，比如根据家庭成员的组成结构，传播特征，或者互动模式，等等。

（1）四种结构的家庭类型（Fisher S. W.，1996）

传统家庭。这是由爸妈及其所生养的孩子组成的，通常被看作自然家庭或者核心家庭。随着西方社会文化、价值观、经济等发生变化，这种类型越来越不典型。但在中国，三口之家的核心家庭越来越典型。

混合家庭。这是由两个成人和孩子组成的，因为离婚分居、死亡或收养等，孩子有别的生身父母，或者是家庭中婚姻关系两成人之一的孩子。

单亲家庭。这种家庭由父母之一或者至少一个孩子构成。离婚，未婚父母，分居，遗弃和死亡可能是当代增长最快的家庭类型。

延伸家庭。典型地指亲戚——外公外婆、爷奶、姑姨、舅叔等。所谓三代、四世同堂，通常为祖父母、父母和孩子。

不同文化对家庭有不同定义，而不同时代家庭结构也在发生变化。在许多文化里，延伸家庭一直是标准格式。例如，四世同堂是传统中国的理想家庭群体。但由于人口流动加快以及计划生育政策的实施，更多人生活在核心家庭里。在美国，核心家庭在相当长时间里被看成是理想的家庭群体，但由于经济和移民原因，较多人似乎也生活在多代际家庭，而不是生活在核心家庭。

（2）四种传播类型的家庭

研究者认为可以从两个向度来认识家庭（Koerner & Fitzpatrick，2006）：一是会话方向，也就是家庭公开谈论态度、感觉、价值观等的程度；二是一致性方向，指的是有关家庭气氛提高信念的同质性程度。这两个向度两两组合就会产生四种传播类型的家庭。

高对话和高一致性的家庭可谓情投意合，家庭成员公开讨论很多问题，但最终一致认可在家庭里具有支配性的信念系统。

高对话但低一致性家庭是充满多元性的，"这些家庭中的父母亲愿意接受孩子的观念，并让他们参与家庭决策"（Koerner & Fitzpatrick，2006：169）。

低对话但高一致性的家庭叫作保护性的家庭，父母亲期待顺从，不太关心是否经过讨论达成一致。

对话和一致性都低的家庭是"放任自流"的家庭，家庭成员互动少，缺少家庭目标，家庭成员在情感上和家庭分离。

不同家庭类型在冲突传播中的效果截然不同。多元化家庭鼓励讨论各种问题，甚至欢迎争议，成员能够从家庭获得社会支持。其争论都避免使用负面情绪，因为他们的讨论很少受到限制；情投意合的家庭欢迎讨论但不要争议，情感得以表达，从家庭成员寻求社会支持。但会发泄负面情绪；保护性家庭包含负面情感和逃避，成员没有一种建构性的传播方式去使自己的意见得到通过，实施直接或间接的吵架策略；放任自流的家庭冲突传播较少、强度较低，甚至避免冲突传播，因为这些家庭成员情感上是彼此远离的，较少互动的结果就是冲突互动也较少。

（3）功能良好和功能不良的家庭互动模式

家庭互动的环形模式（D. Olson et al.，1983）解释了功能良好的和不良的家庭系统的互动机制（图 8-2）。该模式用三个向度——适应性、凝聚力、传播来刻画家庭互动功能良好与否。这三个向度都有一个最好到最差的区间，没有哪个家庭处于两个极端，都处于中间任何一个区间，并在时间中发生改变。

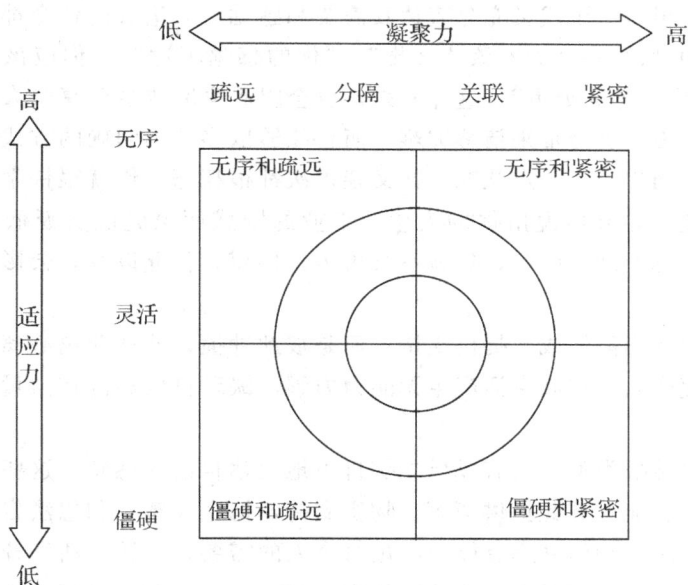

图 8-2　家庭互动模式图

适应性的区间是从无序混乱到僵硬，也就是家庭是否有能力修正或响应其权力结构和角色的变化。对一些家庭来说，传统、稳定和历史感对于怡然自得和幸福很重要，而另一些家庭对新环境的适应更灵活。在家庭传播气氛健康的环境里，角色关系会根据成员的需要不断变化，不同家庭成员可能比较顺利地转换、承担不同角色。例如，原来健康的一方（往往是担当照顾者的角色）由于病痛变成需要照顾的一方，其他成员从惯常性的被照顾者转变为照顾者。再比如，随着孩子变为母亲，母亲可能"老还小"而需要照顾。

家庭成员之间还有期待，如果彼此意识到对方的期待并努力满足这种期待，就会增加关系满意度，比如对物质需要、情感支持等的期待。

凝聚力是一个家庭体会到的在一起的情感牵挂和感觉，区间是从极端紧密到疏离。由于家庭是动态的，因此家庭通常在这两端之间来来去去。

传播是凝聚力的最关键因素，传播使家庭作为一个系统而运行。模式图中每一个因素都受到传播影响。通过传播，家庭适应变化或者不适应，保持关系紧密或者疏离。通常来说，处于凝聚力和适应性平衡的家庭通常适应环境变化较好，运行得比处于极端的家庭好，比如在孩子的青春期。由此，其传播技能也是较好的。

有些家庭，传播规则过于严厉就不够健康，这些家庭的传播是功能不良的。因为它阻碍一个成员充分表达其需要和感觉，无论表达什么都会受到评价、指责和批评——"你不该这么想"，"你的感觉不对"，"你应该学学我"，"你看人家多会为人处世"。这样一来，也会阻碍家庭成员分享个人信息和自我的各个方面，这会带来情感灾难，而且能够以多年不明确的方式伤害一个人。比如，当你出了一点状况，你父亲每次都很狂怒，你就很快学会不要把问题告诉他。如果你说出你的人生、事业的困惑而家庭成员贬低你的价值（"这么个事都处理不好"），你就不会再表达困惑。长此以往，会影响家庭凝聚力。

有些家庭不能给成员提供支持，而是彼此冲撞，使彼此离心离德，没有凝聚力。使个人对控制生活产生无能为力感，缺乏自信和内在力量去面对受到的虐待。

而健康传播类型是所有成员能够自由地表达自己的感觉，这些家庭成员有如下特征：能够彼此提供情感、物质支持，把个人感觉和想法告诉其他成员时感到舒服，相信家庭有能力满足每个人的需要，足够灵活和开放以适应和回应那些带来冲突或者无法预期的变化（Gamble，2014，399）。

当然，没有唯一的最好的互动模式。例如，对有小孩的家庭来说，有较高程度的凝聚力和适应力运行较为良好；而对老年人来说，较低的凝聚力（少一些大起大落的情感传染）和僵硬结构（稳定性高）更好。但无论如何，有效的传播技能对提高家庭凝聚力和适应性极为重要，这些技能包括倾听，解决问题，同理心以及支持。

二、婚姻关系

"人类存在的核心是渴望亲密和被他人爱，婚姻就是设计出来满足亲密和爱的需要的"（Gary Chapman，1992：21）。在以宗法制为基础的中国古代社会，把夫妻关系看得极重，认为这是"人伦之始"和"王化之基"。婚姻是非常重要的人际关系，前面讲的亲密关系和爱的关系的一些原则也同样适用于夫妻关系。

我们在浪漫的爱情故事中总会读到、看到如此情景——恋人们手牵手在彩霞满天之时许下地老天荒情不变的诺言。其实这只是恋人关系的开始，大多数夫妻婚后最初几年会有许多明显问题。浓情蜜意、一往情深往往只是瞬间感觉，而日常生活的安排对于维系关系更重要，如锅碗瓢盆、油盐酱醋等日常琐事的处理，休闲娱乐、探亲访友的安排等。二人进入婚姻之初，会花费大量时间确定角色，解决同住一起的琐事。我们必须了解到，婚姻并非台词说的"地造天设"，而是要靠双方的努力来维系的关系。而悖论往往是，随着关系变得亲密，冲突的可能性实际增长。

1. 婚姻对于个体的生理、心理效果

大量研究表明，健康的婚姻关系有利于身心健康。从未结过婚的人比起已婚人士非致命性疾病普遍较高；比起未婚夫妇，迈向退休的已婚夫妇更少出现慢性病、受伤、功能性问题以及残疾等问题（Pienta A. M. et al.，2000）。但前提是健康的婚姻，如果是充满冲突的婚姻，已婚人士的健康可能比单身更糟糕。

而婚姻对男性和女性的益处可能不一样。已婚男性比起那些没有结过婚的男性更少出现抑郁，已婚女性比起那些没有结过婚的女性更少出现嗜酒问题（Horwitz A. V. et al.，1996）。对于男性来说，调节良好的婚姻和较少的心脏病相关联，而女性的较少心脏病更多是和整个社会互动有关，包括夫妇互动和非夫妇互动。男性健康更多受益于结婚，而女性健康更多与婚姻的质量有关（Janicki D. L. et al.，2005）。

2. 夫妻类型（Noller& Fitzpatrick，1993）

根据传播互动模式的差异，可以把夫妻分为如下类型。

第一，传统夫妻。这类夫妻是相互依赖和陪伴的，共享很多行为，强调配偶关系的稳定，遵守传统社区习俗和价值观，有相当清楚的角色定位，比如男主外，女主内的搭配。这类夫妻较少公开冲突，只在重要事务上吵架，比较息事宁人，聚焦于冲突的内容而不是冲突的关系含义。

第二，独立的夫妻关系。这类夫妻也彼此分享情感和彼此陪伴，但允许各自的生活空间，强调关系不能限制个人自由。他们各自心灵乃至经济都是独立的，但关系磨合以及解决冲突非常困难。对于这类夫妻来说，直接交火是家常便饭，因为双方都高度喜欢表达，使用谈判解决问题。

第三，分裂型的夫妻关系。夫妻两人对于家庭的价值观是分裂的，一方面支持传统婚姻和家庭价值，另一方面，强调个人超越配偶，较低依赖性并

避免冲突。为了保持自治，他们较少陪伴和分享，但仍然一起进行日常生活安排。对这种夫妻来说，克服情感距离比较困难。

第四，混合型夫妻关系。在以上三种关系中，妻子和丈夫对关系的看法比较一致。如果对各自的角色有不同的看法，就是混合型夫妻关系。混合型由前面三种类型的不同组合变成六种：

第一种，丈夫独立，妻子传统。

第二种，丈夫分裂，妻子传统。

第三种，丈夫传统，妻子独立。

第四种，丈夫独立，妻子分裂。

第五种，丈夫分裂，妻子独立。

第六种，丈夫传统，妻子分裂。

当下中国社会，最普遍的混合婚姻是一个传统的妻子和一个分裂的丈夫。例如如下对话：

丈夫：我从来都没有时间和朋友出去。你没有多少亲密朋友可交往，就像我一样。但是，我……

妻子：问题就在于只是你和你的朋友。为什么不能是你、你的朋友和我呢？

丈夫：因为这是两个人的事，只是男人喝个小酒，聊个天而已。我们不想要女人掺和。

妻子：我经常让你和你的朋友闲聊啊。

丈夫：那就对了嘛。

妻子：你在运动上花了很多时间，如果不是如此，我会让你和你的朋友更多时间在一起的。

丈夫：那健康出了问题怎么办？

妻子：你不会的。

丈夫：会的。

妻子：不会的。

丈夫：我总是让你和你的朋友自由自在在一起。我从没说个不字。

妻子：那是因为我不去和我的朋友玩，你让我玩我也没有时间玩啊。

丈夫：但你和朋友没有那么亲密而已，所以你想待在……

妻子：不对，因为你是我最好的朋友，我宁肯和你在一起。

丈夫：好吧，不谈这个问题了。

妻子想和丈夫有更多互动，丈夫想有自由空间和朋友"玩"。如何度过休闲时间这么简单的事情却反映了如何定义婚姻这样重要的事态。不是爆发，而是停止冲突，这通常是分裂者的策略。

研究表明（Kelly et al.，2003），以上婚姻类型中，传统夫妻满意度最高，较能满足对关系的期待；但分裂型夫妻关系的满意度最低。你倾向于哪种关系？近年来，你觉得哪些类型在增加？哪些类型在减少？变化的原因是什么？

人们对婚姻的满意度与双方对婚姻的构想高度相关。大多数人恋爱时，认为伴侣和自己有共同的婚姻蓝图，直到试图要建立婚姻时才知道他们有非常不同的蓝图和计划。婚姻类型就体现了各种婚姻蓝图，不同类型的婚姻在冲突时的传播是不一样的。

3. 婚姻关系所处语境

夫妻关系本身形成了传播独一无二的语境，婚姻关系还置身于广阔的社会语境，比如姻亲和孩子。正是这些独特的广泛的关系语境影响夫妇之间的互动内容与互动方式，创造了婚姻关系的系列情形，并带来明显的心理与生理效果。

（1）婚姻是一种独一无二的关系

婚姻是独一无二的关系，这种关系首先是基于浪漫关系，具有长期性并公开承担责任。

现代婚姻典型地被人们看成是浪漫的，正是浪漫使婚姻关系不同于其他关系。尽管人们描述婚姻是浪漫的坟墓，但婚姻还是显然始于浪漫的约会关系，即便是媒妁之言的婚姻，也还是期待发展一些浪漫因素。例如，约会时的鲜花，婚姻中的烛光晚餐和经常打破常规的爱的表达，通过度假恢复二人世界以及浪漫的性行为。正因此，婚姻中不够浪漫或者过于浪漫也常常成为夫妇们埋怨彼此的根源。

当然，例外情况也很常见。在一些情况下，人们没有选择伴侣的自主权，而是被大家庭安排来把两个大家庭组织联合在一起，为了权力、经济利益或者移民缔结婚姻，比如政治联姻。有时甚至在出生前人们的婚姻就被人决定了，比如中国传统的指腹为婚、亲上加亲联姻、娃娃亲等。当然，在大多数文化，和"对的"人结婚并成为朋友都是一件很有压力的事情。

婚姻是一种长期关系。这种长期性在我们对婚姻的誓言中可得到印证，"至死不渝"、"地老天荒"，婚礼仪式中结婚戒指的交换等。这种长期性比起短期关系，显然在互动、回应等方面差异极大。例如，浪漫关系早期总是大悲大喜，有很多积极的情感（温馨、仰慕、欢乐等），也有很多消极情感（焦虑、嫉妒、愤怒等）。还有，在长期关系中发现欺骗比较难（Knapp，2006），因为基于信任建立的关系，婚姻中的人们不习惯去怀疑对方，正如人们说爱情是盲目的一样，长期的婚姻也是盲目的。由于长期关系，双方对彼此的行为习惯、情感特征以及互动方式都很了解，欺骗的一方很容易找到办法去抵消对方的怀疑。

婚姻充满了期待。由于关系是长期的，关系伴侣对未来的互动就充满了期待，能够满足对彼此关系、角色以及功效的期待会影响婚姻的满意度。这就使得传播选择不一样——不像短期关系，人们可能选择达到短期目标的功利性策略，不太关心长期关系后果。而长期关系中的人们会改变传播模式以达到关系目标，比如控制情感表达（Aune K. S. et al.，1996）。

婚姻互动的历史必然影响当前的传播。这种互动历史往往表现为习惯，影响夫妇如何为具体互动分配意义？例如，"又去逛街了？"这么一句简单的话就可能激起负面的反应，而这只有在关系历史的语境中得到理解——说这话的人是个惯于热嘲冷讽的人吗？是一个总是话里有话的人吗？关于逛街是否有过多次不满的表示？

伴随婚姻关系历史的就是每对夫妻都会创造出一种独属于其婚姻的亚文化。每对夫妇的传播如果运行得好，就会为互动带来可预期性和功效；如果运行得差，在他们意识到可能的消极结果之前，同样的方式会导致冲突的结果。

婚姻是独特的还在于夫妇们公开承诺对彼此的责任。传统意义上，这种承诺是通过婚姻仪式达成的，婚礼提供了公共的社区感，向所有人宣告两人对彼此的忠贞。而在现代社会里，人们通过结婚证表明两个个体缔结为婚姻，是受到法律保护的。通过法律见证责任，使关系稳定，使人们获得安全感，忠贞于责任，共同为关系投入。

（2）社会语境影响婚姻关系

社会关系都在社会语境中，而婚姻尤其是处于语境中。婚姻仪式本身就是两个人把彼此的承诺和责任带入社会语境，包括家人、朋友等人在新缔结的婚姻关系中获得新的正式的角色，于是，各种姻亲关系产生。而夫妇二人的朋友圈子开始融合，甚至因为一方更多参与对方的朋友圈而致使自己的朋友圈发生彻底改变。

这些关系都潜在地影响婚姻的质量和运行，并在婚姻遇到困难和危机时产生极大的影响。例如，孩子在家居住对夫妇来说都是很大的挑战，继子女更是为夫妇的传播构成挑战。孩子在家可能影响夫妇传播的方式以及传播内容，表达冲突以及亲密的方式必然发生变化。尤其是第一个孩子的出生，使夫妻单独在一起的时间变得更少。

在婚姻关系中，照料孩子，为人父母是首要的传播话题，也是夫妇冲突的主要来源。按照女性主义的假设，在男权社会中，压抑女性的不平等现象屡见不鲜，婚姻和家庭生活给女性带来的困扰远多于男性。因此，家庭中争取平等权变成一种互动方式，尤其是现代婚姻关系中。但这种平等权不应是女性主义的视角，而应该基于夫妇双方对权利和义务达成一致的、符合本性的认知。例如，男主内、女主外是不符合主流社会价值观的，但如果是男性和女性在具体的婚姻关系里都乐于达成这种分工，社会是不应对此置喙。

社交关系网络——网络的密度、叠加度、规模以及参与网络的程度都影响一个人的婚姻关系。父母、姻亲、友人可能为婚姻提供支持，但同时也是压力源。例如，当夫妻发生矛盾时，朋友、亲戚、父母可能会成为协调者，甚至参与者，他们的互动内容和方式影响夫妻关系。再比如，和父母关系好固然可以获得更多心理、情感和经济支持，但责任也随之增加，比如更多时间和大家庭在一起，信息分享的数量和质量要求提高，社会期待（比如庆祝节假日在一起）提高。这些都可能成为婚姻中夫妇的潜在冲突源。

（3）不同的依恋风格影响婚姻关系

健康的婚姻关系不仅要功能运行良好，还要建立在安全的依恋模式上。爱不仅是一种愿望和动机，更需要爱的能力，而爱的能力往往跟依恋风格有关。这也就是那些在婚姻关系极端嫉妒的一方往往说自己爱得很深的原因——爱对他们来说是非常强烈的愿望，但却没有能力去爱对方，导致关系无法造就彼此。

因此，夫妇们各自的依恋风格（详见第二章有关依恋风格的内容）强烈地影响婚姻关系的质量。具有安全风格的个体较少争吵、较少负面传播行为（比如语言侵犯和争辩），较多认可和协商。不安全依恋风格的夫妇有更多消极行为，比如焦虑、敌意、愤怒、逃避型的男人较少支持性和温情。如果婚姻伴侣有安全的风格，对方通常会进行更积极的建设性传播行为。而如果配偶有不安全的风格，对方的积极行为更少，逃避行为更多。丈夫更爱听从安全的妻子，而对不安全的妻子，在解决问题时，丈夫有更多的拒绝行为。妻子通常避免和有焦虑风格的丈夫的冲突。总之，当丈夫、妻子双方都有安全的依恋风格时，才会有较多的亲密和较少的侵犯和退缩（Trees et al.，2006）。

三、亲子关系

影响婚姻满意度以及夫妻关系好坏的一个重要因素是有无子女以及与子

女的关系。许多已婚伴侣无论当初多么想过二人世界的生活，最后都生了孩子，有时没有生养也要收养。尽管我们觉得子女是"快乐的源泉"，"十二分的欣慰"，但成为父母是关系中最重要的压力和转变。在这种转变中，婚姻满意度可能急速下降，冲突增加。一方面是双方会承担更多的物质和精神压力以及生活琐事急剧增加，另一方面冲突则是家庭的扩展产生了更多的关系问题。

有时，父母和子女彼此对彼此都抱着想当然的态度，很少花时间谈论如何相处，都期望对方对关系承担责任。实际上，父母的沟通模式不仅影响亲子关系，还影响孩子的行为、态度，乃至孩子成人后的沟通发展以及人际关系模型。

技能训练：人际传播技能的起源

我们已经学了不少技能，想象你父母或者其他成人亲戚（比如外祖父母）在你的技巧形成中扮演的角色。你和他人沟通的方式和父母的匹配吗？哪些技能是通过模仿父母发展而成的？哪些技能是适应或者采纳父母的传播方式？（比如你的父亲是性情中人，你是否也是一个疾恶如仇的人？你母亲是感性的人，你是否学会了如何给他人提供有效的支持和安慰？）

在人生中，我们会经历爱的不同程度和种类，会受到婴童时期体验到的爱的影响。例如，女性有了自己的小孩后，会直接受到童年时记忆的影响。为确保自己的孩子不会遭遇到自己童年时所经历过的不愉快，母亲会努力创造自己小时候喜欢的事情使自己的孩子感到快乐。当然，还有一种可能性是让孩子经历自己幼年时曾经经历过的一切，因为"我经历的为何你没有？"

传统的家庭里还有兄弟姐妹关系，但当代中国绝大多数是独生子女家庭，这就让我们失去了尽早学习人际互动技能的机会。例如，温暖的彼此照顾的兄弟姐妹关系可以帮助我们保持积极的自我评价，因为年轻人更可能和兄弟姐妹分享约会经验和成败，而不是父母。

在亲子关系中，父母常常给予孩子不切实际的期待，或者是孩子不愿意去满足的期待。与其让孩子成为父母所期待的人，不如自己努力成为你希望孩子成为的那种人。做父母一定要学习，用心、用理智和情感去经营亲子关系。尽可能给孩子提供自由、自主、自处的空间，但也不是放弃控制和制约。所以，父母要学习什么控制是良好的，什么是不可以的。

在亲子关系中，孩子的青春期是亲子冲突最容易发生的时候，也是亲子关系面临的最大挑战，尤其当父母的更年期遇上孩子的青春期时更可能对关系构成灾难性挑战——孩子摆脱父母控制的愿望特强，而父母实施控制的理由也越充分，愿望也越强。双方都对对方头疼，可能形成消极沟通和互动的恶性循环。这时候，父母首先要调整，因为你比孩子成熟，理解问题更深，要成为孩子温柔的引导者，而不是粗暴控制者。父母要尽量控制自己情绪和过多干涉，还要努力去和孩子产生情感共鸣。"你怎么早恋？你怎么变坏了？"一定会激发孩子的反叛，如果换一个说法，"你这个年龄爱慕一个异性，也很正常啊"，就会和孩子产生共鸣。

亲子关系也会随时间发生权力关系的变化。例如，孩子有了自己的社交圈，或者出外求学，再后来恋爱、结婚，父母的孤独感就会上升，对孩子的依赖增加，正如孩子曾经依赖父母一样。这时候，父母应该像孩子一样努力学会独立。

因此，亲子关系中与其改造、控制对方，不如反思自己的传播方式，不如对亲子沟通随时保持上心状态。

四、提高婚姻传播技能

婚姻绝大多数时候是围绕日常琐事互动的。尽管琐细，但却并非无关紧要，表面上的世俗性对我们的彼此关联非常重要。提高婚姻的日常互动能力无疑有助于增长人们对婚姻的满意度。

我们也看到很多因爱生恨、始爱终弃的婚姻，冲突在婚姻中并不比其他关系中更小、更少，如何实施建设性冲突也是婚姻传播的必修课和需要操练的重要技能。

婚姻关系中，也常常出现很多黑暗面，如果对这些"黑暗"力量不加修正，婚姻关系以及个体的自我感必定遭到破坏。所以，管理婚姻中的黑暗面也是提高婚姻传播的重要技能。

1. 影响婚姻质量的因素

成也传播，败也传播。传播的确可以是关系的积极组成部分，可以建立和强化关系，但也可能破坏和撕裂关系。影响婚姻质量的因素有很多，比如个体对婚姻经历的主观评价，婚姻的调节灵活性，满意度，日常互动等。

（1）日常传播

由于婚姻的长期性，日常互动既是必要的，也是婚姻传播的重要构成要素。婚姻生活相对来说是世俗的，并非每天都在发生具有历史意义的事情，"一对夫妇在日常生活中经历的俗务常常是转瞬即逝的时刻（冲突、关爱），但这种转瞬即逝可能对关系的成败产生影响"（Driver & Gottman，2004）。

好的传播导致日益增长的喜爱和积极情感，对关系和配偶的感觉好会带来增长的积极传播；反之，伴侣之间的消极互动是和低质量的关系相关的。

例如，不快乐的夫妇之间的互动更消极，少有正面性，即便没有冲突时也是如此(Gottman，1994)。由于人们都会对负面行为睚眦必报，夫妻俩都很容易卷入消极性，这使夫妇很难从积极的角度去理解对方传达到自己的信息。于是，彼此冒犯的恶性循环一直运转。

研究表明，婚姻满意度在时间中表现为 U 形状态。婚姻早期，满意度较高；当孩子出生后，满意度下降；然后，在孩子离开家以后又会上升，尽管不一定回到原来的程度(Patrick S. et al.，2007)。

夫妇们的期待被满足与婚姻满意度有关。例如，夫妻都会对亲密、支配性、平等、信任、距离有预期，这些期待的满足和满意度相关。例如，夫妻感到亲密的期待得到满足就会预示较高的满意度(Patrick et al.，2007)。当然，努力满足对方期待的行为本身固然重要，但这还取决于配偶对满足行为是如何理解的。

(2) 关系维护

关系维护也有赖于传播，在婚姻中尤其必要，因为协商任务、亲密、冲突以及其他事务，都需要传播。如果关系维护得好，就会有快乐的婚姻。

关系维护指的是用于达到四个关系目标的一个过程(Dindia，2003)。第一个目标是不要让婚姻结束(比如离婚)；第二个目标是保持婚姻在一种特定状态，比如保持在信任或亲密的状态；第三个目标是保持关系是满意的；第四个目标是保持婚姻运行得好，包括修理某些"破裂"或者"出错"的地方。

夫妻会进行大量的活动以保持关系，这些保持关系的行为和婚姻满意度正相关。遗憾的是，很多人从来没有意识到关系需要维护和保养，而是跟着直觉走。事实上，有一些技能和策略是需要学习的，比如可以通过情感表达(隐藏消极情绪的表达可能会破坏关系)，定义关系(明确阐明对对方的期待)，保持某种秩序感(伴侣必须学会彼此协调行动)(Kaplan，1975~1976)。五策略(Stafford L. & Canary D. J.，2006)说也告诉我们，善于使用积极、主动的关系维护策略有利于婚姻质量，常用的策略包括正面性(乐观向上的)，开放性(讨论关系)，安心(强调一个人的承诺)，共担任务(比如家务琐事)，社交网络(比如依靠朋友和家庭支持婚姻)，共享行为(一起的休闲活动)(Canary & Lakey，2013)。但是开放不是没有原则的开放，对关系要表达某些感觉，但也要保留某些感觉(通过玩笑、幽默或者第三方来间接传播这些感觉更好)。有的人很少和配偶分享对关系的感觉，而有的人把所有好的、坏的感觉一股脑儿地讲给对方，有些消极感觉会伤害对方的自尊和个人价值。还有研究者提出六策略(Rusbult C. E. et al.，2006)，即调和行为(愿意建设性地回应伴侣的破坏性行为），愿意为伴侣和关系幸福牺牲自己，原谅背叛，认知上彼此依赖（从基于个人的个人概念到基于自我和伴侣的共同表述），为关系创造积极的想象，抵制让关系替换的诱惑。

男性和女性在关系维护方面的传播有相同之处，也有不同之处。伴侣们完成那些被看成是其性别角色的任务会产生关系满意度，这是两性的相同处。关于差异，女性较多使用开放性和社交网络策略来维护关系，是由于她们擅长关系方面的问题。女性更重视与任务有关的关系讯息，即不是那么在乎其配偶是否完成某些任务，而更在乎与任务有关的关系平等感和亲密。例如，女性可能对洗衣服、做家务本身无怨言，但她感觉到丈夫认为这是她该做的，没有对她的付出表达认可、赞扬、感谢的话，就会导致不满意。而且，女性对关系事件以及对关系是否平等的判断更敏感（Stafford et al.，2006）。

（3）协商做决定

日常传播最普遍的形式是做决定。婚姻关系的长期性、责任性意味着要合作完成日常任务。做决定包括从世俗的"今天去吃中餐还是火锅"，到特别事项（我们是否该去上海工作？）以及基于一些具体原因的事项（捐献多少不影响我们这个月的生活）。

已婚夫妇做决定会变得异常复杂。单身或者二人世界，往往是某一个配偶单独做决定，但有了孩子后，就常常为做决定展开广泛甚至持久的协商。比如，换工作就对一个家庭影响很大，不但是收入，还包括要在哪里生活，是否增加了对方的通勤负担，孩子的教育等。还有，孩子出生会增加花销，家庭事务诸多，夫妻发现没有时间、精力去参与社区生活，参与朋友聚会等。因为孩子出生后，增加了需要做决定的事情的数量，而且这些事项之间可能存在竞争利益，夫妇们发现很难确保每件事的优先性。

但是，夫妇们的传播也可能在以后的生活中得到实际提高，因为通过孩子的抚养他们可能获得一些积极的关系技巧。中国人讲的"七年之痒"从理性直觉上认识到同样的问题，婚姻开始的几年夫妇都在被动地进行改变，在做决定的谈判中学习传播的技能。而且，人到中年心智的逐渐成熟也会使夫妇们在采纳不同视角以及管理情感方面能力得到提高，这有利于积极的传播。

由此可知，重婚家庭在做决定方面存在困难，面临大量的情感负担主题，比如建立新的家庭身份，和继子女的关系界限，牵涉伴侣的前伴侣以及对孩子的经济利益做出决定。

在做决定方面，夫妻双方如果能够依赖积极的问题解决技巧，少一点抱怨和批评，保持适当的平衡性和开放性，更可能带来较高的婚姻满意度和亲近感，更能使夫妇有一种团队协作的感觉。

(4)协商角色

以今日家庭结构和模式的巨变，婚姻中的角色也发生了巨变，谁是养家的，谁是照看家的这些社会脉络都变得不再那么清晰，于是夫妻们必然要对婚姻中的每一个行动进行协商。看待彼此角色越是多元化，在做决定时的冲突就越少；如果看待角色的视角较少，需要直接传播和冲突的可能性就更大(Kelly，2012)。

(5)伴侣间的满意度与社会认可的价值观相关

关于何为"好丈夫"、"好太太"，在每一个具体社会中都会有自己的标准和义务，以符合社会价值观的方式分配事务的夫妻就觉得自己的婚姻满意度高。而时代不同，这些标准也会发生变化。例如，双薪夫妻会把工作烦恼带回家，对家庭造成加倍的影响。如果两人都达不到社会理想，就会产生不满。例如，在传统价值观和现代价值观中挣扎的中国男男女女，都很痛苦。因为存在传统和现代两套价值观以及两性价值观的重新组合，都在影响人们的婚姻关系观。男人和女人都既主内、也主外，可能彼此对自己、对对方贡献精力和时间的领域都不满意。社会规范等看来似乎是外因的东西对婚姻的重要性并不亚于我们通常认为的重要因素(即内在因素或感情因素)。

2. 婚姻冲突的来源

冲突在婚姻研究中占据中心位置。"由于冲突通常把人类最坏的那部分释放出来，在有效处理差异方面有问题的夫妇比起那些能够较好地处理差异的夫妇来说，通常更不快乐和更不满意"(Cahn，1992：1)。

冲突管理对成功的婚姻来说也是非常重要的。在婚姻早期，无论谁是行为的发起者或接受者，敌意、负面性以及退缩这些冲突模式和低度婚姻满意度相关(Segrin et al.，2013)。婚姻中的要求－退缩模式和婚姻满意度密切相关(Caughlin & Vangelisti，2000)，这种模式导致丈夫和妻子都觉得缺乏理解，最终缺乏理解的感觉和低满意度相关。

(1)夫妻为何冲突？

夫妻双方对彼此的角色分工不满意，或者协商也难以达到一致往往是导致冲突的首要原因。

另一个冲突的原因是相互依赖。相互依赖有很多好处，但也可能制造有关资源分布和协调的冲突。婚姻资源既包括具体的东西(如金钱、房屋、家具、家电等物品)，也包括情感因素(比如喜爱、认可等)。资源有限，但又要求平等分配就会带来冲突。例如，丈夫想花一笔钱买户外探险装备，而妻子觉得毫无意义，还不如为改善居住环境为家庭添置一套家庭影院。

此外，冲突模式也是夫妻冲突的来源。我们知道冲突是由于不相容的目标，在这种情况下，满足某一方的期待以及保证一个人自己的目标，就成为可怕的挑战。

（2）夫妻们在争什么？

夫妻之间几乎每个话题都可能引发冲突，婚姻中的争论话题最普遍的是：经济问题、沟通和性。

之所以金钱被列为婚姻冲突的中心主题，是因为对金钱做决定通常是压力重重的，有限的资源（金钱）要做到平等的分配殊为不易。而且金钱还关涉关系问题，如权力、控制和角色满足。争吵的主题其次是传播和性（Notarius & Markman，1993），因为这二者代表亲密。有两个因素预示了离婚：低度喜爱和对抗，因为亲密度被人们认为是婚姻的本质。在婚姻的开始和婚姻的过程中，高度的喜爱是必需的。高度的对抗和低度的喜爱会导致立马离婚（比如，两年）。低度的喜爱预示了在 7～14 年要离婚，即便对抗只是中等的（Caughlin & Huston，2006）。消极的冲突基本预示了结婚头七年就会离婚，但缺乏喜爱预示了七年后离婚（Gottman & Levenson，2012）。

夫妇们还为很多事情争吵，为孩子（抚养、教育等），为假期在哪个大家庭过，如何度过休闲时光，为家庭责任（谁该修家里的电灯泡，谁该整理房间），为个人偏好（墙面应该是什么颜色），为个人习惯（起居方式，整洁度，吃什么，何时吃，挤牙膏应该从底部一点点往上挤还是随便什么地方挤），为社交关系（如何与朋友、妯娌婆媳相处等）。还有些话题是非常艰难的，根本没法有效地讨论，比如婚外情、通奸等。

夫妻看来常常为"小事"吵，但小事争论的积累和持续是与重要的价值观紧密相关的。也就是说，他们"可能为了钱，性，做决定，日程表，价值观，孩子喂养，家务等争吵，然而，归根结蒂，转换成痛苦争论的唯一原因是我们没感到被爱"（John Gray，1992：156），"许多争吵升级是当男人开始让女人感觉一无是处，并且她以不赞成的方式回应时"（John Gray，1992：163）。例如，男人看轻女人的负面感觉，"哦，不要担心"，这句话对其他男人来说是友好的，也可能是真心想要她感觉好些，但对于女人，那是不敏感和伤害，好像她没有权力难过一样——"你觉得我的感觉不值一提吗？"女人更愿意男人多倾听自己的烦恼，而不是解决问题的方案，当男人试图这么做时，也会引起女性的不满——"你觉得我连这么个问题都解决不了吗？"

冲突的主题固然是理解冲突过程的一个因素，但理解冲突的关键在于：问题是否可以解决以及问题是关系问题还是内容问题。

夫妇们通常面临两类中心问题：可解决的，不可解决的（Gottman，1994）。例如，把钱用来买房还是存起来，看来是可以解决的。但一些永久问题是无法解决的，这些问题源于个性、需要以及文化的差异。例如，一方属于那种和人在一起就精力旺盛的类型，而另一个需要静处以恢复精力。幸福的夫妇学着接受和理解彼此之间的差异，并设法用积极的情感和趣味设法解决差异，或者干脆适当向对方妥协；而不幸福的夫妇就胶着在这种情形下，找不到妥协或者安宁感。实际上，接受对方是管理伴侣差异的重要策略。当关系面对明显难以解决的冲突领域的压力时，夫妇们就会体会到满意度下降以及消极传播的增加。

第一章我们已经谈到意义具有内容和关系层面，关系层面往往关涉一方如何看待关系中的自己以及看待关系中的另一半。引起夫妇们争论的一对关键问题是"男人觉得女人不赞成他的观点，或者女人不赞成男人跟她们说话的方式"（John Gray，1992：166）。

（3）影响冲突过程的因素

冲突总是旁观者清，当局者迷。无论当事人是理智的还是暴跳如雷的，都需要对方的解释——你直接说了什么可能伤害了伴侣，但对方可能立即就忘了；你努力想要支持对方，但对方把你的行为归因为有不可告人的动机。因此，感知影响冲突。比起幸福的夫妇，不幸福的夫妇通常理解程度低，感知一致性较低（Sillars A. L.，2010）。

归因也影响冲突。幸福的夫妇通常做出强化关系的归因，不幸福的夫妇做出让关系烦恼的归因（Gottman，1994）。婚姻初期，好的伴侣会将对方理想化，并且将对方的负面行为归因为当时情况，正面行为则归因于个人因素，或将缺点视为优点，或强调缺点的正面价值。这种认可可以使对方更自信（Veroff et al.，1997）。相对于幸福的伴侣，怨偶容易将对方行为归因于长期且固定的人格特质（Fincham，et al. 1989）。幸福的伴侣会相互鼓励和肯定，怨偶会彼此贬抑，不止针对对方言谈，还会贬低对方存在的价值，比如"你算什么？""我早就不爱你了！"关系良好的伴侣挂在嘴边的抱怨是针对对方的行为并伴有正面情感，而怨偶常抱怨对方的个人特质并伴随负面情感，并在对方抱怨时反唇相讥。

权力影响冲突过程。权力是关系特征而不是个人特征，即在婚姻中，权力是由夫妇如何看待彼此以及如何和彼此互动决定的。权力是有性别基础的，男性权力往往源于性别角色。在实际互动过程中，具体传播行为被用来谈判权力，夫妇们可能使用合作方法去运用权力，硬情感（比如愤怒）和权力有关，是达到目标的一种企图（Stafford，2007）。谁有最后发言权表示结局，在冲突中丈夫往往通过退缩保持权力，抵制来自妻子要求的改变。在财物比较紧张的情况下，掌管家庭财政大权的一方对关系有着举足轻重的影响。

刺激也影响冲突的长期模式。高度刺激的状态限制了人们对信息感知、调适和反应的能力，尤其是当刺激成为关系的长期状态时，个体体验到消极情绪的狂涛巨浪，就会导致这种结局（Gottman，1994）。在高度刺激中，不动脑子的传播行为出现，往往使冲突出人意料，冲突的高情绪使夫妇们实施建设性冲突过程十分困难。

情绪在冲突互动中非常关键。在冲突中，一个人情感的积极和消极系数多会出现。不满意的夫妇常常形成对情绪的不协调理解（Sillars，2010），原因似乎是丈夫无法准确编码和解码配偶的讯息。而这种无能是与关系有关的，即在长期的婚姻关系中，对刺激不动脑筋，不走心，而不是由于技能缺陷，因为丈夫们通常能准确地解码不是自己妻子的女性的讯息（Sillars，2010）。

冲突来源通常是即刻当下的行为结果，但过去也可能成为冲突的来源。"我记得你一直这么干！""你不要忘了当初你……"从过去挖掘冲突根源几乎要产生无穷的问题，挖掘者的伴侣将焦虑地想还击而不是集中于问题本身。因此，在平和的沟通中，尽量确定具体原因，并把问题一次提出来（尽管很多问题非常难办），才有望解决问题。但如果在争论中挖掘过去，双方就会感到信息超载，问题就会变得难以理解和解决。

3. 实施建构性冲突

有没有冲突不能决定婚姻的质量，夫妇俩如何处理冲突情形决定关系质量（Gottman，1994）。正如前面章节所探讨的，冲突无所谓好坏，但根据冲突中的双方所选择的冲突方式对参与者或者关系的影响，可以分为积极的和消极的。在婚姻早期，与冲突相关的可观察的负面性强有力地相关于关系消解的可能性——远大于纯粹的吵架数量。但在婚姻8年后，有趣的反转发生了，冲突的频率成为离婚的最好指示器。一对夫妻经过8年谈判与关系有关的各种事务，还发生高频率争吵，这意味着他们不可能有成功的商谈（McGonagle et al.，1993）。

对于大多数夫妻来说，"第一次大争吵"可能是关系的分水岭事件。第一次大争吵后，可能导致离婚或者婚姻幸存两个结果。对于婚姻依然存续的夫妻来说，第一次大争吵使双方典型地意识到彼此的责任感，可以公开地谈论先前没有说出的问题，由此获得对彼此立场的更深理解。而离婚者认为这是关系烦恼的肇端，是认清了先前并不知道的对方的人格。二者的最大差异是对待冲突的方式——幸存的婚姻双方通常认为成功的关系需要在解决问题时共同努力，为彼此做出一些牺牲，调适自己做事的方式，以吻合对方做事的方式（J. R. Siegert et al.，1994）。

因此，尽管冲突的代价可能很高，但有时会让坏事变好。有利的建构性冲突结果可能是：对对方、自己和关系理解更深；搞清楚相似之处和差异；帮助人们学习将来处理冲突的方式；示意人们在传播努力和调试方面还需要加强的地方。在这个过程中，夫妻也会发展出冲突行为规范以减少潜在的伤害性，比如"不要在孩子面前争吵"，"不要在人面前不给面子"。但是规则本身也会成为不一致的根源，也就是双方以他们如何争吵而结束争吵，"你为何要在孩子面前争吵？"

我们都很容易被本能式的 4 个伤人的"F"冲突反应方式左右。两性应努力避免这些本能反应，而实施更有整合性的反应（详见第七章冲突管理部分）。这些方式可能对短期解决问题有益，长远来说可能具有副作用。

当受到威胁时，"进攻"或"逃避"是我们第一个自然反映，不幸的是许多夫妻发现他们困在令人沮丧的极端进攻或逃避模式中（G. Bodenmann et al.，1998）。

第一，进攻（fight）。这种方式一般来自男性。当某些对话不招人喜欢时，他就会本能地剑拔弩张，他相信"最好的防卫就是猛烈地进攻"，责备、评价、批评她，使她显得错误十足，导致她叫喊，表达愤怒，动机是胁迫她来支持自己。当她退缩了，他就以为赢了，实际上却输了。因为，胁迫总是削弱关系里的信任。

逐步升级的冲突是一种双方都想进攻而不是逃跑的冲突模式。他们都急切地表达愤怒和立即处理问题，可以预料冲突必会升级。"进攻—进攻"模式出现在对同一事务的重复争吵中，并且"留下不断增长的愤怒后遗症"（Knapp et al.，2014：271）。这种"火药桶式"的夫妻可能建立比较好的关系，因为释放了带着同等数量积极行为的愤怒。但悲催的是，有的夫妻感到进攻—进攻模式对于解决问题无济于事，于是，想通过另一个极端——成为逃避者以补救情势。一个要进攻另一方退缩比双方都显示同样的行为模式更不具有生产性。退缩者—进犯者彼此相互促成，退缩者不理解为何进犯者为"小事"难过，进犯者不理解为何退缩者不愿意面对问题、处理问题。

第二，逃避(flight)。一般也是来自男性。他避免谈论任何可能产生争吵的主题，或者干脆停止谈论他们之间的不同见解。这就像冷战，怕女性侵入他们的安于躲藏的洞穴。他未得到想得到的就通过收回爱来惩罚配偶，通过慢性剥夺配偶应该得到的爱间接地伤害配偶。逃避的短期好处是安宁和谐，但对方会慢慢开始憎恨。

也可能男女双方都选择从冲突中逃跑，因为他们非常想要平静、和谐的关系，几乎从来不向对方表露消极情绪。他们把所有问题看作"小问题"，不愿意直面问题，哪怕是很快就可以找到办法解决问题。这种策略固然可以避免短兵相接的热吵及其覆水难收的后果，但往往这些没有说出来的东西却是紧张和冲突的储蓄库，尤其常见的是，那些从冲突中逃避的人会固执地把自己看作默默忍受的烈士，觉得自己是"对的"，而对方是"错的"。

第三，伪装(fake)。有点隐忍的味道，女性使用这种方式较多。笑容盈盈，欺骗自己，一切皆好，假装没有问题。随着时间推移，这类女性会充满憎恨，因为她总是给予对方，但不能得到自己所需的情感及其他东西。憎恨将阻碍爱的自然表达。

第四，隐藏自己(fold)。让步的姿态，女性使用这种方式较多。她常常为那些使他心烦的事情承担责任和忍受责备。短期来看，这是爱与支持的关系，但长期来说，是以失去他为结局的。因为，在这种关系里的男性永远无法意识到自己的问题，反而觉得她为何犯这么多错误。

退缩和进攻行为本身对于建构性冲突并非坏事，只是如果这种模式代表了固执于可预期的极端行为，就不利于夫妻有效处理差异。在生产性冲突中，夫妇们会适应情境选择追求热情地面对问题还是退缩。关系不满意夫妻在冲突中的交流比关系满意夫妻更具有可预知性——批评得到批评的回应，而满意的可能提供新奇回应；不满意的夫妻交叉抱怨，满意的更可能承认对方抱怨的合情合理性；不满意的夫妻会提出一个与对方动议的解决方案不相容的另一个动议，满意的最可能妥协和让步寻找相互满意的解决方案，比如下面交叉抱怨的例子。

"我厌倦了每天都吃这个。"

"我还厌倦了早上、中午和晚上做饭呢。"

不满意的夫妻还可能在争论的争论方式中陷于困境。比如：

"你不必对这事太激动。"

"我必须让你对我们的谈话引起注意。"

"我注意了，但我不想在你歇斯底里时注意。"

"你只在告诉我不要做什么的时候才对我注意。"

关系满意的夫妻可能早早地打破这个循环，比如"你说对了，我是分神了"，并回到原来的争议话题。记住，不要跑题！

除了关系满意夫妻和不满意夫妻之间的差异，丈夫和妻子的冲突行为也有差异。非生产性的冲突行为不是丈夫或者妻子的专属行为，丈夫较少有能力阅读非语词讯息和处理情感沟通。所以，永远不要问女人为何她对你生气了，因为她会对你居然不知道她为何愤怒而迁怒于你。相反，妻子会有许多非生产性的反应，知道何时使问题离开互动表，何时在冲突中撤离情绪的技能较低(J. M. Gottman, 1982)。

那么，哪种策略对建构性解决冲突最合适？夫妻间建构性冲突既要减少一些行为，也要增加一些行为。

要减少的行为如下：①消极地谈论问题。也就是说谈论者对于问题的状态遮盖了问题本身，包括讽刺挖苦，悲观，喊叫。②消极地谈论解决问题的方案。例如，提出非现实的、非理智的解决方案，使对方看来无论如何要对这个方案的不足负责任。③误导。以为完全了解对方的思想和动机。④批评性地交谈。评价自己和对方集中于缺点，尤其是后者会激起对方激烈反抗。

要增加的行为有：①倾听性谈话。说明你听到了并可能理解了对方信息的谈论，使对方感到被理解。当然，被理解并不意味着你必须同意他/她说的，仅仅表明你的关注(通过各种非语词注视等)。倾听的关键是要确定：问题是否要求行动，还是只要求听、安慰、抚摸等。有些人一听到别人问题的一个大概就开始提出行动建议，但无论人们有多少锦囊妙计，那也仅仅是有限的传播回应。人们有时不过是把问题告诉关心他们的人，只是需要聆听的耳朵就够了。②积极地谈论问题，努力以中立的、集中注意力的、具体的以及相对中立的方式提供信息(Gottman et al., 1977)。

当然，良好地管理夫妇冲突不只是学习新技能的问题，更是管理刺激和不上心的问题(Kelly, 2012)。遇到反复刺激但却不上心、不动脑筋就会使冲突修正过程变得异常困难。

正如冲突那一章所言，改变不上心的冲突行为可以通过增加用心程度。目标就是两个：一是在冲突互动中更用心，二是让新的用心行为最终成为积极的无心行为。"建立积极的无心行为的关键是，对要求有意识地认知事态的情形保持精神的灵活性"(Kelly, 2012：121)，比如从冲突中分身，做一些出人意料的事情——中断冲突20分钟，使刺激程度下降；做一些舒缓的事，比如喝杯茶，听一小会儿音乐；增加社会支持["我了解你的感受，但这会儿我(们)需要冷静"],避免以牙还牙的消极回应。

也就是说,即便我们拥有了习惯性消极回应方方面面的知识,我们也不一定会改善我们的冲突管理,关键是需要人们投入更多的认知自觉,中断原有的认知干扰。

4. 管理婚姻关系的黑暗面

关系违背、关系伤害、虐待和关系背叛是婚姻中常见的黑暗面,我们应了解这些黑暗面并高度警惕其对婚姻关系的灾难性破坏力。

(1)关系违背

关系违背就是违背了关系相关规则和期待,往往是指故意的行为,通常引发负面刺激(比如愤怒、伤害)。这种效果在婚姻关系中尤其明显,因为婚姻的长期性,必然发展出行为模式、关系期待以及含蓄或明示的规则。关系违背有各种形式:性不忠(代表婚外性关系),隐私/秘密(对信息的滥用),承诺(做出承诺但随后不实现诺言),首属关系优先性(包括没有承认关系的首要性,把其他人或事务放在关系、配偶之前),互动管理(包括虐待行为以及破坏性冲突策略)等。

(2)关系伤害

关系伤害就是导致情感伤害的传播,这种伤害往往是在意义的关系层面上发生的,不是因为对方说了什么,而是其中包含的对个人身份、尊严的威胁,对关系规范的违背。伤害性讯息包括谴责、评价、指示、建议、表达愿望、通告、质疑、威胁、玩笑以及撒谎(Vangelisti,2006)。这些行为可能单独出现,但很多时候是一种或者几种行为共同出现,都可能引发不止一种的负面情绪。例如,面对不忠和欺骗的同时出现,受到伤害的那一方可能是愤怒、悲伤、受伤害甚至怜悯交加。在亲密度较高的关系中,伤害性信息对关系影响较少,可能是由于亲密伴侣对单一消极事件较少给予破坏性的意义归因。

有趣的是,伤害不总是坏的。在一个既定的互动中,伤害可能有三个功能:信息性的、劝服性的、支持性的(Vangelisti,2009)。伤害讯息的信息性意味着是关系指示器,通常引发对关系和配偶的评价,"我再也无法忍受你长期对我行踪的监视了";其劝服性就是直接(谴责、批评)或间接地威胁关系的讯息("再这样下去,我迟早会离开你!"),这会影响关系伴侣;而伤害讯息的支持性表现为:失望、意图可能激发对方实施积极行为。

(3)不忠和虐待

对婚姻关系伤害最厉害的是不忠。一些婚姻会有不忠发生,尤其易于出现于男性中。无论人们是用通奸、婚外情、一夜情抑或是不忠来描述它，它都违背了关系期待与原则，破坏了关系，尤其是关系的排他性的规则。既造成关系伤害（带来被背叛者的嫉妒、报复，并失去对婚姻的认同感），也导致对关系未来的不确定性（"他能违背这个原则，就会违背别的原则！他原来所有的誓言可能都是假的！"），还对另一方构成情感伤害（羞辱、无价值感等）。情感受到伤害者就会有如下反应：问出轨者有关意图或者动机的问题——"你为什么这么对待我？"进行关系评价——"我们哪里出问题了？"自我责备——"我做错什么了？"责备对方——"你出了什么毛病？"

对不忠的反应可能有文化、性别等差异以及违背是一次性的还是持续的事件，是否终结了。当然，中心要素还是相关方的创伤体验。

不忠也会引起嫉妒（参考第六章关于嫉妒的内容）。嫉妒有性别差异，通常认为女性更容易嫉妒。而性别差异可能造成双重标准，给了男人出轨的权利，或者男性和女性对待性和情感不忠有着迥异的看法。女人出轨由于不满意其婚姻关系居多，而男人是想独立于当前关系。

虐待行为在婚姻中也常出现，也构成对婚姻的致命伤害。虐待表现为侵犯和暴力，尽管侵犯和暴力在含义上并不容易区分。人际传播黑暗面研究专家斯皮兹伯格（Spitzberg，2009）把暴力定义为针对另一个人的故意的身体伤害。家庭往往被认为是除了军队以外肢体暴力最频繁的场所。相较于其他场所，人们在家庭中更容易发现暴力行为或者受到家庭暴力行为的伤害。自我保护或者父母管教是灰色地带，通常不属于暴力。

第一，夫妇侵犯行为既包括父权制的恐怖，也包含通常的夫妇暴力。前者采取的策略是：高压和威胁，恐吓，情感虐待，不理不问，孤立，责备，利用孩子，男子优先，经济控制；而夫妇暴力一般无关父权，纯是丈夫和妻子之间偶然爆发的冲突。

第二，侵犯行为可以被理解为用来达到工具性（获得顺从）以及表达性目标（愤怒等）的工具。

第三，在亲密关系中的传播侵犯被看成是心灵虐待的等价物。

第四，语言侵犯往往是身体侵犯的前奏。高刺激往往使冲突双方对建设性冲突所需的复杂认知处理失效。

研究者区分了夫妇传播的七对相关变量（Sabourin et al，1993）：有—没有虐待的历史，模糊的—准确的语言，反对—合作，关系的—内容的谈话，绝望—乐观，干扰彼此依赖—促进彼此依赖，抱怨—夸赞，无效—有效的改变。有虐待历史的夫妇传播互动的特点是缺乏细节，对日常互动充满反对和争论，比如谁做饭，谁接孩子；指桑骂槐，比如批评别的事情，表达愤怒和挫折，误解，以牙还牙，纠缠不休，长期抱怨，自我中心，处理关系问题模棱两可，不知道如何描述日常任务。

与暴力夫妇有关的还有许多其他关系变量。暴力夫妇表明缺失了一些婚姻技巧，部分原因可能是夫妇们不能从竞争性互动中抽身出来（一上对应一上）。而且，暴力夫妇在描述日常互动和冲突方面是不同于非暴力夫妇的，他们往往纠缠不休，聚焦于关系，而不是问题本身。深受暴力困惑的夫妇常常为关系控制而争吵，双方都想行使自己的控制权。

前面已经说过，传播可能激发夫妇暴力。暴力的后果是伴侣们在一次争吵或者冲突后，经受到更多情感的距离，感到生疏、退缩、失望和绝望。亲密关系的暴力后果有：一般性创伤（影响生活质量和满意），情感健康问题（压抑，悲伤），认知健康问题（认知质量改变，不信任，怀疑，注意力不集中），生理/心理以及行为健康问题（失眠，胃口不好，日常典型行为的中断，孤独），社交健康问题（影响信念体系，对他人不信任），修复效果问题（强化了前面提到的问题类型，强调无法恢复关系）(Cupach & Spitzberg，2004)。

（4）揭示真相还是撒谎？

夫妻常常面临的一项重要任务就是谈判隐私的界限（Petronio，2000）。这种谈判包括什么可以被分享，什么是界限，比如在一方有婚外恋后如何做？是否告诉以及如何告诉就成为一个问题。决定告诉真相还是撒谎构成亲近关系的核心，保证不撒谎被看成是导致和维持亲密程度的契约。但是，对于什么是"同意不撒谎"，对伴侣双方来说可能各有所指，于是，不撒谎就成为一文不值。

那么，决定揭示真相还是撒谎的原则是什么？关键要看：①是否对双方都有益，动机是好还是坏。如果只对一方有益，揭示真相就是负面的，会产生较大的关系伤害。如果是为了保护伴侣免受伤害，帮助他们建立或者保持自尊，帮助他们达到目标以及表达对他们身体和精神状态的关心，谎言无可厚非。如果告诉的动机是为了提高婚姻，会产生生产性结果，这比把它当作惩罚对方或者伤害对方或者释放犯罪感的动机要好得多。②是否撒谎彼此都要遵守同一公平原则。例如，双方都同意某种撒谎，但不同意另外一些撒谎。③伴侣是否相信他/她的最高利益居于你的内心深处（Knapp & Anital，2005：262）。

（5）原谅：关系修复的关键环节

已婚夫妇如果发现关系质量在下降，就会采取明显的矫正行为，这就是修正过程。关系修正策略和关系维护策略之间没有太大差别，只是在修复时，会比较多地直接谈论问题，使事情是可预期的而不是自发的。在谈论另一方的感觉时，伴侣们应该检讨自己有问题的方面。分享彼此的感觉是高级技巧，只有在事情以及一个人的自我可以在理性层面上讨论时。还有，积极倾听也很重要，适时地进行"修正"讨论。

不忠和虐待行为等关系违背可能导致婚姻结束，但人们也可能选择努力修复。所以，如果一个人想要恢复关系，原谅是一种合理的反应，原谅是关系修正或和解的重要手段(Metts S. et al.，2007)。

原谅一定是在关系中，而不是在其他语境中(比如自我原谅)；原谅表明伤害者要承认伤害行为，而不是找借口；原谅是伤害者不配得的仁慈，是一种来自受害者给违背者的礼物，而不是违背者天经地义配得的。

原谅使受伤者从消极向积极的方向转变，体会到负面动机状态的减弱(比如想要报复)，积极动机化状态增加(比如愿意参与和解行为)；原谅还会产生重新协商意义的结果，带来建立新的规则或新的关系定义，可能创造"和解的可能性"(Waldron&Kelly，2005)，意味着重新恢复信任。但这并不意味着所有差异和无序都消失了，冲突停止了，而是受伤者把责备和报复愿望搁置，展示良好意愿并愿意从头开始。这时，违背者不要再企图寻找违背行为的合情合理性，而要负起责任和在适当时机予以补偿。

当然，培育一种有关和解的信念也很重要，无论遇到多么黑暗的时刻，总有雨后天晴的时候。这有助于伴侣们在坏事发生时努力靠近关系，而不是未经任何努力就放弃关系。

五、提高家庭传播技能

面对家庭日益面遭受的压力，学习一些提高家庭生活的技能非常必要。但是，不要幻想有那种十全十美、根据一、二、三条原则依样画瓢就可以成功的处方。每一个家庭都有独属于自己的境遇，不可能全盘复制他人的幸福，活出自己的特色就好。这就需要我们对家人需要和期待保持高度敏感，并不断实践、调整我们的传播路线。

技能测试

请测试下列传播经验，看看你需要提高哪些技能？

1. 和你的家庭成员交流很困难？

　　　　　　　　　　　通常　　　　　　有时　　　　　很少

2. 你感觉其他家庭成员对你不够尊重？

　　　　　　　　　　　通常　　　　　　有时　　　　　很少

3. 在家庭讨论中，当你意识到你是错误的时，认错对你很困难？

通常　　　　　　有时　　　　　很少

4. 接受家庭成员建设性批评对你而言很困难？

通常　　　　　　有时　　　　　很少

5. 你没有认真听家人说话，但你假装在听吗？

通常　　　　　　有时　　　　　很少

6. 你发现在和家人说话时，你心不在焉吗？

通常　　　　　　有时　　　　　很少

7. 你总是误解家人吗？

通常　　　　　　有时　　　　　很少

8. 你对你处理和家人的争议的方式不满意吗？

通常　　　　　　有时　　　　　很少

9. 因为害怕家人生气，你无法表达你和家人的不一致吗？

通常　　　　　　有时　　　　　很少

10. 当你和家人之间出现问题时，你是否情绪上很难过？

通常　　　　　　有时　　　　　很少

11. 其他家人和你不一致会让你非常不安吗？

通常　　　　　　有时　　　　　很少

12. 你在信任家人方面有困难吗？

通常　　　　　　有时　　　　　很少

13. 你感觉到家人希望你成为不是现在的你吗？

通常　　　　　　有时　　　　　很少

14. 家人无法理解你的感情吗？

通常　　　　　　有时　　　　　很少

如果你勾选"通常"超过三次，那么，你的家庭传播技能就需要提高（S. A. Beebe, 1983：98）。下面的一些技能值得我们反复实践。

1. 花时间谈论关系和情感

健康家庭传播的数量取决于成员的需要、期待、个性、职业和行为。许多家庭面对日常琐事的烦恼，于是，家庭成员之间的谈话往往集中于任务，以便协调完成柴米油盐、洗衣做饭等事务。这是非常必要的。但健康的家庭传播不仅做到这些，还需要让彼此愉悦地闲聊，需要谈论对关系、对方的感觉——表达对关系的忠贞，对对方的喜爱，告诉对方他/她对你有多重要，分享你的自我信息，等等。不要希望对方自动就知道你的所思、所感、所想，也不要把自己看得非常了不起。

　　遗憾的是，很多家庭活在现实的物质欲望的坚冰中。谈话内容除了协调日常家务外，不是赚钱、晋升，就是无止境地与其他家庭比较。"他们家又添了……"，"看人家儿子多省心"，"看人家老婆多贤惠"，"看人家老公多能来事"，"人家住那么大的房子，看我们家啥样子"。这些谈话既损坏对方的自尊，时间长了也影响关系，还平添了自个儿的烦恼。这样的对话模式又如何能有一个健康快乐的家庭呢？

2. 积极地倾听，搞清楚家人的真实意图

　　在经常面临压力的家庭生活中，倾听十分重要。由于个性等原因，一些家人往往非常间接地表达自己的情绪。有爱的家庭要以他人为导向，认真倾听、理解对方非语言和语言符号里所传达出来的真实内心世界（复习前面倾听的技能）——到底他/她需要情感支持和安慰，还是建议？如果是前者，一双聆听的耳朵、一副关爱的眼神和一个抚摸、拥抱比一箩筐建议更有用。由于家庭充满琐事，我们容易边做事边听。其实，最好的方式是一停、二看、三听、四问。停，就是停下所有正在做的事——看电视，打电脑；看，就是专注地注视对方，注意其非语言讯息所传达出来的丰富含义；听，就是集中于记住对方说话的细节和主要观点；问，就是适时地提出问题，询问自己的理解是否正确，请对方进一步清楚表达愿望、情绪。

3. 支持和鼓励彼此，不要试图说服对方

　　现代社会，每个人每日都会面对各种压力，家庭被人们看成是最安全的港湾——各种情绪宣泄、各种想法释放之地。所以，家庭气氛应该是让人放松的，而不是让人更紧张的地方。

　　所以，我们需要通过传播，让家人感到被支持和珍爱。家庭功能紊乱的来源与家人的低自我价值感有关——我在外面失败了，我怎么在家也不断被人批评、指指点点？我好糟糕！别人这么对我，你、你们也这么对我，为什么？健康的家庭总是花时间来滋养彼此，对彼此独一无二的奉献表示真正的兴趣、关注和感激。表达正向的、支持性信息，比如赞扬、同意、帮助、喜爱。这些支持性信息能够使孩子产生高自我价值，对父母的顺从提高，还会发展出高道德准则，侵犯性的反社会行为降低（Noller&Fitzpatrick，1993：202）。

　　但我们都有要支配他人的愿望，都想在任何议题上占据智商和道德的制高点。尤其是在中国这样一个传统价值崇尚伦常等级的社会，教育、教训、教导成为家庭高地位者一种主要的传播模式，而现代价值观使年青一代不肯

轻易服从家长的管教。所以，当代中国家庭的亲子冲突还是比较突出的。同时，男权社会赋予了男人在家庭中掌控一切的地位和习惯，父亲、兄长往往成为家庭成员的规训者，而现代性别角色的改变使女性也不肯轻易服从男性的管教。因此，今日家庭的性别冲突也是非常突出的。

家庭生活中没有那么多大是大非，不要把家庭生活搞成辩论场，不要把家人之间的情感交流，变成没完没了的观点交锋和劝说——"你该这么做"，"你不能那么做"，"你不该有这种想法"。如果爱家人，就支持、鼓励他/她，即便你不赞同他。己所不欲，勿施于人；己所欲，也勿施于人。毕竟人的想法、情感是无法代替。

如果家庭变成一生摆不脱的辩论场，这对家人来说几乎可以叫作"心灵虐待"，无论你多么爱对方！

4. 为彼此、为关系设置界限

家庭也是由一个个个体组成的，因此，有些事是个体自己的，有些是其他成员的，还有些是关系双方的。由于家人之间的亲密感，尤其是中国文化强调个人牺牲自己为家庭幸福而努力是美德，家庭成员不愿意或者不能为彼此设置界限。这就会出现，家庭成员之间普遍没有界限感——你的事就是我的事，我的事就是你的事。我的事就是你的事，会让大家白白承受很多本该由个体承担的责任甚至痛苦；你的事就是我的事，就会越界干涉对方的感觉、想法、态度、行为和价值观。爱应该是自由、负责的，而不是彼此亏欠式的。既不要让他人来越界，也要努力避免自己越界。

当你和一个人的关系有力地影响你和另一个人的关系时，就没有界限了，你给了一个人太大的权力来左右你的生活。例如，某些失败的婚姻就是没有很好地设立和原生家庭的界限——把原生家庭的烦恼带入自己的直接家庭，一切以原生家庭为主，忽略直接家庭成员的需要，家人感到被冷落。还有，在经济问题上，你的钱就是我的钱，财务上不分彼此。

还有些人总是去照顾别人，也不管别人需不需要。人们自己应为自己负责，即便真的需要照顾与帮助，也不能确定哪些是你能给的，哪些是不能给的。一旦超出能力的给予，就会产生一种牺牲感，一旦得不到回报，就会失落。因此，要学会对不愿意为自己负责任的家人说不！一个简单但却是很多家庭成员做不到的原则是："非请勿帮，请了必帮"。

没有界限还有一个致命问题就是关系三角导致的紊乱，非但不能改善关系，反而使各种关系问题纠缠在一起。例如，甲对乙生气，甲没有告诉乙，甲对丙抱怨乙。丙很开心甲对自己的信任，总是在甲想要玩这种三角游戏时去倾听。这时，乙感到孤独，也对丙讲述和甲的冲突。于是丙成为甲和乙的信任者。甲－乙之间的冲突并没有得到解决，反把与事情无关的第三方丙卷入其中。而第三方在二者之间传达的讯息可能是不准确的，这反而增加甲乙两人的矛盾，并最终又导致甲－丙矛盾，以及乙－丙矛盾。避免三角紊乱的办法就是和与你有冲突的人首先对话，而不是与第三方对话。当然，有时候第三方的斡旋很有必要，但过于强加自己的意志和意思在斡旋中只会让关系更糟糕。

5．勿把控制当作爱

在关系中人们最常犯的错误是对陌生人太友好，对亲密者太苛刻，还常常以爱的名义严厉控制对方。由于亲密关系具有高度排他性和独占性以及彼此的依赖程度很高，关系伴侣往往错把控制当作爱，控制和爱总是以甜蜜的外表出现在你面前。这也是关系没有设置界限的另一种表现。代替对方思考、感觉、行动，指导对方应该怎么感觉、行动。"因为我爱你，不想你那么辛苦，你不要出去工作了"，"不要穿那么性感，你没问题，社会不安全，我爱你就要为你的安全考虑"，"远离你那些朋友，他们会带坏你，我可是为了你好"，这往往忽略了对方的社会存在和生活选择的自由。"我嫉妒你和其他男人说话，因为我爱你"，人们有时还把嫉妒看成爱的转移性表现。表达关心没有问题，有问题的是这变成一方对关系伴侣进行控制的一种模式——遇到任何本应该由关系伴侣自决的问题都采取控制。

真的爱，懂得尊重，让对方做自己。真的爱，滋养对方，让对方活出真实自己，感到自由、舒适，使对方变得更美好。例如，妻子和先生商量，是在家做全职太太还是外出做工，丈夫："我欣赏你的工作能力，也喜欢你当贤妻良母，你自己看，怎么开心你就怎么做"。而在控制关系中，对方感到委屈、压抑、受打击、不快乐，感到自己的能力和事业受到否定和贬低，感到自己的生命在日渐枯萎。例如，对方上班，嫌对方不贤良；对方在家带孩子，怨对方不赚钱；对方打扮，嫌对方乱花钱；对方节俭，说对方黄脸婆。

真的爱，更在于关心伴侣的感觉而不是个体自己的感觉。玛丽莲·梦露有一张站在下水道风口裙裾飞舞堪称经典的照片，但同为好莱坞影星的丈夫迪马吉奥却无法接受这一过于性感的举动，要求梦露退出影坛，并在这张照片被公布的当晚暴打梦露。作为丈夫和演员的迪马吉奥当然知道梦露只有在演艺中才能绽放，但他只在乎自己的感觉。真正爱对方的人，把对方的感觉放在自己的前面，能承担这份不愉快，支持对方的决定。这也就是为何爱意味着牺牲。当然，关系是双向的。如果在长期的婚姻关系里，只有一方这么做，另一方完全自我地不顾对方感受，关系也是不能长久的。因此，关系中的投桃报李极为重要。

在关系中，每个人都会有关系期待和坚持的原则。要学会在重要事情上坚持，在另一些问题上让步。那种对所有问题都实施控制的人往往缺乏安全感，不够坚强、独立和自信，这种个性往往严重破坏关系。

6. 用建设性策略管理冲突

家庭对我们的人生如此关键和重要，于是人们以为它是舒适安全的发源地和港湾，人们到一定年龄把成家立业看作最重要的人生选择和安身立命之本，中国古代的"洞房花烛夜，金榜题名时"都是这种写照。

然而，家庭作为最亲密关系的聚集地，最爱的人之间冲突的烈度和频度往往也最大。冲突的频度和烈度在不同的关系伙伴那里各有不同，无效的冲突行为降低亲密度。

家庭冲突是关系质量和家庭成员生活质量重要的决定力量，能够良好地管理冲突的家庭的父母和孩子更有满足感，孩子在学校的表现更好，也和同伴有更好的关系（Sillars and Canary，2012）。

（1）家庭冲突的多层模式

由于冲突不仅植根于家庭语境，还置身于家庭外的社会文化语境中以及家庭内的个体经历。所以，理解家庭冲突要在语境的圈层中做全面理解（如图 8-3 所示，Heather E. Canary and Daniel J. Canary，2013：17）。家庭冲突有四个层面，虚线表示每一个层面都能够说明另外三个。最外圈也是虚线，因为所有社会体系都是开放的，而不是封闭的。

最外层包括影响家庭冲突的广阔的文化因素，即社会对家庭角色的价值观与期待会对家庭冲突互动构成持续影响，比如"亚洲文化强调社会和谐，权威不可动摇以及为群体需要而牺牲个人需要"（Chuang & Su，2009：27），这种文化价值观影响婚姻冲突过程，婚姻冲突比欧洲美国人的婚姻冲突更艰难。在这种家长制的、传统的、结构化婚姻里，丈夫和妻子如果使用融合、体贴和妥协（相较于竞争和逃避）去管理婚姻冲突，那么夫妻对婚姻更满意（Cheng，2010）。

第三层面是家庭层面的因素影响家庭冲突。家庭状态指的是家庭构成；健康关涉家庭一个或几个成员生理或心理患病了，家庭成员需要调适这样的事体；工作—生活指的是家庭成员如何平衡有偿工作和在家庭里的无偿劳动，这两个方面交叉影响冲突过程；最后，修复力指的是在家庭成员面临各种构成挑战的事件时，如何使用内外力量去适应压力和危机的，以使家庭始

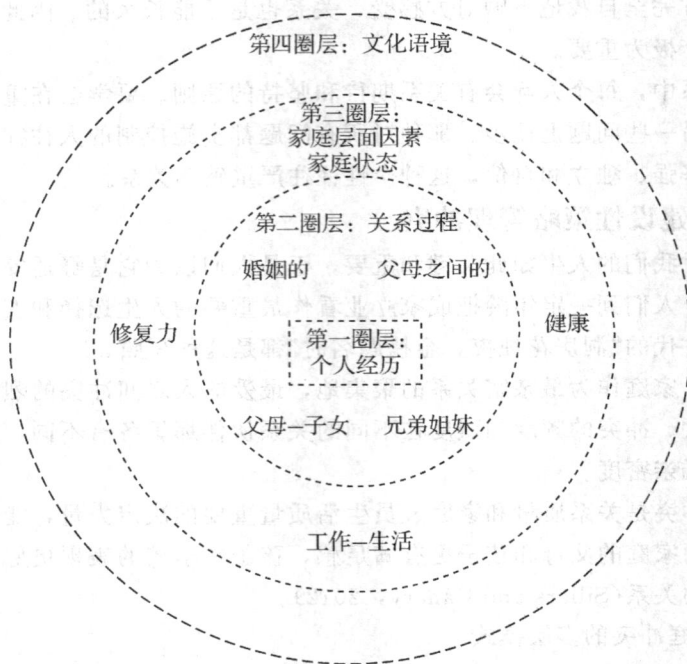

第四圈层：文化语境

第三圈层：
家庭层面因素
家庭状态

第二圈层：关系过程

婚姻的　　　　父母之间的

修复力　　　　第一圈层：　　　　健康
　　　　　　　个人经历

父母—子女　兄弟姐妹

工作—生活

图 8-3　家庭冲突的多层模式

终作为一个整体发挥作用。家庭成员如何回应这样的事件通常导致冲突。

　　第二层面表示在所有关系层面上的家庭冲突过程。包括婚姻冲突，父母之间的冲突，亲子冲突，兄弟姐妹冲突。婚姻冲突是夫妻间的冲突；兄弟姐妹冲突指的是来自同生身父母或非同生父母的孩子之间如何由一系列问题引发的冲突，本文不做详细阐述。

　　父母间冲突指的是对孩子有意义的婚姻传播，这种婚姻传播可以影响孩子的幸福。孩子的幸福直接取决于其父母如何相处，其影响甚至超过离婚对孩子的影响（Afifi et al.，2010）。父母之间的冲突对孩子的影响，会从婚姻关系蔓延到亲子关系中、三角地、孩子对父母冲突的评估以及孩子的情感安全感。消极的父母冲突减少了亲近感，增加了孩子和父母的冲突；三角地就是孩子卷入父母冲突，或者要站在一方反对另一方时感到压力重重（Grych et al.，2004：650）；评估指的是孩子在面对父母冲突时总要问，"发生了什么?""为何发生?""我可以为此做点啥?"父母消极和竞争性的冲突会导致孩子两种评估：一是感到受威胁，一是自我责备。这些负面评估直接导致孩子无法调适，伴随父母亲冲突的害怕、自我责备、受威胁又取决于孩子是否有情感安全感。

家庭冲突还可能影响孩子的冲突模式以及幸福。原生家庭把我们社会化为使用建设性或者破坏性的方式来处理冲突的人，并把这些方式直接带入我们后来的浪漫关系的相处中（Koerner & Fitzpartick，2006）。严重的父母冲突预示了青少年的内外冲突，并对孩子的个人幸福有着消极影响。而且，孩子自己对于婚姻的态度直接受到父母之间冲突的影响，父母冲突频仍，孩子多半不会对婚姻持积极态度。

亲子冲突包括父母和他们的后代在整个一生中的冲突。从幼儿（2～4 岁）时期开始，（表现为语言的）亲子冲突就开始了，并显得很频繁，每小时都可能发生很多次。就是一方反对另一方的状态，这些冲突很简单，较少有关系副作用。孩子爱说"不"，"我的"。冲突的主题往往是和父母协商规则，而父母总是要他们遵守规则。"该睡觉了！""不"。"该吃饭了！""不"。在突破规则和违背规则时被管教。

父母和青少年子女的冲突强度会增加，尽管频率可能不像幼儿时期那种多。增长的父母－青少年冲突与青少年的个性、个人身份建立的自然发展伴随，呈现出 U 形线，即相对于青春期中期，青春期早期和晚期的冲突较低。早、中、晚期争端的主题是：日常麻烦事，整理房间，家务活和家庭作业，自主性，关系，个人外貌。争端的积极后果有：青少年的个体化，身份发展，较好的学业成绩；消极后果有：外显的行为问题，内在的行为问题，较差的学业成绩。

父母和成年孩子也会有冲突，冲突的主题有：传播与互动方式，习惯和生活方式选择，意识形态、政治、宗教，工作习惯，家务维护等。冲突的积极后果是较高的关系质量，消极后果则是较低的关系质量。

第一圈层包括个人有关家庭冲突的经历，指的是人们尤其是孩子如何理解家庭冲突的开始、进展和结束；同时，指的是一个人的发展阶段、气质和个性（尽管不是人际关系研究领域的问题，但确实影响家庭冲突）；还指的是家庭冲突对个体引发的后果，包括个人的幸福（比如抑郁）、身体健康、工作－生活管理。正如第七章所指出的，冲突及其管理对个体的身体、精神、关系健康都会产生影响。

冲突会使一个人感到苦恼，影响人的健康，抑郁是其中一个明显的问题。抑郁的人通常社交技能比较贫乏，更多依赖短兵相接和负面的冲突策略，包括语言敌意、冒犯、退缩、羞辱、非语言展示的愤怒和悲伤，实施要求－退缩模式，在传播中更少使用合作的、直接的传播策略（Henne et al.，

2007）。压抑的人的伴侣也会使用消极的冲突策略。但要求、退缩和逃避行为更可能增加一方的压抑，另一方的愤怒，迁怒于近旁的人和话题，尽管这些话题在另外场景中并不重要。

（2）实施建设性冲突

不能有效管理冲突和压力是导致家庭暴力的推动因素（详见第六章有关暴力的部分），因此，在挑起争吵时要格外小心，应安排时间谈论问题，并保持情感适中；在提出自己的观点之前，应承认对方的观点，不要用冒犯性传播；为对方提供安慰和支持，倾听和同理心是关键；尤其在关系冲突达到白热化时，要避免人格攻击；无法解决问题时，待情感冷静时再谈论；或者多次谈论某个问题也难以达成一致，就避开问题，谈论关系，回忆美好的关系经历和彼此的爱，这有助于舒缓彼此的情绪，然后再回到问题去面对。

技能训练

你是否同意下列陈述？再让你的家人、朋友来看这些陈述，他们是否同意或不同意以下陈述？不同意的陈述请予以改写。找出你和他们观念差异的原因。

1. 大多数家庭成员知道如何有效沟通，但不花时间实践他们的知识。
2. 家庭冲突是家庭关系正遭受破坏的症候而不是原因。
3. 家庭冲突对家庭和谐有害，所有冲突要不惜代价避免。
4. 大多数冲突在我们不理解其他家庭成员时出现。
5. 我们没有做到有效传播。
6. 家庭有个顶梁柱，家庭功能就良好。
7. 无效传播是家庭冲突、离婚和家庭紧张单一的最重要的原因。
8. 非语言传播比语言更重要，你做的比你说的重要。
9. 有时为了达致家庭决议忽视其他成员的感觉是必要的。
10. 爱你的情侣或者配偶最好的方式是关心他们重于关心自己。
11. 通常来讲，今天家庭生活质量在下降。
12. 有一个最好的路径或者系列原则确保一个家庭有效运作。（Beebe et al.，2008：378）

第四节 以计算机为中介的人际关系及其传播

20 世纪 90 年代以来，以计算机为中介的传播（Computer-Mediated Communication，CMC）成为人类越来越普遍的经验。起初，CMC 仅仅被看成是获得信息的工具，但很快成为人际互动实践的完整工具，"CMC 就是一种联系另一个人的方式"(Howard Rheingold，1994：147)。人们通过电子邮件、聊天室、即时讯息、电子公告牌、博客以及手机的文本等电子方式互动，实施相互影响。近些年来，被人们迅速而广泛采纳的社交网络化技术(从西方经验中的 Facebook、Twitter、Youtube 等，到中国的微博、微信等)，也正深刻而全面地影响着人们人际传播的模式，并成为人际关系建立、发展和维系过程中不可或缺的因素。

"鸿雁传书"，"烽火连三月，家书抵万金"表达了与生命中最重要的人连结是人类最本质的需要；"两情若是长久时，又岂在朝朝暮暮"既寄托了人们对永恒爱情的渴望，也表达了保持超越时空的爱情的艰难。CMC 就为人们提供了朝朝暮暮诉说情感的可能(但并不意味着朝朝暮暮了，两情就会长久)，也就是说，在我们和那些与我们有着重要意义的人保持便捷、稳定、持续的联系方面，CMC 起了重要作用。电子邮件、即时短讯、文本讯息使亲近关系的互动被戏剧性地改变了，比如朋友之间、家人之间、恋爱中的宝贝之间的互动。聊天室、论坛、博客、Facebook 等也增加了人们和陌生人相遇并发展新的人际关系的机会。因此，CMC 可能满足两个人际目标：和陌生人接触以发动和发展新的关系，保持已存在的关系。

人们有着漫长的面对面传播历史，今天还要进行面对面传播。但今天的传播与历史样态之间最大的不同是传播的"即时"性日益增长和普遍化。因此，我们要意识到，并非所有面对面传播就是人际传播，也并非所有经过中介的传播一定会导致和他人独特的关系。

显然，传播技术影响关系建立、保持和结束，也影响关系的传播互动。那么，人们使用互联网建立、保持和结束关系方面，我们做了什么，不能做什么？与面对面的传播互动有何异同？我们如何提高 CMC 传播技巧以推动人际关系的发展？这正是本节要回答的问题。

一、比较面对面(FtF)传播和以计算机为中介的传播(CMC)

面对面(FtF，Face to Face)传播和以计算机为中介的传播各有优劣。在面对面传播中，人们通过观察一个人的所言所行，可以获得大量人际信息。然而，当我们对所见所闻抱有偏见反应时，面对面互动就可能产生反面作用，阻碍人们之间进一步互动，比如对一个人年龄、性别、外貌、种族、社会阶层的偏见以及首因效应对他人形成刻板的第一印象。在面对面传播中，传播者可以使用各种丰富的非语言符号表达丰富的人际含义，然而，由于现实权力关系的压力以及传播技能的缺乏，传播者可能产生传播焦虑。

以计算机为中介的传播则可能避免面对面互动中容易出现的传播者偏见和焦虑，人们可能和那些如果见面就会避之不及的人进行富有成效和满足感的聊天。因为，在CMC中非语言线索被过滤掉，（由于匿名性）传播者身份可伪造，（由于写作语言的缘故）人们可以花时间组织语言、管理自我形象，而且，拒绝他人比面对面情形中那种立即拒绝较少伤及对方面子（Robert Kraut＆Sara Kiesler，1998：1017－1031）。当然，这些CMC中出现的特征也会为欺骗、围捕等人际黑暗面留下空间。

1. 社会情景线索

传播研究者库尔兰和马尔库斯（Culnan＆Markus，1987）首创了"线索过滤"这一名词来指称以计算机为中介的传播与面对面传播的根本差异。在面对面互动时，人们通过真实的物理空间进行互动，既有物质互动又有象征互动。而CMC纯粹是经由传播行为构建的，其关键特征是缺乏亲身在场的丰富的非语言暗示。于是，比起面对面互动，文本、数字和图标在CMC中更重要，因为必须单独依赖它们承载非语言信息。例如，我们开玩笑或者含沙射影会受到限制，因为在书写讯息中没有音调暗示。"我真是受尽你的羞辱"（开玩笑的），我们必须用文字把在开玩笑的情形写出来，也就是说要用各种书面符号来补充缺失的社会情境线索。

在CMC发展史上，补充社会情景线索的非语言符号发展经历了如下四个阶段。

一是符号组合期，为增强生动性、在场感和即时感，人们用原有键盘上有的符号组合成各种表意、表情符号来模拟现实人们的感官动作与身势语。比如，：—)（笑），：—p（吐舌头），(o)(o)（非常吃惊）等，这些卡通式的脸庞，增加了互视、互听的近距离交际效果。

这种符号组合并不遵循现实每一种符号的使用场景与组合要求，而是文字、图片、照片、数字、英文、拼音、图形、标点、运算符号任意组合与表意，随便链接和镶嵌，自由粘贴和插入，怪词、错字、别字、病句变成了幽默与调侃，比如"泥表酱紫PMP，小心偶给泥彩色笔。8147，偶只是粉想让泥开心。偶有事，＝＝"（"你不要这样子拍马屁，小心我给你点颜色瞧瞧。不要生气，我只是很想让你开心。我有事，等一等"）。

二是直观的模拟表情的静态卡通图案期，电脑和手机系统自带有表情图案，需要传播者选择使用。这种图案更为直观，传播者会直接调动经验的感性体验而直观理解其含义并使用，使用更方便。

三是动态的视觉符号期，主要是动漫式卡通人物动作和表情。这些视觉符号更生动地表现了互动者的当下情感状态（喜、怒、哀、乐、皱眉、尖叫等），是对现实面对面互动的有限但却是高度模拟。

四是视频文本和视频补充符号互动。人们在互动中把有关自己以及自己环境的信息通过视频文本或者插入视频片段的形式植入文本符号的互动中，俨然是再现面对面的互动。当然，这些视频文本有时是互动情景的同步再现，有时则是异步再现。

在这种情形下，比起面对面互动，人们会使用更直接的传播策略，比如自我揭示或者向他人提问以减少不确定性。

2. 奔流的文本

由于 CMC 是在一个虚拟的空间里互动的，那种在面对面互动中通过声带和空气震动流淌的互动迅疾的口语语汇流，在这里只能够通过书写文本来模拟。因此，文本对 CMC 有着极其重要的意义。

"人们打字的能力和写作技巧影响任何正在发展的关系的质量"（J. Shuler, 1998）。你曾经有过因为输录速度太慢而在一个社区或者论坛中遭到冷落的经历吗？于是，出于速度的考虑，人们在 CMC 中大量使用缩略语，如 JJ（姐姐），GG（哥哥），DD（弟弟），"东东"（东西），YY（衣服）等。如果父母想通过 CMC 加强亲子沟通，恐怕不得不首先学会在速度上跟随孩子，而且在网络语言使用规范方面下功夫学习。

迅速理解自己所思所想并准确地把它敲击成写作词汇不是每个人都能胜任的能力，这种能力甚至比传统的书写更面临场景和速度的压力（尽管人们认为这不容易产生深刻的思想和建立深入的关系）。这些写作技巧包括适应场景和互动伙伴的语法、拼写方式、网络互动习俗、回复速度、幽默感表达、表达的清晰度、网络习语等。

写作技巧不但影响我们的自我表达和揭示，也影响他人对我们的感知（写作讯息为他人洞察我们的个性、技能、幽默感，甚至价值观提供了机会）。例如，使用规范词汇、句法、语法、句式上网交流可能给人留下你很严谨的印象，但也可能给人留下刻板、老套的印象。你曾经是否有过因为写作没有遵循网络语言使用规范而无人理睬的经历？网络上使用的语言非常特别，具有行话、俚语、黑话的典型特征，看不懂或者拒绝使用就难以加入 CMC 互动社区，更说不上与他人建立对话关系。当然，到底表现我们的严谨还是随和，这又取决于互动情形和互动伙伴的偏好。

此外，写作技巧还会影响人们彼此印象形成和关系管理。正如在面对面传播中我们针对不同的关系伴侣会选择不同的表达方式一样，我们写给男朋友、女朋友、家人、老板的电子邮件或者进行社交媒体互动时在内容和风格方面可能也会不一样。不能适应讯息于不同的人，可能会影响传播效果和关系。

CMC 写作语言要比来来往往的面对面口语讯息组合多得多的信息，因为那些面对面通过非语言传播的讯息（如拥抱、语调、困惑、愤怒、快乐等）不得不被改写成词语。一些人可能更愿意并擅长描述自己的情绪和想法，因为这种互动能够保持面子，不被当场打断、受到挑战或者立即被否决；而另一些人对此却会感到不舒服，可能更偏爱面对面互动。

因此，在奔流不断的文本海洋中，有的人适应良好，游刃有余，有的则被颠得头晕眼花，无所适从。

3. 回应时间和顺序

FtF 传播是交互的，同时彼此可以观察彼此的非语言行为，因而传播行为可以是重叠的，在时间使用上较为经济。而 CMC 则必须要经过线性的时间，因此花费的时间较长，相比面对面互动较为滞后、异步。

人们迅速地发出讯息，也希望迅速收到讯息，因为短而简洁的讯息交换和讨论会创造一种同时感和互动感。等你把长篇大论的段落发出去后，可能与当前讨论就不再相干了。所以讯息帖要短、多，且快速地连续发帖。但在私人或者小组聊天中，人们可以进行讨论和较长的表达。从这里可以看出，CMC 传播者的写作技巧和技术运用娴熟度影响 CMC 同步与否。

互动时，有时我们发表评论给具体的人（如通过电子邮件和即时短讯），有时只是把我们的想法贴出去让任何人阅读并随后回复（如博客、微博、Facebook或者 My space、电子张贴板、聊天室），有时可以和别人积极会话（聊天室和即时讯息）。这些区分指的就是发出讯息和回复讯息是同步，还是在讯息发出与阅读之间有一段时间的延迟。

CMC 互动越是同步，越和面对面互动相似。即便面对面互动也会有延迟，CMC 与面对面延迟的区别在于我们是否觉得处于同步之中。当我们发送电子邮件或者短信快速地来来回回时，就制造出一种和我们的互动伙伴在社会－心理上的同在性。你和你的互动伙伴发即时短讯时，你有共在感吗？有，就是同步的。异步互动就是讯息发出不期待即时回复，或者期待回复但别人并没有即时回复，或者我们感觉对方的回复慢于我们所期待的速度和频率。

同步和异步的每种形式都在满足我们和他人传播的不同需要和功能。手机、面对面互动和即时短讯最能满足学生们更方便地传播。电子邮件、即时短讯和手机最能满足彼此联系。面对面互动最能满足搞有趣的活动，继而是即时短讯和手机通话。即时短讯和面对面互动最能满足无聊时打发时间（Beebe，2008：362）。

由于 CMC 回应不像面对面互动那么即时，耽搁即是自然而然的事；同时，类似面对面的沉默，CMC 中的耽搁也有特别的人际含义。时间可能是在 CMC 中被"更为直接地被控制和操纵"，这种时间性或以"与时间相关的信息"的形式承载着非语言线索，对时间信号的使用及其操作、操纵影响参与者对亲密/爱等人际感知以及 CMC 中的信息控制（Walther & Tidwell，1995：360）。例如，如果一个电子邮件的收信者立即回复，可以确定的是收信者对寄件人所言是感兴趣的，否则，发信人可以把答复的延迟看成是故意怠慢。比起面对面传播，电子邮件允许我们有充足时间去组织讯息和润色讯息，即便是通过诸如 QQ 等互动性极强的传播平台发送即时讯息，也可以在输录一行后，反复删改。在我们确认是我们需要的内容及其传播方式后，才发出去。因此，CMC 增加我们的控制能力——说什么以及怎么说，如何管理自己的形象。但与此同时，他人也可以这样处理信息，这种故意性表明我们必须对所接受到的 CMC 讯息的可信性和有效性进行小心翼翼的评判。固然，面对面传播时，人们也可以三思而说，但一旦说出，就覆水难收。

可见，人们的 CMC 传播是充满"夸张地表演"或"摆姿势"的过程。于是，时间成为印象管理的一个重要部分。研究假设这样认为：时间和信息内容是互相影响的，在晚上送出的一个社会信息比在白天传送的社会信息表示更亲密/亲热，而且一个在晚上被发出的工作信息比一个在白天送出的工作信息更不亲密/亲热。而时间与信息内容互相影响，以至于对一个社会信息的缓慢答复比一个社会信息的迅速答复更显得亲密/亲热，而且对一个工作请求的迅速答复比一个工作请求的慢答复更显亲密/亲热（Walther & Tidwell，1995：364）。

二、CMC 的挑战和黑暗面

使 CMC 发生神奇传播效果的东西也正是导致 CMC 危险的因素，以计算机为中介的传播会产生一些独特的挑战和黑暗面（Chapman，1995；Dibbell，1994），如 CMC 鼓吹的种族主义等东西对人类公共生活构成严重威胁。与此同时，CMC 也会产生一些人际传播黑暗面。例如，互动伙伴易于消失，说消失就消失了；互动者穿马甲与人互动，甚至盗用别人身份以他人名义说话，而他人并不知道；也可以更方便地发布亲密信息，侵犯隐私，散布诽谤性信息，进行性骚扰，甚至虚拟强奸。

1. 电子围捕

人们在追逐人际关系的过程中，也可能有许多黑暗面，比如欺骗、强制侵入、围捕、嫉妒、关系暴力等。围捕是一种人际关系发展中得到重点关注的黑暗面，它是一种拼死地努力对他人施加一种强制的关系，而不管他人要不要这种关系（William R. Cupach，Brian H. Spitzberg，2004）。由于社交媒介的可视性，尤其是 Facebook 的跨语境信息流动（由此使私人信息公开化），使用者的社交媒介被他人监管的可能性大大增加。赛博围捕者通过持续的信息骚扰以控制被围捕者。例如，人们可能在分手后收到前任伙伴不请自来的电话、邮件和即时讯息——提出和解要求或者实施关系暴力（威胁、毁坏荣誉等）。被围捕者既可以收到来自陌生人的，也可能收到熟人的信息。

由于我们在 CMC 各种平台上的用户名也是有历史的，即便我们小心翼翼地管理自己的个人信息，但仍然会留下蛛丝马迹，围捕者总能找到我们。在遭到我们的前互动伙伴围捕后，彻底注销用户名（比如注销微博账号，关闭邮箱账户，换手机号等）也许是一种办法，但这相当困难。因为我们的 CMC 互动会让我们形成一些线上、线下社交网络，注销意味着我们和我们的社交圈子失去联系。即便我们可以成功地注销某些平台上的账户信息，也无法在电子世界彻底消失，因为我们在电子世界里有很多账号为我们的前伙伴所熟知，注销一个或几个，一定还会有别的账号在运作。

处理围捕和骚扰最好的方式是学会如何使用 CMC，比如使用化名而不是真实姓名，避免公布自己的个人信息，警惕密码被盗，不轻易分享电话号码和电子邮箱，一旦面对骚扰，声明不想联系，并保存对话备份，等等。当然，这只适用于对待 CMC 世界中的一般围捕者，而对亲密关系分手后的围捕，办法还乏善可陈，也确实令人头疼。

2. 电子诽谤和欺凌

互联网让人们以难以设想的方式联系起来，但与此同时，我们经历的阴暗面、网络欺凌和肆意辱骂如雨后春笋般丛生。人们会在 CMC 中出于各种目的去散布他人的亲密、隐私或者错误信息，这就是电子诽谤（包括散布他人真实的或者伪造的形象）。当事人在信息狂热中感到被威胁、侮辱和痛苦，要说出真实情况感到非常困难。这会影响一个人的"真实生活"，"有的年轻人以至于无法活到第二天，并确实悲剧性地死去。这一点也不虚拟。"（莱温斯基 2015 年在 Ted 的演讲《羞辱的代价》）

人们形象地用"烈焰"（flame）来指称"电子诽谤"（Grant，1995；Lea，O'Shea，Fungand Spears，1992）。烈焰战争是"刻薄的在线交流……时

常……公然地行动"，是"突如其来的信息，经常贬损人格，是从个人偏好出发针对他人的贬损"（Edward Mabry，1997）。在怒火中烧时，加速了不怀好意的扩散，"肉身变成字词 …… 当字母流过一个终点荧屏时，倒成了肉身；无肉身的、有时匿名的争斗者容易感到他们能够不受惩罚地用力投掷侮辱"（Dery，1994：1）。

克林顿绯闻案主角莱温斯基在 Ted 发表《羞辱的代价》，该演讲深刻地揭示了这种欺凌带给自己以及人们的羞辱及后果。她称自己多年前是网络欺凌的首位受害者（patient zero）——在全球范围内，一夜之间，从籍籍无名变成一个被全世界公开羞辱的对象。而且，在电子空间里的一切相关她的新闻报道以及诽谤信息和图片都将在多年以后反复被人搜寻、引用。她呼吁改变电子诽谤文化，"公开羞辱，这充满血腥的运动，是该停止的时候了"。

因此，"任何想在线上花时间的人不得不生长一些灵魂的厚茧"以便抵制狂热、侮辱和不必要的性接近（Dery，1994：2）。

3. 易于欺骗

CMC 易于欺骗，撒谎成性。一项针对 191 名大学生的研究表明，40％的大学生在互联网上有撒谎行为：15％是对年龄说谎，8％的谎言有关重量，6％是关于外貌的，6％是关于婚姻状况，3％是关于性别的（D. Knox，etc.，2001：158）。

我们知道，在互动中人们是通过大量非语言讯息来识别欺骗的，而CMC 只有靠我们的输录，书写的内容很容易造假。媒介丰富度理论（Daft，etc.，1986）认为，在讯息情境的多义性与发送该讯息的媒介的丰富度之间存在匹配关系：讯息多义性越高（谎言可被视作多义讯息），越要使用丰富度高的媒介（比如面对面传播是丰富度最高的，因为支持多种语言线索和非语言线索系统的媒介）；讯息多义性低（比如任务）则只需要使用简单的媒介，这样的传播最有效。但人们识别欺骗和谎言的原则也会随着因特网关系的亲密而变化。随着在线友谊的发展，人们识别欺骗最终依赖的是个人知识和通过彼此回应过程而获得的印象（K. M. Cornetto，转引 Beebe，2008：361）。

信号理论（Donath，1999）解释了人们相信线下交流所得的各种信息，却倾向于怀疑个人在 CMC（包括社交网络站点）中提供的自我信息的原因，这有助于 CMC 参与者评价他人的在线表述的真实性，即如果你能够接触到互动对象社交网络中的其他人，那么互动对象欺骗你的可能性就会降低；如果参与者戳穿了互动对象的骗局，那么这一互动对象将受到社会制裁或惩罚。在面对新媒介（尤其是社交网络站点）的可记录性特征时（Hancock et al.，

2004)，CMC 使用者对这些成本更是心知肚明，也就不会轻易在个人简介中做假了。

CMC 容易欺骗，而我们又都容易犯轻信的错误，这就意味着我们需要特别警惕和互联网上的陌生人形成关系。

4. 虚拟强奸

如同现实生活中会出现性侵犯一样，性侵犯也会出现在赛博空间中。假如一个 CMC 参与者发现一种"控制其他参与者个性并由此强迫那个个体拥有性"(Julian Dibbell，1994：55)的方式时，就出现赛博强奸，也就是把含有性侵犯内容的语词、图片和视频强制性地推送给他人的行为。

5. 网　瘾

网络强迫症等描述了 CMC 另外的黑暗面。长时间生活在聊天室，或者玩电子游戏，会破坏正常的生活规律(熬夜影响第二天的学习、工作)。除了影响身体健康，也可能破坏社会联系——CMC 催眠般的吸引力阻碍了人们与他人"面对"彼此的时间，减少了与家人、朋友、同事的互动，可能与人际关系隔绝。研究发现，迷恋在线社会互动的人有一些负面特征，比如持续强迫地使用网络，社会逃避，心情多变（S. E. Caplan，2003：625 — 648；Amichai-Hamburger et al.，2003：71—80）。当然，独处本身不是问题，有问题的是由于 CMC 互动而导致的害怕面对面互动。对那些内向和害羞的人来说，互联网使用和孤独、隔绝可能有关联，但原因不在互联网，而是他们本身就较少可能和他人建立联系。

也许，CMC 参与者并没有隔绝自己，他们只是创造了一个虚拟世界。这个世界可能和真实世界一样有效，也能满足人际需要，或者更有趣。例如，有人际焦虑、传播害羞的人可能能够较好地适应并且很惬意地发展在线关系。

三、相会于赛博空间：通过 CMC 发动和保持人际关系

从 CMC 实践一诞生，人们对 CMC 能否有益于人际传播和人际关系的建立与发展，就是仁者见仁，智者见智。

一些观念认为，CMC 不会发展出有意义的、持久的关系。媒介丰富度理论认为 CMC 为穷媒介模型，不是人际传播的好渠道，而更适合任务导向的行动①；CMC 是肤浅的、无人情味的甚至是敌意的，它比面对面交流更容

---

①　http：//www. research. att. com/～stevew/outeraction _ cscw2000. pdf。

易产生曲解、混乱和辱骂，会强化社会隔离和原子化，使人际接触减少，导致功利的而不是关系的意义(Stoll，1996)。

但另一些研究者认为，尽管在 CMC 互动中，关系线索和非语言讯息不是很丰富，但对于发展或者保持独一无二的关系方面投射出面对面人际传播的特征，CMC 能够让人们建立和保持有意义的人际关系。随着 CMC 技术更新展示出的沟通潜力以及人们创造性地使用 CMC 以弥补非语言线索的缺失(Walther et al.，2010)，CMC 互动就会产生不同的社会和人际效果——除了非人的、人际的，还有超人际效果(Walther，1996)。

于是，研究者达成了一个基本共识——对 CMC 研究不应再纠结于"是否能够"，而应聚焦于"如何能够"。在线关系有如下三种：一是远距离关系——人们面对面相遇，通过 CMC 继续关系；二是纯粹虚拟关系——人们在线相识，仅仅通过 CMC 保持联系；三是混合模式——关系开始于在线，而后延伸到面对面互动(Blau Ina，2011：95－116)。

现在我们就来看看 CMC 是如何发动关系和保持关系的。

1. 发动和建立人际关系

CMC 为人们发动关系打开了大道，比如聊天室、约会网站以及手机的摇一摇等功能被人们用来寻找附近的情愫。美国一项研究表明，关系是可以生长于 CMC 互动中的。55%CMC 使用者认为电子邮件可以提高与家庭的传播，66%CMC 使用者则认为电子邮件增加了与朋友的传播沟通。在女性中，CMC 使用的满意率更高：60%报告说与家人联系更紧密，71%报告说与朋友的联系更紧密(Horrigan et al.，2001)。

人们不仅在线交朋友，人们还依赖以下站点 match. com，OkCupid，Chemistry. com，eHarmony，世纪佳缘，百合网在线寻找潜在浪漫伴侣。在 2007－2009 年，美国有 21%的异性配偶和 61%的同性配偶在线相遇，他们的在线描述说明他们需要什么条件的伴侣以及伴侣可以在他们这里找到什么(Stephanie Rosenbloom，2011)。相亲交友网站世纪佳缘数据显示，大学生通过社交网站交友的主要目的是寻找恋爱对象(占 35.44%)，而精神空虚、需找寄托、找到一起学习的小伙伴也是大学生交友的两个目的，而以结婚为目的注册的大学生仅占到 3.5%(大学生网络恋爱交友调查：四成愿靠网络搭讪避免尴尬)①。研究发现，在进行在线自我刻画时，这些追求浪漫伴侣的人趋向于把自己理想化，扭曲事实，展现最光鲜的一面。

①　http：//sh. eastday. com/m/20131119/u1a7783039. html。

有意思的是，利用 CMC 发展关系时出现了性别差异，并且复制了真实世界的原则。男性对女性的身体轻盈感兴趣，女性对男性稍微超重有偏好，但经济上要富裕。女性比男性更可能形成在线个人关系——在线友谊和浪漫关系，并更有可能把这些关系延续到真实的生活空间中。女性在 Facebook 上更新状态的频率高于男性，平均每周 21 次，而男性平均 6 次。女性评价他人的更新也更殷勤。也就是说，在线世界里，女性依然负责社会关系（Keith N. Hampton et al.，2012）。

弱的人际纽带是当代社会特征，"弱纽带的好处"（Urry，2002：214）就是"亲密的陌生人"。随着人际关系网络从乡土熟人社会的狭小圈子走向更广范围和没有边界——从血缘、地缘到业缘，从现实社会到虚拟世界，人们人际交往的异质性增强，寻找"弱关系"或者说关系表现为弱纽带越来越成为人际交往的一种重要方式。人们一般认为，手机更有助于巩固原有的人际关系，或者说强关系，而无助于建立新的社会关系。但研究表明（胡春阳，2012），手机的移动性本身契合了当代社会人的移动性的日益增长，允许人们和在真实空间中素昧平生的人建立联系并能够分享无实质亲近的栩栩如生的经验，而这种无实质亲近跟随他们走遍世界（Mizuko Ito，2006）。因此，手机互动会扩大、丰富人们的社交网络，是人际关系建立的新方式。

当然，人们在关系发展的不同阶段媒介使用的序列会出现不同，从关系早期阶段使用 Facebook，到关系发展阶段的即时短讯，到最后使用手机通话。而国际学生增加了另一些不同技术在序列里，以调适和伴侣的时差和空间距离。社交媒介的使用模式如何受到语境因素以及使用者性别的影响也得到了研究。例如，男性对社交媒介使用的序列不是太明显，除非在跨性别关系里（Yang et al.，2014）。

正如面对面传播，在 CMC 中我们也可以传播关系和情感信息。互联网不是技术，也无关于信息，而是传播——人们相互谈论，相互交换情感。人们每日通过 CMC 相遇，交换信息、争论、同意、求爱、同情和支持。他们通过邮件列表或新闻组相遇，并通过邮件互动。他们的关系从冷漠、职业相遇，到热烈、亲密的聚集。虚拟社区的人通过他们敲在屏幕上的词汇交换喜悦和愤怒，进行知识讨论和交换，产品交换，分享情感支持，制订计划，头脑风暴，闲聊，争斗，恋爱，寻找或失去朋友，玩游戏等。CMC 参与者会把真实生活的问题和人格带入虚拟社区里，于是，CMC 必定包括所有类型的情感内容（Rheingold，1994）。而且，在 CMC 的情感传播中情感所扮演的角色和面对面传播是"惊人地相似"，如果说有差异，CMC 中的情感传播比面对面更直白和频繁（Derks et al.，2008）；进一步说，CMC 是人们发现彼此的新方式，是人际关系建立的新方式——把关系从地域限制中解放出来并创造一种新的真实的人际关系和社区，理论上人们能够和全世界的人互动并有机会遇到和自己有共同情趣爱好的人。这在真实生活中不太可能。

那么，是否可能完全通过互联网形成亲密关系？研究表明，仅仅通过因特网形成有助于浪漫关系的满意度的因素是信任、亲密和传播满意度（Andersen et al.，2006：153—172），尤其传播满意度至为关键，因为在缺乏共享行为以及缺乏对行为直接、深度观察的情况下，关系绝对依赖有效的、令人满意的传播。因此，为了发展在线亲密关系，人们会更多时间进行在线互动，更多地体会到传播满意、信任、亲密、责任、相似性以及能够预测伴侣的行为。保持开放性，自我揭示，彼此提供建议，谈论关系以及互动彼此愉悦。

社会信息处理理论（Walther et al.，1992：50—88）解释了随着时间的推移，CMC 使用者在线上如何形成对他人的印象，建立与他人的关系，并使这些关系达到通过线下交流建立的关系所能达到的状态。不过，面对面形成的印象可能较为具体和全面，而 CMC 中形成的印象更强烈和极端（Walther，1993：381—398）。

信息处理理论假设，传播者有形成人际印象和亲密关系的积极性，与媒介无关。当无法获取非语言线索时，传播者会通过他们正在使用的渠道调整人际传播，以适应仅存的可以获取的线索。即便缺少非语言讯息，我们仍然有独特的方式来形成对他人的印象，比如互动伙伴使用的用户名、图片、回应速度、时间和顺序、年龄、性别、来自区域等。如果你想和电子传播伴侣发展关系，有可能更多注意关系线索——对方直接传播的感觉，比如"今天太累了"。非直接的感觉，比如对方回复你的邮件内容非常少，或者没有即时回复（意味着对方不想花时间对话）。随着社交媒介的兴起，可感知的视觉化扮演了参与社交媒体互动的中介因素，那么，人们又是如何管理作为一种自我揭示方式的视觉化的呢？不同的性别在该领域出现了非常有趣的差别。像 Facebook 这样的社交站使用者上载自我创制的数字形象，这些形象和传统的性别刻板化非常吻合。突出出现在男性照片中的特征包括积极的、支配性的、独立的，而女性是吸引人的和依赖的。由此，社交媒介中印象管理也具有性别差异，并复制了传统的人际互动印象管理的模式（Shyles et al.，2012：588—607）。

尽管要达到与面对面互动同等的印象或关系定义，CMC 需要比面对面传播更长的时间，但这只是时间和方法的问题，而不是可不可能发展人际关系的问题。

2. 超人际模式

社会在场理论（Rice and Case，1983）强调，在提供更多的温暖感和参与感以及传递社交情感内容等方面，CMC 天生就不如面对面传播、传统的传播媒介。社会语境线索缺失理论（Siegel et al.，1986）认为，CMC 阻碍了面对面互动中通过非语言行为所能传达出的个性和规范行为等线索的传递，导致传播使用者变得去个体化、以自我为中心、抵制影响、难以劝服、不受约束、好战、情绪消极，这也不利于人际关系的发展。

那么，人们的在线社交为何依然会进行？为何人们认为 CMC 是人际传播的替代模式？CMC 互动中，人们建立亲密是通过相互揭示，而不是外表吸引力（后者是面对面关系发展的基本模式）。也就是说，在线环境鼓励了互动，可能导致超人际的（Wather，1996），有时甚至比面对面传播更多的友好和更多的社会性，有些需要媒介参与的信息形式反而比面对面互动更有效。正是并只有传播技术才为我们提供了在场与不在场之间做灵活选择的可能性，使我们在适应复杂的互动情境和关系方面具有选择的灵活性。

从接受者来看，当缺乏面对面所能提供的肢体和其他线索时，印象形成并不会受阻，接受者会填补缺失信息的空白。如果一开始，对方表现得很讨人喜欢（与之前认识的人有某些模糊的相似点），那么接受者就会将缺失的信息理想化。

而且，以照片、虚拟化身和视频为特征的第二代 CMC 比第一代提供的在场感更强。人们使用图片呈现他们愿意呈现的形象，通过数字表征在Facebook等社交媒介上交朋友。社交网站提供了大量有关他人的异步的、非侵入式的人物生平、多模式（形象化）和社会经济等方面的信息。因此，降低对他人的不确定性主要依靠这些形式的社会信息，无需依靠通过文本进行的互动传播。

从传送者来看，基于文本的 CMC 有助于选择性地自我呈现，那些在面对面传播中会给传播者印象减分的因素就被规避了，还减轻了人们的传播焦虑。那些在面对面互动中不会典型分享的信息在在线条件下就可能了，人们感到较少害羞、禁忌，把伴侣看得更为积极，这就促进了亲近感。陌生人揭示的自我信息比在面对面讨论中多（Tidwell et al.，2002），这有助于降低不确定性，是对非语言表达行为缺失的一种简单的适应性补偿，而且，这类信息比面对面传播更为私密，这也是一种策略性适应。

从渠道角度来看，CMC 使用者利用媒介独特的机械特征来提高讯息的关系质量。使用者可以将更多注意力放在构建讯息上，有充足的时间编写最合意的讯息，而又不会破坏会话进程。例如，互动对象吸引力越强，受试者编写讯息时编辑的（删除、退格、插入）次数越多。书写文本可以减少面对面的恐惧感、罪恶感、愤怒和自我意识及摩擦，从而使人们内心深处的思想感情得以宣泄，更有助于人们产生亲近感。

从反馈角度来看，由理想化、选择性自我表达和渠道效果强化和放大了超人际模型每个要素。接受者会根据自己对在线伙伴已形成的理想化的印象进行交流，根据对方的应答来传递讯息，将对方的个性定位在传受双方彼此构建和呈现的印象的基础上。CMC 中的揭示对亲密度具有超人际效果（Jiang et al.，2011），因为信息接收者更多地认为对方进行信息揭示是他们的关系发展的结果，而非媒介自身或揭示者的性情所致。

在进行"准社会互动"（Para-social interaction，Horton and Wohl，1956）方面，面对面互动完全无能力。在大众传媒兴起时代，受众和大众媒介中的主角（节目支持人、明星）会发展出单方面关系，受众把媒介化的他人看成是"真正的朋友"。CMC 兴起后，通过社交媒介进行的准社会互动发展的关系被研究者称为"卷轴友谊"，情绪需要被看成是准社会关系强度的一种新颖的预示器，但情绪需要和准社会互动强度却没有关系（Conference Papers-International Communication Association，2012：1—33）。

3. 保持关系

除了人本身的技能外，传播技术也被广泛用于保持、管理人际关系，而且由于生活方式的变化，不得不利用传播技术来保持关系。

由于现代性的来临，人们离开家乡、家庭和邻居到新的地方去寻找生存、发展的机会越来越多，通勤时间和工作压力的增长也使人们无法保持经常性的面对面互动。其后果，一是日益增长的"联结在场"（connected presence），人们是有距离地在一起；二是家庭和友谊网络化，网络成员至关紧要。这种人际交往的后果是弱纽带的大量存在，弱纽带使人们与外部世界保持联系而不必有强烈和频繁的互动（Urry，2002：212—213）。也就是说，弱纽带方式为浓的、强的关系提供适时联系。

远距离和忙碌使人们面对面互动比较困难或不可能的情况下，CMC 使关系专注时间得到保障。由于人们不想失去联系，人们通过在社交网站上不断更新文本，以便朋友和其他重要的人知道我们的近况，我们也由此知道朋友近况。Facebook 在保持人际关系中广受欢迎。一些研究认为在线传播频率和离线传播频率具有正相关，但媒介多元性理论认为，联系的强度是其中一个协调因素，也就是说，强关系纽带通过很多传播媒介进行传播，而弱关系纽带使用较少媒介。而且，在线自我揭示以及在线社会联系的态度调节了Facebook 的使用与关系彼此依赖性之间的关联（Ledbetter et al.，2014：806-822）。

在中国和美国的研究都表明，手机短信也经常被用于保持人际关系——与朋友聊天（74.％），和家庭以及亲戚保持联系（68.9％），和重要他人保持联系（51.8％），而娱乐（50.8％）和工作相关的任务（19.6％）以及获得新闻和信息（16％）比例小于保持人际关系（Sohu-Horizon Survey，2003：8，转引自 Manuel Catells，2004：93）。还可以帮助人们发展大量弱的社会纽带以获得更广泛的社会资本。

在运用媒介保持关系方面，不同的生命阶段的使用状况可能会不同。社交媒介在中年和年长的成人中突出地具有潜在联系、重新联系的现象，潜在联系不同于那些只是非活跃的联系，也不同于那些曾经进行过的联系，而是那些迫于时间、距离、环境的压力而消退的关系，比如前大学朋友、邻居或者工作同事。重新联系是一个这样的过程，通过该过程，这些潜在联系又成为活跃的。这只能是基于互联网技术支持的独一无二的方式。中年人承认他们如何使用电子邮件、社交网络站点以及搜索引擎来强化、支持潜在关系的重新联系，以及保持弱关系纽带（Quinn，Kelly，2013：397-420）。

由于时空阻隔，保持远距离的亲密实在是一个挑战。社交媒介似乎在维护人们的亲密方面大有作为。一项研究认为，比起地理接近的对方，远距离的浪漫关系同样，甚至更亲密，更令人满意。这项研究是通过对当事人的日记研究，测试了亲密加强的过程。在这个过程中，通过人际媒介，远距离配偶比起地理上靠近的配偶来说，进行更具适应力的自我揭示，形成更理想的关系感知。行为适应以及理想化对亲密的效果得到研究，两个效果随着线索多元化、同步化以及传播媒介使用的移动性而变化（Conference Papers——International Communication Association，2012）。但有人认为，人们在发送邮件、短信时同时在看电视、读书、听音乐，所以人们会从有质量的关系中分神。其实，如果把它看作人们通常并没有放弃关系时间去进行 CMC 传播，而是放弃独自的时间时，就意味着人们和他人传播量的增加。如果 CMC 增加了关系中的传播，其本身就强化了关系。

我们是"网络化"的个人。在微信，手机、E-mail 等联系人列表中，我们有大量不同的社交网络。我们属于多重次群体，这些群体构成一个个社交圈。于是，我们同时分属于许多网络，有些是当地关系，有些是远程关系。有一些有助于保持强纽带（安排亲密者面对面互动，提供适时情感支持），有些有利于弱关系（偶尔联系，可以选择回复还是不回复邮件）。日本的一项研究表明，电子邮件较多运用于保持远距离关系，而短信更多用于支持与使用者距离较近的社会网络并且有着频繁的面对面互动（K. Ishii，2006：346—365）。

人际关系作为我们的社会支持系统，使关系双方在危机中、做决定时、痛苦、失意、压力等情况下获得支持性信息，获得鼓励、认同和关爱。CMC构成的网络化关系提供的支持与传统意义上的关系提供的支持的不同在于，传统的支持系统在我们最艰难最需要支持时可能无法获得，而CMC可以提供适时的社会支持，为人们提供一个移动但却是"安稳如家"的社会支持系统，即任何时间、任何地点、任何处境都"共在"——共在于手机上，社交网络上，分享人生的喜怒哀乐，实时灵活地协调互动的人的微观行为。请回忆一下这样的时刻——面对艰难决策、危机时，人生失意时，你是如何使用邮件、即时讯息把自己的事情和感受敲进社会网络的？又是如何从这些网络里获得支持性信息，获得鼓励和认同的？

那么，人们怎样从社交媒体中得到支持呢？那些病态肥胖者（被定义为100磅或者更超重的人）一定需要社会支持吧？常常伴随他们的是健康风险、歧视以及缺乏传统的社会支持。一项研究探讨了这些人（其中50人）的减肥博客。发现博客为他们提供了价值连城的以计算机为中介的社会支持，以如下方式：容许移情，确保对他人的责任，提供发泄口，寻求建议，分享减肥经验的有效性（Sanford，2010：567—584）。

有人类活动以来，社交资本和资源已是人际互动、交往的重要动力和目标之一，社交资源也是社会支持的一类。在CMC条件下，学者们提出了诸如"移动资本"（Kaufmannn，2002：103）、"数字资本"（Berit Skog，in James E. Katz，2002：269）、"网络资本"（Urry，2002：197）都指向这样的事实：那些拥有社交网络化资本的人在塑造、重新塑造自己的社会联系、情感和得到的人际支持等方面享有极大优越性（胡春阳，2012）。这些资本本身是一种能力——导致与那些不必是接近的人的保持关系的能力，而这些关系可以发动情感、经济和实际利益。社交媒体在初次联系和暂时联系中起着重要作用，补充了个体原本的社会资本，强化了已有的社会资本网络，并发展出新的社会资本。（Joy Chia，2014）但是，在Facebook上，夸张的帖子和示好行为可能破坏了社会资本，就社会资本而言，指名道姓的帖子比"广播"的帖子更可靠（Bohn，Angela，et al.，2014）。

四、通过 CMC 发动和建立人际关系的技能

CMC 有许多挑战，为适应挑战必然会发展出新的互动规则，但一些面对面互动的规则也是需要我们遵循的。例如，在和某人开始熟识时，不要揭示自己太快太多；要善于聆听和认可会话伙伴的陈述，在考虑伙伴如何回应你写的东西时以他人为导向。例如，他们在什么语境下理解你的讯息？他们了解你哪些情况？你知道他们什么情况？

那些用来保持关系的策略也是适用于 CMC 的。例如，在关系中要适时进行自我揭示，要有关系和情感讨论，适时提供社会支持，给予别人建议和赞扬，有效管理人际冲突。

但在 CMC 里还需要其他技能。例如，我们打字的速度要快，灵活掌握和运用缩略语，以创造性的方法表达情感以及社会情境线索。由于社会情景线索的缺失，CMC 传播者要在讯息里整合进比面对面散播的口语讯息更多的信息，需要字面拼写出情感、表情。用语言拼写出自己的想法和情感你感觉好吗？真是几家欢喜几家愁，有人擅长，有人不愿意。

关于自我揭示，社交媒介对于低自尊的人的自我揭示确实有助益。但是，低自尊的人容易贴负面的自我揭示，于是，难以得到积极的反馈，会被他人忽视。当他们停止贴负面自我揭示、增加积极的自我揭示时，就会收到较多积极反馈（Adam，2001：177－192）。还有，当一个人高度滥用互联网以及高度自我揭示，如发送个人地址、家庭电话号码、照片等个人信息给他人时，这会导致危险行为。在这个影像和社交媒体繁盛时代，人们的"自恋癖"和"炫耀癖"叠加扩大到极致，人们用自拍来炫耀自己的身体、衣饰、消费、特权关系、名气。这些影像在社交媒体里，在别人和各种监视器里。这给犯罪行为打开了方便的通道，也为自己被围捕、赛博欺凌培植了肥沃的土壤。

除了互动的信息内容，在网上的互动形式也影响他人对我们形成印象和关系互动。人们观察你的语言、拼写错误，互联网互动常规、回应速度、使用的俚语、表达的模糊与清晰，这些都能够流露我们的形象。我们在这些方面要保持敏感性。反之，我们对他人也是如此，我们会因为别人回复缓慢或者互动频率低于期待，以及语法错误和误拼而给予负面反应吗？正如在传统的书面书写中，我们针对不同的关系，男朋友、女朋友、老板、尊长会有不同写作语言和形式，那么，我们在短信、电子邮件的内容和形式的选择中也应该是因人而异的。

因为人们发送讯息时所选择的渠道是传播能力的重要因素，比如发送邮件给人们提供面子保护机会，允许他们在不受到伴侣的打扰、干扰、挑战和即刻否定的情况下去表达讯息。有调查（O'Sullivan，2000：403－431）考察了133个大学生婚前浪漫关系，以便了解他们是如何向伙伴传递以下四种信息的：承认错误（对自己负面的讯息），吹嘘（对自己正面讯息），谴责（对伙伴的负面讯息），赞扬（对伙伴的正面讯息）。结果发现，学生更愿意选择面对面来传输积极讯息，CMC更多地用于传输负面讯息，尤其在"承认错误"时最大可能地选择CMC。因为这些个人承认，在自己和伙伴表达尴尬和令人不快的信息方面，CMC能够帮助自己减少成本。

技能训练：面对面还是调频？

想一想以下情形中，你是通过面对面还是借用CMC来传递自己的讯息？和男/女朋友承认错误，向同学吹嘘自己，赞扬别人，谴责别人。

塑造丰满的虚拟人物形象是社交网络人际互动的起点，那么，如何做呢？第一步是刻画CMC互动参与者生动的人物形象，比如你能否让他人产生代入感（系统语言是否有人情味，Icon是否有足够诱惑力，能否把潜在互动者的情绪融入进去，等等）。第二步是有规则地进行内容曝光。不要进行海量信息的轰炸，而是通过单条信息让潜在互动对象了解你，在各种渠道完全曝光、反复曝光。第三步是有内涵的用户匹配，就是按照一定规则将邓巴150人筛选出来，并匹配到CMC参与者对应的社交网络中。理论上人有无限的参数可以挖掘并对应匹配，比如性别（异性匹配），兴趣标签，行为匹配（做过同一件事情的人），缘分匹配（摇一摇等），好友关系（开发二度、三度、n度圈层），经历、故事，共同的消费特点。第四步是提供一个充足的理由开始互动，通过对潜在互动者进行点赞、评论、关注、漂流瓶、打招呼、送电子红包、好友申请消息等方式达到。第五步是如何让互动成长和延续，而不是停留于打招呼。需要继续挖掘双方感兴趣的内容，通过内容创造虚拟人物印象。

人们也可以用CMC来结束关系，尤其对只在网上存在的关系更合适。人们更愿意面对面结束关系，因为CMC给人们留下很多悬而未决的问题。当然，CMC又使关系结束颇为艰难。结束一种关系，被动结束关系的一方可能采取围捕方式不愿意结束关系。在传统的关系中，人们可以通过地理的疏离脱离关系，但CMC中我们形成了固定的网络化的社交圈子，废弃我们的账号和社交圈固然可以摆脱围捕，但这可能牺牲了我们所有的社会支持系统。为了避免过度监管以及围捕等造成的关系伤害，社交媒体可视化的规则和规范正在发展与变化（Trottier，Daniell，2012：319－332）。

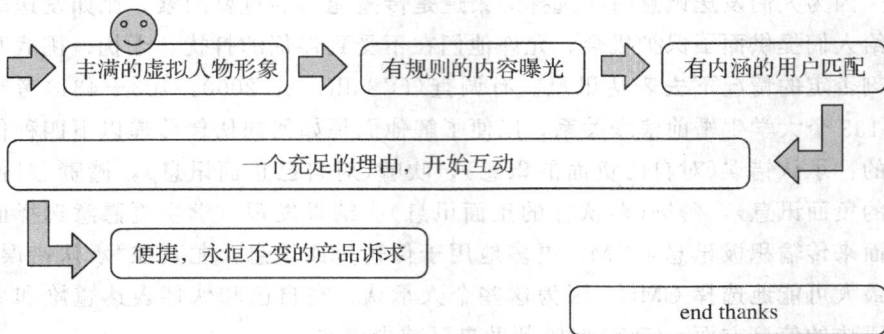

图 8-4　90 后社交网络社交技巧

（资料来源：15 张 PPT 诠释 90 后社交，2015-04-15 辰逸 互联网头条，http：// mp. weixin. qq. com/s? _ biz ＝ MzA4MzMwNzYyOA ＝ ＝ ＆mid ＝ 204759247＆idx ＝ 1＆sn ＝ eef225c3e6ca2473d4133371ab1698＃rd）

技能训练

请考虑 90 后在社交网络中使用的社交技巧。你觉得这张图完整地描述了 90 后 CMC 交际的技能了吗？你有什么需要补充的？或者哪些方面是你不认可的？

进一步思考与讨论

1. 友谊如何改变我们的生活？

2. 我们为何需要友谊？

3. 人生不同阶段的友谊有何不同？

4. 小张交朋友有困难，他喜欢户外运动，他想获得一个和他有共同兴趣的朋友，你有什么建议能为他带来"友谊机遇"？

5. 在一次聚会上你无意听到别人在说朋友坏话，他们没有对你讲，但你听到了，你是选择干预并为朋友站台还是选择忽视它？

6. 解释爱的三角理论并确认爱的六种类型。

7. 爱的语言有哪些？我们如何了解并适用对方爱的语言？

8. 比较男性和女性爱的密码的差异。

9. 什么是家庭？

10. 有哪些家庭传播的类型？

11. 你认为家庭结构正在发生变化吗？举例说明理由。

12. 描述家庭的四种类型。

13. 阐述家庭互动的 4 种情景模式。
14. 阐述提高家庭传播的方式。
15. 讨论家庭中各种关系的异同。
16. 夫妻冲突的来源以及解决冲突的策略有哪些。
17. CMC 是否有助于人际关系的建立、发展与保持？
18. 你如何理解 CMC 超人际传播？
19. 何为电子围捕？用生活中的例子来说明电子围捕的特征与消除策略。

参考文献

[德]哈贝马斯．合法性危机．上海：上海人民出版社，2000。

[德]哈贝马斯．交往与社会进化．重庆：重庆出版社，1989。

[德]海德格尔．存在与时间．北京：生活·读书·新知三联书店，1987。

[德]海德格尔．海德格尔存在哲学．孙周兴译．北京：九州出版社，2004。

[德]黑格尔．精神现象学（上）．贺麟，王玖兴译．北京：商务印书馆，1997。

[德]马丁·布伯．我与你．陈维刚译．北京：生活·读书·新知三联书店，2002。

[德]马克思．马克思 1844 年经济学哲学手稿．中共中央马克思恩格斯列宁斯大林著作编译局编译．北京：人民出版社，2002。

[法]P．麦斯纳德·门德兹．甄别"恐怖主义"：语词和行动．于海青摘译．国外社会科学．2003(6)。

[法]米兰·昆德拉．慢．马择骋译．上海：上海译文出版社，2003。

[法]米兰·昆德拉．庆祝无意义．上海：上海译文出版社，2014。

[法]米兰·昆德拉．身份．上海：上海译文出版社，2003。

[法]皮埃尔·布迪厄，[美]华康德．实践与反思——反思社会学导论．李猛，李康译．北京：中央编译出版社，1998。

[美]D．P．约翰逊．社会学理论．北京：国际文化出版公司，1988。

[美]John Fiske．传播符号学理论．张锦华译，台北：远流出版公司，1995。

[美]John R．Searle．Expression and Meaning：Studies in the Theory of Speech Acts．北京：外语教学与研究出版社，剑桥大学出版社，2001。

[美]Julia T．Wood．生活中的传播．北京：北京大学出版社，2004。

[美]Steve Duck．人际关系．魏希圣，谢雅萍译．台北：韦伯文化国际出版有限公司，2004。

[美]艾·弗洛姆．爱的艺术．李健鸣译．上海：上海译文出版社，2008。

[美]彼得斯．交流的无奈：传播思想史．何道宽译，北京：华夏出版社，2003。

[美]伯格．通俗文化、媒介和日常生活中的叙事．姚媛译．南京：南京

大学出版社，2000。

[美]戈夫曼. 日常生活中的自我呈现. 冯刚译. 北京：北京大学出版社，2008。

[美]海登·怀特. 后现代历史叙事学. 陈永国，张万娟译. 北京：社会科学出版社，2003。

[美]罗伯特·K. 默顿. 社会研究与社会政策. 林聚任译. 北京：生活·读书·新知三联书店，2001。

[美]米德. 心灵、自我与社会. 霍杜桓译. 北京：华夏出版社，1999。

[美]莫里斯. 指号、语言和行为. 罗兰，周易译. 上海：上海人民出版社，1989。

[美]斯蒂文·小约翰. 传播理论. 陈德民，叶晓辉译. 北京：中国社会科学出版社，1999。

[美]特里·K. 甘布尔，[美]迈克尔·甘布尔. 有效传播. 熊婷婷译. 北京：清华大学出版社，2005。

[美]沃纳·赛佛林，[美]小詹姆斯·坦卡德. 传播理论——起源、方法与应用. 郭镇之译. 北京：华夏出版社，2000。

[美]詹姆斯·凯瑞. 作为文化的传播. 丁未译. 北京：华夏出版社，2005。

[美]库利. 人类本性与社会秩序. 北京：华夏出版社，1999。

[美]小亨利·约翰斯顿. 修辞、相交面及他者. 见[美]肯尼斯·博克等. 当代西方修辞学：演讲与话语批评. 常昌富，顾宝桐译. 北京：中国社会科学出版社，1998。

[瑞士]索绪尔. 1910－1911索绪尔第三度讲授普通语言学教程. 张绍杰译，长沙：湖南教育出版社，2001。

[英]彼得·卡雷特. 体态秘语——肢体语言手册. 季广茂，丘娟，丁洁如译. 北京：首都师范大学出版社，2007。

[英]诺曼·费尔克拉夫. 话语与社会变迁. 殷晓蓉译. 北京：华夏出版社，2003。

[英]维特根斯坦. 美学讲演录. 转引自刘小枫. 人类困境中的审美精神. 北京：知识出版社，1994。

[英]维特根斯坦. 哲学研究. 北京：生活·读书·新知三联书店，1992。

[英]维特根斯坦. 哲学研究. 李步楼译. 北京：商务印书馆，1996。

［英］亚当·斯密．道德情操论．韩巍译．北京：西苑出版社，2005。

［英］约翰·甘柏兹．会话策略．徐大明，高海洋译．北京：社会科学文献出版社，2001。

Chang H. -c(2001)．Harmony As Performance：The Turbulence Under Chinese Interpersonal Communication．Discourse Studies，3(2)，转引自鲁曙明．沟通交际学．北京：中国人民大学出版社，2008。

Gillian Brown & George Yule．(1983)Discourse Analysis．北京：外语教学与研究出版社，剑桥出版社，2000。

Janowitz(1968)．见［美］麦奎尔．大众传播理论．崔保国译．北京：清华大学出版社，2006。

Kenneth Burke(1966). Language As Symbolic Action，见当代西方修辞学：演讲与话语批评．常昌富，顾宝桐译．北京：中国社会科学出版社，1998。

Rudolph F. Verderber, Kathleen S. Verderber．人际关系与沟通．曾端真，曾玲珉译，台北：扬智文化事业公司，1996。

复旦大学哲学系现代西方哲学教研室编．西方学者论《一八四四年经济学哲学手稿》．上海：复旦大学出版社，1983。

胡春阳．寂静的喧嚣，永恒的联系——手机传播与人际互动．上海：上海三联书店，2012。

胡壮麟．语篇的衔接与连贯．上海：上海外语教育出版社，1994。

黄光国．人情与面子：中国人的权力游戏．见杨国枢，李亦园，文崇一等．现代化与中国化论集．台北：台湾桂冠图书公司，1985。

黄丽莉．华人人际和谐与冲突——本土化的理论与研究．重庆：重庆大学出版社，2007。

吴友富．外语与文化研究．上海：上海外语教育出版社，2001。

杨国枢，黄光国，杨中芳．华人本土心理学．重庆：重庆大学出版社，2008。

于阳．江湖中国——一个非正式制度在中国的起因．北京：当代中国出版社，2004。

张国良．现代大众传播学．成都：四川人民出版社，1998。

A

Adler, R. B. (2004)*Interplay：The Process of Interpersonal Communication*(9th Edition). Oxford University Press.

Adler, R. B. & Towne, N. (1993) *Looking out /looking in*. Fort Worth , TX: Harcourt Brace Jovanovich.

Adler, R. B. (2009) *Interplay: The Process of Interpersonal Communication*. Oxford University Press; 11th edition.

Andersen, P. A. & Guerrero, L. K. (1998) Principles of communication and emotion in social interaction. In Andersen, P. A. & Guerrero, L. K. (Eds.), *Handbook of communication and emotion: Research, theory, applications, and contexts* (pp. 49－96). San Diego, CA: Academic Press.

Andersen, T. L. & Emmers-Sommer, T. M. (2006) Predictors of Relationship Satisfaction in Online Romantic Relationships. *Communication Studies*, 57: 153－172.

Amato, P. R. (1994) The impact of divorce on men and women in India and the United States. *Journal of Comparative Family Studies* 25, 207－221.

Amichai-Hamburger, Yair & Ben-Artzi, E. (2003) Loneliness and Internet Use. *Computers in Human Behavior* 19: 71－80.

Ambady, N., Krabbenhoft, M. A., & Hogan, D. (2006) The 30-sec sale: Using thin-slice judgments to evaluate sales effectiveness. *Journal of Consumer Behavior*, 16, 4－13.

Adelman, M. B. & Ahuvia , A. C. (1991) Mediated Channel for mate Seeking: A Solution to Involuntary Singlehood ? *Critical Studies in Mass Communication* 8: 1－17.

Assad, K., Donnellan, M. B., & Conger, R. (2007) Optimism: An enduring resource for romantic relationships. *Journal of Personality and Social Psychology* 93, 285－297.

Asch, S. E. (1946) Forming impressions of personality. *Journal of Abnormal and Social Psychology* 41, 258－290.

Aune, K. S., Buller, D. B. & Aune, R. K. (1996) Display rule development in romantic relationships: Emotion management and perceived appropriateness of emotions across relationship stages. *Human Communication Research*, 23, 115－145.

Argyle, M. (1987) *The psychology of happiness*. London: Routledge.

Agnew, C. R. , Van Lange, P. A. M. , Rusbult, C. E. & Langston, C. A. (1998) Cognitive Interdependence: Commitment and the Mental Representation of Close Relationships. *Journal of personality and social psychology* 4: 939—954.

Ayres, J. & Hops, T. S. (1985) Visualization: A means of reducing speech anxiety. *Communication Education*, 34, 318—323.

Aamodt, M. G. & Custer, H. (2006) Who can best catch a liar? A meta-analysis of individual differences in detecting deception. *The Forensic Examiner*, 15, 6—11.

Argyle , M. & Henderson , M. (1985) *The Anatomy of Relationships*. London: Heinemann.

Michael Argyle (1994). *The Psychology of Social Class*. London: Routledge.

Afifi T. D. , Aldeis, D. & Joseph, A. (2010) Family conflict. In Cupach, W. R. , Canary , D. J. & Spitzberg , B. H. (Eds.), *Competence in Interpersonal Conflict* (pp. 191 — 209). Long Grove, IL: Waveland Press.

Afifi, T. D. , McManus, T. , Steuber, K. & Coho, A. (2009) Verbal avoidance and dissatisfaction in intimate conflict situations. *Human Communication Research*, 35, 357—383.

Anderson, C. , Keltner, D. & John, O. P. (2003) Emotional Convergence between people over time. *Journal of Personality and Social Psychology*, 84, 1054—1068.

Allport, F. H. (1955) *Theories of perception and the concept of structure*. New York: Wiley.

Affix, T. D. , McManus, T. Steuber, K. & Coho, A. (2009) Verbal avoidance and dissatisfaction in intimate conflict situations. *Human Communication Research*, 35, 357—383.

Arriaga, X. B. , Gudykunst , W. & Ting-Toomey, S. (1988)*Culture and Interpersonal Communication*. Beverly Hills, CA: Sage.

Altman, I. , Brown, B. B. , Staples, B. & Werner, C. M. (1992) A transactional approach to close relationships: Courtship, weddings, and peacemaking. In *environment psychology: Contemporary models and per-*

spectives. Hillsdale, NJ: Lawrence Erlbaum Associates, 193—241.

Altman, I. (1975) *The environment and social behavior*. Monterey, CA: Brooks/Cole.

Irwin Altman& Dalmas Taylor(1973). *Social penetration: the development of interpersonal relationships*. Holt McDougal.

B

Berger, C. R. & Calabrese, R. J. (1975) Some explanations in initial interaction and beyond: toward a developmental theory of interpersonal communication. *Human Communication Research*, 1: 99—112.

Berger, C. R. & Bradac, J. J. (1982) *Language and social knowledge: Uncertainty in interpersonal relations*. London: Edward Arnold.

Berger, C. R. (1987) Communicating under uncertainty. In Roloff, M. E. & Berger, C. R. (Eds.), *Interpersonal processes: New directions in communication research*. Newbury Park, CA: Sage, 39—62.

Berger, C. R. & Kellermann, K. (1994) Acquiring social information. In Daly, J. A. & Wiemann, J. M. (Eds.), *Strategic interpersonal communication*. Hillsdale, NJ: Lawrence Erlbaum, 1—31.

Baxter, L. A. (1982) Strategies for Ending Relationships: Two Studies. *Western Journal of Speech Communication* 46: 223—241.

Baxter, L. A. (1984) Accomplishing Relationship Disengagement, in Duck, S. & Perlman, D. (eds.,). Understanding Personal Relationships: An Interdisciplinary Approach. Beverly Hills: Sage.

Baxter, L. A. (2004) Relationships as dialogues. *Personal Relationships* 11(March), 1—22.

Baxter, L. A. & Braithwaite, D. O. (2007) Social Dialectics: the contradiction of relating. InWhaley, B. B. & Samter, W. (eds.), *Explaining communication: Contemporary theories and exemplars*. Mahwah, NJ: Erlbaum, 275—292.

Ellen Berscheid & Elaine Walster (1978). *Interpersonal Attraction*. Longman Higher Education; 2nd edition.

Bormann, E. G. (1989) *Communication Theory*. Sheffield Pub Co.

Burgoon, J. K. (1978) A communication model of personal space violations: Explication and an initial rest. *Human Communication Research*, 4,

129—142.

Burgoon，J. K. (1983) Nonverbal violations of expectations. In Wiemann J. M. & Harrison , R. P. (Eds.), *Nonverbal interaction*. Beverly Hills，CA：Sage，77—111.

Burgoon，J. K. (1985) The relationship of verbal and nonverbal codes. In Dervin，B. & Voight , M. J. (Eds.), *Progress in communication sciences*. Norwood，NJ：Ablex，263—298.

Burgoon，J. K. & Hale，J. L. (1988) Nonverbal Expectancy Violations：Model Elaboration and Application to Immediacy Behaviors. *Communication Monographs*，55，58—79.

Burgoon，J. K, Buller，D. B. & Woodall，W. G. (1989) *Nonverbal Communication：the Unspoken Dialogue*. New York：Harper & Row.

Burgoon，J. K. (1993) Interpersonal expectations, expectancy violations, and emotional communication. *Journal of Language and Social Psychology*，12，30—48.

Burgoon，J. K. & Hale，J. L. (1993) Nonverbal expectancy violations：model elaboration and application to immediacy behaviors. *Communication Monographs*，55，58—79.

Burgoon，J. K.，Buller，D. B. ，Ebesu，A. & Rockwell，P. (1994) Interpersonal deception：Accuracy in deception detection. *Communication Monographs*，61，303—325.

Burgoon，J. K. (1994) Nonverbal signals. In Knapp , M. L. & Miller，G. R. (Eds.), *Handbook of Interpersonal Communication*. Thousand Oaks，CA：Sage，344—390.

Burgoon，J. K.，Stern，L. A. & Dillman，L. (1995) *Interpersonal Adaptation：Dyadic Interaction Patterns*. Cambridge，UK：Cambridge University Press.

Burgoon，J. K.，Buller，D. B. & William Gill Woodall(1996). *Nonverbal Communication：The Unspoken Dialogue*. McGraw-Hill Higher Education.

Burgoon，J. K. & Le Poire，B. A. (1999) Nonverbal cues and interpersonal judgments：Participant and observer perceptions of intimacy, dominance， composure， and formality. *Communication Monographs*， 66，

105—124.

Burgoon, J. K. & Floyd. K. (2000) Testing for the motivation impariment effect during deceptive and truthful interaction. *Western Jounal of Communication*, 65, 243—267.

Burgoon, J. K. & Dunbar, N. (2000) An interactionist perspective on dominance-submission: Interpersonal dominance as a dynamically, situationally contingent social skill. *Communication Monographs*, 67, 96—121.

Burgoon, J. K., Buller, D. B. & Floyd. K. (2001) Doesparticipation affect deception success? A test of the interactivity principle. *Human Communication Research*, 27, 503—534.

Burgoon, J. K. & Dunbar, N. E. (2006). Nonverbal expressions of dominance and power in human relationships. In Manor, V. & Patterson, M. L. (Eds.), *The Sage Book of Nonverbal Communication* (pp. 279—297). Thousand Oaks, CA: Sage Publication.

Burgoon, J. K., Stern, L. A. & Dillman, L. (2007) *Interpersonal adaptation: Dyadic Interaction Patterns*. New York: Cambridge University Press.

Burgoon, J. K. & Buller, D. B. (2008) Interpersonal deception theory. In Baxter, L. A. & Braithwaite, D. O. (Eds.), *Engaging theories in interpersonal communication: Multiple Perspectives* (pp. 227—239). Thousand Oaks, CA: Sage.

Bruner, J. S. & Minturn, A. L. (1995) Perceptual Identification and Perceptual Organization. *Journal of General Psychology* 53 (1955): 21—28.

Borkowska, B. & Pawlowski, B. (2011) Female voice frequency in the context of dominance and attractiveness perception. *Animal Behavior*, 82, 55—59.

Boyrs, A. D. & Latner, J. D. (2009) Weight stigma in existing romantic relationships. *Journal of Sex and Marital Therapy*, 35, 289—293.

Bohn, Angela; Buchta, Christian; Hornik, Kurt, Mair, Patrick. Making friends and communicating on Facebook: Implications for the access to social capital. *Social Networks*. May2014, Vol. 37, 29—41.

Judie Brownell (1990). Perceptions of effective listeners: A management study. *Journal of Business Communication*，27，401－415.

Judie Brownell (2006). *Listening：attitudes，Principles，and Skills* (3 rd ed.). Boston：Allyn & Bacon.

Burleson，B. R. (1984) Comforting communication. In Sypher，H. E. & Applegate，J. L. （Eds.)，*Communication by Children and Adults：Social Cognitive and Strategic Processes* (pp. 63－104). Beverly Hills，CA：Sage.

Burleson，B. R. & Denton，W. H. (1997) The relationship between communication skill and marital satisfaction：Some moderating effects. *Journal of Marriage and the Family*，59，884－902.

Burleson，B. R.，Holmstrom，A. J. & Glstrap，C. M. (2005) Guys Can't Say That to Guys：Four Experiments Assessing the Normative Motivation Account for Deficiencies in the Emotional Support Provided by Men. *Communication Monographs* 72 (2005)：468－501.

Bowlby，J. (1969) *Attachment and loss：Vol. 1. Attachment.* New York：Basic Books.

Bowlby，J. (1982) *Attachment and loss：Vol 1. Attachment* (2nd ed.). London：Hogarth Press.

Bowlby，J. (1988) *A Secure Base.* New York：Basic Books.

Beebe，S. A. （1983) *Family Communication.* Independence，MO：Herald Publishing House.

Beebe，S. A.，Beebe，S. J. & Redmond M. V. (1996) *Interpersonal Communication：Relating to Others.* Allyn & Bacon.

Beebe，S. A. & Beebe，S. J. (2005) *Public Speaking：An Audience Centered Approach.* Allyn & Bacon；6 edition.

Beebe，S. A.，Beebe，S. J. & Redmond，M. V. (2008) *Interpersonal Communication：Relating to Others* (5th Edition). Allyn and Bacon.

Hallie Bourne (2009). Peer pressure. *Encyclopedia of Psychology.* FindArticles. com. 10 Dec，2009. http：//findarticles. com/p/articles/mi _ g 2699/is _ 0005/ai _ 2699000579/.

Bretherton，I. (1992) The Origins of Attachment Theory：John Bowlby and Mary Ainsworth. *Developmental Psychology* 28 (5)：759.

Bretherton，I. & Munholland，K. A. (1999) Internal Working Models in Attachment Relationships：A Construct Revisited. In Cassidy，J. &

Shaver, P. R. （ed.） *Handbook of Attachment: Theory, Research and Clinical Applications*. New York: Guilford Press.

Bartholomew, K. & Horowitz, L. M. (1991) Attachment styles among young adults: a test of a four-category model. *Journal of Personality and Social Psychology* 61 (2): 226—244.

Bradbury, T. N. & Fincham, F. D. (1990) Attributions in marriage: Review and critique. *Psychological Bulletin*, 107, 3—33.

Bevan, J. L., Tidgewell, K. D., Bagley, K. C., Cusaneilli, L., Hartstern, M., Holdback, D. & Hale, K. L. (2007) Serial argumentation goals and their relationship to perceived resolvability and choice of conflict tactics. *Communication Quarterly*, 55, 61—77.

Barki, H. & Hartwick, J. (2004) Conceptualizing the construct of interpersonal conflict. *International Journal of Conflict Management*, 15, 216—244.

Bodtker. A. M. & Jamerson, J. K. (2001) Emotion in conflict formation and its transformation: Application to organizational conflict management. *International Journal of Conflict Management*, 12, 259— 275.

Bevan, J. L., Finan, A. & Kaminsky, A. (2008) Modeling serial arguments in close relationships: The serial argument process model. *Human Communication Research*, 34, 600—624.

Bochner, A. P. (1989) Interpersonal communication. In Barnouw, E., Gerbner, G., Schramm, W., Worth, T. L. & Gross, L. (Eds.), *International Encyclopedia of Communications* (pp. 336—340). New York: Oxford University Press.

Bochner, A. P. (1992) On the efficacy of openness in close relationship. In Burgoon, M. (Eds.), *Communicaiton Yearbook* 5. Yew Brunswick, NJ: Transaction books.

Williams-Baucom, K. J., Atkins, D. C., Sevier, M., Eldridge, K. A. & Christensen, A. (2010) "You" and "I" need to talk about "us": Linguistic patterns in marital interactions. *Personal Relationships*, 17, 41—56.

Brownstein, R. & Katzev, R. (1985) The relative effectiveness of three compliance techniques in eliciting donations to a cultural organization. *Journal of Applied Social Psychology*, 15, 564—574.

Pierre Bourdieu & Loic Wacquant (1992). *Invitation to Reflexive Sociology*. Chicago: University of Chicago Press.

Ronald Burt(1991). *Structural Holes*. Cambridge: Harvard University Press.

Babcock, J. C, Waltz, J., Jacobson, N. S. & Gotten, J. M. (1993) Power and violence: The relation between communication patterns, power discrepancies, and domestic violence. *Journal of Marriage and the Family*, 60(February), 70—78.

Barak, A., Boniel-Nissim, M. & Suler, J. (2008) Fostering empowerment in online support groups. *Computers in Human Behavior*, 24, 1867—1883.

Brock, R. L. & Lawrence, E. (2008) A longitudinal investigation of stress spillover in marriage: Does spousal support adequacy buffer the effects? *Journal of Family Psychology*, 22, 11—20.

Bert, J. H. & Pinter, K. (1989) Social relationship and the lack of social relationships. In Duck, S. W. & Silver, R. C. (eds.), *Personal Relationships and Social Support*. London: Sage.

Barry, F. A. (2006) *Self Disclosure in Psychotherapy*. The Guilford Press, New York.

Bippus, A. M. (2001) Recipient's Criteria for Evaluating the Skillfulness of Comforting Communication and the Outcomes of Comforting Interactions. *Communication Monographs* 68: 301—313.

Bernard Weiner (1986). *An attributional theory of motivation and emotion*. New York: Springer-Verlag.

Brewer, M. (1979) In-group bias in the minimal intergroup situation: A cognitive-motivational analysis. *Psychological Bulletin* 86: 307—324.

Brooks, D. C. (2011) Space matters: The impact of formal learning environments on students learning. *British Journal of Education Technology*, 42, 719—726.

David Brooks (2011). *The Social Animal: The Hidden Sources of Love, Character, and Achievement*. New York: Random House.

Buller, D. B. & Burgoon, J. K. (1996) Interpersonal deception theory. *Communication Theory*, 6, 203—242.

Berscheid, E. & Peplau, L. A. (1983) The emerging science of relationships. In Kelley, H. H. et al. (Eds.), *Close relationships* (pp. 1—19). New York: W. H. Freeman and Company.

Brown , P. & Levinson, S. C. (1987) *Politeness: some universals in language use*. Cambridge, England: Cambridge University Press.

Butler & Pamela, E. (1981) *Talking to Yourself: Learning the Language of Self-Support*. New York: Harper & Row.

Beatty, M. J. & McCroskey, J. C. (1997) It's in our nature: Verbal aggressiveness as temperamental expression. *Communication Quarterly*, 45, 446—460.

Beatty, M. J. , McCroskey, J. C. & Heisel, A. D. (1998) Communication apprehension as temperamental expression: A communibiological paradigm. *Communication Monographs*, 65, 197—219.

Bouchard, T. J. , Jr. & McGue, M. (1990) Genetic and rearing environmental influences on adult personality: An analysis of adopted twins reared apart. *Journal of Personality*, 58, 263—292.

Beach, S. R. H. , Whisman, M. A. & O'Leary, K. D. (1994) Communication in Close Relationships. In Weber , A. L. & Harvey , J. H. (eds.), *Perspectives on Close Relationships* (pp. 67—87). Boston: Allyn and Bacon.

Blau & Ina (2011). Application Use, Online Relationship Types, Self-Disclosure, and Internet Abuse among Children and Youth: Implications for Education and Internet Safety Programs. *Educational Computing Research* 45 (1): 95—116.

Bierce, A. (1985) *The devil's dictionary*. New Cranton, PA: Fosdyke.

Bernstein & Douglas, A. (2010) *Essentials of Psychology*. Cengage Learning.

Bell , R. A. & Daly, J. A. (1984). The affinity seeking function of communication. *Communication Monograph* , 51: 91—115.

Bell, R. A. & Healey, J. G. (1992) Idiomatic communication and interpersonal solidarity in friends' relational cultures. *Human Communication Research* , 18, 307—335.

Bell C. & Song, F. （2005）Emotions in the conflict process: An application of the cognitive appraisal model of emotions to conflict management. *Interpersonal Journal of Conflict Management*, 16, 30—55.

Burgess, R. L. & Huston, T. L. (Eds.). (1979) *Social exchange in developing relationships*. New York: Academic Press.

Baumeister, R. F. & Leary, M. R. (1995) The Need to Belong: Desire for interpersonal attachments as a fundamental human motivation. *Psychological Bulletin*, 117, 497—529.

Baumeister, R. F. , Vohs, K. D. , DeWall, C. N. & Zhang, L. (2007) How emotion shapes behavior: Feedback, anticipation, and reflection, rather than direct causation. *Personality and Social Psychology review*, 11, 167— 203.

Buss, D. M. & Shackelford, T. K. (1997) Susceptibility to infidelity in the first year of marriage. *Journal of Research in Personality*, 31, 193—221.

Bayer, C. L. & Cegala, D. J. (1992) Trait verbal aggressiveness and argumentativeness: Relations with parenting style. *Western Journal of Communication*, 56, 301—310.

Braithwaite, D. O. & Baxter , L. A. (eds.)(2005). *Engaging theories in family communication: Multiple perspectives*. SAGE Publications.

C

Choi, H. & Marks, N. F. (2008) Marital conflict, depressive symptoms, and functional impairment. *Journal of Marriage and Family*, 70, 377—390.

Paul Cozby (1973). Self-Disclosure: A Literature Review. *Psychological Bulletin* 79: 73—91.

Coyne, J. C. (1976) Toward an interactional description of depression. *Psychiatry*, 39, 28—40.

Crane, D. R. , Dolomite, D. C. , Griffin, W. & Taylor, V. L. (1987) Diagnosing relationships with spatial distance: An empirical test of a clinical principle. *Journal of Marital and Family Therapy*, 13, 307—310.

Caplan , S. E. (2003) Preference for Online Social Interaction: A Theory of Problematic Internet Use and Psychosocial Well-Being. *Communica-*

tion Research, 30：625—48.

Chuang, S. S. & Su, Y. (2009) Says who?：Decision-making and conflicts among Chinese-Canadian and mainland Chinese parents of young children. *Sex Roles*, 60, 527—536.

Cahn, D. D. (1992) *Conflict in intimate relationships*. New York：Guilford Press.

Gerald Corey & Marianne Schneider-Corey (2006). Intimate relationship. In John Stewart(2006), *Bridges Not Walls：A Book about International Communication*(9th Edition). New York：McGraw-Hill.

Collins, N. L. & Miller, L. C. (1994). Self-disclosure and liking：A meta-analytic review. *Psychological Bulletin*, 116, 457—475.

Curran, J. P., Wallander, J. L. & Farrell, A. D. (1985) Heterosocial skills Training. In L' Abate, L. & Millan, M. A. (dEs.), *Handbook of Social Skills Training and Research*(pp. 136—169). New York：Wiley.

Cody, M. J. & McLanghlin, M. L. (2012) The situation as a construct in interpersonal communication research. In Knapp, M. L. & Daly, J. A. (Eds.). *The Sage Handbook of Interpersonal Communication*. SAGE Publications.

Chapman, G. (1995) Harassment in cyberspace：Dr. Jekyl becomes Mr. Hyde under cover of the keyboard, *San Diego Union-Tribune*, G—3.

Gary Chapman (1992). *The five love languages：how to express heartfelt commitment to your mate*. Chicago：Northfield Publishing.

Cunningham, J. D. &Antill, J. K. (1981) Love in developing romantic relationship. In Duck, S. W. & Gilmour, R. (Eds.). *Personal Relationships*, 2：*developing personal relationships*. London：Academic Press.

Culnan, M. J. & Markus, M. L. (1987) Information technologies. In Jablin, F. M., Putnam, L. L., Roberts, K. H. & Porter, L. W. (Eds.), *Handbook of Organizational Communication：An interdisciplinary perspective* (pp. 420—443). Newbury Park, CA：Sage.

Cutrona, C. E. & Suhr, J. A. (1994) Social supportcommunication in the context of marriage：Ananalysis of couples' supportive interactions. In Burleson, B. R., Albrecht, T. L. & Sarason, I. G. (Eds.), *Communication of social support：Messages, interactions, relationships, and communi-*

ty (pp. 113—135). Thousand Oaks, CA: Sage.

Cobb, S. (1976) Social support as a moderator of lifestress. *Psychosomatic Medicine*, 38, 300—314.

Canary, D. J. & Dindia, K. (Eds.). *Sex differences and similarities in communication* (2nd ed., pp. 241—261). Mahwah, NJ: Lawrence Erlbaum.

Canary D. J. & Spitzberg, B. H. (1987) Appropriateness and effectiveness perceptions of conflict strategies. *Human Communication Research*, 14, 93—118.

Canary. D. J., Lakey, S. & Marmo, J. (2013) *Strategic conflict*. New York: Taylor & Francis/ Routledge.

Canary, H. E. & Canary, D. J. (2013) *Family Conflict*. Polity Press.

Cupach, W. R. & Spitzberg, B. H. (1994) *The Dark side of interpersonal communication* (pp. 201—242). Hillsdale, NJ: Lawrence Erlbaum.

Cupach, W. R. & Spitzberg, B. H. (1998). Obsessive relational intrusion and stalking. In Cupach, W. R. & Spitzberg, B. H. (Eds.), *The dark side of close relationships* (pp. 233—264). Mahwah, NJ: Erlbaum.

Cupach, W. R.. & Spitzberg, B. H. (2004) *The Dark Side of Relationship Pursuit: From Attraction to Obsession and Stalking*. Lawrence Erlbaum Associates, Inc., Publishers.

Comer R. J. (2004) Internal and External Attributions? In Comer R. J. (2004) *Abnormal Psychology* (5th Edition). New York: Worth Publishers.

Gerald Corey & Marianne Schneider-Corey (2006). In John Stewart (2006). *Bridges Not Walls: A Book about International Communication*. New York: McGraw-Hill.

Caillies, S., Denhière, G. & Kintsch, W. (2002) The effect of prior knowledge on understanding from text: Evidence from primed recognition. *European Journal of Cognitive Psychology*, 14, 267—286.

Cash, T. F. & Janda, I. H. (1984) The eye of the beholder. *Psycholo-*

gy Today, 46—52.

Cahn, D. D. (1992) *Conflict in intimate relationships*. New York, NY: Guilford Press.

Cutrona, C. E. & Suhr, J. A. (1994) Social support communication in the context of marriage: An analysis of couples' supportive interactions. In Burleson, B. R. , Albrecht, T. L. & Sarason I. G. (Eds.), *Communication of social support: Messages, interactions, relationships, and community* (pp. 113—135). Thousand Oaks, CA: Sage.

Cooley, Charles Horton (1964). *Human Nature and Social Organization*. New York: Schocken.

Cassidy, J. & Shaver, P. R. (2008) *Handbook of attachment: Theory, research, and clinical applications* (2nd ed.). New York: Guilford Press.

Caughlin, J. P. & Vangelisti, A. L. (2000) An individual difference explanation of why married couples engage in demand/withdraw pattern of conflicts. *Journal of Social and Personal Relationships*, 17, 523—551.

Caughlin, J. P. & Huston, T. L. (2006) The affective structure of marriage. In Vangelisti A. L. & Perlman D. (Eds.), *The Cambridge handbook of personal relationships* (pp. 131—155). New York: Cambridge University Press.

Caughlin, J. P. & Scott, A. M. (2010) Toward a communication theory of the demand/ withdraw pattern of interaction in interpersonal relationships. In Smith S. W. & Wilson S. R. (Eds.), *New directions in interpersonal communication research* (pp. 180 — 200). Thousand Oaks, CA: Sage.

Campbell, L. , Simpson, J. A. , Boldly, J. & Rubin, H. (2010) Trust, variability in relationships evaluations, and relationship processes. *Journal of Personality and Social Psychology*, 99, 14—31.

Campbell, L. , Simpson, J. A. , Boldry, J. & Kashy, D. A. (2005) Perceptions of conflict and support in romantic relationships: The role of attachment anxiety. *Journal of Personality and Social Psychology*, 88, 510—531.

Carli, L. L. (1990) Gender, language and influence. *Journal of Per-*

sonality and Social Psychology, 59, 941—951.

Ciarrochi, J. V., Chan, A. Y. C. & Caputi, P. (2000) A critical evaluation of the emotional intelligence construct. *Personality and Individual Differences*, 28, 539—561.

Clark, R. A. & Delia, J. G. (1979). Topical and Rhetorical competence. *Quarterly Journal of Speech*, 65, 187—206.

Clark, H. H. & Schunk, D. H. (1980) Polite responses to polite requests. *Cognition*, 8, 111—143.

Cacioppo, J. T., Hawkley, L. C., Ernst, J. M., Burleson, M., Berntson, G. G. & Nouriani, B. B., et al. (2006). Loneliness within a nomological net: An evolutionary perspective. *Journal of Research in Personality*, 40, 1054—1085.

Christie, R. & Geis, F. L. (1970) *Studies in Machiavellianism*. New York: Academic Press.

Cooney, T. M. (1997) Parent-child relations across adulthood. In Duck S. W. etc. (eds), *Handbook of Personal Relationships* (pp. 451—468). Chichester: Wiley.

Didier Coste (1989). *Narrative as communication*. Minneapolis: University of Minnesota press.

Costa, P. T., Terracciano, A. & McCrae, R. R. (2001) Gender differences in personality traits across cultures: Robust and surprising findings. *Journal of Personality and Social Psychology*, 81, 322—331.

D

Deutsch, M. (1973) *The resolution of conflict: Constructive and Destructive processes*. New Haven, CT: Yale University Press.

Dery, M., Ed. (1994) *Flame wars: The discourse of cyberculture*. Durham, NC: Duke U. P.

Daft, R. L. & Lengel, R. H. (1986) Organizational information requirements, media richness and structural design. *Management Science*, 32, 554—571.

Day, L. & Maltby, J. (2000) Can Kinderman and Bentalls' suggestions for a personal and situational attributions questionnaire be used to examine all aspects of attributional style? *Personality and Individual Differences*,

29，1047—1055.

Dunbar，N. E. & Burgoon，J. K. (2005) Perceptions of power and dominance in interpersonal encounters. *Journal of Social and Personal Relationships*，22，207—233.

Dickens，W. J. & Perlman，D. (1981) Friendship Over the Life-Cycle. In Duck，S. W. & Gilmour，R. (Eds.)，*Personal Relationships：Developing Personal Relationships*. London：Academic Press.

Dainton M. & Aylor，B. (2002) Routine and Strategic Maintenance Efforts：Behavioral Patterns，Variations Associated with Relational Length，and the Prediction of Relational Characteristics. *Communication Monographs* 69：52—66.

Duck，S. W. (1991) Friends，for life. Hemel Hempstead.

Duck，S.，Pond，K. & Latham，G. (1994) Loneliness and the evaluation of relational events. *Journal of Social and Personal Relationships*，11，253—276.

Dresser，N. (2005) *Multicultural manner：Essential rules of etiquette for the 21st Century*. New York，NY：Wiley.

Dillard，J. P. (1997) Explicating the goal construct：Tools for theorists. In Greene，J. O. (Ed.)，*Message production：Advances in communication theory*. Mahwah，NJ：Lawrence Erlbaum.

Dillard，J. P. (1989) Types of Influence Goals in Personal Relationships. *Journal of Social and Personal Relationships* 6：293—308.

James Price Dillard & Leanne K. Knobloch (2012). Interpersonal Influence. In Mark L. Knapp，John A. Daly (eds.)，*The Sage Handbook of Interpersonal Communication* (Fourth Edition). SAGE Publications.

Morton D. Davis (2012). *Game Theory：A Nontechnical Introduction*. Dover Publications.

Davis，M. S. (1993) *Intimate Relations*. New York：Free Press.

Davis，K. E. & Todd (1985) Assessing friendship：prototypes，paradigm cases，and relationship description. In Duck，S. W. & Perlman，D. (eds.)，*Understanding Interpersonal Relationships*. London：Sage.

Donohue，W. A. & Roberto，A. J. (1993) Relational development in hostage negotiation. *Human Communication Research*，20，175—198.

Donohue，W. A. (1991) *Communication，marital dispute，and divorce mediation*. Hillsdale，NJ：Lawrence Erlbaum.

O'Donnell，H. S. (1973) Sexism in Language，*Elementary English*，50：1067—1072.

DePaulo. P. J. (1992) Application of nonverbal behavior research in marketing and management. In Feldman，R. S. (Ed.)，*Applications of nonverbal behavioral theories and research* (pp. 63—87). Hillsdale，NJ：Lawrence Erlbaum Associates.

DePaulo，B. M.，Kashy，D. A.，Kirkendol，S. E.，Wyer，M. M. & Epstein，J. A. (1996) Lying in everyday life. *Journal of Personality and Social Psychology*，70，979—995.

DePaulo，B. M.，Ansfield，M. E. & Bel，l K. L. (1996) Theories about Deception and Paradigms for Studying It：A Critical Appraisal of Buller and Burgoon's Lnterpersonal Deception Theory and Research. *Communication Theory*，6(3)，297—310.

De Paulo，B. M. & Morris，W. L. (2005) Discerning Lies from Truth：Behavioral cues to deception and the indirect pathway of intuition. In Granhag，P. A. & Stromwall，L. A. (Eds.)，*The Detection of Deception in Forensic Contexts* (pp. 15—40). Cambridge University Press.

Douglas T. Kenrick & Noah J. Goldstein (2012). *Six Degrees of Social Influence：Science，Application，and the Psychology of Robert Cialdini*. Oxford University Press.

Derlega，V. J. & Grzelak，J. (1979) Appropriateness of self-disclosure. In Chelune，G. J. (Ed.)，*Self-disclosure：Origins，patterns，and implications of openness in interpersonal relationships* (pp. 151—176). San Francisco：Jossey-Bass.

Derlega，V. J.，Metts，S.，Petronio，S. & Margulis，S. T. (1993) *Self-disclosure*. Newbury Park，CA：Sage.

John A. Daly & John M. Wiemanne(1994). *Strategic Interpersonal Communication*. Lawrence Erlbaum. NJ：Hillsdale.

Daly，A. & McCroskey，J. C. (1984) The communication apprehension perspective. In Daly，A. & McCroskey，J. C. (ed.)，*Avoiding communication：shyness，reticence，and communication apprehension*. Beverly Hills, CA: sage.

Dibbell, J. (1994) A rape in cyberspace: Or, how an evil clown, a haitian trickster spirit, two wizards, and a cast of dozens turned a database into a society. In Dery, M. (eds)., *Flame Wars* (pp. 237－261). Durham, NC: Duke U. P. Originally printed in the Village Voice, 21 December, 38.

Derlega, V. J., Winstead, B. A. & Greene, K. (2008) Self-disclosure and starting a close relationship. In Sprecher, S., Wenzel, A. & Harvey, J. (Eds.), *Handbook of Relationship Initiation* (pp. 153－174). New York: Psychology Press.

DeStephen, D. (1996). Integrating Relational Termination into a General Model of Communication Competence. In Steven A. Beebe, Susan J. Beebe & Mark V. Redmond. *Interpersonal Communication: Relating to Others*(pp. 278－279). Allyn & Bacon.

Dainton, M. & Aylor, B. (2001) A relational uncertainty analysis of jealousy, trust, and maintenance in long-distance versus geographically close relationships. *Communication Quarterly*, 49(spring), 172－188.

Kenneth C. Dempsy. (2000) Men and women's power Relationships and the persisting Inequitable Division of housework. *Journal of Family Studies*, 6, 7－24.

Derks, D., Fischer, A. H. & Bos, A. E. R. (2008) Therole of emotion in computer-mediated communication: A review. *Computers in Human Behavior*, 24, 766－785.

Joseph A. DeVito. (2013) *Essentials of Human Communication*. Pearson.

Driver J. L. & Gottman, J. M. (2004) Daily marital interactions and positive affect during marital conflict among newlywed couples. *Family Process*, 43, 301－314.

Dindia, K. (2003) Definitions and perspectives on relational maintenance communication. In Canary D. J. & Dainton, M. (Eds.), *Maintaining relationships through communication: Relational, contextual, and cultural variations* (pp. 1－28). Mahwah, NJ: Lawrence Erlbaum.

Dougherty, T. & Turban, D. (1994) Conforming first impressions in the employment interview. *Journal of Applied Psychology*, 79, 659－665.

Dion，K. K. &. Dion，K. L. （1995）Individualistic and collectivist perspectives on gender and the cultural context of love and intimacy. *Journal of Social Issues* 49，53—69.

E

Paul Ekman &. Friesen ，W. V. （1969）Nonverbal leakage and clues to deception. *Psychiatry*，32，88—105.

Paul Ekman &.Friesen ，W. V. （1975）*Unmasking the face*. Englewood Cliffs，NJ：Prentice-Hall.

Paul Ekmanand Etc. （1980）Facial Signs of Emotional Experience. *Journal of Personality and Social Psychology* 39.

Ekman，P. （2009）*Emotions revealed：Recognizing facesand feelings to improve communication and emotional life* （2nd ed）. New York：Holt.

Elliot，A. J.，Niesta Kayser，D.，Greitemeyer，T.，Lichtenfeld，S.，Gramzow，R. H. &. Maier，M. A.，et al. （2010）Red，rank and romance in women viewing men. *Journal of Experimental Psychology：General*，139：399—417.

Epstein，R. （2007）The truth about online dating. *Scientific American Mind* （Fe. /Mar.），28—35.

F

Foeman ，A. &.Nance ，T. （2002）Building new cultures，reframing old images：success strategies of interracial couples. *The Howard Journal of Communications*，13：237—349.

Fridlund，A. J. &. Russell，J. A. （2006）The functions of facial expressions：What's in a face? In V. Manusov &. M. L. Patterson （Eds.），*The Sage Handbook of Nonverbal Communication* （pp. 299—319）. Thousand Oaks，CA：Sage.

Elfenbein，H. A. &. Embody，N. （2002）On Universality and cultural specificity of emotion recognition：A meta-analysis. *Psychological Bulletin*，128，203—235.

Joseph Forgas. （1981）Affective and Emotional Influences on Episode Representatives. In Joseph Forgas （Eds.），*Social Cognition：Perspectives on Everyday Understanding*. London：Academic Press.

Feingold. (1990) Gender Differences in Effects of Physical Attractiveness on Romantic Attraction: A Comparison Across Five Research Paradigms. *Journal of Personality and Social Psychology* 59: 981— 993.

Richard Falvo. (2002) The effects of verbal aggression, issue severity and social acceptability on perceptions of compliance-gaining messages in romantic relationships: An examination of the goals/grasp model. *Dissertation Abstracts International*, 62, 26—30.

Fointiat, V. (2000) "Foot-in-the-mouth" versus "dooring-the-face" requests. *Journal of Social Psychology*, 140, 264—266.

Fehr , B. (1996) *Friendship Processes*. Thousand Oaks, CA: Sage.

Feldman, R. S., Tomasian, j. C. & Coats, E. J. (1999) Nonverbal deception abilities and adolescents's social competence: Adolescents with Higher social skills are better liars. *Journal of Nonverbal Behavior*, 23, 237—249.

Joseph P. Forgas. (1991) Affect and Person Perception. In Joseph P. Forgas (ed.), *Emotion and Social Judgements*. New York: Pergamon Press.

Felson, R. B. (1985) Reflected appraisal and the development of self. *Social psychology quarterly*, 48, 71—78.

Feeney, J. A., Noller, P. & Patty, J. (1993) Adolescents' Interactions with the Opposite Sex: Influence of Attachment Style and Gender. *Journal of Adolescence* 16, 169—186.

Fraley, R. C. & Shaver, P. R. (2000) Adult romantic attachment: Theoretical developments, emerging controversies, and unanswered questions. *Review of General Psychology*, 4, 132.

Folger, J. P., Poole , M. S. & Stutman , R. K. (1993). *Working through conflict: A communication perspective*. Glenview, IL: Scott, Foreman & Company.

Finkel, E. J., DeWall, C. N., Slotter, E. B., Oaten M. & Focshee, V. A. (2009) Self-regulatory failure and intimate partner violence perpetration. *Journal of Personality and Social Psychology*, 25, 483—499.

Frank, M. G. & Gilovich, T. (1988)The Dark side of self-and social perception: Black uniforms and aggression in professional sports. *Journal of*

Personality and Social Psychology. 54, 74—85.

Floyd, K. & Voloudakis, M. (1999) Affectionate Behavior in Adult Platonic Friendships: Interpreting and Evaluating Expectancy Violations. *Human Communication Research*, 25, 341—369.

Floyd, K. (2006) *Communicating affection: Interpersonal behavior and social context.* Cambridge, UK: Cambridge University Press.

Floyd, K. & Morman, M. T. (1998) The measurement of affection communication. *Communication Quarterly*, 46, 144—162.

Kory Floyd. (2011) *Interpersonal Communication.* McGraw-Hill Education.

Floyd, K. (2006) An evolutionary approach to understanding nonverbal communication. In Manusov, V. & Patterson, M. L. (Eds.), *The sage handbook of nonverbal communication.* Thousand Oaks, CA: Sage.

Fincham, F. D. & Beach, S. R. H. (2010) Of memes and marriage: Toward a positive relationship science. *Journal of Family Theory & Review*, 2, 4—24.

Felson, Richard, B. (1984) An Interactionist Approach to Aggression. In Tedeschi, James T. (Ed.), *Impression Management Theory and Social Psychological Research.* Academic Press, New York.

Fritz, H. L. & Helgeson, V. S. (1998) Distinctions of unmitigated communion from Communion: self-neglect and over involvement with others. *Journal of Personality and Social Psychology* 75: 121—140.

Festinger. (1957) *A theory of cognitive dissonance.* Stanford, CA: Stanford University Press.

Flora, J. & Segrin, C. (2000) Relationship development of dating couples: implications for relational satisfaction and loneliness. *Journal of Social and Personal Relationships.* 17, 811—825.

John Paul Feig. (1989) *A Common Core: Thais and Americans.* Yarmouth, ME: Intercultural Press.

Fast, L. A. & Funder, D. C. (2010) Gender differences in the correlates of self-referent word use: Authority, entitlement, and depressive symptoms. *Journal of Personality*, 78, 313—338.

Walter R. Fisher. (1987) *Human communication as narration: To-*

ward a philosophy of reason, value, and action. Columbia: University of south Carolina Press.

Fisher, S. W. (1996) The family and the individual: reciprocal influences. InVanzetti, N. & Duck, S. W. (eds), *A lifetime of relationships* (pp. 311—335). Pacific Grove, CA: Brooks/ColeLeon.

Festinger, L. (1957) *A Theory of Cognitive Dissonance. Stanford,* CA: Stanford University Press.

Kate Fox. (2001)Evolution, Alienation and Gossip: The role of mobile telecommunications in the 21st century.

Fincham, F. D. & Bradbury, T. N. (1989) The impact of attributions in marriage: An individual difference analysis. *Journal of Social and Personal Relationships*, 6, 69—85.

G

Grice, H. P. (1975) Logic and conversation. In Cole, P. & Morgan, J. L. (Eds.), *Syntax and semantics* 3: *Speech acts* (pp. 41—58). New York: Academic Press.

Glenn, P. (2010) A mediator's dilemma: Acknowledging or disregarding stance displays. *Negotiation Journal*, 26, 155—162.

Gottman, J. M., Markman, H. J. & Notarius, C. I. (1977) The topography of marital conflict: A sequential analysis of verbal and nonverbal behaviors. *Journal of Marriage and the Family*, 39, 461—477.

Gottman, J. M. (1982) Emotional Responsiveness in Marital Conversations. *Journal of Communication* 32: 108—120.

Gottman, J. & Silver, N. (1994) *Why marriages succeed or fail.* Yew York: Simon and Schuster.

Gottman, J. M. (1994) *What predicts divorce? The relationship between marital processes and marital outcomes.* Hillsdale, NJ: Lawrence Erlbaum.

Gottman, J. M. (1999) *The marriage clinic: A scientifically based marital therapy.* New York: W. W. Norton and Co.

Gottman, John. (2003) *The Mathematics of Marriage.* MIT Press.

Thomas Gordon. (2001) *Leader Effectiveness Training.* L. E. T. Perigee Books.

Gifford. (1994) A lens-mapping framework for understanding the encoding and decoding of interpersonal dispositions in nonverbal behavior. *Journal of Personality and social psychology*, 66, 398—412.

William B. Gudykunst. (1994) *Bridging Differences: Effective Intergroup Communication*. Thousand Oaks, CA, Sage.

Jack Gibbs. (1961) Defensive communication. *Journal of Communication*, 11, 141—148.

Gable, S. L. & Reis, H. T. (2010) Good News! Capitalizing on Positive Events in an Interpersonal Context. *Advances in Experimental Social Psychology*, 42, 195—257.

Greene, J. O. (2003) Models of adult communication skill acquisition: Practice and the course of performance improvement. In Greene, J. O. & Burleson, B. R. (Eds.), *Handbook of communication and social skills* (pp. 51—91). Mahwah, NJ: Lawrence Erlbaum.

Goldsmith. D. J. (2000) Soliciting advice: The role of sequential placement in mitigating face treat. *Communication Monographs*, 67, 1—19.

Gudykunst, W. B. & Ting-Tomboy, S. (1988) *Culture and Interpersonal communication*. Newbury Park, CA: Sage.

Goffman, Erving. (1955) On Face-work: An Analysis of Ritual Elements of Social Interaction. *Journal for the Study of Interpersonal Processes* 18 (3): 213—231.

Goffman, E. (1959) *The Presentation of Self in Everyday Life*. Doubleday, New York: Doubleday.

Gibson, J. J. (1966) *The Senses Considered as Perceptual Systems*. Boston: Houghton Mifflin.

Gregory, Richard, L. & Zangwill, O. L. (1987). *The Oxford Companion to the Mind*. Oxford University Press.

Goldstein, E. Bruce. (2009) *Sensation and Perception*. Cengage Learning.

Gangestad, S. W. & Snyder, M. (2000) Self-monitoring: Appraisal and reappraisal. *Psychological Bulletin*, 126, 530—555.

Gunlicks-Stoessl, M. L. & Powers, S. I. (2009) Romantic partners' coping strategies and patterns of cortisol reactivity and recovery in response to relationship conflict. *Journal of Social and Clinical Psychology*. 28, 630—649.

Howard Giles, Juatine Coupland & Nikolas Coupland. (1991) Accommodation theory: Communication, Context, and consequence, in Contexts of Accommodation: *Developments in Applied Sociolinguistics*. Cambridge: Cambridge University Press.

Gilbert, D. T. & Malone, P. S. (1995) The correspondence bias. *Psychological Bulletin*. 117, 21—38.

William Gudykunst. (1998) *Bridging Differences*. Thousand Oaks, CA; Sage.

Gray, H. M. & Ambady, N. (2006) Methods for thestudy of nonverbal communication. In Manusov V. & Patterson , M. L. (Eds.), *The Sage handbook of nonverbal communication* (pp. 41—58). Thousand Oaks, CA: Sage.

John Gray. (1992) *Men are from mars , women are from venus: a practical guide for improving communication and getting what you want in your relationships*. Harper Collins Publishers.

John Gray. (2012) *Men Are from Mars, Women Are from Venus: The Classic Guide to Understanding the Opposite Sex*. Harper Paperbacks; Reprint edition.

Guerrero, L. K. , Andersen, P. A. & Affi, W. A. (2001) *Close Encounters: Communicating Relationships*. New York: McGraw-Hill.

Guerrero, L. K. , Andersen, P. A. & Affi, W. A. (2007) *Close encounters: Communication in Relationships*. Thousand Oaks, CA: Sage.

Guerrero, L. K. , Jones, S. M. & Boburka, R. R. (2006) *Sex differences in emotional communication*. In Canary , D. J. & Dindia , K. (Eds.), Sex differences and similarities in communication (2nd ed. , pp. 241—261). Mahwah, NJ: Lawrence Erlbaum.

Guerrero, L. K. , DevitoJ. A. & Hecht , M. L. (1999) *The Nonverbal Communication Reader: Classic and contemporary readings* (2nd ed.). Long Grove, IL: Waveland Press, Inc.

Goldsmith, D. J. & Baxer, L. A. Constituting Relationships in Talk: A Taxonomy of Speech Events in Social and Personal Relationships. *Human*

Communication Research 23(1996)：87—114.

Grant，M. P. (1995) *"Flaming" and computer-mediated communication：A case study of an e-mail listserver.* Master's thesis, Wake Forest University.

Getter，H. & Nowinski，J. K. (1981) A free response test of interpersonal effectiveness. *Journal of Personality Assessment*，45.

Grych J.. H.，Raynor，S. R. & Fosco，G. M. et al. (2004) Family processes that shape the impact of inter parental conflict on adolescents. *Development and Psychopathology*，16，649—665.

Goldberg，L. R. (1993) The structure of phenotypic personality traits. *American Psychologist*，48，26—34.

Howard Giles，Richard L. Street，Jr. (1994) Communicator characteristics and behavior. In Knapp，M. L. & Miller，G. R. (Eds.)，*Handbook of interpersonal communication* (p. 104). Thousand Oaks，CA：Sage.

Gaelick，L.，Bodenhausen，G. V. & Wyer，R. S.，Jr. (1985) Emotional communication in close relationships. *Journal of Personality and Social Psychology*，49，1246—1265.

H

Harvey，J. H. & Pauwels，B. G. (2009) Relationship Connection：A Redux on the Role of Minding and the Quality of Feeling Special in the Enhancement of Closeness. In Snyder，C. D. & Lopez，S. J. *Oxford Handbook of Positive Psychology*(pp. 385—392). Oxford：Oxford University Press.

Hendrick，S. S.，Hendrick，C. & Dicke，A. (1998) The Love Attitudes Scale：Short Form. *Journal of Social and Personal Relationships*，15.

Hendrick，S. S. & Hendrick，C. (1993) Lovers as friends. *Journal of social and personal relationships*，10：459—466.

Hendrick，C. & Hendrick，S. S. (1989) Research on love：Does it measure up? *Journal of personality and social psychology*，56：784—794.

Hinton，P. R. (1993) *The Psychology of Interpersonal Perception.* New York：Routledge.

Holtgraves，T. M. & Lasky，B. (1999) Linguistic power and persuasion. *Journal of Language and Social Psychology*, 18, 196—205.

Hart, R. P., Carlson, R. E. & Eadie, W. F. (1980) Attitudes towards communication and the assessment of rhetorical sensitivity. *Communication Monographs*, 47, 1—22.

Hart, F. (1990) The construction of masculinity in men's friendships: Misogyny, heterosexism and homophobia. *Resources for Feminist Research* 19, 60—67.

Horton, D. & Wohl, R. R. (1956) Mass communication and para-social interaction. *Psychiatry*, 19, 215—229.

Horton, R. S. & Sedikides, C. (2009) Narcissistic responding to ego threat: When the status of the evaluator matters. *Journal of Personality*, 77, 1493—1526.

Hatfield, E., Cacioppo, J. T. & Rapson, R. L. (1994) *Emotional contagion*. New York: Cambridge University Press.

Hess, U., Blairy, S. & Kleck, R. E. (1997) The intensity of emotional facial expressions and decoding accuracy. *Journal of Nonverbal Behavior*, 21, 241—257.

Harvester-Wheatsheaf. *Understanding relationships*. New York: Guilford.

Hamackek, D. E. (1982) *Encounters with the self*. Yew York: Holt, Rinehart and Winston.

Hall, E. T. (1966) *Four zones of space*(the hidden dimension). Garden city, NY: Doubleday.

Hall, E. T. (1976) *Beyond culture*. Gander city, NY: Doubleday.

Hall, J. A., Roter, D. L. & Rand, C. S. (1981) Communication of affect between patient and physician. *Journalism of Health and Social Behavior*, 22, 18—30.

Hall, J. A. (1984) *Nonverbal Sex Differences: Accuracy of Communication and Expression Style*. Baltimore: Johns Hopkins University Press.

Hall, J. A., Murphy, N. A. & Schmid Mast, M. (2006) Recall of nonverbal cues: Exploring a new definition of interpersonal sensitivity. *Journal of Nonverbal Behavior*, 30, 1441—1455.

Hall, J. A., Andrzejewski, S. A. & Yopchick, J. E. (2009) Psychosocial correlates of interpersonal sensitivity: A meta-analysis. *Journal of Nonverbal Behavior*, 33, 149—180.

Hofstede, G. (2000)*Culture's Consequences*. Beverly Hills CA: Sage.

Honeycutt, J. M. & Eidenmuller, M. E. (2001) Communication and attribution: An exploration of the effects of music and mood on intimate couples' verbal and nonverbal conflict resolution behaviors. In Manusov, V. & HarveY, J. H. (Eds.), *Attribution, communication behavior, and close relationships*(pp. 21—37). New York: Cambridge University Press.

Hayakawa, S. I. (1978) *Language in Thought and Action*. New York: Harcourt Brace Jovanovich.

Heider, F. (1958) *The Psychology of Interpersonal Relations*. John Wiley & Sons, New York.

Harvey, J. H., Orbuch, T. L. & Weber, A. L. (eds.) (1992) *Attributions, Accounts, and Close Relationships*. Springer-Verlag, New York.

Van Hemert, D. A., Poortinga, Y. H. & van de Vijver, F. J. R. (2007) Emotion and culture: A meta-analysis. *Cognition & Emotion*, 21, 913—943.

Hamilton, D. L. (1998) Dispositional and attributional inferences in person perception. In Darley, J. M. & Cooper, J. (Eds.), *Attribution and social interaction*. Washington, DC: American Psychological Association.

Hodgins, H. S. & Belch, C. (2000) Interpersonal violence and nonverbal abilities. *Journal of Nonverbal Behavior* 24, 3—24.

Horrigan, J. B., Rainie. L. & Fox, S. (2001) *Online communities: networks that nurture long-distance relationships and localties*. Pew Internet and American Life Project. Retrieved from http: //www. pewinternet. org/reports/pdfs/PIP _ Communities _ Report. pdf.

Hill, Rubin& Peplau. (1976) Breakups before marriage: The End of Affairs. *Journal of Social Issues*, Vol. 31 (1): 156—157.

Hancock, J. T., Thom-Santelli, J. & Ritchie, T. (2004) Deception and design: The impact of communication technologies on lying behavior. In Dykstra-Erickson, E. & Tscheligi, M. (Eds.), *Proceedings of the ACM*

Conference on Human Factors in Computing Systems, Vol. 6, pp. 130 — 136. New York: ACM.

Henne, E. , Buysse, A. & Van Oost, P. (2007) An interpersonal perspective on depression: the role of marital adjustment, conflict communication, attributions and attachment within a clinical sample. *Family Process*, 46. 499—515.

Hornik, J. , Zaig, T. & Shadmon, D. (1991) Reducing refusals in telephone surveys on sensitive topics. *Journal of Advertising Research*, 31, 49—56.

Hampton, K. N. , Lauren Sessions Goulet, Cameron Marlow & Lee Rainie (2012). *Why Most Facebook Users Get More than Give*, Pew Internet & American Life Project, Feb. 3, 2012, http: //pewinternet. org/Reports/2012/Facebook-users. aspx.

Harvester-Wheatsheaf. *Understanding relationships*. New York: Guilford.

Hatfield, E. & Walster, G. W. (1985) *A new look at love*. Lanham, MD: University Press of America.

Hatfield, E. , Utne, M. K. & Traupmann, J. (1979) Equity theory and intimate relationships. In. Burgess, R. L & Huston , T. L. (Eds.), *Social exchange in developing relationships* (pp. 99 — 133). New York: Academic Press.

Holtzman, N. S. , Vazire, S. & Mehl, M. (2010) Sounds like a narcissist: Behavioral manifestations of narcissism in everyday life. *Journal of Research in Personality*, 44, 478—484.

Horwitz, A. V. , White, H. R. & Howell-White, S. (1996) Becoming married and mental health: A longitudinal study of a cohort of young adults. *Journal of marriage and family*, 58, 895—907.

I

Impett, E. A. , Gable, S. L. & Peplau, L. A. (2005) Giving up and giving in: The costs and benefits of daily sacrifice in intimate relationships. *Journal of Personality and Social Psychology*, 89, 327—344.

Ivanov, M. & Werner, P. (2010) Behavioral communication: Individual differences in communication style. *Personality and Individual Differ-*

ences，49，19－23.

Ignatius，Emmi & Marja Kokkonen. (2007) Factors contributing to verbal self-disclosure. *Nordic Psychology* 59 (4)：362－391.

Mizuko Ito，Daisuke Okabe & Misa Matsuda(2006). *Personal，Portable，Pedestrian：Mobile Phones in Japanese Life*. The MIT Press.

Ishii，K. (2006)Implications of Mobility：the Uses of Personal Communication Media in Everyday life. *Journal of Communication*，56：346－365.

Infante，D. A. & Wigley，C. J. (1986) Verbal aggressiveness：An interpersonal model and measure. *Communication Monographs*，53，61－69.

Infante，D. A.，Trebing，J. D.，Shepherd，P. E. & Seeds，D. E. (1984) The relationship of argumentativeness to verbal aggression. *Southern Speech Communication Journal*，50，67－77.

Izard，C. E.，Fine，S.，Schultz，D.，Mostow，A.，Ackerman，B. & Youngstrom，E. (2001) Emotion knowledge as a predictor of social behavior and academic competence in children at risk. *Psychological Science*，12，18－23.

J

Jose，A.，Rajaram，S.，O'Leary，K. D. & Williams，M. C. (2010) Memory for partner－related stimuli：Free recall and frequency estimation. *Journal of Social and Personal Relationships*，27，658－670.

Johnson，M. P. (2006) Violence and Abuse in Personal Relationships：Conflict，Terror，and Resistance in Intimate Partnerships. In Anita L. Vangelisti & Daniel Perlman(eds.)，*The Cambridge Handbook of Personal Relationships* (pp. 557－576). New York：Cambridge University Press.

Jost，J. T. & Banaji，M. B. (1994) The role of stereotyping in system-justification and the production of false consciousness. *British Journal of Social Psychology* 33：1－27.

Joseph Jordania. Times to fight and times to relax：Singing and humming at the beginning of Human evolutionary history. *Kadmos* 1，2009：272－277.

Janssen，D.，Schoolroom，W. I.，Lubienetzki，J.，Foiling，K.，Kokenge，H. & Davids，K. (2008) Recognition of emotions in gait patterns by means of artificial neural nets. *Journal of Nonverbal Behavior*，32，79－92.

Jiang, C. L., Bazarova, N. N. & Hancock, J. T. (2011) Thedisclo-sure-intimacy link in computer-mediated communication: An attributional extension ofthe hyperpersonal model. *Human Communication Research*, 37, 58—77.

Janicki, D. L. Kamarck, T. W., Shiffman, S., Sutton-Tyrrell, K. & Gwaltney, C. J. (2005) Frequency of spousal interaction and 3-year progression of carotid artery intimal medial thickness: The Pittsburgh health heart project. *Psychosomatic Medicine*, 67, 889—896.

K

Knapp, M., Hopper, R. & Bell, P. A. (1984) Compliments Descriptive Taxonomy. *Journal of Communication* 34: 12—31.

Knapp, M.. L. & Hall, J. A. (1997) *Nonverbal communication in human interaction*. Fort Worth, Texas: Harcourt Brace.

Knapp, M. L. & Daly, JA.. (2002) *Interpersonal communication*. SAGE Publications; 3rd edition.

Knapp, M. L. & Vangelisti, A. (2000) *Interpersonal communication and human relationships*(4th ed.). Boston: Allyn and Bacon.

Knapp, M. L. & Vangelisti, A. (2005) *Interpersonal communication and human relationships*. Allyn and Bacon.

Knapp, M. L. &Daly, J. A. (2012). *The Sage Handbook of Interpersonal Communication*. SAGE Publications.

Knapp, M. L., Hall, J. A. & Horgan, T. G. (2014) *Nonverbal Communication in Human Interaction*. Wadsworth, Engage Learning.

Knapp, Anita L. Vangelisti & John P. Caughlin (2014). *Interpersonal communication and human relationships*. Pearson Education.

Knobloch, L. K. & Solomon, D. H. (1999) Measuring the sources and content of relational uncertainty. *Communication Studies*, 50, 261—278.

Knobloch, L. K., Miller, L. E., Bond, B. J & Mannone, S. E. (2007) Relational uncertainty and message processing in marriage. *Communication Monographs*, 74, 154—180.

Knobloch, L. K. & Solomon, D. H. (1999) Measuring the sources and content of relational uncertainty. *Communication Studies*, 50,

261—278.

Koudenburg, N. , Postmen, T & Gordon, E. H. (2011) Disrupting the Flow: How Brief Silences in Group Conversations Affect Social. *Journal of Experimental Social Psychology*, 47, 512—515.

Kendon, A. (1967) Some functions of gaze direction in social interaction. *Acts Psychologies*, 26 , 22—63.

Kirtley, M. D. & Honeycutt, J. M. (1996) Listening Styles and Their Correspondence with Second Guessing, *Communication Research Reports*, 13: 174—182.

Kaufmann. P. J. (1993) Sensible Listening: The Key to Responsive Interaction(2nd). Dubuque, IA: Kendall/Hunt.

Knee. C. R. , Longsbary, C. , Canevello, A. & Patrick, H. (2005). Self-determination and conflict in romantic relationships. *Journal of personality and social psychology*, 89, 997—1009.

Keck, K. L. & Samp, J. A. (2007) The dynamic nature of goals and message production as revealed in sequential analysis of conflict interactions. *Human Communication Research*, 33, 27—47.

Kilmann, R. H. & Thomas, K. W. (1977) Developing a forced-choice measure of conflict-handling behavior: The " MODE " instrument. *Educational and Psychological Measurement*, 37, 309— 325.

Kumashiro, M. , Rusbult, C. E. & Finkel, E. J. (2008) Navigating personal and relational concerns: The quest for equilibrium. *Journal of Personality and Social Psychology*, 95, 94—110.

Knobloch, L. K. , Miller, L. E. & Carpenter, K. E. (2007) Using the relational turbulence model to understand negative emotion within courtship. *Personal Relationships*, 14, 91—112.

Kim, M. S. & Leung, T. (2000) A multicultural view of conflict management styles: Reviews and critical synthesis. In Roloff , M. E. & Paulson , G. D. (Eds.) *COMMUNICATION YEARBOOK* 23 (PP. 227—269). Thousand Oaks, CA: Sage.

Kim, M. S. , Aune, K. S. , Hunter, J. E. , Kim, H. J. & Kim, J. S. (2001) The effect of culture and self-construals on predispositions toward verbal communication. *Human Communication Research*. 27, 382—408.

Kendler, K. S. & Prescott, C. A. (1999) A population-based twin study of depression in men and women. *Archives of General Psychiatry*, 56, 39—44.

Kalberts (1988). An analysis of couples' conversational complaints. *Communication monographs*, 55, 184—197.

Karney, B. R. & Bradbury, T. N. (1997) Neuroticism, Marital Interaction and the Trajectory of Marital Satisfaction. *Journal of Personality and Social Psychology* 72, 1075—1092.

Kellerman, K. (2004) A goal-Directed Approach to Gaining Communication Research: *Relating Differences among Goals to Differences in Behaviors*, *Communication Research*, 31, 397—445.

Kamau, C. (2009) Strategizing impression management in corporations: cultural knowledge as capital. In D. Ayduk, O., Zayas, V., Downey, G., Cole, A., Shoda, Y. & Mischel, W. Rejection sensitivity and executive control: Joint predictors of borderline personality features. *Journal of Research in Personality*, 42, 151—168.

Kessler, R. C. (1992) Perceived support and adjustment to stress. In Veiel, H. O. F. & Baumann, U. (Eds.), *The meaning and measurement of social support* (pp. 259—271). New York: Hemisphere.

Robert Kraut & Sara Kiesler, etc. (1998) Internet paradox: a social technology that reduces social involvement and psychological wellbeing? *American psychologist*, 53, 1017—1031.

Knox, D., Daniel, V., Sturdivant, L. & Zusman, M. E. (2001) College Student Use of the Internet for Mate Selection. *College student Journal*, 35(March): 158.

Kelley, H. H., Berscheid, E., Christensen, A., Harvey, J. H., Huston, T. L, Levinger, G., McClintock, E., Peplau, L. A. & Peterson, D. R. (1983) *Close relationships*. New York: Freeman.

Kleinke, C. L., Peterson, T. R.. & Rutledge, T. R.. (1998) Effects of self—generated facial expressions on mood. *Journal of Personality and social Psychology*, 74, 272—279.

Krull, D. S. (2001) On partitioning the fundamental attribution error: Dispositionalism and the correspondence bias. In Moskowitz, G. B. (Ed.),

Cognitive social psychology. Mahwah，NJ：Lawrence Erlbaum Associates Inc.

Koerner，A. F. & Fitzpatrick，M. A. (2006) Family conflict communication. In Oetzel，J. G. & Ting-Toomey，S. (Eds.)，*The SAGE handbook of conflict communication：Integrating theory，research，and practice* (pp. 159－184). Thousand Oaks，CA：Sage.

Koenig-Kellas，J. & Trees，A. (2006) Finding meaning in difficult family experiences：Sense-making and interaction processes during joint family storytelling. *Journal of Family Communication*，6，49－76.

Kelly，A. B.，Fincham，F. D. & Beach，S. R. H. (2003) Communication skills in couples：A review and discussion of emerging perspectives. In J. O. Greene & B. R. Burleson (Eds.)，*Handbook of communication and social interaction skills* (pp. 723－752). Mahwah，NJ：Lawrence Erlbaum.

Kiazad，K.，Restubog，S. L. D.，Zagenczyk，T. J.，Kiewitz，C. & Tang，R. L. (2010). In pursuit of power：The role of authoritarian leadership in the relationship between supervisors' Machiavellianism and subordinates' perceptions of abusive supervisory behavior. *Journal of Research in Personality*，44，512－551.

Kaplan，R. E. (1976) Maintaining interpersonal relationships. *Interpersonal Development* 6，106－119.

Koerner，A. F. & Fitzpatrick，M. A. (2012) Communicationin intact families. In Vangelisti，A. L. (Ed.)，*The Routledge handbook of family communication* (2nd ed.). Kindle Edition.

Kelly，G. A. (1955) *The psychology of personal constructs* (Vols. 1 and 2). New York：Norton.

Teri Kwal Gamble & Michael W. Gamble. (2014) *Interpersonal Communication-Building Connections Together*. Sage Publications.

Howard Kamler. (1983) *Communication：sharing our stories of experience*. Seattle：Psychological Press.

L

Lippa，R. A. (1998) The nonverbal display and judgement of extraversion，masculinity，femininity，and gender diagnostically：A lens model analysis. *Journal of research in Personality*，32，80－107.

Lefcourt，H. M. (1982) *Locus of control：Current trends in the theory ad research*. Hillsdale，NJ：Lawrence Erlbaum.

Lazarus，R. S. (1991) *Emotion and adaptation*. New York：Oxford University Press.

Lazarus，R. S. (2006) Emotions and interpersonal relationships：Toward a person-centered conceptualization of emotions and coping. *Journal of Personality*，74，9—46.

Langer. E. J. (1989) *Mindfulness*. Reading，MA：Addison-Wesley.

Ter Laak，J. J. F.，Olthoff，T. & Alkeva，E. (2003) Sources of annoyance in close relationships：Sex-related differences in annoyance with partner behaviors. *Journal of Psychology*，137，545—559.

Laing，R. D.，Phillipson，H. & Lee，A. R. (1966) *Interpersonal Perception*. New York：Springer.

Ledbetter，Andrew，M.，Mazer & Joseph，P. (2014) Do online communication attitudes mitigate the association between Facebook use and relational interdependence? An extension of media multiplexity theory. *New Media & Society*，Vol. 16 Issue 5：806—822.

Lanzetta J. T. & Kleck，R. E. (1970) Encoding and decoding of nonverbal affect in humans. *Journal of Personality and Social Psychology*，16，12—19.

Leary，Mark，R.，Kowalski & Robin，M. (1990) Impression Management：A Literature Review and Two-Component Model. *Psychological Bulletin* 107 (1)：34—47.

Lakey，B. & Cohen，S. (2000) Social support theory and measurement. In Cohen，S.，Underwood，L. G. & Gottlieb，B. H. (Eds.). *Social support measurementand intervention* (pp. 29—52). New York：Oxford University Press.

Lea，M.，O'Shea，T.，Fung，P. & Spears，R. (1992) "Flaming" in computer-mediated communication：Observations，explanations and implications. In Lea，M. (Ed.) *Contexts of computer-mediated communication* (pp. 89—112). London：Harvester-Wheatsheaf.

Lynch，J. J. (1977) *The Brocken Heart：The Medical Consequences of Loneliness in America*. New York：Basic Books.

Leech, G. (1983) Principles of Pragmatics. Longman.

Linda E. Temple& Karen R. Loewen. (1993) Perceptions of Power: First Impressions of Woman Wearing a Jacket. *Perceptual and Motor Skills* 76 (February): 345.

Lee. J. A. (1973) *The colors of love: an exploration of the ways of loving*. Ontario: New Press.

Yutang, Lin (1935). *My Country and My People*. New York: Reynal & Hitchcock.

Leck, K. & Simpson, J. A. (1999) Feigning romantic interest: The role of self-monitoring. *Journal of Research in Personality*, 33, 69—91.

Lee, J. W. & Guerrero, L. K. (2001) Types of touch in cross-sex relationships between coworkers: Perceptions of relational and emotional messages, in appropriateness, and sexual harassment. *Journal of Applied Communication Research*, 29, 197—220.

Lodi-Smith, J., Geise, A. C., Roberts, B. W. & Robins, R. W. (2009) Narrating personality change. *Journal of Personality and Social Psychology*, 96, 679—689.

M

Ma, R. & Chuang, R. (2001) Persuasion strategies of Chinese College students in interpersonal contexts. *Southern Communication Journal*, 66, 267—278.

McGuire, S. & Clifford, J. (2000) Genetic and environmental contributions to loneliness in children. *Psychological Science*, 11, 487—491.

Messer, A. C. & Gross, A. M. (1995) Childhood depression and family interaction. *Journal of Clinical Child Psychology*, 24, 77—88.

Mehrabian, A. (1972) *Nonverbal Communication*. Chicago, IL: Aldine-Atherton.

Metts, S. & Cupach, W. R. (2007) Responses to relational transgressions: Hurt, anger, and sometimes forgiveness. In Spitzberg, B. H. & Cupach, W. R. (Eds.) *The dark side of interpersonal communication* (pp. 243-273). Mahwah, NJ: Lawrence Erlbaum.

Mabry, E. (1997) Framing flames: The structure of argumentative messages on the net. Journal of Computer Mediated Communication, 2 (4).

Found at: http://www. ascusc. org/jcmc/vol2/issue4/mabry. html.

Morris , D. (1969) *The Naked Ape*. New York: Dell.

Morris, D. (1973) *Intimate behavior*. New York: Bantam.

Murstein B. I. , Merighi, J. R. & Vyse, S. A. (1991) Love styles in the united States and France: Across-cultural comparison. *Journal of Social and Clinical Psychology* 10, 37—46.

Miller, G. R. & Steinberg, M. (1975) *Between people: A new analysis of interpersonal communication*. Chicago: Science Research Associates.

Miller, G. R. (1976) *Interpersonal Communication in Developing Acquaintances*. Beverly Hills, Ca: Sage.

Murray, S. L. , Holmes, J. G. , Griffin, D. W. , Bellavia, G. & Rose, P. (2001) The mismeasure of love: How self-doubt contaminates relationship Beliefs. *Personality and Social Psychology Bulletin*, 27, 423—436.

Motley, M. T. & Camden, C. T. (1988) Facial expression of emotion: A comparison of posed expression sversus spontaneous expressions in an interpersonal setting. *Western Journal of Speech Communication*, 52, 1—22.

Marcus. M. G. (1976) The power of a name. *Psychology today*, 9, 75—77.

Matsumoto, D. (2006) Culture and nonverbal behavior. In Manusov, V. & Patterson, M. L. (Eds.), *The SAGE handbook of nonverbal communication* (pp. 219—235). Thousand Oaks, CA: Sage.

Manusov, V. & Harvey, J. (2001) *Attribution, communication behavior, and close relationships*. Cambridge: Cambridge University Press.

Mccarthy, G. (1999) Attachment style and adult love relationships and friendships: A study of a group of women at risk of experiencing relationship difficulties. *British Journal of Medical Psychology*, Volume 72, Number 3, September 1999, pp. 305—321(17).

Murray , T. E. (1985) The Language of Singles Bars. *American Speech* 60: 17—30.

Nelson, N. L. & Russell, J. A. (2011) Preschoolers' use of dynamic facial, bodily, and vocal cues to emotion. *Journal of Experimental Child Psychology*, 110, 52—61.

Mayer，J. D. & Salovey，P.（1993）The Intelligence of Emotional Intelligence，*Intelligence*17：433—442.

Momgeau，P. A.，Hale，J. L.，Johnson，K. L. & Hillis，J. D. (1993). Who's wooing whom? An investigation of female initiated dating. In Kalbleisch，P. J.（ed.）*Interpersonal communication：evolving interpersonal relationships*(pp. 51—68). Hillsdale，NJ：Erlbaum.

McClure，E. B. & Nowicki，S.，Jr.（2001）Associations between social anxiety and nonverbal processing skill in preadolescent boys and girls. *Journal of Nonverbal Behavior*，25，1—19.

McDaniel，E. & Andersen，P. A.（1998）International patterns of interpersonal tactile Communication：A field study. *Journal of Nonverbal Behavior*，22，59—73.

Miller，D. T. & Ross，M.（1975）. Self-serving biases in the attribution of causality：Fact or fiction? *Psychological Bulletin*，82，213—225.

Miller，G. R. & Stiff，J. B.（1993）*Deceptive Communication*. Newbury Park，CA：Sage.

Miller & Katherine.（2005）*Communication Theories：Perspectives，Processes，and Contexts*（2nd ed.）. McGraw-Hill.

John D. Mayer，Marc A. Brackett & Peter Salovey.（2004）*Emotional Intelligence：Key Readings on the Mayer and Salovey Model*. National Professional Resources，Inc. / Dude Publishing.

McLaren，R. M. & Solomon，D. H.（2008）Appraisals and distancing response to hurtful messages. *Communication Research*，35，339—357.

Maltby，J. & Day，L.（2000）The reliability and validity of a susceptibility to embarrassment scale among adults. *Personality and Individual Differences*，29，749—756.

McClure，E. B.（2000）A meta-analytic review of sex differences in facial expression processing and their development in infants，children，and adolescents. *Psychological Bulletin*，126，424—453.

Murphy，N. A.，Hall，J. A. & Colvin，C. R.（2003）Accurate intelligence assessments in social interaction：Mediators and gender effects. *Journal of Personality*，71，465—493.

Mischel，W.，DeSmet，A. L. & Kross，E.（2006）Self-regulation in

the service of conflict resolution. In Deutsch, M. , Coleman, P. T. & Marcus, E. C. (Eds.) , *The handbook of conflict resolution* (2nd ed. , pp. 294—313). San Francisco, CA: Jossey-Bass.

Manusov, V. (2007) Attributions and interpersonal communication: Out of our heads and into behavior. In Rosko-Ewoldson , D. R. & Monahan , J. (Eds.), *Communication and social cognition: Theories and methods* (pp. 141—169). Mahwah, NJ: Lawrence Erlbaum.

Marshall, L. L. (1994) Physical and psychological abuse. In Cupach , W. R. & Spitzberg , B. H. (Eds.), The *Dark side of interpersonal communicatio*n(pp. 282—311). Hillsdale, NJ; Lawrence Erlbaum.

McKenzie-McLean, J. (2007) *Abused Women in fear of Texts, Emails.* Press.

James McCroskey & Virginia Richmond (1996). *Fundamentals of human communicationand interpersonal perspective.* IL: Waveland Press.

Main, M. & Solomon, J. (1986) Discovery of an insecure-disorganized/disoriented attachment pattern: Procedures, findings and implications for the classification of behavior. In Brazelton , T. B. & Yogman, M. (Eds.), *Affective Development in Infancy* (pp. 95—124). Norwood, NJ: Ablex.

Martins, A. , Ramalho, N. & Morin, E. (2010) A comprehensive meta-analysis of the relationship between emotional intelligence and health. *Personality and Individual Differences*, 49, 554—564.

Masterson, J. T. , Beebe, S. A. & Watson, N. H. (1989) *Invitation to effective speech communication.* Glenview, IL: Scott, Foresman.

Morrow, G. D. , Clark , E. M. & Brock , K. F. (1995) Individual and Partner Love Style: Implications for the Quality of Romantic Involvements. *Journal of Social and Personal Relationships*12: 363—387.

Meleshko, K. G. A. & Alden, L. E. (1993) Anxiety and self-disclosure: Toward a motivational model. Journal of Personality and Social Psychology64, 1000—1009.

Montagu , A. & Matson, F. W. (1994) *The Dehumanization of Man.* Mcgraw-Hill; Reprint edition.

McGonagle, K. A. , Kessler , R. C. & Gotlib, I. H. (1993) The Effects of Marital Disagreement Style, Frequency, and Outcome of Marital

Disruption. *Journal of Social and Personal Relationships* 10：385—404.

Marzs，J. M.，ETC. （1998）Positive illusion in close relationships. *Personal relationships*，5，159—181.

Mitchell，W. J. T. （ed.）(1980) *On Narrative*. Chicago：University of Chicago press.

Mann，G. B.，Kaiser，A.，Hahlweg，K. （1998）Communication Patterns During Marital Conflict：A Cross-Cultural Replication. *Personal Relationships* 5：343—356.

Myers & Biocca. （1992）The elastic body image：the effect of television advertising and programming on body image distortions in young women. *Journal of Communication*，42，108—134.

Millar，E. & Rogers，L. （1987）Relational dimensions of interpersonal dynamics. In Roloff，M. E. & Miller，G. R. （Eds,），*Interpersonal process：new directions in communication research*. Newbury Park，CA：SAGE.

Mamali，C. （1996）Interpersonal communication in totalitarian societies，In Gudykunst，W. & Ting-Toomey，S. （eds），Communication in personal relationships across cultures. Thousand Oaks，CA：Sage.

Motley，T. （Ed.）（2008）*Studies in applied interpersonal communication* （pp. 97—120）. Thousand Oaks，CA：Sage.

N

Neuliep，J. W. & Grohskopf，E. L. （2000）Uncertainty reduction and communication satisfaction during initial interaction：an initial test and replication of a new axiom. *Communication Reports*，13，67—77.

Neidenthal，P. M.，ete. （2001）When did her smile drop? Facial mimicry and the influences of emotional state on the detection of change in emotional expression. *Cognition and Emotion*，15，853—864.

Nardi，B. A.，Whittaker，S. & Bradner，E. （2000）Interaction and outeraction：Instant messaging in action. Proceedings of the ACM Conference on Computer-Supported Cooperative Work，from http：//www. research. att. com/~stevew/outeraction _ cscw2000. pdf.

Nowicki，S. & Duke，M. P. （1994）Individual differences in the nonverbal communication of affect：The diagnostic analysis of nonverbal accuracy *scale. Journal of Nonverbal Behavior*, 18, 9—35.

Nicotera, A. M. (1993) The importance of communication in interpersonal relationship. In Nicotera, A. M. & associates. (1993) *Interpersonal communication in friend and mate relationships*(pp. 3—12). Albany: State university of New York Press.

Noller, P. & Fitzpatrick, M. A. (1993) *Communication in family relationships*. Upper Saddle River, NJ: Prentice-Hall.

Newsome, S., Day, A. L. & Catano, V. M. (2000) Assessing the predictive value of emotional intelligence. *Personality and Individual Differences*, 29, 1005—1016.

O

Orbe, M. P. (1998) From the standpoints of traditionally muted groups: explicating a co-cultural communication theoretical model. *Communication theory*, 8, 1—26.

Oetzel, J. G. & Stella Ting-Toomey. (2013) *The SAGE Handbook of Conflict Communication: Integrating Theory, Research, and Practice.* SAGE Publications, Inc.

Olekalns, M. & Smith, P. L. (2000) Negotiating optimal outcomes: The role of strategic sequences in competitive negotiations. *Human Communication Research*, 24, 528—560.

Overall, N. C., Fletcher, G. J. O., Simpson, J. A. & Sibley, C. G. (2009) Regulating partners in intimate relationships: The costs and benefits of different communication Strategies. *Journal of Social and Personal Relationships*, 96, 620—639.

Oinson & Adam. (2001) Self-disclosure in computer-mediated communication: The role of self-awareness and visual anonymity. *European Journal of Social Psychology* 31 (2): 177—192.

O'Sullivan, P. B. (2000) WHAT you don't know won't hurt me: impression management functions of communication channels in relationships. *Human communication Research*, 26, 403—431.

Olson, D. H. L., McCubbin, H. L., Barbes, H. L., Larsen, A. S., Muxem, M. J. & Wilson, M. A. (1993) *Families: What makes Them Work*. Beverly Hills, CA: Sage.

P

Park, H. S. & Guan, X. Cultural Differences in Self versus Others' Self-Construals: Data from China and the United States. *Communication Research Reports*, 24, 2007, pp. 21—28.

Parks, M. R. (1982) Ideology in Interpersonal Communication: Off the Couch and into the World. In Bostrom, R. (Ed.), *Communication Yearbook* 5(pp. 79—107). New Brunswick, NJ: Transaction Books.

Parks, M. R. & Floyd, K. (1996) Meanings for closeness and intimacy in friendship. *Journal of Social and Personal Relationships*, 15, 517—537.

Planalp, S., Rutherford, D. K. & Honeycutt, J. M. et al. (1988) Events that increase uncertainty in personal relationships II: Replication and extension. *Human Communication research* 14, 516—547.

Powell, J. S. (1969) *Why Am I Afraid to Tell You Who I Am*? Chicago: Argus Communications.

Pettit, G. S. & Mize, J. (1993) Substance and style: understanding the ways in which parents teach children about social relationships. In Duck, S. W. (ed) *Learning about relationships* (Vol. 2) (pp. 118—151). Newbury Park, CA: Sage.

Petronio, S., ed. (2000) *Balancing the Secrets of Private Disclosures*. Mahwah, NJ: Erlbaum.

Peele, S. & Brodsky, A. (1974) Love Can Be an Addiction. *Psychology Today* 8: 23—26.

Parks, M. R. & Floyd, K. (1996) Making friends in cyberspace. *Journal of Communication* 46, 80—97.

Plutchik, R. (2001) The nature of emotions. *American Scientist*, 89, 344—350.

Plutchik, R. & Conte, H. (1997) *Circumplex models of personality and emotions*. Washington, DC: American Psychological Association.

Pearce, Z. J. & Halford, W. K. (2008) Do attributions mediate the association between attachment and negative couple communication? *Personal Relationships*, 15, 155—170.

Pryor, J. B. & Merluzzi, T. V. (1985) The role of expertise in processing social interaction scripts. *Journal of Experimental Social Psychology*, 21, 362—379.

Patrick, S. , Sells, J. N. , Giordano,, F. G. & Tollerud, T. R. (2007) Intimacy, differentiation, and personality variables as predictors of marital satisfaction. *The Family Journal* 15, 359—367.

Pienta, A. M. , Hayward, M. D. & Jenkins, K. R. (2000) Health consequences of marriage for the retirement years. *Journal of Family Issues*, 21, 559— 586.

Prager K. J. & Buhrmester, D. (1998) Intimacy and need fulfillment in couple relationships. *Journal of Social and Personal Relationships*, 15, 435—469.

Putnam. L. L. & Poole, M. S. (1987) Conflict and negotiation. In Goblin, F. M. , Putnam, L. L. , Roberts, K. H. & Porter , L. W. (Eds.), *Handbook of organizational communication*(pp. 549—599). Newbury Park, CA: Sage.

Putnam, L. & Wilson, C. E. (1982) Communicative strategies in organizational conflicts: Reliability and validity of a measurement scale. In M. Burgoon(Ed.), *Communication yearbook* 6(pp. 629—652). Newbury Park, CA: Sage.

Putnam. (2000) *Bowling Alone*. New York: Simon and Schuster.

Patterson, M. L. (1995) A parallel process model of nonverbal communication. *Journal of Nonverbal Behavior*, 19, 3—29.

Perper. T. (1985) *Sex signals: the biology of love*. Philadelphia, PA: ISI Press.

Planalp, S. & Fitness, J. (1999) Thinking/feeling about social and personal relationships. *Journal of Social and Personal Relationships*, 16, 731—750.

Pruit, D. G. (1981) Strategic choice in negotiation. *American Behavioral Scientist* 27: 167—194.

Q

Quinn & Kelly. (2003) WE HAVEN'T TALKED IN 30 YEARS! Information. *Communication & Society*, Vol. 16 Issue 3: 397—420.

R

Rankis，O. E. (1981) The Effect of Message Structure，Sexual Gender，and Verbal Organizing Ability Upon Learning Message Information. *Doctoral dissertation*，Ohio university.

Rancer，A. S.，Kosberg，R. L. & Silvestri，V. N. (1992) The relationship between self-esteem and aggressive communication predispositions. *Communication Research Reports*，9，23－32.

Ross，L. D. (1977) The Intuitive Psychologist and His Shortcomings：Distortions in the Attribution Process. In Leonard Berkowitz (ed.)，*Advances in Experimental Social Psychology*，Vol. 10. Academic Press，New York.

Riggio，R. E. (1986) Assessment of basic social skills. *Journal of Personality and Social Psychology*，51，649－660.

Rubin & Zick. (1973) *Liking and loving，An invitation to Social Psychology*. New York：Holt，Rinehart & Winston.

Rubin & Zick. (1970) Measurement of Romantic Love. *Journal of Personality and Social Psychology*，Volume 16：265－273.

Rosenfeld，L. B. (1994) Sex differences in response to relationship crisis：a case study of the hill/Thomas hearing. In Siegel，P. (eds.)，*Outsiders looking in：a communication perspective on the hill/Thomas hearings*. New York：Hampton press.

Rosenfeld& Lawrence. (1979) Self-Disclosure Avoidance：Why I Am Afraid to Tell You Who I Am. *Communication Monographs*46：63－74.

Forgas & Joseph，P. (2011) Affective influences on self-disclosure：Mood effects on the intimacy and reciprocity of disclosing personal information. *Journal of Personality and Social Psychology* 100 (3)：449－461.

Rancer，A. S.，Kosberg，R. L. & Baukus，R. A. (1992) Beliefs about arguing as predictors of trait argumentativeness：Implications for training in argument and conflict management. *Communication Education*，41，375－387.

William K. Rawlins. (1992) *Friendship matters：communication，dialectics，and the life course*，Hawthorne，N. Y.：Aldine de Gruyter.

Redmond. (1995) Interpersonal Communication：Definitions and Conceptual Approaches. In Remond，M. V. (Ed.) *Interpersonal Communica-*

tion: *Readings in Theory and Research*. Fort worth, TX: Harcourt Brace.

Rusbult, C. E. , Coolsen, M. K. , Kirchner, J. L. & Clarke, J. A. (2006) Commitment. In Vangelisti , A. L. & Perlman , D. (Eds.), *The Cambridge handbook of personal relationships* (pp. 615—635). New York: Cambridge University Press.

Roloff, M. E. & Miller , C. W. (2006) Social cognition approaches to understanding interpersonal conflict and communication. In Petzel , J. G. & Tomboy, S. T. (Eds.), *The sage handbook of conflict communication* (pp. 97—128). Thousand Oaks, CA: Sage.

Roloff, M. E. (1987) *Interpersonal communication: Thesocial exchange approach*. Beverly Hills, CA: Sage.

Raven, B. H. , Schwarzwald, J. & Koslowsky, M. (1998) Conceptualizing and measuring a power/interaction model of interpersonal influence. *Journal of Applied Social Psychology* 28, 307—332.

Romero-Canyas, R. , Downey, G. , Berenson, K. , Ayduk, O. & Kang, N. (2010) Rejection sensitivity and the rejection-hostility link in romantic relationships. *Journal of Personality*, 78, 119—148.

Rice, R. E. & Case, D. (1983) Electronic message systems in the University: A description of use and utility. *Journal of Communication*, 33(1), 131—152.

Russell, J. A. (2003) Core affect and the psychological construction of emotion. *Psychological Review*, 110, 145—172.

Roese, N. J. & Olson, J. M. (2007) Better, stronger, faster: Self-serving judgment, affect regulation, and the optimal vigilance hypothesis. *Perspectives on Psychological Science*, 2, 124—141.

Rhodes, G. (2006) The evolutionary psychology of facial beauty. *Annual Review of psychology*, 57, 199—226.

Rheingold & Howard. (1994) *The Virtual Community: Finding Connection in a Computerized World*. London: Secker and Warburg.

Rice, R. E. & Case, D. (1983) Electronic message systems in the University: A description of use and utility. *Journal of Communication*, 33(1), 131—152.

Stephanie Rosenbloom. (2011) Love, Lies, and What They Learned.

New York Times, November 13, 2011, pp. ST1, ST8—ST9.

S

Sanford, K. (2007) Hard and soft emotion during conflict: Investigating married couples and other relationships. *Personal Relationships*, 14, 65—90.

Straus, M. A. (1990) Measuring intrafamily conflictand violence: The Conflict Tactics (CT) scales. In Straus, M. A. & Gelles, R. J. (Eds.), *Physical violencein American families: Risk factors and adaptations to violence in 8, 145 families* (pp. 29—47). New Brunswick, NJ: Transaction Books.

Strauss, N. (2005) *The game: Penetrating the secret society of pick up artists.* New York: Regna Books.

Schacter, Daniel. (2011). *Psychology.* Worth Publishers.

Schlenker & Barry R. (1980) *Impression Management: The Self-Concept, Social Identity, and Interpersonal Relations.* Brooks/Cole, Monterey/California.

Shaver, K. G. (1983) *An introduction to Attribution Processes.* Lawrence Erlbaum Associates, Hillsdale, N. J.

Scherer, K. R. & Wallbott, H. G. (1994) Evidence for universality and cultural variation of differential emotion response patterning. *Journal of Personality and Social Psychology*, 66, 310—328.

Schmidt, K. L., Cohn, J. F. & Tian, Y. (2003) Signal characteristics of spontaneous facial expressions: Automatic movement in solitary and social smiles. *Biological Psychology*, 65, 49—66.

Sanford, K. (2006) Communication during marital conflict: When couples alter their appraisal, they change their behavior. *Journal of Family Psychology*, 20, 256—265.

Siegman, A. W. (1987) The telltale voice: Nonverbal messages of verbal communication. In Sigma, A. W. & Feldstein, S. (Eds.), *Nonverbal behavior and communication* (2nd ed., pp. 351—433.). Hillsdale, NJ: Lawrence Erlbaumm Associates.

Lara Srivastava. (2004) *Social and Human considerations for A More Mobile World, prepared for ITU/MIC Workshop on Shaping the Future*

Mobile Information Society. International Telecommunication Union, Seoul, 4-5 March 2004. from http: //www. itu. int/futuremobile.

Salvatore, J. E. , Kuo, S. I. -C, Steele, R. D. , Simpson, J. A. & Collins, W. A. (2011) Recovering from conflict in romantic relationships: A developmental perspective. *Psychological Science*, 22, 376—383.

John Stewart. (2005) Bridges Not Walls: A Book about International Communication. New York: McGraw-Hill.

John. R. Searle. (1969) *Speech Act*. Cambridge: Cambridge university Press.

Steinfatt, T. M. & Miller, G. R. (1974) Communication in game theoretic models of conflict. In Miller , G. R. & Simons, H. W. (Eds.), *Perspectives on Communication in Social Conflict* (pp. 14—74). Englewood Cliffs, NJ: Prentice Hall.

Larry A. Samovar, Richard E. Porter & Edwin R. McDaniel. (2010) *Communication between Cultures*. Boston: Wadsworth; 7th ed.

Susan B. Shimanoff. (1980) *Communication rules: theory and research*. Beverly Hills, CA: Sage.

Sacks, H. , Schegloff, E. A. & Jefferson, G. (1974) A simplest systematic for the organization of turn-taking in conversation. *Language*, 50, 696—735.

Sillars, A. , Shellen, W. , McIntosh, A. & Pomegranate, M. (1997) Relational characteristics of language: Elaboration and differentiation in marital conversations. *Western Journal of Communication*, 61, 403—422.

Sillars, A. L. (2010) *Interpersonal conflict*. In Berger, C. R. , Roloff, M. E. & Roskos-Ewoldsen , D. R. (Eds.), *Handbook of communication science* (2nd ed. , pp. 273—289). Thousand Oaks, CA: Sage.

Sillars, A. & Canary, D. J. (2012) Conflict and relational quality in families. In Vangelisti , A. (Ed.), *The handbook of family communication* (2nd ed.). Mahwah, NJ: Lawrence Erlbaum.

Sillars, A. L. & Wilmot, W. W. (1994) Communication strategies in conflict and mediation. In Daly, J. A. & Wiemann, J. M. (Eds.) , *Strategic interpersonal communication* (pp. 163—190). Hillsdale, NJ: Lawrence Erlbaum.

Sieberg E. & Larson, C. (1971) Dimensions of Interpersonal response, in Ronald B. Adler(2004), *Interplay: The Process of Interpersonal Communication*(9th Edition). Oxford University Press.

Spitzberg, B. H. & Cupach , W. R. (1989) *Interpersonal communication competence*. Beverly Hills, CA: Sage.

Siegel, J., Dubrovsky, V., Kiesler, S. & Mcguire, T. W. (1986) Group processes in computer-mediated communication. *Organizational Behavior and Human Decision Processes*, 37, 157—187.

Susan Sprecher, Amy Wenzel & John Harvey (2008). *Handbook of Relationship Initiation*. Psychology Press.

Salovey, P., Detweiler-Bedell, P. T., Detweiler-Bedell, J. B. & Mayer, J. D. (2008) Emotional intelligence. In Lewis, M. J. M., Haviland-Jones & Barrett, L. F. (Eds.), *Handbook of emotions* (3rd ed., pp. 533—547). New York: Guilford Press.

Schutz, W. C. (1958) *A Three-Dimention Theory of Interpersonal Behavior*. New York: Holt, Rinehart & Winston.

Shuler, J. (1998) E-Mail communication and relationships. In *The Psychology of Cyberspace*. From www. rider. edu/users/suler/psycyber/psycyber. html.

Sharon L. Hanna, Rose Suggett & Doug Radtke. (2007) *Person to Person: Positive Relationships Don't Just Happen* (5th Edition), Prentice Hall.

Staffor, L. & Reske , J. R. (1990) Idealization and Communication in long-Distance Premarital Relationships. *Family Relations* 39: 274—279.

Sigman, S. J. (1991) Handling the Discontinuous Aspects of Continuous Social Relationships: Toward Research on the Persistence of Social Forms. *Communication Theory* 1: 106—127.

Santos, M. D., Leve, C. & Pratkanis, A. R. (1994) Hey, buddy, can you spare seventeen cents? Mindful persuasion and the pique technique. *Journal of Applied Social Psychology*, 24, 755—764.

Shyles, Len; Barry, Kelly; Biagini, Danielle; Hart, Colleen; Jack, Lauren. (2012) Face it: The Impact of Gender on Social Media Images. *Communication Quarterly*, Nov2012, Vol. 60 Issue 5, pp. 588—607.

Spitzberg, B. H., Canary, D. J. & Cupach, W. R. (1994) A competence-based approach the study of interpersonal conflict. In D. D. Cahn (Ed.), *Conflict in personal relationships* (pp. 183—202). Hillsdale, NJ: Erlbaum.

Brian H. Spitzberg, William R. Cupach. (2007) Disentangling the Dark side of Interpersonal Communication. in *The Dark Side of Interpersonal Communication*. Lawrence Erlbaum.

Brian H. Spitzberg. (2000) What is good communication? *Journal of the association for communication administration*, 29, 103—119.

Brian Spitzberg. (1984) *Interpersonal Communication Competence*. Sage Publications.

Solomon, D. H. & Knobloch, L. K. (2004) A model of relational turbulence: The role of intimacy, relational uncertainty, and interference from partners in appraisal of irritations. *Journal of Social and Personal Relationships*, 21, 795—816.

Joy Chia. Are Regional Communities Communicating, Developing Social Capital and Tapping Into the Network Society? Reflections and Considerations from a Qualitative Community Study, *Asia Pacific Public Relations Journal*. 2014. Vol. 15 Issue 1, p7—21.

Slaugherbeck, E. S., Capezza, M. M. & Hmurovic, J. L. (2007) From bad to worse: Relationship commitment and vulnerability to partner imperfections. *Personal Relationships*, 14, 389—409.

Sahlstein, E. & Dun, T. (2008) I wanted time tomyself and he wanted to be together all the time: Constructing breakups as managing autonomy-connection. *Qualitative Research Reports in Communication*, 9, 37—45.

Stiff, J. P. (1996) Theoretical Approaches to the Study of Deceptive Communication: Comments on Interpersonal Deception Theory. *Communication Theory*, 6(3), 289—296.

Stiff, J. B. (1995) Conceptualizing deception as a persuasive activity. In Berger, C. R. & Burgoon, M. (Eds.), *Communicationand social influence processes* (pp. 73—90). East Lansing: Michigan State University Press.

Shimanoff, S. B. (1980) *Communication Rules*. Beverly Hills. CA: Sage.

Spitzberg，B. H. & Cupach，W. R.（Eds.）（1998）*The dark side of close relationships. Mahwah*，NJ：Lawrence Erlbaum Associates.

Sillars，A. L. & Canary，D. J. & Tafoya，M.（2004）Communication，conflict，and the quality of family relationships. In Vangelisti，A. L.（Eds.），*Handbook of family interactions*（pp. 413—446）. Mahwah，NJ：Lawrence Erlbaum.

Sillars，A. L. & Weisberg，J.（1987）Conflict as social skills. In Roloff，M. E. & Miller，G. R.（Eds.），*Interpersonal process：New directions in communication research*（pp. 140—171）. Newbury Park，CA：Sage.

Sahlstein，E. M.（2004）Relating at a Distance：Negotiating Being Together and Being Apart in Long-Distance Relationships. *Journal of Social and Personal Relationships* 21：689—710.

Sahlstein，E. M.（2006）The Trouble with Distance. In Kirkpatrick，D. C.，Duck，S. & Foley，M. K.，*Relating Difficulty*（pp. 119—140）. Mahwah，NJ：Erlbaum.

Snyder，C. R. & Lopez，Shane，J.（2007）*Positive psychology：the scientific and practical explorations of human strengths.* Thousand Oaks，California：Sage Publications，297—321.

Sanford & Amy Aldridge.（2010）"I Can Air My Feelings Instead of Eating Them"：Blogging as Social Support for the Morbidly Obese. *Communication Studies*（Nov/Dec），Vol. 61 Issue 5，567—584.

Snyder & Mark.（1974）The self-monitoring of expressive behavior. *Journal of Personality and Social Psychology* 30：526—537.

Schmid Mast，M.（2010）Interpersonal behavior and social perception in a hierarchy：The interpersonal power and behavior model. *European Review of social psychology*，21：1—33.

Sternberg，R.（1984）*Beyond I. Q.：A triarchic theory of Human intelligence.* Cambridge，UK：Cambridge University Press.

Stefan，A. E.（1965）Quasi-courtship behavior in psychotherapy. *Psychiatry*，28，245—257.

Sprecher，S. & Felmlee，D.（1997）The balance of power in romantic heterosexual couples over time from "his" and "her" perspectives. *Sex*

Roles: *A Journal of Research*, 37, 361—379.

Sabatelli, R. M. (1988) Measurement issuesin marital research: A review and critique of contemporary survey instruments. *Journal of marriage and family*, 50, 891—915.

Sternberg, R. J. (1988) *The Triangle of Love*. New York: Basic Books.

Siegert, J. R. & Stamp, G. H. (1994) Our First Big Fight As A Milestone in the Development of Close Relationships. *Communication Monograph* 61: 345—360.

Sapadin, L. A. (1988) Friendship and gender: Perspectives of professional men and women. *Journal of social and personal relationships* 5, 387—403.

Chris Segrin & Jeanne Flora. (2013) *Family Communication*. Routledge; 2 edition.

Sabourin, T. C., Infante, D. A. & Rudd, J. E. (1993) Verbal aggression in marriages: A comparison of violent, distressed but nonviolent, and non distressed couples. *Human Communication Research*, 20, 245—267.

Stafford, L. & Canary, D. J. (2006) Equity and interdependence as predictors of relational maintenance strategies. *Journal of Family Communication*, 6, 227—254.

Stafford , L. & Merolla, A. J. (2007) Idealism , reunions , and stability in long-distance relationships. *Journal of Social and Personal Relations* 24, 37—54.

Satie, V. & Palo Alto (1972) *Peoplemaking*. CA: Science and Behavior Books.

Schmitt, D. P., Realo, A., Voracek, M. & Allik, J. (2008) Why can't a man be more like a woman? Sex differences in Big Five personality traits across 55 cultures. *Journal of Personality and Social Psychology*, 94, 168—182.

Segrin, C. (1996) The relationship between social skills deficits and psychosocial problems: A test of the vulnerability model. *Communication Research*, 23, 425—450.

Salovey, P. & Mayer, J. D. (1990) Emotional intelligence. *Imagination, Cognition, and Personality*, 9, 185—211.

T

Tannen, D. (1990) You Just Don't Understand: *Women and Men in Conversation*. New York: Morrow.

Tannen, D. (1994) *Gender and discourse*. New York: Oxford University Press.

Taylor, A. & R. Harper. (2003)The gift of the gab?: A design Oriented Sociology of Young People's Use of "mobil Ze!". *Computer Supported Cooperative Work* (CSCW), 12: 3.

Tong, S. T., Van Der Heide, B., Langwell, L. & Walther, J. B. (2008) Too much of a good thing? The relationship between number of friends and interpersonal impressions on Facebook. *Journal of Computer-Mediated Communication*, 13, 531—549.

Thompson & Kenneth, Kenneth J. Gergen. (1996) *Key Quotations in Sociology*. London: Routledge.

Tedeschi, James T.; Riess, Marc. (1984) Identities, the Phenomenal Self, and Laboratory Research. In Tedeschi, James T. (Ed.), *Impression Management Theory and Social Psychological Research*. Academic Press, New York.

Thomas, K. (1976) Conflict and conflict management. In Dunnette, M. D. (eds.) *Handbook of industrial and organizational psychology*. Chicago: Rand McNally.

Turner, L. H. (1990) The Relationship between communication and marital uncertainty: Is " her" marriage different from " his" marriage? *Women's Studies in Communication*, 13, 57—83.

Theiss, J., Knobloch, L. K., Checton, M. G. & Magsamen-Conrad, K. (2009) Relationship characteristics associated with the experience of hurt in romantic relationships: A test of the relational turbulence model. *Human Communication Research*, 35, 588—615.

Ting-Toomey, S. & Oetzel, J. G. (2001) *Managing intercultural conflict effectively*. Thousand Oaks, CA: Sage.

Trottier, Daniel1. Interpersonal Surveillance on Social Media. *Canadi-

an Journal of Communication, Vol. 37 Issue 2, 319—332.

U

Uchino, B. (2004) *Social Support and Physical Health : Understanding the Health Consequences of Relationships*. New Haven, CT: Yale University Press.

John Urry. (2002) *MOBILITY, TIME AND THE GOOD LIFE.* From http: //www. ville-en-mouvement. com/telechargement/040602/paris. pdf.

John Urry. (2007) *Mobilities*. Polity Press.

V

Harvey, J. H. , Orbuch, T. L. & Weber , A. L. (1992) *Attributions, accounts, and close relationships (pp.* 144 — 164). New York: Springer.

Vangelisti, A. L. (1992) Communication problems in committed relationship: An attributional analysis. In Harvey , J. H. , Orbuch, T. L. & Weber, A. L. (eds.) *Attributions, accounts, and close relationships* (pp. 144—64). New York: springer verlag.

Vangelisti, A. L. (1994) Messages that hurt. In Cupach , W. R. & Spitzbergthe, B. H. , *The Dark Side of Interpersonal Communication.* Hillsdale, NJ: Erlbaum.

Vangelisti, A. L. & Crumley, L. P. (1998) Reaction to messages that hurt: the influence of relational contexts. *Communication Monographs*, 65, 173—196.

Vangelisti. A. L. & Young, S. L. (2000) When words hurt: The effects of perceived intentionality on interpersonal relationships. *Journal of Social and Personal relationships*, 17, 393—424.

Vangelisti, A. L. , Caughlin, J. P. & Timmerman, L. (2001) Criteria for revealing family secrets. *Communication monographs*, 68(3).

Vangelisti, A. L. & Perlman, D. (2006) *The Cambridge handbook of personal relationships*. New York: Cambridge University Press.

Vangelisti, A. L. (2009) *The Routledge handbook of family communication* (2nd ed.). New York: Routledge.

Von Dras, D. D. & Siegler , I. C. (1997) Stability in Extraversion and Aspects of Social Support at Midlife. *Journal of Personality and Social Psychology* 72：233—241.

W

Wood，J. T. (1993) Gender and Relationship Crisis：Contrasting reasons，responses，and relational orientations. In. Ringer，Albany. (Eds.). *Queer Words，queer images：the (re)construction of homosexuality*. NY：New York University Press.

Wang，T.，Brownstein，R. & Katzev，R. (1989) Promoting charitable behavior with compliance techniques. *Applied Psychology：An International Review*，38，165—183.

Walther，J. B. & Burgoon，J. K. (1992) Relational communication in computer -mediated interaction. *Human Communication Research*，19：50—88.

Walther，J. B. (1993) Impression formation in Computer-mediated Interaction. *Western Journal of Communication*，57：381—398.

Walther，J. B. & Tidwell，L. C. (1995) Nonverbal Cues in Computer-Mediated Communication，and the Effects of Chronemics on Relational Communication. *Journal of Organizational Computing*，5 (4)，355.

Walther，J. B. (1996) Computer-mediated communication：Impersonal，interpersonal，and hyperpersonal interaction. *Communication Research*，23，3—43.

Tidwell，L. C. & Walther，J. B. (2002) Computer-mediated communication effects on disclosure，impressions，and interpersonal evaluations：Getting to know one another a bit at a time. *Human Communication Research*，28，317—348.

Walther，J. B. (2010) Computer-mediated communication. In Berger，C. R.，Roloff，M. E. & Roskos-Ewoldsen，D. R. (Eds.)，*Handbook of communication science*(2nd ed.，pp. 489—505). Thousand Oaks：Sage.

Wood，J. T. (1994) *Gendered Lives：Communication，Gender and Cultures*. Belmont，CA：Wadsworth.

Wood，J. T. (2002) A Critical Response to John Gray's Mars and Venus Portrayals of Men and Woman. *The Southern Communication Journal*，67(2002)：201—211.

Wood, J. T. (2002) *Interpersonal Communication: Everyday Encounter*. Belmont, CA: Wadsworth.

Wood, J. T. (2009) *Interpersonal Communication: Everyday Encounter*. Cengage Learning; 6 edition.

Kitty Watson, Larry Barker & James Weaver. (1995) *The Listener Style Inventory*. New Orleans: Spectra.

Winter, W., Ferreira, A. J. & Bowers, N. (1973) Decision-Making in Married and Unrelated Couples. *Family Process*, 12: 83—94.

Andrew D. Wolvin & Carolyn Gwynn Coakley. (1985) *Listening*. Dubuque, Iowa: Brown.

Wolvin, A. D., Coakley, C. G. & Gwynn, C. (1999) *Listening* (6th ed.). Boston: McGraw-Hill.

Florence I. Wolff, Nadine C. Marsnik, William S. Tracey & Ralph G. Nichols. (1983) *Perceptive Listening*. New York: Holt, Rinehart & Winston.

Winsor J. L., Curtis, D. B. & Stephens, R. D. et al. (1997) National preferences in business and communication education: An update. *Journal of the Association of for Communication Administration*, 3, 170—179.

William Wilmot & Joyce Hocker. (2010) *Interpersonal Conflict*. McGraw-Hill Humanities/Social Sciences/Languages; 8 edition.

Wilmot, W. W. & Hokler, J. L. (2011) *Interpersonal Conflict* (8th ed.). New York, NY: McGraw-hill.

Walther, J. B. (2009) In point of practice: Computer-mediated communication and virtual groups: Applications to interethnic conflict. *Journal of Applied Communicating Research*, 37, 225—238.

Waldron, V. R. & Kelley, D. L. (2005) Forgiving communicationas a response to relational transgressions. *Journal of Social and Personal Relationships*, 22, 723—742.

Wagner, H. L. & Smith, J. (1991) Facial expression inthe presence of friends and strangers. *Journal of Nonverbal Behavior*, 15, 201—214.

Walster, E & Berscheid, E. H. (1969) *Interpersonal Attraction*. Addison-wesley.

Walster, E., Aronson, V., Abrahams, D. & Rottman, L. (1966) Importance of physical attractiveness in dating behavior. *Journal of Personality and Social Psychology*, 4, 508—516.

Wilson, Timothy D., Akert, Robin M. (2009) *Social Psychology*. New Jersey: Prentice Hall; Seventh Edition.

Wright, G. E. & Multon, K. D. (1995) Employers' perceptions of nonverbal communication in job interviews for persons with physical disabilities. *Journal of Vocational Behavior*, 47, 214—227.

Watzlawick, Beavin, & Jackson. (1967) *Pragmatics of human communication: a study of interactional patterns, Pathologies, and Paradoxes*. New York: Norton.

Wills, T. A. & Shinar, O. (2000) Measuring perceived and received social support. In Cohen, S., Underwood, L. G. & Gottlieb, B. H. (Eds.), *Social support measurement and intervention* (pp. 86—135). New York: Oxford University Press.

Watson, O. M. (1970) *Proxemic behavior: A cross-cultural study*. The Hague, The Netherlands: Mouton.

Watson. C. (1994) Gender versus power as predictor of negotiation behavior and outcomes. *Negotiation Journal* 10, 117—127.

Wilson, S. R. & Sabee, C. M. (2003) Explicating communication competence as a theoretical term. In Greene, J. O. & Burleson, B. R. (Eds.), *Handbook of communication and social interaction skills* (pp. 3—50). Mahwah, NJ: Lawrence Erlbaum.

Waldron, V. R. & Kelley, D. L., Forgiving Communication as a Response to Relational Transgressions. *Journal of Social and Personal Relationships*, 22 (2005), 723—743.

Whately, M. A., Webster, J. M., Smith, R. H. & Rhodes, A. (1999) The effect of a favor on public and private compliance: How internalized is the norm of reciprocity? *Basic and Applied Social Psychology*, 21, 251—259.

Wolpe, J. (1958) *Psychotherapy by reciprocal*. Stanford: Stanford University Press.

Y

Elaine Yarbrough & Stan Jones. (1985) A naturalistic study of the meanings of touch. *Communication Monographs*, 52, 19—56.

Yanowitz, K. L. (2006) Influence of Gender and Experience on College Students' Stalking Schemas. *Violence and Victims*, 21.

Yang, Chia-chen; Brown, B Bradford; Braun, Michael T. From Facebook to cell calls: Layers of electronic intimacy in college students' interpersonal relationships. *New Media & Society*. Feb. 2014, Vol. 16 Issue 1.

Z

Zillmann, D. (1993) Mental control of angry aggression. In Wegner, D. M. & Pennebaker, J. W. (Eds.), *Handbook of mental control* (pp. 370—392). Englewood Cliffs, NJ: Prentice Hall.

Izard, C. E. (1977) *Human emotions*. New York: Plenum Press.

Izard, C. E. (1971) *The face of emotion*. New York: Appleton-Century-Crofts.